Die Informationsgesellschaft

Europäische Hochschulschriften
Publications Universitaires Européennes
European University Studies

Reihe XXXI
Politikwissenschaft

Série XXXI Series XXXI
Sciences politiques
Political Science

Bd./Vol. 493

PETER LANG
Frankfurt am Main · Berlin · Bern · Bruxelles · New York · Oxford · Wien

Marion A. Schink

Die Informationsgesellschaft

Charakterisierung eines neuen gesellschaftlichen Konzeptes anhand quantitativer Indikatoren und qualitativer Veränderungen

PETER LANG
Europäischer Verlag der Wissenschaften

Bibliografische Information Der Deutschen Bibliothek
Die Deutsche Bibliothek verzeichnet diese Publikation in der Deutschen Nationalbibliografie; detaillierte bibliografische Daten sind im Internet über <http://dnb.ddb.de> abrufbar.

Zugl.: Freiburg (Breisgau), Univ., Diss., 2003

Gedruckt auf alterungsbeständigem,
säurefreiem Papier.

D 25
ISSN 0721-3654
ISBN 3-631-52796-9

Printed in Germany 1 2 3 4 5 7

www.peterlang.de

Meinen Eltern

Vorwort

„Aus der Vergangengheit kann jeder lernen, es kommt darauf an aus der Zukunft zu lernen."
(Hermann Kahn, Zukunftsforscher)

Die Idee zu dieser Dissertation entstand durch ebenso fundierte, wie leidenschaftliche Diskussionen im Kreise meiner Freunde. Diskussionen über die Gründe eines gesellschaftlichen Wandels, die Gründe eines politischen Reformstaus, die Auswirkungen moderner Technologien, und Diskussionen darüber, welche Aufgabe die Politik wahrnehmen soll und kann. Einigkeit konnte in all den Nächten nie erzielt werden, aber es reifte ein Entschluss: Der Entschluss all diesen Fragen wissenschaftlich zu begegnen.
Diese wissenschaftliche Begegnung dauerte sechs lange Jahre.
Das Ergebnis: neue Ungewissheiten und eine Garantie für weitere Diskussionen.

Die vorliegende Arbeit ist als Dissertation im Zeitraum zwischen 1996 und 2002 am Seminar für wissenschaftliche Politik der Albert-Ludwigs-Universität Freiburg im Breisgau entstanden und wurde von der Friedrich-Naumann-Stiftung mit Mitteln des Bundesministeriums für Bildung, Wissenschaft, Forschung und Technologie gefördert.

Der erfolgreiche Abschluss meiner Promotion wäre ohne die Unterstützung von zahlreichen Menschen kaum möglich gewesen. Bei allen, die mich auf diesem langen Weg begleitet haben, möchte ich mich von Herzen bedanken.

Mein ausdrücklicher und besonderer Dank gilt meinem Doktorvater Herrn Prof. Dr. Wolfgang Jäger, der trotz seiner zahlreichen Verpflichtungen als Rektor der Albert-Ludwigs-Universität die Entschlossenheit hatte, ein solch innovatives und interdisziplinäres Thema zu betreuen. Danken möchte ich ihm, neben der fachlichen Begleitung, für die konzeptionellen und zeitlichen Freiräume, die mir stets von ihm gewährt wurden und die es möglich gemacht haben, dass berufliche Position mit wissenschaftlicher Arbeit vereinbar war.

Danken möchte ich auch Frau Prof. Elisabeth Cheauré, die mein Promotionsverfahren als Vorsitzende des Ausschusses begleitet hat.

Frau Prof. Dr. Ingeborg Villinger danke ich für die Übernahme des Zweitgutachtens. Frau Prof. Dr. Villinger war mir während meiner gesamten akademischen Laufbahn ein Vorbild, in fachlicher, wie in persönlicher Hinsicht.

Besonderen Dank gebührt Herrn Dr. Christoph Haas, der stets für mich ansprechbar war, mich erbarmungslos mit den wissenschaftlichen Schwachpunkten meiner Arbeit konfrontiert und der mir zugleich mit seinen zahlreichen inhaltlichen Hinweisen sehr weitergeholfen hat. Vor allem aber war seine aufmunternde und zugleich beruhigende Art eine große Unterstützung.

Für die Unterstützung bei der Literaturrecherche danke ich Ferdinand Göhde, dem es gelungen ist selbst die seltenen japanischen Texte aufzufinden.

Mein gößter Dank gilt Dr. Pascal Fournier. Er war mir in all den Jahren kritischer Diskussionspartner, ein treuer Weggefährte und ein aufmunternder Freund. Mehrfach und unermütlich hat er das Manuskript durchgearbeitet und Korrektur gelesen. Ohne seine kritischen Fragen, seinen unerschütterlichen Ansporn und seine stete Ermutigung wäre die Dissertation in dieser Form nicht vorgelegt worden. Legendär bleibt die wenig wissenschaftliche, aber sehr treffende und vielleicht entscheidende Bemerkung: „Wenn Du den Marathon läufst, hörst Du doch auch nicht am Ku´damm auf..."

Einen bedeutenden Beitrag zum erfolgreichen Gelingen und zum Abschluss der Arbeit leisteten meine engsten Freunde. Ihr unerschütterlicher Glaube an mich, ihre bohrenden Nachfragen und ihre ständigen mahnenden Worte waren die Quelle meiner Ausdauer. Stellvertretend danke ich besonders: Dr. Gerd Leutner, Annelie Menzel, Nina Kellner, Vojtech Terber, Dr. Björn Neumeuer, Dr. Susanne Keunecke, Marion Schardt, Matthias Berner, Frank Fischer, Dr. Axel Hülsmann.

Meinen Eltern aber gebührt mein tiefster Dank. Sie haben mir nicht nur die akademische Ausbildung ermöglicht, sie standen mir auch stets mit Rat und Tat zur Seite. In den Momenten der tiefsten Zweifel waren Sie immer für mich da. Ohne sie hätte ich weder die Kraft, noch den Mut gehabt diese Arbeit zu vollenden. Ihnen ist die vorliegende Arbeit gewidmet.

Berlin, im März 2004

Inhaltsverzeichnis

A. Ausgangsposition und Einführung in das Thema, Standortbestimmung und Darlegung

I. Einleitung

Seit Mitte der 90er Jahren ist sie in aller Munde: die Informationsgesellschaft. Diese breite wissenschaftliche, aber vor allem auch öffentliche Auseinandersetzung um die Entstehung und Gestaltung der Informationsgesellschaft hat mit der Ankündigung des US-amerikanischen Vizepräsidenten Al Gore diese öffentliche Wirkung entfaltet. Das erklärte Ziel der US-amerikanischen Regierung Clinton / Gore war die Vernetzung der Welt und der Aufbau der notwendigen Infrastruktur für die Informationsgesellschaft als neue Gesellschaftsformation der Zukunft.[1] Der G7-Gipfel Ende Februar 1995 zum Themenkomplex *Informationsgesellschaft* hat diese Diskussion schließlich einer breiten Öffentlichkeit zugänglich gemacht, wobei von einem ähnlich grundlegenden gesellschaftlichen Wandel ausgegangen wird, wie er aus der ersten industrielle Revolution Ende des 19. Jahrhunderts bekannt ist.[2] Zurückgeführt wird die als neu deklarierte gesellschaftliche Form auf eine neue Basistechnologie, die Telematik[3], die eine Computerisierung und Informatisierung aller Lebensbereiche anstößt. Tatsächlich sind Katalysator-Effekte der neuen Informations- und Kommunikationstechnologien sichtbar. Bezieht man weiterhin die Erkenntnis mit ein, dass das „Nervensystem" jeder Organisation in enger Verbindung mit der Kommunikationsstruktur und Informationsverarbeitung steht, so bedeutet dies nichts anderes, als dass die Entwicklung moderner Gesellschaften mit der Entwicklung der Kommunikationsmedien in enger Verbindung stehen.[4] Kurz: Mit der Evolution der Kommunikation und der Kommunikationsmedien geht die Evolution der Gesellschaften einher.[5] Die Art der Evolution drückt Claus Leggewies Äußerung aus: "Herausragendes Charakteristikum des Internets ist es, dass es ein ›individualisiertes Massenmedium‹ darstellt, das die Kapazitäten der ›alten‹ Informations- und

---

[1] Vgl. die Beiträge von Klaus Merten, Chancen und Risiken der Informationsgesellschaft. In: Jörg Tauss / Johannes Kollbeck / Jan Mönikes, Deutschlands Weg in die Informationsgesellschaft. Herausforderungen und Perspektiven für Wirtschaft, Wissenschaft, Recht und Politik, Baden-Baden 1996, a.a.O., S.82-96; Hans J Kleinsteuber, Information Superhighway oder digitales Fernsehen, In: ebd., S.97-113; Ute Bernhardt / Ingo Ruhmann, Revolution von oben – Der Weg in die Informationsgesellschaft und Ulrich Riehm Informationsgesellschaft ohne Informationsinfrastruktur. In: ebd., S114-129. Von besonderem Interesse ist auch die mehr als 1000 Titel umfassende annotierte Bibliographie der Forschungsgruppe Journalistik der Universität Münster 1995.

[2] Kurt van Haaren / Detlef Hensche (Hrsg.), Arbeit im Multimedia-Zeitalter. Die Trends der Informationsgesellschaft, Hamburg 1997.

[3] Telematik bezeichnet die Verbindung von Telekommunikation und Informatik.

[4] Niklas Luhmann, Soziale Systeme. Grundriss einer allgemeinen Theorie, Frankfurt am Main 1984. Niklas Luhmann, Beobachtungen der Moderne, Opladen 1992. Vgl. auch Niklas Luhmann, Veränderungen im System gesellschaftlicher Kommunikation und Massenmedien. In: Niklas Luhmann, Soziologische Aufklärung. 3. Soziales System, Gesellschaft, Organisation, Opladen 1991, S.309-320.

[5] Klaus Merten, Wirkungen von Kommunikation. In: Klaus Merten / Siegfried J. Schmidt / Siegfried Weischenberg (Hrsg.): Die Wirklichkeit der Medien. Eine Einführung in die Kommunikationswissenschaft, Opladen 1994, S.141-162. Klaus Merten, Evolution der Kommunikation. In: ebd., S.291-328. Vgl. auch Klaus Merten, Chancen und Risiken der Informationsgesellschaft. In: Jörg Tauss / Johannes Kollbeck / Jan Mönikes, a.a.O., S.82-96.

Kommunikationstechnologien bündelt. Es kann alles, was diese können, und genau diese Synergie ist es, die das ›Mehr‹ ausmacht."[6]

Dieses ›Mehr‹ wirkt auf die gesellschaftlichen Strukturen:

> „The world is increasingly a vast electronic entrepot, where broadband communications and optical technology hold the key to economic growth, trade and development."[7]

Obgleich Veränderungen des gesellschaftlichen Zusammenwirkens durch die prägende Kraft der Kommunikation bzw. Information nicht zu leugnen sind, bleibt die Frage unbeantwortet, ob dadurch tatsächlich ein gänzlich neuer Grundtyp der zivilisierten Gesellschaft entstanden ist, der die Industriegesellschaft als die direkte Nachfolgerin der Agrargesellschaft ablösen wird.[8] Diese Frage beschäftigt seit den 60er Jahren die wissenschaftliche Auseinandersetzung um die Informationsgesellschaft.
In zahlreichen wissenschaftlichen Diskussionen um die Entwicklungstendenzen der gegenwärtigen Gesellschaft in Verbindung mit der Medienentwicklung wird eine evolutionäre Weiterentwicklung in Folge technologischer Innovationen impliziert.[9] Um die Weiterentwicklung zu benennen, werden eine Fülle von Schlagworten gebraucht, die symbolhaft für die gesellschaftliche Entwicklung als ganzes stehen. Begriffe wie "Kommunikationsgesellschaft"[10], "Risikogesellschaft"[11], "Wissensgesellschaft"[12],

---

6 Claus Leggewie, Demokratie auf der Datenautobahn oder: Wie weit geht die Zivilisierung des Cyberspace. In: Claus Leggewie / Christa Maar: Internet & Politik. Von der Zuschauer- zur Beteiligungsdemokratie, S.53.

7 William Martin, The Global Information Society, Aldershot, London 1995, S33/34.

8 Peter Otto / Philipp Sonntag, Wege in die Informationsgesellschaft. Steuerungsprobleme in Wirtschaft und Politik, München 1985, S.7ff.

9 Exemplarisch Leo A. Nefiodow, Der fünfte Kondratieff. Strategien zum Strukturwandel in Wirtschaft und Gesellschaft, Frankfurt am Main 1991.Gegenposition bei Klaus Eder, Die Entstehung staatlich organisierter Gesellschaften. Ein Beitrag zur Theorie sozialer Evolution, Frankfurt am Main 1976. Ebenso Jürgen Habermas, Zur Rekonstruktion des Historischen Materialismus, Frankfurt 1976, S.164-176. Beide betonen kognitiv-moralische Lernprozesse und Einführung neuer Organisationsprinzipien. Vorausgesetzt, es liegt eine Akzeptanz dieser gesellschaftlichen Grundtypen vor, so stellt sich die Frage nach der Zeitabgrenzung. Die Zeiträume der jeweiligen Gesellschaftsformen werden in der Literatur höchst unterschiedlich angegeben, was der These entspricht, dass es sich nicht um Ablösungs-, sondern Entwicklungsprozesse handelt. Der Beginn des Übergangs von der Agrar- zur Industriegesellschaft wird um 1600 angesetzt. Der gesamte Übergang dauerte in den meisten Fällen 100-300 Jahre und ist in vielen Ländern der Welt noch heute nicht vollendet. Der Übergang von der Industrie zur Informationsgesellschaft wird in der Regel um 1900 angesetzt. Der Beginn der Informationsgesellschaft wird meist auf die 70er Jahre dieses Jahrhunderts, mit Erfindung des ersten PC, datiert. Es sind in der Literatur aber auch Datierungen zu finden, die den Beginn der Informationsgesellschaft bereits im letzten Jahrhundert ansetzen. So etwa Peter Otto / Philipp Sonntag, Wege in die Informationsgesellschaft. Steuerungsprobleme in Wirtschaft und Politik, München 1985, S.7. Die Verfasserin der vorliegenden Arbeit lehnt solche Datierungen generell ab, da Datierungen der Prozesshaftigkeit widersprechen.

10 Richard Münch, Dynamik der Kommunikationsgesellschaft, Frankfurt am Main 1992.

11 Ulrich Beck, Risikogesellschaft. Auf dem Weg in eine andere Moderne, Frankfurt am Main 1986. Dazu auch Ulrich Beck (Hrsg.), Kinder Freiheit, Frankfurt 1997.

12 Rolf Kreibich, Die Wissenschaftsgesellschaft. Von Galilei zur High-Tech-Revolution, Frankfurt am Main 1996. Ebenso Helmut F. Spinner, Die Wissensordnung. Ein Leitkonzept für die dritte Grundordnung des Informationszeitalters, Opladen 1994. Nico Stehr, Arbeit, Eigentum und Wissen. Zur Theorie von Wissensgesellschaften, Frankfurt am Main 1994.

"Freizeit- oder Erlebnisgesellschaft"[13], "Multioptionsgesellschaft"[14] oder "post-industrielle Gesellschaft"[15] beschreiben mit nur wenig Trennschärfe den momentanen gesellschaftlichen Wandel. Um das Wesen der Veränderung darzulegen, treten neben die aufgeführten Gesellschaftsbegriffe eine Unmenge weiterer Metaphern: Datenautobahn, virtuelle Gemeinschaft, digitale Stadt, Cyberspace, globales Dorf, Cyber Society, Broadband-Society, Virtuelle Realität etc. Die Vielfalt der Metaphern weist ebenso wie die Vielfalt der Gesellschaftsbegriffe auf die ausgeprägte Vielschichtigkeit der Veränderungsprozesse hin. Möglicherweise ist es auf diese Vielschichtigkeit zurückzuführen, dass die wissenschaftliche Diskussion bis heute kein eindeutiges Urteil fällen konnte. Eine Auseinandersetzung mit der gesellschaftlichen Entwicklung ist in erster Linie eine Auseinandersetzung mit einem veritablen Begriffs-„Wirrwarr". Jürgen Tauss bringt es auf den Punkt: "Auf der Datenautobahn ins Dickicht der Begriffe"[16], und die Frage von Armin Pongs "In welcher Gesellschaft leben wir eigentlich?"[17] ist mehr als berechtigt.
Mit dieser Frage wird sich die vorliegende Arbeit beschäftigen, konzentriert auf die Erklärung und Charakterisierung der Informationsgesellschaft.
Die Verfasserin dieser Arbeit verwendet den Begriff der Informationsgesellschaft, auch wenn der oft synonym verwendete Begriff der Wissensgesellschaft mithin der ältere ist und schon Mitte der 60er Jahre auftauchte.[18]
Diese Entscheidung hat folgende Gründe:

1. Der Begriff Informationsgesellschaft wird verwendet, weil er weitaus besser zu den gängigen Bezeichnungen Agrar- und Industriegesellschaft passt. Auch bei dem Begriff der Informationsgesellschaft richtet sich die Bezeichnung der Gesellschaft nach ihrer prägnantesten ökonomischen Basis.
2. Weiterhin wird in dieser Arbeit die Auffassung vertreten, dass die modernen Kommunikations- und Informationsmedien Katalysatoren dieser Entwicklung sind. Auch diese Auffassung spiegelt sich weitaus besser in dem Begriff der Informationsgesellschaft wider als in dem Begriff der Wissensgesellschaft.

Ausgangspunkt des Erkenntnisinteresses ist die Beschäftigung mit der wissenschaftlichen Literatur zur gesellschaftlichen Entwicklung. Dort findet man bestätigt, dass die gewohnten soziologischen Erklärungsmuster gesellschaftlicher Sachverhalte der aktuellen gesellschaftlichen Entwicklung nicht mehr gerecht werden können.

---

13 Gerhard Schulze, Die Erlebnisgesellschaft. Kultursoziologie der Gegenwart, Frankfurt am Main 1992.

14 Peter Gross, Die Multioptionsgesellschaft, Frankfurt am Main 1994.

15 Daniel Bell, Die nachindustrielle Gesellschaft, Frankfurt am Main 1975. Originalausgabe: The Coming of Post-Industrial Society: Adventure in Social Forecasting, New York 1973.

16 Jörg Tauss / Johann Kollbeck / Jan Mönikes (Hrsg.), a.a.O., S.14. Dazu auch Hans J. Kleinsteuber, Amerikanismen ersetzen noch keine Substanz. In: Das Parlament Nr. 33-34, 9./16. August 2000.

17 Armin Pongs, In welcher Gesellschaft leben wir eigentlich. Gesellschaftskonzepte im Vergleich, München 1999. Dazu auch Bernhard Kreissl, Wo bitte geht's zur Mitte? Gesellschaften nach Maß und von der Stange. In: Süddeutsche Zeitung 17. Februar 1999. Differenz und Integration – Die Zukunft moderner Gesellschaften. 28. Kongress der deutschen Gesellschaft für Soziologie, 15. Oktober 1996, Dresden. Dazu auch Badische Zeitung vom 16. Oktober 1996. Anke Bitter / Anne Zielke, Es kann nur eine geben. Kommunikation ist alles – Niklas Luhmann beschreibt die Gesellschaft der Gesellschaft. In: Süddeutsche Zeitung vom 21. Juli 1997.

18 Verfehlt sind derzeit feststellbare Tendenzen in der wissenschaftlichen Diskussion, den Begriff der Wissensgesellschaft als Weiterentwicklung der Informationsgesellschaft und damit als neue gesellschaftliche Stufe zu begreifen.

"Die gängigen begrifflichen Schablonen taugen nicht mehr zur Erfassung dessen, was um uns herum passiert. Sie sind nicht falsch, denn die Differenz von wahr und falsch ist ihrerseits in einem Denken verwurzelt, das auf Eindeutigkeit basiert. (...) Wir werden einerseits von Veränderungen überrollt, die uns keine Zeit zur Reaktion lassen. Andererseits geht vieles so schleichend vor sich, dass wir es kollektiv nicht registrieren, obwohl es stattfindet (...). Für jedes Thema läßt sich ein Passepartout anlegen, und so leben wir morgens in der Arbeits-, mittags in der Wissens- und abends möglicherweise in der Erlebnisgesellschaft."[19]

Neben den fehlenden gesellschaftlichen, eindeutigen Erklärungsmustern, fällt die beachtliche Ambivalenz ins Auge, mit der die derzeitige gesellschaftliche Entwicklung bewertet wird. Für die einen ist es eine optimistische Vision, für die anderen eine mit starken Ängsten besetzte Entwicklung.[20]
Aus beiden Sachverhalten heraus ist es notwendigerweise Aufgabe der Gesellschaftswissenschaften, sich mit diesen Veränderungen auseinanderzusetzen und nach einer Erläuterung des Gesellschaftswandels zu suchen. Dieser Auseinandersetzung wird sich die vorliegende Arbeit widmen.

1. Erkenntnisinteresse und Fragestellung

Diese Arbeit sieht sich nicht in der Tradition der Technikfolgenabschätzung, da es weder um die Entwicklung eines Frühwarnsystems für soziale, politische, ökonomische, gesundheitlichen oder ökologische Wirkungen neuer Informations- und Kommunikationstechnologien geht, noch um eine zukunftsorientierte Risikoanalyse, um für Parlamente und staatliche Institutionen entscheidungsrelevante Positionen aufzubereiten.[21] Weiterhin geht es auch nicht darum, prognostische Instrumente zur Erfassung langfristiger Wirkungen zu erarbeiten.
In der vorliegenden Arbeit steht das Verständnis einer Technikfolgenforschung im Vordergrund, die den Prozess technologischer Diffusion und die damit verbundenen Veränderungen beobachtet und analysiert. Ziel dieser Arbeit ist es, den im hohen Maße spekulativen Gehalt des weitverbreiteten Schlagwortes „Informationsgesellschaft“ zu klären, da die Plausibilität einer Gesellschaftsbeschreibung als Informationsgesellschaft in der Forschung in hohem Maße umstritten ist. Damit folgt diese Arbeit den Anmerkungen Niklas Luhmanns:

---

19 Reinhard Kreissl, a.a.O.

20 Jüngste Dokumentation dieser Ambivalenz Technologien gegenüber ist zu finden bei: Bill Joy, Warum die Zukunft uns nicht braucht. Die mächtigsten Technologien des 21. Jahrhunderts – Robotik, Gentechnik und Nanotechnologie – machen den Menschen zur gefährdeten Art. In: FAZ vom 6. Juni 2000. In Auseinandersetzung Frank Schirrmacher, FAZ 6. Juni 2000. Diese Thesen haben ein weltweites Echo ausgelöst, zu diesen Reaktionen FAZ vom 11. Juli 2000. Diskussion der Thesen auch in der Wirtschaftswoche Nr. 25 vom 15. Juni 2000.
Eine ganz andere Sicht entwickelt hingegen Ray Hammond, Alles auf Kredit. In: SZ-Serie Die Gegenwart der Zukunft, Süddeutsche Zeitung vom 24./25. April 1999. Dazu auch Uwe Jean Heuser, Am Bildschirm allein zu Haus. In: Die Zeit vom 20. Oktober 1995. Siegmar Mosdorf, Die Diskussion weder den Kulturpessimisten noch den Technikeuphorikern überlassen. In: Das Parlament Nr. 33-34 9./16. August 1996.

21 Vgl. Konzept der Technikfolgenabschätzung M. Dierekes / Thomas Petermann / U.von Thienen (Hrsg.), Technik und Parlament. Technikfolgen-Abschätzung. Konzepte, Erfahrungen, Chancen, Berlin1986. Thomas Petermann(Hrsg.): Technikfolgen-Abschätzung als Technikforschung und Politikberatung, Frankfurt am Main/New York 1992, S.271-298.

"Es fehlt, wenn man einmal von alten Themen wie Differenzierung und Komplexität absieht, eine Vorstellung der strukturellen Merkmale, die die moderne Gesellschaft offenbar langfristig und nicht nur für den Moment gegenüber älteren Gesellschaftsformationen auszeichnen."[22]

Das vorliegende Erkenntnisinteresse ergibt sich aus der Feststellung, dass trotz intensiver wissenschaftlicher Auseinandersetzung bis heute ungeklärt ist, welche besonderen strukturellen Merkmale die Informationsgesellschaft prägen. Andererseits ergibt es sich aus der Notwendigkeit analytischen Arbeitens, um die bewegenden Kräfte des Neuen, die charakteristischen Veränderungen und ihr Potenzial offen zu legen.
Ziel der Arbeit ist es, anhand der wissenschaftlichen Aussagen und der tatsächlichen Veränderungen eine Charakterisierung der Gesellschaftsform vorzunehmen. Bei dieser Charakterisierung wird sich zugleich erweisen, ob es gerechtfertigt ist, von einem neuen Gesellschaftstyp zu sprechen.
Damit setzt sich diese Arbeit von den zahlreichen vorliegenden Arbeiten zur Informationsgesellschaft ab, in denen weitgehend der zweite Schritt der Beurteilung vor dem ersten Schritt der Klärung steht. Ohne diese Klärung bleiben die meisten Arbeiten bei einem gesellschaftstheoretisch-historischen Überblick stehen. Dieser ist zwar keineswegs wertlos, wird aber dem derzeitigen gesellschaftspolitischen Interesse und der damit verbundenen Ambivalenz der Beurteilung kaum gerecht und trägt nur wenig zur wissenschaftlichen und empirischen Klärung des Phänomens bei. Diese Arbeit wird es bewusst vermeiden, zukünftige Entwicklung im voraus ermitteln zu wollen. Vielmehr geht es um die Skizzierung von Entwicklungslinien, die bereits sichtbar sind. Dabei geht diese Arbeit von der grundsätzlichen Annahme aus, dass erst, wenn bestimmte Trends ein quantitatives und zugleich qualitativ nachweisbares Stadium erreicht haben, tatsächlich von der Existenz einer Informationsgesellschaft gesprochen werden kann. Der quantitative Nachweis ist durch die Feststellung empirischer Veränderungen zu erbringen. Der qualitative Nachweis dagegen ist vergleichsweise schwieriger zu ermitteln und kann lediglich über Beobachtungen erbracht werden.
Damit ergeben sich folgende erkenntnisleitende Fragestellungen:

1. Was zeichnet die Informationsgesellschaft aus? Welche Indikatoren einer Informationsgesellschaft sind in den theoretischen Konzepten zu finden? Und: Ist eine Modifizierung notwendig, um eine umfassende Beschreibung der Informationsgesellschaft zu gewährleisten?
2. Welche Schlüsselkonzepte prägen diese Gesellschaftsform, und welche Charakteristiken sind gegenüber der Industriegesellschaft in den theoretischen Konzepten zu ermitteln?
3. Ergeben sich aus den Charakteristiken quantitative und qualitative Veränderungen in den gesellschaftlichen Bereichen, die in einem Ausmaß zu Tage treten, das es rechtfertigt, von einer neuen gesellschaftlichen Form auszugehen oder gar den Beginn eines Informationszeitalters zu konstatieren? Rechtfertigen die ermittelbaren quantitativen und qualitativen Veränderungen die Deklarierung eines neuen gesellschaftlichen Grundtyps und kann dadurch zugleich das theoretische Konzept der Informationsgesellschaft verifiziert werden?

---

[22] Niklas Luhmann, a.a.O., 1992, S.17.

Die Beantwortung dieser Fragen erfordert eine Festlegung des Begriffes und seiner Implikationen. Damit wird diese Arbeit zugleich die wissenschaftliche Diskussion und Kontroverse um einen Gesellschaftsbegriff zu einem ersten Abschluss bringen.
Dies ist deshalb keine Trivialität, weil die vorliegende Untersuchung neben einer Charakterisierung der Informationsgesellschaft insbesondere den Prozesscharakter dieser modernen Gesellschaftsform nachweisen wird und damit Luhmanns Hinweis auf Differenzierung und Komplexität als prägende Elemente moderner Gesellschaften um das Element der Prozesshaftigkeit ergänzt.
Die Erkenntnis der starken Prozesshaftigkeit moderner, technologisch geprägter Gesellschaftsformen wird zugleich verdeutlichen, dass die moderne Gesellschaftsanalyse nicht mehr rein deduktiv, in einfachen Ursache- und Wirkungszusammenhängen erfolgen kann. Damit beschreitet die vorliegende Studie in ihrem Ausmaß und im Angebot ihrer methodischen Systematik Neuland.
Die Probleme, die mit der Zielsetzung der Arbeit verbunden sind, seien hierbei nicht verschwiegen, da sie dem Forschungsgegenstand inhärent sind und zugleich der Multifunktionalität der Informationstechnologien entsprechen:

1. Die Komplexität und stetig anwachsende Zahl der Nutzungsmöglichkeiten macht den Forschungsgegenstand nur schwer greifbar.
2. Bei den Informations- und Kommunikationstechnologien handelt es sich um keine klar abgrenzbare Technologie, sondern vielmehr um eine Art Technologiebündel, welches allgemeine Aussagen nur auf einem recht abstrakten Niveau zuläßt.
3. Die Auswirkungen dieser Technologie und die Veränderungen durch diese Technologie sind insofern schwer darstellbar, als sie sich erst aus den Präferenzen der Anwender und Anwenderinnen ergeben. Inwieweit z. B. durch die Informations- und Kommunikationstechnologien in einer Gesellschaft Dezentralisierungs- und Enthierarchisierungsprozesse eingeleitet werden, oder im Gegenteil zur Machtfokussierung führen, liegt letztlich in den Händen derjenigen, die die Verantwortung für die Einführung und den Einsatz dieser Technologie tragen. Die Technologie, die Basis der Informationsgesellschaft ist, ist in hohem Maße anwenderorientiert: "Nutzungsmöglichkeiten, Chancen und Risiken, Erleichterungen und Belastungen ergeben sich nicht zwangsläufig durch die neuen IuK-Technologien, sondern durch die Art und Weise, wie sie genutzt und eingesetzt werden, Sie sind vor allem auch abhängig von den organisatorischen, rechtlichen und sozialen Bedingungen, die wiederum selbst das Ergebnis von gesellschaftlichen, wirtschaftlichen und politischen, aber auch betrieblichen und individuellen Entscheidungsprozessen sind."[23]

[23] Deutscher Bundestag: Zwischenbericht der Enquete-Kommission ›Neue Informations- und Kommunikationstechniken‹ Drucksache 9/2442, Bonn o.A. 28.03 1983.

2. Politikwissenschaftliche Relevanz

Die vorangehende Darlegung des Erkenntnisinteresses verdeutlicht bereits die politikwissenschaftliche Relevanz. Fast alle offiziellen politischen Verlautbarungen zur Informationsgesellschaft fordern heute eine qualifizierte Erforschung der technischen, wirtschaftlichen und gesellschaftlichen Auswirkungen neuer Informations- und Kommunikationstechnologien. In diesem Zusammenhang wird in der Regel zugleich betont, dass das Ausmaß der "sozialen Härte", die durch eine Integration neuer Technologien generiert werden kann, im Grunde stark von den technologie-, wirtschafts- und sozialpolitischen Entscheidungen abhängt. Um ein verantwortliches Handeln der Entscheidungsträger zu gewährleisten, muss das Ausmaß der Veränderungen abgeschätzt und müssen Risiken und Chancen möglichst genau erkannt werden: „Die Schnittstelle, die Kopplungsstelle von Mensch und Maschine hat bei der Informationstechnik einen wichtigen Platz bei der Bewertung."[24] Erst die genaue Kenntnis über die Veränderungen und den momentanen Stand im Vergleich zu anderen Ländern machen eine effiziente technologiepolitische Begleitung möglich. Dies schließt wirtschafts-, sozial- und bildungspolitische Entscheidungen mit ein. Hierzu muss die Wissenschaft ein Instrumentarium bereitstellen, das zur Einordnung einer Gesellschaft als Informationsgesellschaft hinreicht, eine internationale Vergleichbarkeit gewährleistet und zudem langfristige Entwicklungstendenzen offenlegt. Es geht letztlich um eine theoretisch fundierte Explikation dieser Entwicklung, die die Grundlage einer umfassenden, interdisziplinär angelegten Theorie der Informationsgesellschaft bilden kann und damit ein in der Politikwissenschaft vorherrschendes Theoriedefizit beseitigt. Erst eine fundierte Analyse und eine Charakterisierung der Informationsgesellschaft kann zu neuen ordnungspolitischen Forderungen führen, die möglicherweise einen politischen Paradigmenwechsel mit sich bringen, um künftig Fehlallokationen gesellschaftlicher Ressourcen zu vermeiden. Die Formulierung dieses ordnungspolitischen Rahmens für die Informationsgesellschaft stellt eine wesentliche Forschungsaufgabe für die theoretische und praktische Wirtschafts- und Kommunikationspolitik dar. Dies kann im Rahmen dieser Arbeit zwar nicht geleistet werden, aber die Grundlage dafür wird in dieser Arbeit gelegt: die Standortbestimmung als erster Schritt hin zu einer solchen theoretischen Fundierung und Formulierung eines neuen politischen Paradigmas.

3. Aufbau der Arbeit, Methodik und Vorgehensweise

Um der politikwissenschaftlichen Forderung nachzukommen, eine Theorie der Informationsgesellschaft zu entwickeln, die den Weg frei macht für eine ordnungspolitischen Bestimmung, ist es Aufgabe dieser Arbeit, die Basis zu legen, in dem der Begriffs der Informationsgesellschaft eine umfassende Klärung erfährt. Von besonderer Bedeutung für die Umsetzung dieses Forschungsinteresses ist der Aufbau der Arbeit und die Frage, mit welchen wirtschafts- bzw. sozialwissenschaftlichen Methoden die Entwicklung zur Informationsgesellschaft und deren Bestimmung analysiert werden kann.

Die bisher getroffene Feststellungen verdeutlichen bereits zu diesem frühen Zeitpunkt, dass die klassischen Methoden, etwa durch Surveydaten Schlüsse auf Gegenwart und Zukunft zu ziehen, für den vorliegenden Forschungsgegenstand

---

24 Peter Otto / Philipp Sonntag, a.a.O., S.17.

kaum ausreichen. Auch der Entwurf tentativer Zukunftsszenarien erweist sich für vorliegendes Forschungsinteresse als unpassend, da hier von hypothetischen, soziopolitischen Rahmenbedingungen einerseits, und von selbstgewählten Wertpräferenzen und Zielvorgaben andererseits ausgegangen und daraus die Wirkungen auf Gesellschaft, Politik, Wirtschaft und Kultur deduziert werden.
So kann als erste Feststellung in Zusammenhang mit der Methodik gelten, dass Vorgehensweisen, die sich an einem festgelegten Forschungsdesign orientieren, dem Prozesscharakter der Informationsgesellschaft nicht gerecht werden. Damit steht am Anfang dieser Arbeit die Forderung nach einem offenen Forschungsdesign mit interdisziplinärer, oder aus wissenschaftstheoretischer Sicht: transdiziplinärer Verknüpfung. Nur der Rückgriff auf Formen wissenschaftlichen Arbeitens über die traditionellen Grenzen der Disziplinen hinweg kann der Komplexität des Prozesses aktueller Gesellschaftsveränderung gerecht werden. Die Notwendigkeit einer transdisziplinären Verknüpfung hängt auch eng mit dem Wissenswachstum und der Spezialisierung der Gebiete zusammen. Die Transdisziplinarität der Methodik spiegelt sich im Aufbau der Arbeit wider.
Die Arbeit gliedert sich in zwei voneinander getrennte Hauptteile, die den erkenntnisleitenden Fragestellungen entsprechen: In einem ersten Hauptteil wird ein Bezugs- und Begriffsrahmen entwickelt werden, der eine Operationalisierung des Begriffs Informationsgesellschaft ermöglicht. Zunächst werden die Schlüsselelemente und -konzepte um den Begriff der Informationsgesellschaft herausgefiltert und einer sprachwissenschaftlichen Bedeutungsanalyse unterzogen. Einbezogen werden dabei ebenso umgangssprachliche Definitionen wie wissenschaftliche Erkenntnisse der linguistische Semantik, Pragmatik und der Nachrichten- oder Informationstheorie. Auf diese Weise wird zugleich deutlich, wie vielschichtig die Begriffe sind, auf denen das Konzept der Informationsgesellschaft aufbaut. Im Anschluss an die Begriffsklärung wird verdeutlicht, dass der gesellschaftliche Wandel in erster Linie technologiemotiviert ist. Hierbei wird auf die volkswirtschaftliche Theorie der Kondratieff-Zyklen ebenso zurückgegriffen wie auf die Methoden der Informationsökonomie, die im Besonderen die gesellschaftlichen Veränderungen empirisch veranschaulichen. (Kapitel I)
Nachfolgend wird der Rückschluss auf den Technologiewandel in den Mittelpunkt der Betrachtung gelegt, indem das Phänomen der Informatisierung qualitativ beschrieben wird. Diese Beschreibung ist notwendig, da das Phänomen der Informatisierung die Basis der gesellschaftlichen Veränderung bildet. (Kapitel II)
Erst nach dieser Klärung der konzeptionellen Basis des gegenwärtigen gesellschaftlichen Wandels wird das Konzept der Informationsgesellschaft selbst in den Mittelpunkt einer hermeneutischen Analyse gestellt. (Kapitel III) Dies geschieht mit Hilfe eines Rückgriffs auf die theoretische Literatur zum Konzept der Informationsgesellschaft. Die Entwicklung und Beleuchtung des normativen Rahmens, innerhalb dessen sich die Informationsgesellschaft bewegt, soll mittels Diskussion der einschlägigen Literatur und der Sekundäranalyse zentraler Forschungsergebnisse durchgeführt werden. Leitendes Kriterium für die Auswahl der Literatur ist ihre theoretische und empirische Relevanz für die Gesamtbetrachtung. Die Auswahl der Autoren erfolgt dabei zum einen nach dem Kriterium der besonderen Bedeutung für die Beschreibung und Entwicklung des theoretischen Konzeptes der Informationsgesellschaft, zum anderen wurde die Auswahl danach getroffen, inwiefern die Autoren in ihrer Gesellschaftsbeschreibung die charakteristische Elemente mit einbezogen haben. Neben den Autoren, die das Konzept der Informationsgesellschaft befürworten, werden darauffolgend auch jene Autoren einbezogen, die das Konzept der Informationsgesellschaft ablehnen und

stattdessen von einer informatisierten Industriegesellschaft ausgehen. Auf diese Weise wird die Kontroverse in der wissenschaftlichen Literatur verdeutlicht.
Zur Lösung dieser Kontroverse wird im folgenden Kapitel, den beiden untersuchungsleitenden Fragestellungen folgend, ein Instrumentarium zur Untersuchung der Informationsgesellschaft aufgestellt. Die hermeneutische Analyse der theoretischen Abhandlungen zum Potenzial der Veränderung dient schließlich der Kriterien- oder Indikatorenerstellung (Kapitel IV). Diese Indikatoren bilden zugleich die charakteristischen Merkmale der Gesellschaftsform. Auf diese Weise entsteht eine Indikatoren-Definition der Informationsgesellschaft.
Wissenschaftlicher „Nebeneffekt" des so aufgestellten Indikatorenbündels ist es, dass dieses Instrumentarium – bei einem andersgelagerten Forschungsinteresse und einer entsprechenden Datenlage – zur empirischen Analyse genutzt werden könnte.[25] Dies gilt umso mehr, als dieses Instrumentarium drei Anforderungen berücksichtigt, die gerade bei einer empirischen Analyse der Informationsgesellschaft von besonderer Bedeutung sind:

1. Die Einbeziehung der dynamischen Prozesshaftigkeit, um der extremen Dynamik des auf Informations- und Kommunikationstechnologien basierenden gesellschaftlichen Wandels gerecht zu werden. Das zur Analyse bereitgestellte Instrumentarium muss entsprechend sich ergebender Veränderungen daher zu jeder Zeit ergänzbar oder veränderbar sein.
2. Die internationale Vergleichbarkeit. Der Prozess der Informationsgesellschaft ist ein internationaler, globaler Prozess. Die Analyse der Informationsgesellschaft muss daher ein Instrumentarium bereitstellen, mit dem die Entwicklung einzelner Länder vergleichend analysiert und beschrieben werden kann.
3. Die gesellschaftlichen Veränderungen müssen in die Analyse einbezogen werden. Neben den sicherlich weitaus offensichtlicheren ökonomischen Veränderungen der Informatisierung sind gerade auch die gesellschaftlichen Aspekte dieses strukturellen Wandels einzubeziehen.

Damit hat der erste Hauptteil der Arbeit die Antwort auf die erste forschungsleitende Fragestellung nach den prägenden Charakteristiken und Schlüsselkonzepte der Informationsgesellschaft gegeben. Offen bleibt die Frage, ob sich dadurch auch qualitative Veränderungen in den gesellschaftlichen Bereichen ergeben und ob das Ausmaß der Veränderungen es rechtfertigen von einem neuen Gesellschaftstyp auszugehen. Dieser Frage wird im zweiten Hauptteil der Arbeit nachgegangen.
In diesem zweiten Hauptteil sind die qualitativen Veränderungen in einer multimedialen Gesellschaft untersuchungsleitend (Kapitel I). Auch hier wird die methodische Ebene der Hermeneutik nicht verlassen, aber durch die Beobachtung ergänzt. Indem ausgewählte gesellschaftliche Bereiche durch Beobachtung, Sammlung, Beschreibung und Klassifizierung durchleuchtet werden, werden qualitative Veränderungen aufgezeigt. Untersucht werden die Bereiche Zukunft der Bildung, Wirtschaft und Arbeitsmarkt sowie der innerstaatlich-staatsorganisatorische Bereich. Von besonderer Bedeutung bei der Untersuchung ist die Betrachtung der strukturellen Veränderungen. Einschränkend muss festgehalten werden, dass es

[25] An dieser Stelle sei angemerkt, dass dies eine immense Datenerhebung zur Folge hätte, die jedoch die wissenschaftliche Analyse der Informationsgesellschaft erheblich voranbringen würde. Durch eine solche empirische Analyse ließe sich nicht nur feststellen, auf welchem Stand sich eine bestimmte Gesellschaft auf dem Weg zur Informationsgesellschaft befindet, es wäre auch möglich, offenzulegen, welche politischen Maßnahmen die weitere Entwicklung stimulieren würden – für die Politikberatung keine unwesentlichen Erkenntnisse.

sich hierbei nur um Trendaussagen zur gesellschaftlichen Entwicklung handeln kann.

An dieser Stelle sei ausdrücklich angefügt, dass es kaum Ziel dieser Darlegung sein kann, die ungeheure Vielfalt und Vielschichtigkeit der gesamten Diskussion und Forschung in den einzelnen Themenbereichen oder gar einzelne Projekte zu durchleuchten. Die Komplexität des Themas bedingt es, dass sich diese Arbeit den Vorwurf gefallen lassen muss, bei exemplarischen Momentaufnahmen stehen zu bleiben und so lediglich Entwicklungslinien aufzuzeigen. Dies wird aber in Kauf genommen, um dem Hauptziel der quantitativen und qualitativen Charakterisierung der Informationsgesellschaft gerecht zu werden. Damit macht sich diese Arbeit einen wissenschaftlichen Stil zu eigen, der einen Überblick über die Diskussion des Themas Informationsgesellschaft vermitteln will.

Notwendigerweise mussten Einschränkungen der Behandlungsfelder getroffen werden, um nicht in enzyklopädische Ausmaße zu geraten. Entsprechend muss natürlich eingestanden werden, dass Gebiete vernachlässigt wurden, die sicherlich von großem Interesse für die Forschung und auch für die vorliegende Fragestellung gewesen wären, wie z.B. der Gesamtbereich verfassungsrechtlicher und regulierungs- sowie ordnungspolitischer Fragen.[26] Weiterhin ausgeklammert wurde die Frage nach einer angemessenen Kommunikations-Policy, die Frage der Medienregulierung und der Veränderungen des Rundfunkbegriffes. Unberücksichtigt blieben auch die rechtlichen Herausforderungen an das Konzept des Nationalstaates und des nationalen Rechts sowie eine Beurteilung schon bestehender rechtlicher Regelungen[27], wie beispielsweise das deutsche Multimedia-Gesetz[28] und das Telekommunikationsgesetz.[29] Spezielle Probleme der Technikförderung, Subventionierung und Implementierung durch Regierungen und spezielle Regierungsprogramme zur Etablierung der Informationsgesellschaft wurden ebenfalls bewusst nicht untersucht.

In hohem Maße bietet diese Arbeit die Eröffnung neuer Forschungsfragen. Die offenen Forschungsfragen finden sich insbesondere im Bereich der Policy-Forschung. Sofern die These der Ablösung der Industriegesellschaft und Entwicklung einer Informationsgesellschaft nämlich zutrifft, ist davon auszugehen, dass die Entstehung der Informationsgesellschaft zusätzliche Impulse zur Umsetzung von Reformen in sich trägt. Mehr noch, unter Einbezug der politischen Lage kann man dann sogar davon ausgehen, dass Reformstau und Gesellschaftswandel einander bedingen, da der Wandel hin zu einer neuen Gesellschaftsform auch neue ordnungspolitische Vorgehensweisen erfordert, oder, wie es Siegmar Mosdorf ausdrückt: „Das ›industrielle Prinzip‹ steht auf dem Prüfstand.“[30]

---

26 Einen kleinen Einblick in diese Probleme der Rechtsprechung und Ordnungspolitik vermitteln insbesondere Presseartikel. Friedrich Karl Fromme in der Frankfurter Allgemeinen Zeitung vom 13. Mai 1996, Online und im Internet hinken Rechtsprechung und Gesetzgebung der rasanten Entwicklung hinterher; Süddeutsche Zeitung vom 29. Juli 1998, Die Netzbeschmutzer. Tatort Internet: Nicht Computer, sondern Menschen töten; Süddeutsche Zeitung vom 1. September 1998 Handlungsanweisungen fürs Netz. Wie legitimiert man Verhalten im Cyberspace; Süddeutsche Zeitung vom 6. Juni 1997 Internet – ein juristisches Minenfeld; Badische Zeitung vom 16. August 1997, Regeln für das Internet.

27 Dazu Joachim Jahn, Die Elektrifizierung des Rechts. In: FAZ vom 22. Mai 2000.

28 Badische Zeitung vom 14.6.1997: Multimedia-Gesetz soll Verbraucher besser schützen.

29 Jürgen Rüttgers, Rechtlich und technisch Neuland betreten. Das neue Informations- und Kommunikationsdienste-Gesetz. In: Das Parlament 48. Jahrgang/Nr. 40, 25. September 1998.

30 Siegmar Mosdorf, Vorwort zu Andreas Dengel / Welf Schröter, Flexibilisierung der Arbeitskultur. Infrastrukturen der Arbeit im 21. Jahrhundert, Mössingen-Talheim 1997, S.9.

II. Technologische Ausgangsposition der Analyse

Da diese Arbeit nicht voraussetzen will, dass die technologischen Elemente, auf denen die Informationsgesellschaft aufbaut, allgemein bekannt sind, ist es an dieser Stelle notwendig, den technischen und gedanklichen Hintergrund darzustellen. Dabei soll allerdings festgehalten werden, dass es sich hierbei lediglich um eine grob vereinfachende Darstellung handelt, die der Beurteilung eines Experten nicht standhalten kann.

Wenn von neuen Informations- und Kommunikationstechnologien gesprochen wird, so sei hier betont, dass es sich im Grunde lediglich um die Modifizierung bereits bestehender Technologien handelt. Das eigentlich Neue der neuen Medien besteht in der globalen Vernetzung hochentwickelter Informations- und Kommunikationstechnologien zu einem integrierten, interaktiven, kommunikativen Gesamtsystem.[31] Dieses Gesamtsystem verbindet die drei, bisher institutionell getrennten und unterschiedlich legitimierten bzw. regulierten Säulen der elektronischen Individual- und Massenkommunikation, nämlich Rundfunk, Telekommunikation und Datenverarbeitung. Das eigentliche gesellschaftliche Reformpotenzial besteht im Zusammenwachsen dieser drei ehemals getrennten Bereiche und findet seinen Ausdruck in dem Wort „Multimedia“. Der gesellschaftspolitische Veränderungsprozess ergibt sich in erster Linie aus dem Konvergenzpotenzial und den Vernetzungsoptionen der Telematik, die neue Wege der Kommunikation eröffnen. Resultat dieser Entwicklung ist die Auflösung der bis dahin gewohnten Trennung von Individual- und Massenkommunikation. Manfred Stegger spricht in diesem Zusammenhang gar von der "Sturzgeburt eines neuen Massenmediums"[32], und die Entwicklung gibt ihm Recht. Vor wenigen Jahren noch durch Militär und eine Minderheit von Forschern und Technikbegeisterten dominiert, erobern elektronische Netze zunehmend die privaten Haushalte. Die globale "Internet-Gemeinde" wurde Ende 1994 noch auf 40 Millionen Mitglieder beziffert.[33] Jüngste Schätzungen gehen mittlerweile von weltweit über 200 Millionen Menschen aus, die Zugang zum Netz haben.[34] Durch die Entwicklung von Mikroprozessoren verfügt inzwischen die elektronische Grundausstattung eines modernen Haushaltes über mehr Rechnerkapazität als für Neil Armstrongs Flug zum Mond in den sechziger Jahren zur Verfügung stand. Ein Ende der Entwicklung ist dabei nicht erkennbar: es gilt die von Gordon Moore 1965 formulierte Gesetzmäßigkeit, derzufolge sich die Rechnerleistung von Computern etwa alle 18 Monate verdoppelt, während sich die Kosten im gleichen Zeitraum halbieren.[35]

---

31 Zu den technischen Grundlagen für den Strukturwandel vgl. auch Robert Wagner, Die Informationsgesellschaft. Chancen für eine neue Lebensqualität am Beginn des 3. Jahrtausends, Münster 1996, S.6ff. Ferner Neue Zürcher Zeitung vom 24. Juni 1996 Die Juristen entdecken das Internet. Ebenso Zürcher Zeitung vom 10 Mai 1996 Gewerbeschein genügt. Deutschland entwirft Eckwerte für ein Multimedia-Gesetz.

32 Manfred Stegger, Partizipation und Demokratie im Cyberland. In: Jörg Tauss / Johannes Kollbeck / Jan Mönikes, a.a.O., S.785.

33 Hagen Jultsch, Die globalinformierte Welt. Konsequenzen für die nationalen Wirtschaften, In: Alfred Herrhausen Gesellschaft für Internationalen Dialog, Multimedia – eine Revolutionäre Herausforderung. Perspektiven der Informationsgesellschaft. 3. Jahreskolloquium 16./17. Juni 1995, Frankfurt am Main, S.73-92.

34 NUA Internet Surveys/IDC 1999, vgl. auch www.ecin.de/marktbarometer/daten/nutzer.html, 13.10.2000.

35 Gebhard Schweigler, Internetionale Politik: Schöne neue Weltordnung? In: Karl Rohe(Hrsg.), Politik und Demokratie in der Informationsgesellschaft, Baden-Baden 1997, S.85. Moores Vorhersage bezog sich zunächst auf die Fähigkeit, immer mehr Transistoren (Halbleiter) auf gedruckte Schaltkreisen (Chips) unterzubringen. Der Transistor wurde 1947 erfunden, der erste

Anders als bei konventionellen Rundfunkmedien, die breit und kaum differenziert in eine Richtung senden, ermöglichen digitale Netze bi-direktionale Kommunikation. Ausdruck dieser neuen "Inter-Aktivierung" und eigentliches Symbol der neuen Medien ist das Internet. Das Internet steht als neues Medium auch im Zentrum der vorliegenden Arbeit.

1. Bi-direktionale Kommunikation: Das Internet

Die Entstehung des Internets war eine Verbindung von militärischer Strategie, wissenschaftlichem Kommunikationsbedürfnis und technologischer Innovation.[36]
Der Anstoß dieser Entwicklung kam aus den USA und geht auf das Jahr 1969 zurück, als erstmalig mit staatlicher Unterstützung die Vernetzung von Computern verfolgt wurde.[37] Die ARPA (Advanced Research Projects Agency), seit 1972 DARPA (Defence Advanced Research Projects Agency), forcierte mit erheblichen finanziellen und personellen Mitteln die Entwicklung einer Kommunikationsstruktur, die einem nuklearen Angriff widerstehen könne, um im Verteidigungsfall die Kommunikation ungestört aufrecht zu erhalten. Das so entstandene Netzwerk wurde für Forschungseinrichtungen geöffnet, die mit dem US-Verteidigungsministerium kooperierten. Damit ist das Internet militärischen und wissenschaftlichen Ursprungs. Es erfolgte schließlich eine Trennung: ARPANET, das wissenschaftlichen Zwecken diente und MILNET, das militärische Anwendung in den Mittelpunkt stellte. Mitte der 80er Jahre begann schließlich die Entwicklung von Netzwerkstrukturen, die auch von Nicht-Wissenschaftlern genutzt werden sollten (BITNET). All diese Netzwerkstrukturen nutzten das ARPANET als Rückgrat. Damit bildete sich das ARPA-INTERNET heraus. Weil das ARPANET technologisch veraltete, wurde es 1990 durch das NSFNET ersetzt. Das NSFNET, das nunmehr das Kommunikationsrückgrat des INTERNET bildete, wurde nach wie vor von einer staatlichen Behörde betrieben, der National Science Foundation. Im weiteren Verlauf erfolgte eine Internationalisierung der Netzwerkstrukturen. Auch in anderen Teilen der Welt entwickelten sich Netzwerke. Durch die Computer-Gegenkultur der „Hacker“ und die Erfindung des Modems[38] wurden zunehmend auch Privatpersonen in die Netzwerkstruktur integriert. Damit geht die Entwicklung des Internets auf die

---

industriell brauchbare Chip wurde 1959 entwickelt. Vgl. Incredible Shrinking Transistor nears its Ultimate Limit: The Laws of Physics. In: New York Times 4. Februar 1997, S.C1/5.

36 Eine ausgezeichnete Darstellung der Entstehung des Internets bieten Janet Abbate, Inventing the Internet, Cambridge 1999. Dazu auch John Naughton, A brief History of the Future: The Origins of the Internet, London 1999.

37 Robert Cailiau, Zur Technikgeschichte des Internet. Stichworte eines Surf -Pioniers. In: Claus Leggewie / Christa Maar: Internet & Politik, a.a.O., S.70-81; Zur Prognose der Weiterentwicklung Herbert Kubicek, Das Internet 1995-2005. Zwingende Konsequenzen aus unsicheren Analysen. In: ebd., S.55-69. Vgl. auch Volker Leib: Wissenschaftsnetz und Bürgernetz. Vom selbstgesteuerten Internet zur elektronischen Demokratie? In: Wienand Gellner / Fritz von Korff (Hrsg.), Demokratie und Internet, Baden-Baden1998. S.83ff; Klaus Brunnstein, Technische Risiken und ihre möglichen Wirkungen auf dem Weg in eine 'Informationsgesellschaft". In: Britta Schinzel (Hrsg.), Schnittstellen. Zum Verhältnis von Informatik und Gesellschaft, Braunschweig/Wiesbaden 1996, S.129-152, S.131. Dazu auch der Vortrag von Volker Krieger im Forum Abenteuer Internet, einer Gemeinschaftsveranstaltung von Badischer Zeitung und Universität Freiburg. Der Vortrag im Internet unter http://omnibus.uni-freiburg.de/bz/vortrag vom 5. Juni 1997. Dazu auch Badische Zeitung vom 5. Juni 1997.

38 Sehr vereinfacht dargestellt, ermöglichen Modems, Computerdaten via Telefonleitung zu übertragen. Damit wurde die Netzwerkkommunikation allen zugänglich, die über das nötige technische Wissen und einen PC verfügen.

wissenschaftlichen, institutionellen und persönlichen Netzwerke zurück, die sich zunehmend ü ber d ie g anze W elt v erteilten. E in weltweites Netzwerk konnte durch die Verbindung dieser Netze entstehen, so dass all diese Netzaktivitäten schließlich im Internet, als "the network of the networks"[39]mündeten. Wie schnell sich das Internet zu einem weltumspannenden Netzwerkverbund entwickelt, ist mit beeindruckenden Graphiken bei *„cybergeography"* nachvollziehbar.[40] Der Erfolg des Internets war auf bereits vorhandene Netzwerktechniken zurückzuführen. Um die Unterschiede zwischen den unterschiedlichen Netzwerken zu überbrücken, wurde die host-to-host (TCP) und das Internetwork Protocol (IP) angewandt.

> "Mit Hilfe eines weltweit gleichen Adressierungsschemas und eines sehr einfachen Übertragungs- und Vermittlungsprotokolls (TCP/IP=Transmission Control Protocol/Internetworking Protocol) kann sich im Internet jedes Nachrichten-Paket selbst seinen Weg von Vermittlungsrechner zu Vermittlungsrechner bis zum Zielrechner suchen. Tritt irgendwo eine Störung auf, wird die Nachricht über andere Knoten umgeleitet. Das Netz wird erweitert, indem sich ein Interessent mit seinem Rechner an einen der bestehenden Millionen Knoten anhängt. Als ›Netz der Netze‹ stellt das Internet globale Verbindungen zwischen unübersehbar vielen lokalen und regionalen Netzen her."[41]

Dennoch war bis in die 90er Jahre die Nutzung des Internets noch immer mit großen Schwierigkeiten verbunden. Eine Standardisierung und Vereinfachung des Informationsaustausches erfolgte erst durch die Konstruktion einer neuen Anwendung: des *World Wide Web*. Durch diese Anwendung wurde der Inhalt im Internet nicht mehr nach Orten, sondern nach Inhalten organisiert. Auf diese Weise haben sich, neben der anwenderfreundlichen graphischen Oberfläche, die Möglichkeiten der Suche nach Information stark vereinfacht. Das neue System der Informationsorganisation erfolgte mittels *hypertext*, einer technischen Anwendung, die eine Informationsverknüpfung auf horizontaler Ebene ermöglichte. Zusätzlich wurde die *hypertext markup language* (HTML), ein Format für Hypertext-Dokumente, und das *hypertext transfer protocol* (http), das unterschiedliche Computersprachen vereinheitlicht, eingeführt. Weiterhin wurde eine Standardadresse, der *uniform resource locator* (URL) geschaffen, der Informationen über das Anwendungsprotokoll und über die Computer-Adresse, an der sich die angeforderten Informationen befinden, zusammenfasst. Auf diese Vereinfachungen und Standardisierungen ist es zurückzuführen, dass das World Wide Web 1994 eine Zunahme des Datenverkehrs um fast 350.000 Prozent verzeichnete. In Folge tauchten a uch e rste O nline-Geschäfte i m N etz auf.[42] Die technologische Basis für den Siegeszug des Internets war gelegt. Seit Anfang 1995 wurde auch Deutschland vom Internet-Fieber erfasst. Aufgrund der zunehmenden Nutzung dieser Netzwerkstruktur durch private Konzerne und gemeinnütziger Netzwerke verstärkte sich der kommerzielle Druck, so dass 1995 die Privatisierung des Internets vollzogen wurde. Der Datenverkehr wurde von privaten Internet-Providern abgewickelt, was zugleich zu einer Ausweitung der privaten Nutzung führte, unterstützt durch eine

---

[39] William Martin, a.a.O., S.123.

[40] www.cybergeography.org, Online-Ausgabe des Cyberspace-Atlas.

[41] Alexander Roßnagel, Globale Datennetze: Ohnmacht des Staates – Selbstschutz der Bürger. Änderung der Staatsaufgaben in einer Civil Information Society. In: Kurt van Haaren / Detlef Hensche, Arbeit im Multimedia-Zeitalter, Hamburg 1997, S.102.

[42] Claus Peter Simon, Die Geschichte des Internet. In: Geo Wissen, Mensch und Kommunikation, Nr. 27, 2001, S.84.

weitere Internet-Technologie: der Suchmaschine. 1998 liegt die Anzahl der weltweiten Webseiten im 1. Quartal bereits bei 300 Millionen. Einmal privatisiert, hatte das Internet keine Aufsichtsbehörde mehr, daran änderten auch entstehende Adhoc-Institutionen nichts, die informelle Verantwortung für die Koordination der technischen Konfiguration und für die Aushandlung und Zuteilung von Internetadressen übernommen haben.[43]
Schließlich bildete sich auf US-amerikanische Initiative hin 1998 eine neue Koordinierungs- bzw. Regelungsinstanz mit Sitz in Amerika: IANA/ICANN. ICANN (Internet Corporation for Assigned Names and Numbers) ist ein globales Forum, das die Koordination der technischen Kernelemente des Internets im öffentlichen Interesse verantwortet. Kernelement der Arbeit von ICANN ist die technische und politische Verwaltung des Internets.

> „Making sure that computers anywhere on earth can talk to each other, that worldwide network of networks stays ›interoperable‹, that all email and browser commands are routed to the right computer, that's a critical task."[44]

Im Besonderen ist ICANN für die Vergabe der Domain-Namen im System des Internets verantwortlich[45]:

> „As a non-profit, private-sector corporation, ICANN is dedicated to preserving the operational stability of the Internet, to promoting competition; to achieving broad representation of global Internet communities, and to developing policy through private-sector, bottom-up, consensus-based means."[46]

Die Beschlüsse von ICANN sind grundsätzlich nicht bindend, erst seit 2000 werden zunehmend Versuche unternommen, den Beschlüssen von ICANN durch eine verstärkte Zusammenarbeit mit regionalen Organisationen mehr Verbindlichkeit zu verschaffen.[47] Dieser Intention folgend, wurde 2000 die erste Internet-Wahl für die ICANN-Gremien durchgeführt. Per Mouse-Klick stimmten registrierte Surfer erstmals über Direktoren der ICANN ab. Im Jahr 2000 überstieg die Zahl der Webseiten eine Milliarde, und erstmalig lässt ICANN auch neue Domain Namen zu: „.aero" für die Reiseindustrie, „.museum" für Museen, „.coop" für Genossenschaften, „.name" für persönliche Sites, „.pro" für Freiberufler sowie „.info" und „.biz" für Unternehmen.
Ursprünglich als Instrument konzipiert, mit dem über Computer anonymer Datenaustausch erfolgen kann, ist das Internet inzwischen als neues Mittel – "neues Medium" – direkter, menschlicher und zugleich völlig unkontrollierter Kommunikation geworden. Dies führt dazu, dass im Zusammenhang mit der Nutzung des Internets

---

43 Auf Initiative der National Science Foundation (NSF) erhielt die Internet-Society, eine gemeinnützige Organisation, die Verantwortung für die bestehenden Adhoc-Koordinationsinstanzen (gemeint sind Internet Activities Board und Internet Engineering Task Force). Auf internationaler Ebene herrschen die multilateralen Abkommen über die Zuteilung der Domain Adressen auf der ganzen Welt vor.

44 http://www.media-visions.com/icann-intro.htm; 03.01.2003.

45 Eine genaue Beschreibung der Aufgaben von ICANN ist zu finden bei http://www.media-visions.com/icann-intro.htm, „What does ICANN actually do?

46 http://www.icann.org, 03.01.2003.

47 Die Zunahme der Verbindlichkeiten hat zu einer Machterweiterung von ICANN geführt, die sich in der Terminologie der „Weltregierung" wiederfindet und nicht kritiklos bleibt, die insbesondere die mangelnde Kontrolle der ICANN beklagt. Verstärkt wird die Kritik durch die Tatsache, dass ICANN in wirtschaftlichen Schwierigkeiten steckt. Vgl. dazu http://www media-visions.com/icann-intro.htm „Protesting ICANN".

zunehmend von der "information anarchy"[48] gesprochen wird. Seine hohe Attraktivität verdankt das Internet seinen für jeden über die Telefonleitung weltweit möglichen Zugang, seiner einfachen Nutzung und seinen variantenreichen Anwendungen (z.B. elektronische Post, Arbeiten auf fremden Rechnern, Fernkopieren von Daten und Software, globale Informationsangeboten wie z.B. das World Wide Web). Damit ist es „... nur noch ein kleiner Schritt zur multimedialen Gesellschaft“[49], denn neben der multimediafähigen Computertechnologie und der digitalen Vernetzung sind die zur Verfügung stehenden Datenleitungen zur Gewährleistung der Datenübertragung eine weitere, wesentliche Voraussetzung für den Aufbau einer Informationsgesellschaft. Ethernet, eine Leitungstechnik, die Computer in lokalen Netzwerken (LANs) verbindet, und Glasfasernetze für die optische Datenübertragung schaffen die nötigen Übertragungskapazitäten für immer neue Breitbanddienste und bilden das "Nervensystem der Informations- und Kommunikationsgesellschaft."[50]

Im Idealfall bedeutet dies „Fiber to the home“, gegenwärtig erfolgt die Übertragung aber vornehmlich über DSL. Derzeit wird allerdings intensiv an der Optimierung der Datenübertragungsverfahren gearbeitet. Dies gilt insbesondere für die Netzwerk-technologie selbst. Zunehmend gewinnt auch der mobile Datenfunk *Global System for Mobile Communication*, also digitale Funknetze als *Group Special Mobile* (GSM) an Bedeutung. Dieser Trend wird sich möglicherweise durch die UMTS-Einführung noch verstärken.

Dennoch: Bereits heute zeigen sich zunehmend Kapazitätsprobleme, die bis hin zum totalen Zusammenbruch während Spitzenzeiten führen können.[51] Die operationalisierbaren Kosten sind dabei vernachlässigbar, ein weitaus größeres Problem sind die Entwicklungskosten des Systems und der dazugehörigen Standards, die die Interoperabilität zwischen Systemen und Ausstattungen ermöglichen.

Ein zukunftsweisendes Projekt bezüglich des infrastrukturellen Ausbaus ist das (nach wie vor in Planung befindliche) National Information Infrastructure "NII"-Projekt in den USA nach einem Konzept von Al Gore: "The information superhighway describes networks of optic fibre and coaxial cable linked by sophisticated switches that can deliver voice, data, image, text and video signals all in the same digital language."[52]

Das NII-Projekt gilt als Grundstein für die nationale Transformation in eine "information-based society" und wird in den USA als Schlüssel zum Erhalt der weltwirtschaftlichen Führungsrolle gewertet. Obgleich das Projekt nicht unumstritten ist[53], führte es zu analogen Entwicklungen und Aufbauprogrammen weltweit.

---

48 William Martin, a.a.O., S.154.

49 Josef Brauner / Roland Bickmann, Die multimediale Gesellschaft, Frankfurt am Main 1994, S.30.

50 Frankfurter Allgemeine Zeitung Beilage zur CEBIT 2000 vom 22. Februar 2000 Das Nervensystem der Informations- und Kommunikationsgesellschaft von Wim Huismann. Dazu auch Handelsblatt vom 2.10.2000 Metromedia baut Infrastruktur für breitbandiges Internet.
In den 1970er Jahren hatte das ARPANET Verbindungen benutzt, die 56 000 Bits pro Sekunde übertrugen. 1987 übertrugen die Leitungen des Netzwerkes 1,5 Mio. Bits pro Sekunde. 1992 arbeitete das NSFNET mit Übertragungsgeschwindigkeiten von 45 Mio. Bits pro Sekunde. Das ist eine Kapazität, mit der 5000 Seiten pro Sekunde verschickt werden können. 1995 schließlich wurde eine Gigabit-Übertagungstechnologie im Prototyp-Stadium entwickelt, mit einer Kapazität, die ausreichen würde, um die gesamte Library of Congress in einer Minute zu übermitteln.

51 Badische Zeitung vom 22.Januar 1997. Walter Pfaeffle, Die Datenautobahn wird Opfer ihres eigenen Erfolges.

52 William Martin, The global Information Society, a.a.O., S.125.

53 Bis heute herrscht Unklarheit darüber, was genau der Information Superhighway darstellt; des weiteren wird zunehmend die Notwendigkeit von Standards und Regulationen diskutiert. Auch wird das Projekt nicht durchgehend positiv beurteilt. Dazu Adam Lincoln, Dawn of a New Information

"... the logic of existing national and international networks combining to form global superhighways looks set to become reality in the foreseeable future, while the continued deregulation of telecommunications is opening up possibilities for new value added telecommunication services."[54]

Der Vollständigkeit halber soll hier auf eine weitere technologische Entwicklung eingegangen werden, die etwa von Achim Bühl als die eigentliche technische Grundlage der Informationsgesellschaft bezeichnet wird. Angemerkt sei, dass Achim Bühl mit dieser Auffassung alleine steht. Gemeint ist die Technologie der Virtual Reality (VR).[55] Es ist zwar richtig, dass die VR-Technologie einen neuen Innovationsschub in der Anwendung der Computertechnologie darstellt, und dass damit ein Paradigmenwechsel verbunden ist, der soziologisch "... eine qualitative Veränderung des Umgangs des Menschen mit dem Rechner, eine Änderung von Einstellungs- und Verhaltensmuster sowie eine Umwälzung im wissenschaftlichen Denken"[56] bedeuten kann. Aus Perspektive der vorliegenden Arbeit wird jedoch bezweifelt, dass VR als prägendes Moment mikro- und makrosoziologischer Strukturen der Informationsgesellschaft aufgefasst werden sollte, da trotz der bereits bestehenden Praxisanwendungen von VR in zahlreichen Bereichen[57] von einer flächendeckenden Anwendung bzw. Etablierung der VR nicht die Rede sein kann. Aus dieser Perspektive und aufgrund der Tatsache, dass die vorliegende Arbeit futurologische Aussagen vermeiden möchte, wird der VR keine besondere Beachtung geschenkt.
Auch Systeme der Künstlichen Intelligenz (KI) werden in dieser Arbeit nicht behandelt. Der Begriff der künstlichen Intelligenz (KI) geht auf den Wissenschaftler John McCarthy zurück, der den Ausdruck erstmals 1956 bei der Einladung zur legendären Konferenz von Dartmouth benutzte. Diese Konferenz gilt heute als Geburtsstunde der KI-Forschung. Mehr als vierzig Jahre nach der Konferenz gibt es jedoch noch immer keine akzeptierte Definition des Forschungsgebietes der KI. Ebenso gilt der Begriff der Intelligenz als nicht ausreichend definiert.[58] Aufgrund dieser Sachlage wird die vorliegende Arbeit Aspekte der KI und der Kognition unberücksichtigt lassen.

2. Technologisches Grundverständnis der Analyse

Forschungsarbeiten, die die Auswirkungen und Folgen einer technologischen Neuerung betrachten, begeben sich grundsätzlich in die Nähe eines technologischen Determinismus, der auf der Idee einer unaufhaltsamen technologischen Eigendynamik fußt. Damit laufen diese Arbeiten immer Gefahr, die nachvollziehende Anpassung an vorgegebene technische Entwicklungen zu fördern. Dies soll ganz ausdrücklich in dieser Arbeit nicht geschehen. Hier wird die Technisierung als offener Prozess verstanden, der erst über die Gesellschaft und durch soziale Akteure die eigentliche Gestaltungskraft annimmt. Für die vorliegende Arbeit läßt

---

Age? In: Managing Information Systems, 3, (3), April, S.70-73 1994; Ben Potter, Waiting for Directions on the Technological Superhighway. The Age, Melbourne, 11th February, S.14, 1994.

54 William Martin, The global Information Society, a.a.O., S.65.

55 Achim Bühl, CyberSociety. Mythos und Realität der Informationsgesellschaft, Köln 1996.

56 Ders., a.a.O., S.74. Der Paradigmenwechsel wird anschaulich bei Bühl dargestellt, S.74-75.

57 Ebd., S.115-160.

58 Daniel Crevier, Eine schöne neue Welt? Die aufregende Geschichte der künstlichen Intelligenz, Düsseldorf, Wien 1994; Hans Moravec, Mind Children. Der Wettlauf zwischen menschlicher und künstlicher Intelligenz, Hamburg 1990; Joseph Weizenbaum Die Macht der Computer und die Ohnmacht der Vernunft, Frankfurt am Main 1994; Marvin Minsky, Mentopolis, Stuttgart 1994.

sich damit ein Technikverständnis ableiten, das positivistischen, ebenso wie historizistischen Entwürfen eine Absage erteilt.[59] Technologien werden ganz bewusst nicht als neutral und objektiv gegeben verstanden. Auch ein genereller Fortschrittsoptimismus wird in dieser Arbeit abgelehnt, der die Technik per se als dem Humanum förderlich betrachtet. Diese Arbeit macht sich dagegen eine vielschichtige, von Dynamik geprägte Sichtweise zu eigen. Technologien wird eine maßgebliche und prägende Rolle in der Gesellschaft zugebilligt, sofern diese technologischen Innovationen mit der Integration in die gesellschaftlichen Prozesse einhergehen. Damit geht diese Arbeit in ihrem technologischen Grundverständnis von einem Wechselverhältnis technologischer Innovation und Gesellschaftsentwicklung aus. Dabei ist Kennzeichen jeder technologischen Innovation ihre soziale Ambivalenz. Dahinter steht die Grundüberzeugung, dass es der Entscheidung des Menschen vorbehalten bleibt, wie technologische Innovationen nutzbar gemacht wird. Damit steht die Gesellschaft vor der Herausforderung, die Integration technologischer Innovationen in humanisierender und sozialintegrativer Weise zu gestalten. Dies ist die Aufgabe der Technologiepolitik.[60]

III. Stand der Forschung

Es wurde bereits deutlich, dass in der Forschung der Untersuchung der Themen "Wissen und Information" und der Rolle der Informations- und Kommunikationstechnologien in gesellschaftlichen und ökonomischen Zusammenhängen ausgeprägte Aufmerksamkeit zu teil geworden ist. Auffällig ist dabei die Vielfältigkeit der Wissenschaftszweige, die von dieser Auseinandersetzung betroffen sind. Umso erstaunlicher ist es, dass die Forschung außerordentlich oberflächlich geblieben ist und bis heute kein Analyserahmen vorliegt, der eine Definition oder eine empirische Analyse der Informationsgesellschaft gewährleistet.

Die wissenschaftliche Beschäftigung mit der Informationsgesellschaft[61] begann in Japan in den sechziger Jahre mit Abhandlungen meist philosophischer Prägung. Beschrieben wurde in erster Linie die Entstehung einer "neuen Welt", in der die materiellen Werte durch geistig-moralische, normative Elemente ersetzt werden.

In der westlichen Forschung sind philosophische Abhandlungen zum gesellschaftlichen Wandel kaum zu finden, stattdessen steht im Vordergrund des Forschungsinteresses, Vorstellungen und Visionen darüber zu entwickeln, wie die Industrielle Revolution zu dem natürlichen und historischen Endergebnis einer postindustriellen Gesellschaft geführt werden kann. Als eine Vision wird die Entwicklung der Informationsgesellschaft angeboten, die sich als logische Folge eines nachweisbaren Informatisierungsprozesses ergibt. Vielfach wurde in der Literatur der

---

[59] Dieses Verständnis korrespondiert mit neueren Ansätzen der Techniksoziologie, dokumentiert in Peter Weingart (Hrsg.), Technik als sozialer Prozess, Frankfurt 1989.

[60] Diese Konzepte basieren auf die These vom "cultural lag", welche Ogburn 1922 entwickelte. W.F. Ogburn, Social Change: With Respect to Cultural and original Nature, New York 1922. Vgl. dazu Ausführung Werner Rammert Kultureller Wandel im Alltag und neue Informationstechniken. In: Jörg Tauss / Johannes Kollbeck / Jan Mönikes, a.a.O., S270-284.

[61] Die Zuschreibung des Begriffes ist umstritten. Lange Zeit wurde der Begriff Daniel Bell zugeschrieben, inzwischen ist sich die Forschung weitgehend einig, dass der Begriff auf das japanische Joho Shakai zurückzuführen ist. Tadeo Umesao soll ihn erstmals 1963 verwendet haben. Vgl. dazu auch Hans J. Kleinsteuber, Neuer Entwicklungen in der Medienlandschaft Japans. Über technologische Innovation und kulturelle Beharrlichkeit. In: Publizistik 1/41 (1996), S.51-76. Zur Begrifflichkeit auch Hans J. Kleinsteuber, Das Elend der Informationsgesellschaft. Über wissenschaftliche Begrifflichkeit und politischer Funktionalisierung. In: Forum Wissenschaft 1/13 (1996), S.6-10.

60er und 70er Jahre dieser gesellschaftliche Entwicklungsprozess mit den Vorstellungen der Fortschrittstheorie verbunden.
Alles in allem herrschen in der westlichen Forschung damit Reflexionen zu den Auswirkungen der Informatisierungsprozesse vor und sind bis heute Schwerpunkt in der wissenschaftlichen Literatur geblieben.
Einen guten ersten Überblick über die konzeptionellen Vorstellungen zur Informationsgesellschaft vermittelt Frank Websters Buch "Theories of Information Society". Websters Verdienst ist es, dass er die Hauptbeiträge zum Verständnis der Informationsgesellschaft analysiert. Indem er in jedem Kapitel eine gesonderte Theorie und deren prominenten Vertreter betrachtet und versucht, deren Stärken und Schwächen im Lichte alternativer theoretischer Analysen und empirischer Beweise einzuschätzen, zeigt er auf, wie weit die Interpretationen zum gesellschaftlichen Konzept der Informationsgesellschaft auseinanderliegen. Die Abhandlung Websters ist für die vorliegende Arbeit hervorzuheben, weil Webster, wenngleich noch zögerlich, erstmals auf die definitorischen Probleme hinweist, die mit der Bezeichnung Informationsgesellschaft verbunden sind. Einschränkend sei jedoch erwähnt, dass dem gesamten Werk eine überaus skeptische Sichtweise des Konzeptes Informationsgesellschaft zugrunde liegt. Weitaus objektiver ist in diesem Zusammenhang die Analyse von John Steinbicker zum Konzept der Informationsgesellschaft. Hier werden die Ansätze von Peter Drucker, Daniel Bell und Manuel Castell untersucht.[62] Jochen Steinbicker versucht in erster Linie zu klären, inwieweit sich Konturen eines sozialwissenschaftlich tragfähigen Konzepts der Informationsgesellschaft finden lassen und tastet sich damit an die Frage heran, was die Informationsgesellschaft ausmacht, erarbeitet jedoch kein greifbares Ergebnis.
Neben diesem Überblick über die konzeptionellen Überlegungen zur Informationsgesellschaft sind – was die Beschreibung der gesellschaftlichen Veränderungen betrifft – noch die Arbeiten von Rolf Kreibich[63], Nico Stehr[64] und die Trilogie von Manuel Castell[65] hervorzuheben, wobei letzterer auch die normative Bewertung des Wandels mit einbezieht und sich zumindest in die Nähe einer theoretischen Abhandlung begibt.
Die Beschäftigung mit den theoretischen Reflexionen verdeutlicht in erster Linie, dass sich durch die wissenschaftliche Auseinandersetzung mit dem Thema Informationsgesellschaft eine auffällige Dichotomie zieht, die die eigentliche wissenschaftliche Kontroverse zur Informationsgesellschaft ausmacht. Einerseits wird von der Existenz eines neuen gesellschaftlichen Grundtyps – der Informationsgesellschaft – ausgegangen, andererseits wird in der Literatur die Kontinuität bestehender gesellschaftlicher Strukturen betont und lediglich von einer Informatisierung der gesellschaftlichen Prozesse ausgegangen, an deren Ende eine "informatisierte Industriegesellschaft" steht.
Exemplarisch für Vertreter des Forschungsstrangs, die von der Existenz einer Informationsgesellschaft ausgehen, sind die Theoretiker des Post-Industrialismus (wie Daniel Bell[66]) und der Postmoderne (wie Jean Baudrillard[67] und Mark Poster[68])

62 Jochen Steinbicker, Zur Theorie der Informationsgesellschaft. Ein Vergleich der Ansätze von Peter Drucker, Daniel Bell und Manuel Castells, Opladen 2001.
63 Rolf Kreibich, Die Wissenschaftsgesellschaft. Von Galilei zur High-Tech-Revolution, Frankfurt am Main 1996.
64 Nico Stehr, Arbeit, Eigentum und Wissen. Zur Theorie von Wissensgesellschaften, Frankfurt am Main 1994.
65 Manuel Castell, Das Informationszeitalter. Bd. 1, Opladen 2001 und Bd. 2, Opladen 2002.
66 Daniel Bell, The End of Ideology: On the Exhausting of Political Ideas in the Fifties. New York 1962; ders., The Coming of Postindustrial Society: A Venture in Social Forecasting, New York

zu nennen. Diesem Forschungsstrang können auch die Theorien der flexiblen Spezialisierung (Charles Sabel[69], Larry Hirschhorn[70]) und die Entwicklungstheorien wie die Manuel Castells[71] zugerechnet werden.
Hervorgehoben sei Daniel Bells Konzept der postindustriellen Gesellschaft[72]. Bells Ausführungen gelten als grundlegend für die Informationsgesellschaft. Daniel Bell weist erstmalig darauf hin, dass Wissen und Innovation als strategische Quelle für die Gesellschaft zu sehen sind, vergleichbar den bekannten Produktionsfaktoren Kapital und Arbeit.[73] Hervorzuheben sind in diesem Forschungskomplex auch die Arbeiten von Marc Porat und zuvor Fritz Machlup. Beide stellen zwar in erster Linie die ökonomischen Veränderungen in den Mittelpunkt der Betrachtung, verbinden diese jedoch auch mit gesellschaftlichen Veränderungen. Als Begründer der Informationsökonomie erarbeiten sie zudem erstmalig ein Instrumentarium zur empirischen Überprüfung der Veränderungen. In der Literatur der 80er Jahre sind die Arbeiten von Alvin Toffler[74] und John Naisbitt[75] hervorzuheben, die die Popularisierung des Konzeptes der Informationsgesellschaft vorangetrieben haben. John Naisbitt etwa sieht die Transformation der USA von der Industriegesellschaft in die Informationsgesellschaft bereits in den 60er und 70er Jahren vollzogen. Toffler spricht von einer Machtverschiebung in der Gesellschaft und von einem gesellschaftlichen Abhängigkeitsverhältnis vom Wissen.
In Konfrontation zum Konzept der Informationsgesellschaft etablierte sich insbesondere Mitte / Ende der 80er Jahre ein zweiter Forschungsstrang, dessen Vertreter zwar ebenso den allgemeinen Bedeutungsgewinn von Information in der modernen Gesellschaft einräumen, daraus jedoch keinen gesellschaftlichen Umkehrpunkt ableiten. Statt dessen betonen sie, dass dieses zentrale Merkmal der Gegenwart nichts anderes darstellt als eine "Kontinuität der Vergangenheit". Diese Kontinuität führen sie darauf zurück, dass bei genauerer Analyse Form und Funktion der Information den lang etablierten, gesellschaftsprägenden Prinzipien und Praktiken untergeordnet bleiben. Die Betonung der Kontinuität wird von Neomarxisten wie etwa Herbert Schiller[76] ebenso vertreten wie von

---

1973. ders. The Social Framework of the Information Society. In: Michael L. Dertouzous / Joel Moses (eds.), The Computer Age: A Twenty-Year View. Cambridge 1979, S.163-211; ders., The World in 2013, In: New Society, 18. December 1987, S.31-37; ders., Resolving the Contradictions of Moderity and Modernism, In: Society (3) March-April S.43-50; 27 (4) May-June, S.66-75.

67 Jean Beaudrillard, The Mirror of Production, St. Louis 1975; ders., For a Critique of the Political Economy of the Sign, St.Louis 1981; ders., Selected Writings, Stanford 1988.

68 Mark Poster, The Mode of Information and Postmodernity. In: David Crowley / David Mitchell (eds.), Communication Theory Today, Cambridge 1994. Jean Baudrillard, The Mode of Information: Poststructualism and Social Context, Cambridge 1990.

69 Michael Piore / Charles Sabel, The Second Industrial Divide, New York 1984.

70 Larry Hirschhorn, Beyond Mechanization: Work and Technology on a Postindustial Age, Cambridge 1984.

71 Manuel Castell, The Informational City: Information Technology, Economic Restructuring and the Urban-Regional Process, Oxford 1989; ders., European Cities, the Informational Society, and the Global Economy. In: New Left Review 204, March-April, S.18-32.

72 Daniel Bell, The Coming of Postindustrial Society, a.a.O., S.507ff.

73 Zu einer vergleichbaren Einschätzung kommt Robert Momberg, Theorie und Politik der Infrastruktur unter Berücksichtigung institutionen- und politökonomischer Einflussfaktoren, Europäische Hochschulschriften, Reihe V Volks- und Betriebswirtschaft, Frankfurt am Main 2000.

74 Alvin Toffler, The third wave, London 1980 S.544ff.

75 John Naisbitt, Megatrends: Ten new directions transforming our lives, New York 1982, S.290ff.

76 Herbert Schiller, The Communication Revolution: Who Benefits? In: Media Development, 4 1983 S.18-20; ders., The World Crisis and the New Information Technologies. In: Columbia Journal of World Business 18 (1) S.86-90; ders., New Information Technologies and Old Objectives. In: Science and Public Policy, S.382-383; ders., Information and the Crisis of Economy, Norwood,

Regulierungstheoretikern wie Michel Aglietta[77], Alain Lipietz[78], von Theoretikern der flexiblen Akkumulation wie David Harvey[79], und von Theoretikern wie Anthony Giddens[80] und Jürgen Habermas[81].
Die hier herausgearbeiteten, deutlich erkennbaren Forschungsstränge wurden bislang in der Aufarbeitung der Forschungslage nur ungenügend berücksichtigt. Unter dieser Perspektive liegt es nahe, sich mit der Frage zu beschäftigen, wie die Kontroverse um das Konzept der Informationsgesellschaft zu lösen ist.
Einen ersten Versuch einer Lösung bietet Ian Miles an, der versuchte, die starren Sichtweisen zu verbreitern und statt dessen von unterschiedlichen Variationen und Ausprägungen einer Informationsgesellschaft spricht.[82] Er verbindet die bis dahin existierenden und sich gegenüberstehenden Sichtweisen durch eine strukturalistisch geprägte Perspektive. Diese strukturalistische Annäherung ist als Synthese von Extremen zu sehen, die die Komplexität des sozialen und technologischen Wandels hervorhebt und zeigt, dass Unterschiede in Interessen, Akteuren und gesellschaftlichen Strukturen auch Unterschiede und Varietäten in der Erscheinungsform der neuen Informationsgesellschaft bedingen, an deren Ende "many possible information societies"[83] stehen.

Neben diesen konzeptionellen Arbeiten zur Informationsgesellschaft sind in der Forschung zahlreiche deskriptive Arbeiten zur Informationsgesellschaft zu finden. In den 90er Jahren zeigt sich die Tendenz zur reinen Gesellschaftsbeschreibung. Viele der Arbeiten müssen sich zudem den Vorwurf der futurologischen Herangehensweise gefallen lassen. Exemplarisch seien hier die Arbeiten von Bill Gates[84] und die Veröffentlichung von Michael Dertouzos mit dem bezeichnenden Titel „What will be“[85] genannt.
Neben der Gesellschaftsbeschreibung bildet in der Forschungsliteratur Ende der 80er und Anfang der 90er Jahre die Auseinandersetzungen um mögliche gesellschaftliche Folgen des Computereinsatzes einen Schwerpunkt. Gerade letztgenanntes findet sich aus sozialwissenschaftlicher Perspektive in einem eigenen Forschungsbereich "Informatik und Gesellschaft" wieder. Ziel der Forschungsbemühungen ist eine sozialverträgliche Technikgestaltung.[86] Diese Veränderung der Forschungsperspektive wurde sicherlich begünstigt durch das Auftreten der Wirkungsforschung, die auch auf den Bereich der Informationstechnik

---

1984; ders., Information – A shrinking Resource. In: The Nation 28 December 1985/4, January, 1986, S.708-710.

77 Michel Aglietta, A theory of Capitalist Regulation, o. O., New Left Books 1979.

78 Alain Lipietz, Towards a New Economic Order: Postfordism, Ecology and Democracy, Cambridge 1993.

79 David Harvey, The Conditions of Postmodernity: An Enquiry into the Origins of Cultural Change, Oxford 1989.

80 Anthony Giddens, The Nation State and Violence: Volume Two of a Contemporary Critique of Historical Materialism, Cambridge 1985; Anthony Giddens, The Consequences of Modernity, Cambridge 1990.

81 Jürgen Habermas, The Structural Transformation of the Public Sphere: An Inquiry into a Category of Bourgeois Society, Cambridge 1989. Erstausgabe 1962.

82 Ian Miles, Information Technology and Information Society: options for the future, London 1988. S.31ff.

83 Ebd., S.33ff; William Martin, The global Information Society, a.a.O., S.4.

84 Bill Gates, Der Weg nach vorn, Hamburg 1995 und Bill Gates, Digitales Business. Wettbewerb im Informationszeitalter, München 1999.

85 Michael Dertouzos, What will be. Die Zukunft des Informationszeitalters. Wien, New York 1999.

86 Zur Einführung Wolfgang Coy, Was ist, was kann, was soll Informatik und Gesellschaft. In: Britta Schinzel, Schnittstellen. Zum Verhältnis von Informatik und Gesellschaft, Braunschweig/Wiesbaden 1996, S.20.

übertragen wurde. Mit der Veränderung der Forschungsperspektive und den daraus gewonnenen Erkenntnissen sind erste Zweifel an dem bis dahin vorherrschenden Fortschritts- oder Kultivierungsgedanken verbunden. Diese Zweifel erhärten sich in den 90er Jahren, die sich insbesondere durch eine eher nüchterne Bewertung des Informatisierungsprozesses auszeichnen. In der Bewertung der Veränderungen stehen sich in der Literatur seitdem Fortschrittsoptimisten und Fortschrittspessimisten unversöhnlich gegenüber. In diesen Kontext der Veränderungsprozesse und deren Bewertung sind zahlreiche Artikel und Publikationen einzuordnen. Unter Einbezug der Forschungssicht kann assoziativ vom *"Postman-Gates-Antagonismus"* gesprochen werden.[87]

Was die Forschungslandschaft der Bundesrepublik Deutschland betrifft, ist der Stand der gesellschaftspolitischen und auch wissenschaftlichen Debatte zum vorliegenden Thema als unbefriedigend zu bezeichnen. Neben den immer wieder auftretenden pessimistischen Warnungen vor den Veränderungen wird der Umbruch von der Industrie- zur Informationsgesellschaft vorwiegend als ein ökonomisch-technologischer Wandel begriffen. Entsprechend befassen sich die bisher vorgelegten politischen Konzepte zur Gestaltung dieser Entwicklung nahezu ausschließlich mit der Sicherung eines freien Marktes, mit der Notwendigkeit der Deregulierung und gleichen mehr einer Standortdiskussion als einer Gesellschaftsanalyse.[88] Anders in der Forschung und der öffentlichen Diskussion in den USA und in Kanada. Die kanadische und amerikanischen Sozial- und Politikwissenschaften rücken die Analyse der gesellschaftlichen Entwicklung wieder in den Mittelpunkt ihres Erkenntnisinteresses. Beispielhaft ist die Trilogie von Manuel Castell, die den Anspruch erhoben hat, eine umfassende Theorie der Informationsgesellschaft zu formulieren. Diese Theorie kündigt Castell jedoch erst für den dritten Band an, der bei Abschluss dieser Arbeit noch nicht vorliegt. Die beiden vorliegenden Bände stellen eine detaillierte Zusammenfassung der gesellschaftlichen Entwicklung dar und beziehen in der Analyse die Makro- und die Mikroebene mit ein.

Erstaunlich bei der Betrachtung und aus wissenschaftlicher Perspektive zugleich enttäuschend ist, dass seit Ende der 70er Jahren im Grunde keine wesentlich neuen Erkenntnisse zu den gesellschaftlichen Veränderungen beschrieben werden. Auffällig ist dies beispielsweise in der Veröffentlichung von Peter Glotz[89] und Michael Rutz[90].

Weiterhin auffällig an der Forschung ist, dass umfassende Analysen zur gesellschaftlichen Entwicklung zunehmend durch die Analyse von Einzelaspekten wie etwa ökonomische Veränderungen[91] oder von Betrachtung des institutionellen

---

[87] Zurückzuführen auf den Medienkritiker Neil Postman und den Propagandisten der Computertechnologie Bill Gates.

[88] Jörg Tauss / Johannes Kollbeck / Jan Mönikes (Hrsg.), a.a.O. Ebenso jüngst erschienen, Lothar Späth, Die New Economy Revolution: neue Werte, neue Unternehmen, neue Politik, München 2001.

[89] Peter Glotz, Von Analog nach Digital: unsere Gesellschaft auf dem Weg zur digitalen Kultur, Stuttgart, Wien 2001.

[90] Michael Rutz, Die Byte-Gesellschaft: Informationstechnologie verändert unser Leben, München 1999.

[91] Besonders auffällig ist dies im Zusammenhang mit der Diskussion um die New Economy. Als Beispiel sei hier aufgeführt Rudolf Hicke, Die Risikospirale: was bleibt von der New Economy?, Frankfurt am Main 2001, Matthias Horx, Smart Capitalism: das Ende der Ausbeutung, Frankfurt am Main 2001. Joachim Bischoff, Mythen der New Economy: zur politischen Ökonomie der Wissensgesellschaft, Hamburg 2001.

politischen Systems[92] abgelöst werden. Gerade die bundesdeutsche Politikwissenschaft zeigt eine deutliche Schwerpunktverlagerung hin zur Politikfeldforschung.
Der hier vorgenommene Überblick über die Forschungsliteratur von den frühen 60er Jahren bis heute verdeutlicht einerseits die unterschiedlichen Schwerpunktsetzungen des wissenschaftlichen Erkenntnisinteresses und bringt andererseits die eigentliche wissenschaftliche Kontroverse zum Forschungsgegenstand zum Ausdruck. Trotz der umfangreichen Literatur bleibt ungeklärt, was die Informationsgesellschaft tatsächlich charakterisiert. Eine Definition dieser Gesellschaftsform ist bis heute nicht gefunden, so dass auch die wissenschaftliche Kontroverse bislang keiner Lösung zugeführt werden konnte.
Ausnahme und damit als erster zögerlicher Ansatz zu werten ist die Arbeit von Herbert S. Dordick und Georgette Wang. Beide untersuchen, in welchem Ausmaß die Informationsgesellschaft schon real geworden ist, und ob futurologische Prophezeiungen und Versprechungen der letzten 30 Jahre sich als zutreffend erwiesen haben. Das zugrundeliegende Instrumentarium der Untersuchung ist äußerst fundiert und hebt sich deutlich von zahlreichen anderen Veröffentlichungen ab. Zugleich werden aber auch die Konsequenzen dieser Entwicklung erforscht. Dordick und Wang heben bereits im Vorwort die Datenproblematik hervor, die die Beschäftigung mit dem Thema Informationsgesellschaft unablässig begleitet und mit der auch die vorliegende Arbeit zu kämpfen hatte.

> "Looking for the information society is made more difficult by the enormous amount of data, scattered widely among numerous sources not easily amenable to either longitudinal analysis within a country or comparative analysis among countries."[93]

Des weiteren sind Dordick / Wang die einzigen Autoren, die auf die Notwendigkeit einer einschränkenden Definition dieser neuen Gesellschaftsform hinweisen. Sie gaben damit mittelbar Anstoß für den Verlauf der vorliegenden Arbeit. Entsprechend wurden auch zahlreiche Ansatzpunkte und Anregungen von Dordick / Wang aufgenommen und entsprechend der hier gewählten Methodik modifiziert, um tatsächlich einer Definition näher zu kommen.
Der Vollständigkeit halber sei an dieser Stelle zusätzlich erwähnt, dass eine umfassende Darstellung des Forschungsstandes auch der Erwähnung bedarf, dass sich über die Wissenschaft hinaus sich auch die Wirtschaft[94] sowie die nationale[95] und internationale[96] Politik in je unterschiedlichen Blickwinkeln mit den Folgen der Telematik beschäftigen. Die dadurch gewonnenen Erkenntnisse bleiben jedoch marginal. Betrachtet man die Diskussion um die Entstehung einer Informations-

---

92 Beispielhaft seien hier die Arbeiten von Claus Leggewie, Hans J. Kleinsteuber, Rainer Rilling und Martin Hagen genannt.

93 Herbert S. Dordick / Georgette Wang, The Information Society. A retrospective View. Newsbury Park/London/New Dehli 1993, S.VII.

94 Hans-Jörg Bullinger / Kai Wörner / Juan Pietro, Wissensmanagement heute: Daten, Fakten, Trends. Ergebnisse einer Unternehmensstudie des Fraunhofer-Instituts für Arbeitswirtschaft und Organisation in Zusammenarbeit mit dem Manager Magazin. Fraunhofer-Institut für Arbeitswirtschaft und Technik, Bonn 1997; Clemens Heidack (Hrsg.), Lernen der Zukunft. Kooperative Selbstqualifikation – die effektivste Form der Aus- und Weiterbildung im Betrieb. München 1993.

95 Bundesministerium für Bildung, Forschung und Technologie (BMBF) (Hrsg.), Begleitmaterialien zum Kongress "Zukunft Deutschlands in der Wissensgesellschaft" am 16. Februar 1998, vgl. auch Rede des Bundespräsidenten Roman Herzog zur Bildung 1997.

96 Zahlreiche Veröffentlichungen der EU-Kommission zur Informationsgesellschaft, insbesondere der Bangemann-Bericht "Europas Weg in die Informationsgesellschaft".

gesellschaft in Deutschland, läßt sich die politische Diskussion bis zur Kommission für den Ausbau des technischen Kommunikationssystems zurückverfolgen, die 1974 von Bundespostminister Horst Ehmke ins Leben gerufen worden ist.[97] Zahlreiche politische Programme folgten, wie etwa die Initiative "Informationsgesellschaft Deutschland" und das Programm der Bundesregierung "Arbeitsplätze in der Informationsgesellschaft". Hingewiesen werden soll hier auch auf die zahlreichen offiziellen Papiere auf internationaler Ebene, die die politische Gestaltbarkeit der Entwicklung in den Mittelpunkt stellen. Seit die Vereinten Nationen das Jahr 1983 zum Weltkommunikationsjahr ausriefen, ist bis heute eine deutliche Steigerung der Auseinandersetzung mit dem Thema auf internationaler politischer Ebene, insbesondere der Weltbank und des International Monetary Fund, feststellbar. Innerhalb der Europäischen Kommission entstehen seit Anfang der 80er Jahre zahlreiche Papiere zu den politischen Herausforderungen und die Rolle der Regierungen und der EU in diesem Prozess.:

> "The role of governments and the European Union will be to facilitate such developments by the ending of monopoles, particularly in telecommunications; the enhancement of interoperability and standardization of equipment; the creation of an appropriate regulatory framework to ensure the protection of intellectual property rights, privacy and security of information; and the exploitation of key technologies including ISDN, broadband and multimedia, mobile and satellite communications."[98]

In den offiziellen Dokumenten der EU wird der Schwerpunkt auch dann auf ökonomische Veränderungen gelegt, wenn gesellschaftliche Veränderungen gemeint sind. Dementsprechend konnten die offiziellen Regierungsdokumente nur wenig zur vorliegenden Arbeit beitragen und haben daher auch nur am Rande Eingang gefunden.
Mit wachsender Emphase schreiben auch Politiker, Journalisten, Populärwissenschaftler und Industriemanager über die Datenautobahn und deren Implikationen.

> "Such approaches have infected – and continue to infect – a vast amount of opinion on the ›information society‹: in bestselling paperback books with catchy titles such as *The Wired Society*, in academic courses designed to consider the ›social effects of the computer revolution‹, in countless political and business addresses, and in scarcely calculable amount of journalism that alerts audiences to prepare for upheaval in all aspects of their images as a result of the coming information age."[99]

Die Menge der Publikationen wirkt sich – vorsichtig formuliert – nur wenig begünstigend auf deren Qualität aus.
So sehr es den wissenschaftlichen Leser erstaunen mag, muss ein umfassender Bericht über die Forschungslage auch die weitverbreitete Science-Fiction-Literatur

---

97 Vgl. Herbert Kubicek, Allgemeiner Zugang und informationelle Grundversorgung in der Informationsgesellschaft. In: Jörg Tauss, Johannes Kollbeck, Jan Mönikes (Hrsg.), a.a.O., S.156-182; Vgl. auch Max Kaase, Fernsehen, gesellschaftlicher Wandel und politischer Prozess. In: Massenkommunikation. Theorien, Methoden, Befunde. Herausgegeben von Max Kaase und Winfried Schulz. In: Sonderheft 30/1989 Kölner Zeitschrift für Soziologie und Sozialpsychologie, Opladen, S.97-117.

98 William Martin, The global Information Society, a.a.O. Vgl. dazu auch die Ergebnisse der High Level Group on Information Society Europe and the global information society: Recommendations to the European Council, Brussels, 26th May 1994, S35ff (Bangemann-Report).

99 Frank Webster, Theories of the Information Society, London, New York 1995, S.3.

zum Thema einbeziehen. Eine Beschäftigung mit diesem Teilbereich der Literatur ist schon deshalb angebracht, weil nicht nur der Cyberspace Begriff von ihr geprägt wurde, sondern auch Perzeptionsmuster der Öffentlichkeit dadurch beeinflusst werden.
Dem virtuellen Raum widmen sich vor allem Autoren wie William Gibson, Bruce Sterling, Herbert W. Franke und Stanislaw Lem. Die Autoren thematisieren die Konsequenzen neuer technologischer Entwicklungen wie etwa der Kommunikationstechnologie.

> "Science Fiction wird zur Social Fiction... Science Fiction als Social Fiction steht in der Tradition einer wissenschaftlichen Zukunftsforschung im belletristischen Gewand, die den Freiraum der Spekulation, der Fiktionalität für sich in Anspruch nehmen darf. Die genannten Autoren stellen so Grenzgänger zwischen Science Fiction und Zukunftsforschung dar. Als wissenschaftliche Gedankenexperimente verstehen ihre literarische Arbeit Zukunft als Bereich zielgerichteter Eingriffe, als ein gestaltbares Medium... Science Fiction, die den Anspruch einer wissenschaftlichen Utopie erhebt, schließt Technikfolgenabschätzung unter Berücksichtigung sozialer und emotionaler Aspekte ein."[100]

Bereits 1964 erschien Stansilaw Lems theoretisches Hauptwerk "Summa technologiae". Dort wird erstmalig mit dem Begriff "Phantomatik" eine Technik der vollkommenen Simulierung von Realität beschrieben. Neben Lem präsentiert vor allem der Autor Herbert W. Franke in seinen Arbeiten das ganze Ausmaß "phantomatischer" Wirklichkeiten, Beispiele sind die Romane "Transfer", die 1979 entstandene Geschichte "Sirius Transit" und der Roman "Der Orchideenkäfig".
Im Roman "Neuromancer" eröffnet William Gibson einen neuen Raum, den Cyberspace, und begründet damit eine neue postmoderne literarische Bewegung in den USA der achtziger Jahre, die sogenannte Cyberpunk-Literatur. Die Cyberpunk-Bewegung präsentiert die negativen Utopie moderner Informationsgesellschaften. Der Mensch ist der Technik ausgeliefert. In der negativen Utopie der Cyberpunk-Literatur dominiert das "System" das gesellschaftliche Leben. Der Mensch ist dem "System" ausgeliefert.
Nur der Vollständigkeit halber soll hier auf die Technikgeneseforschung (TG), einen Bereich der Informatik, hingewiesen werden. Während die klassischen Studien der Technikfolgen-Abschätzung (TA) zumeist erst bei den Prozessen der Innovation und den Diffusionsprozessen ansetzt, setzt die TG-Forschung schon bei der Kognition an, um das Wirkungsspektrum technischer Artefakte zu erfassen. Dabei wird die Systemanpassung mit einbezogen. Die so gewonnenen Forschungsergebnisse sind überaus interessant, können jedoch zur vorliegenden Fragestellung kaum einen Beitrag leisten.
Abschließend sei bemerkt: Trotz dieser sehr umfangreich vorliegenden Literatur soll an dieser Stelle nochmals hervorgehoben werden, dass die aufgeführten unterschiedlichen Forschungsrichtungen, die mit der Thematik der informatisierten Gesellschaft befasst sind, einer näheren Bestimmung des Phänomens *Informationsgesellschaft* nur wenig Aufmerksamkeit zuteil haben werden lassen. Bis dato besteht keine Kategorisierung oder Charakterisierung. Es scheint fast so, als bestünde Klarheit darüber, was mit dem Konzept Informationsgesellschaft gemeint ist. Allein die nähere Betrachtung offenbart dann aber die Hilflosigkeit gegenüber einer näheren Bestimmung. Dies gilt umso mehr für die Abgrenzung zur Industriegesellschaft. Der Fokus der gesellschaftlichen Analyse liegt in der bis jetzt

---

[100] Achim Bühl, Cyber Society, a.a.O., S.109f.

vorliegenden Literatur in einer allgemeinen Darstellung möglicher Trends bzw. mutmaßlicher Folgen der neuen Gesellschaftsform. Die Möglichkeit einer umfassenden Untersuchung der sozialen Veränderungen und ein Instrumentarium für eine wissenschaftliche Analyse wird in der Literatur nicht angeboten. Dies soll im folgenden behoben werden, indem quantitative Analyseindikatoren für eine empirische Untersuchung entwickelt werden und zugleich eine erste qualitative Teilanalyse gesellschaftlicher Bereiche angeschlossen wird.

B. Das Konzept der Informationsgesellschaft – Theorie und quantitative Analyse

In diesem Teil werden die Grundzüge des Konzeptes der Informationsgesellschaft dargestellt und die Basis für die Analyse der Gesellschaftsform erarbeitet. Zunächst werden im ersten Kapitel die Schlüsselkonzepte der Informationsgesellschaft "Daten – Information – Wissen – Kommunikation" näher betrachtet und definiert. Im folgenden zweiten Kapitel werden dann die unterschiedlichen theoretischen Erklärungsmodelle der Informationsgesellschaft vorgestellt und beurteilt. Dies gewährt den notwendigen Überblick über die unterschiedlichen Positionen und Haltungen gegenüber dem Konzept der Informationsgesellschaft in der Forschungslandschaft.

Darüber hinaus verdeutlicht diese intensive Auseinandersetzung mit der theoretischen Literatur, dass bis heute ungeklärt ist, ob der gesellschaftliche Wandel tatsächlich eine Dimension erreicht hat, die es rechtfertigt, vom „Beginn des Informationszeitalters“ zu sprechen. Dies führt zur direkten Erkenntnis, dass die empirische und quantitative Untersuchung des strukturellen Wandels bis heute nicht erfolgt ist. Zurückzuführen ist dieses Forschungsdesiderat darauf, dass ein geeignetes Forschungsinstrumentarium nicht zur Verfügung steht. Die Auseinandersetzung mit der theoretischen Literatur gewährleistet aber zugleich – und dies ist der weitaus wichtigste Aspekt – die Möglichkeit, erste Analysekriterien für eben ein solches Instrumentarium zu ermitteln. Im Anschluss an die Darstellung der Debatte um das "theoretische Konstrukt" Informationsgesellschaft und den damit verbundenen qualitativen Veränderungsvorstellungen kann auf diese Weise im dritten Kapitel der eigentliche Analyserahmen der Gesellschaftsstruktur in den Vordergrund treten. Basierend auf den Erkenntnissen, die durch die Auseinandersetzung mit der theoretischen Literatur gewonnen werden konnten, wird ein Konzept entwickelt, das eine empirische Quantifizierung von Informationsgesellschaften anhand von möglichst umfassend angelegten Schlüsselkriterien ermöglicht. Dergestalt gelangt man am Ende des Kapitels zu einer charakterisierenden und operationalisierbaren Kriteriendefinition der Informationsgesellschaft. Eine solche operationalisierbare Kriteriendefinition entspricht der Informationsgesellschaft und ist weitaus variabler und umfassender als die in der Literatur vorherrschenden Minimaldefinitionen, die zu einer Klärung der gesellschaftlichen Verhältnisse nur wenig beitragen.

Zur Entwicklung der Schlüsselkriterien, auf die in der Anwendung bei entsprechender Datenlage die empirische Quantifizierung beruhen kann, wird auf die in den USA und Japan seit Mitte der 60er Jahre entwickelte Methodik der Informationsökonomie ("information economy") zurückgegriffen und diese modifizierend ergänzt. Dies bedeutet zugleich einen Rückgriff auf Methoden der Wirtschaftswissenschaften, sofern sie für die vorliegenden Analyserahmen geeignet erscheinen.[101] Da die Analyse der Informationsgesellschaft erstmals in Japan in einer eigenen Forschungsrichtung zusammengefasst wurde, wird diesem *Johoka-*

[101] An dieser Stelle sei darauf hingewiesen, dass der hier gewählte Ansatz der Information-Economy-Forschung nicht mit dem Economics-of -Information- Ansatz gleichzusetzen ist. Während in der Informationsökonomie die Entwicklung zur Informationsgesellschaft mit Methoden der Ökonomie untersucht wird, wird in dem Economics-of-Information-Ansatz der Faktor Information als zusätzliche Variable in ökonomische Modelle eingeführt. Vgl. als Zusammenfassung M. Jussawalla / H. Ebenfield (Hrsg.): Communication and Information Economics. New Perspectives, Amsterdam, New York, Oxford 1984.

Shakai-Ansatz besondere Aufmerksamkeit gewidmet. Von Bedeutung sind weiterhin die Beiträge der Amerikaner Fritz Machlup und Marc Porat.
Möglicherweise erstaunt dieser Rückgriff auf Forschungsmethoden der 60er Jahre zunächst. Er wird daraus verständlich, dass dies die einzigen bestehenden empirischen Ansätze überhaupt sind. Begründet ist dieser Rückgriff zudem damit, dass die Vorgehensweisen nichts an Aktualität eingebüßt haben, und dass die OECD diesen Ansatz aufgegriffen hat und in ihren Untersuchungen ebenfalls bis heute einsetzt. Um jedoch der Anforderung gerecht zu werden, nicht nur die ökonomischen Veränderungen zu betrachten, sondern eben gerade auch die gesellschaftlichen, besteht die Notwendigkeit, diese Forschungsansätze zu modifizieren und zu erweitern. Jede Standardisierung sollte den gesamten sozioökonomischen Rahmen berücksichtigen. Von besonderer Bedeutung sind bei der Erläuterung der sozialen Veränderungen außerdem die Ausführungen von Herbert S. Dordick und Georgette Wang.[102] Die sozialen Veränderungen durch die Telematik sind im Grundsatz zweifellos bedeutender als die wirtschaftlichen Auswirkungen, da sie auch Einfluss auf die traditionellen gesellschaftlichen Kräfteverhältnisse nehmen, zugleich sind sie jedoch auch empirisch schwieriger bestimmbar. Dies führt dazu, dass die Modifizierung und Anpassung des Forschungsinstrumentariums auch Kriterien einbeziehen wird, die neben den sogenannten „harten“, quantifizierbaren Faktoren auch "weiche" Faktoren einbeziehen muss. Diese liefern kein Zahlenmaterial, sind aber dennoch empirisch fassbar. Diese Überlegungen zur Erhebung der gesellschaftlichen Entwicklung führen zu folgenden Indikatoren:

- infrastrukturelle Indikatoren
- ökonomische Indikatoren
- soziale Indikatoren
- Akzeptanzindikator
- Politische Indikatoren
- Kulturellen Indikatoren.

Einschränkend muss zugestanden werden, dass die Anwendung des so entstehenden neuen Analyserahmens zur empirischen Quantifizierung von Informationsgesellschaften weitgehend auf Datenmaterial aus Sekundärstatistiken angewiesen bleibt. Damit muss sich die vorliegende Arbeit den Vorwurf gefallen lassen, eine praktische Anwendung der entwickelten Indikatoren nicht bieten zu können. Auch eine nur annähernde Darlegung der Situation ist nicht möglich, da gerade die Datenlage in Deutschland dies nicht zu läßt. Eine eigene Datenerhebung anhand der entwickelten Kriterien würde die Dimension der Arbeit sprengen.[103] Damit muss diese Arbeit eine praktische Anwendung der entwickelten Indikatoren schuldig bleiben und kann zu den jeweiligen Indikatoren lediglich Tendenzaussagen treffen.

---

[102] Herbert S. Dordick / Georgette Wang, The Information Society. A retrospective View. Newsbury Park, London, New Dehli 1993.

[103] Die wenigen vorliegenden empirischen Studien aus Deutschland wurden meist im Auftrag der OECD angefertigt und basieren auf einem Instrumentarium und auf entsprechendem Datenmaterial, das durch die amerikanische Perspektive dominiert wird und im Grunde den realen Gegebenheiten in Deutschland nicht angepasst ist. Forschungsarbeiten aus privaten Instituten basieren ebenfalls auf äußerst individuellen wissenschaftliche Definitionen und sind damit für die vorliegende Arbeit ebenso wenig gewinnbringend.

I. Schlüsselelemente der Informationsgesellschaft

Bei der Beschäftigung mit der gesellschaftlichen, politischen und wissenschaftlichen Diskussion um das Phänomen der Informationsgesellschaft ist besonders auffällig, dass der Begriff der "Information" im Mittelpunkt aller Betrachtungen steht, unmittelbar gefolgt von den Begriffen "Wissen", "Kommunikation" und "Daten". Ebenso auffällig ist, dass die Begriffe – dies gilt im besonderen für den Informationsbegriff – zumeist nicht definiert werden und es grundsätzlich offen bleibt, in welcher Weise die unterschiedlichen Begriffe verwendet werden. Meist werden die Begriffe sogar austauschbar verwendet, oder aber ihre Bedeutung wechselt im Verlauf der Ausführungen. Um mehr Klarheit in das verwirrende Ausmaß fachspezifisch variierender Begriffe zu bringen, bedarf es einer Klärung, die die Begriffe als Faktoren einer neuen Gesellschaftsform begreift. Dies bedingt, dass die eng verbundenen Bereiche "Information – Wissen – Kommunikation" vor allem in ihrer Synthese zu betrachten sind. Dabei ist jedoch einzugestehen, dass nur ein Einblick in die zentralen Konzepte der Informationsgesellschaft geboten werden kann, der dem Anspruch auf Vollständigkeit kaum genügen kann.

1. Dimensionen des Informationsbegriffs

Zunächst ist der verallgemeinernde Blick auf den Informationsbegriff durch einen historisch rekonstruktiven Weg erhellend. Einer etymologischen und ideengeschichtlichen Begriffsaufhellung – wie Rafael Capurro gezeigt hat – kann es gelingen, die Ursprünge des Wortes Information in den griechischen Vorstellungen von „typos", "morphe" und „eidos/idea" auszumachen, die auf Platon und Aristoteles zurückgehen. "typos", „morphe" und „eidos/idea" wurden in dem lateinischen Begriff „information" rezipiert und fanden so Eingang in den philosophischen Bereich, wo dem Informationsbegriff sowohl ontologische als auch erkenntnistheoretische Momente zugeschrieben wurden. Dies ist aus heutiger Sicht grundlegend für die Bedeutungsentwicklung des Informationsbegriffes in der Antike, im Mittelalter, in der Neuzeit und der Gegenwart. Information affiziert das Bewusstsein und läßt so ein Bild der Wirklichkeit entstehen.[104]

Ausgehend von diesem Grundverständnis entwickelte sich eine beachtenswerte Anwendungsbreite des Begriffes Information nicht nur im umgangssprachlichen Gebrauch, sondern auch in den unterschiedlichsten wissenschaftlichen Disziplinen. Heute steht man demzufolge vor einer immensen Bezeichnungsvielfalt des Informationsbegriffes, die auch die Nähe zu verwandten Begriffen wie z.B. Kommunikation aufweist. In der Literatur wird diesbezüglich immer wieder die „Mathematical Theory of Communication" von Claude E. Shannon und Warren Weaver aus dem Jahr 1945 zur Erläuterung des Informationsbegriffes angeführt.[105] "Kommunikation" wurde in dieser Kommunikationstheorie mit der Übertragung von Nachrichten im Sender-Empfänger-Modell gleichgesetzt und erfuhr innerhalb von weiteren zwei Jahren eine Begriffsumwandlung hin zu „Information". Diese

---

[104] Eine zusammenfassende Darstellung der Bedeutungsentwicklung des Informationsbegriffs bietet Rafael Capurro, Information. Ein Beitrag zur etymologischen und ideengeschichtlichen Begründung des Informationsbegriffs, München, New York, Paris 1978.

[105] Claude Shannon / Warren Weaver, Mathematical Theory of Communication, Urbana 1949. Veröffentlicht erstmalig 1948 in: Claude E. Shannon, A mathematical theory of communication. In: Bell System Technical Journal, 27, July, 1948, S.379-432.

Entwicklung hat sich mit der mathematisch–stochastischen Erfassung von Information verbunden. Information wird damit als rein technisches Konzept aufgefasst, vollkommen unabhängig von jeglichen semantischen Konnotationen: "In this narrow technical sense, information was the statistical probability of a sign or signal being selected from a given set of signs or signals."[106] Da qualitative Aspekte und der lebensweltliche Informationsbezug unberücksichtigt bleiben, ist diese Kommunikations- bzw. Informationstheorie gerade nicht als eine Theorie darüber aufzufassen, was Information charakterisiert:

> "Information exists. It does not need to be perceived to exist. It does not need to be understood to exist. It requires no intelligence to interpret it. It does not have to have meaning to exist. It exists."[107] Hinter dieser Aussage steht die Auffassung: "Information is considered to be a basic property of the universe, and intelligence an inevitable evolutionary product of advanced information systems."[108]

Shannon erkannte die Grenzen seiner Informationstheorie und warnte sehr bald selbst vor der irreführenden Bezeichung der Theorie als *Informations*theorie, da hier Information eben nicht mit der lebensweltlichen Vorstellung einer situtations- und handlungsspezifischen Bedeutung gleichzusetzen sei. Übersetzt heißt dies nichts anderes als dass selbst eine Nachricht "blanken Unsinns" im Rahmen des nachrichtentechnischen Informationsbegriffes der Informationstheorie die gleiche Menge an Information enthält. Bezogen auf die Unterscheidung zwischen Syntax, Semantik und Pragmatik erfasst der Informationsbegriff von Shannon gewissermaßen nur die syntaktische Dimension der Information, während die pragmatische Dimension die eigentlich interessante Zweckorientierung hervorhebt.[109]
Trotz dieses defizitär erscheinenden Verständnisses fand Shannons Theorie Einzug in zahlreiche Wissenschaftsdisziplinen und bot zugleich die Basis für die Quantifizierung von Information ohne Berücksichtigung der eigentlichen Informationsqualität. In den 50er Jahren bemühten sich Yehoshua Bar-Hillel und Rudolf Carnap, neben den stochastisch-syntaktischen auch dem semantischen Gehalten von Information gerecht zu werden.[110] Bis heute allerdings ist der Widerstreit zwischen mathematisch-stochastischer, quantitativer Informationsmenge und semantisch-qualitativem Informationswert noch nicht entgültig entschieden.

---

106 William Martin, The Global Information Society, Aldershot, London 1995, S.21.

107 Tom Stonier, Information and the Internal Structure of the Universe: An Exploration into Information Physics, Hamburg 1990, S.21.

108 Tom Stonier, Beyond Information. The natural History of Intelligence. London, Berlin, Heidelberg, New York, Paris, Tokyo, Hong Kong, Barcelona, Budapest 1992, S.5.

109 Der Semiotik folgend setzt sich dies folgendermaßen zusammen: Die unterste Schicht der Smiotik bildet die Syntax, deren Elemente Zeichen in Form von Buchstaben, Ziffern etc,. sind. Darauf baut die Ebene der Semnatik auf, in der die einzelnen Zeichen zu größeren Einheiten, z.B. Wörter zusammengefasst werden, denen eine Bedeutung zukommt. Bei Weitergabe dieser semantischen Elemente vom Sender zum Empfänger wird von einer Nachricht gesprochen. Sofern der Empfänger der Nachricht diese als neu ansieht und zu seinen Zwecken nutzt, erlangt die Nachricht den Rang der Information. Die Ebene, in der Nachrichten zu Informationen werden, wird als Pragmatik bezeichnet. Dazu auch Heinz Lothar Grob / Stefan Bieletzke, Aufbruch in die Informationsgesellschaft. 2. vollständig überarbeitete und erweiterte Auflage, Münster 1998, S.1-29, hier S.6-7. Dazu auch Frank Webster, Theories of the Information Society, London, New York 1995, S.27

110 Rafael Capurro, Information, a.a.O. S.223-225. Dazu auch Heinz Zemanek, Information und Ingineurwissenschaft. In: Otto G. Folberth / Clemens Hackl (Hrsg.), Der Informationsbegriff in Technik und Wissenschaft, München, Wien 1986, S.17-52.

Gernot Wersigs Versuch einer systematischen Erfassung von ca. 30 Definitionen oder definitionsähnlichen Erläuterungen des Informationsbegriffs sollte Anfang der 70er J ahre e ine Klärung herbeiführen.[111] Wersig verbindet sprachwissenschaftlich-kommunikationstheoretische Erklärungsansätze mit der lebensweltlichen Dimension des Informationsbegriffes. Entsprechend diskutiert er Information in erster Linie als "Struktur", "Wissen", "Nachricht", "Bedeutung", "Prozess" und "Wirkung". Dabei greift Wersig auf die Sichtweise der Semiotik zurück, die seit Charles W. Morris Sprache als konventionalisiertes Zeichen- und Bezeichnungssystem begreift und dieses System durch die Analyse der syntaktischen, semantischen und pragmatischen Dimension der Zeichen erfasst.[112] Damit wird die Ebene des Informationnutzenden Subjektes und damit die Informativität einbezogen: "Zeichen können (...) dazu benutzt werden, den Organismus über etwas zu informieren."[113] Folgerichtig schließt sich die Frage an, wodurch Informativität charakterisiert ist. Hier hat Wersig auf eine ansprechende und eingängige Formulierung zurückgegriffen, indem er das Spezifische von Information in der "Reduktion von Ungewißheit" sieht.[114] Diese Vorstellung ökonomischen und kommunikationstheoretischen Ursprungs ist eine der eingängigsten und beständigsten Definitionen. Die Vorstellung, Information als *reduction of uncertainity* aufzufassen, geht bis in die 40er Jahre zurück und wurde 1979 von Arrow erneut aufgegriffen, der erstmals diese Formulierung in die wissenschaftliche Auseinandersetzung einführte.[115] Die Besonderheit dieses sehr weit gefassten Informationsverständnisses, so betont Günther Streit zutreffend, liegt im Grunde darin, dass dadurch eine Klammer zwischen der lebensweltlichen pragmatisch-semantischen und der nachrichtentechnischen, stochastisch-mathematischen Vorstellung von Information gebildet wird.[116] Letzterer ist insbesondere in der elektronischen Informationsübertragung, -verarbeitung und -speicherung wiederzufinden. Aus gegenwärtiger Perspektive sind jedoch Zweifel anzumelden.[117] Zunehmend wird demonstriert, dass gerade Information Unsicherheit auch vergrößern kann.[118] So haben auch Informationswissenschaftler durch Wiederaufnahme und Modifizierung des Shannon-Weaver-Modells eine Umkehrung des "reduction of uncertainity"-Postulats in einen "overnews but underinformed"-Effekt[119] belegt.

Entsprechend verlassen die Definitionsversuche der jüngsten Zeit die Ebene des informationsnutzenden Subjektes, betrachten stattdessen die unterschiedlichen Erscheinungsformen und konzentrieren sich auf die lebensweltliche Wahrnehmung der Information. Dies kommt zunächst in den Ausführungen Michael Bucklands und

---

111 Gernot Wersig, Information – Kommunikation – Dokumentation. Ein Beitrag zur Orientierung der Informations- und Dokumentationswissenschaften, München-Pullach, Berlin 1971, S.28-74.

112 Pragmatik ist der Teil der Semiotik, der sich mit dem Ursprung, der Verwendung und der Wirkungen der Zeichen im jeweiligen Verhalten beschäftigt; Semantik befasst sich mit der Signifikation der Zeichen in allen Signifikationsmodi; Syntaktik beschäftigt sich mit Zeichenkombinationen, ohne ihre spezifischen Signifikationen oder ihre Relation zu dem jeweiligen Verhalten zu berücksichtigen. Vgl.dazu Charles W. Morris, Zeichen, Sprache und Verhalten, Düsseldorf 1973, S.326

113 Charles W. Morris, a.a.O, S.326.

114 Gernot Wersig, Informatio – Kommunikation –Dokumentation, a.a.O., S.73.

115 Dazu auch Robert E. Babe, The place of information in economics. In: Ders. (ed.), Information und Communication in Economics, Boston 1994, S.41-67.

116 Günther Streit, Computer und Informatisierung der Gesellschaft. Sozialethische Überlegungen zur dritten Phase der Industriellen Revolution, Frankfurt am Main 1993, S.48.

117 Fritz Machlup / Una Mansfield (Ed.), The study of information, New York 1983, S.641-671.

118 Dazu auch Heinz Lothar Grob / Stefan Biletzke, Aufbruch in die Informationsgesellschaft. 2. Auflage, Münster 1998, S.30ff. Grob / Bieletzke sprechen in diesem Zusammenhang von der "Informationsüberlastungsgesellschaft, S.32.

119 Heinz Lothar Grob / Stefan Biletzke, a.a.O., Münster 1998, S.35

seinem Plädoyer für die Wahrnehmung *"Information as a thing"* zum Ausdruck.[120] In Bucklands Betrachtung ist alles, was mitgeteilt wird, *"Information as a thing"*. Damit passt er den Informationsbegriff modernen Gegebenheiten an und legitimiert die Vermengung der Schlüsselkonzepte Daten, Information, Wissen und Kommunikation. Mehr noch: indem er Information als "Ding" betrachtet, das sich in Objekten und Informationssystemen ausdrückt, wird sie greifbar, ganz im Gegensatz zum Wissen. Damit geht er der Auseinandersetzung um quantitativem und qualitativem Gehalt von Information aus dem Weg.
Wie die "Ding-Definition" schon vermuten läßt, trägt dieses sehr breitangelegte Verständnis aber nur wenig zu einer Definition von Information bei und macht den Begriff auch nicht greifbarer.
Einen andere Wahrnehmungsweise begreift Information als gesellschaftsprägende Ressource – und in enger Verbindung dazu als Ware – verstanden. Forrest W. Horton ist einer der ersten Vertreter, der den Vergleich zu bis dahin bekannten herkömmlichen ökonomischen Ressourcen gezogen hat.[121] Die Betrachtung *"information-as-resource"* erscheint zunächst ebenso attraktiv wie in einem Zeitalter des globalen Informations- und Kommunikationsflusses intuitiv plausibel. Obwohl ein solches Verständnis aus dem Bereich der Informationsökonomie kommt, taucht er auch in Disziplinen der Kommunikationswissenschaft und in der Politikwissenschaft auf. Allerdings ist auch das Verständnis von Information als Ressource mit Unsicherheiten behaftet, die nicht zuletzt auf den inhärenten, schwer greifbaren Charakter von Information selbst zurückzuführen sind. Der Mangel an Präzision entspringt dabei in erster Linie der Tatsache, dass Information kein wirkliches Rechtssubjekt darstellt, das in ökonomische Beziehungen zu setzen wäre.[122] Zusätzlich fehlt die empirische Untermauerung dieser Aussage.[123] Dennoch beansprucht das *"Information-as-a-ressource"*-Modell bis heute Anerkennung. Es steht in unmittelbarer Nähe zum Konzept des *"Marktplatzes der Ideen"* und demonstriert den ökonomischen Schwerpunkt der Diskussion. Dies führt direkt zu der bereits angedeuteten weiteren, spezifischen Sichtweise des Informationsbegriffes: *Information als Ware, "Information-as-Commodity"*. Als Ware werden sämtliche Informationsdienstleistungen gesehen, einschließlich aller Datenflüsse. Das Konzept der *"Information-as-Commodity"* ist umfassender, als das *"Information-as-a-resource"*-Konzept, da es den Austausch von Information zwischen Personen ebenso einbezieht wie den ganz allgemeinen Gebrauch von Information. Die *"Information-as-Commodity"*-Sichtweise ist eng verbunden mit dem Konzept der Wertketten. Information wird dabei als Ware gesehen, die fortlaufend an Wert gewinnt, beginnend von der Produktion über die Verbreitung, Speicherung, bis hin zur Verteilung und dem direkten Gebrauch. Die Unsicherheiten, die bereits im *"Information-as-a-ressource"*-Konzept durch den immateriellen Charakter von Information angeklungen sind, problematisieren sich auch im Verständnis von Information als Ware. Dabei werden Bemessungsschwierigkeiten und Preissetzungsproblematiken ebenso eingeschlossen wie die Schwierigkeit, dass Information zumeist eher als öffentliches Gut bewertet wird und nicht als Ware des freien Marktes.

---

[120] Michael Buckland, Information as a thing. In Journal of the American Society for Information Science 42 (5), 1991, S.351-360.

[121] Forrest Woody Horton, Information resource management: concept and cases, Cleveland, Ohio 1979, S.343.

[122] Sandra Braman, Defining information: an approach for policymakers. In: Telecommunication Policy, 13 (3), (1989) S.233-242.

[123] Als massiver Kritiker dieses Ressourcenkonzeptes gilt Michel Menou. Michel Menou, The impact of information: definitions and measurements, pre-print, accepted for IP&M, 1994.

Aber trotz dieser Unsicherheiten sind Definitionsversuche über den Wahrnehmungsgehalt und Gebrauch von Information als eingängig und nachvollziehbar zu bewerten.[124] Eng damit verbunden treten Beschreibungen auf, die Information als "*lifeblood of society*"[125] bezeichnen. Dies betont, dass in allen Teilbereichen der fortgeschrittenen Gesellschaft die Verarbeitung von Information eine entscheidende Voraussetzung für die Funktionsfähigkeit der gesellschaftspolitischen Teilbereiche darstellt. Daraus erschließt sich das Verständnis von *"Information-as-a-constitutive-force-in-society"*, das der Information eine aktive Rolle in gesellschaftlichen Gestaltungsprozessen zubilligt.[126] Information ist dabei nicht mehr nur durch die Umwelt beeinflussbar, sondern wird selbst als aktives Element in der Umwelt mit nachhaltigem Einfluss begriffen. Damit bleibt Information nicht länger nur in eine soziale Struktur eingebettet, sondern gestaltet und prägt selbst diese Struktur. Dies impliziert eine Informatisierung der gesellschaftlichen Strukturen. Von allen Definitionen, die hier präsentiert wurden, ist diese die politisch und kulturell gehaltvollste. Auch für die gegenwärtige Situation zeigt sich dieses Verständnis als passend, da es eine enge Verbindung zu den Instrumenten der Informationsvermittlung aufweist, sprich: zu den Informations- und Kommunikationstechnologien. Nur eine derart vieldimensionale Sichtweise des Informationsbegriffs kann die angemessene Folie für einen Blick auf die Stellung von Information in der Gesellschaft bieten. Günther Streit verweist ferner auf den unabgeschlossenen, auf die Zukunft hin offenen Charakter des Informationsbegriffes. Informationen wirken in diesem Zusammenhang verändernd auf gesellschaftliche und persönliche Orientierungs- und Handlungsmuster. Von diesem Verständnishorizont aus soll hier von "Information" prozesshaft die Rede sein als einem dynamischen, intrapersonellen und intersubjektiven Deutungsmuster. Information verkörpert damit subjektive und intersubjektive Konstruktionen von Wirklichkeit, was wiederum den Kreis schließt zur ethymologischen Betrachtungsweise. Im Laufe der Zeit kann sich dabei nicht nur die Information selbst, sondern auch der Stellenwert von Information ändern und den Blick öffnen auf eine *informations-geprägte* Gesellschaft oder *Informationsgesellschaft*. Eine Aussage, die sich gerade auch in der dargelegten Veränderung der unterschiedlichen Informationsdefinitionen widerspiegelt und die in Norbert Wieners Aussage "Information ist Information – nicht Materie, nicht Energie"[127] gipfelt.

2. Daten – Information – Kommunikation

Die Überlegungen im Zusammenhang mit den unterschiedlichen Dimensionen des Informationsbegriffes führen unmittelbar zu den weiteren konstituierenden Begriffen der Informationsgesellschaft, den Begriffen "Daten", "Wissen", "Kommunikation". Eine Differenzierung von "Information" gegenüber "Daten" und "Wissen" erweist sich als notwendig, in dieser Differenzierung erweist sich der Kommunikationsbegriff als Hilfsmittel, denn immer wieder wird in der Literatur Information als Phänomen gedeutet und Kommunikation als darauffolgender Prozess. [128] Marc Porat bezieht

[124] T.D. Wilson, On user studies and information needs. In: Journal of Documentation, 37, (1), S.3-15.
[125] William Martin, a.a.O. London 1995, S.18.
[126] Sandra Braman, a.a.O., S.233-242.
[127] Norbert Wiener, Kybernetik, Stuttgart 1965, Englische Originalausgabe: Cybernetics, New York 1948.
[128] Tefko Saracevic, Information Science: Origin, Evolution and Relations. In: Pertti Vakkari / Blaise Cronin (eds.), Conceptions of Library and Information Science: Historical, Empirical and Theoretical Perspectives, London 1992, S.314ff.

sich als Erklärung des Informations- und Datenbegriffs auf den Prozess der Kommunikation: "... information is data that have been organized and communicated."[129] Porat beschreibt Information als Daten, die kommuniziert wurden. Wersig geht einen Schritt weiter und bezeichnet die Wirkweise von Information als "Reduktion von Ungewissheit aufgrund von Kommunikationsprozessen".[130] Implizit wird dabei von Subjekten ausgegangen, die in Reflexions- und Argumentationszusammenhängen mit anderen Subjekten stehen.[131] Brent Rubens Vorstellung übt dabei besondere Anziehungskraft aus. Er beschreibt Kommunikation als "the process through which individuals in relationships, groups, organizations and societies create, transmit and use information to organize with the environment and one another."[132] Diese Überlegungen finden sich auch in der Sprechakttheorie von John L. Austin und John R. Searles.[133] Damit wird Information zur lebendige Verbindung zwischen Lebenssystemen und deren Umgebung. Kommunikation ist der interaktive Prozess, der die Transformation von Information enthält.[134] Wahre Interaktion findet nach Hayes dann statt, wenn es im Kommunikationsprozess zur gegenseitigen Veränderung der Interpretationsparameter kommt.[135]
Bedeutungsvoll wird dies im Kontext einer informationsbasierten Gesellschaft, da es die soziale Natur des Konzepts Information – Kommunikation -Wissen hervorhebt. Sämtliche sozialen Beziehungen zwischen Individuen können als komplexe Formen der Kommunikation angesehen werden. Welche Art von Kommunikation bzw. Informationsweitergabe auch vorherrscht, sie kann immer als Austausch geteilter Erfahrungen interpretiert werden, als Versuch, Einfluss auf Meinungen und Verhalten anderer auszuüben.

3. Information - Wissen

---

129 Marc Uri Porat, The Information Economy: Definition and Measurement (OT Special Publication 77-12 (1)). Washington; US Departement of Commerce, Office of Telecommunications, May 1977, S.13. Vgl. dazu auch die detaillierte Studie: Marc Uri Porat, The Information Economy: Sources and Methods for Measuring the Primary Information Sector (Detailed Industry Reports), OT Special Publication 77-12 (2); Washington US Departement of Commerce, Office of Telecommunications, May 1977.

130 Gernot Wersig, Information-Kommunikation-Dokumentation. Ein Beitrag zur Orientierung der Informations- und Dokumentationswissenschaften, München-Pullach, Berlin 1971, S.74. Vgl. dazu auch Gerhard Vowe, Information und Kommunikation. Brücke zwischen Wissenschaft und Gesellschaft, Opladen 1984, S.9.

131 Dazu auch Wolfgang Müller-Michaels, Die Informationsgesellschaft im Aufbruch., Frankfurt/Main 1996, S.18-20.

132 Brent D. Ruben, The communication-information relationship in system-theoretic perspective. In: Journal of the American Society for Information Science 43 (1), 1992, S.15-27.

133 John L. Austin, How to do things with words, Oxford 1962. Dazu auch Jürgen Habermas, Vorstudien und Ergänzungen zur Theorie des kommunikativen Handelns, Frankfurt/Main 1986, S.353-440.

134 Ebd. S.15-27.

135 Brent D. Ruben, a.a.O, S.15-27. Entsprechend dieser Vorstellung der engen Verbindung von Information und Kommunikation hat Ruben eine interessante und eingängige Kategorisierung der Information dargelegt:
Information e, als Rohmaterial das auf Bearbeitung in irgendeiner Art und Weise wartet;
Information i, Information die in ein lebendiges System aufgenommen worden ist, als kognitive Struktur oder Persönlichkeitskonstrukt;
Information s, als Information, die sozial und kulturell evaluiert wurde und als Information Wissen erwirkt und als Basis des sozialen Systems gilt. Diese Kategorien sind nicht austauschbar, sie werden durch Kommunikationsprozesser verbunden.

Ein weiterer Begriff ist im Kontext zu berücksichtigen: der Begriff des Wissens. Die bis heute umfassendste Analyse des Wissensbegriffes wird von Fritz Machlup geboten. Fritz Machlup drückt den Zusammenhang von Information und Wissen folgendermaßen aus:

> "Linguistically, the difference between knowledge and information lies chiefly in the verb form: to *inform* is an activity by which knowledge is conveyed; to *know* may be the result of having been informed. ›Information‹ as the act of informing is designed to produce a state of knowing in someone's mind. ›Information‹ as that which is being communicated becomes identical with ›knowledge‹ in the sense of that which is known. Thus, the difference lies not in the nouns when they refer to *what* one knows or is informed about; it lies in the nouns only when they are to refer to the *act* of informing and the state of knowing, respectively (...). Again we conclude that all information in the ordinary sense of the word is knowledge, though not all knowledge may be called information."[136]

Diese Gedanken fasst er an anderer Stelle folgendermaßen zusammen: "Information is the activity or process of informing and getting informed; knowledge ist the state of knowing. The act or process of informing may create (produce) a state of knowing."[137] Machlup ist sich damit der Differenz von Wissen und Information bewusst, schlägt aber dennoch eine synonyme Verwendung der Begriffe vor, um eine umfassende Quantifizierung zu ermöglichen.[138]
Zugleich führt Fritz Machlup den Wissensbegriff einer Präzesierung zu und unterscheidet in dem Werk *"The Production and Distribution of Knowledge in the United States"*, das die Untersuchung der Produktivitätssteigerung durch Wissens-

---

136 Fritz Machlup, The Production and Distribution of Knowledge in the United States, Princeton 1962, S.15. Vgl. dazu im Wortlaut übernommen auch Fritz Machlup, Knowledge: It's Creation, Distribution and Economic Significance, New Jersey 1980, S.56. Die 1980 von Machlup veröffentlichte Arbeit baut auf den Ergebnissen der 1962 durchgeführten Studie auf. Sie ist als Anschlussstudie zu sehen. In weiten Teilen ist diese Studie ausführlicher, weist aber auch zahlreiche Überschneidungen auf. Die Studie von 1962 war ein breit diskutiertes Forschungsprojekt, das als grundlegende Arbeit gewertet worden ist. Hauptaugenmerk wurde dabei auf das Ergebnis gelegt, dass der hohen Produktivität von Wissensindustrien, ein hoher Anteil am Bruttoinlandsprodukt und damit schließlich ein rapides Wachstum folgt. Eine besonders weitgehende Reaktion auf die Studienergebnisse ist die von Kwynneth E. Boulding, The Knowledge Industry, Challenge, May 1963, S.38. Ebenso zu erwähnen ist Theodore W. Schultz, Book review, in: The American Economic Review, 53 1963, S.873 oder Shane Hunt, Review, In: Journal of Political Economy, Vol. 73, 1965, S.311. Es folgten auch zahlreiche interdisziplinäre und internationale Reaktionen. Die Ausführungen von Peter Drucker, The Age of Discontinuity, New York 1986, basieren dabei offensichtlich auf den Schätzungen Machlups. Auch die Dissertation von Marc Uri Porat "The Information Economy" von 1977 Kapitel 3- 8, die mit der Unterstützung von Michael R. Rubin entstanden ist und deren ausführliche Version durch das Office of Telecommunication der US Departement of Commerce veröffentlicht wurde, wurde angeregt durch die Ergebnisse von Fritz Machlup. Bei näherer Betrachtung liegt eine unterschiedliche Forschungsmethodik zugrunde und erschwert die Vergleichbarkeit der Studien. 1972 entschloss sich Fritz Machlup ohne Kenntnis Marc Uri Porats Analyse seine statistische Analyse den neuen Daten anzupassen. Unterstützt wurde die Arbeit durch die National Science Foundation and he National Endowment for Humanities.

137 Fritz Machlup, Knowledge, Volume I, a.a.O., S.56.

138 Vor diesem Hintergrund wird Fritz Machlups Plädoyer für den Begriff Wissen / Knowledge und damit verbunden seine Präferierung des Begriffes Wissensgesellschaft / Knowledge Society, gegenüber Informationsgesellschaft / Information Society durchaus verständlich und nachvollziehbar. Erklärbar wird dadurch auch die bis heute vorherrschende Austauschbarkeit der beiden gesellschaftlichen Begriffe. Zugleich aber wird demonstriert, dass sie kaum realen Begründungen folgt, sondern allein einer terminolgischen Präferenz entspricht, die die hier vorliegende Arbeit eben gerade nicht teilt.

investition und Wissensproduktion in den Mittelpunkt stellt, bereits in den 60er Jahren fünf Arten des Wissens. Statt einer Nominaldefinition wählt Fritz Machlup den Weg der Klassifizierung und legt die unterschiedlichen Dimensionen des Wissensbegriffes offen:

> "(1) Practical knowledge: useful in his work. His decisions, and actions; can be subdivided, according to his activities, into
>
> Professional knowledge
> Business knowledge
> Workman's knowledge
> Political knowledge
> Household knowledge
> Other practical knowledge
>
> (2) Intellectual knowledge: satisfying his intellectual curiosity, regarded as part of liberal education, humanistic and scientific learning, general culture; acquired, as a rule, in active concentration with an appreciation of the existence of open problems and cultural values.
>
> (3) Small-talk and pastime knowledge: satisfying the nonintellectual curiosity or his desire for light entertainment and emotional stimulation, including local gossip, news of crimes and accidents, light novels, stories, jokes, games, etc.; acquired, as a rule, in passive relaxation from "serious" pursuits; apt to dull his sensitivineness.
>
> (4) Spiritual knowledge: related to his religious knowledge of God and of the ways to the salvation of the soul.
>
> (5) Unwanted knowledge: outside his interests, usually accidentally acquired, aimlessly retained."[139]

Damit erweitert er den Vorstellungsgehalt von Wissen. Hensels Kritik an Fritz Machlups Gliederungsschema ist zwar nachvollziehbar, wenn er darlegt, dass Machlup den angestrebten Zweck, einer Operationalisierung des Begriffs Knowledge, im Grunde nicht erfüllt, da sich die Gliederungsklassen überlappen und weder theoretisch noch praktisch eindeutig voneinander zu trennen sind.[140] Zu beanstanden wäre jedoch weitaus mehr die Tatsache, dass Machlup seine Definition des Begriffs Knowledge im Grunde zu weit fasst und die Frage der Qualitätsurteile ungelöst bleibt. Nach Machlups Auffassung stellt dies allerdings auch keine Aufgabe empirischer Sozialforschung dar.

> „My concept of Knowing and Knowledge are unusually wide. I do not confine myself to scientific or technological or verified or practical or intellectual

[139] Fritz Machlup, The Production and Distribution, a.a.O., S.21/22.
[140] Matthias Hensel, Die Informationsgesellschaft. Neuere Ansätze zur Analyse eines Schlagwortes, München 1990, S.41. Vgl dazu auch Jochen Steinbicker, Zur Theorie der Informationsgesellschaft. Ein Vergleich der Ansätze von Peter Drucker, Daniel Bell und Manuel Castells, Opladen 2001, S.15ff.

knowledge. Anything that people think they know I include in the universe of knowledge."[141]

Daniel Bell hingegen bewertet Machlups Vorgehen als lediglich begriffliche Abgrenzungen und bezeichnet seinerseits Wissen in einem weitaus eingeschränkteren Verständnis:

> "Ich möchte ›Wissen‹ im vorliegenden Zusammenhang definieren als Sammlung in sich geordneter Aussagen über Fakten oder Ideen, die ein vernünftiges Urteil oder ein experimentelles Ergebnis zum Ausdruck bringen und anderen durch irgendein Kommunikationsmedium in systematischer Form übermittelt werden und den Begriff damit von dem der Neuigkeit oder Nachrichten und dem der Unterhaltung abgrenzen. Wissen heißt für mich: neue Urteile (aus Forschung und Wissenschaft) oder neue Darstellung älterer Ansichten (in Lehrbüchern und im Unterricht)"[142]

Bei Bell steht die gesellschaftspolitische Analyse im Vordergrund; daher schlägt er eine recht eingängige und bis heute akzeptable Definition vor: Wissen wird als das bezeichnet, was objektiv bekannt ist. Wissen ist in erster Linie ein geistiges Eigentum, das mit einem (oder mehreren) Namen verbunden ist und durch ein Copyright oder eine andere Form sozialer Anerkennung (z. B. Veröffentlichung) seine Bestätigung erfährt. Dabei wird Wissen als Teil der allgemeinen Sozialinvestition der Gesellschaft gesehen.[143]

In einem späteren Aufsatz bezeichnet Bell Information als "transforming resource" und Wissen als "strategic resource" der nachindustriellen Gesellschaft. Information wird dabei als zentrales Element der Wirtschaftsstruktur, Wissen als das der gesellschaftlichen Machtstruktur gesehen. Wissen hat demnach innerhalb des sozialen, politischen oder ökonomischen Systems in erster Linie einen strategischen Nutzen.[144]

Peter F. Drucker nähert sich in seinem Verständnis von Wissen / Information dem von Machlup geprägten Begriff der Knowledge Society an. Im Gegensatz zu Machlup, der Wissen in Hinblick auf die Möglichkeit der Quantifizierung definiert, und Bell, dessen Definition von der soziologischen Fragestellung bestimmt wird, betrachtet Drucker in erster Linie die betriebswirtschaftlichen Effekte von Wissen. Auch Peter F. Drucker zeigt die enge Verknüpfung der Begriffe Daten, Information und Wissen auf. Sein Grundverständnis kommt in folgender Annahme zum Ausdruck: "There is a great deal more to information and data-processing than the computer. Now the computer is to the information industry roughly what the central power station was to the electric industry."[145] Information wird wie die Elektrizität als Form der Energie betrachtet, Energie für "Kopfarbeiter". Die Verwandlung von Daten in Information erfordert Wissen.[146] Wissen wird als instrumentelles, ökonomisch

---

141 Fritz Machlup, Knowledge, Volume I, a.a.O., Princton 1980, S.XIII.

142 Daniel Bell, Die Nachindustrielle Gesellschaft, Frankfurt/Main 1975, S.177.

143 Ebd. S.178.

144 Daniel Bell, The social Framework of the Information Society. In: Dertouzos / Moses (Hrsg.), The Computer Age: A Twenty-Year View, Cambridge 1979, S.163-211.

145 Peter Drucker, The Age of Diskontinuity. Guidelines for our Changing Society, London, New York 1969, S.22.

146 Ders., The coming of the new organisation. In: Harvard Business Review 66, 1988, p. 39-48.

nutzbares Element verstanden, welches ausschließlich in der Anwendung sichtbar wird.[147] Dies verdeutlicht die fließenden Grenzen der Begriffe.[148]
In die gleiche Richtung wie die vorangegangenen Definitions- bzw. Differenzierungsversuche gehen auch die Ausführungen von Robert M. Hayes. Er definiert Daten als aufgenommene Symbole, "etwas" in gedruckter Form. Er betont, dass Daten keine Fakten sind, und dass die Verarbeitung unzählige Variationen hervorbringen kann. Information ist dann in einer formalen Weise als Besitz von Daten zu bezeichnen[149], die als Stimuli wirken und die die kognitive Struktur des Empfängers beeinflussen und verändern. Etwas, das der Empfänger bereits weiß – ein Stimulus, der die kognitive Struktur nicht betrifft – ist demnach keine Information.[150] Eine äußerst eingängige Begriffserläuterung.

Diesen sehr unterschiedlichen Auffassungen folgend kann "Wissen" erfasst werden als subjektive Organisations- und Repräsentationsform von Kognitionen, mittels derer Daten zu Informationen werden. Daten können als Zeichenformationen verstanden werden, die der Wiedergewinnung, Repräsentation und Kommunikation von Wissen dienen. Daten und Information sind teilweise austauschbar, da Informationen aus Daten entstehen, wenn diese so aufgearbeitet werden, dass sie von Menschen verstanden und kognitiv verarbeitbar werden.[151] Die Vereinten Nationen[152] und die OECD[153] nehmen ein solches Verständnis auf und versuchen eine Präzisierung der Begriffe Daten und Information zu erreichen, indem sie die computertechnologische Innovation einbeziehen. Entsprechend definieren sie Daten als Symbole, die von Computern bearbeitet und übertragen werden können.
Unter Berücksichtigung der hier dargelegten Auffassung kann die Erkenntnis gewonnen werden, dass auch Wissen als Information gelten oder sich zu Information wandeln kann. Dies gilt besonders dann, wenn Wissen durch Kommunikation zur Information wird und auf diese Weise das Wissen des Informierten erweitert. Der Effekt von Information ist unter diesem Gesichtspunkt also zugleich ein Wandel des Wissens.[154] Wissen ist das Ergebnis des Verstehens und Ordnens kommunizierter Information.[155] Information und Wissen bedingen sich damit gegenseitig, sind aber gerade nach den hier dargelegten Ausführungen keinesfalls gleichzusetzen.

---

147 Ders., The Age of Diskontinuity, a.a.O., S.252 Damit befindet sich Drucker nahe am heute üblichen beriebswirtschaftlichen Informationsbegriff, der Information als handlungsrelevantes, zweckbezogendes, in der Regel entscheidungsvorbereitendes Wissen definiert.

148 Allgemeines Forschungsziel Peter Druckers war es, mit dieser Abgrenzung von Wissen / Information, verbunden mit einer Betonung der ökonomischen Eigenschaften des Gutes Information, eine Preisbildung für Wissen / Information zu ermöglichen. Gerade unter gegenwärtiger betriebswirtschaftlicher Perspektive ein äußerst interessantes Unterfangen.

149 Robert Hayes, The measurement of information. In: Pertti Vakkari / Blaise Cronin (ed.), Conceptions of library and information science: historical, empirical and theoretical perspectives, London 1992, S.268-285.

150 Ebd.

151 Zu dieser Erkenntnis kommt auch Alan Freedman, The computer glossary, 4th ed, Pittsburgh 1989. AMACOM (American Management Association,), S.135-148.

152 United Nations (ed.), Transnational Corporations and Transborder Data Flow: A Technical Paper, New York 1982, S.8.

153 H.P. Gassmann (Hrsg.), New International Policy Implications of the Rapid Growth of Transborder Data Flows, Paris (OECD/ICCP 1979, S.52.

154 Vgl. dazu Michel Menou, The impact of information: definitions and measurements (pre-print 1994).

155 Heinz Lothar Grob / Stefan Bieletzke, a.a.O., S.8.

"Damit ist Information eine echte Teilmenge des Wissens, Wissen ist ein Bestand aus begründbaren individuellen oder kollektiven Erfahrungen, Erkenntnissen, Einsichten und Modellen über Sachverhalte, aus denen Urteile und Schlüsse gebildet werden können."[156]

Wissen wird damit als das eigentlich höherstehendes Konzept erkannt, Information ist jedoch das konstitutive Konzept. Diese Erkenntnis wird auch von den neueren Literaturbeiträgen herausgearbeitet, die Information als Bewegungsgröße und Wissen als Bestandsgröße ansehen.[157] Matthias Hensel verweist auf die demoskopische Untermauerung dieser Aussage, derzufolge eine zunehmende Diskrepanz zwischen angebotener Informationsmenge und bestehender Wissensakkumulation nachzuweisen ist.[158] Das heißt, in der Informationsgesellschaft sind die Menschen zwar durchaus besser informiert, ihr Wissensbestand ist dadurch aber keineswegs größer. Dies ist scheinbar ein Paradoxon, das durch die hier erfolgte begriffliche Trennung von Information und Wissen aufgelöst wird. Dies rechtfertigt die in dieser Arbeit vorherrschende Präferenz des Begriffes Informationsgesellschaft gegenüber Begriffen wie Wissens- oder Kommunikationsgesellschaft.
In diesem Zusammenhang ist Dervins *Sense-Making-Theorie* in die Betrachtungen miteinzubeziehen. Dervins Theorie untersucht, wie Menschen aus den täglichen Erfahrungen Sinnzusammenhänge herstellen. Diese Sinngebungsverfahren sind in Wahrheit nichts anderes als kommunikative Verhaltensweisen und die Verarbeitung von Information innerhalb einer bestimmten Spanne subjektiver Faktoren wie persönlicher Wertstrukturen oder Intuitionen. Der eigentliche Beitrag der Theorie im Kontext ist, dass sie Information nicht mehr als eine Art Transmission behandelt, sondern vielmehr als Element der Konstruktion. Damit wird das traditionell-mechanische Verständnis der Information, das *Sender-Kanal-Empfänger-Modell* zugunsten eines Verständnisses von Information als Produkt humaner Interaktion aufgegeben. Die Nutzer von Daten und Information, im computertechnologischen Terminus die sogenannten User, sind damit nicht bloß rezipierende Roboter, sondern denkende und handelnde Personen, die ihr eigenes Schicksal kontrollieren. Somit ist Information immer subjektiv und die Infomationssuche und -verwendung ist in erster Linie eine konstruierende Aktivität: "a personal creation of sense."[159] Hinzu kommt eine Zweckorientierung des Wissens hinzu: "Wissensentstehung wird zunehmend orientiert an den jeweils zu lösenden Problemen."[160]
Unabhängig davon, welche Definition als grundlegend angesehen wird: es hat sich gezeigt, dass Wissen und Information in enger Wechselwirkung stehen und dennoch strikt zu trennende Bereiche darstellen. Zugleich zeigt sich der zunehmende instrumentelle Charakter von Wissen, das immer von einem Individuum aktiv genutzt und damit gestaltet werden kann. Weiterhin ist festzuhalten, dass die Schlüsselkonzepte der Informationsgesellschaft *Daten-Information-Wissen* unabhängig auf

156 Ulrich Hofmann, Globale Informationswirtschaft. Management, Technologien, Strategien, München, Wien 1999.
157 E. Wessling, Individuum und Information, Bd. 71 der Reihe „Die Einheit der Gesellschaftswissenschaften", Tübingen 1991, S.27ff.
158 Matthias Hensel, a.a.O., S.40. Dazu auch J. v. Cuilenberg, The Information Society: Some Trends and Implications. In: European Journal of Communication, Vol.2/1987), S.105-121.
159 William J. Martin, a.a.O., S.28.
160 Delphi-Befragung 1996/1998: Potentiale und Dimensionen der Wissensgesellschaft – Auswirkungen auf Bildungsprozesse und Bildungsstrukturen. Endbericht. Durchgeführt im Auftrag des Bundesministeriums für Bildung, Wissenschaft, Forschung und Technologie. Vorgelegt von der Prognos AG, Basel., S.92.

verschiedenen Ebenen arbeiten, *Kommunikation* ist im Grunde die Verbindung dieser Ebenen. Die Verknüpfung der Ebenen verläuft in einem Prozess, der zu nachhaltigen Veränderungen führt. Diese Prozesshaftigkeit überträgt sich auch auf die dergestalt geprägte Gesellschaftsform, die sich ihrerseits in permanenter Entwicklung befindet. Peter F. Druckers Aussage vom "Age of Discontinuity" bringt dieses Phänomen auf den Punkt und verdeutlicht die Offenheit der gesellschaftlichen Entwicklung, die korrespondiert mit dem Entwicklungsprozess des Wissens durch kommunizierte Information.
Heute kann demnach von einer Offenheit des Wissens ausgegangen werden, die sich durch mannigfaltige Formen der Differenzierung auszeichnet. Damit geht auch einher, dass das Wissensmonopol, das bisher den Universitäten und staatlichen Organisationen vorbehalten war, aufgebrochen wird. Jean-Francois Lyotard bezeichnet dies als Zersplitterung der Einheit des Wissens und arbeitet als prägende Veränderung in jüngster Zeit die zunehmende "Merkantilisierung des Wissens"[161] heraus. Die zentrale Frage für Lyotard lautet demzufolge auch nicht, ob das Subjekt sich in der informationstechnischen Vernetzung verliert, sondern:

> "Wer wird die verbotenen Daten und Kanäle definieren? Wird es der Staat sein, oder wird dieser nicht vielmehr ein Benutzer unter anderen sein? Auf diese Weise werden neue Rechtsprobleme gestellt und durch sie die Frage: wer wird wissen?"[162]

4. Technologische Innovation: die Informations- und Kommunikationstechnologien oder Telematik

Neben den konstituierenden Elementen *"Daten – Information – Wissen – Kommunikation"*, die über die gesellschaftlichen Subjekte in immer neue Verbindung zueinander gesetzt werden, tritt mit der Integration der Medien in dieses Konzept ein weiteres, wesentliches Element zur Konstituierung der Informationsgesellschaft: technologische Innovation bzw. die Innovation im Bereich der Informations- und Kommunikationstechnologien, die Entwicklung der *Telematik*. Technischer Wandel und Innovation werden in enger Beziehung zu gesellschaftlichen Wandel gesetzt.[163]

> "Eine der wichtigsten Kräfte, die diese radikale Kluft zwischen Gegenwart und Vergangenheit aufgerissen und das für die Gesellschaft bis dahin gültige Zeitgefüge zerbrochen haben, war die Technologie, die durch Einführung einer

161 Jean-Francois Lyotard, Das postmoderne Wissen, Wien 1999, 4. Unveränderte Neuauflage, S.26.
162 Ebd. S.28. Lyotards Beitrag ist eine philosophische Bewertung der Informationsgesellschaft, die eher negativ ausfällt. Rafael Capurro hält demgegenüber richtigerweise fest, dass eine philosophische Bewertung der Informationsgesellschaft noch nicht möglich ist. Rafael Capurro, Leben im Informationszeitalter, Berlin 1995, S.37.
163 Besonders deutlich tritt dies in der sozialwissenschaftlichen Analyse der Industriegesellschaft in Abgrenzung zur Agrargesellschaft hervor. Eine Diskussion, die in dieser Arbeit aus forschungspragmatischen Gründen nicht näher dargestellt wird. Dazu auch Rudolf Rübbert, Geschichte der Industrialisierung, München 1972. Auch Walter G. Hoffmann, Stadien und Typen der Industrialisierung, Jena 1931; John Kenneth Galbraith, Die moderne Industriegesellschaft, München, Zürich 1968; insbesondere aber auch in Karl Marx, Das Kapital I. Der Produktionsprozss des Kapitals. Mit einem Geleitwort von Karl Korsch, Frankfurt am Main 1969; Adam Smith, Der Wohlstand der Nationen, München 1978.

neuen Metrik und Ausweitung unserer Herrschaft über die Natur die sozialen Beziehungen und unser ganzens Weltbild umgewandelt hat."[164]

Die Entwicklung des technischen Fortschritts, seine Geschwindigkeit, Richtung und Umsetzung sind dabei schwer abzuschätzen. Übereinstimmend in der Literatur wird davon ausgegangen, dass die Telematik das Leben ebenso stark verändern wird, wie es einmal Dampfmaschine, Eisenbahn, Elektrizität oder das Automobil getan haben, die als Basisinnovationen den Verlauf des ökonomischen und schließlich darauffolgend auch des gesellschaftlichen Strukturwandels entscheidend beeinflusst haben.[165] Deutlich sichtbar und empirisch belegbar wird dies durch die sogenannten Kondratieff-Zyklen. Es handelt sich hierbei um langwellige Zyklen, die durch eine bestimmte Technik ausgelöst werden und erst dann auslaufen, wenn diese Technik sich allgemein durchgesetzt hat. Innovationen in Form von Basistechniken, so lautet die Ausgangsthese, treten entsprechend schubweise alle 50 Jahre auf.[166] Bislang konnten folgende Konjunkturwellen nachgewiesen werden:

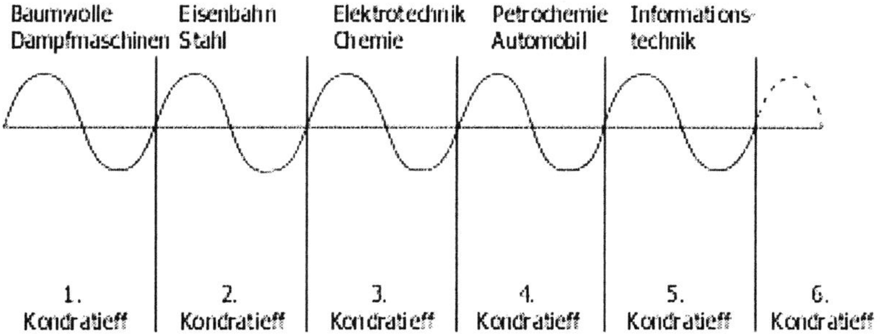

Joseph A. Schumpeter veranschaulicht dies in seiner Aussage: "Die großen Innovationen treten kaum je in ihrer endgültigen Form ans Tageslicht oder erobern mit einem Schlag den ganzen Bereich, der ihnen schließlich zufällt. (...) Reaktion und Absorption müssen erst einmal folgen."[167]Dieter Klumpp bringt dies vereinfacht auf den Punkt:

164 Daniel Bell, Die Nachindustrielle Gesellschaft, a.a.O., S.190.

165 Leo A. Nefiodow. Der 5. Kondratieff, Frankfurt am Main 1991, S.25. Diese Ansicht steht nicht im Widerspruch zu der in der Einleitung verdeutlichten Ablehnung technologischer Determiniertheit. In den Wirtschafts- und Politikwissenschaften wird zwar der Innovationsbegriff meist nur in Zusammenhang mit technologisch bedingten Produktions- und Dienstleistungsprozessen verwendet, dies greift aber deutlich zu kurz und zeigt nur die Reduzierung auf technisch-ökonomische Bereiche. Technologische Innovation im vorliegenden Verständnis aber entsteht vielmehr aus der Wechselwirkung des Menschenen mit seiner Umwelt. Vgl. dazu auch Bernhard Speyer, Das Internet – eine neue Basistechnologie?, Deutsche Bank Research, Frankfurt am Main Oktober 2000, aus der Reiche e-conomics www.dbresearch.de.

166 Dazu auch Robert Wagner, Die Informationsgesellschaft. Chancen für eine neue Lebensqualität am Beginn des 3. Jahrtausend, Münster 1996, S1ff.

167 Joseph A. Schumpeter, Konjunkturzyklen, Göttingen 1961, S.177.

„Neue Technik ist im Sinne Joseph Schumpeters eine Invention, keine Innovation. Zur technischen Invention gehört eine organisatorische wie gesellschaftliche Innovation und vice versa.“[168]

Dieses Verständnis spiegelt sich in den Konstellationen der Kondratieff-Zyklen wider.

Konstellationen der Kondratieff-Zyklen

Konstellations-Prägung	1825 Dampfmaschine, Baumwolle 1793 – 1847	1873 Eisenbahn, Schiffahrt, Stahl 1847 – 1893	1913 Elektrizität, Chemie 1893 – 1939	1966 Auto, Erdöl, Elektronik 1939 – 1989	2015 Information, Wissen, Ökologie 1989 – 2040
	1. Zyklus	***2. Zyklus***	***3. Zyklus***	***4. Zyklus***	***5. Zyklus***
1. Fundamentale Bedürfnisse	Die Arbeit erleichtern	Ressourcen weltweit verfügbar machen	Urbanität lebenswert gestalten	Individualität und Mobilität fördern	Probleme für die Mitwelt lösen
2. Flächendeckende Netze	Handelsnetze	Verkehrsnetze	Energienetze	Kommunikationsnetze	Netzwerk des Wissens
3. Prägende neue Applikationen	Maschinen	Lokomotive, Bahnhöfe	Beleuchtung, Kino	Telefon, Auto, Fernseher, Computer, Raketen	Immaterielle Waren, Informationsanlagen, Informationsbanken
4. Prägende Technologien	Dampf	Stahl	Elektrizität	Elektronik	Multimedia Datenautobahn
5. Synergie Applikationen	Konsumgüter	Schiffahrt	Chemie, Aluminium	Erdölprodukte	Ökologische Problemlösungen
6. Technologie Synergien	Mechanik	Großantriebe	Großanlagen	Waffensysteme	Sicherheits- und Umwelttechnologie

http://www.ivc.de/ivc/Magazin/Background/Kondratieff.htm#Theorie

Die Informationstechnik bzw. die Telematik ist die wichtigste Basisinnovation des 5. Kondratieffzyklus. Mit ständig zunehmendem Tempo durchdringt sie alle Bereiche der Gesellschaft. Die Kombination bekannter Kommunikations- und Informationstechnologien, wie z. B. Fernsehen und Telefon, mit elektronischer Datenverarbeitung[169] ist eine technologische Innovation mit veränderndem Potenzial. Durch die Integration unterschiedlicher Medienformate ist es möglich große Informationsmengen zu produzieren und zu verarbeiten. Auf diese Weise konnte sich der Faktor Information als zentrales Element in Wirtschaft und Gesellschaft etablieren. Nachweislich kann keine andere Technologie gegenwärtig eine annähernd vergleichbare wirtschaftliche Dynamik und Breitenwirkung vorweisen.
Robert M. Solow erläutert in einem heute als klassisch zu bezeichnenden Artikel die in der Grundkonzeption ebenso einfache wie in Detail und Beweisführung komplexe

[168] Dieter Klumpp, Die Modernisierung der deutschen Volkswirtschaft. Technologie- und Innovationspolitik. In: Andreas Dengel / Welf Schröter, Flexibilisierung der Arbeitskultur. Infrastrukturen der Arbeit im 21. Jahrhundert, Talheim-Mössingen 1997, S.126.

[169] Voraussetzung für die Durchsetzung dieser Technologien war die Miniaturisierung der Schaltelemente und die Produktion von Großserien.

Erkenntnis, dass technologischer Wandel als wesentliche Voraussetzung für ökonomische Veränderung und für einen strukturellen Wandel gilt. Demnach wird technologische Veränderung als Mittel der Produktionssteigerung identifiziert und Produktivität ihrerseits wiederum als strukturverändernder Faktor.[170] Unter Einbezug systemtheoretischer Überlegungen bleibt der ökomische Strukturwandel nicht ohne Einfluss auf das gesellschaftliche Zusammenleben selbst und leitet letztendlich die eigentliche gesellschaftliche Veränderung ein.

"In every society the production, distribution, and use of information play vital riles in the management of events. In modern technological societies, these functions become so prominent as to suggest their description as Information Societies."[171]

Die beschriebenen Zusammenhänge verdeutlichen sich im Phänomen der Informatisierung. Die Informatisierung ist als dynamischer Prozess mit gesellschaftsverändernden Potenzial zu verstehen.

II. Das Phänomen der Informatisierung

Erstmalig wird der Begriff der Informatisierung/informatization/ l'informatisation in der 1980 durchgeführten Studie von Simon Nora und Alain Minc verwendet[172]. Der *Nora-Minc-Report* fand weite Beachtung in Europa und gilt gemeinhin als Bestseller der Technologieliteratur.[173] Der Bericht gibt keine Definition der Informationsgesellschaft, sondern untersucht, inwieweit die Verteilung und der Konsum von Wissen und Information katalytische Effekte auf die gesellschaftlichen Entwicklung zeigen.
Der Begriff der Informatisierung umfasst dabei nicht nur den technologischen Fortschritt in der Telematik als Verbindung von Telekommunikation und Computertechnik, sondern er betont den prozesshaften Charakter und bezeichnet eine Fortschrittsentwicklung, die das gesamte Nervensystem der sozialen Organisation einer Gesellschaft betrifft. Unter Informatisierung ist die zunehmende Druchdringung

---

170 Robert M. Solow, Technical Change and the Aggregate Production Function. In: Review of Economics and Statistics, 39 (1957). An dieser Stelle sei auf neuere Forschungsarbeiten von Robert M. Solow hingewiesen. Er stellt Anfang der 1990 aufgrund der Studien zur Produktivitätsentwicklung in den USA fest, dass die erwartete Beschleunigung der Produktivitätsenwicklung durch Informations- und Kommunikationstechnologien nicht eingetreten ist. In der Forschung wird vom *Solow-Paradox* gesprochen. Damit ist die Agenda für die Kontroverse geschaffen, ob die ökonomischen Verheißungen der Informationsgesellschaft überhaupt eintreten werden. Diese Kontroverse soll in dieser Arbeit nicht verfolgt werden. Auch beeinträchtigen die vorliegenden neueren Forschungsergebnisse nicht die Grundaussage Robert M. Solows, die den eigentlichen Bezugspunkt für die vorliegende Arbeit bildet.

171 A. Edelstein, Information Societies: Comparing the Japanese and American Experiences, Seattle 1978, S.VII.

172 In der Literatur meist als NORA-Bericht oder NORA-MINC-Report zitiert. Der NORA-Bericht versucht in erster Linie, Informationstechnologien in den Rahmen der nationalen französischen Politik einzuordnen. Ich beziehe mich in dieser Arbeit auf die deutsche Ausgabe von Uwe Kalbhen.

173 Als Indiz der Breitenwirkung des Berichts gelten die nach Erscheinen von über 90.000 Exemplaren einsetzenden Diskussionen und Berichterstattungen zum Nora-Bericht. Die Diskussion in Frankreich ist in drei Themenbereiche einzuteilen: Strukturvorschläge der Autoren; Rolle der Politik allgemein und der Wirtschafts- Beschäftigungs- und Industriepolitik im besonderen; des weiteren Skizze eines Gesellschaftsbildes. Die Autoren haben dabei in die Diskussion selbst eingegriffen. Vgl. Le Monde 18. September 1978, deutsch abgedruckt in GMD-Spiegel 4/78, Die Informatisierung der Gesellschaft.

der Gesellschaft und ihrer Teilsysteme mit Informationstechnologien zu verstehen. Diese Durchdringung, diese Auffassung vertreten Nora und Minc, setzt einen Wandel in Gang, der zur Etablierung der neuen Gesellschaftsform *Informationsgesellschaft* führen kann. Nicht zuletzt betonen Nora und Minc in Tradition eines französischen Politikverständnisses die Notwendigkeit aktiver politischer Gestaltung, um sicherzustellen, dass der Prozess der Informatisierung zur Verbesserung gesellschaftlicher Lebensumstände führt.[174]
Die Durchdringung sämtlicher Lebensbereiche mit Informations- und Kommunikationstechnologien und der hohe Stellenwert der Information für die gesellschaftlichen Teilsysteme wurde schon vor Nora-Minc als prägender Prozess identifiziert. Informatisierung wird als charakteristisches Merkmal der modernen Welt erkannt. Information "become so important today as to merit treatment as a symbol for the very age in which we live".[175]
In der Literatur wird als sichtbares Zeichen des Informatisierungsprozesses gewertet, dass eine exponentiell Zunahme des Wissens, sowie die Entstehung zahlreicher wissenschaftlicher Teildisziplinen nachweisbar ist.[176] Daniel Bell bezeichnet dies als wissenschaftliches Verzweigungsphänomen.[177]
Die Zunahme des Wissens und die Abhängigkeit der gesellschaftlichen Teilsysteme von Kommunikation und Information und damit in letzter Konsequenz von den Informations- und Kommunikationstechnologien, die Kommunikation und Information erleichtern und über die nationalen Grenzen hinweg fördern, bedingen einander.[178] Besonders offensichtlich wird die Informatisierung im ständig fortschreitenden infrastrukturellen Ausbau der Telekommunikation[179] und in den ökonomischen Zusammenhängen.[180] Die bis dahin bestimmenden Ressourcen Arbeit und Kapital werden um den Faktor Information ergänzt[181] und das Investitionsverhalten moderner Volkswirtschaften konzentriert sich zunehmend auf den Einsatz von Informationstechologien.[182] Informationstechnologie und moderne Telekommunikation ermöglichen zudem eine globale Zusammenarbeit, unabhängig von Raum und Zeitzonen, so dass die Informatisierung ein globaler Prozess ist.

> "Added together these trends emphasize the centrality of information networks linking together locations within and between towns, regions, nations, continents

---

174 Simon Nora / Alain Minc, a.a.O., S.3.

175 William J. Martin, The Information Society – Idea or Entity? In: Aslib Proceedings, 40 (11/12) 1988, S.303-309, hier S.303.

176 Daniel Bell, Die nachindustrielle Gesellschaft, a.a.O. Zur Problematik der Grenzen des Wachstums und der Quantifizierung wissenschaftlichen Wachstums, ders. S.182-187. Dazu auch Leo A. Nefiodow, Der Fünfte Kondratieff, a.a.O., Frankfurt am Main 1991, S.54-57. Erstmals wurde diese grobe Schätzung 1944 durch den Bibliothekar des Wesleyan University, Remont Rider ausgesprochen. Wie Rider anhand zehn repräsentativer Universitäten nachgewiesen hat, hat sich die Zahl der vorhandenen Bände zwischen 1831 und 1938, alle 22 Jahre, an den größeren Universitäten sogar alle 16 Jahre verdoppelt.

177 Ebd., S.188. Dazu auch Leo A. Nefiodow, Der fünfte Kondratieff-Zyklus. a.a.O., S.60-63.

178 Leo A. Nefiodow, Der fünfte Kondratieff, a.a.O, S.57-60.

179 Herbert S. Dordick / Georgette Wang, a.a.O., S.60-63.

180 Ebd. 64-66.

181 Dieser Auffassung ablehnend steht Gerhard Bosch gegenüber. Gerhard Bosch, Eine Technik sucht Anwendung. Die Auswirkungen der neuen Informationstechnologien auf die Beschäftigung. In: Kurt van Haaren / Detlef Hensche (Hg.), Arbeit im Multimedia-Zeitalter. Die Trends der Informationsgesellschaft, Hamburg 1997, S149.

182 Dazu auch Leo A. Nefiodow, Der fünfte Kondratieff, a.a.O., S.101.

and the entire world... Increasingly, we are all connected to the network – which itself is expanding its reach and capacities" [183]

Entsprechend analysiert John Goddard vier in Wechselbeziehung stehende Elemente des Prozesses der Informatisierung:[184]

1. Information wird zur strategischen Schlüsselressource, auf die die Organisation der Weltwirtschaft angewiesen ist. Die moderne Welt fordert und fördert die globale Herstellung und Planung zwischen unterschiedlichen Staaten und verlangt Marketingstrategien über Kontinente hinweg. Damit wird Information zum bestimmenden Prinzip ökonomischer Aktivität und Transaktion. Informationsmanagement gewinnt unternehmerisch und volkswirtschaftlich an Relevanz, was in einem Wachstum der Informationsbeschäftigung mündet.
2. Computer und Kommunikationstechnologien stellen die notwendige infrastrukturelle Voraussetzung dar, um Information zu bearbeiten und zu verteilen. Diese Technologien erlauben es, mit Informationen in einer Weise umzugehen, die historisch nicht vergleichbar ist und die ein sofortiges Handeln und die sofortige Kontrolle ökonomischer, sozialer und politischer Belange global ermöglicht.
3. Es ist ein außergewöhnliches Wachstum des ›tradeable information sector‹ der Wirtschaft festzustellen, verdeutlicht am Wachstum bestimmter Informations- und Kommunikationsdienste wie neue Medien, Satelliten, Kabel, Video und online-Datenbanken. Die wachsende Informatisierung der Wirtschaft ermöglicht die Integration nationaler und regionaler Ökonomien in die Weltwirtschaft.
4. Die Beschränkung durch geographische Örtlichkeiten werden mehr und mehr zurückgedrängt.

Die dargestellten Elemente der Informatisierung, die von keinem Autor bezweifelt werden, können zugleich den Übergang zur Informationsgesellschaft darstellen. Seit dieses neue Gesellschaftskonzept der Informationsgesellschaft in den frühen 60ern vorgestellt wurde, wuchsen allerdings die Spekulationen zahlreicher Sozialwissenschaftler darüber, was die Informatisierung und Nutzung der Informations- und Kommunikationstechnologie der Gesellschaft bringen würden und welche Veränderungen damit einhergingen. Dies erscheint bei näherer Betrachtung auch verständlich und wird untermauert durch die Tatsache, dass der Informationskonsum kaum Schritt hält mit der Informationsproduktion.[185]
Dies wirft die entscheidende Fragen auf, ob es überhaupt gerechtfertigt, von einer Informations*gesellschaft* zu sprechen, obgleich es sich, folgt man dem Informatisierungsprozess, eigentlich vielmehr um eine Informations*wirtschaft* handelt? Bedingt die Informatisierung der Gesellschaft tatsächlich die Entstehung einer neuen Gesellschaftsform, einer "knowledge-" oder "information-based society"? Oder handelt es sich lediglich um ein neues Schlagwort der politischen

---

183 Frank Webster, Theories of the Information Society, London, New York 1995, S.19.

184 John B. Goddard, New Technology and the Geography of the UK Infomation Economy, In: Kevin Robins, (ed.), Understanding Information: Business, Technology and Geography, Belhaven Press 1992.

185 In den 90er Jahren wurde das eindrucksvolle Wachstum der US-Computer-Industrie eindeutig und recht rapide gebremst. Bisherige Wachstumsraten von etwa 20% sanken auf 6% oder weniger pro Jahr. Die Informationsindustrie Medien, Software und Telekommunikation befand sich in der schwersten Wirtschaftskrise seit 1980. So wies in den 90er Jahren die Rate der Informationsproduktion ein Wachstum von mehr als 10% pro Jahr auf, während der Informationskonsum bei 3-4% pro Jahr stagnierte. Herbert S. Dordick / Georgette Wang, a.a.O., S.4.

Auseinandersetzungen, um strukturpolitische Eingriffe zu rechtfertigen und Modernität vorzugeben? Mit welchen analytischen Konzepten kann die Entwicklung zur Informationsgesellschaft analysiert werden?

Diese Fragen sollen in den nachfolgenden Kapiteln erörtert werden, um so zu einer Definition des Phänomens Informationsgesellschaft zu gelangen, die bei entsprechender Datenerhebung auch eine empirische Analyse zuläßt.
Bevor eine solche Definition entwickelt werden kann, müssen die theoretischen Überlegungen zu dieser Gesellschaftsform und die darüber entstehende theoretische Kontroverse betrachtet werden. Dies ist u. a. deshalb notwendig, weil so Hinweise auf mögliche Untersuchungskriterien gewonnen werden können.

III. Die Vision: Das Konzept der Informationsgesellschaft als qualitativ neue Gesellschaftsform

Aus der Erkenntnis der zentralen Stellung der Information in den sozioökonomischen Beziehungen, bzw. aus dem nachweisbaren Phänomen der Informatisierung, entwickelte sich eine lebhafte Diskussion über die tatsächlichen Auswirkungen des Informatisierungsprozesses auf die Bedingungen gesellschaftlichen Lebens. Dabei wurden die Möglichkeiten eines gesellschaftlichen Wandels in Analogie zum Übergang von der Agrar- zur Industriegesellschaft in Betracht gezogen, an dessen Ende das Gesellschaftskonzept der Wissens- oder Informationsgesellschaft stehen sollte.
Die Diskussion über die Informationsgesellschaft begann zunächst in Japan. Dort wurde einhelllig die Entstehung einer "neuen Welt" erwartet, die geprägt sein würde durch geistig-moralische, normative Werte. Es dauerte weitere zehn Jahre, bis auch die westliche Forschung sich mit dem Phänomen auseinandersetzte. Die Definition von William Martin ist exemplarisch für die Erwartungen, letztlich auch für den wissenschaftlichen Konsens, der in der theoretischen Diskussion um die Informationsgesellschaft konstatiert werden kann:

> "... a society in which the quality of life, as well as prospects for social change and economic development, depend increasingly upon information and its exploitation. In such a society, living standards, patterns of work and leisure, the education system and the marketplace are all influenced markedly by advances in information and knowledge. This is evidenced by an increasing array of information-intensive products and services, communicated through a wide range of media, many of them electronic in nature."[186]

Das vorangegangene Zitat verdeutlicht, dass in der wissenschaftlichen Literatur Einigkeit darüber besteht, dass sich das ökonomische und soziale Leben durch die Informatisierungsprozesse verändern wird. Lediglich über das Ausmaß der Veränderungen, die konkreten Auswirkungen und darüber, was am Ende dieser Entwicklung stehen wird, besteht ein deutlicher Dissens:

---

[186] William J. Martin, The Information Society, a.a.O., S.179ff.

> "To some it constitutes the beginning of a truly professionalised and caring society, while to others it represents a tightening of control over the citizenry; to some it heralds the emergence of a highly educated public which has ready access to knowledge while to others it means a deluge of trivia, sensationalism and misleading propaganda; to some it was the development of the nation state which promoted the role of information, while others it was changes in corporate organisation that had led information to become more critical."[187]

Dieser Uneinigkeit entsprechend zeigt sich in der wissenschaftlich ernst zu nehmenden Literatur eine ausgeprägte Kontroverse zum Konzept der Informationsgesellschaft. Während ein Teil der Forschungsarbeiten einen deutlichen Bruch zu der vorangehenden Industriegesellschaft erwartet und diesen Bruch als Informationsgesellschaft bezeichnet[188], negiert ein anderer nicht unbedeutender Teil der Forschung diese Auffassung und betont die gesellschaftliche Kontinuität. In diesem Zusammenhang wird nicht von einer neuen Gesellschaftsform, sondern von einer *informatisierten Industriegesellschaft* ausgegangen.[189] Die Kritiker des

---

[187] Frank Webster, a.a.O., S.2.

[188] Anzuführen sind Vertreter der Postmoderne: Michel Foucault, Power / Knowledge: Selected Interviews and Other Writings 1972-1977. Brighton 1986; Jean Baudrillard, Simulations, New York 1983; Jean Baudrillard, In the Shadow of the Silent Majorities or The End of the Social and Other Essays. Translated by Paul Foss, John Johnson and Paul Patton, New York 1983; Jean Baudrillard, Selected Writings. Edited with and Introduction by Mark Poster, Stanford 1988; Jean Baudrillard, L'illusion de la fin ou La Greve des événements, Paris 1991; Gianni Vattimo, Die transparente Gesellschaft. Herausgeber Peter Engelmann, Wien 1992, Originalausgabe La societa transparente, Milano 1989; Paul Virilio, Speed and Politics. Translated by M. Polizotti, New York 1986; Jean-Francois Lyotard, The Postmodern Condition: A Report on Knowledge, Manchester 1984; Mark Poster, The Mode of Information and Postmodernity. In: David Crowley / David Mitchell, Communication Theory Today, Cambridge 1994.
Anzuführen ist auch der Gesamtbereich der Forschung zur Informationsökonomie: Fritz Machlup, The Production and Distribution of Knowledge in the United States. Princeton 1962; Fritz Machlup, Knowledge: Ist Creation, Distribution and Economic Significance. Vol I, Princeton 1980; Tadeo Umesao, Tadeo Umesao / Joho Sangyo Ron, Die Informationsindustrien, 1963. Publiziert in der Zeitschrift Hoso Ashai. Liegt bislang nur in der japanischen Originalfassung vor; Daniel Bell, The Coming of Post – Industrial Society. A Venture in Social Forecasting. New York 1973. Dt. Übersetzung 1979: Die nachindustrielle Gesellschaft; Marc Uri Porat / Michael R. Rubin, The Information Economy. Definition and Measurement. OT Special Publication 77-12 (1) Washington DC 1979, US Department of Commerce, Office of Telecommunications. Marc Uri Porat, The Information Economy: Sources and Methods for Measuring th Primary Information Sector (Detailed Industry Report) OT Special Publication 77-12 (2), Washington DC: US Departement of Commerce, Office of Telcommunication May 1977; Michael R. Rubin / Mary T. Huber, The Knowledge Industry in the US 1960-1980, New Haven 1986; Michael R. Rubin / Mary T. Huber, The US Information Sector and GNP: An Input-Output Study. In: Information Processing and Management, 17(4) June 1981 S.163-194; Tom Stonier, The Wealth of Information: A Profile of the Post-Industrial Economy, 1983; Tom Stonier, Information and the Internal Structure of the Universe: An Exploration into Information Physics, Hamburg 1990.
Zu nennen sind hier auch die sogeannten *Utopisten* wie Jacques Ellul, The technological Society. New York 1964; Alvin Toffler, The Third Wave, Collins 1980; Alvin Toffler, Powershift: Knowledge, Wealth and Violence at the Edge of the 21st century, New York 1990; James Martin, The Wired Society, Englewood Cliffs 1978.

[189] Jonathan I. Gershuny, After Industrial Society? The Emerging Self-Service Economy, Atlantic Highlands 1978; Jonathan I. Gershuny / Ian Miles, The New Service Economy: The Transformation of Employment in Industrial Societies, London 1983; Ian Miles, Measuring the Future: Statistics and the Information Age. In: Futures 23 (9) November 1991, S.915-934; Ian Miles, Mapping and Measuring the Information Economy, Boston 1990; David Lyon, The Information Society: Issues and Illusions, Cambridge 1988; Anthony Giddens, The Class Structure of the Advanced Societies. 2nd edition. Hutchinson 1981; Anthony Giddens The Nation State and Violence: Volume Two of a Contemporary Critique of Historical Materialism Cambridge 1985; Anthony Giddens, Social Theory and Modern Sociology, Cambridge 1987; Anthony Giddens, Die

theoretischen Konzepts Informationsgesellschaft bestreiten die Möglichkeit eines sozialen Fortschrtitts. Für sie bleiben die Strukturen des kapitalistischen Gesellschaftssystems bestehen.

Im folgenden soll der Bezug zur theoretischen Literatur gesucht werden, geleitet von dem Interesse, welche qualitativen Veränderungen erwartet und welche konkreten Bereiche der Veränderung aufgeführt werden. Am Ende einer Untersuchung dieser Bereiche der Veränderung stehen operationalisierbare Kriterien für eine empirische Analyse dieser Gesellschaftsform. Zugleich wird die Auseinandersetzung mit den theoretischen Vertretern verdeutlichen, dass diese im Grunde nicht so weit voneinander entfernt sind wie es zunächst den Anschein hat. Unter Berücksichtigung einer dynamischen Prozesshaftigkeit des Gesellschaftskonzepts, die ja bereits belegt werden konnte, sind die unterschiedlichen Positionen vereinbar. Die Vereinbarkeit besteht in einem ausgeprägten Pluralismus der gesellschaftlichen Erscheinungen, der den Menschen als Informationsverarbeiter in den Mittelpunkt rückt. Unter Pluralismus ist in diesem Zusammenhang ein Multiperspektivismus zu verstehen, der divergierende Erscheinungsformen der Informationsgesellschaft bedingt.[190]

Um dies zu verdeutlichen sollen in einem ersten Schritt die unterschiedlichen Auffassungen vorgestellt werden, die mit dem Konzept der Informationsgesellschaft verbunden sind, um auf diese Weise die Auseinandersetzung mit dem Konzept der Informationsgesellschaft zu verdeutlichen.

Konsequenzen der Moderne, Frankfurt am Main 1997. 2. Auflage. Titel der Originalausgabe: The Consequences of Modernity, Stanford 1990; David Harvey, The Condition of Postmodernity: An Enquiry onto the Origins of Cultural Change. Oxford 1989;. Theodore Roszak, The Cult of Information: The Folklore of Computers and the True Art of Thinking, Cambridge 1986.

Zu den marxistisch-kritischen Theorien gehören:

Herbert I. Schiller, Communication and Cultural Domination, New York 1996; Herbert I. Schiller, The Communication Revolution: Who Benefits? In: Media Development 4, 1983, S.18-20; Herbert I. Schiller, The World Crisis and the New Information Technology. In: Columbia Journal of World Business 18 (1), 1983; Herbert I. Schiller, Information and the Crisis Economy. Norwood 1984; Herbert I. Schiller, Beneficiaries and Victims of the Information Age: The Systematic Diminution of the Public's Supply of Meaningful Information. In: Papers in Comparative Studies, 4, 1985, S.185-192; Herbert I. Schiller, Old Foundations for a New Information Age. In: Jorge R. Schement / Leah Lievroux (eds.), Competing Visions, Complex Realities: Aspects of the Information Society, Norwood 1987; Peter Golding, Political Communication and Citizenship: The Media and Democracy in an Inegalitarian Social Order. In: Marjorie Ferguson (ed.), Public Communication: The New Imperatives Future Directions for Media Research, Sage 1990; Peter Golding, Communication Capitalism: Resisting and Restructuring State Ideology – the Case of ›Thatcherism‹. In: Media, Culture and Society, 14 (4), October 1992. Vincent Mosco, Pushbutton Fantasies: Critical Perspectives on Videotext and Information Technology. Norwood 1982; Vincent Mosco, The Pay Per Society: Computer and Communication in the Information Age: Essays in Critical Theory. Toronto 1989; Stuart Even, All Consuming Images: The Politics of Style in Contemporary Culture. New York 1988; Stuart Even, Captains of Consciousness: Advertising and the Social Roots of the Consumer Culture, New York 1976.

190 Zu einer ähnlichen Auffassung kommt auch Ian Miles, Information Technology and Information Society: Options for the Future, London 1988.

1. Die Informationsgesellschaft als informatisierte Gesellschaft

Der Erfolg des Nora / Minc – Berichtes ist möglicherweise auch darauf zurück zu führen, dass Nora und Minc sich in ihrer Arbeit von der ausufernden wissenschaftlichen Kontroverse über die unterschiedlichen Gesellschaftsmodelle abwenden und eine Akzentverschiebung zugunsten der empirisch feststellbaren Konsequenzen des gesellschaftlichen Wandels vornehmen. Zugleich verbinden sie dies mit einer Untersuchung der eigentlichen politischen Herausforderungen und weisen konkret auf die aktuellen politischen Gestaltungsfelder und Gestaltungsnotwendigkeiten hin. Der Schwerpunkt des Berichtes liegt darauf politische Handlungsoptionen offen zu legen. Die Betonung der politischen Gestaltung liegt zum einen natürlich darin begründet, dass es sich bei der Studie um eine Auftragsarbeit für den französischen Staat handelte, mit dem Ziel ökonomische Stagnation abzuwenden und die Wettbewerbsfähigkeit in einer Krisenzeit auszubauen. Zum anderen liegt der Ruf nach politischer Gestaltung aber auch in der Auffassung begründet – und dies erscheint im Kontext der vorliegenden Arbeit von Bedeutung – dass die Telematik alleine eine radikale Veränderung der Gesellschaftsstrukturen und der damit verbundenen Machtstrukturen nicht erwirken kann.

> "Nur eine zielbewußte Politik der sozialen Veränderung kann gleichzeitig auf die Probleme Antwort geben, die die Telematik aufwirft, und die ihr innewohnenden Kräfte nutzen. Sie impliziert eine klare Strategie, die auf dem Gleichgewicht von Kräften und Gegenkräften und auf der Fähigkeit des Staates basiert, bestimmte Entwicklungen zu begünstigen, aber sie nicht zu oktroyieren. Die Telematik kann das Aufkommen einer neuen Gesellschaft erleichtern; sie kann diese aber nicht spontan aus sich heraus – und noch weniger alleine – entwickeln."[191]

Die Sichtweise der Informationsgesellschaft, die hier proklamiert wird, relativiert die wissenschaftliche Auseinandersetzung um die Frage, ob ein Systembruch mit vorangegangenen Gesellschaftsformationen vorliegt oder nicht.
Nora / Minc versuchen die wissenschaftliche Kontroverse einer Lösung herbeizuführen, indem sie das Konzept einer Gesellschaftsform vertreten, der den Informatisierungsprozess und dessen Veränderungspotenzial in den Mittelpunkt der Betrachtung stellt. Am Ende steht die Vorstellung der Informationsgesellschaft als informatisierte Gesellschaft, was – aufgrund des Wesens der Informatisierung als Prozess – auf die prozesshaftigkeit des Gesellschaftsmodells hinweist.
Von besonderer Bedeutung erweisen sich in diesem Prozess die Bereiche der wirtschaftlichen Entwicklung, der Wandel der Beziehungen zwischen den verschiedenen wirtschaftlichen und sozialen Akteuren.

> "In der Tat, keine Technologie, so neu sie in ihren Auswirkungen auch sein mag, führt langfristig zu unabwendbaren Folgen. Eher werden ihre Wirkungen durch die Entwicklung der Gesellschaft bestimmt, als daß sie umgekehrt die gesellschaftliche Entwicklung einzwänge. Die Hauptherausforderung der kommenden Jahrzehnte liegt für die fortgeschrittenen Gesellschaften unserer Welt nicht mehr in der Fähigkeit, Materie zu beherrschen, dies ist bereits

[191] Ebd. S.31.

erreicht, die wesentliche Herausforderung liegt in der Schwierigkeit, ein Netz von Verbindungen zu errichten, in dem sich gemeinsam Information und Organisation weiterentwickeln können."[192]

Die Überlegungen, welchen Herausforderungen sich die Gesellschaft wie stellen könnte, kreist um zwei Hypothesen:
Durch den Prozess der Informatisierung ist ein deutlicher Produktivitätsaufschwung zu konstatieren. In einer produktivitätsintensiven Gesellschaft greifen mögliche Konflikte auf alle Bereiche des sozialen Lebens über. Infolgedessen muss es darum gehen, die Information zu sozialisieren, nicht die Auswirkungen der Telematik zu prognostizieren.

> "Sozialisierung der Information heißt somit Schaffung von Mechanismen, mit denen Zwänge und Freiheiten, Zielvorstellungen der staatlichen Regelungsgewalt und Bestrebungen der autonomen Gruppen gelenkt und harmonisiert werden können. Es müssen Datenformen gefördert werden, auf deren Grundlage die Strategie des Zentrums und die Wünsche der Peripherie zu einer Übereinstimmung gelangen können; eine Übereinstimmung, durch die Gesellschaft und Staat sich nicht nur gegenseitg ertragen, sondern sich gegenseitig formen."[193]

Vom Standpunkt der ökonomischen Betrachtung aus stellen Nora/Minc die erheblichen Produktivitätszuwächse heraus, mit denen infolge der Informatisierung zu rechnen ist. Information und Wissen entwickeln sich zum eigentlichen Motor des ökonomischen Wachstums. Sie sprechen von einem "neuen Wachstum" und einer damit einhergehenden Verstärkung der Wettbewerbsfähigkeit,[194] ohne Erweiterung des Beschäftigungsvolumens. Weiterhin führen Nora/Minc eine Veränderung innerhalb der Beschäftigung selbst an, wobei die Berufsqualifikation sich zu einem immer bedeutenderen Faktor entwickelt.

> "... weniger Arbeit bei sehr viel größerer Effizienz und Arbeitsplätze, die sich sehr von denen unterscheiden, die im industriellen Kontext gegeben sind. Dieser Wandlungsprozeß ist bereits im Gange: starker Rückgang der Arbeitsplätze im Primär- und Sekundärsektor, Zuwachs des Dienstleistungsbereichs und vor allem starke Zunahme der Tätigkeiten, bei denen die Information den ›Rohstoff‹ darstellt."[195]

In diesem Zusammenhang sehen Nora/Minc bereits zu diesem Zeitpunkt die Möglichkeit der Entstehung zweier Klassen innerhalb der Arbeitsgesellschaft, die sich zukünftig aufteilt in einen Bereich der hochtechnischen, intellektuell herausfordernden, hochqualifizierten Tätigkeiten und in einen Bereich, der geprägt ist durch nicht-professionelle Routineaufgaben im Niedriglohnsektor. Diese Ausführungen bestätigen die Überlegungen in der theoretischen Literatur, wie sie etwa bei Castell oder Bell zu finden sind. Desweiteren vermuten Nora und Minc Veränderungen der Arbeitsorganisation, die in erster Linie die Unternehmen selbst betreffen.[196] Hier ist

---

192 Simon Nora / Alain Minc, a.a.O., S.34.
193 Ebd. S.127.
194 Ebd. S.58ff.
195 Ebd. S.119. Vgl. auch Ausführungen S.30.
196 Ebd. S.65.

eine Analogie zu Drucker feststellbar. Auf die Arbeiten von Daniel Bell, Manuel Castell und Daniel Bell soll nachfolgend eingegangen werden.
Neben diesen ökonomischen Veränderungen heben Nora/Minc aber auch hervor, dass Wissen und Information auch einen Wandel der sozialen Struktur herbeigeführen werden, bis hin zur Auflösung traditioneller Kräfteverhältnisse. [197] Durch die Veränderung der Modalitäten der Wissensaneignung, des Informationszugriffes und durch die Umstrukturierung von Wissen befürchten Nora/ Minc die Entwicklung einer polymorphen Sozialstruktur, die eine Vergrößerung der sozialen Spannung innerhalb der Gesellschaft nach sich zieht. Diese sozialen Spannungen stellen in erster Linie einen kulturell gearteten Konflikt dar, der letztlich sowohl über liberale als auch über marxistische Erklärungsraster hinausgeht und auf gänzlich neuen gesellschaftlichen Zielvorstellungen und neuen Bedürfnissen basiert.[198]

> "Diese Gesellschaft aber kann keine von vornherein festgelegte Strategie haben. Selbst die Werte dieser Gesellschaft werden Gegenstand vielfältiger Rivalitäten mit ungewissem Ausgang sein: Sie wird eine ungewisse Gesellschaft sein. (...) Die Zukunft hängt daher nicht mehr von der Prognose ab, sondern von der Qualität der Zielvorstellungen der Gemeinschaft und von der Beschaffenheit der Regelungsmechanismen, auf die sie sich stützt."[199]

Um solche gemeinschaftlichen Zielvorstellungen zu entwickeln und damit einen gesellschaftlichen Konsens herbeizuführen, ist die informatisierte Gesellschaft wie keine andere Gesellschaftsform auf einen vertikalen wie auch horizontalen Informationsfluß angewiesen. Am Ende steht das "informatisierte ›Palaver‹"[200], eine "Informationsagora".[201]

> "Damit die Informationsgesellschaft möglich bleibt, muß man wissen, wie die Zeit mit einzukalkulieren ist, aber man muß sie auch einkalkulieren können. Der gegenseitige Erziehungsprozeß von Ordnungsvorstellungen und Wunschvorstellungen erfordert Zeit: Er geschieht im Laufe von Generationen durch den Wandel bei den kulturellen Mustern – Familie, Universität, Medien"[202]

Die Vorstellung der Informationsgesellschaft als informatisierte Gesellschaft, dies verdeutlicht die Beschreibung von Nora / Minc, betont die Offenheit der Entwicklung und den Prozesscharakter dieser Gesellschaftsform.

---

[197] Ebd. S.122ff.
[198] Ebd. S.119-121.
[199] Ebd. S.125.
[200] Ebd. S.129.
[201] Ebd. S.129.
[202] Ebd. S.130.

2. Die Informationsgesellschaft als technologische Netzwerkgesellschaft

Alvin Toffler und James Martin sehen die Technologie als primum mobile des gesellschaftlichen Wandels.[203] Eine ähnliche Argumentation ist auch bei John Naisbitt zu finden: "Computer technology is to the information age what mechanization was to the industrial revolution."[204] In der politikwissenschaftlichen Diskussion in Großbritannien wird diese Sichtweise als Neo-Schumpeterianischer Zugang zu Veränderungen bezeichnet. Schumpeters Argument, dass große technologische Innovationen "creative destructions" verursachen, kann mit der Vorstellung von Kondratieffs Langen Wellen verbunden werden. Anders als Dahrendorf zeigt James Martin die antagonistische Prägung jeder Technologie auf:

> "As technology grows in power, its ability either to disrupt or to heal increases. We can destroy the planet more easily than we can heal the harm we have done so far. To heal, we have to move to new technologies, new social patterns, new types of consumer products, new ways of generating and spending wealth. Such changes will inevitably occur, wether they are brought by healing forethought or mindless destruction. The future will not be a repetition of the past."[205]

Zugleich aber betont Martin den gesellschaftskonstituierenden Charakter und leitet daraus die Notwendigkeit ab, insbesondere jene Technologien anzuwenden, die keine negativen Folgen haben können. Zu diesen vorteilhaften Technologien zählt er die Kommunikationstechnologien: "Civilisation is made possible by *communication* in its various forms. The level of communication distinguishes humankind from the animals and distinguishes modern societies from primitive societies. Communication media have done much to alter the nature of society."[206] Auch Martin geht davon aus, dass sich auf diese Weise die Gesellschaft in sämtlichen Bereichen nachhaltig verändern wird.

> "The uses of telecommunications described in this book will change work patterns, leisure time, education, health care, and industry. The new media, the processes of government, and the working of democracy could be fundamentally improved. The entire texture of society will be changes by telecommunications and related products. The new technology should give a new hope to today's college generation who must mold its use." [207]

Diese Veränderung wird – ganz im Sinne der Fortschrittstheorie – zu einer Verbesserung der Lebensbedingungen führen:

> "Societies growing towards new forms of greatness have often had an image of what might become possible, a vision that inspires the young and draws out the

---

203 Alvin Toffler, The Third Wave, a.a.O.; James Martin, The Wired Society, New Jersey 1978.
204 John Naisbitt, Megatrends: Ten New Directions Transforming our Lives, Futura 1984.
205 James Martin, a.a.O, S.4.
206 Ebd. S.5.
207 Ebd.

immense riches of today's technology permit us to create visions of a better world. It is possible *now* to build a world without pollution, without massive destruction of nature's beauty, without human drudgery, in which destructive comsumption patterns are avoided, and in which the human mind can be nourished as never before in history and can soar to new forms of greatness."[208]

Auch Alvin Toffler beschreibt in seinem Buch "Die Zukunftschance" ein detailliertes Bild einer neuen Zivilisation. Seine Hauptthese ist, dass die sich herausbildende neue Zivilisation "(...) vernünftiger, sensibler, dauerhafter, moralischer und demokratischer sein kann als alle Zivilisationsformen, die wir bisher gekannt haben."[209] Er zieht zur näheren Erläuterung das Bild der kollidierenden Innovationswellen heran, so dass auch er die technologische Innovation als wesentlichen Aspekt der Veränderung heranzieht. Toffler begreift Geschichte als Veränderungswellen, die sich gegenseitig überlappen und teilt in Folge die Menschheitsgeschichte in drei Wellen ein. Die erste Welle ist dominiert durch eine landwirtschaftliche Prägung. Die zweite Welle weist eine vornehmlich industrielle Orientierung auf, während die dritte Welle zwar technologiebestimmt ist, aber zugleich antiindustriell beschrieben wird. Außerordentlich detailliert ist Tofflers Beschreibung dieser dritten Welle, die sehr schnell erkennen läßt, dass Toffler die Entstehung eines völlig neuen, qualitativ veränderten Lebensstils in allen Lebensbereichen erwartet.

"Die Morgenröte einer neuen Zivilisation zieht auf: Dies ist das zentrale Ereignis unserer Gegenwart, ein Ereignis voller gesellschaftlichen Zündstoffs, aber auch der Schlüssel zum Verständnis der unmittelbar vor uns liegenden Zukunft. In seiner Bedeutung kommt dieses Ereignis jenem ersten tiefen Einschnitt vor zehntausend Jahren gleich, der ersten Zivilisationswelle, als unsere Vorfahren den Ackerbau erfanden; es läßt sich vergleichen mit der die Grundfesten unserer Welt erschütternden zweiten großen Entwicklungswelle, die durch die Industrielle Revolution eingeleitet wurde. Wir Heutigen stehen an der Schwelle zur nächsten großen Transformation, der ›Dritten Welle‹."[210]

Bereits in diesem Zitat deutet Toffler an, dass die Kollision der zweiten, noch bestehenden, und der dritten, sich entwickelnden Innovationswelle zur Entstehung sozialer Spannungen und zur Auflösung traditioneller Auffassung von gesellschaftlichen Strukturen führt. Dies, auch das räumt Toffler ein, ist mit weitgreifenden Unsicherheiten verbunden. Sobald diese Unsicherheiten jedoch aufgelöst würden, stünde am Ende eine qualitativ humanere Gesellschaftsform.
Sowohl James Martin als auch Alvin Toffler machen sich durch ihre stark visionär geprägten Argumentationen angreifbar. Beide können nicht schlüssig darlegen, warum allein die quantitative Veränderung der Informationsnutzung derart weitreichende qualitative Folgen haben soll. Zudem gleichen ihre Ausführungen in vielerlei Hinsicht mehr einer gesellschaftlichen Utopie als einer theoretischen, philosophischen Analyse. Dennoch sind ihre Ausführungen beachtenswert, verdeutlichen sie doch, dass die Informationsgesellschaft als Gesellschaftsform auf technologischer Innovationen basiert. Damit wird die prägende Technologie als Hauptunterscheidungsfaktor zwischen gesellschaftlichen Ordnungen identifiziert.

---

208 Ebd. S.6.
209 Alvin Toffler, Die Zukunftschance. Von der Industriegesellschaft zu einer humaneren Zivilisation, München, Gütersloh 1980, S.15. Amerikanischer Originaltitel: The Third Wave, a.a.O.
210 Ebd., S.20.

> "It is very tempting to dismiss technological approaches to the ›information society‹. There has been a surfeit of gee-whiz writing that the Computer Revolution will have an overwhelming and comprehensive impact affecting every human being on earth in every aspect of his or her life."[211]

Bei eingehender Betrachtung bezweifelt sicherlich niemand die augenfällige Präsenz der Technologie. Einschränkend muss jedoch zugleich zugestanden werden, dass diese Erkenntnis mit einer erstaunlichen Vagheit verbunden bleibt und sich in der Aussage: "It begins to appear, is everywhere... and nowhere"[212] widerspiegelt. Zweifelhaft wirkt ferner die mit diesen Aussagen verbundene, nahezu unvermeidbar wirkende technologische Determiniertheit, die im Grunde eine unsachgemäße Vereinfachung des sozialen Wandels darstellt. Die Sichtweise der technologischen Bestimmung sozialen Wandels geht von einer vollkommenen Separierung der technologischen Innovationen von wirtschaflichen und politischen Sektoren aus und betrachtet Technologien als verselbständigte Elemente.[213] Tatsächlich bewegen sich Technologien aber eben gerade nicht fernab des sozio-ökonomischen Bereiches. Forschung und Entwicklung hängen eng an sozial bestimmten Prioritäten. Technologien sind keine asozialen, eigenständigen Phänomene. Technologische Innovation nimmt deutlich Einfluss auf die soziale Welt, sie ist jedoch nicht der alleinbestimmende Faktor gesellschaftlichen Wandels; vielmehr greifen Gesellschaftswandel und Technologieinnovation ineinander, bedingen und beinflussen einander und sind in letzter Konsequenz auf das gesellschaftsbildende Individuum zurückzuführen. Ungeachtet dieser grundsätzlichen Kritik an der Sichtweise Martins und Tofflers aber sind die Ausführungen der "technologischen Utopisten" weiterführend, denn sie zeichnen ein detailliertes mögliches Erscheinungsbild einer von Information und Kommunikation geprägten Gesellschaft. Zugleich verdeutlichen gerade die Ausführungen Alvin Tofflers und sein Bild der drei Wellen die engen Beziehungen die zwischen den jeweiligen Gesellschaftsformen bestehen. Dies unterstreicht die Annahme des Prozesscharakters, von dem die vorliegende Arbeit ausgeht.

Manuel Castells, der den gesellschaftliche Wandel seit dem zweiten Weltkrieg und insbesondere seit 1970 analysiert, läßt den noch bei Martin und Toffler dominierenden Gedanken einer technologischen Determiniertheit des gesellschaftlichen Wandels hinter sich und erkennt nicht nur die technologische Innovation als gesellschaftsprägend, sondern stellt die Gesellschaftsveränderung zugleich in einen Zusammenhang mit der ökonomische Prägung einer Gesellschaft.[214] Nur eine Kombination aus "kapitalistischem Arrangement" und technologischer Innovation wirkt nach Manuel Castell gesellschaftsverändernd.

> "It is this complex, interacting system of technology and organizational processes, underlying economic growth and social change that we call a mode of development. It is not the product of new technologies, nor are the new technologies a mechanical response to the demands of the new organizational system It is the convergence between the two processes that changes the

[211] Christopher Evans, The Mighty Micro: The Impact of the Computer Revolution, Gollancz 1979, S.13.
[212] Frank Webster, a.a.O., S.9.
[213] Ebd. S.215.
[214] Zu einem vergleichbaren Analyseergebnis kommt auch Jochen Steinbicker, Zur Theorie der Informationsgesellschaft, a.a.O., S.83ff.

technical relationships of production, giving rise to a new mode of development."[215]

Ökonomische Organisation und technischer Fortschritt sind für Castell die Schlüsselfaktoren des gesellschaftlichen Wandels; entsprechend steht in seinem methodischen Vorgehen die Analyse des Produktionssystems nach Marktpinzipien, determiniert durch Privateigentum, Wettbewerb und Gewinnstreben sowie der informationelle Entwicklungsstand im Vordergrund.

> "There is a continuous, gradual adaptation of new technologies to the envolving social relationsships of production; there are also periods of major historical change, either in technology or in social organization. When historical circumstances create a convergence between social change and technological change, we witness the rise of new technological paradigm (which) herald(s) a new mode of development."[216]

Hauptmerkmal des so neu entstehenden sozio-technischen Paradigmas ist demzufolge "the ermergence of information processing as the core, fundamental activity conditioning the effectiveness and productivity of all processes of production, distribution, consumption, and management."[217] In Castells Vorstellungen sind soziale Bedingungen und technischer Entwicklungsstand eng miteinander verbunden, aufeinander angewiesen und doch jeweils eigenständige Faktoren des Wandels, die unabhängig von politischen Entscheidungen ihre Wirkung entfalten. Entsprechend bewertet er die technologische Informationsrevolution als "... the backbone (although not the determinant) of all other major structural transformations"[218], an deren Ende die Informationsgesellschaft steht, die er als eine völlig veränderte, neue gesellschaftliche Form darstellt.[219]
Damit stimmen Castell, Toffler und Martin überein, zugleich aber gelingt es Castell in seinen Ausführungen, die doch recht eingeschränkt wirkenden Sichtweisen Martins und Tofflers dergestalt zu erweitern, dass seine Theorie des Wandels auch Übereinstimmungen mit postindustriellem Gedankengut aufweist, wie es von Daniel Bell formuliert wird. Aus heutiger Sicht ist Castell allerdings insofern angreifbar, als er sich ausschließlich auf die kapitalistische Produktionsweise bezieht und damit außer Acht läßt, dass auch in nicht-kapitalistisch geprägten Ländern die Informatisierung nachzuweisen ist. Im weiteren Verlauf seiner Untersuchung unterscheidet Castell unterschiedliche gesellschaftliche Perioden. Dabei bestimmt er 1979 als Zeitpunkt, in dem eine deutliche Veränderung des bestehenden sozio-ökonomischen Rahmens festzustellen ist.[220] Schlüssel dieser Veränderung ist die Verstärkung des Informationsflusses. Diese Zeitsetzung und auch die Betonung des Informationsflusses korrespondiert mit der Etablierung des Personal Computers und der auffälligen Weiterentwicklung der informationstechnologischen Netzwerke rund

---

215 Manuel Castell, The Informational City: Information Technology. Economic Restructuring and the Urban Regional Process, Oxford 1989, S.17. Vgl dazu auch die neuesten Arbeiten von Manuel Castell: Manuel Castell: The Internet Galaxy. Reflections on the Internet, business and society, New York, Oxford 2001. Sowie Ders. Der Aufstieg der Netzwerkgesellschaft. Teil 1 der Trilogie: Das Informationszeitalter, Opladen 2001.

216 Ebd., S.12.

217 Ebd. S.17.

218 Ders., European Cities, The Informational Society, and the Global Economy. In: New Left Review, 204 (March-April) 1994, S.18-32, hier S.20.

219 Ebd. S.S.19.

220 Ders., The Informational City, a.a.O., S.21-23.

um den Globus, die praktisch zeitgleich in der Gesellschaft etabliert wurden. Weiterhin verweist Castell bereits darauf, dass sich durch diese Entwicklung, die Bedeutung von Ort und Zeitzonen nachhaltig verringert hat. Alles gewinnt an Unmittelbarkeit. Diesen Gedanken greift Anthony Giddens wieder auf. Er spricht von der "time/space compression"[221]
In engem Zusammenhang mit diesem Konzept der Informationsgesellschaft wird das Auftreten eines *"network market place"* beschrieben.[222] Die Betonung des Informationsflusses, das nach Castell als zentrales Merkmal der Informationsgesellschaft[223] gelten kann, bedingt es, dass die Einbeziehung der Denkweise und der Instrumentarien der Informationsökonomie für die gesellschaftliche Analyse eine Erweiterung der Erkenntnisse versprechen kann, denn die Bemessung des Informationsflusses ist eine zentrale Vorgehensweise der japanischen Forschungshaltung in der Informationsökonomie. Castell zeigt als Folge des zentralen Informationsflusses die Entstehung von urbanen Zentren auf, zumeist Städtemetropolen mit guter Infrastruktur, durch die die Information nicht nur in hohem Tempo fließt, sondern auch analysiert, weiterverarbeitet und verglichen wird. Dies deutet bereits darauf hin, dass der Aufbau einer Informationsgesellschaft nicht unabhängig von der infrastrukturelle Lage gesehen werden kann. Außerordentlich interessant sind die Ausführungen Castells zur veränderten Klassenstruktur der Zentren. Damit erweitert er, ebenso wie Daniel Bell, die Betrachtungsebene um eine soziologische Perspektive. Die Veränderungen in der Klassenstruktur bleiben nicht ohne Einfluss auf das städtische Leben. In den "informational cities"[224] zeigt sich einerseits ein deutliches Anwachsen von Informationsarbeitern, deren Aufgabe in der Operationalisierung von Information und im Management von Informationsnetzwerken besteht, andererseits zeigt sich aber auch ein Anwachsen des Niedriglohnbereiches im Dienstleistungssektor. Beide Entwicklungen rufen ausgeprägte soziale Unterschiede hervor. Auf diese Weise verdeutlicht Castell in seinen Ausführungen, dass die Informatisierung auch Einfluss nimmt auf die sozialen Bedingungen in einer Gesellschaft. Auch wenn es Castell nicht gelingt, sich vom Verdacht einer technologischen Determiniertheit völlig frei zu machen, ist seiner Analyse eine klare Substanz nicht abzusprechen: Zum einen inhaltlich, insbesondere was seine Ausführungen betrifft zu veränderten Klassenbeziehungen und damit verbundenen Polarisierungsprozessen, sowie die Darlegung des Informationsflusses als Wesensmerkmal der Informationsgesellschaft. Zum anderen aber auch im Hinblick auf das vorliegenden Interesse an der Herausarbeitung von Untersuchungskriterien. In Castells Ausfühungen lassen sich solche Kriterien sehr deutlich herausarbeiten: soziale Struktur, Berufsstruktur, sektorale Struktur der ökonomischen Zusammenhänge und infrastrukturelle Ausgangsposition des Informationsflusses.
Die hier angeführten Kriterien sind auch in den Ausführungen von Peter Drucker zu finden.[225] Obgleich Peter Drucker zumeist in Zusammenhang mit betriebswirtschaftlichen Analysen angeführt wird, hat er sich auch mit den politischen und sozialen Folgen der Informatisierung auseinandergesetzt. Dabei hat er den Begriff vom "Zeitalter der Diskontinuität" geprägt. Nach Betrachtung der ökonomischen Fakten[226]

---

221 Zit. nach Frank Webster, a.a.O., S.20.
222 Manuel Castells, The Informational City, a.a.O., S.123-125.
223 Ders., European Cities, a.a.O., S.19.
224 Die Analyse von Saskia Sassen, The Global City: New York, London, Tokyo, Princeton 1991 bestätigt Manuel Castells Ausführungen.
225 Jochen Steinbicker, a.a.O., S.21.
226 Peter F. Drucker, The Age of Discontinuity, a.a.O. S.3-7. Vgl. auch Peter F. Drucker, Landmarks of Tomorrow, London, New York 1959.

formuliert Drucker die Vorstellung, dass Ende der 60er Jahre das Zeitalter der Kontinuität beendet und abgelöst wird durch ein Zeitalter der Diskontinuität[227]. Dieses ist geprägt durch den schnellen Zugriff auf Information zu jeder Zeit und an jedem Ort. Information wird damit zum maßgeblichen Bestandteil des Lebens.[228] Von besonderer Bedeutung für das vorliegende Erkenntnisinteresse ist, dass Drucker in Folge die wichtigsten Determinanten dieses ökonomischen und gesellschaftlichen Wandels zu identifizieren versucht, indem insbesondere jene Bereiche vorgeführt werden, in denen sich ganz grundlegende Veränderungen verdeutlichen. Drucker erwähnt in diesem Zusammenhang vier Faktoren, die das Ende der Kontinuität in der gesellschaftlichen und ökonomischen Entwicklung herbeigeführt haben:

1. Entwicklung neuer Technologien und Industrien
2. Die internationale Verflechtung der Wirtschaft
3. Neutralisierung der großen politischen und sozialen Organisationen
4. Bildung einer Knowledge Society / Knowledge Economy[229]

Als bestimmende Technologie für das Zeitalter der Diskontinuität führt Drucker die Datenverarbeitung an, welche die systematische Anwendung theoretischen Wissens in den Mittelpunkt stellt.[230] Ebenso wie später Daniel Bell sieht bereits das "Zeitalter der Diskontinuität" durch die zentrale Bedeutung des Produktionsfaktors Wissen gekennzeichnet. Dabei wendet er sich ausdrücklich gegen das aus der "Drei-Sektoren-Hypothese" entwickelte und oft in Zuammenhang mit der Entstehung der Informationsindustrien gestellte Konzept der Dienstleistungsgesellschaft[231]:

> „Economists still tend to classify the ›knowledge industries‹ as ›services‹... But knowledge has actually become the ›primary‹ industry, the industry that supplies to the economy the essential and central resource of production."[232]

Drucker betont damit das Verständnis der Informations- und Kommunikationstechnologien als Querschnittstechnologien und verweist explizit darauf, dass Wissen und Information nicht nur prägende Bestandteile des Dienstleistungssektors, sondern zum zentralen Element für die industrielle Produktion geworden sind.[233] Aufgrund dieser Dominanz theoretischen Wissens in allen ökonomischen Sektoren hebt Drucker folgerichtig die Theorie des Scientific-Managements hervor und bezeichnet sie als wichtigsten Schritt auf dem Weg zur Knowledge Economy[234], die nach Drucker insbesondere durch ihre weltwirtschaftliche Verflechtung gekennzeichnet sei.
Neben diesen Veränderungen auf ökonomischer Ebene wertet Drucker als Kennzeichen des Zeitalters der Diskontinuität auf gesellschaftlicher Ebene die

---

227 Peter F. Drucker, The Age of Discontinuity, a.a.O., S.9.
228 Ebd. S.25.
229 Ebd. S.VII.
230 Ebd. S.68.
231 Vgl. dazu Allan G. B. Fisher, Production, Primary, Secondary and Tertiary. In: The Economic Record, Vol.XV (1939) 28, S.24-38; Colin Clark, The Conditions of Economic Progress, London, New York 1957 (1. Auflage 1940). Richtungsweisend für die sektorale Gliederung gilt Jean Fourastié, Die große Hoffnung des zwanzigsten Jahrhunderts, Köln 1969. In einem guten, wenngleich auch sehr verkürzt dargestellten Überblick der Entwicklung Matthias Hensel, a.a.O., S.18-27. Vgl. dazu auch Jochen Steinbicker, a.a.O., S.55ff.
232 Peter F. Drucker, The Age of Discontinuity, a.a.O. S.248.
233 Ebd.
234 Ebd. S.254. Scientific Management wird in Druckers Verständnis als systematische Anwendung theoretisch-mathematischer Konzepte auf die Gestaltung praktisch-industrieller Arbeit gesehen.

Aufwertung des Individuums, was zur Neutralisation der großen Organisationen führt, denen zuvor noch wichtige soziale Aufgaben zugedacht waren, und die daher als gesellschaftliche Machtfaktor gewertet wurden.[235] Desweiteren führt er an, dass im Zeitalter der Diskontinuität neue Transportmöglichkeiten, neue Wege des Umweltschutzes und der Ver- bzw. Entsorgung entwickelt werden müssen, um das Leben in den gigantischen städtischen Ballungszentren, bezeichnet als "Megapolis", zu ermöglichen. Auch hier zeigt sich deutlich die Korrespondenz zu den Vorstellungen Castells.[236]
Druckers Ausführungen bleiben durch seine stark deduktiv geprägte Argumentation in weiten Teilen spekulativ. Damit kann er seine populärwissenschaftliche Richtung kaum verdecken. Dennoch sind seine Überlegungen Druckers im Rahmen der theoretischen Analyse der Informationsgesellschaft durch seinen klare Aufdeckung der prägenden Faktoren des "Zeitalters der Diskontinuität" von Bedeutung und bestätigen Kriterien, die in der Literatur bereits dargelegt worden sind.
Im Gegensatz zu den vorangegangenen Vertretern des Konzeptes Informationsgesellschaft formuliert Jacques Ellul in "The technological Society" erstmalig eine umfassende, normativ geprägte Sozialphilosophie der technischen Gesellschaft, die im Grunde als Inspiration für Bells Untersuchung gesehen werden kann. Der von Ellul verwendete Terminus *Technique* geht weit über den Begriff der Technologie hinaus. *Technique* bezeichnet vielmehr eine Geisteshaltung, "The ensemble of practices by which one uses available resources in order to achieve certain valued ends."[237] Damit wechselt Ellul die Perspektive, Technik wird nicht als gesellschaftsbestimmendes Element gesehen, sondern als Mittel der gesellschaftlichen Zielverwirklichung. Mensch und Technik werden in Elluls Vorstellungen eins, wobei er sich der drohenden Gefahr des Verlusts gesellschaftlicher Wertvorstellungen bewusst ist. Entsprechend fordert er, Menschlichkeit in das Zentrum gesellschaftlichen Handelns zu stellen, ohne dabei jedoch die "Wohltaten" der Technologie zu verlieren. Eine Vorstellung, die sich noch heute in zahlreichen Auseinandersetzungen der Informationsgesellschaft und insbesondere in den hier nicht behandelten Papieren politischer Institutionen wieder findet. Der besondere Verdienst Elluls ist es, die Betrachtungsebene verändert zu haben, weg von der Betrachtung der Technologie, hin zur Betrachtung des Individuums in der "technologischen Gesellschaft".

Den hier vorgestellten Betrachtungsweisen gemein ist die Überzeugung, dass gesellschaftliche Veränderungen durch spillover Effekte der technologischen Entwicklung in den gesellschaftlichen Einzelsystemen hervorgerufen werden. Technologie wird zur monokausalen Begründung gesellschaftlichen Wandels in einfachen Ursache-Wirkung-Zusammenhängen, hin zu einer veränderten, neuen Gesellschaftsform.

3. Die Informationsgesellschaft als postindustrielle Gesellschaft

In der Literatur über die Entwicklung der industrielle Revolution fand in den 70er Jahren besondere Resonanz die Annahme der postindustriellen Gesellschaftsform.

235 Ebd. S.159.
236 Ebd. S.32.
237 Jacques Ellul, a.a.O., S.18.

Als eine mögliche Ausprägung dieser postindustriellen Gesellschaft wurde die Entstehung der Informationsgesellschaft vermutet.
Deren Entfaltung wurde als natürlicher Evolutionsprozess verstanden, der sich durch die ständige Verbesserung normativer Vorstellungen und Ideologien ergäbe.[238] Der Bedeutungsgewinn immaterieller Bedürfnisse führt zu dem, was Ralf Dahrendorf unter "neuer Freiheit"[239]subsumiert: "Die neue Freiheit, die wir erhoffen und erstreben können, ist die liberale Antwort auf eine Welt, die sich radikal verändert."[240] Dieser Grundhaltung folgend erfolgte die wohl bekannteste Charakterisierung der Informationsgesellschaft durch Daniel Bell mit der Entwicklung des theoretischen Konzeptes der *postindustriellen Gesellschaft*. Entsprechend wird dieses gesellschaftliche Konzept nachfolgend auch weitaus ausführlicher behandelt als die vorangehenden konzeptionellen Erläuterungen. Erstmals wurde die Idee der postindustriellen Gesellschaft von dem amerikanischen Soziologen David Riesman[241] geäußert und 1969 von Alain Tourain[242] publiziert. Daniel Bell hat dies 1976 aufgegriffen und in direkten Zusammenhang zu den technologischen Veränderungen gestellt: "The coming of *Post-Industrial Society* seemed to fit quite beautifully with the explosive technological changes that hit

---

238 Der Terminus "Fortschritt" in seinem heutigen Sprachgebrauch entstammt der geschichtsphilosophischen Diskussion am Beginn der Moderne und steht im Gegesatz zur antiken Kreisvorstellung und der seit dem frühen Mittelalter dominierenden christlichen Idee einer zielbestimmten, heilsgeschichtlichen Entwicklung als unendliche Bewegung in der Zeit. In dem Begriffsverständnis von Fortschritt werden die Komponenten "Ortsveränderung" und die Komponente der Verbesserung im Ablauf der Zeit zusammengebracht. Gerade in letztgenannter Begriffskomponente kommt die Nähe zur Wertung zum Ausdruck. Mit der Wertung verbundenen Unterschiedlichkeiten führen zu miteinander konkurriertenden Fortschrittsauffassungen.
Aus diesem Grund ist Fortschritt zwar ein Schlagwort in der politischen Diskussion, aber kein zentraler politikwissenschaftlicher Fachausdruck. Als politikwissenschaftliche Kategorie ist der Fortschrittsbegriff wegen seines formalrationalen Charakters insgesamt problematisch. Verwendung findet der Fortschrittsbegriff insbeondere in der marxistisch-leninistischen Forschung. Vgl. dazu als Auswahl K. Marx / F. Engels, Werke, Bd.20, Berlin 1972; Dazu auch W. Müller, Gesellschaft und Fortschritt, Berlin 1966. Gegen die Vorstellung der Fortschritts entsteht eine Fortschrittskritik, die bereits mit der Philosophie Schopenhauers einsetzte und dann bei Friedrich Nietzsche den Höhepunkt fand. Auch Max Horkheimer und Theodor W. Adorno beschäftigen sich mit dieser Thematik, Theodor W. Adorno, Fortschritt, in: ders., Stichworte, Kritische Modelle, S.29-50, Frankfurt/M. 1969; M. Horkheimer / T.W. Adorno, Dialektik der Aufklärung, Frankfurt 1969 (zuerst 1947). Vgl. dazu auch Ernst Bloch, Tübinger Einleitung in die Philosophie, Frankfurt/M. 1968, Gesamtausgabe Bd.13 S.118-147. Bloch stellt Fortschritt oder Entwicklung insgesamt zugunsten eines radikalen Relativismus in Frage. Vgl. dazu auch Z. Baumann, Moderne und Ambivalenz, Hamburg 1992.
In Folge wurde der Fortschrittsgedanke in der Wissenschaft zurückgestellt, stattdessen setzten sich Begriffe wie Modernisierung, Sozialer Wandel oder Entwicklung durch, da bei diesen Begriffen die normativen Wertungen in den Hintergrund treten. In jüngster Zeit ist anzumerken, dass neben allgemeinen erkenntnistheoretischen Vorbehalten vor allem eine kulturkritsche Skepsis gegenüber dem Fortschrittsbegriff festzustellen ist. Dennoch scheut sich diese Arbeit nicht, im vorliegenden Zusammenhang den Fortschrittsbegriff zu verwenden. Zum einen, da die hier dargestellten Autoren selbst in ihrer Terminologie von einem Fortschritt ausgehen, zum zweiten da hier Sklairs Definition passend erscheint, Fortschritt als vorübergehenden oder dauerenden Endpunkt jeder sozialen Handlung zu definieren, die zu einer befriedigenden Lösung der Probleme des Menschen in der Gesellschaft führt. Vgl. dazu Leslie Sklair, The Sociology of Progress, London 1970.

239 Ralf Dahrendorf, Die neue Freiheit. Überleben und Gerechtigkeit in einer veränderten Welt, München, Zürich 1975.

240 Ebd. S.16.

241 David Riesman, Leisure and Work in Post-Industrial Society. In: Mass Leisure, Hrsg. von Eric Larrabee / Rolf Meyerson, Glencoe 1958, S.365-385.

242 Alain Tourain, La societé post-industrielle. Paris 1969. Dt. Ausgabe: Die postindustrielle Gesellschaft, Frankfurt am Main 1972.

advanced societies in the late 1970s."[243] Die synonyme Verwendung des Begriffes "Informationsgesellschaft" für "postindustriellen Gesellschaft" ist nicht nur durch den Bezug auf die technologische Veränderungen entstanden, sondern erfolgte auch explizit durch die direkte Begriffsersetzung in den achtziger Jahren durch Bell selbst. Zurückzuführen ist diese Begriffsersetzung auf das zeitgleich offensichtlich verstärkte Interesse an futurologischen Betrachtungen im Zusammenhang mit Informations- und Kommunikationstechnologien. Die Idee der nachindustriellen Gesellschaft ist, ganz im Gegensatz zu den Ausführungen Manuel Castells, ganz ausdrücklich nicht von bestimmten Gesellschaftssystemen abhängig.[244] Es wird stattdessen von der Vorstellung ausgegangen, dass die einzelnen Gesellschaften, die in die nachindustrielle Phase eintreten, entsprechend ihrer Organisation und ihres politischen Systems ganz eigenständige politische Konfigurationen bilden. Damit ist das Konzept des Nachindustrialismus in erster Linie ein Versuch, den Wandel in der Sozialstruktur zu umreissen.[245] Insofern ist er für das gegenwärtige Erkenntnisinteresse von außerordentlicher Bedeutung. In der Auseinandersetzung mit bekannten Theorien sozialer Entwicklung zeigt Bell, dass die bestehenden Konzepte der gesellschaftlicher Realität des ausgehenden 20. Jh. nicht gerecht werden und entwickelt ein konzeptionelles Schema, mit dem sich gegenwärtige gesellschaftliche Entwicklungen prognostizieren lassen. Allerdings geht es Bell dabei weniger um die Frage nach Ursache und Wirkung, sondern um die Suche nach dem zentralen Prinzip, nach der Achse, um die sich die Gesellschaft dreht. Dies resultiert aus Bells ablehnender Haltung gegenüber "spill over"-Effekten und seiner Überzeugung, dass Veränderungen nicht von einem einzelnen Sektor ausstrahlen und anschließend in Folge jede andere Dimension der Gesellschaft beeinflussen. Bell präferiert stattdessen die Auffassung von der radikalen Trennung der Gesellschaftsbereiche. Sozialstruktur, Politik und Kultur bestehen autonom. Diese strikte Trennung in drei Bereiche ist Dreh- und Angelpunkt in Bells Denken. Bedauerlicherweise bleibt er eine Begründung für diese strikte Trennung schuldig.
Um ein solches konzeptionelles Schema des "social forecasting" zu entwickeln, greift Bell auf die Bildung von Begriffsprismen und auf die Identifizierung axialer Prinzipien zurück. Unter einem Begriffsprisma versteht Bell „... eine logische Ordnung, die der Analytiker der faktischen Ordnung überstülpt".[246] Als axiales Prinzip in der nachindustriellen Gesellschaft stellt Bell das theoretische Wissen heraus, das das Prinzip Wirtschaftswachstum abgelöst hat. Die Macht liegt dementsprechend vor allem im Besitz von Wissen.[247]

> „Ich jedenfalls bin davon überzeugt, daß sich die wichtigsten Ordnungen oder Bereiche der Gesellschaft am besten durch die Ermittlung jener axialen Institutionen oder Prinzipien, die die Gesellschaft vor die dringlichsten Probleme stellen und die Leitlinien für andere Institutionen liefern, studieren lassen. In der kapitalistischen Gesellschaft war diese axiale Einrichtung das Privateigentum, in der nachindustriellen Gesellschaft wird es die zentrale Stellung des theoretischen Wissens sein."[248]

---

243 Frank Webster, a.a.O., S.30.
244 Eine gegenteilige Ansicht vertritt Jean Floud, A critique of Bell, in: Survey, 17, 1971, S.25-37.
245 Daniel Bell, Die nachindustrielle Gesellschaft, a.a.O., S.112.
246 Ebd., S.28.
247 Ebd. S.18-20.
248 Ebd. S.112.

> "Das Konzept der ›nachindustriellen Gesellschaft‹ betont die zentrale Stellung des theoretischen Wissens als Achse, um die sich die neue Technologie, das Wirtschaftswachstum und die Schichtung der Gesellschaft organisieren werden. Empirisch müßte sich zeigen lassen, daß dieses axiale Prinzip in den fortgeschrittenen Industriegesellschaften eine immer größere Rolle spielt."[249]

Mit der Identifikation des neuen axialen Prinzips ›theoretisches Wissen‹ verküpft sich auch weitestgehend die Kritik an Bells Konzept. Diese Kritik bezieht sich insbesondere darauf, dass dadurch eine deutliche Neuerung greifbar wird: "(...) here is nothing, which is specifically new in the application of ›theoretical knowledge‹ to productive technique. Indeed, as Weber stressed above all, rationality of technique... is the primary factor which from the beginning has distinguished industrialism form all preceding forms of social order."[250] Dieser Kritikansatz erscheint jedoch in zweierlei Hinsicht ungerechtfertigt: Zum einen missachtet sie die Veränderung der Quantität, in der Information in modernen Gesellschaften prägende Wirkung entfaltet. Zum anderen führt Bell selbst diese quantitativen Veränderungen im Verlauf seiner Arbeit auch klar vor Augen. Außerdem läßt Webster in seiner Kritik außer Acht, dass der Begriff der nachindustriellen Gesellschaft, den Bell einführt, keine Formel für eine spezifische oder konkrete Gesellschaft ist, sondern ein rein analytisches Konstrukt. Ein solches methodisches Vorgehen hat den Vorteil, dass Bell nicht linear argumentiert, sondern durch die Erörterung verschiedener Begriffsprismen wechselnde Perspektiven einnehmen kann und damit bisher vorherrschende, monokausale Erklärungen ausschließt. Damit wird er der Komplexität gesellschaftlicher Zusammenhänge weitaus gerechter.

Das Konzept der *nachindustriellen Gesellschaft* verdeutlicht sich durch einen Vergleich mit Merkmalen der industriellen und vorindustriellen Gesellschaft, den Bell anführt:

In vorindustriellen Gesellschaften sind die Arbeitskräfte überwiegend in der Urproduktion, d.h. in Bergbau, Fischerei, Forst- und Landwirtschaft, tätig. Denkart und Handeln werden in erster Linie durch die Abhängigkeit von natürlichen Bedingungen geprägt. Die Grundeinheit des sozialen Lebens bildet die Hausgemeinschaft.[251]

Die Industriegesellschaft dagegen ist in erster Linie eine güterproduzierende Gesellschaft. Der Umgang mit der technisierten Natur steht im Mittelpunkt. Die Welt ist geprägt durch Technisierung und Rationalisierung. Muskelkraft wird durch Energie als Stütze der Produktivität ersetzt und führt zur für die Industriegesellschaft charakteristischen Massenproduktion. Damit ändert sich der Charakter der Arbeit, die durch Arbeitsteilung gekennzeichnet ist.

> "Es ist eine koordinierte Welt, in der Menschen, Rohstoffe und Märkte zum Zwecke der Produktion und Güterverteilung genau aufeinander abgestimmt werden, eine geplante und programmierte Welt, in der die Produktionskomponenten zum rechten Zeitpunkt im richtigen Verhältnis zusammengebracht werden müssen, um den Güterfluß zu beschleunigen, eine hierarchisch und bürokratisch organisierte Welt, in der Menschen wie ›Sachen‹ behandelt werden, da sich Sachen leichter koordinieren lassen."[252]

---

249 Ebd. S.110.

250 Anthony Giddens, The Class Structure of the Advanced Societies. 2nd edition, Hutchinson 1981, S.262.

251 Daniel Bell, Die nachindustrielle Gesellschaft, a.a.O., S.130.

252 Ebd. S.131.

Die Veränderungen zeigen sich nun insbesondere auch in einem deutlich sichtbaren sektoralen Wandel, der mit einer deutlichen Veränderung der Beschäftigungsstruktur und der Art der Beschäftigung einhergeht.

> "Für den Übergang zur nachindustriellen Gesellschaft ist aber nicht nur der Wandel in der sektoralen Verteilung der Arbeitsplätze, sondern auch ein Wandel der Berufsmuster, also der Art der Tätigkeit, kennzeichnend."[253]

Bell glaubt eine Verlagerung gesellschaftlicher Produktionsbereiche auszumachen, in deren Verlauf die Sektoren Forschung und Entwicklung, Bildung und Erziehung, Gesundheit und Verwaltung zunehmend in den Vordergrund treten. Dies bedeutet zugleich ein Ende der an der materiellen Güterproduktion orientierten Wirtschaftsweise, deren zentrale Faktoren Arbeit und Kapital darstellten. Daran läßt sich der Wechsel von industrieller zu postindustrieller Gesellschaft festmachen, erkennbar an der graduellen Transformation des industriellen Sektors, verbunden mit einem deutlich anwachsenden Dienstleistungssektor, der besonders augenfällig in der Zunahme der "white collar worker", insbesondere im technischen Bereich ist. Im Mittelpunkt dieser Entwicklung steht der Experte, der durch eine weitgreifende Erziehung und Weiterbildung geprägt ist. Durch diese Betonung der Expertenarbeit wächst die Bedeutung der Intellektuellen für die Gesellschaft, Qualifikation wird zum wesentlichen Element. Infolge dessen ist die postindustrielle Gesellschaft charakterisiert durch "the primacy of theory over empiricism and the codification of knowledge into abstract systems of symbols... that can be used to illuminate many different and varied areas of experience."[254]

> "Es ist durchaus denkbar, daß der Anteil der Fabrikarbeiter am gesamten Arbeitspotential bis zum Ende unseres Jahrhunderts auf denselben Prozentsatz absinkt, den heute die Bauern stellen, und ihr Arbeitsfeld dergestalt zusammenschrumpft, daß der Begriff ›Arbeiter‹ seine soziologische Bedeutung verliert und neue, der Verteilung der Arbeitskräfte gemäßere Kategorien aufgestellt werden müssen. Schon heute beginnt ja die Klasse der Akademiker und Techniker die der Fabrikarbeiter so sichtbar zu überrunden, daß sie 1980 die zweitstärkste Berufsgruppe in der Gesellschaft und gegen Ende des Jahrhunderts die stärkste überhaupt bilden dürfte – die Revolution im doppelten Sinn, denn sie verändern nicht nur die Beschäftigungsstruktur, sondern (...) auch die gesamte Klassenstruktur der Gesellschaft. Dieser Wandel des Produktionscharakters und Beschäftigungsmusters aber ist einer der Züge, die das Aufkommen der ›nachindustriellen‹ Gesellschaft anzeigen."[255]

Gesellschaftliches Leben wird in der präindustriellen Gesellschaft, oder auch Agrargesellschaft, in erster Linie gesehen als "a game against nature", in dem "one works with raw muscle power".[256] Das Leben des Industriezeitalters dagegen erweist sich als ein "game against fabricated nature" und das Leben des postindustriellen Zeitalters schließlich ist in erster Linie geprägt durch ein "game between persons"[257], und "what counts is not raw muscle power, or energy, but information."[258]

---

253 Ebd. S.138.
254 Daniel Bell, The Coming of Post-Industrial Society: A Venture in Social Forecasting (1973) Harmondsworth Penguin 1976, S.20.
255 Daniel Bell, Die nachindustrielle Gesellschaft, a.a.O. S.129.
256 Daniel Bell, The Coming of Post-Industrial Society, a.a.O., S.126
257 Ebd. S.127.
258 Ebd.

Die Darlegung dieser Veränderungen resultiert aus vorliegenden empirschen Studien der Sozialwissenschaften, die unbestreitbar aufzeigen, dass eine sektorale Veränderung vorliegt. Bell bezieht sich hierbei in seinen Ausführungen im wesentlichen auf Vorarbeiten von Colin Clark und Jean Fourastié.[259] Entsprechend klingt in seinen Ausführungen eine Gleichsetzung der postindustriellen Gesellschaft mit der Vorstellung einer Dienstleistungsgesellschaft an.[260] Die wichtigsten Einrichtungen dieser Gesellschaften sind die Universitäten und Forschungsinstitute. In ihnen findet die Organisation der Information statt und die systematische Kopplung von Wissenschaft und Innovation, verbunden mit dem Versuch, im Sinne der Gesellschaft planend tätig zu werden und insbesondere künftige Entwicklungsbereiche offenzulegen.[261] Die Förderung von Wissenschaft, Technologie und Innovation tritt damit in der postindustriellen Gesellschaft in den Mittelpunkt.

> "Im 19. und Anfang des 20. Jahrhunderts richtete sich die Stärke einer Nation nach ihrer *industriellen* Kapazität, deren Hauptindikator die Stahlerzeugung bildet. (...) Seit dem Zweiten Weltkrieg dagegen richtet sich Potential und Stärke eines Landes nach seiner *wissenschaftlichen* Kapazität, d.h. an die Stelle des Stahls als Maßstab für die Stärke der Mächte sind Forschung und Entwicklung getreten."[262]

Intellektuelle Fähigkeiten treten nach Bells Ausführungen in den Vordergrund. Er spricht von einer Gesellschaft von "Kopfarbeitern". Damit wird die postindustrielle Gesellschaft in erster Linie gekennzeichnet durch den Aspekt der höheren Bildung und – damit verbunden – die Hervorbringung einer technisch-akademischen Klasse, einer Wissensklasse, die die Führung der Gesellschaft übernimmt.

> "Dieser Entwicklungstrend ist ebenso unübersehbar wie unumkehrbar. Tatsächlich schrumpft die Zahl der Industriearbeiter in jeder fortgeschrittenen Industriegesellschaft im Vergleich zur Zahl der Techniker und Akademiker immer mehr, wodurch sich neue Dimensionen im Schichtungssystem einer jeden Gesellschaft eröffnen."[263]

Infolgedessen wird auch die Klassen- und Machtstruktur in der nachindustriellen Gesellschaft von dem axialen Prinzip des theoretischen Wissens bestimmt sein. Wissenskontrolle wird in Folge zur gesellschaftlichen Machtvariablen.[264] Innerhalb der neu entstehenden Klassenstruktur der Gesellschaft vermutet Bell als wesentliches soziologisches Problem der nachindustriellen Gesellschaft den fehlenden Zusammenhalt der „neuen Wissensklasse". Politisch liegt das Problem der nachindustriellen Gesellschaft im Aufkommen einer nicht-marktorientierten Wohlfahrtswirtschaft, dem Fehlen entsprechender Verteilungsmechanismen, sowie einer Erweiterung der Komplexität.

> "Am einschneidendsten jedoch wurde die Sozialstruktur der modernen Gesellschaft wohl von Wissenschaft und Technologie verändert. Das britische

---

259 Colin Clark, The Conditions of Economic Progress, London, New York 1957, 1. Auflage 1940. Jean Fourastié, Die große Hoffnung des zwanzigsten Jahrhunderts, Köln 1969.

260 Daniel Bell, Die nachindustrielle Gesellschaft, Frankfurt/Main 1975, S.132.

261 Ebd., S.198.

262 Ebd. S.115.

263 Ebd. S.16.

264 Ebd. S.256.

halbe Jahrhundert von 1825 bis 1875 basierte auf der Revolutionierung von Transport und Verkehr durch die Eisenbahn; das amerikanische von 1915 bis 1965 zu einem guten Teil auf der durch die Massenproduktion von Autos herbeigeführten Revolution; und das nächste halbe Jahrhundert wird durch die Revolution auf dem Gebiet der Telekommunikation geprägt werden. Hatte die Eisenbahn der Isolation ein Ende bereitet und die ländlichen Gebiete mit den Märkten verbunden; das Auto nicht nur die Mobilität des einzelnen erhöht, sondern die ganze Geographie in Fluß gebracht; so schließt die Revolution auf dem Gebiet der Telekommunikation die Welt heute zu einer riesigen Ökumene zusammen, ermöglicht allerdings andererseits auch, da der Verkehr mehr und mehr durch die Kommunikation ersetzt wird, eine weitgreifende Dezentralisierung von Industrie und Heim. Letztlich jedoch ist heute noch gar nicht abzusehen, welch ungeheure Veränderungen die auf uns zurollende Revolution auf dem Gebiet der Telekommunikation im Bereich der industriellen Organisation und der Politik im einzelnen bringen wird."[265]

Eine derart komplexe und in ihrer Entfaltung offene Gesellschaft kann sich auch zwangsläufig zu einer "Planungsgesellschaft"[266] entwickeln, was eine Tendenz zur Regulierung nach sich zieht. Entsprechend sieht sich die gegenwärtige Gesellschaft vor das Problem der Bürokratisierung oder der "Herrschaft der Vorschriften "[267] gestellt.
Damit steht Bells Auffassung im krassen Gegensatz zu den Ausführungen Jürgen Habermas, auf die nachfolgend einzugehen sein wird.
Bell kommt zu dem Ergebnis, dass eine derart geprägte Gesellschaft in Abhängigkeit zum Informationszugang steht. Die zentrale Rolle der Information, so führt Bell weiter aus, wirft eine Reihe neuartiger Problembereiche auf. Zunächst steht die Bewältigung der Informationsmenge an, mit der sich der Einzelne auf Grund der Erweiterung der wirtschaftlichen, politischen und gesellschaftlichen Interessen und Tätigkeitsbereiche konfrontiert sieht. Die Zunahme der Information ist keineswegs gleichbedeutend mit umfassenderer Information, da die menschliche Aufnahmefähigkeit von Information begrenzt ist. Angesichts des exponentiellen Wachstums des Wissens[268] und der Vervielfachung der Bereiche und Interessen führt das beim einzelnen zwangsläufig zu einem immer mangelhafteren Informiertsein. Zudem wachsen die Kosten für die Informationsbeschaffung. Information gewinnt zunehmend fachtechnischen Charakter, sie wird zu einer Art "Geheimwissenschaft"[269].
Folglich sind sämtliche gesellschaftliche Aktivitäten geprägt durch das Ansammeln von Information und die Umwandlung von Information in Wissen. Dementsprechend konstatiert Bell "the post-industrial society is an information society"[270]. Zugleich verwendet er synonym die Bezeichnung *Wissensgesellschaft*. Damit verdeutlicht sich zugleich, dass die bis heute verwendeten Bezeichnungen *Dienstleistungsgesellschaft, Informationsgesellschaft* und *Wissensgesellschaft* lediglich unterschiedliche terminologische Akzentsetzungen und Präferenzen nachzeichnen, aber keine unterschiedlichen Inhalte bezeichnen.

---

265 Ebd. S.17.
266 Ebd. S.346.
267 Ebd. S.117.
268 Delphi-Befragung 1996/1998, a.a.O., S 38. Dies gilt als ausschlaggebende Begründung für die These von der Entstehung der Wissensgesellschaft. Die in dem Delphi-Gutachten befragten Experten erwarteten generell eine Fortsetzung des expansiven Wissenswachstums.
269 Daniel Bell, Die nachindustrielle Gesellschaft, a.a.O., S.344.
270 Ders., The Coming of Post-Industrial Society, a.a.O., S.467.

Auch Bell vertritt klar die Überzeugung, dass mit dem Eintritt in ein neues gesellschaftliches System zu rechnen ist. Anders als die vorangegangenen Darstellungen weist er ausdrücklich auf die politische Gestaltungsmöglichkeit hin, die mit diesen Veränderungen verbunden und möglicherweise auch notwendig ist.

> "Die nachindustrielle Gesellschaft bringt einen unvorhergesehenen, zusehends stärker in Erscheinung tretenden Wandel im Charakter der Gesellschaft, die Herauskristallisierung der Logik der sozio-ökonomischen Organisation und einen Wandel im Charakter des Wissens mit sich. An irgendeinem Punkt dieser Entwicklung werden sich die größeren Gesellschaftsgruppen der grundlegenden sozialen Umwandlung bewußt werden und auf politischem Wege entscheiden müssen, ob sie den Trend akzeptieren, beschleunigen, bremsen oder umlenken wollen. Politik ist in der heutigen Gesellschaft gleichbedeutend mit Management der Gesellschaftsstruktur, d.h., sie wird zum Mechanismus, den Wandel regelt. Jede politische Entscheidung aber setzt notwendig irgendeine Vorstellung von Gerechtigkeit voraus, früher eher implizite, neuerdings zunehmend explizite."[271]

Die Unterstellung, auch Bell vertrete die Ansicht, es läge ein evolutionär-linearer Verlauf vor, hieße, seine Ausführungen misszuverstehen und das Konzept der *postindustriellen Gesellschaft* unzulässig zu simplifizieren. Websters Vorwurf, Bell bewerte Technologien als bestimmende Faktoren gesellschaftlicher Veränderungen ganz unabhängig von der sozialen Welt, wird von Bells eigenen Äußerungen deutlich widerlegt.

> "Obgleich die Prozesse im techno-ökonomischen Bereich (auf Grund der Logik der funktionalen Rationalität) m.E. über ein hohes Ausmaß an innerer Autonomie verfügen, sind sie doch von anderen gesellschaftlichen Vorgängen nicht unabhängig, wie umgekehrt eine entscheidende Wandlung des techno-ökonomischen Ablaufs auch den denkenden und politischen Verstand vor entscheidende Probleme stellen kann."[272]

> "Auch die Idee der nachindustriellen Gesellschaft ist nur eine solche Perspektive, die die soziale Wirklichkeit keineswegs erschöpfend erfaßt. Im Mittelpunkt dieser Idee stehen die Änderungen in der techno-ökonomischen Ordnung als einem relativ autonomen Faktor des Wandels, der die Gesellschaft vor immer neue Probleme stellt. Das wichtigste dabei aber ist, daß der technologische Wandel im wesentlichen ein Werkzeug darstellt, das allerdings auch zum Selbstzweck werden und uns dann in einen ›eisernen Käfig‹ sperren kann. Solange wir uns des technologischen Wandels hingegen als Instrument bedienen, steht er auch in unserer Macht."[273]

Zu kritisieren ist Bell in einer ganz anderen Hinsicht, nämlich dahingehend, dass er oft widersprüchlich argumentiert. Auf der einen Seite stellt er sich selbst die Frage, "Worin aber unterscheidet sich nun die nachindustrielle Gesellschaft von ihrer Vorgängerin? In historischer Hinsicht führt sie eigentlich lediglich die aus der industriellen Gesellschaft hervorgegangenen Trends weiter, deren Entwicklung zum Teil schon seit langem abzusehen war."[274]

---

[271] Ders., Die nachindustrielle Gesellschaft, a.a.O., S.357.
[272] Ebd. S.14.
[273] Ebd. S.19.
[274] Ebd. S.113.

Auf der anderen Seite hebt er die grundlegenden Unterschiede der drei Gesellschaftsformen heraus, zum einen hinsichtlich der Merkmale, zum anderen hinsichtlich der bestehenden Strukturprobleme.[275]

> "Im Grunde ist der Begriff der ›nachindustriellen Gesellschaft‹ (der, wie bereits mehrfach betont, einen Wandel der Sozialstruktur, also einer gesellschaftlichen Einzeldimension, nicht der gesellschaftlichen Gesamtkonfiguration umschreibt) ein vom Gesellschaftstheoretiker abgeleiteter ›Idealtypus‹, ein Konstrukt, das durch Gegenüberstellung mit anderen Begriffskonstruktionen einen mehr oder weniger festen Zusammenhalt gewinnt..." [276]

Zugleich aber sind die Erkenntnisse, die Bell anbietet, bestechend, weil er deutlich Kriterien der Veränderung formuliert:

> "... und drei bezeichnende Komponenten aufweist: auf wirtschaftlichem Gebiet, die Verlagerung von der Güterproduktion auf Dienstleistungen; in der Technologie, die zentrale Stellung der neuen, wissenschaftlich fundierten Industrien; und im soziologischen Bereich die Entstehung neuer technischer Eliten und eines neuen Schichtungsprinzips. Davon ausgehend kann man noch allgemeiner sagen, nachindustrielle Gesellschaft sei gleichbedeutend mit dem Aufkommen neuer axialer Strukturen und Prinzipien; mit dem Übergang von einer warenproduzierenden zu einer Informations- und Wissensgesellschaft; und im Bereich des Wissens selbst, mit einem Wandel der Abstraktionsachse, der Ablösung des Empirismus durch die Theorie, der ›Trial-and-Error‹ Methode durch ein systematisches theoretisches Wissen, das die Neuerungen steuert und die Formulierung der Politik bestimmt."[277]

So ist nicht nur eine quantitative Veränderung der Information im Umlauf feststellbar, sondern es sind damit auch, nach Auffassung Bells, qualitative Veränderungen verbunden, Bell präsentiert die Entwicklung einer "person oriented society" zu einer "caring society".[278]
Der Schluss, den Bell zieht, dass die von ihm analysierten Veränderungen es rechtfertigen eine völlig neue Gesellschaftsform zu erkennen, bleibt vage. Tatsächlich gibt es zunächst keinen inhärenten Grund, warum ein Wachstum der Experten ein neues Zeitalter entstehen lassen soll. Ebenso gerechtfertigt wäre es, stattdessen die Intaktheit des Systems zu proklamieren und daraus auf die Fortsetzung des kapitalistischen Systems mit unterschiedlicher Prägung zu schließen.
Die geäußerte Skepsis gegenüber dem Fazit eines eingeleiteten Systembruches hin zu einer neuen Gesellschaftsform nachvollziehbar. Zwar ist nicht zu leugnen, dass Information, Wissen und – damit verbunden – die technologischen Systeme, die diese "Informationsexplosion" begleiten, quantitativ zugenommen haben und zentrale Elemente der gegenwärtigen Gesellschaften darstellen. Dies ist jedoch nicht zugleich ein überzeugender Beweis für die Behauptung, dass dies auch Signale eines völlig neuen Gesellschaftstyps darstellen. Bell selbst zeigt in seinen Ausführungen diesbezüglich immer wieder Unsicherheiten, nimmt sich selbst zurück und bleibt letztlich die Antwort schuldig.

---

[275] Jochen Steinbicker, a.a.O., S.53ff.
[276] Ebd. S.374.
[277] Ebd. S.374.
[278] Frank Webster, a.a.O., S.37. Daniel Bell, The Coming of Post-Industrial Society, a.a.O., S.283.

Trotz dieser aus heutiger Perspektive sicherlich vorliegenden Schwächen der Theorie Bells erscheint die vernichtenden Bewertung von Frank Webster überzogen.[279] Die Arbeit Bells bietet entgegen dieser Kritik einen begründeten Fundus für die analytische Untersuchung der Informationsgesellschaft. Wie keine andere theoretische Erläuterung stellt sie eine methodologische Annäherung dar, die auf greifbaren Veränderungen beruht. Die so gewonnene Charakterisierung bietet eine Indikatorenauswahl, die modifiziert zur empirischen Untersuchung eingesetzt werden kann. Bei aller Kritik, die an Bells Konzept geäußert wird[280], ist hervorzuheben, dass er aufgrund seiner vorwiegend hermeneutischen Betrachtungsweise und dem methodischen Konstrukt des axialen Prinzips von monokausalen Erklärungsmustern bei der Analyse der Industrie- und Dienstleistungsgesellschaft deutlich abgerückt ist, und auf Komplexität und Gleichzeitigkeit einer sozialen und ökonomischen Transformation hinweist. Dies stellt einen klaren Fortschritt im Vergleich zu den Darlegungen Martins, Tofflers, Castells oder Druckers dar. So ist als unumstößliches Verdienst Bells festzuhalten, dass er mit seinen Ausführungen der empirischen Analyse der Informationsgesellschaft Vorschub geleistet hat, da insbesondere seine Aussage, die Drei-Sektoren-Hypothese stelle keine hinreichend funktionale Aggregation nachindustrieller Produktion mehr dar, die Diskussion um den vierten Sektor angestoßen hat und damit einige Jahre später Marc Porat den Weg für die theoretische Konstruktion eines Informationssektors eröffnet hat.[281] Weiterhin wird in Bells Ausführungen bereits angedeutet, dass nur ein Indikatorenbündel als Analyseinstrument der Informationsgesellschaft gerecht wird, da sie wie keine andere Gesellschaftsform durch ein hohes Maß an Komplexität und Dynamik geprägt ist.

4. Die Informationsgesellschaft als postmoderne Gesellschaft

Parallel zu dem hier im Zusammenhang mit der postindustriellen Gesellschaft vorgetragenen Strukturwandel der Gesellschaft erkannten auch Vertreter der Postmoderne die Notwendigkeit, die gesellschaftlichen Veränderungen in der Moderne zu reflektieren. Der Vollständigkeit halber sollen deshalb auch die Positionen der Postmoderne – wenn auch nur skizzenhaft – erwähnt werden. Die Postmoderne ist ein Begriff, der Ende der 60er Jahren in sehr allgemeiner Verwendung[282], im akademischen Bereich insbesondere im engen Zusammenhang mit neuen Technologien, eingeführt wurde.[283] Später, vor allem in den 80er Jahren,

---

279 Frank Webster, a.a.O., S.46.

280 Auf eine kritische Diskussion des Konzeptes der postindustriellen Gesellschaft muss im Rahmen dieser Arbeit verzichtet werden. Eine gute Zusammenfassung der marxistischen Kritik ist zu finden bei J. Frank, Die postindustrielle Gesellschaft und ihre Theoretiker. In: Leviathan, Jg. 1 (1973), 3, S.383-407. Ebenso N. Birnbaum, Die Krise der industriellen Gesellschaft, Frankfurt 1972. Jürgen Habermas, Technik und Wissenschaft als Ideologie, Frankfurt 1968. Krishan Kumar, Prophecy and Progress. The Sociology of Industrial and Post-Industrial Society, Harmondsworth/Middlesex 1978.

281 Dazu auch Robert Wagner, Die Informationsgesellschaft. Chancen für eine neue Lebensqualität am Beginn des dritten Jahrtausends, Münster 1996, 2f.

282 Vgl. dazu in der Soziologie erstmalig bei Amitai Etzioni, The Active Society. A Theory of Societal and Political Processes, New York 1968. Deutsche Übersetzung: Die aktive Gesellschaft. Eine Theorie gesellschaftlicher und politischer Prozesse, Opladen 1975.

283 Der Begriff selbst ist weitaus älter. Zur Genealogie des Postmoderne-Begriffs siehe Wolfgang Welsch, Unsere postmoderne Moderne, Berlin 1997, 5. Auflage, S.12ff.

weitete sich der Begriff auf die gesellschaftliche Diskussion aus. Die Positionen der Postmoderne sind hier insofern von Interesse, als ein direkter Zusammenhang zum Phänomen der Informatisierung hergestellt wird.[284] Vertreter der Postmoderne wie Gianni Vattimo, Michel Foucault, Jean Baudrillard, aber auch Soziologen wie Alain Touraine haben in der sozialen Entwicklung Symptome einer Zeitwende erkannt, die als Indikatoren zur empirischen Überprüfung der Informationsgesellschaft überaus nützlich sein können.

Vereinfachend dargestellt, verweigert sich die postmoderne Diskussion den Vorstellungen d efinierter S tandards, d en U rteilen des guten Geschmacks und den großen Traditionen der Ästhetik.[285] Stattdessen wird die Vielfalt und Divergenz betont, bis hin zu einem ausgeprägten ästhetischen Relativismus und klaren individualistischen Tendenzen.[286] "Ihre Vision ist eine *Vision der Pluralität*"[287], es ist die Radikalität, mit der diese Pluralität betont wird, die die Postmoderne auszeichnet.[288]

In der pragmatischen und für die Zwecke dieser Arbeit ausreichenden Reduzierung der Diskussion fasst Frank Webster folgende Schlüsselelemente der Postmoderne zusammen:

- "the rejection of modernist thought, values and practices;
- the rejection of claims to identify ›truth‹ on grounds that there are only versions of ›truth‹.
- the rejection of the search for authenticity since everything is inauthentic;
- the rejection of quests to identify meaning because there are an infinity of meanings (which subverts the search for meaning itself)
- the celebration of differences: of interpretations, of values, and of styles;
- an emphasis on pleasure, on sensate experience prior to analysis, on jouissance and the sublime
- a delight in the superficial, in appearances, indeversity, in parody, irony and pastiche;

---

[284] An dieser Stelle sei ausdrücklich darauf hingewiesen, dass es durchaus als problematisch bezeichnet werden kann, die Postmoderne als eine neue Zeit aufzufassen, die die Spätmoderne oder den Modernismus ablöst. Es ist nämlich kaum möglich, von einer rein postmodernen Zeit zu sprechen. Die Postmoderne kann sowohl als Bruch mit der Moderne, als auch als deren Fortsetzung aufgefasst werden. Dazu auch D. Kamperm, Nach der Moderne. Umrisse einer Ästhetik des Posthistoire. In: Wolfgang Welsch (Hrsg.), Wege aus der Moderne. Schlüsseltexte der Postmoderne-Diskussion, Berlin 1994, S.172.
Die Aufnahme der Positionen der Postmoderne macht eine extreme Vereinfachung der Sachverhalte notwendig. Auch die Kontroverse um die Postmoderne kann nicht nachvollzogen werden. Dass die Postmoderne dennoch Aufnahme erfährt, rechtfertigt sich dadurch, dass durch die Perspektive der Postmoderne neue Aspekte des gesellschaftlichen Wandels offenbar werden. Zur Einführung der Postmoderne-Diskussion empfiehlt sich: Wolfgang Welsch, Unsere postmoderne Moderne, Berlin 1997, 5. Auflage. Wolfgang Welsch (Hrsg.), Wege aus der Moderne. Schlüsseltexte der Postmoderne-Diskussion, Berlin 1994. Peter V. Zima, Moderne/Postmoderne, Tübingen, Basel 1997.

[285] Hier findet auch die Auseinandersetzung der Postmoderne mit der Moderne ihren Ursprung.

[286] Wolfgang Welsch, Unsere postmoderne Moderne, Berlin 1997, 5. Auflage, S.30.

[287] Ebd. S.39.

[288] Dies ist zugleich einer der Ansatzpunkte der großen Kontroverse um die Postmoderne. Max Weber etwa verweist darauf, dass Pluralität gerade auch ein Kennzeichen der Moderne ist. Vgl. dazu Max Weber, Vom inneren Beruf zur Wissenschaft. In: Max Weber, Soziologie – Universalgeschichtliche Analysen – Politik, mit einer Einleitung von Eduard Baumgartner, herausgegeben und erläutert von Johannes Winckelmann, Stuttgart 1973, S.311-339, hier S.330. Ebenso in Max Weber, Zwischen zwei Gesetzen. In: Max Weber, Gesammelte Politische Schriften, Tübingen 1980, S.142-145, hier S.145.

- a recognition of the creativity and imagination of ordinary people which defies determinist explanation of behaviour."[289]

Diese Reduzierung wird zwar dem postmodernen Diskurs in keiner Weise gerecht, stellt aber einen griffigen Ausgangspunkt dar. Die Postmoderne steht in erster Linie in Opposition zu der aufklärerischen Tradition und dem Versuch, Vernunft und soziale Entwicklungen im Denken zusammenzuführen. Die Vertreter der Postmodernen stehen, beeinflusst durch Nietzsche, allen Erklärungen zu Entwicklungsphasen der Welt skeptisch gegenüber. Erkennbar ist dies insbesonder an Jean-Francois Lyotard:[290]

> "Die Grundthese des Postmodernen Wissens ist die Ablehung der Meta-Erzählungen. Die drei großen Meta-Erzählungen der Moderne – die aufklärerische von der Emanzipation der Menschheit, die idealistische von der Teleologie des Geistes und die historische von der Hermeneutik des Sinns – sind zu Gestalten der Vergangenheit herabgesunken, bilden keine Kräfte der Gegenwart mehr."[291]

Die Postmoderne ist geprägt durch eine klare Skepsis gegenüber den "totalising explanations", den "Legitimierungserzählungen."[292] Dies gilt auch für Erklärungen zum gesellschaftlichen Wandel. Gesellschaftlicher Wandel kann nach Auffassung postmoderner Theoretiker lediglich durch offene theoretische Konstrukte oder subjektive Beobachtung analysiert werden und darf nicht als Beschreibung der Realität verstanden werden. Die Ablehnung basiert auf der Vorstellung, dass jeglicher Erklärungsversuch nichts anderes darstellt als eine Interpretation. Interpretationen seien jedoch nichts anderes als die Konstruktion von Wissen. Die Auflösung des Ganzen ist eine Vorbedingung der postmodernen Pluralität.[293] Entsprechend ist folgende Äußerung von Lyotard zu verstehen: "... a war on totality and abandonment of accounts of the world which presume to see the ›true‹ motor(s) of history."[294] Nach Auffassung der Vertreter der Postmoderne hat jeder Versuch, historischen Wandel zu erklären, "... lost its credibility... regardless of wether it is a speculative narrative or a narrative of emancipation."[295] Die Postmoderne zeigt charakeristisches Misstrauen gegenüber der Behauptung, die eine "Wahrheit" identifizieren zu können: "The postmodern era thus rejects all claims for the ›real‹: *nothing* can be ›true‹ and ›authentic‹ since everything is fabrication."[296] Für postmoderne Denker existiert keine eine Wahrheit, sondern nur unterschiedliche Versionen von Wahrheit. Ausgesprochen deutlich wird dies in den Ausführungen von Michel Foucault: "Truth is a thing of this world: it is produced only by virtue of multiple forms of constraint. And it induces regular effects of power. Each society has its regime of truth, its ›general politics‹ of truth: that is, the types of discourse which it

---

289 Frank Webster, a.a.O., S.175.

290 Jean-Francois Lyotard, Das postmoderne Wissen, a.a.O., S.96.

291 Wolfgang Welsch, Unsere postmoderne Moderne, a.a.O., S.172.

292 Jean-Francois Lyotard, Das postmoderne Wissen, a.a.O., S.96.

293 Diese Auflösung des Ganzen, die Erfahrung der Delegitimierung wurde in der Literatur der Jahrhundertwende beklagt und wird im Pessimismus der Künstler Musil, Hofmannsthal, Schönberg, Broch, aber auch in der Philosophie von Mach und Wittgenstein deutlich.

294 Jean-Francois Lyotard, The Postmodern Condition: A Report on Knowledge, Translated by Geoff Bennington and Brian Massumi, Manchester 1984, S.81.

295 Ebd. S.37.

296 Frank Webster, a.a.O., S.172.

accepts and makes function as true..."[297] Damit gibt die postmoderne Kultur die Suche nach Authentizität auf. Authentische Bedingungen können nicht gefunden werden, weil sie nicht existieren.

5. Exkurs: Information und Postmoderne

Betrachtet man in diesem grob dargestellten Zusammenhang nun den Teilaspekt Postmoderne und Information, stößt man sehr schnell auf die Ansicht, dass die Welt ausschließlich durch die Sprache erkennbar gemacht werden kann. Ausgangspunkt bildet die Vorstellung, dass heutiges Leben durch eine unaufhörliche Zirkulation von Zeichen und durch Kommunikation geprägt ist. Information, gleichgesetzt mit Symbolen, stellt nach postmodernem Verständnis die einzig existierende Realität dar: "... reality does not exist... language is all there is and what we are talking about ist language, we speak within language".[298] Insbesondere Baudrillard betont die Auffassung, dass zeitgenössische Kultur aus Zeichen besteht und alles Wahrnehmbare aus deren Bedeutung resultiert. Während Theoretiker wie beispielsweise Herbert Schiller und Jürgen Habermas Zeichen als reine Repräsentatnen eines Inhaltes sehen, betont Baudrillard, dass Zeichen nichts anderes als dessen Simulationen darstellen. Das "Simulakrum" – Bild oder Nachbildung – ist das Produkt der Simulation, die Differenz zwischen Simulakrum und Realität hebt sich über die Zeichen und in enger Verbindung zu den Medien auf: "Es geht um die Substituierung des Realen durch Zeichen des Realen".[299]

> "So verwirklicht sich die Prophezeiung: Wir leben in einer Welt, in der die ureigenste Funktion des Zeichens darin besteht, die Wirklichkeit verschwinden zu lassen und zugleich dieses Verschwinden zu tarnen."[300]

Orte dieser neuen Realität sind die Medien und die virtuelle Realität des Cyberspace. Im Anschluss an Marshall McLuhans These, derzufolge das Medium selbst als Nachricht fungiert[301], führt Baudrillard vor Augen, dass auf diese Weise eine Art Hyperrealität entsteht. Baudrillard und verwandte Denker wie Virilio[302] führen dies als deutliches Chararkteristikum postmoderner Kultur an. John Fiske folgt dieser Auffassung und erkennt den "categorial difference... between our age and previous ones, in one hour's television viewing, one is likely to experience more images than a member of a non-industrial society would in a lifetime."[303] Folgerichtig wird dieses Charakteristikum in Zusammenhang mit dem explosiven Wachstum der Medien gesetzt.[304] Gianni Vattimo sieht gerade im Wachstum der Medien und dem damit verbundenen Anwachsen der Kommunikation das Schlüsselelement der Postmoderne:

---

[297] Michel Foucault, Power / Knowledge, a.a.O., S.131.
[298] Zit.nach David Macey, The Lives of Michel Foucault, Vintage 1994, S.150.
[299] Jean Baudrillard, Agonie des Realen, Berlin 1978, S.9.
[300] Ders., Le Crime parfait, Paris, Galilée 1995, S.18.
[301] Marshall McLuhan, The medium is the message. Hrsg. und übersetzt von Martin Bales, Dresden 2001.
[302] Paul Virilio, Krieg und Kino, München 1986. Vgl. auch Paul Virilio, Ästethik des Verschwindens, Berlin 1986.
[303] John Fiske, Postmodernism and Television. In: James Curran / Michael Gurevitch, Mass Media and Society, o.O. Edward Arnold 1991, S.58.
[304] Jean Baudrillard, Simulations, New York 1983.

"... daß der Begriff der Postmoderne eine Bedeutung hat und daß diese Bedeutung an die Tatsache gebunden ist, daß die Gesellschaft, in der wir leben, eine Gesellschaft der generalisierten Kommunikation, die Gesellschaft der Massenmedien ist."[305]

Gegen die pessimistischen Sichtweisen moderner Denker, die durch den Informationsanwuchs Propaganda und Indoktrination durch die Medien vermuten – die Darstellung von Jürgen Habermas, auf die im Laufe der Arbeit noch mehrmals eingegangen wird, ist beispielhaft – argumentiert Vattimo, dass die Vermehrung der Medien und die zunehmende Bedeutung der Information gerade ganz unterschiedlichen Gruppen, Regionen und Nationen sowie Minderheiten eine Stimme verleihen kann: "Diese schwindelerregende Vervielfältigung der Kommunikation, dieses ›Wort ergreifen‹ seitens einer steigenden Zahl von Subkulturen, ist die augenscheinlichste Wirkung der Massenmedien"[306] Am Ende dieser Entwicklung steht eine durch Komplexität gekennzeichnete Kommunikationsgesellschaft. Diese Komplexitätssteigerung birgt einen Verlust der Transparenz und Klarheit. Der Verlust der Klarheit wird jedoch nicht als Bedrohung aufgefasst, sondern als Symptom der Veränderung erkannt, die alle Daseinsbereiche direkt betrifft.

"... ich spreche vom Aufkommen der Kommunikationsgesellschaft. Damit kommen wir zum zweiten Punkt, nämlich dem, der die ›transparente Gesellschaft‹ betrifft. Wie man schon bemerkt haben wird, führe ich hier den Begriff ›transparente Gesellschaft‹ mit einem Fragezeichen ein. Was ich damit ausdrücken will ist folgendes: a) daß die Massenmedien bei der Entstehung einer postmodernen Gesellschaft eine entscheidende Rolle spielen; b) dass sie diese Gesellschaft nicht als eine ›transparentere‹, selbstbewußtere und ›aufgeklärtere‹ charakterisieren, sondern als eine komplexere und sogar chaotischere: und schließlich c) daß gerade in diesem relativen ›Chaos‹ Hoffnungen auf Emanzipation liegen"[307]

Zudem erfolgen durch die Steigerung der Komplexität, und darin stimmen Vattimo und Baudrillard überein, Emanzipationseffekte und "freedom from truth."[308] Anstelle der befürchteten Herrschaft der Technik prognostiert Vattimo sogar die Auflösung des neuzeitlichen Subjekts durch die Informationstechnologie. Die Einheit der Informationsgesellschaft wird gesehen als eine von der Vielfalt der Dimensionen gebrochene Einheit. Die Vielfalt der Dimensionen wird zum ureigenen Kennzeichen einer durch Information geprägten Gesellschaft.
Mark Poster entwickelt diese Sichtweisen weiter, indem er die Unterscheidung des postmodernen Zeitalters an der Zunahme elektronischer Information festmacht. Gerade die elektronische Information verändert die sozialen Beziehungen.

"Furthermore, in the twentieth century the rapid introduction of new communicational modes constitutes a pressing field for theoretical development and empirical investigation. What is at stake are new language formations that

305 Gianni Vattimo, Die transparente Gesellschaft, Wien 1992. Titel der Originalausgabe, La societa transparente, Milano 1989, S.11.
306 Ebd. S.17.
307 Ebd. S.15.
308 Frank Webster, a.a.O., S.182.Vgl. dazu Gianni Vattimo, Die trasparente Gesellschaft, a.a.O., S.19.

alter significantly the network of social relations, that restructure those relations and the subjects they constitute."[309]

Der Austausch von Symbolen steht dabei im Vordergrund.[310] Interessanterweise teilt Poster unterschiedliche Phasen ein, die "Era of oralism, interaction face to face way of life was fixed and unchanging", die "Era of written exchange, signs had a representational role" und letztendlich die "Era of electronic mediation, signs are matters of information simulations, non representational character." Das Individuum ist in dieser dritten Phase "... decentered, dispersed, and multiplied in continious instability."[311] Diese Dislokation bewertet Poster jedoch nicht etwa negativ, er sieht darin einen emanzipatorischen Effekt. Im Mittelpunkt steht, dem postmodernem Modus entsprechend, die Emanzipation von der einen Wahrheit.[312]
Während Baudrillard, Vattimo und Poster in erster Linie den rapiden Wachstum von Zeichen betonen, beginnt Lyotard seine Analyse mit der nachweislich veränderten Funktion und der veränderten Rolle von Information und Wissen. Die Veränderung erfolgt nach Lyotard dabei in zweierlei Hinsicht. Zum einen entwickeln sich Information und Wissen mehr und mehr zur Ware, Lyotard spricht von der "Merkantilisierung des Wissens"[313]:

> "Man weiß, daß das Wissen in den letzten Dezennien zur prinzipiellen Produktivkraft wurde. Das hat bereits die Zusammensetzung der Arbeitspopulation in den höchstentwickelten Ländern bedeutend verändert... Im postindustriellen und postmodernen Zeitalter wird die Wissenschaft ihre Wichtigkeit im Arsenal der Produktionskapazitäten der Nationalstaaten beibehalten und ohne Zweifel noch verstärken... Das Wissen ist in der Form einer für die Produktionspotenz unentbehrlichen informationellen Ware zunehmend ein bedeutender, ja vielleicht der wichtigste Einsatz im weltweiten Konkurrenzkampf um die Macht. Es ist denkbar, daß die Nationalstaaten in Zukunft ebenso um die Beherrschung von Informationskämpfen werden, wie sie um die Beherrschung der Territorien und dann um die Verfügung und Ausbeutung der Rohstoffe und billigen Arbeitskräfte einander bekämpft haben."[314]

Als zweite Veränderung führt Lyotard an, dass der Nutzen von Information im Vordergrund steht. Wahrheit wird definiert durch praktische Anforderungen. Universitäten als traditionelle Forschungseinrichtungen werden abgelöst durch private Korporationen, die Information und Wissen aus Gründen der Effizienzsteigerung hervorbringen.

> "Im Kontext der Delegitimierung sind die Universitäten und höheren Ausbildungsinstiutionen nunmehr angewiesen, Kompetenzen und nicht mehr Ideale zu bilden: So und so viele Ärzte, so und so viele Professoren dieser oder jener Disziplin, so und so viele Ingieneure, so und so viele Verwalter usw. Die Vermittlung des Wissens erscheint nicht mehr dazu bestimmt, eine Elite zu bilden, die fähig ist, die Nation in ihre Emanzipation zu führen, sondern sie

309 Mark Poster, The Mode of Information. Poststructuralism and Social Context, Cambridge 1990, S.8.
310 Ebd. S.6.
311 Ders., The Mode of Information and Postmodernity. In: David Crowley / David Mitchell (ed.), Communication Theory Today, Cambridge 1994, S.173-192, hier S.174.
312 Ders., The Mode of Information, a.a.O., S.14.
313 Jean-Francois Lyotard, a.a.O., S.26ff.
314 Ebd. S.24-26.

versorgt das System mit Spielern, die in der Lage sind, ihre Rolle auf den pragmatischen Posten, deren die Instiutionen bedürfen, erwartungsgemäß wahrzunehmen."[315]

Dies hat eine Neudefinition von Erziehung und Bildung zur Folge: nicht die Allgemeinbildung eines Humboldtschen Bildungsideals steht im Vordergrund, sondern das sogenanntes Anwenderwissen: "... how to use terminals, keyboard skills and information retrieval".[316] Bildung und lebenslange Qualifizierung beeinflussen die Lebenssituation erheblich, führen jedoch nach Lyotards Auffassung nicht selbsttätig zu "... more enlightened citizens."[317]
Zugleich führt der Zugang zu Wissen und Information nach Lyotard zu einer weiteren Ablösung traditioneller Eliten, da ein wesentlicher Teil des Wissensmonopols verloren geht.[318] Dabei ist das gesellschaftliche Subjekt der Gefahr ausgesetzt, sich im Labyrinth der informationstechnischen Vernetzung zu verlieren. Die zentrale Frage für Lyotard ist demnach nicht, ob Datenbanken eine uniformierende Wirkung auf den Menschen ausüben, sondern wer Wissen kontrollieren wird. Sämtliche Vertreter der Postmoderne erkennen durchaus die Risiken, die mit den Informationstechnologien verbunden sind, sehen die Möglichkeit einer "... chaotische(n), aus den Fugen geratenen Welt..."[319], in der die Inszenierung im Vordergrund steht.[320] Zugleich erkennen sie aber auch eine Chance der Divergenz und betonen den befreienden Charakter dieser Entwicklung.
Einen ganz neuen Aspekt hebt Paul Virilio in der Diskussion der Veränderungsprozesse hervor.[321] Er betont in seiner gesellschaftlichen Analyse vor allem die Veränderungen der Zeiterfahrungen in der Gesellschaft, hervorgerufen durch die modernen Kommunikationsmedien. Die Geschichte der Menschheit wird als Wettlauf mit der Zeit beschrieben, geprägt durch Beschleunigungsprozesse, verbunden mit dem stetigen Streben nach Macht. Geschwindigkeit wird nach Virilio zum prägenden Gesellschaftsfaktor.[322] Machterhalt und Machtgewinn stehen dabei in engem Zusammenhang mit dem raschen Zugriff auf Information. Damit tritt eine massive Veränderung der gesellschaftlichen Kultur auf:

> "Die von den Echtzeit-Technologien ausgelöste Revolution beschränkt sich nicht auf die bloße Beschleunigung der Informationsübertragung; sie bietet zugleich eine völlig neue Welt-Anschauung, einen völlig neuen Zugang zur Welt, die künftig durch ein neues, indirektes Licht erhellt wird. Überwachung durch Videokameras und weltumspannende Datennetze machen es möglich, in Echtzeit zu sehen und zu wissen, was am anderen Ende der Welt geschieht."[323]

In diesem Zusammenhang betont Virilio die globale Präsenz der Kommunikation und erinnert an McLuhans Begriff des "Global Village".[324] Die Befürchtung einer in Folge der Mediatisierung der Beziehungen, auftretenden mangelnden Mobilität ist es, die

---

315 Ebd. S.142.
316 Jean-Francois Lyotard, Political Writings. Translated by Bill Readings and kevin Paul Geiman, UCL Press 1993, S.51.
317 Zit. nach Frank Webster, a.a.O., S.186.
318 Jean-Francois Lyotard, Political Writings, a.a.O. S.53.
319 Rafael Capurro, a.a.O., S.38.
320 Vgl. Paul Virilio, Der negative Horizont, München 1989.
321 Paul Virilio, Revolutionen der Geschwindigkeit, Berlin 1993.
322 Ebd. S.37.
323 Ebd. S.12.
324 Marshall Mc Luhan, The global Village:der Weg in der Mediengesellschaft in das 21. Jahrhundert, Paderborn 1995.

Virilio dann wiederum von Marshall McLuhans Vorstellung eines globalen Dorfes entfernt.[325] Virilio denkt die Entwicklung zu Ende und kommt zur Erkenntnis des "rasenden Stillstandes".[326]

> "Doch ich fürchte, die neuen Technologien treiben uns in einen endgültigen Stillstand. Wenn wir die Welt unter Kontrolle haben können, indem wir bleiben, wo wir sind – durch Bildschirmkonferenzen, Arbeit am Bildschirm zu Hause – dann wird der Stillstand endgültig, sobald wir über die Mittel des Fernsehens und -hörens, künftig auch des Fern-Handelns verfügen. Mit dem Datenanzug werde ich überall sein können, obwohl ich hier bleibe."[327]

In dem Essay "Rasender Stillstand" führt Virilio die Gedanken, die er bereits in "Revolutionen der Geschwindigkeit" angerissen hat, aus und kritisiert die gesellschaftliche Illusion, durch elektronische Telekommunikation überall und jederzeit präsent sein zu können und direkt teilzuhaben. Virilio vertritt die Auffassung, dass diese vermeintliche Beherrschung von Zeit und Raum gesellschaftliche Weiterentwicklungen behindert.

> "So scheint sich mit den schwindelerregenden Geschwindigkeiten, die das ausgehende 20. Jahrhundert kennzeichnen, bereits ein merkwürdiges Paradox des dritten Jahrtausends anzudeuten. Es liegt darin, daß der Mensch, der eigentlich den ganzen technologischen Wirbel entfesselt hat, letzlich selbst zum Stillstand kommen wird."[328]

Dies hat erheblichen Einfluss auf die Wirklichkeitserfahrungen, die zunehmend virtualisiert erscheinen.[329] Die Nähe zu Baudrillard ist offensichtlich.

> "Wenn nämlich die ›Entfernungen‹ schwinden – und das ist durch die jüngsten Entwicklungen der Telekommunikation eine vollendete Tatsache, dann müssen auch die ›Grenzen‹, verschwinden, und zwar nicht nur die politischen der Nationalstaaten zugunsten neuerer föderaler oder konföderaler Gebilde, sondern auch die ästethischen ›Grenzen‹ die der Wahrnehmung der uns umgebenden Dinge, zugunsten einer letzten Zeitgrenze: die beschleunigte *optische Kommutation* der Erscheinung in einer Welt, die gänzlich telepräsent geworden ist. Und das jeden Tag 24 Stunden lang."[330]

Es ist sicherlich nicht möglich, die heutige Welt zu verstehen, ohne sich die Veränderungen ganz bewußt zu machen, die im Zusammenhang mit Information gerade in der postmodernen Diskussion hervorgehoben werden. Die Beschreibungen der postmodernen Vertreter heben in erster Linie die Zentralität und die unterschiedlichen Bedeutungen der Zeichen in der heutigen Lebenswelt hervor, verbunden mit der gegenwärtigen Veränderungen der Kommunikation. Zahlreiche Autoren der Postmoderne konstatieren eine "Explosion der Bedeutung" und durch eben diese Zentralität der Bedeutung von Zeichen den eigentlichen Eintritt in eine

---

325 Paul Virilio, Belichtungsgeschwindigkeit. In: Paul Virilio, Revolutionen der Geschwindigkeit, Berlin 1993, S.60. Vgl. dazu auch Paul Virilio, Rasender Stillstand, Frankfurt am Main 1998.

326 Ders., Rasender Stillstand, Frankfurt am Main 1998. Vgl. dazu auch Paul Virilio, Fluchtgeschwindigkeit, Frankfurt am Main 1999, S.34.

327 Ders., Revolutionen der Geschwindigkeit, a.a.O. S.41.

328 Ebd. S.13-14.

329 Ebd. S.26-35.

330 Ders., Belichtungsgeschwindigkeit. In: Paul Virlio, Revolutionen der Geschwindigkeit, Berlin 1993, S.56/57.

Informationsgesellschaft. Dabei versuchen sie nicht, diese Entwicklung als quantitatives Element zu fassen, sondern setzen auf die Offensichtlichkeit des Anwachsens von Zeichen.[331] Betrachtet man nun die derzeitige Lebenswelt, wird die Forderung nach Nutzenkriterien für die zunehmende Information nachvollziehbar. Lyotards These von der Entwicklung der Information zur Ware wird plausibel.

Ebenfalls nicht von der Hand zu weisen ist die von den Postmodernen beschriebende Stärkung des Mediensektors, was durchaus auch – entsprechend Vattimos Vorstellungen – Veränderungen der Wirklichkeitserfahrungen nach sich ziehen kann.[332] Die Betonung der Zeichen und Bedeutungen, die Betonung der Simulation und Inauthentizität, die Offenlegung der verändernden Kraft des Nutzenkriteriums in Verbindung mit Information und Wissen und die allgemeine Anerkennung der Bedeutung elektronisch verbreiteter Information, all diese Erkenntnisse stellen sinnvolle Anmerkungen für die Beschreibung eines gesellschaftlichen Wandels dar. Als Definition einer neuen Gesellschaftsform erweisen sie sich jedoch als defizitär, da man auf eine reine Gefühlserkenntnis zurückgeworfen bleibt. Gianni Vattimo ist zuzustimmen, was die Entstehung eines Multi-Perspektivismus aufgrund der Expansion der Medien betrifft; gleichwohl bedeutet dies nicht die Eröffnung multipler Realitäten. Auch liegt bislang kein empirischer Beweis für den Kollaps der Bedeutung vor.

Wegen der Angreifbarkeit postmoderner Sichtweisen hat diese Denkrichtung ihre Anziehungskraft, die sie in den 80er Jahren hatte, verloren. Dennoch ist ihr Wert für die Beschäftigung mit dem Konzept der Informationsgesellschaft offensichtlich. Wie keine andere wissenschaftliche Auseinandersetzung betrachtet die postmoderne Diskussion die qualitativen Konsequenzen, mit denen das soziale Leben in einer Periode explosiven Informationswachstums konfrontiert wird. Zugleich wird durch die Ausführungen der Postmodernen die Prozesshaftigkeit dieses qualitativen Wandels deutlich. Am Ende der Betrachtungen steht eine durch Medien und Kommunikation geprägte Gesellschaftsform, die durch ihre Komplexität und die Vielfalt Ihrer Dimensionen geprägt ist. Diese Aussage spiegelt die Aussage zu Beginn der Arbeit wider: eine durch die Informatisierung geprägte Gesellschaftsform weist eine prozedural-dynamische Pluralität auf.

Führt man nun diese aus der Analyse postmoderner und postindustrieller Aussagen gewonnenen Erkenntnis und die erkannten Defizite postmoderner Beschreibungen zusammen, verdeutlicht sich, dass sowohl eine quantitative empirische Analyse, als auch eine qualitative Betrachtung erfolgen muss, um ein tatsächlich umfassendes Bild von einer Informationsgesellschaft zu bekommen.

Zuvor allerdings soll die Kritik an der theoretischen Konstruktion der Informationsgesellschaft vorgestellt werden.

---

331 Einige philosophischeAutoren sehen paradoxerweise durch dieses Anwachsen der Zeichen den "Tod der Zeichen" und konstatieren einen Bedeutungskollaps. Einer der bedeutendsten Vertreter dieser Sichtweise ist Jean Baudrillard. Vgl. dazu Jean Baudrillard, In the Shadow of the Silent Majorities, or, The End of the Social and Other Essays. Translated by Paul Foss, John Johnson and Paul Patton, New York 1983. Ferner Marc Poster, The Mode of Information: Poststructuralsim and Social Context, Cambridge 1990, S.63.

332 Gianni Vattimo, Die transparente Gesellschaft, a.a.O., S.18-19.

IV. Die Kritik: Negierung einer qualitativ neuen Gesellschaftsform

Die Divergenz des gesellschaftlichen Konzeptes Informationsgesellschaft und die betonung der Prozesshaftigkeit, also des stetigen Wandels dieser gesellschaftlichen Form, förderte die ablehnenden Haltung in der wissenschaftlichen Auseinandersetzung. Ausgangspunkt der Argumentationen gegen die Informationsgesellschaft ist Anthony Giddens' Aussage: "... although it is commonly supposed that we are only now in the late 20th century entering the era of information, modern societies have been ›information societies‹ since their beginnings."[333] Die Annahme, dass die Bedeutung von Informationen für gesellschaftliche Zusammenhänge tiefe historische Wurzeln hat, ist in der Literatur immer wieder zu finden. Die Kritiker stützen sich auf diese Aussage und legen in erster Linie den Bedeutungsgewinn von Information dar, verweigern sich jedoch der Annahme, dass damit eine neue gesellschaftliche Qualität verbunden sei. Stattdessen suchen die Vertreter dieses Forschungszweiges eine Erklärung für den Bedeutungsgewinn von Information in den gesellschaftlichen Zusammenhängen. Die Begründungen fallen dabei unterschiedlich aus.

1. Informationsdominanz durch die Entstehung des Nationalstaates: Das Gegenkonzept der „Suveillance Society“

Anthony Giddens führt den vermeintlichen Bedeutungsgewinn von Information in modernen Gesellschaften in "The Nation State and Violence" auf die Entstehung des Nationalstaates und der Staatssouveränität zurück, die die Notwendigkeit der Verteidigung und der Verstärkung von Überwachungstendenzen indizieren.[334] Der Auffassung Giddens zu Folge führe dies zu einer Erhöhung des Organisationsgrads der gesellschaftlichen Zusammenhänge. Gesellschaftliches Leben laufe notwendigerweise routinierter und systematischer ab.[335] Ohne detailliertere Ausarbeitung der Verbindung von Nationalstaat, militärischer Verteidigungsbereitschaft und Rüstungsindustrie richtet Giddens den Blick direkt auf die Koppelung von Information, Informationstechnologie, Staat und Militär, im Sinne von "... information is at the core of modern military affairs."[336] Als Beleg gibt Giddens die nationalstaatlichen Verpflichtung zur internen Befriedung des Staatsgebietes an, deren Voraussetzung die Kenntnis des Staates über seine Subjekte ist. Auch die Pflichten und Rechte, die erst durch die Staatsbürgerschaft verliehen werden, führen nach seiner Auffassung zu neuer Überwachung und Informationsakkumulation.
rGiddens zeichnet damit Entwicklungslinien nach, die die Informatisierung der gesellschaftlichen Strukturen fördern.

---

333 Anthony Giddens, Social Theory and Modern Sociology, a.a.O., S.27.

334 Zu dieser Einsicht gelangt Anthony Giddens insbesondere durch seine Auseinandersetzung mit den klassischen soziologischen Theoretikern, wie Karl Marx, Emile Durkheim und Max Weber. Die von ihm angeführten Faktoren der Moderne sieht er durch die Klassiker vernachlässigt.

335 Die Argumentation über den gesellschaftliche Organisationsgrad ist in den Sozialwissenschaften nicht neu und auch bei Theodor Adorno, Michel Foucault und Karl Marx zu finden; unberücksichtig bleibt dort jedoch die Dimension der Information.

336 Frank Webster, a.a.O., S.62.

Was die Kritik am theoretischen Konzept der Informationsgesellschaft betrifft, sind die Ausführungen Giddens eher als schwach zu bezeichnen, handelt es sich doch vielmehr um eine Theorie über die allgemeine Informatisierung der Gesellschaft. Dennoch stellt Giddens vor, was im Zusammenhang mit der Diskussion um die Informationsgesellschaft immer wieder Ausdruck findet und von Webster mit folgender Aussage auf den Punkt gebracht wird: "It is in the extension of the nation state and its intimate concerns with war and defence, in the growth of citizenship rights and duties, and in the extension of corporate capitalism (...) that we can see what may be better termed, not the ›information‹, but the surveillance society."[337]
Am Ende steht die Erkenntnis, dass eine durch Informationstechnologien geprägte Gesellschaft eine im höchsten Maße verletzliche Gesellschaft ist.[338]

2. Informationsdominanz durch Zerfall der bürgerlichen Öffentlichkeit: Das Gegenkonzept der „Manipulationsgesellschaft"

Jürgen Habermas hebt wie Herbert Schiller den Charakter der Information als käufliche Ware hervor, wobei er insbesondere die Wirkung auf die Öffentlichkeit und den demokratischen Prozess betrachtet. Für Habermas ist die Informationsgesellschaft ein "Werbeschlagwort" ohne Inhalt. Habermas betont, dass die Informationszunahme nicht gleichzusetzen ist mit der Zunahme der Verläßlichkeit dieser Informationen. Zudem mindert die Masse die Überschaubarkeit. Darunter leidet nach Habermas das Maß an Reflexionsfähigkeit des Elektorats und damit die politische Verantwortlichkeit. Diese Sichtweise ist auf den Habermasschen Öffentlichkeitsbegriff zurückzuführen.[339] Bestätigung findet Habermas auch in der Tatsache, dass das Informationsmanagement eine maßgebliche Aufgabe gesellschaftlicher Akteure wird:

---

337 Ebd. S.73.

338 Alexander Roßnagel, Die Verletzlichkeit der Informationsgesellschaft, Opladen 1990.

339 Vgl. Jürgen Habermas, The Structural Transformation of the Public Sphere: An Inquiry into a Category of Bourgois Society, Camebridge 1989. Dt. Ausgabe: Strukturwandel der Öffentlichkeit. Untersuchungen zu einer Kategorie der bürgerlichen Gesellschaft, Frankfurt am Main 1962, 1990. Jürgen Habermas entwickelte ein Konzept der Öffentlichkeit, das in engem Zusammenhang mit der Entwicklung des kapitalistischen Systems im Großbritannien des 18./19. Jahrhunderts steht. Seine charakteristischen Merkmale sind die offene Debatte, die kritischen Untersuchung und die Unabhänigkeit der Akteure von ökonomischen Interessen und staatlicher Kontrolle. Habermas setzt dies in Verbindung mit der Loslösung von etablierten traditionellen Kräften wie Kirche und Staat. Entsprechend hebt Habermas eindrucksvoll hervor, dass gerade der Kampf um Unabhängigkeit ein wesentliches konstituierendes Merkmal der bürgerlichen Öffentlichkeit darstellt. Dieses, wie sich noch an anderer Stelle dieser Arbeit ausführlicher zeigen wird, ist bis heute das vorherrschende Verständnis von Öffentlichkeit und öffentlicher Meinung. Im Fortgang seiner historischen Analyse arbeitet Habermas schließlich die Auflösung dieses Paradoxons heraus, indem er auf die zunehmende Dominanz von Eigeninteressen innerhalb der öffentlichen Auseinandersetzung verweist. Die Intensivierung der Öffentlichkeitsarbeit und die nachweisbare Zunahme des Lobbyismus insbesondere im 20 Jhd. sind deutliche Zeichen dieser Entwicklung. Vgl. Jürgen Habermas, a.a.O., S.293ff. Unterstützt wird diese Entwicklung durch die Veränderungen im Mediensystem selbst, das zunehmend kommerziellen Gesichtspunkten unterworfen ist. Vgl. Jürgen Habermas, a.a.O., S.284. Entsprechend lautet die auch sonst recht gängige These in Zusammenhang mit der Diskussion um die Informationsgesellschaft, dass ein großer Anteil der stark anwachsenden Information von zweifelhaftem Wert ist und in engem Zusammenhang mit reiner Sensationslust steht.

"(...) information management, (...) is fundamental to the administrative coherence of modern government. The reliance on communications and information has become paramount for governments in their attempts to manipulate public opinion and to maintain social control."[340]

Während Harold Lasswell im Informationsmanagement vielmehr ein Requisit liberaler Demokratien sieht[341], leitet Habermas den Rückgang der Öffentlichkeit ab, denn indem die Öffentlichkeit durch die Invasion von Marktmechanismen und Werbeethik beeinträchtigt wird, wird sie – so die Argumentation Habermas – anfällig für die Penetration der Öffentlichkeitsarbeit, bei der die "Verpackung" von Information in den Mittelpunkt rückt. Gesellschaft wird manipuliert.
Die Notwendigkeit dieser medialen Manipulation ist die Quelle der Bedeutungssteigerung von Information. Ein neues gesellschatliches Konzept liegt darin nicht begründet, sondern ist vielmehr ein Bestärkung marktorientierter, kapitalistischer Strukturen.

3. Informationsdominanz durch ökonomische Entmaterialisierung: Das Gegenkonzept der informatisierten Industriegesellschaft und des „Techno-Kapitalismus"

David Lyon gehört ebenfalls zu den Autoren, die in der sogenannte Informationsgesellschaft in Wahrheit nur eine Tendenzverschiebung innerhalb des bestehenden industrialisierten Kapitalismus sehen. Dabei geht Lyon von einer Tendenzverschiebung aus, die geprägt ist von einer Entmaterialisierung.[342] Nach David Lyon zeichnet sich in der gesellschaftlichen Entwicklung in erster Linie ab, dass materieller Besitz zunehmend in den Hintergrund tritt und durch den Besitz von Information, Wissen abgelöst wird. Damit verdeutlicht sich bei Lyon, was auch bei Lyotard angedeutet wurde, dass nämlich insbesondere die Kontrolle über die neuen Technologien im gegenwärtigen gesellschaftlichen Prozess ausschlaggebend sein wird. In dieser Verbindung greift Lyon insbesondere die Fortschrittsgläubigkeit der Utopisten an und führt pointiert aus, dass gerade die optimistischen Prophezeiungen, die zahlreich mit dem Konzept der Informationsgesellschaft verbunden wurden – wie etwa die Entwicklung eines freieren Lebensstils in einer Kultur der Selbstverwirklichung und die Erweiterung politischer Partizipation -, nicht realisiert worden sind. Lyon lehnt den "march through the sectors", d. h. die Entwicklungslinie Agrargesellschaft-Industriegesellschaft-Informationsgesellschaft ab. Der Kernpunkt der Informatisierung besteht nach Lyon darin, dass sämtliche ökonomischen Aktivitäten aller unterschiedlichen Sektoren an Informationsintensität

---

340 Zit. nach Frank Webster, a.a.O., S.125. Zur gleichen Auffassung, mit allerdings unterschiedlicher, teils positiver Bewertung der Entwicklung kommt Harold Lasswell. Harold Lasswell, The Vocation of propagandist. In: Harold Lasswell, On Political Sociology, Chicago 1977, S.234. Es liegt eine extensive Literatur vor zum Bereich Proganda, später abgemildert durch den Terminus "Beeinflussung der öffentliche Meinung" und "Überzeugung". Vgl. dazu exemplarisch Kevin Robins / Frank Webster, The Technical Fix: Education, Computers and Industry, Macmillan 1989, S.53-68.

341 Harold Lasswell, The Vocation of Propagandist, a.a.O. 1977.

342 David Lyon, The Information Society: Issues and Illusions, Cambridge 1988.

gewinnen. Diese Auffassung wird auch in jüngeren Veröffentlichungen zur Informationsgesellschaft immer wieder vertreten.[343]
Auf dieses Verständnis aufbauend, führt die marxistische Forschung, diesen Denkansatz in seiner Konsequenz zu Ende und spricht vom „Techno-Kapitalismus."
Vertreter der marxistischen Schule, erkennen ebenfalls die zunehmende Bedeutung von Information in der Gegenwart an: "... the production and dissemination of (...) ›information‹ become major and indispensable activities, by any measure, in the overall system."[344]. Herbert Schiller aber betont zugleich – und dies ist eine Grundaussage der marxistischen Auffassung – dass Information und Kommunikation fundamentale Elemente der bekannten kapitalistischen Strukturen sind, wobei er, anders als Giddens, der den Nationalstaat in den Mittelpunkt stellt, die inhärente Verbindung zwischen kapitalistischem System und dem Gebrauch von Information und Informationstechnologien vor Augen führt.[345] Schiller analysiert Information und Kommunikation systematisch, indem er die Informationsphänomene zunächst lokalisiert und anschließend in Zusammenhang mit der Funktionsweise des ganzen sozio-ökonomischen Systems stellt. Daraus erkennt er die ökonomische Dominanz der Information und daraus resultierend, dass gerade in der gegenwärtigen Epoche des kapitalistischen Systems den Informations- und Kommunikationstechnologien eine beachtliche Bedeutung für die Stabilität des Wirtschaftssystems selbst zukommt.
Damit wird explizit auf Effekte hingewiesen, die eine Transformation kapitalistischer Strukturen bewirken, hin zu einer Art "techno-capitalism", der beschreibbar ist als Periode, in der "... new technologies, electronics and computerization came to displace machines and mechanization, while information and knowledge came to play increasingly important roles in the production process, the organisation of society and everyday life."[346] Dementsprechend liegt für Schiller auf der Hand, dass zwar eine Systemvarianz festzustellen sei, nicht jedoch ein Systemablösung, da die kapitalistischen Muster der Gesellschaft nach wie vor aufrechterhalten werden.

> "The ›information society‹ therefore reflects capitalist imperatives – i. e. corporate and class concernes and market priorities are the decisive influences on the new computer communication facilities – and, simultanously, these informational developments sustain and support capitalism. In this way Schiller accounts for the importance of information and IT in ways which at once identify how the history of capitalist development has affected the informational domain and, at the same time, how information has become an essential foundation of that historical development."[347]

In Schillers gesamter Argumentation steht im Vordergrund, dass Information und Kommunikation Notwendigkeiten des Marktgeschehens darstellen, die sich durch das Postulat der Gewinnmaximierung ergeben. Information erhält damit Warencharakter: "Information today is being treated as a commodity. It is something

---

343 Dies wird besonders deutlich im Bildungs-Delphi der Prognos AG, a.a.O.
344 Herbert I. Schiller, Communication and Cultural Domination, New York 1976, S.3.
345 Den gleichen Aspekt verfolgen in Groß Britannien Peter Golding, Communicaton Capitalism: Resisting and Restructuring State Ideology – the Case of Thatcherism, In: Media, Culture and Society 14 (4) October 1992, S.503-521; Graham Murdock / Peter Golding, Capitalism, communication and Class Relations. In James Curran / Michael Gurevitch / Janet Woolacott (eds.), Mass communication and Society, o.O., Edward Arnold 1977, S.12-43; Peter Golding / Graham Murdock, Culture, Communications and Political Economy. In: James Curran / Michael Gurevitch (eds.), Mass Media and Society, o.O., Edward Arnold 1991, 15-32.
346 Douglas Kellner, Critical Theory; Marxism and Modernity, Cambridge 1989, S.180.
347 Frank Webster, a.a.O., S.77.

which, like toothpaste, breakfast, cereals and automobiles, is increasingly bought and sold."[348]
Damit ist für Schiller von besonderem Interesse, wer innerhalb der gesellschaftlichen Strukturen die Kontrolle über die Information hat und wer letztendlich aus dem Zugang zu Information Gewinn ziehen wird.[349] Entsprechend geht Schiller davon aus, dass sich Klassenunterschiede zukünftig vornehmlich in der Verteilung von und im Zugang zur Information manifestieren werden, die in letzter Konsequenz von der Solvenz abhängig ist. [350] Zu einer vergleichbaren Aussage kommt auch Vincent Moscos in seiner Vorstellung der "pay-per society", wobei auch hier der Warencharakter der Information betont wird.[351] Diese Tendenz führt nach Meinung Herbert Schillers zu einer Verschlechterung der gesellschaftlichen Strukturen: "In other words, class inequalities – broadly the hierarchical devisions of society – exercise a central pull in the ›information age."[352] Damit greift Schiller insbesondere die utopischen Vorstellungen zur Informationsgesellschaft an und zeigt, dass ein Anwachsen der Information nicht automatisch als Bereicherung des Lebens zu werten ist, wie dies gerade von den "Utopisten" vertreten wird.

> "What is called the ›information society‹ is, in fact, the production, processing, and transmission of a very large amount of data about all sorts of matters – individual and national, social and commercial, economic and military. Most of the data are produced to meet very specific needs of super-corporations, national government bureaucracies, and the military establishments of the advanced industrial state."[353]

Obgleich der Betonung des Marktkriteriums die soziologische Untermauerung schlichtweg fehlt, zeigt sich der besondere Wert von Schillers Auseinandersetzung in der genauen Betrachtung der sich entwickelnden Strukturen. Schiller zeigt wie kein anderer Theoretiker auf, dass die Prägung einer informatisierten Gesellschaft in erster Linie durch soziale Kräfte entsteht. Diese Erkenntnis eröffnet die Möglichkeit einer gesellschaftspolitischen Gestaltung. Zudem richtet Schiller seinen Blick auf das Individuum. Bedauerlicherweise versäumt er es, einen alternativen Politikentwurf zu präsentieren. Stattdessen bekommen seine Ausführungen durch diesen destruktiven Ansatz eine negative Tendenz.

---

348 Anita R. Schiller / Herbert I. Schiller, Who can own what America knows? In: The Nation, 17 April,1982, S.461-463, S.461.
349 Herbert I. Schiller, The Mind Managers, Boston 1973, S.175.
350 Herbert I. Schiller, The World Crisis and the New Information Technologies. In: Columbia Journal of World Business, 18 (1), 1983, S.86-90, S.88.
351 Vincent Mosco, The pay-per society. Computers & Communication in the Information Age, Toronto, Ontario 1989.
352 Frank Webster, a.a.O., S.89.
353 Herbert I. Schiller, Who knows: Information in the Age of the Fortune 500, Norwood 1981, S.25.

4. Forderung: Verifikation durch Indikatorendefinition des Gesellschaftswandels

Bei allen vorgestellten Autoren und allen Konzeptionen zur Erläuterung der gesellschaftlichen Veränderungsprozesse wird – unabhängig vom jeweiligen Standpunkt – hervorgehoben, dass die Informatisierung die Gesellschaft nicht unverändert lassen wird. Zur Erläuterung dieser Konsequenzen wurden dabei von allen angeführten Autoren unterschiedliche Aspekte der Veränderung durch Informatisierung herausgearbeitet. Gemeinsames Kennzeichen der referierten Ansätze ist die Feststellung, dass dem Faktor Information / Wissen in der sich abzeichnenden Gesellschaft zentrale Bedeutung zukommt. Damit wird die Existenz von Informatisierungsprozessen nicht angezweifelt. Besondere Bedeutung hat in den Ansätzen zur Beschreibung der Informationsgesellschaft jeweils die Tatsache gefunden, dass ein tiefgreifender struktureller Wandel in Wirtschaft und Gesellschaft die Bildung neuer Eliten impliziert bzw. die Einflussmöglichkeiten bestehender Eliten verändert. Deutlich wurde auch, dass durchgängig und unabhängig von der inhaltlichen Position in der Literatur die Annahme zu finden ist, dass das vorhandene Instrumentarium zur Analyse der gegenwärtigen ökonomischen und gesellschaftlichen Entwicklung defizitär ist. Es kann daher festgehalten werden, dass trotz der allgemeinen und weitverbreiteten Verwendung des Begriffs "Informationsgesellschaft" auf wissenschaftlicher, populärwissenschaftlicher, politischer Ebene sowie im Bereich der alltäglichen Sprachregelung weder ein breiter Konsens noch ein klares Konzept festzustellen ist.

> "It is still unclear what people mean when they talk about information society. The criteria for information society status are by no means obvious, nor are the characteristics which would set information societies apart from industrial societies."[354]

Zwar sind in der Literatur einige, sich zumeist ähnelnde Nominaldefinitionen zu finden, diese aber werden – dies zeigen die unterschiedlichen Aspekte in der theoretischen Literatur sehr deutlich – dem eigentlichen Phänomen nicht umfassend gerecht. Zumeist kommt eher das Phänomen einer *Informationswirtschaft* als das einer *Informationsgesellschaft* zum Ausdruck.
Damit ist an dieser Stelle als Zwischenergebnis festzuhalten, dass obgleich überall auf der Welt, ohne Ausnahmen, der Begriff der Informationsgesellschaft bemüht wird, Unklarheit darüber besteht, was diese Gesellschaftsform auszeichnet. In der reichhaltigen Literatur über das Informationszeitalter besteht wenig Übereinstimmung bezüglich der Hauptcharakteristika der Informationsgesellschaft. Die Analyse der vorliegenden Literatur hat bisher keine Fortschritte gezeigt in der Etablierung von empirischen Kriterien zur diesem Phänomen. Bislang bleibt die Forschung bei der Auseinandersetzung darüber stehen, ob es gerechtfertigt ist von einer Informationsgesellschaft zu sprechen oder nicht. Ein Nachweise für die Realität des propagierten Phänomens bleibt die Forschungsliteratur schuldig. Selbst ein Instrumentarium für diesen Nachweis ist nicht zu finden:

[354] William J. Martin, The global Information Society, a.a.O., S.3.

> "Indeed, the very absence of such criteria might well indicate that the information society has remained little more than a catchphrase or a slogan, more a matter of rhetoric, than of reality"[355]

Darin zeigt sich die Notwendigkeit, neue Analyseindikatoren herauszuarbeiten. Dies soll geschehen, indem die bislang zur Verfügung stehenden Teilaspekte, wie sie in der theoretischen Literatur extrahiert werden können, um einige Indikatoren erweitert werden. Auf diese Weise lassen sich Erkenntnisse für die Operationalisierbarkeit des informationsgesellschaftlichen Konzeptes erlangen, die sich dann als Abgrenzungsinstrumentarium zu vorangehenden Gesellschaftsformen bewähren können. In der Zusammenschau der dargestellten Analysen des gesellschaftlichen Wandels lassen sich folgende Dimensionen extrahieren:

Erstens die technologische Dimension; zweitens die ökonomische Dimension, verbunden mit der Betrachtung der Berufsstruktur; drittens die soziale Dimension und viertens die politische und schließlich fünftens die kulturelle Dimension.

Die Betrachtung der so gefundenen Analysedimensionen geben den Operationalisierungsrahmen vor und machen den Weg frei für eine empirische Überprüfung des Konzeptes Informationsgesellschaft. Dabei wird eine quantitative und qualitative Annäherung verfolgt. Eine rein quantitative Annäherung würde Gefahr laufen, eine Unterscheidung bedeutsamer Informationsaktivitäten von reinen Routinephänomenen zu unterlassen und durch diese Homogenisierung letztendlich zu einer falschen Bewertung zu kommen.
Die meisten Definitionen, die derzeit im Zusammenhang mit dem Konzept der Informationsgesellschaft vorliegen, bieten eine rein quantitative Analyse Bemessungseinheiten (z.B. Zahl der "white collar workers", Anteil des Informationssektors am Bruttoinlandsprodukt etc.) , dies ist im Grunde aber lediglich ein Nachweis für die Informatisierung der gesellschaftlichen Strukturen, sie ist bei weitem kein Beleg für die Entstehung einer neuen gesellschaftlichen Form. Erst wenn die quantitative Veränderungen sich mit qualitativen Veränderungen verbinden, kann von der Entstehung einer neuen Gesellschaftsform gesprochen werden.[356] Besonders deutlich hebt Theodor Roszak, dies hervor, idem er darauf verweist, dass zivilisatorische Basisideen nicht auf Information gestützt sind, sondern auf gesellschaftliche Wertvorstellungen beruhen.[357] Letzteres soll im Teil C der Arbeit untersucht werden.

---

355 William J. Martin, The global Information Society, a.a.O., S.1.
356 Frank Webster, a.a.O., S.25.
357 Theodore Roszak, The Cult of Information, a.a.O., S.91.

V. Von der theoretischen Debatte zur Definition und Analyse: Indikatorenbündel der Informationsgesellschaft

Die Überlegungen dieses Kapitels basieren auf der Überzeugung, dass eine adäquates Analyseinstrumentarium nur darauf beruhen kann, Kriterien ganz unterschiedlicher Ebenen bereitzustellen, um der Komplexität der Informationsgesellschaft gerecht werden zu können. Es wird die Auffassung vertreten, dass analysierbare Fakten erforderlich sind, um den Begriff der Informationsgesellschaft greifbarer zu machen. Sola Pool drückt die Notwendigkeit empirischer Untersuchungen im Rahmen der Analyse der Informationsgesellschaft wie folgt aus: „Without knowing the quantity of information supply and consumption, the notion of information-rich or information-poor can be no more than a naive emotional feeling."[358]
Das anzuwendende Instrumentarium darf dabei nicht statisch sein, sondern muss ein hohes Maß an Flexibilität aufweisen.[359] Nicht weit ist daher der Schritt zu der Erkenntnis, dass zur Beschreibung einer realen Form der Informationsgesellschaft eine Vielzahl von Indikatoren notwendig sind: "... the concept of the information society is by no means unidimensional."[360] Nur so kann der ausgeprägten prozedural-dynamischen Pluralität der Informationsgesellschaft entsprochen werden. Prozedural-dynamische Pluralität ist ein Begriff, der bislang zur Beschreibung der Informationsgesellschaft nicht benutzt worden ist, der aber die Erkenntnisse aus der Aufarbeitung der theoretischen Literatur auf den Punkt bringt. Im Gemeint ist eine Gesellschaftsform, die ständiger Veränderung unterworfen ist und damit ein fast amorphes Gebilde darstellt. Mit jedem Fortschritt der technologischen Entwicklung und den damit verbundenen neuen Möglichkeiten erhält die, durch Informatisierung geprägte Gesellschaft, ein neues Gesicht. Dieses neue Gesicht ergibt sich durch die Diffusion der Technologie in den gesellschaftlichen Einzelsystemen.
Die Entwicklung einer dieser Besonderheit entsprechenden Reihe von Inidikatoren geschieht in Rückgriff auf charakteristische Elemente der theoretischen Literatur und auf bereits bestehende Methoden und Ergebnisse u.a. der Information-Economy-Forschung, die aufgegriffen, angewandt und teilweise weiterentwickelt und ergänzt werden.[361]

---

[358] Sola Pool, Ithiel de / Inose, Hieroshi / Takadaki, Nozumo / Hurwitz, Roger, Communication Flows. A Census in the United States and Japan, Tokyo 1984. S.X.

[359] Der Untersuchungsrahmen darf deswegen nicht statisch sein, weil die ständige Innovation und Entwicklung im technologischen Bereich eine Offenheit zur Anpassung des Analyserahmens erfordert.

[360] Herbert S. Dordick / Georgette Wang, a.a.O., S.68.

[361] Dazu ausführlicher Marc Uri Porat, The Information Economy, Vol I und II, Stanford University Ph.D. 1976; Frederick Williams, Measuring the Information Society, New York 1988. Fritz Machlup, Marc Uri Porat, Daniel Bell, Peter F. Drucker leisteten in unterschiedlichen Teilbereichen wichtige Vorarbeiten zur Etablierung der Informationsökonomie als eigenständige Forschungsrichtung. Derzeit wird der Ansatz der Informationsökonomie in der Forschung nur von wenigen Wissenschaftlern verfolgt.
E.C.Y. Kuo, Trends of Information in Singapore. Symposium on Information Technology and Singapore Society: Trends, Policies and Applications. National University of Singapore, Februar 1989. Kuo bezog sich dabei aber ausschließlich auf die Konzentration traditioneller Massenmedien, im Zentrum stehen Radio / Fernsehlizenzen, Printmedienzirkulation und Telefonpenetration. Der Bereich der neuen Medien und Telematik bleibt weitgehend unberücksichtigt.

1. Infrastrukturelle Indikatoren

Zur Bewertung der gesellschaftlichen Tragfähigkeit und Wettbewerbsfähigkeit kann in einer Informationsgesellschaft nicht mehr nur die ökonomische Stabilität, die Höhe des Pro-Kopf-Sozialproduktes, die Kapitalintensität oder das Ausbildungsniveau betrachtet werden. Ausschlaggebend ist auch die gesellschaftliche Diffusion oder Durchdringungsintensität der Information. Damit eine Gesellschaft einen hohen Informatisierungsgrad erreicht, ist ein angemessener Zugang zur Information und – damit verbunden – die flächendeckende und allgemeine Zugriffsmöglichkeit und Zugriffsfähigkeit auf Informationstechnologien notwendig. Die Infrastruktur selbst wird zu einer unumgänglichen Voraussetzung für eine gesellschaftliche Informatisierung, die zu sozialer Entwicklung führen soll. Damit wird Dichte, Flächendeckung und Qualität der Kommunikationsinfrastruktur zum ausschlaggebenden Indikator. Die Telekommunikationsinfrastruktur hat eine "Bedeutung erlangt, die derjenigen von Straßen- und Schienennetz während der Produktionsgesellschaft gleichkommt."[362] Die Charakterisierung und Beschreibung der Infrastruktur gilt als das eingängigste und unmittelbarste Bemessungskriterium zum Stand der Informatisierung. Entsprechend konzentrieren sich zahlreiche Nationen auf die Entwicklung infrastruktureller Voraussetzungen für moderne Informations- und Kommunikationstechnologien. Jene Interpretation jedoch, die den infrastrukturellen Entwicklungsstand gleichsetzt mit dem Grad gesellschaftlicher Informatisierung, ist fehlerhaft, da der Ausbau der Infrastruktur zwar als Maßeinheit des Informations*zuganges* taugt[363], jedoch noch keinerlei Aussagen hinsichtlich der tatsächlichen aktiven Informations- und Kommunikationstechnologie-Anwendung zuläßt. Ein Kriterium, auf das nachfolgend einzugehen sein wird.
Die Untersuchung der infrastrukturellen Voraussetzungen schließt daher zunächst zweierlei ein: zum einen die tatsächlich vorhandene Telekommunikationsstruktur, die Medienpenetration, aber auch den in der Gesellschaft vorhandenen Informationsfluss. Während die Analyse der Telekommunikationsstruktur und Medienpenetration keine weiteren Probleme verursacht, erweist sich die Bemessung des Informationsflusses als weitaus schwieriger. Eine Lösung bietet der japanische Forschungszweig der Informationsökonomie, mit dem in den 60er Jahren entwickelten Johoka Index.

a Die japanische Forschung: Informatisierungslevel und gesellschaftlicher Informationsfluss

Obwohl bereits seit Anfang der 60er Jahre in Japan eine umfassende Forschung zur Informationsgesellschaft unter dem Namen "Johoka-Shakei" betrieben wurde und richtungsweisende Ergebnisse erzielt werden konnten, gibt es nur wenige Veröffentlichungen in englischer Sprache.[364] Tadeo Umesao veröffentlichte 1963

---

362 Hagen Hultzsch, Die globalinformierte Welt – Konsequenzen für die nationalen Wirtschaften. In: Alfred Herrhausen Gesellschaft für Internationalen Dialog, Multimedia eine Revolutionäre Herausforderung. Perspektiven der Informationsgesellschaft, 3. Jahreskolloquium 16./17. Juni Frankfurt am Main 1995, S.93-113, S.96.

363 Die Diskussion um die Liberalisierung der Telekommunikation ist aus diesem Grund mitbestimmt durch die Debatte, wie universelle Informationsdienstleistungen und deren Expanison aufrechtzuerhalten sind und vom Wettbewerb positiv beeinflusst werden können.

364 Tadeo Umesao / Joho Sangyo Ron, Die Informationsindustrien, 1963. Publiziert in der Zeitschrift Hoso Ashai. Liegt bislang nur in der japanischen Originalfassung vor.

unter dem Titel "Joho Sangyo Ron", übersetzt "Informationsindustrien", ein makrosoziologisches Konzept. Dieses Konzept verbindet evolutionstheoretisch geprägte, biologische Denkweisen mit Fragestellungen der Soziologie und Ökonomie.[365] Der Ansatz von Umesao gab den Anstoß für die empirische Untersuchung der Informationsgesellschaft in Japan.[366]

Umesao teilt Industrien in drei Kategorien ein: in endoderme, mesoderme und ektoderme Industrien. Endoderme Industrien umfassen den Bereich der Landwirtschaft, Viehzucht und Fischerei, mesoderme das Transportwesen, Baugewerbe und die gesamte güterproduzierende Industrie. Unter ektoderme Industrien wird schließlich der Bereich der Information, Kommunikation, Kultur und Erziehung zusammengefasst. Im Zusammenhang mit ektodermen Industrien verwendet Tadeo Umesao auch die Bezeichnung "intellektuelle" oder "spirituellen Industrien", die er als geistige Wissensindustrien beschreibt.[367] Diese Aussagen erinnern an die Ausführungen von Fritz Machlup. Entsprechend schließt sich Umesao der Stufentheorie gesellschaftlicher Entwicklung an und unterscheidet drei Entwicklungsstufen: diejenige landwirtschaftlicher Prägung, gefolgt von der Prägung durch materielle Industrien und schließlich die Prägung durch spirituelle oder Informationsindustrien. Dies ist ein durchaus bekanntes Konzept und erinnert an das Drei-Sektoren-Konzept von Clark und Fisher. In der näheren Analyse besteht jedoch keine Verbindung, da Umesao im Gegensatz zu Clark / Fisher den Akzent nicht auf den Bereich der Dienstleistungen setzt, sondern stattdessen auf Information als prägendes Element hinweist. Denkansatz und Denkrichtung sind dennoch vergleichbar.[368]

Zur wissenschaftlich-empirischen Überprüfung dieser Theorie legte das *Research Institute of Telecommunications and Economics* (RITE) 1968 zwei Konzepte zur Quantifizierung der Informationsgesellschaft vor: Den *Informationskoeffizient (information ratio)* und den *Informatisierungsindex (information index)*.[369] Diese beiden Konzepte konzentrieren sich auf die Ermittlung der Informatisierungsintensität

---

Die Darstellung des Johoka-Shakei Ansatzes stützt sich im wesentlichen auf: Youichi Ito, The "Johoka Shakai" Approach to the Study of Communication in Japan. In: KEIO Communication Review, Vol I (1980), S.13-29. Nachdruck in G.C. Wilhoit / H. de Bosch (Hrsg.), Mass Communication Review Yearbook 1981 (Vol.2), S.621-689; Youichi Ito, Environmentalists and Information Society School: The Development and State of the Art of Japanese Communication Studies. Paper presented at the 35th Annual Conference of the International Communication Association May 23-27, 1985, Honolulu, Hawaii. Youichi Ito / Koichi Ogawa, Recent Trends in Johoka Shakai and Johoka Policy Studies, In: KEIO Communication Review, Vol.5 (1984), S.15-28. Yoichi Ito, Mass Communication Research in Japan: History and Present State. In: M.L. McLaughlin (Hrsg.): Communication Yearbook 10. New Brunswick 1985, Seisuke Komatsuzaki, Japanese Approaches in Studies of Information Economy and Information Industry. Paper submitted to the United Nations University, Tokyo 1984.

365 Diese Analogie biologischer und gesellschaftlicher Evolution zeigt Nähe zu H. Spencer, On Social Evolution. Selected Writings, Chicago 1972. Vgl. dazu auch M. Kunczik, Elemente der modernen Systemtheorie im soziologischen Werk von Herbert Spencer. In: Kölner Zeitschrift für Soziologie und Sozialpsychologie, 35. Jg. (1983), S.438-461. Eine kurze, aber prägnante Beschreibung des Johoka Shakai Konzeptes ist auch zu finden bei Jochen Steinbicker, a.a.O., S.17-19.

366 Matthias Hensel, a.a.O., S.48f.

367 Youichi Ito, The johoka shakai approach to the study of communication in Japan, In: G.C. Wilhoit / H. de Bock (Eds.), Mass Communication review yearbook, Beverly Hills 1981, S.671-698. Hier S.172.

368 Dies bestätigt wiederum die bereits früher getroffene Aussage, dass die Diskussion um die Terminologie mehr einer unterschiedlichen Akzentsetzung innerhalb ein und desselben Strukturwandels entspricht denn einer tatsächlichen Differenz in den Sachverhalten.

369 Entsprechend sind die angeführten Indizes bereits Bestandteil der amtlichen Statistik geworden.

eines Landes.[370] Neben diesen relativ mühelos zu ermittelnden Koeffizienten bzw. Indices etablierte sich in Japan seit Mitte der 70er Jahre eine Forschungsrichtung, in der die Intensität des *Informationsflusses (information flow census)* untersucht werden sollte. Alle drei angeführten empirischen Konzepte bilden ein solide Ausgangslage zur Analyse infrstruktureller Positionen.

[370] Matthias Hensel, a.a.O., S.51. Vgl. dazu auch Michael Jäckel, Auf dem Weg zur Informationsgesellschaft? Informationsverhalten und die Folgen der Informationskonkurrenz. In: Michael Jäckel / Peter Winterhoff-Spurk (Hrsg.): Politik und Medien. Analysen zur Entwicklung der politischen Kommunikation, Berlin 1994.

1 Der Informationskoeffizient – „information ratio“

Das RITE ging bei der Konstruktion des Informationskoeffizienten von der Annahme aus, dass mit anwachsendem persönlichem und familiärem Einkommen ein zunehmender Teil der haushaltlichen Ausgaben auf Informations- und Kommunikationsprodukte sowie Informationsdienste entfällt.[371] Entsprechend definiert das RITE den Informationskoeffizienten (IK) als Quotienten zwischen den Ausgaben für Information (AI) und den Gesamtausgaben eines Haushaltes (AG), um auf diese Weise die Steigung der Funktion ermitteln zu können:[372]

$$IK = \frac{AI}{AG}$$

Bei dieser eindimensionalen Bemessungsmethode stellte sich das methodische Problem, dass Ausgaben für Information weder im Budget des einzelnen Haushaltes noch im Rahmen der Volkswirtschaftlichen Gesamtrechnung erfasst werden. Das RITE bediente sich deshalb einer Subtraktionsmethode, um die Ausgaben für Information bestimmen zu können. Von den Gesamtausgaben des Haushaltes (A) wurden sämtliche Ausgaben abgezogen, die offensichtlich nicht als Informationsausgaben (AI) einzustufen sind (Ernährung, Kleidung, Wohnen). Die Restgrößen wurde definiert als Ausgaben für ökonomische Güter, die in irgendeinem Sinne als Information einzustufen sind, bzw. Informationsbestandteil besitzen:

$$AI = AG - A.$$

Auf mikroökonomischer Ebene untersuchte das RITE einzelne Haushalte im Hinblick auf ihr Ausgabeverhalten; auf der Makro-Ebene wurde der Informationskoeffizient in Relation zum Bruttosozialprodukt pro Kopf der Bevölkerung gesetzt. In beiden Fällen konnte eine positive Korrelation zwischen Ausgaben für Information und den Gesamtausgaben bzw. dem BSP/Kopf festgestellt werden.[373] Entsprechend kam man zum Ergebnis, dass Volkswirtschaften, die sich in der Übergangsperiode von der Industrie – zur Informationsgesellschaft befinden, einen relativ hohen Informationskoeffizienten aufweisen.

> "Die Effekte dieser ›natürlichen Informationsrate‹ lassen sich mit der unterschiedlichen Ausstattung mit Bodenschätzen zu Beginn der Industrialisierung vergleichen und in der Terminologie der Außenhandelstheorie als ›komparative Vorteile‹ bezeichnen."[374]

Die Berechung der Informationsausgaben ist ein überaus sinnvolles Kriterium, um sich die Präsenz der Information in der Gesellschaft vor Augen führen zu können und kann daher übernommen werden. Als außerordentlich interessantes Ergebnis ist

[371] Diese Annahme ist eine Anlehnung an das Engelsche Gesetz der Industrialisierung. Dieses beschreibt die inverse Korrelation zwischen Ausgaben für Ernährung und den Gesamtausgaben eines Haushaltes. In den Agrargesellschaften gilt, dass die Ausgabe für Ernährung proportional mit den Gesamtausgaben des Haushalts steigen. In der Industriegesellschaft kehrt sich diese Korrelation um: Die Ausgaben für Ernährung wachsen unterproportional zu den Gesamtausgaben.

[372] Youichi Ito, Johoka Shakai. Approach to the Study of Communication in Japan. In: KEIO Communication Review, Vol. 1 (1980), S.13-39. Nachdruck in: G.C. Wilhoit / H. de Bock (Hrsg.), Mass Communication Yearbook 1981 (Vol.2), S.671-698, S.16.

[373] Matthias Hensel, a.a.O., S.52.

[374] Matthias Hensel, a.a.O., S.53.

der Nachweis, dass ein hoher Informationskoeffizient nicht als Folge der Industrialisierung aufzufassen ist, da im internationalen Vergleich verdeutlicht werden konnte, dass keine Monokausalität zwischen Industrialisierung, Pro-Kopf-Einkommen und dem Informationskoeffizienten besteht.[375] Dies zeigt, dass der Informationskoeffizient nicht nur als Kriterium für industrialisierte Länder angewandt werden kann, da Industrialisierung keine direkte Voraussetzung für die Informatisierung darstellt.[376] Der Informationskoeffizient wurde in Japan in den Informatisierungsindex integriert.

2 *Der Informatisierungsindex – „information index"*

Ende der 60er Jahre wurden die unterschiedlichsten Sammelindizes entwickelt[377], um die Informatisierung der Gesellschaft zu quantifizieren. Der Informatisierungsindex bemisst den Grad der Informatisierung einer Gesellschaft. Er setzt sich aus folgenden Elementen zusammen:

"Informationsmenge:

1. Telefonanrufe pro Person und Jahr
2. Zeitungsauflage pro 100 Personen
3. Buchpublikationen pro 1000 Personen
4. Bevölkerungsdichte als Hilfsmittel zur Messung der interpersonellen Kommunikation
5. Zahl der Briefe pro Person

Verbreitung von Medien:

1. Telefongeräte pro 100 Personen
2. Radiogeräte pro 100 Haushalte
3. Fernsehgeräte pro 100 Haushalte
4. Installierte Computer pro 10.000 Personen[378]

Qualität der Informationsaktivitäten:

1. Anteil der Beschäftigten im Dienstleistungssektor
2. Anteil der Studenten

Informationskoeffizient:

1. Informationsausgaben als Prozentsatz der Gesamtausgaben der Haushalte."[379]

---

375 Ebd.

376 Dies ist von besonderem Interesse im Zusammenhang mit entwicklungspolitischen Diskussionen in Verbindung mit informationsgesellschaftlicher Entwicklung. Vielfach konnte in der Forschung nachgewiesen werden, dass Entwicklungsländer und Schwellenländer sehr oft das industrialisierte Stadium einer Gesellschaftsentwicklung überspringen und direkt informationsgesellschaftliche Tendenzen und Strukturen entwickeln. Oft zitierte Beispiele sind Indonesien oder Indien.

377 Zusammenfassende Darstellung bei Seisuke Komatsuzaki, Japanese Approaches in Studies of Information Economy and Information Industry. Paper submitted to the United Nations University. Research Institute of Telecommunications and Economics (RITE), Tokyo 1984.

378 Dieser Index wurde erst im Jahre 1975 in den RITE -Index aufgenommen.

379 Matthias Hensel, a.a.O., S.55. Vgl. auch Herbert S. Dordick / Georgette Wang, a.a.O., S.33. Vgl dazu auch Y.Ito, The "johoka shakai" approach to the study of communication in Japan. In: G.C. Wilhoit / H.de Bock (Eds.), a.a.O., S.671-698.

Bei der Berechnung des Sammelindex werden die einzelnen Indizes nicht gewichtet. Der Sammelindex ist der numerische Durchschnittswert. Dabei wird auf einen Informationsbegriff zurückgegriffen, der nicht nur Informationsaktivitäten einschließt, die marktrelevant sind, sondern es wird auch die interpersonelle Kommunikation mit einbezogen. Der Begriff Information wird wertfrei und offen definiert als „eine Serie von Zeichen, die für soziale Aktivitäten von Bedeutung sind"[380], so dass auch triviale und personale Kommunikation in den Index einfließt. Dem qualitativen Bestandteil wird lediglich durch die Kategorie Qualität der Informationsaktivitäten Rechnung getragen.
Damit ist der Grundstein zur empirischen Analyse gelegt, der Informationsindex trägt zu einer Definition der Informationsgesellschaft bei: Um von einer Informationsgesellschaft sprechen zu können, sollten nach Auffassung der japanischen Forschung vier Bedingungen erfüllt sein:

- Das Pro-Kopf-Einkommen sollte höher als 4000$ liegen
- Mehr als 50% der Erwerbstätigen arbeiten im Dienstleistungssektor
- Mehr als 50% eines Jahrgangs besuchen die Universität
- Der Informationskoeffizient liegt höher als 0,35.

Es ist offensichtlich, dass diese Festlegungen willkürlich gewählt wurden. Gerade die Einbeziehung des Pro-Kopf -Einkommens und insbesondere seine Festsetzung auf eine bestinnte Höhe erscheint fragwürdig. Die Aufnahme des Dienstleistungsbereiches rechtfertigt sich nur dann, wenn zugleich der Informations-Dienstleistungsbereich herausgefiltert wird. Die Anzahl der Universitätsabschlüsse schließlich kann gerade für den internationalen Vergleich aufgrund der unterschiedlichen Bildungssysteme irreführend sein.
Es kommt hinzu, dass die Informatisierungsindizes des RITE den Entwicklungen im Medienbereich nicht gerecht werden, neue Medien bleiben weitgehend unberücksichtigt. Dies gilt umso mehr für die heutige multimedial geprägter Zeit. Matthias Hensel verweist weiterhin darauf, dass der Zusammenhang zwischen Bevölkerungsdichte und interpersonaler Kommunkation konstruiert erscheint.
Dieser Kritik zum Trotz wurde mit dem Informatisierungsindex des RITE erstmals ein Konzept vorgelegt, dass die Informatisierung anlytisch messbar macht und damit die Möglichkeit bietet, strukturelle Informatisierungsdefizite aufzudecken. Aus diesem Grund erscheint die Anwendung des Index insbesondere für die Policy-Etablierung interessant, da im Sinne eines "Diagnoseinstrumentes"[381] eine sektorale und regionale Strukturpolitik entworfen werden kann. Damit ist der Ansatz zu modifizieren, um der Bemessung des Informatisierungsgrades heutiger Gesellschaften gerecht zu werden. Erfolgversprechender ist es die Medienpenetration, die Medienentwicklung selbst und die Mediennutzung zu betrachten. Dabei sind sowohl traditionelle, als auch neue Medien, sowie die Informations- und Kommunikationsstruktur des Landes miteinzubeziehen. Die weiterhin aufgeführten Faktoren wie etwa die Universitätsabschlüsse sind maßgeblich genug, um modifiziert in einen eigenen Indikatoren überführt zu werden. Bevor diese weiteren Modifikationen entwickelt werden, sollte zuvor noch ein Blick auf eine weitere, in den 80er Jahren entwickelte Bemessungsmethode geworfen werden.

---

380 Seisuke Komatsuzaki, a.a.O., S.3.
381 Matthias Hensel, a.a.O., S.61.

3 *Zusammenführung von Koeffizient und Index – Der „JIPDEC-Index“*

Um die direkte Verbindung zwischen Informatisierungsprozessen und ökonomischen Faktoren aufzudecken, entwickelte das *Japan Information Processing and Development Center* 1986 den JIPDEC Index. Dieser ist zunächst auf Koyama zurückzuführen, der davon ausging, dass gerade auch im industriellen Sektor die Produktion und Verarbeitung von Information an Bedeutung gewinnt. Aber auch Ergebnisse von Bell und Drucker, die der japanischen Forschung bekannt waren, haben nachweislich Einfluss gehabt.
Der JIPDEC-Index setzt sich aus drei Parametern zusammen:

> "The index is three-dimensional, composed of a *hardware ratio*, defined by the value of computer hardware in an industry, divided by the number of employees in that industry; a *software ratio*, defined as the value of software consumption over a period of 5 years, divided by the numer of employees in the industry; and the *communication ratio*, defined as the information transmission capacity, divided by the number of emloyees in an industry."[382]

Der JIPDEC-Index ermöglichte es der japanische Regierung, die Entwicklung der Informationsindustrie und die damit verbundene Informationsintensität der Produktion zu erfassen. Mit seiner Hilfe kann das Ausmaß der Anwendung von Informations- und Kommunikationsindustrie in der Produktionsindustrie allgemein ersichtlich gemacht werden. Der JIPDEC-Index bezieht damit die ökonomischen Implikationen hinsichtlich zweier Aspekte mit ein: Zum einen bezüglich des Beitrages der Informationstechnologie zum Wertschöpfungsprozess im allgemeinen industriellen Bereich, zum anderen die Diffusion der Informationstechnologie in der Industrie. Auch dieser Faktor erscheint maßgeblich genug, um in modifizierter Weise, insbesondere unter Berücksichtigung des amerikanischen Forschungsansatzes, als eigener Indikator aufgenommen zu werden.
Die hier vorgestellten Indizes stellen in erster Linie reine Quantifizierungsmethoden dar und lassen kaum Rückschlüsse auf die individuellen, sozialen oder politischen Implikationen zu. Auch der Informationsfluss innerhalb der Gesellschaft bleibt dabei ausgeblendet, obgleich er natürlich einen maßgeblichen Faktor der gesellschaftlichen Informatisierung darstellt. Dementsprechend wurde 1969 in Japan durch die *Information Study Group der Association for Economic Planning (AEP),* ein aus Staatsmitteln finanzierter "think-tank", ein weiteres Konzept zur Messung der Informatisierung der Gesellschaft vorgelegt. Dabei handelt es sich um einen primär kommunikationswissenschaftlich geprägten Ansatz, der den Informationsfluss innerhalb einer Gesellschaft in den Mittelpunkt stellt.

4 *Der Informationsfluss – "Information Flow Census"*

Kernpunkt des *Information Flow Census* ist eine Bemessungsmethode, um die Quantität des Informationsflusses innerhalb einer Gesellschaft zu bestimmen. Damit geht dieser Ansatz davon aus, dass Information einem Produktionsfaktor entspricht und daher mit den Instrumentarien der ökonomischen Analyse quantifiziert werden kann. Ziel ist demnach, die Menge des Informationsangebotes und des

[382] Herbert S. Dordick / Georgette Wang, a.a.O., S.34.

Informationskonsums je Informationskanal darzustellen. Die maßgeblichen Kriterien sind:

> "*Information Supply:* The amount of information transmitted by various sources through media, performance, or lectures. To adequately reflect the nature of mass media, the flow estimate was arrived at by multiplying the content of information in words by size of the audience, for example, television sets in use.
> *Information Consumed:* The amount of information consumed by the audience. For example, if a family watches an average of 3 hours of television per day, the amount of information consumed by viewing television will be 237.600 words (1,320 words/min x 180 minutes)
> *Information cost:* The cost of transmitting information, derived by subtracting the cost of information production from the total income of the information provider (and adding salaries of teachers for determining the information cost of education)
> *Distance of Information Flow:* The total distance covered by the transmission of information. It is measured by ›word-km‹and is obtained by multiplying the amount of information consumed by the distance between senders and receivers."[383]

Die AEP sah sich dabei jedoch vor das Problem gestellt, dass der Produktionsfaktor Information eine abstrakte Größe ist, die in unterschiedlichen Form auftreten kann, d. h. gedruckt, als gesprochenes Wort oder als Bild. Zudem – dies wurde bereits im ersten Kapitel erörtert – ist die Beschreibung von Information mittels Marktpreisen nicht in jedem Fall eindeutig. Zur Quantifizierung des Faktors Information muss deshalb zunächst eine Analyseeinheit festgelegt werden, in die sämtliche Erscheinungsweisen des abstrakten Gutes Information umgerechnet werden können. Die Information Study Group schlug vor, das Wort als Maßeinheit für Information zu nutzen. Entsprechend dieser Grundannahme wurde eine Studie vorgelegt, in der erstmals der Versuch unternommen wurde, die Gesamtmenge der produzierten und konsumierten Information für zehn verschiedene Medien zu bestimmen.
Dieser Ansatz wurde von der *Communications Policy Devision* des japanischen Post- und Telekommunikationsministeriums (MPT) übernommen und weiterentwickelt. Als *Information Flow Census* werden die Ergebnisse seit 1975 regelmäßig vom Ministerium veröffentlicht.
Im Anschluss an einen Forschungsaufenthalt in Japan initiierte Sola Pool 1976 ein Forschungsprojekt, um diesen originär japanischen Forschungsansatz in den USA anzuwenden.[384] Sola Pool ermittelte zunächst die Informationsmenge der einzelnen Medien, verglich diese dann mit der tatsächlich konsumierten bzw. genutzten Informationsmenge. Daraus wurde dann eine Konsumquote der Information errechnet und im Zeitablauf dargestellt. Im Anschluss wurden die zurückgelegten Entfernungen der Information zwischen Produzenten und Konsumenten je Medium analysiert und die Entfernung in Beziehung zu den Distributionskosten des Mediums gesetzt. Damit kann sowohl Konsum und Nutzung der Medien, als auch Distanz des Informationsflusses ermittelt werden. Information muss folgende Bedingungen

---

383 Y. Yoshizoe, An economic interpretation of information flow census data. In: Keio Communication Review, 9, 1986, S.58-82; Zitat aus Dordick / Wang, a.a.O., S.51.

384 Ithiel de Sola Pool, Prospects for Collaborative Research. In: Alex S. Edelstein / John E. Bowes / Sheldom M. Harsel, Information Societies: Comparing the Japanese and American Experience, Seattle 1978, S.265-268. Ithiel de Sola Pool / Hiroshi Inose / Nozumo Takadaki / Roger Hurwitz, Communication Flows. A Census in the United States and Japan, Tokyo 1984.

erfüllen: sie muss zwischen zwei Punkten fließen, die nicht zur gleichen Kommunikationseinheit gehören. In den Information-Flow-Studien kann lediglich vom Sender bewusst intendierte Information bzw. Kommunikation aufgenommen werden. Sender und Empfänger des Informationsflusses müssen Menschen bzw. Maschinen sein, die menschlichen Befehlen gehorchen. In den Informations-Flow Studien wird die Zahl der angebotenen und empfangenen Informationseinheiten gemessen.[385] Dabei steht nicht die marktrelevante Nachfrage im Mittelpunkt, sondern die Mediennutzung selbst.[386] Um den Informationsfluss innerhalb der Gesellschaft quantifizieren zu können, muss entsprechend für jeden Informationsweg das Informationsangebot und die Informationsnutzung in der Maßeinheit Wort bestimmt werden.[387]

Diese Voraussetzung deuten schon auf methodische Unsicherheiten hin, die auf der bloßen Annahme zahlreicher Definitionen beruhen. Es kann keinerlei Aussage darüber getroffen werden, ob die konsumierten Informationen nachhaltige Wirkung aufweisen und als Wissen gespeichert werden können. Außerdem setzt diese Operationalisierung einen Sender und einen Empfänger als feststehende Punkte voraus. Gerade die neuen Medien jedoch, die diese klare Unterscheidung zwischen Sender und Empfänger aufgrund ihrer Netzstruktur und Interaktionsfähigkeit aufheben, erschweren eine solche Operationalisierung. Auch eine Differenzierung der Information nach qualitativen Aspekten bleibt gänzlich aus. Information wird rein im *Information Flow Census* als Modifikation mathematisch-stochastischer Vorstellung definiert, Information ist „jedes Symbol, Zeichen oder Bild, das entweder für den Sender oder den Empfänger eine Bedeutung hat."[388]

Eine stichhaltig Begründung für diese Umrechnungseinheit wird dabei nicht gegeben. Diese stellt damit nicht mehr als eine nachvollziehbare, aber dennoch willkürliche Festlegung dar.

Das Ministry of Posts and Telecommunications Japan (MTP) ermittelte entsprechend dieser Vorgehensweise den Informationsfluss für 35 Medien.[389] Die Informationskanäle lassen sich in personale[390], massenmediale[391] und direkte[392] Informationswege einteilen. Ergebnis der Studien war, dass bei der personalen Information Angebot und Nutzen übereinstimmen, bei den massenmedialen Informationswegen

---

385 Ebd. Ithiel de Sola Pool et al. zeigen auf, dass die Messung des Informationsflusses auf vier Ebenen stattfinden kann: (1) Informationseinheiten werden nur gezählt, wenn sie direkt vom Autor produziert werden, die Worte eines Leitartikels werden lediglich einmal gezählt. (2) Hebt man auf die Häufigkeit der Publikation ab, so wird der Leitartikel doppelt gezählt, wenn derselbe Beitrag in einer anderen Zeitung veröffentlicht wird. Die Höhe der Auflage wird nicht berücksichtigt. (3) Es wird die Gesamtzahl der in den Medien angebotenen Informationseinheiten gemessen. Der Informationsfluss ist dann abhängig von der Zeitungsauflage oder der Zahl der Fernsehgeräte. (4) Es wird die Gesamtzahl der empfangengen Informationseinheiten bestimmt.

386 Auf diesen Unterschied macht Y. Ito, a.a.O., S.23 aufmerksam. In der ökonomischen Terminologie wird meist nicht zwischen marktrelevanter Nachfrage und Nutzung/Verbrauch unterschieden. Die kommunikationswissenschaftliche Orientierung stellt aber die tatsächliche Nutzung in den Mittelpunkt.

387 Ithiel de Sola Pool et al., a.a.O., S.3. Vgl. Matthias Hensel, a.a.O., S.62ff und Michael Jäckel, Auf dem Weg zur Informationsgesellschaft? Informationsverhalten und die Folgen der Informationskonkurrenz. In: Michael Jäckel / Peter Winterhoff-Spurk (Hrsg.): Politk und Medien. Analysen zur Entwicklung der politischen Kommunikation, Berlin 1994.

388 Youichi Ito, a.a.O., 1980, S.22/23. Vgl. auch Seisuke Komatsuzaki, a.a.O., S.3.

389 Ebd., S.23f. Ito trifft in seiner Darstellung eine Auswahl von 14 Informationskanälen. Sola Pool führt eine dementsprechend vergleichende Untersuchung durch, fügt aber das Kabelfernsehen noch an. Ithiel de Sola Pool et al., a.a.O., S.3-13. Mit diesen Informationskanälen werden in der Entstehungszeit der Untersuchung mehr als 99% des Informationsflusses erfasst.

390 Telefon, Fernsschreiber, Fernkopierer, Postbriefdienst.

391 Zeitung, Fernsehen, Hörfunk.

392 Theater, Kino, Vorträge, Erziehung in der Schule.

übersteigt das Angebot die Nutzung. Direkte Informationswege weisen dagegen eine hohe Nutzungsintensität auf. In der Darstellung der langfristigen Entwicklung des gesamten Informationssystems konnte eine deutliche Zunahme des Informationsangebotes in Japan und USA festgehalten werden, was u. a. von de Sola Pool als "information explosion" interpretiert wurde.[393] Zugleich konnte aber auch eine Abnahme des Informationskonsums festgestellt werden.[394] Ito verweist dabei auf den Begriff des "information overload".[395] Die Begriffe "information explosion", wie auch "information overload" sind bis in die jüngste Literatur immer wieder in Verbindung mit der Informationsgesellschaft gebracht worden und bezeichnen letzlich nicht mehr als den Umgang der Individuen mit der angebotenen Information. Dabei ist in der Regel von einer Überforderung der Individuen die Rede, eine These, die jedoch bis heute nicht umfassend nachzuweisen ist. Bezüglich der Untersuchung der Informationsflusskosten ist insgesamt ein deutlicher Anstieg zu verzeichnen. Ito und de Sola Pool betonen dabei, dass bei den Distributionskosten mit einer Verringerung aufgrund technischer Fortschritte zu rechnen sei. Insbesondere die Datenkommunikation per Computer, so mutmaßen Ito und de Sola Pool, werden einen Kostenabbau mit sich bringen. Des weiteren zeichnet sich in den Studien ab, dass die Nutzung der Individualmedien deutlich angestiegen ist. Die Auswahl persönlicher und spezifischer Informationen tritt in den Vordergrund; es kann daher von einer erhöhten Informationsselektion ausgegangen werden, die nach individuellen Kriterien des Nutzers erfolgt. Es ist daher berechtigt, von einer weiter zunehmenden Individualisierung und Fragmentierung der Mediennutzung auszugehen, was nicht ohne Folgen für den Begriff der Öffentlichkeit bleibt.

Durch die vorangegangene Darstellung, die nicht mehr als eine kurze Einführung in das Verfahren sein konnte, wurde deutlich, dass sich die Messung des gesellschaftlichen Informationsflusses überaus komplex darstellt. Es erscheint daher nachvollziebar, dass sich die Information-Flow-Studien seit Beginn mit massiver Kritik konfrontiert sahen.[396] Besonders kritikwürdig ist, dass die Information-Flow-Studien jegliche qualitative Aspekte der Information vernachlässigen, so dass die Vorstellung entsteht, die Informatisierung der Gesellschaft sei in erster Linie ein rein quantitatives Problem. Hensels Einwand zu diesem Problem ist zwar einsichtig, indem er hervorhebt, dass eine Einbeziehung von qualitativen Aspekten außerordentlich schwierig sei und zugleich nur auf rein subjektiver Einordnung beruhen könne. Dies rechtfertigt im Grunde jedoch nicht, qualitative Aspekte gänzlich außer Acht zu lassen. Dagegen ist kaum von der Hand zu weisen, dass mit den einzelnen Informationskanälen auch ganz unterschiedliche Rezeptions- und Wirkungsmechanismen verbunden sind. Es besteht also die Notwendigkeit, auch externe Einflüsse einzubeziehen.[397] Damit ist der Bezug auf das Informationsmodell von Shannon im Grunde nicht akzeptabel, da Shannons ursprüngliches Ziel die Entwicklung einer Maßeinheit war, die das Design von Kommunikationssystemen

---

393 Wachstum im Untersuchungszeitraum jährlich um mehr als 8%. Sola Pool et al, a.a.O., S.16.

394 Vgl. Matthias Hensel, a.a.O., S.68. In Rückgriff auf Youichi Ito, a.a.O., S.30 und Sola Pool et al, a.a.O., S.17-20.

395 Youichi Ito, a.a.O., S.34.

396 Diese Kritik ist bereits in den Darlegungen der Vertreter des Information-Flow-Konzeptes sichtbar, da sie antizipiert wurde. Dazu auch Nozomu Takasaki / Tokahiro Ozawa, Analysis of Information Flow in Japan. In: Information Economics and Policy, Vol.1 (1983), S.177-193; Tetsuro Tomita, The Information and Communications Policy in Japan. In: Studies of Broadcasting Vol.14 (1978), S.37-61; Tetsuro Tomita, The Volume of Information Flow and the Quantum Evaluation of Media. In: Telecommunication Journal, Vol.42 (1975) 6, S.339-349. Zur Kritik des Ansatzes John E. Bowes, Japan's Approach to an Information Society: A critical perspective. In: G.C. Wilhoit / H. de Bock (Hrsg.), Mass Communication Review Yearbook 1981, S.699-710.

397 Vgl. Michael Schenk, Medienwirkungsforschung, Tübingen 1987.

betrifft. Dies ist jedoch nicht gleichzusetzen mit dem Versuch, Information und den Informationsfluss innerhalb von Gesellschaften zu messen. Durch die angewandte Umrechnung der Information in die Maßeinheit Wort werden maßgebliche Informationseinheiten, wie etwa non-verbale Information, Information durch Bilder, Töne etc. nur unzureichend aufgenommen, da sie ja zunächst in verbale Informationseinheiten transferiert werden müssen. Die Lösung, die de Sola Pool anwendet, einfach die Transferierung von Bildern und Tönen zu unterlassen, erscheint gerade in Hinblick der multimedialen Entwicklung wenig hilfreich.[398] Auch in der japanischen Forschung wird die Umrechnung auf die Maßeinheit Wort kritisch beurteilt und nur mangels anderer Methoden akzeptiert, um überhaupt Tendenzaussagen treffen zu können. Wie wertvoll die auf dieser Grundlage vorgelegten intertemporalen und internationalen Vergleiche unter diesen Vorzeichen sein können, bleibt fraglich. Zu dieser Kritik ist hinzuzufügen, dass bis jetzt nicht festgelegt worden ist, wieviel und in welcher Rate Information fließen muss, damit der Begriff Informationsgesellschaft angemessen ist. Und selbst wenn eine solche Festlegung getroffen worden wäre, wäre auch diese nicht mehr als willkürliche Festsetzung: "Mit Hilfe der vorliegenden Information-Flow-Studien läßt sich kein Wert angeben, den man als ›Grenzwert der Informationsgesellschaft‹ bezeichnen könnte. Mit anderen Worten, es läßt sich aus den Ergebnissen nicht ableiten, dass die USA oder Japan ab einem bestimmten Jahr als Informationsgesellschaft zu bezeichnen ist."[399]

Zu kritisieren ist, dass auch mit diesem Konzept des Informationflow Census wiederum, wie in den vorangehenden Methoden der empirischen Quantifizierung und den meisten vorliegenden theoretischen Auseinandersetzungen nur einem Einzelaspekt der Informationsgesellschaft Rechnung getragen wird. Diese Kritikpunkte zusammengenommen, verdeutlichen, dass die Informatisierung der Gesellschaft nur in fließenden Größen gemessen werden kann.

Nicht von der Hand zu weisen ist trotz dieser Kritik, dass die Information-Flow-Studien einen wichtigen Beitrag geleistet haben, da sie die in der theoretischen Literatur beschriebenen, auf vage Eindrücke beruhenden Veränderungen nachweisbar gemacht haben. Der allgemeingültige Bedeutungsgewinn der Information für alle gesellschaftlichen Zusammenhänge und die Erkenntnis, dass sich Information zu einem tragenden gesellschaftlichen Bestandteil entwickelt hat, konnte und kann empirisch greifbar gemacht werden. Dennoch sind diese Studien mit derart zahlreichen willkürlichen Festlegungen und Operationalisierungsunsicherheiten behaftet, dass eine Übernahme als Charakterisierungskriterium an der Unverbindlichkeit der Aussage scheitern muss. Gefordert ist eine Modifizierung des Konzeptes. In den USA und Japan wird zur Zeit daran gearbeitet, das Konzept der Information-Flow-Studien methodisch weiter abzusichern, indem versucht wird auch die qualitaitiven Aspekte in die Bemessung des Informationsflusses aufzunehmen. Bislang sind diese Versuche jedoch ohne Ergebnis.[400] In Japan wird zur Präzisierung des Forschungsinstrumentes versucht, zwischen originärer und kopierter Informationsleistung zu differenzieren, um so ein Maß für die intellektuelle Leistungsfähigkeit einer Gesellschaft zu entwickeln. Auch diese Versuche haben sich nicht als klärend erweisen können. Dies – davon wird hier ausgegangen- ist in erster Linie auf forschungstechnische, methodische und

---

398 Sola Pool et al, a.a.O., S.4.

399 Matthias Hensel, a.a.O., S.77.

400 Besonders schwierig war beispielsweise, ein einheitliches Abgrenzungskriterium für Unterhaltung und politische Information zu finden. Erschwert wird dies auch durch den jüngst entstehenden und als "Infotainment" bezeichneten Bereich.

definitorische Probleme zurückzuführen. Die Messung des Informationsflusses innerhalb der Gesellschaft bleibt in der Forschung schwierig und sollte in einem Kriterienbündel derzeit noch nicht aufgenommen werden.

Im Zusammenhang mit der Entwicklung infrastruktureller Indikatoren sind aus diesen Gründen die Ausführungen von Kuo von weit höherem Interesse, der auf den Zusammenhang von informationeller Entwicklung und bestehender medialer Infrastruktur verweist und die gesellschaftliche Medienpenetration betrachtet.[401] Dies schließt eine Betrachtung der Entwicklung des gesellschaftlichen Kommunikationssystems selbst mit ein, eine Vorgehensweise, die insbesondere im Zusammenhang mit der Erforschung der Entwicklung durch die sogenannten neuen Medien erkenntnisleitend zu sein verspricht.

b Medienpenetration und strukturelle Grundvoraussetzungen

Um die Medienpenetration innerhalb einer Gesellschaft erfassen zu können, schlug Kuo als Indikator die Konzentration von Massenmedien vor, die Untersuchung der Radio-/ Fernsehlizenzen, die Printmedienzirkulation und die Telefonpenetration.[402] Dordick/Wang übernehmen in ihren infrastrukturellen Parametern diese Indikatoren, erweitern diese jedoch um die Menge der Datenterminals. In Anlehnung an Kuo und Dordick/Wang werden diese eingängigen Indikatoren in der vorliegenden Arbeit zur Darlegung infrastruktureller Ausgangsposition übernommen. Jedoch wird auch hier in Anpassung an aktuelle Gegebenheiten eine Modifizierung vorgenommen, indem die Aufnahme des gesamten Bereich der neuen Medien und der Bereich der elektronischen Dienste und Datenbanken erfolgt. Zudem wird der Blickwinkel geändert, hin zur Betrachtung individueller Netzzugänge und Datenterminals. Dies entspricht einer Untersuchung der Präsenz traditioneller und neuer Medienformen im gesellschaftlichen Gefüge. Für die Beibehaltung einer Betrachtung der Anzahl der traditionellen Medien wie der Printmedien als Kriterium der Informatisierungstendenz eines Landes spricht, dass diese Medien ihren festen Platz im Mediengefüge behaupten werden, auch wenn Sie einer Wandlung unterworfen sind. Für die Aufnahme der Printmedien spricht auch, dass sie das Medium sind, das zuerst alphabetische Bildung voraussetzt, und damit zugleich ein klares Kriterium sozialer Entwicklung darstellen. Gerade die Informationsgesellschaft ist in ihren Grundlagen auf eine solche alphabetisierende soziale Entwicklung angewiesen. Dabei soll zudem nicht unerwähnt bleiben, dass innerhalb der Medienfoschung die Nutzung von Printmedien als Anzeichen allgemeiner gesellschaftlicher politischer Aktivität gewertet wird.[403]
Die Aufnahme der Datenterminals, Netzwerke und Informationsdienste entspricht der heutigen Lebenswirklichkeit. Dieses Bemessungskriterium führt dabei insbesondere das Informatisierungsniveau einer Gesellschaft vor Augen, da die Anzahl der modernen Informations-und Kommunikationstechnologien in aktiver Nutzung wie kein anderer Indikator einen deutlichen Hinweis auf die Innovationsbereitschaft der Gesellschaft gibt. Die Informatisierung der Gesellschaft kann nur dann herausgearbeitet werden, wenn im Blickpunkt der Untersuchung tatsächlich genutzte Medien stehen, traditionelle Massenmedien ebenso wie sogenannte neue Medien.

---

[401] E.C.Y. Kuo, Trends of Information in Singapore. Symposium on Information Technology and Singapore Society: Trends, Policies and Applications, National University of Singapore, February 1989.

[402] Ebd.

[403] Dazu auch Ben Bagdikian, The Media Monopoly, Boston 1983.

Dies gilt umso mehr, als durch die multimedialen Tendenzen der Medienentwicklung einem Zusammenwachsen der unterschiedlichen Medienformate Vorschub geleistet wird. Maßgebliches Kriterium zur Beurteilung der Informatisierung einer Gesellschaft ist also die tatsächliche Medienpenetration sämtlicher verfügbarer und genutzter Medien. Zugleich, und in der bisherigen Literatur weitgehend unberücksichtigt, ist aber auch die Medienentwicklung selbst von besonderem Interesse. Diese läßt sich beschreiben durch die Zeiteinheit zwischen Entwicklung und Markteinführung einer Medienneuerung. Es ist davon auszugehen, dass sich in einer medienintensiven Gesellschaft diese Zeiteinheit deutlich verkürzt.

Neben Mediendichte und Medienentwicklung ist auch die Dichte und Qualität des Telekommunikationsnetzes von Bedeutung, da sie eine wesentliche Voraussetzung für die Anwendung der multimedialen Anwendungen ist. Die Qualität des Telekommunikationsnetzes zeigt sich in der Möglichkeit der Datenübertragungsrate.[404] Die Aufnahme in die Untersuchung ist auch deshalb sinnvoll, da ein Bezug besteht zwischen wirtschaftlichen Wachstum und Telekommunikationsinfrastruktur. Hardy führt diese Konvergenz eindrucksvoll aus.[405] Interaktive Kommunikation, so zeigt sich, wird zum Schlüsselelement wirtschaftlicher Entwicklung, unabhängig davon, ob es sich um einen rein persönlich-gesellschaftlichen oder tatsächlich instrumentell-zweckorientierten Gebrauch des Telephons handelt. Infolgedessen ziehen Herbert Dordick und GeorgetteWang daraus den Schluss, dass es sich bei dem Telephon um einen "prime contributor to economic growth and social and political development"[406] handelt.

Damit tritt ein neuer Aspekt in die Betrachtung ein: der Beitrag der Informations- und Kommunikationstechnologien zu ökonomischen Wachstum. Wären positive externe Effekte feststellbar, würde sich die Förderung der Informatisierung zu einem allgemeinen politischen Ziel entwickeln. Für Nationen mit limitierten Ressourcen ist dies sicherlich eine riskante Entscheidung, da der Einsatz von Technologie hohe Kosten birgt, aber nur dann positive Effekte bringt, wenn entsprechend qualifizierte Personen die Technologie auch aktiv nutzen. Damit wird direkt der zweite und dritte maßgebliche Indikator zur Untersuchung der Informationsgesellschaft angesprochen, nämlich der ökonomische und der soziale Indikator.

---

404 Dazu detailliert Jeff Hecht, Understanding Fiber Optics. Third Edition, Columbus, 1999.

405 A. Hardy, The role of the telephone in economic development, Stanford, Institute for Communication Research, January 1980.

406 Zur gleichen Einschätzung kommen auch Herbert S. Dordick / Georgette Wang, a.a.O., S.61.

2. Ökonomische Indikatoren

Eine Einbeziehung ökonomischer Indikatoren in die Analyse einer Gesellschaftsform liegt aus mehreren Gründen nahe. Allein der Blick zurück in die Entwicklungsphase industrieller Produktion verdeutlicht schnell die Verflechtung zwischen gesellschaftlichen und ökonomischen Bedingungen. Aber auch Kapitel eins dieser Arbeit bestätigte im Rückgriff auf die Theorie der Kondratieffwellen die Zusammenhänge konjunktureller und gesellschaftlicher Entwicklung. Es ist daher durchaus einleuchtend, die ökonomischen Entwicklungen, Strukturveränderungen, die Produktionsweisen und die Beschäftigungsstrukturen zur näheren Bestimmung einer Gesellschaftsform hinzuzuziehen. Steht die Bestimmung einer Informationsgesellschaft im Mittelpunkt, ist dabei die Diskussion um die sektorale Weiterentwicklung hin zu einem vierten Sektor einer Volkswirtschaft, dem Informationssektor, von besonderer Bedeutung. [407]

> "The konwledge society is one in which the driving economic force is the development and application of new knowledge. In such an economy – one fueled by education and technology – the most important resource is not cheap labor, natural resources, or political will; it is the ability to develop and maintain a culture of learning. Unlike industrial economies, a knowledge society will be able to survive global competition only by providing its members with lifelong education so that they may create and use knowledge productively."[408]

Sichtbare Zeichen einer solchen sektoralen Weiterentwicklung ist zunächst die allgemeine Marktentwicklung selbst. Die Computerindustrie hat nach derzeitigen Schätzungen einen Umsatz von über eine Trillion Dollar[409], und der Gesamtbereich der Telekommunikation stellt nach wie vor einer der größten Wachstumsmärkte weltweit dar.[410] Daran haben auch die Eibrüche der vergangenen Jahre nichts geändert. Informationsgestützte Industrien befinden sich auf Wachstumskurs. Auffällig und zugleich charakteristisch für diese "Informationsindustrien" ist ihre hohe Neigung zu Konzentrationen und Fusionen. Dies steht in engem Zusammenhang damit, dass die die Wissensgesellschaft durch einen extremen, sich global erstreckenden Wettbewerb gekennzeichnet ist. Eine der maßgeblichen Voraussetzungen, diesen Wettbewerb zu bestehen, ist die Bereitschaft zum konstanten Wandel. Diese Bereitschaft zum konstanten Wandel betrifft jedoch nicht nur die Unternehmen selbst, sondern auch die Reformfähigkeit des sozioökonomischen Systems. Die Informationsgesellschaft ist eine Gesellschaft extremer Veränderung und extremer globaler Mobilität.[411] Die Untersuchung dieser Entwicklung und der dazugehörigen ökonomischen Bestimmungsfaktoren rechtfertigt die Annahme der Entstehung eines informationsbestimmten Sektors. Dies geht auf eine lange Forschungstradition zurück, die hier zur näheren Bestimmung der Gesellschaftskonzeption Informationsgesellschaft hinzugezogen werden soll. Grundlage bildet dabei der amerikanischen Forschungszweig der Informationsökonomie.[412]

---

[407] Herbert S. Dordick / Georgette Wang, a.a.O., S.64.

[408] Stephen Doheny-Farina, The Wired Neighborhood, Yale University, London 1996, S.28.

[409] William Martin, The global Information Society, a.a.O., S.136.

[410] Vgl. dazu Marktuntersuchungen der RHK – Telecommunications Industry Analysis. http://www.rhk.com.

[411] Stephen Doheny-Farina, a.a.O., S.29.

[412] Es sei an dieser Stelle betont, dass diese Sichtweise in keiner Weise der Auffassung der Informations- und Kommunikationstechnologien als Qerschnittstechnologie widerspricht, da es in

a Die amerikanische Forschung: Der Informationssektor

Die *Volkswirtschaftliche Gesamtrechnung* (VGR) dient der statistischen Darstellung des Wirtschaftsprozesses in einem Land zu einem bestimmten Zeitraum.[413] Die VGR fasst Wirtschaftssubjekte in Sektoren zusammen, um die wirtschaftlichen Transaktionen zwischen den Wirtschaftssubjekten systematisch messen zu können. Erfasst wird das gesamte Sach- und Geldvermögen der Wirtschaftssubjekte in Bestands- und Stromgrößen.[414] Die Einnahmen-Ausgaben-Rechnungen sind dabei von besonderer Bedeutung. Die 1999 durch das Statistische Bundesamt aktualisierte Systematik der Volkswirtschaftlichen Gesamtrechnung gliedert die deutsche Wirtschaft in teilweise völlig neue Sektoren und Wirtschaftszweige.[415] Sektoren werden danach unterteilt, ob Haushalte, private und öffentliche Unternehmen am Markt auftreten, der sich durch Angebot und Nachfrage bildet. Wirtschaftszweige dagegen unterscheiden sich nach den ausgübten Tätigkeiten.
Die Wirtschaftszweige werden zu drei Obergruppen zusammengefasst, ein Konzept, dass auf den französichen Ökonomen Jean Fourastié zurückgeht:

- Primärer Sektor: Land- und Forschwirtschaft sowie Fischerei.
- Sekundärer Sektor: Produzierendes Gewerbe einschließlich Bau.
- Tertiärer Sektor: Staatliche und unternehmerische Dienstleistungen.

Anhand dieser Einteilung läßt sich nun sowohl für die alte als auch für die neue VGR-Systematik die grobe Richtung des Strukturwandels verfolgen.[416]
Die VGR ist nicht ganz unproblematisch. Zunächst muss entschieden werden, welche Wirtschaftssubjekte bzw. welche Form der ökonomischen Aktivität in einem Sektor aggregiert werden. Die Sektoren müssen eindeutig definiert und operationalisiert werden. Definition und Operationalisierung sind dabei an den Forschungszielen orientiert. Im Kontext der Sektorenbildung stellt sich auch das Problem der zielkonformen Disaggregation ökonomischen Geschehens. Werden

---

erster Linie um die Bestimmung des Faktors Information im Rahmen der Volkswirtschaftlichen Gesamtrechnung (VGR) geht.

413 Alfred Stobbe: Volkswirtschaftslehre I. Volkswirtschaftliches Rechnungswesen, Berlin/Heidelberg/New York 1976; R. J. Nicholson, Economic Statistics and Economic Problems, London 1969. Dieter. Brümmerhoff, Gesamtwirtschaftliches Rechnungswesen. Eine problemorientierte Einführung mit einem Kompendium wichtiger Begriffe des gesamtwirtschaftlichen Rechnungswesen, Köln 1975.

414 Man unterscheidet zwischen sektoralen Vermögensrechnungen, Einnahme-Ausgaben-Rechnungen, gesamtwirtschaftlichen Finanzierungsrechnungen, Input-Output-Rechnungen, Geldmengenrechnungen und Zahlungsbilanzen. Die Ergebnisse der VGR lassen sich in Form von Kontensystemen, Matrixtabellen, Gleichungssystemen, Tabellen oder Stromdiagrammen darstellen.

415 Institut der Deutschen Wirtschaft Köln (Hrsg.): iw-trends. Quartalsheft zur empirischen Wirtschaftsforschung, 26. Jg./4/1999, Dokumentation Effekte der VGR-Revision auf das sektorale Stukturbild der Deutschen Wirtschaft, S53-71. Vgl. dazu Informationsdienst des Instituts der deutschen Wirtschaft e.V. Köln Nr. 5 3. Februar 2000 "VGR Revision. Die Wirtschaft in neuem Gewand".

416 Vgl. dazu Informationsdienst des Instituts der deutschen Wirtschaft e.V. Köln Nr. 5 3. Februar 2000 "VGR Revision. Die Wirtschaft in neuem Gewand", S.4. Für Deutschland werden hier die Ergebnisse für die Jahre 1991 bis 1998 aufgeführt. Der Anteil des produzierenden Gewerbes an der gesamten Wertschöpfung geht zurück, dieses Ergebnis gilt auch in Hinblick auf Arbeitsplätze, während der Dienstleistungssektor zulegte. Die reale Bruttowertschöpfung ist merklich langsamer gewachsen, insgesamt ist das Wirtschaftswachstum aber vor allem im Dienstleistungssektor zu verbuchen.

wenige große Sektoren gebildet, ist struktureller Wandel möglicherweise nicht identifizierbar, da sich Wachstums- und Schrumpfungsprozesse innerhalb eines Sektors per Saldo neutralisieren können. Bei einer zu weitgehenden Disaggregation wird ein gesamtwirtschaftlicher Strukturwandel ebenfalls nur unzureichend erkennbar. Hinzu kommen systematische Probleme der Quantifizierung, wie etwa die Frage der Periodisierung.[417] Hinzu kommt die teilweise Nichterfassung unentgeltlicher Arbeit, wodurch es zu Verzerrungen der Ergebnisse der VGR im intertemporalen und internationalen Vergleich kommt. In diesem Zusammenhang sind auch *imputed incomes* zu nennen, also nichtmonetäres Einkommen (z. B. Selbstversorgung der Landwirte, Dienstwagen...). Aber selbst, wenn es möglich wäre, sämtliche ökonomischen Aktivitäten zu erfassen, bestünde weiterhin das Problem der Bewertung, die normalerweise in Marktpreisen erfolgt. Ist dies nicht möglich, vernachlässigt die VGR diese ökonomischen Aktivitäten oder nutzt festgelegte Hilfskonstruktionen (z. B. Abschreibungsmodalitäten).
Zudem setzt die internationale und intertemporale Vergleichbarkeit der Ergebnisse voraus, dass nicht nur Definition und Erhebungsmethoden vereinheitlicht, sondern auch die in Geldwerten ausgedrückten Ergebnisse in reale Werte umgerechnet werden. Diese theoretischen Unsicherheiten werden verstärkt durch die praktischen Probleme bei der Datenerhebung.
Aufgrund dessen kommt Hensel, der diese Probleme anschaulich darstellt und prägnant zusammenfasst, zu der Auffassung:

> "Diese Hinweise auf die Probleme der Volkswirtschaftlichen Gesamtrechnung, der Sektorenabgrenzung und des daraus abgeleiteten Bruttosozialprodukt-konzepts zur Messung ökonomischen Geschehens sollten zeigen, daß die VGR auf Definitionen beruht, die bei veränderten Rahmenbedingungen neu zur Diskussion gestellt werden können. Ferner sollte vor Augen geführt werden, daß trotz Verfeinerung des Instruments in einem mehr als vierzigjährigen Forschungsprozeß Ungenauigkeiten und Willkür in Kauf genommen werden müssen."[418]

Diese Feststellung erscheint umso wichtiger, als dass die neoklassische Ökonomie den Faktor Information im wirtschaftlichen Prozess nur ungenügend einbezieht.[419] Gerade dies jedoch scheint dringend geboten, um den tatsächlich bestehenden ökonomischen Bedingungen gerecht werden zu können. Strittig ist diese Aussage nur insofern, als sich die bereits angesprochenen Probleme der VGR bei dem Versuch, den Faktor Information in die VGR zu integrieren, praktisch erweitern. Unabhängig davon wird in zahlreichen Studien die Annahme eines vierten Sektors getroffen. Die Orientierung am Anteil der Beschäftigtenzahlen zieht sich seit den ersten Arbeiten Machlups im Jahre 1962[420] durch alle Studien, die neben den drei klassischen Sektoren Agrarwirtschaft, Industrie- und Dienstleistung einen vierten Sektor, den Informationssektor, herausarbeiten. Die Bewertung des Faktors Information in der Volkswirtschaftlichen Gesamtrechnung und die Orientierung an der Struktur der Erwerbstätigen ist ein vornehmlich in den USA entwickelter Ansatz der wirtschaftswissenschaftlichen Subdisziplin *Informationsökonomie*. Machlup hat erstmals versucht, Information und Wissen innerhalb des ökonomischen Systems

---

417 In der Regel am Ende eines Kalenderjahres. Nur in einigen Ländern werden die VGR Daten in drei-bzw. sechsmonatigen Abständen zusammengestellt.
418 Matthias Hensel, a.a.O., S.81.
419 Robert E. Babe, The place of information economics. In: Robert E. Babe (ed.), Information and Communication in Economics, Boston 1994, S.41-68.
420 Fritz Machlup, The production and distribution of knowledge, a.a.O., 1962.

mit den Methoden des gesamtwirtschaftlichen Rechnungswesens zu quantifizieren. Ausgangspunkt bildete die Annahme einer separaten Informationsindustrie und, damit verbunden die Herausbildung eines vierten Sektors, des Informationssektors. Der Trend einer zunehmenden Beschäftigung im Informationssektor wurde durch zahlreiche wissenschaftliche Analysen und Berichte bestätigt: "continued growth... in these occupations primarily concerned with the creation and handling of information and with its infrastructure support."[421] Durchweg alle Studien sehen sich dabei mit dem Problem konfrontiert, eine klare Definition von Informationsarbeit zu liefern. Für eine derartige Abgrenzung sind *Wirtschaftszweig-Berufsmatrizen* notwendig, die es erlauben, die Informationsberufe aus den einzelnen Sektoren zu separieren. Solche Matrizen liegen erst seit den 80er Jahren vor. Zuvor wurden entsprechende Daten aus der Volks- und Berufszählung ermittelt, die Daten für 1980 und 1982 stammen aus dem Mikrozensus.[422] Der Zusammenhang zur gesellschaftlichen Veränderung wird durch die Behauptung hergestellt, dass eine Informationsgesellschaft dann etabliert sei, wenn die Mehrzahl der Erwerbstätigen im Bereich der Informationsarbeit beschäftigt sind.[423]
Der Studie von Machlup "On the production and distribution of knowledge" folgten in den USA zahlreiche Untersuchungen über die Natur und die ökonomischen Bedingungen von Information und Wissen. Hervorzuheben ist in diesem Zusammenhang auch die Arbeit von Marc Uri Porat, der Machlups Ansatz aufgegriffen und weiterentwickelt hat. Porat legte erstmals ein geschlossenes Konzept zur Bildung von Informationssektoren in der VGR vor, das später von der OECD übernommen und in einfacherer Form nachgeprüft wurde.[424] Die Annahme eines vierten Sektors beruht auf der feststellbaren Verschiebung zwischen dem sekundären und dem tertiären Sektor, den Strukturverschiebungen innerhalb des Produktionssektors sowie den neuen Entwicklungen innerhalb des Dienstleistungssektors, die durch den Einsatz der Informations- und Kommunikationstechnologien nachweislich eingeleitet wurden.

---

421 OECD/ICCP, Information Activities, Electronics and Telecommunication Technologies. Impact on Employment, Growth, and Trade. Vol I und Vol II. ICCP Series No.6, Paris 1981; OECD/ICCP, Update of Information Sector Statistics, ICCP (84), Paris 1985. Vgl. auch OECD, Towrads a Global Information Society. Global Information Infrstructure, Global Information Society: Policy Requirements, Paris 1997.

422 Werner Dostal, Der Informationssektor und seine Entwicklung in der Bundesrepublik Deutschland. In: Thomas Schnöring (Hrsg.), Gesamtwirtschaftliche Effekte der Informations- und Kommunikationstechnologien, Berlin, Heidelberg, New York, Tokyo 1986, S.79.

423 Frank Webster, a.a.O., S.14.

424 An den Bemühungen der OECD, international vergleichbare Daten zum Anteil des Informationssektors am Bruttoinlandsprodukt zu gewinnen, war auch das Deutsche Institut für Wirtschaftsforschung (DIW) beteiligt. Dazu auch Renate Filip-Köhn, Gerhard Neckermann, Reiner Stäglin (DIW) in Kooperation mit Werner Dostal (IAB) and J. Seetzen (HHI), Information Activities: Updating and Improving Data Base for the Federal Republic of Germany (ref. ICCP Report No. 6); Forschungsprojekt im Auftrag des Bundesministers für Forschung und Technologie, Berlin, Dezember 1984; Renate Filip-Köhn, Wachsende Bedeutung des Informationssektors in der Bundesrepublik Deutschland. In : Wochenbericht des DIW Nr. 35/1985.

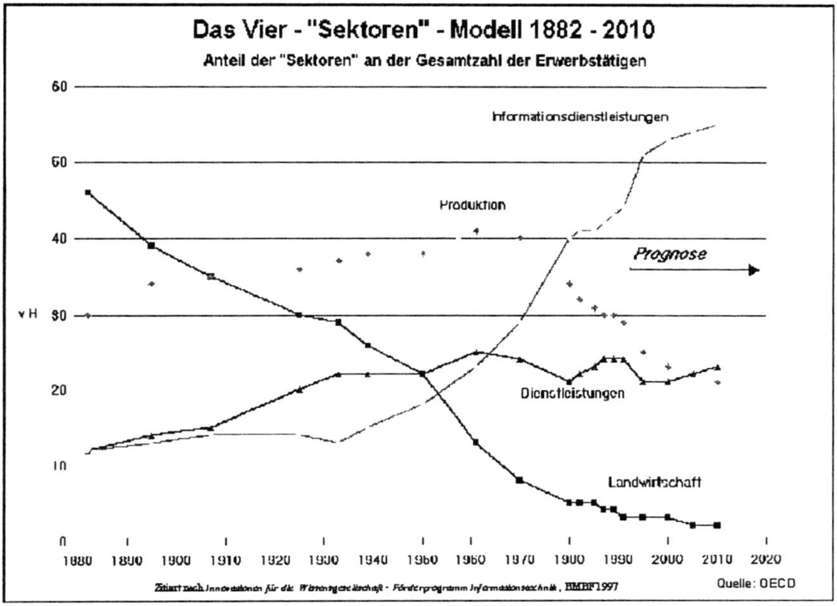

Bei dieser neuen Sektorenabgrenzung rücken entsprechend jene Güter, Berufe und Tätigkeiten in den Blick, die im Zusammenhang mit den neuen Informations- und Kommunikationstechniken stehen. Diese Güter, Berufe und Tätgkeiten werden aus den bekannten Sektoren ausgegliedert und in einem neu strukturierten, quartären Sektor zusammengefasst: dem Informationssektor.[425]

> "Der so abgegrenzte Informationssektor enthält also diejenigen wirtschaftlichen Tätigkeiten, bei denen nicht die Produktion oder die Verteilung von Gütern und nicht das Erbringen von materialbezogenen und personenbezogenen Dienstleistungen im Vordergrund stehen, sondern die Behandlung von Information."[426]

Die Definition des Informationssektors erfolgt dementsprechend auf zweierlei Weise. Zum einen wird der Informationssektor bestimmt nach Informationsberufen, zum anderen nach Informationsgütern. Die Zuordnung der jeweiligen Tätigkeiten und Güter erweist sich – wie in jeder Wirtschaftszweigsystematik – als nicht immer einfach, es sind fließenden Übergänge möglich. Die Aufnahme in die Input-Output-Tabellen, die Quantifizierungsstrategien für Information und Wissen voraussetzt, ist durch das Fehlen eines geeigneten Bemessungskriteriums für Information und Wissen erschwert. Um diesem Problem zu begegnen, wird vorwiegend mit dem Verständnis *Information als Ware* operiert. Aber auch diese insbesondere von Porat vertretene, Sichtweise führte innerhalb führender Informationsökonomen zu

---

[425] Vgl. dazu auch Werner Dostal, Telearbeit in der Informationsgesellschaft, Göttingen 1999, S.24ff.

[426] Frank Stille, Renate Filip-Köhn, Heiner Flassbeck, Bernd Görzig, Erika Schulz, Reiner Stäglin, Strukturverschiebungen zwischen sekundärem und tertiärem Sektor. Deutsches Insititut für Wirtschaftsforschung (DIW), Beiträge zur Strukturforschung, Heft 107, Berlin 1988, S.106.

weitreichenden Kontroversen. Zwar ist es in einer vom Warenaustausch geprägten Gesellschaft kaum überraschend, dass auch Information als ökonomisches Gut betrachtet wird, die weite Verbreitung ändert jedoch kaum etwas daran, dass diese Auffassung angreifbar bleibt. Robert E. Babe[427] führt eindrucksvoll vor Augen, dass Information weder die definitorischen noch die konzeptionellen Voraussetzungen des Warencharakters zeigt und daher nicht auf den Input der Produktionsfunktion reduziert werden kann. Zur Aufrechterhaltung des Warencharakters müßten Informationsinvestitionen zudem durch Eigentümerrechte geschützt werden.[428] Informationen können zwar unbestritten einen Wert haben, aber dieser ist nur schwer im Preis auszudrücken. Diese Diskussion ist nicht neu und der Wertbegriff ist ohnehin stark strapaziert. Aus ökonomischer Sichtweise wird der Wertbegriff in Zusammenhang mit dem Knappheitsbegriff und der menschlichen Präferenzstruktur gesehen: "Quite simply, value derives from the subjective and measurable calculus of individuals, where prices are the expressions of utilities and revealed preferences."[429] Durch die deutliche Zunahme und den breiten Zugang zu Information, die letztendlich auf die neuen Informations- und Kommunikationstechnologien zurückzuführen sind, unterliegt Information derzeit aber keineswegs einer Knappheit. Dies stellt einen essentiellen Unterschied zu den herkömmlichen Produktionsfaktoren Arbeit, Kapital und Rohstoffen dar und kann auch nicht durch den Hinweis auf Informationsassymetrien negiert werden. Es muss daher an dieser Stelle zugestanden werden, dass der Informationssektor ein szientistischer Kunstgriff bleibt. Zugleich aber ist kaum zu bezweifeln, dass es sich um einen Kunstgriff handelt, der durchaus den Fortschritt einer Gesellschaft zur Informationsgesellschaft beschreiben und so weiterführende Erkenntnisse erbringen kann.[430] Voraussetzung dafür ist eine wissenschaftliche Festlegung operationalisierbarer Kriterien zur Generierung des vierten Sektors. Dordick und Wang bieten drei unterschiedliche Zugänge zur Festlegung des Informationssektors an:

> "... (a) percentage of information workers in the nation's work force, (b) contribution of the information sector to the nation's GDP, and (c) contribution of the information sector to the productivity of the nation's industrial sector."[431]

Zum besseren Verständnis soll nachfolgend vor Augen geführt werden, welche Gedanken hinter diesen Zugängen stecken.

1 Bestimmung des Informationssektors: „Industrial and Occupational Approach"

Der Nachweis eines Informationssektors geht bis in die 60 Jahre zurück.[432] Erstmalig wies Simon Kusnetz 1957 darauf hin, dass Beschäftigte, die mit der Produktion und Verteilung von Wissen und Information betraut sind, nur ungenügende Berücksichtigung in den bestehenden ökonomischen Klassifizierungen finden. 1963 prognostizierte Tadeo Umesao explizit das Auftreten sogenannter Informations- oder

---

[427] Robert E. Babe, The place of information in economics. In: Robert E. Babe (ed.), a.a.O.
[428] Eine Problematik, die sich insbesondere in der gegenwärtigen Diskussion um Veränderungen des Urheberrechtes verdeutlicht.
[429] William Martin, a.a.O., S.91.
[430] Frank Webster, a.a.O., S.12.
[431] Herbert S. Dordick / Georgette Wang, a.a.O., S.86/87.
[432] William Martin, The global Information Society, a.a.O., S.36.

Wissensindustrien. In seiner Arbeit "Über Informationsindustrien" weist er der Informationsindustrie zugleich ein Schlüsselrolle im Modernisierungsprozess zu.[433] Etwa zeitgleich, legte Machlup sein umfassendes Konzept zur quantitativen Erfassung von Informationsgütern und -dienstleistungen vor. [434] Ausgangspunkt seiner Untersuchungen war bereits die Beobachtung, dass ein wachsender Anteil der Ausgaben für ökonomische Aktivitäten getätigt wurden, die keinen direkten materiellen Output produzieren. Durch diese Beobachtung angeregt, versuchte Machlup, die Ausgaben für die Produktion von Wissen zu messen und deren Bedeutung für die nationale Ökonomie darzulegen.

> "Perhaps another word or two about the desirability of this undertaking: an economist's investigation is the production of knowledge. The production of knowledge is an economic activity, an industry, if you like. Economists have analyzed agriculture, mining, iron and steel production, the paper industry, transportation, retailing, the production of all sorts of goods and services, but they have neglected to analyze the production of knowledge. This is surprising because there are many good reasons why an economic analysis of the production of knowledge seems to be particularly interesting and promising new insights. Some of the reasons refer to observed facts, others to probable relations to economically significant developments, still others to novel hypotheses that call for investigation."[435]

Im Mittelpunkt der Untersuchung sollte die Erörterung möglicher Zusammenhänge zwischen der Größe des Informationssektors und dem gesamtwirtschaflichen Wachstum stehen. Ließe sich ein solcher Zusammenhang nachweisen, so wäre dies von erheblicher Bedeutung für die staatliche Struktur- bzw. Ordnungspolitik.
Machlup wandte infolge zwei Methoden zur umfassenden Bestimmung des Informationssektors und damit zur empirischen Analyse der Informationsgesellschaft an.[436] Zum einen soll in einem "industry approach" der Informationssektor nach den Gütereigenschaften abgegrenzt und entsprechend der Vorgehensweise der VGR die gesamten wirtschaftliche Aktivitäten in Wirtschaftszweigen und Branchen zusammengefasst werden. Hier wird der Informationssektor von der Produktionsseite her definiert und umfasst alle Waren und Dienste, die selbst Informationen vermitteln oder zur Erzeugung, Verarbeitung und Verteilung von Informationen benötigt werden. Gleichartige Branchen bilden dann die Sektoren. Nun ergibt sich aus der damit verbundenen Beschränkung auf etablierte Märkte das Problem, dass der Informationssektor nicht umfassend dargestellt werden kann, da zahlreiche Informationsgüter und -dienstleistungen einfach nicht zu Marktpreisen gehandelt werden. Um diesem Problem zu begegnen, generiert Machlup zum anderen den sogenannten "occupational approach", der die Informationsbeschäftigung in die Betrachtung mit einbezieht. Machlup wendet richtigerweise beide Vorgehensweisen parallel an, da das wesentliche Problem der Abgrenzung nach Gütereigenschaften die Erfassung und Bewertung von Vorleistungen und Zwischenprodukten ist, sowie die definitorische Abgrenzung und Disaggregation der Informationsindustrie.[437] Zudem kann anhand des "occupational approach" untersucht werden, wie sich Tätigkeitsmerkmale und die

---

[433] Gesellschaftliche Entwicklung wird als evolutionärer Modernisierungsprozess bzw. lineare Modernisierung erfasst.
[434] Fritz Machlup, The Production and Distribution of Knowledge, a.a.O. S.8.
[435] Ebd. S.8/9.
[436] Ebd. S.44-50, Kap. III.
[437] Ebd. S.39ff.

Beschäftigungsstruktur im Zeitablauf verändert haben. Machlups Ziel war eine umfassende Disaggregation des Informationssektors unter Berücksichtigung nicht nur der auf etablierten Märkten zu Marktpreisen gehandelten Informationsgüter und -dienstleistungen, sondern auch der Vorleistungen und Zwischenprodukte, sowie der im staatlichen Sektor und in den privaten Haushalten produzierten Informationsprodukte und -dienstleistungen. Die Informationsgüter und -dienstleistungen zu Markpreisen werden durch die gesamtwirtschaftliche Nachfrage aus den üblichen Statistiken der VGR ermittelt, Informationen in Form von selbsterstellten Vorleistungen und Zwischenprodukten werden mit Hilfe der Kosten der Leistungserstellung ermittelt, und Information, die in privaten Haushalten und im staatlichen Sektor produziert und genutzt wird, erfasst Machlup entweder durch Kosten der Leistungserstellung oder in Form von Opportunitätskosten.
Hensels Kritik an dieser Vorgehensweise ist gerechtfertigt, wenn er hervorhebt, dass Machlup sich in seiner Analyse in erster Linie auf die Verwendungsseite der VGR bezieht. Durch diese nachfrageorientierte Vorgehensweise wird der Verbrauch von Informationsgütern und -dienstleistungen bei den Endnachfragern überschätzt, da Information in Form von Vor- und Zwischenprodukten nicht hinreichend erfasst werden kann.[438] Es ist nicht von der Hand zu weisen, dass Machlups Methode zur Quantifizierung des Informationssektors in weiten Abschnitten auf Schätzungen beruht; sie zeigt aber trotzdem eine ökonomische Entwicklung hin zu den Wissensindustrien auf. Der auf diese Weise erfasste Informationssektor besteht nach Machlup aus fünf Wirtschaftszweigen bzw. Produkt-/Industriegruppen, die ihrerseits aus 50 Unterzweigen bestehen:[439]

- Erziehung und Ausbildung (Schulen, Büchereien, Universitäten)
- Forschung und Entwicklung
- Medien / Kommunikation (Radio, Fernsehen, Werbung)
- Informationsmaschinen / Informationsmedien (Computer, Musikinstrumente)
- Informationsdienstleistungen / andere Informationsaktivitäten (non-profit-Aktivitäten)

Diese fünf Bereiche werden von Machlup als "Knowledge Industry" bezeichnet. Der eigentliche ökonomische Wert dieser "Knowledge Industry" ergibt sich erst durch den Beitrag zum Bruttoinlandsprodukt.
Diese Erkgenntnis ergänzt Machlup durch den "occupational approach".
Basierend auf den Daten des amerikanischen *Bureau of the Census,* der 400 Berufe in elf Berufsgruppen auflistete[440], fasste Machlup diese elf Berufsgruppen nochmals in die drei Kategorien "white collar workers", "manual and service workers" und „farmworkers" zusammen.[441]
Der zunächst allgemein getroffenen Feststellung eines deutlichen Anwachsens der "white-collar-Beschäftigten" schließt Machlup die Frage an, ob es sich dabei ausschließlich um "knowledge-producing workers" handelt.[442] Zur Beantwortung dieser Frage untertteilte er alle drei Kategorien nochmals in Nicht-

438 Vgl auch Matthias Hensel, a.a.O., S.90.
439 Fritz Machlup, The Production and Distribution of Knowledge, a.a.O., S.48. Machlup beschreibt detailliert jeden dieser Wirtschaftszweige, wobei er versucht, den Faktor Information mit Hilfe der Statistiken der VGR zu quantifizieren. Führt dies nicht zum Erfolg, versucht er die Kosten der Leistungserstellung der Zwischenprodukte mit Hilfe von Vergleichspreisen zu quantifizieren. Wo diese Methoden versagen, behilft sich Machlup mit der Schätzung von Opportunitätskosten.
440 Ebd. S.380.
441 Ebd. S.381.
442 Ebd. S.382.

Informationsarbeiter und Informationsarbeiter. Dabei beschreibt er die Gruppen und unterscheidet weiter zwischen Informationsproduzenten (knowledge-*producing* workers) und Informationsnutzern (knowledge-*using* workers). Am Ende bietet Fritz Machlup auf diese Weise eine Aufzählung der Informationsberufe durch Ausschlussverfahren.[443]
Zu den Informationsproduzenten zählt Machlup „Transporters, transformers, processors, interpreters, analysers, and original creators of comunications of all sorts...“[444] Sie werden ausnahmslos als Informationsarbeiter bezeichnet. Im Gegensatz dazu zählt er im Bereich der Informationsnutzer nur solche Berufe zu den Informationsarbeitern, deren wesentliches Kennzeichen darin besteht, Information zu benutzen bzw. zu verarbeiten. Aus der Gruppe der "blue-collar-worker" zählt Machlup ebenfalls einige Tätigkeiten der Informationsverarbeitung zu den Informationsberufen. Auch Schüler und Studenten werden zu den Informationsarbeitern gezählt, obwohl sie in den Statistiken nicht als Erwerbstätige geführt werden.[445]
Machlup unterscheidet im Bereich der „white-collar-worker“ zwischen Informationsproduzenten und Informationsnutzern; am Ende arbeitet er eine Gruppe von 5 *Knowledge-Producing Occupations* heraus, die sich zusammensetzt aus:

- "Professional and technical (excl. Not knowledge-producing occupations)."
- "Managers officials and proprietors (excl famer and other partly physically working occupations."
- "Clerical."
- "Sales workers (excl.retail trade)."
- "Craftsmen and foremen in printing trades."[446]

Anschließend untersucht Machlup den Anteil der Informationsarbeiter an den gesamten Erwerbstätigen, sowie den Anteil der Lohnsumme, der auf die Informationsarbeiter entfällt.[447]
Um den "occupation approach" direkt mit dem "industry approach" vergleichen zu können, bildet Machlup eine Relation zwischen Einkommen der Informationsberufe, d.h. Einkommen im Informationssektor der Wirtschaft, und dem Volkseinkommen (Summe der Erwerbs- und Vermögenseinkommen).
In seiner Analyse zeigte Machlup auf, daß der Bereich der Wissensindustrie und der Anteil der in diesem Bereich Beschäftigten einen wesentlichen Beitrag zum Wachstum des Bruttoinlandsproduktes leisteten. Seine Ergebnisse basierten dabei auf Daten des Jahres 1958.[448]
Machlup arbeitete weiterhin folgende Trends heraus:

> "(1) the knowledge-producing occupations have grown over the last 60 years much faster than occupations requiring manual labor. (2) The share of knowledge-producing occupations in the total labor force tripled between 1900 and 1959. (3) The share of these occupations in total employment has increased even more. (4) While in the first part of this century growth was fastest in clerical occupations, the lead was then taken by managerial and executive occupations, and more recently by professional and technical personnel. (5) The share of

443 Ebd. S.382-386.
444 Ebd. S.383.
445 Ebd. S.384-386.
446 Ebd. S.388.
447 Ebd. S.387-394.
448 Ebd. S.399.

knowledge-producing occupations in total income has increased during the last decade. (6) The share of professional and technical personnel in total income has increased during the last two decades."[449]

Trotz einiger Unsicherheiten[450], die sowohl im "industrial approach", als auch im "occupational approach" deutlich werden, hat sich die grundsätzliche Vorgehensweise von Machlup in den Forschungsdesigns durchgesetzt. Die Ansätze von Porat und der OECD, auf die nachfolgend einzugehen sein wird, stellen im Prinzip lediglich Weiterentwicklungen des von Machlup entworfenen Grundkonzepts dar. Auch die Analyse der Produktivitätsentwicklung im Informationssektor, wie sie in jüngerer Zeit von Dordick / Wang gefordert wird, basiert auf der Bildung eines Informationssektors innerhalb der volkswirtschaftlichen Gesamtrechnung. Damit wird die *Drei-Sektoren-Theorie*, wie sie von Fisher, Clark und Fourastié entwickelt worden ist, um die entsprechenden, empirisch nachweisbaren ökonomischen Veränderungen modifiziert und den tatsächlichen Gegebenheiten angepasst.[451] Eine solche sektorale Weiterentwicklung wird auch von Bell befürwortet. Im Gegensatz zu Machlup lehnt er jedoch eine breite Klassifizierung der Wissensindustrien ab. Seine Definition von Wissensindustrien umfasst lediglich drei Bereiche:

- Forschung und Entwicklung
- Höhere Erziehung
- Produktion von Wissen in Form von intellektuellem Besitz.[452]

Bereiche wie "communication media" oder Verwaltungstätigkeiten werden bewusst nicht eingeschlossen.[453] Das Ergebnis dieser eingeschränkten Aggregation ist augenscheinlich. Zwar wird sowohl von Machlup, als auch von Bell der Beitrag des Informationssektors am Wachstum des Bruttoinlandsprodukts bestätigt, aber die

---

449 Ebd. S.396.

450 Hensel weist darauf hin, dass die Unterscheidung zwischen Informationsproduzenten und Informationsnutzern willkürlich ist. Die Abgrenzungskriterien werden zudem nur ungenügend erläutert. Machlup beschränkt sich auf elf Berufsgruppen und ordnet nicht explizit jeden der 400 Berufe einem der beiden Sektoren zu. Damit handelt es sich nur noch um eine grobe Schätzung der Beschäftigungsstrukturen. Um ein exaktes Ergebnis zu erreichen, müßte nicht nur der Informationsanteil in den Informationsberufen, sondern auch der Informationsanteil in den Nicht-Informationsberufen festgestellt werden. Machlup brücksichtigt auch den eigentlichen Wandel der Beschäftigungsstrukturen nicht, d. h. bestimmte Berufsgruppen, die er zum Nicht-Informationssektor zählt sind durch den technischen Fortschritt schlicht zu Informationsberufen geworden. Vgl. Matthias Hensel, a.a.O., S.92.

451 Die Drei-Sektoren-Hypothese beruhte auf dem Phänomen, dass sich eine ganze Reihe ökonomischer Aktivitäten zu Beginn der 30er Jahre nicht mehr in das übliche statistische Konzept zur Erfassung ökonomischer Aktivitäten einordnen ließ. Eine vergleichbare Entwicklung ist im Zusammenhang mit der Erscheinung und vermehrten Anwendung der Informations- und Kommunikationstechnologien heute feststellbar. Entsprechend liegt die Vermutung nahe, dass ein vierter Sektor existiert. Wie bereits im Dienstleistungssektor Probleme in der Abgrenzung und Kriteriendefinition aufgetreten sind, sind auch für die Abgrenzung eines Informationssektors vergleichbare Indikatorenprobleme aufgetreten.
Zur Drei-Sektoren-Hypothese vgl. Allan G.B. Fisher, Production, Primary, Secondary and Tertiary. In: The Economic Record, Vol XV (1939) 28, S.24-38. Colin Clark, The Conditions of Economic Progress, London, New York 1957, 1. Auflage 1940. Jean Fourastié, Die große Hoffnung des zwanzigsten Jahrhunderts, Köln 1969. Die Ansätze wurden von einer Reihe von Autoren weiter differenziert und empirisch abgesichert. Dabei wurden keine prinzipiell neuen Konzepte entwickelt. Vgl. dazu Thomas Rasmussen, Sektorale Strukturpolitik in der Bundesrepublik Deutschland, Göttingen 1983, S.38-41.

452 Daniel Bell, The Coming of post industrial society, a.a.O. S.213.

453 Ebd.

Schätzungen fallen bei Bell deutlich niedriger aus. Auch bei der Festlegung der „Knowledge Worker“ geht Bell restriktiver vor, lediglich zwei Gruppen werden hier identifiziert: Wissenschaftler und Techniker. Ausschließlich anhand dieser beiden Beschäftigungsgruppen werden die ökonomischen Sektoren herausgearbeitet, die als Tätigkeitsfelder für beide erkennbar sind.[454] Gleichwohl bilden auch bei Daniel Bell die Veränderungen in der Berufsstruktur das Herzstück seiner Theorie.

> "Bell sees in the emergence of ›white collar society‹ (and hence information work) and the decline of industrial labour changes as profound as the end of class-based political conflict more communal concousiness, and the developement of equality between sexes."[455]

Festzuhalten bleibt, dass trotz dieser offensichtlichen Definitions- und Kategorisierungsunterschiede zwischen Machlup und Bell beide die außerordentliche Bedeutung des Faktors Information in Wirtschaft und Gesellschaft hervorheben. Es besteht deutliche Einigkeit darüber, dass Information und Wissen "has become the foundation of the modern economy."[456] Dies steht in direkter Verbindung mit einer Entwicklung "from an economy of goods (to) ... a knowledge economy."[457] Diese Übereinstimmung soll als Aussage genügen und bestätigt, dass diese angeführten Kriterien in eine nähere Bestimmung der Informationsgesellschaft aufgenommen werden müssen.[458] Weiterhin findet die Kriterienaufnahme ihre Bestätigung auch in jenen Definitionskonzepten der Informationsgesellschaft, die die Verschiebung in der Verteilung der Erwerbstätigen häufig in den Mittelpunkt stellen. Exemplarisch seien die Arbeiten von Peter Otto und Philipp Sonntag genannt.[459]

In eine vergleichbare Richtung gehen auch die Forschungsarbeiten von Marc Uri Porat und Michael Rubin, die die Forschungsergebnisse von Machlup und Bell in Ihre Studien einbezogen und 1977 die wohl bekannteste Studie zur Informationswirtschaft lieferten.[460] Porat / Rubins Erkenntnisinteresse geht zurück auf Bells Vorstellung, theoretisches Wissen als neues axiales Prinzip in postindustriellen Gesellschaften zu sehen.[461] Porat / Rubins Ziel ist es, dieses axiale Prinzip mit der VGR zu untermauern. Es sollte ein Instrumentarium entwickelt werden, dass den Beitrag von Information und Wissen zur Volkswirtschaftlichen Gesamtrechnung offenlegt. Zudem verfolgt Porat den empirischen Nachweis der Ausführungen von Parker und Oettinger, die hervorgehoben haben, dass die Produktionsbedingungen nicht mehr vorwiegend durch den Produktionsfaktor

---

454 Daniel Bell, The Coming of post industrial society, a.a.O., S.224.

455 Frank Webster, a.a.O., S.14.

456 Peter Drucker, The Age of Diskontintiuity, a.a.O., S.249.

457 Ebd. S.247.

458 Frank Webster, a.a.O., S.1.

459 Peter Otto / Philipp Sonntag, Wege in die Informationsgesellschaft. Steuerungsprobleme in Wirtschaft und Politik, München 1985, S.49.

460 Es handelt sich um eine äußerst umfassende "Job-by-Job Analyse" und eine detaillierte Untersuchung der Informationswirtschaft der USA.

461 Marc Uri Porat, The Information Economy. 9 Vols. Office of Telecommunications. U.S. Departement of Commerce. Special Publication 77-12, May 1977. Marc Uri Porat, The Information Economy Vol 1 und Vol.2, Standford University 1976, Ph.D. Vgl. auch Michael Rogers Rubin / Elizabeth Taylor, The U.S. Information Sector and GNP: An Input-Output-Study. In: Information Processing & Management. Libraries and Information Retrieval – Systems and Communication Netwokrs. Formerly: Information Storage Retrieval, Volume 17, 1981, Oxford, New York, Toronto, S.163-214.

Kapital, sondern durch den Faktor Information determiniert würden.[462] Obgleich Porat / Rubin, im Gegensatz zu Bell, keinen reinen soziologischen Standpunkt verfolgen, vertreten sie dennoch nachhaltig die Auffassung, dass eine Änderung der ökonomischen Produktionsbedingungen zwangsläufig auch eine Änderung der sozialen Strukturen herbeiführen werde. Daher sehen Porat / Rubin ihre Aufgabe darin, nicht nur die empirische Analyse der Informationsgesellschaft zu leisten, sondern zugleich auch ein Planungsmodell für die Informationsgesellschaft zu erarbeiten, das in eine aktive staatliche Strukturpolitik zur Informatisierung der Gesellschaft münden soll.
Methodisch orientieren sich Porat / Rubin vor allem an den Arbeiten Machlups und beschreiben die bestehende Volkswirtschaft als *Information Economy*. In der "intellectual genesis"[463] der Arbeit verdeutlicht sich, dass auch hier der bekannte "industry aproach" und "occupation approach" zur Anwendung kommen, wenngleich in modifizierter Form. Die Modifikation besteht zunächst darin, dass Porat und Rubin[464] sich nicht wie Machlup auf den Verkaufspreis des Informationsproduktes beziehen, sondern auf das Einkommen, das durch Informationsaktivitäten generiert wird. Während Machlup die Nation Income Accounts völlig neu strukturiert und sein Datenmaterial eher unorthodox ermittelt, hält sich Porat streng an die in der VGR üblichen *Nation Income Accounts des Bureau of Economic Analysis* des *U.S. Departement of Commerce* und verwendet dessen bereits bestehenden Code, um Informationsaufgaben zu definieren. Aber auch Porat / Rubin bleiben nicht frei von Eigenwertungen, wenn sie den Grad der Informationsintensität von Beschäftigungen festlegen. Des weiteren verfolgen Porat / Rubin die Zuordnung von Angebot und Nachfrage nach Informationsgütern und -dienstleistungen mit Hilfe der Input-Output-Rechnung zu den einzelnen Branchen und Gütergruppen.[465] Dabei widmeten sie sich auch den auf den privaten Bereich konzentrierten Informationsaktivitäten und auf solche, die für die Produktion von nicht-informationellen Gütern und Dienstleistungen gebraucht werden. Als Ergänzung zu Machlup entwickelten sie die Vorstellung eines zweiten Hauptelementes des Informationssektors, den sogenannten "secondary information sector".[466] Porat / Rubin liefern keine allumfassende Definition der beiden Sektoren. Die Definition der Sektoren erfolgt anhand konkreter Beispiele. Grob zusammengefasst, umfasst der "Primäre Informationssektor" sämliche Informationsgüter und -dienstleistungen, die am Markt angeboten werden und ein ökonomisches Gut darstellen. Die Definition des primären Informationssektors nach Porat / Rubin ist demnach nicht weit entfernt von der Definition der "Knowledge Industry" durch Machlup, da Porat in den "Primären Informationssektor" alle jene Industrien einschließt, die Information auf etablierten Märkten gemäß eines ökonomischen Wertes erhältlich machen (z. B. Massenmedien, Erziehung, Werbung, Computerherstellung...)

> "... the end product of all information service markets is knowledge. An information market enables the conservice markets is knowledge. An information market enables the consumer to know something that was not known beforehand; to exchange a symbolic experience; to learn or relearn something;

462 Edwin B. Parker: Information and Society. In: Annual Review of Information Science and Technology, Vol 8 (1973), S.345-373.
463 Marc Uri Porat, The Information Economy, Stanford University 1976, Vol. 1, Kap 1, S.3-22.
464 Die Arbeit wird zumeist unter den Namen Porat / Rubin geführt, da Rubin sie nach dem Tod Porats beendete.
465 Marc Uri Porat bezieht sich dabei in erster Linie auf Wassily Leontieff, Input-Output Economics, New York 1966.
466 Frank Webster, a.a.O. S.10, Vgl. auch Herbert S. Dordick / Georgette Wang, a.a.O., S.41.

to change a perception or cognition; to reduce uncertainity; to expand one's range of options; to exercice rational choices; to evaluate decisions; to control a process; to communicate an idea, fact, or opinion."[467]

Im "Sekundären Informationssektor" sind sämtliche Informationsgüter und -dienstleistungen zusammengefasst, die in Unternehmen und durch den Staat produziert, aber nicht am Markt angeboten werden.[468] Zusätzlich bezieht Porat in den "Sekundären Informationssektor" auch Informationsaktivitäten wie Forschung und Entwicklung sowie sämtliche Bürokratien und Organisationen mit ein. Entsprechend trifft er im "Sekundären Informationssektor" eine weitere Unterscheidung in "öffentliche Bürokratien", die die Informationsaktivitäten des Staates zusammenfassen, und in "private Bürokratien", die Informationskosten erfassen, die bei der Herstellung eines Gutes anfallen, das nicht als Informationsgut bezeichnet werden kann: "... the informational costs of providing a noninformational good."[469]
Primärer und Sekundärer Informationssektor werden verdichtet und zusammengelegt und infolge von nicht-informationellen Elementen der Wirtschaft unterschieden. Auf diese Weise wird der "Nicht-Informationssektor" generiert, der seinerseits wiederum aus zwei Sektoren besteht: der Güterproduktion der Unternehmen und der Güterproduktion des Staates. Die Güterproduktion der Unternehmen wird von Porat / Rubin definiert als Unternehmenssektor der VGR abzüglich sämtlicher primärer und sekundärer Informationsaktivitäten. Er bildet das "heart of the traditional economy"[470]. Die Güterproduktion des Staates definiert Porat als "... that portion of government which is so engaged in producing non-informational public and quasi-public goods."[471] Als letzter Bereich bestehen die privaten Haushalte als Anbieter des Faktors Arbeit und als Nachfrager von Konsumgütern (Informationsgüter und Nicht-Informationsgüter) sowie Dienstleistungen (Informationsdienstleistungen und Nicht-Informationsdienstleistungen). Durch die Bildung dieser Restkategorie gelingt es, den Informationssektor formal in die VGR zu integrieren.
Porat / Rubin beziehen sich so zwar auf die Instrumente der VGR, als eigentliches Definitionsmerkmal der Sektorenbildung dienen aber weniger die Wirtschaftssubjekte als die statistische Erfassung der ökonomische Aktivität der Informationsproduktion, der Informationsdistribution und des Informationskonsums. Diese ökonomischen Aktivitäten gilt es statistisch zu erfassen. Im Gegensatz zum Verfahren der VGR erfasst Porat nicht die gesamte ökonomische Aktivität in den Wirtschaftsbereichen Staat, Unternehmen und private Haushalte, sondern extrahiert aus jedem Bereich die Informationsaktivität und fasst diese in einem eigenen Sektor zusammen.[472] Das besondere Problem dieser Vorgehensweise besteht darin, dass

---

467 Marc Uri Porat / Michael R. Rubin, The Information Economy: development and measurement, a.a.O., S.22.

468 Marc Uri Porat, The Information Economy, Stanford University 1976, Vol. 1, Kap 1, S.232. Unter einer „quasi firm" versteht Porat einen abgeschlossenen Teilbereich eines Unternehmens, der dadurch gekennzeichnet ist, dass "these quasi firms have direct analogs in the primary information sector". Bsp. Werbeabteilungen, Buchhaltung, Rechenzentrum, Forschung und Entwicklung, Rechtsabteilung. Die Informationserstellung und -verarbeitung in diesen Teilbereichen des Unternehmens geht in den Prozess der Leistungserstellung in Form von Hilfsgütern und Zwischenprodukten ein. Im üblichen Konzept der VGR gehören diese zu den Nicht-Informationsgütern.

469 Ebd. S.38.

470 Ebd. S.39.

471 Ebd. S.38.

472 Ebd. S.51/52.

in den Statistiken der VGR zwar Wirtschaftszweige, Branchen und Gütergruppen, aber meist nicht im engeren Sinne ökonomische Aktivitäten wie z. B. Informationsverarbeitung erfasst sind. Es gibt zwei Möglichkeiten, dieses statistische Problem zu bewältigen: entweder müssen die Wirtschaftszweige weiter disaggregiert werden[473], oder aber, sollte die Informationsaktivität nur einen Teil der gesamten ökonomischen Aktivität darstellen (Informations- und Nichtinformationsinputs und Informations- und Nichtinformationsoutputs), muss mit empirischen Einzelstudien ermittelt werden, welcher Prozentsatz der Wertschöpfung in diesem Wirtschaftszweig den Informationsaktivitäten zugerechnet werden kann.[474] Auf diese Weise unterscheiden Porat / Rubin bei der volkswirtschaftlichen Sektorenbildung sechs Sektoren[475]: zwei Informationssektoren (primärer und sekundärer Informationssektor), drei Nicht-Informationssektoren und den Sektor der privaten Haushalte. Dies stellt eine außerordentliche Erweiterung und Modifikation der ursprünglichen Drei-Sektoren-Hypothese dar. Dergestalt können aber auch Informationsaktivitäten, die innerhalb anderer Wirtschaftssektoren erscheinen, aufgenommen werden. Ganz bewusst werden damit auch "quasi-information activities"[476] mit einbezogen. Die Notwendigkeit eines solchen Vorgehens wird augenfällig im gesamten Bereich der Bürokratie und Organisation, der erstmalig ebenfalls in Teilbereichen als Informationsaktivität gesehen wurde. Um festzulegen, was unter Informationsgütern und -dienstleistungen genau zu verstehen ist, wenden Porat / Rubin eine Nominaldefinition an, d. h. Informationsaktivitäten werden durch Benennung definiert: "It is easier to define information by example than by direct application."[477] Dies korrespondiert mit der Mehrdimensionalität des Informationsbegriffs. Porat / Rubin verzichten bewusst auf eine Abgrenzung nach qualitativen Gesichtspunkten: "It does not have to be ›good‹ information to qualify as an information service, nor does it have to be ›true‹. Unfortunately, lies, distortions, and inaccuracies are still information."[478]

Laut Porat bilden die folgenden acht Wirtschaftsgruppen den primären Informationssektor:[479]

1. Forschung und Entwicklung im privaten und staatlichen Bereich,
2. Informationsverteilung und Kommunkation (Bildung und Erziehungswesen, öffentliche Informationsdienste und Informationsverarbeitung mit Individual- und Massenmedien),
3. Risikomanagement (Teile des Versicherungs- und Bankenwesens, die mit der Beschaffung von Information betraut sind),
4. Werbung sowie Unternehmens-, Steuer- und Vermögensberatung, Rechtsberatung und andere Informationsdienstleistungen,
5. Informationsverarbeitung durch elektronische und nicht-elektronische Informationskanäle (Infrastruktur der Telekommunikation),

473 In den amerikanischen National Accounts wird bereits weitgehend disaggregiert, was die Bildung eines Informationssektors erleichtert. In der Bundesrepublik wird vom Statistischen Bundesamt auf eine extensive Disaggregation verzichtet. Dies erschwert die Bildung vertikaler Sektoren wie des Informationssektors, man bleibt auf Schätzugen angewiesen.

474 Marc Uri Porat, The Information Economy, a.a.O., Vol. 1, Kap 1, S.68-78, Erläuterung anhand zweiter Bereiche: Gesundheitswesen und Bauwirtschaft.

475 Ebd. S.36-43.

476 Herbert S. Dordick / Georgette Wang, a.a.O., S.42.

477 Marc Uri Porat, The Information Economy, a.a.O., Vol. 1, Kap 1, S.48.

478 Ebd. S.49.

479 Ebd. S.50.

6. Produktion von Informationsgütern durch private Unternehmer (Elektronische und nicht-elektronische Zwischenprodukte, Konsum und Investitionsgüter. Gemeint sind nicht nur Druckerzeugnisse, sondern auch Druckmaschinen),
7. Ausgewählte staatliche Informationsaktivitäten
8. Hilfsgüter (support facilities).

Hensel weist darauf hin, dass die Gemeinsamkeit dieser acht Gruppen darin besteht, "(...), daß die Tätigkeiten in irgendeiner Form mit der Produktion, Sammlung, Bearbeitung, Verteilung, Weitergabe oder Speicherung von Information verbunden sind."[480]
Nach entsprechender Analyse ziehen Porat / Rubin den Schluss: "The United States is now an information based economy"[481] und sprechen von einer "information society", "... (where) the major areas of economic activities are the information goods and service producers, and the public and private (secondary information sector) bureaucracies."[482]
Nachfolgend schlüsseln Porat / Rubin die Wertschöpfung in den Wirtschaftszweigen nach der Art der Einkommensentstehung auf. Zusätzlich zu der Informationsbeschäftigung sehen Porat / Rubin das generierte Einkommen der Informationsaktivitäten als effektive Maßeinheit. Ihrer Auffassung nach kann so der Beitrag und die Verteilung der Informationsökonomie genauer definiert werden, zumal zahlreiche Informationsprodukte und Informationsdienstleistungen als Zwischengüter den Markt gar nicht erreichen.[483] Porats Entscheidung, eine "support facilities" Kategorie einzuführen, wird weitgehend kritisch kommentiert, da sein Modell damit beansprucht, dass fast jeder der im Bereich Produktion, Übermittlung und Verarbeitung von Information beteiligt ist, unter die Informationsindustrie subsumiert wird. Damit wird zwar erreicht, dass die Kriterien außerordentlich umfassend angelegt sind. Die Qualität der Arbeit bleibt jedoch außer Acht. Nicht von der Hand zu weisen ist, dass Porat / Rubin in ihrer Vorgehensweise gerade der Allgegenwärtigkeit von Information Rechnung tragen.
Wie bei bereits Machlup und Bell wird der Blickwinkel neben den Wirtschaftszweigen zusätzlich auf die Beschäftigungsstruktur gesetzt, um zu einer umfassenden Beurteilung der Gesellschaftsentwicklung zu gelangen.[484] Dadurch wird die mit der Gesellschaftsentwicklung einhergehende Veränderung der Arbeit hervorgehoben. Die Veränderung besteht darin, dass die agrarisch und industriell dominierte Warenproduktion zugunsten einer Informations- und Wissensproduktion und -verteilung zurückgedrängt wird. Den Beginn dieser Tätigkeitsveränderung sehen Porat / Rubin bereits in den 40er Jahren. Um zu diesem Ergebnis zu gelangen, erweiterten sie Bells Bemessungskonzept, indem sie "ancillary workers and firms who support the production and distribution of information"[485] einschließen. In die Kategorisierung aufgenommen werden damit auch all jene Aktivitäten und Tätigkeitsfelder, die im Grunde nur als Beitrag zur Produktion von Information gesehen werden.[486]

---

[480] Matthias Hensel, a.a.O., S.99.
[481] Marc Uri Porat, Commuication Policy in an Information Society, In: Glen O. Robinson (ed.), Communications for Tomorrow: Policy Perspectives for the 1980s. New York 1978, S.11.
[482] Ebd. S.11.
[483] Marc Uri. Porat / Michael Rubin, The Information Economy: development and measurement, Vol 1,a.a.O., S.47.
[484] Marc Uri Porat, The Information Economy, a.a.O., Vol. 1, Kap 1, S.167.
[485] Marc Uri Porat / Michael Rubin, The Information Economy Vol.1, a.a.O., S.5.
[486] Ebd. S.57.

Dabei weist Porat selbst explizit auf die Problematik einer definitorischen Abgrenzung der Informationsbeschäftigung hin:

> „Stating precisely who is an information worker and who is not is a risky proposition. Obviously, every human endeavour involves some measures of information processing and cognition; intellectual content is present in every task no matter how mundane.“[487]

Er definiert einen Informationsarbeiter als Erwerbstätigen, der überwiegend und vorrangig mit der Produktion, Bearbeitung oder Verteilung von Informationen beschäftigt ist. Ausgehend von dieser Definition unterscheidet Porat d rei G ruppen von Informationsarbeitern:
Zum einen die Beschäftigung im Bereich des Informationsmarktes ("markets for information"), entsprechend der Betrachtung von Information als Leistungsobjekt / Ware. In dieser Gruppe sind alle Informationsarbeiter zusammengefasst, deren vorrangige Beschäftigung die Produktion eines Informationsgutes ist, das als ökonomisches Gut auf Märkten angeboten wird.
Zum zweiten wird der Bereich interner Information (information in markets) betrachtet. Diese Informationsarbeiter bieten Information nicht am Markt an, sondern sie sind vor allem in staatlichen und privaten Bürokratien damit beschäftigt, Informationen zu sondieren, zu finden, zu verteilen und zu bewerten.
Zuletzt betrachtet Porat den Bereich der Informationsinfrastruktur (information infrastructure). Die Aufgabe der Informationsarbeiter in diesem Bereich besteht darin, die Informationsmaschinen und Informationsinfrastruktur für die beiden oben genannten Gruppen bereitzustellen.
Entsprechend dieser Kategorisierung ordnet er die 422 Berufen, der Statistiken des US amerikanischen *Bureau of Labour Statistics* dem Informationssektor zu.[488] Arbeitet die Mehrheit in diesem Informationssektor, so konstatiert Porat die Realisierung einer Informationsgesellschaft. In die gleiche Richtung weisen die Überlegungen von Peter Otto und Philipp Sonntag:

> "Sobald die Mehrheit der Beschäftigten im Informationssektor arbeiten würden, wäre es auf jeden Fall berechtigt, von einer Informationsgesellschaft zu sprechen. (...) Ebenso könnte man versuchen festzustellen, welcher Anteil des finanziellen Aufwandes in Betrieben und in einer Volkswirtschaft insgesamt für Zwecke der Be- und Verarbeitung von Information eingesetzt wird."[489]

Entsprechend führen Porat / Rubin drei Stadien des sozialen Wandels an, wobei auch sie agrarisch dominierte Gesellschaftsstrukturen, industriell dominierte Gesellschaftsstrukturen und in der Weiterentwicklung informationell dominierte Gesellschaftsstrukturen unterscheiden.[490]
Porat schließt eine detaillierte Analyse der Beschäftigungsstruktur und -entwicklung an und untersucht im nächsten Schritt, in welchen Branchen und Wirtschaftszweigen die Informationsarbeiter tätig sind.[491] In der Terminologie Machlups stellt dies eine Kombination des "occupation approach" mit dem "industry approach" dar, da Porat nicht mehr allein von den Informationsberufen ausgeht, sondern fragt, ob die Informationsabeiter im Informationssektor oder im Nicht-Informationssektor, im

487 Ebd. S.167/168f.
488 Ebd. S.187.
489 Peter Otto / Philip Sonntag, a.a.O., S.49.
490 Marc Uri Porat, The Information Economy, a.a.O., Vol. 1, Kap 1, S.189.
491 Ebd. S.193-203.

primären oder sekundären Informationssektor arbeiten. Porat kann zur Ermittlung dieser Daten auf eine „occupation by industry matrix“ zurückgreifen, die in den USA vom *Bureau of the Census* und dem *Bureau of Labor Statistics* erstellt wird. Aus der Betrachtung kann man ablesen, in welchem Ausmaß einzelne Branchen auf die „information resources“ der Gesellschaft zurückgreifen. Daraus läßt sich wiederum die Informationsintensität einzelner Branchen ableiten.[492]

Zusammenfassend kann festgehalten werden, dass Porat den ursprünglichen Ansatz von Machlup weiterentwickelt hat. Den groben Schätzungen Machlups setzt Porat ein statistisches Verfahren entgegen. Die Beschäftigungskategorien von Porat / Rubin wurden auch in verschiedenen anderen Studien angewandt und gelten bis heute als Grundlage der Analyse der Informationsbeschäftigung.[493]

> "The first category includes those workers whose output as primary activity is producing and selling knowledge. Included here are scientists, inventors, teachers, librarians, journalists, and authors. The second major class of workers covers those who gather and disseminate information. These workers move information within forms and within markets; they search, co-ordinate, plan and process market information. Included here are managers, secretarians, clerks, lawyers, brokers, and typists. The last class includes workers, who operate the information machines and technologies that support the previous two activities. Included here are computer operators, telephone installers, and television repairers."[494]

Porat tritt der Definitionsproblematik durch den Versuch entgegen, nicht-informationelle und informationelle Arbeit zu unterscheiden, indem er den Informationsanteil innerhalb eines Berufsbildes abschätzt. Auf diese Weise können Strukturverschiebungen in der Erwerbsarbeit plausibel sichtbar gemacht werden. Den Arbeiten von Machlup und Porat / Rubin folgend, wurden zahlreiche weitere Studien unternommen, die einen Beitrag zur Definition der Wissensindustrie liefern sollten.[495] Sämtliche Studien bestätigen die Existenz einer auf Information basierenden Wirtschaft.

> "In essence, this is presented in terms of a transition within advanced economies form their original basis in agriculture to one founded on industry, moving towards becoming service and, ultimately, information economies."[496].

Die OECD hat diese sichtbaren und empirisch nachgewiesenen Veränderungen aufgegriffen und richtete dementsprechend in Paris 1977 eine Abteilung *Information, Computer, Communication Policy (ICCP)* ein. Zugleich erging die Forderung an die

---

492 Porat legt diese umfangreiche Matrix nur für das Jahr 1967 vor. Mit dieser Querschnittsanalyse wird damit nur eine Momentaufnahme der Beschäftigungsstruktur in den USA präsentiert. Um den Strukturwandel darzustellen, müßten mehrere dieser Querschnittsanalysen zu einer Längschnittsbetrachtung kombiniert werden.

493 J.Barnes / D. Lamberton, The growth of the Australian Information Society. In: Meheero Jussawalla / Donald Lamberton (Eds.), Communication Econommics and Development, New York 1976, S.128-140.

494 Marc Uri Porat, Communication Policy in an Information Society. In: Glen O. Robinson (ed.), Communications for Tomorrow: Policy Perspectives for the 1980s, New York 1978, S.3-60, hier S.5/6.

495 Michael R. Rubin / Mary T. Huber, The Knowledge Industry in the United States 1960-1980, Princeton, New York 1986.

496 William Martin, a.a.O., S.93.

Mitgliedsländer, die Untersuchung Porat / Rubins in ihren Ländern nachzuvollziehen. Die OECD übertrug der Arbeitsgruppe ICCP die Klärung der Frage, ob es sich bei der Entwicklung zur *Information Economy* um eine amerikanische Besonderheit oder um einen international nachweisbaren Strukturwandel handle. Um darüber eine Aussage treffen zu können, war es nötig, ein einheitliches statistisches Instrumentarium zu entwickeln. 1978 hat die OECD deshalb ein Konzept vorgelegt, mit dem, basierend auf dem Ansatz Porat / Rubins, aber unter Berücksichtigung des unterschiedlichen statistischen Datenmaterials in den Mitgliedsländern, die Entwicklung zur Informationsgesellschaft quantitativ beschrieben werden sollte.[497] Auch die OECD nimmt eine Abgrenzung des Informationssektors nach Erwerbstätigen und nach Informationsprodukten und -diensten vor, ganz in der Tradition der "industrial and occupational approaches" und übernahm dabei Porats Liste der Beschäftigungskategorien lediglich mit einer Änderung[498]. Durch eine intensive Arbeit mit nationalen Statistiken war das ICCP schließlich in der Lage, Daten von 13 OECD-Mitgliedsstaaten zu analysieren und den Strukturwandel der Beschäftigung darzustellen. Zugleich wurde der Anteil des Informationssektors am jeweiligen Bruttoinlandsprodukt ermittelt. Das Ergebnis zeigte ein deutliches Anwachsen des Informationssektors von 1900 bis 1980, verbunden mit einer sichtbaren Abnahme des Agrar- und Industriesektors. Auffällig war zugleich ein Wachstum des Dienstleistungssektors, auch hier insbesondere im Bereich der Informationsarbeiter. Zur Durchführung der Untersuchung entwickelte die OECD einen entsprechenden Fragebogen.[499] Abweichend von Porat werden die Informationsarbeiter nicht in drei, sondern in vier Berufsgruppen unterteilt:

- den Informationsproduzenten (information producers)
- den Informationsverarbeiter (information processors)
- den Informationsverteiler (information distributors)
- Informationsinfrastrukturberufe (information infrastructure occupations)[500]

Dabei sind einige weitere Abweichungen zu Porat festzustellen, die darauf zurückzuführen sind, dass die OECD die Abgrenzung in erster Linie nach der Einteilung des 1968 entwickelten ISCO (International Standard Classification of

---

497 Zum Konzept der OECD Vgl. OECD/ICCP (Hrsg.): Information Activities, Electronics and Telecommunications Technologies. Impact on Employment, Growth and Trade. Vol. I +II. ICCP Series No. 6 Paris 1981. Hans-Peter Gassmann (Hrsg.), Information, Computer and Communications Policies for the 80's. An OECD Report. Amsterdam 1981; Ingo Schmoranz, Macroeconomic Aspects of the Information Sector. In:Hans-Peter Gassmann, a.a.O. Für die Bundesrepublik: Harald Legler / Bernhard Speckner, Informationssektor in der Bundesrepublik Deutschland, Fraunhofer Gesellschaft, Institut für Systemtechnik und Innovationsforschung (ISI), Karlsruhe 1978. Vorarbeit von Siegfried Lange / Helmut Rempp, Qualitative and Quantitative Aspects of the Information Sector, Karlsruhe 1977. Dazu auch Renate Filip-Köhn / Gerhard Neckermann / Reiner Stäglin, Information Activities: Updating and Improving the Data Base of the Republic of Germany, Deutsches Institut für Wirtschaftsforschung (DIW), Berlin 1984.

498 Die Bereiche Marktforschung, Koordinationsspezialisten und Informationstechnologiearbeiter wurden in eine Kategorie zusammengefasst und als "information infrastructure occupations" bezeichnet.

499 Die ersten sieben Fragen basieren auf dem Konzept des Informationsarbeiters, wie es von Porat bzw. Machlup vorgelegt wurde. Die weiteren fünf Fragen beziehen sich auf die gesamtwirtschaftliche Wertschöpfung und Nachfrage im primären und sekundären Informationssektor. Auch hier wurde der "occupational approach" und der "industrial approach" verfolgt.

500 Vgl. dazu auch Frank Stille, Renate Filip-Köhn, Heiner Flassbeck, Bernd Görzig, Erika Schulz und Reiner Stäglin, Strukturverschiebungen zwischen sekundärem und tertiärem Sektor. Deutsches Institut für Wirtschaftsforschung. Beiträge zur Strukturforschung, Heft 107, Berlin 1988, S.107.

Occupations) Schemas[501] vornimmt. Dem Fragenkatalog folgend soll im Konzept der OECD zunächst die Zahl der Informationsarbeiter mit der gesamten Zahl der Erwerbstätigen („economically active") verglichen werden. Dabei bezieht sich die OECD auf die Darstellung im Vier-Sektoren-Schema. Die Darstellung der Verteilung der Informationsberufe auf die Wirtschaftszweige und Branchen erfolgt in einer „occupation by industry matrix". Die Informationsintensität einzelner Wirtschaftszweige läßt sich nur in grober Annäherung bestimmen, konkrete Aussagen über die Verteilung einzelner Informationsberufe auf die unterschiedlichen Wirtschaftszweige bzw. Branchen sind mit diesem vereinfachten Verfahren der OECD nicht möglich. Um den Stukturwandel auf dem Arbeitsmarkt darstellen zu können, sollen diese Daten in Form von Zeitreihen erhoben werden, wobei die Struktur der auf dem Arbeitsmark angebotenen offenen Stellen untersucht wird. Im Anschluss erfolgt die Quantifizierung des Informationssektors im Rahmen der Volkswirtschaftlichen Gesamtrechnung. Die OECD hat diesbezüglich von Porat die Unterscheidung zwischen primärem und sekundärem Informationssektor übernommen und orientiert sich auch bei Definition und Abgrenzung des Informationssektors an dessen Konzept. Die OECD beschränkt sich jedoch nicht nur auf die Ermittlung der Wertschöpfung, sondern erfasst auch die gesamtwirtschaftliche Nachfrage nach End- bzw. Vorleistungen und Zwischenprodukten. Legler / Speckner, die erstmalig eine detaillierte Zuordnung der Berufe zu den von Porat dargelegten Kategorien des Informationssektors für die Bundesrepublik vorgenommen haben, verweisen darauf, dass der Forschungsprozess dabei auf das vorhandene statistischen Material in der Bundesrepublik angewiesen bleibt, was zur Folge hat, dass die Wertschöpfung im Informationssektor kaum zu ermitteln ist.[502] Dies ist bis heute so geblieben und stellt ein deutliches Manko in den zahlreichen statistischen Erhebungen zu Deutschland dar.[503]
In ihrem Fragebogen empfiehlt die OECD, innerhalb der gesamtwirtschaftlichen Nachfrage nach Informationsgütern und -dienstleistungen zwischen Konsumgütern, Investitionsgütern und staatlichen Ausgaben zu differenzieren. Anhand dieser Unterscheidung kann man zeigen, wer Nachfrager für Informationsgüter und -dienstleistungen ist. Dadurch läßt sich ein Strukturwandel innerhalb des primären Informationssektors auch dann erkennen, wenn der gesamte Sektor in absoluten bzw. relativen Größen gemessen konstant bleibt.
Zum gegenwärtigen Zeitpunkt kann festgehalten werden, dass der OECD-Report eine sinnvolle Vergleichsstudie darstellt, die die Entwicklung und Sektorenverschiebung verdeutlicht.
Aber auch die Vorgehensweise der OECD ist nicht unangreifbar. Insbesondere Definitionsunterschiede von Informationssektor und Informationsbeschäftigung in den jeweiligen nationalen Statistiken können zu irreführenden Aussagen verleiten und die Vergleichbarkeit beeinträchtigen.

---

501 Bestehend aus den 4 Kategorien der 1968 festgelegten International Standard Classification of Occupations.

502 Harald Legler / Bernhard Speckner, Informationssektor in der Bundesrepublik Deutschland, a.a.O. S.21 f. Ebenso Harald Legler, Erwerbstätige im Informationssektor in der Bundesrepublik Deutschland 1978 – Ergänzung zum Endbericht, Karlsruhe, August 1979.

503 Auch die vorliegende Arbeit konnte die aufgestellten Indikatoren zur quantitativen Erfassung der Bundesrepublik als Informationsgesellschaft nicht anwenden, da eine fundierte statistische Erhebung dazu vonnöten gewesen wäre. Ein Rückgriff auf bestehende Daten war leider nicht möglich. Die Daten, die beipielsweise im Bundeswirtschaftsministerium vorliegen, sind definitorisch nicht geklärt.

Auffällig an allen bisher erwähnten Studien ist die Beschränkung auf einen Parameter zur Bemessung des Informatisierungsgrades, nämlich meist die Größe des Informationssektors, der nachgewiesen wird durch den "industrial und occupational approach". Daraus ergibt sich als wesentliche Unsicherheit, dass Wissens- oder Informationsindustrien und die Wissens- oder Informationsbeschäftigung in den Statistiken der einzelnen Länder – soweit überhaupt vorhanden – auch völlig unterschiedlich definiert werden: "The end product – a bald statistical figure giving a precise percentage of ›information workers‹ – hides the complex processes by which researchers construct their categories and allocate people to one or another."[504]
Diese Feststellung ändert jedoch nichts am nachweisbaren Trend und bestärkt höchstens die Aufforderung zu einer globalen Annäherung für statistische Erhebungen. Die Trendfeststellung sämtlicher Studien lautet, dass der szientistisch unterstellte Informationssektor in allen Gesellschaften in beachtenswerter Weise wächst und dass dieses Wachstum des Informationssektors in direktem Zusammenhang zum Wachstum der Volkswirtschaft selbst steht: "(...) generally, the larger the information sector, the higher the GNP/capita."[505] In der Folge wurde schließlich den Schwellen- und Entwicklungsländern große Beachtung geschenkt, wobei davon ausgegangen wurde, dass der allgemeine Informatisierungsgrad eines Landes den Entwicklungsstand selbst beeinflusse.[506]
Nicht zu leugnen ist, dass der Nutzen derartig grober Aggregationen in der Wissenschaft durchaus kontrovers diskutiert wird.[507] Dieser Erkenntnis entsprechend, erweiterte Werner Dostal die bestehenden Vorgehensweisen um eine weitaus weniger komplexe Abgrenzung des Informationssektors.[508] Ausgangspunkt Dostals ist die plausible Feststellung, dass der entscheidende Faktor im Entstehen einer Informationsgesellschaft die Betonung theoretischen Wissens gegenüber praktischem Wissen ist. Verfolgt man diesen Argumentationsstrang, so erscheint es einsichtig, jene, die theoretisches Wissen besitzen, von jenen Informationsarbeitern, die Tätigkeiten ausführen, zu differenzieren. Damit ergibt sich ein neues Differenzierungsmerkmal, das unter den Begriff "inner circle" subsumiert werden kann.[509] Der Begriff "inner circle" bezeichnet Personen, die sich durch kommunikative Arbeitsweisen, analytische Fähigkeiten, strategischen Kapazitäten und die Fähigkeit zur Anwendung von Informations- und Kommunikationstechnologien auszeichnen. Diese Personen weisen zumeist ein privilegiertes Erziehungs- und Bildungsniveau auf. Dostal führt ein entscheidendes Kriterium in die Diskussion ein, das bis dahin weitgehend vernachlässigt worden ist: die Notwendigkeit, qualitative Elemente in das Konzept des Informationsarbeiters einzubeziehen. Harold Perkins wiederholte diese Sichtweise und dokumentiert diese in "The Rise of Professional Society".[510] Perkins stellt die Behauptung auf, dass der

---

504 Frank Webster, a.a.O.,S.14.

505 Herbert S. Dordick / Georgette Wang, a.a.O., S.49.

506 Meherow. Jussawalla, Donald.M. Lamberton, N.D. Karunaratne, The cost of thinking: Information economies of ten Pacific countries, Norwood, New York 1982, S.15-43, Untersuchungen der Länder Fidji, Neu Seeland, Papua Neuguinea, Philippinen, Malaysia, Singapur, Thailand. Raul L. Katz, Explaining information sector growth in developing Countries. In: Telecommunication Policy, 10, 1986, S.209-228.

507 Dies wurde in einem Gespräch mit Werner Dostal am 22. Oktober 1999 im Rahmen des Symposiums WissensWert an der Freiburger Universität nachhaltig bestätigt.

508 Werner Dostal, Der Informationssektor und seine Entwicklung in der Bundesrepublik Deutschland. In: Thomas Schnöring, a.a.O., S.84.

509 Michael Useem / Jerome Karabel, Pathways to Top Corporate Management, In: American Sociological Review, 51 April, S.184-200, 1986.

510 Harold Perkins, The Rise of professional Society, o.O. 1990.

Experte als neue dominante gesellschaftlich Klasse entsteht. Alvin Gouldners Äußerung von der "new class" zielt in die gleiche Richtung. Gouldner identifiziert im 20. Jh. eine neue Klasse mittels eines neuen Beschäftigungstyps, "... composed of intellectuals and technical intelligentsia."[511] Entsprechend plädiert Dostal für eine Abgrenzung der Informationsberufe nach dem eigentlichen Tätigkeitsschwerpunkt. Dabei bezieht er auch solche Aufgaben mit ein, die nur durch ihr Ziel ihren Informationsbezug ableiten, also etwa infrastukturorientierte Informationsberufe. Diese besitzen von ihrem eigentlichen Tätigkeitsschwerpunkt keinen hohen Informationsanteil, sind aber doch eng mit dem Informationsbereich verbunden (z.B. Drucker, Nachrichtenverkehr, Bürohilfskräfte, Datenverarbeitungskräfte). Entsprechend dieser Grundannahmen ermittelt Dostal zunächst die Anteile der Informationstätigkeiten in den jeweiligen Berufsbildern und ordnet diese im Anschluss nach ihrem Informationsbezug. Dies führt zu einer Gliederung der Berufe in Randberufe, Mischberufe und Informationsberufe.[512] Die bis dahin in der Forschung dominierende Unterscheidung in die Kategorien *Informationsproduzenten*, *Informationsarbeiter* und *Informationsverteiler* betrachtet Dostal aufgrund der Abgrenzungsschwierigkeiten und Aggregationsungenauigkeiten als nicht zweckmäßig. Er schlägt stattdessen folgende Untergliederung vor:

- Technische und naturwissenschaftliche Informationsberufe (Ingenieure, Chemiker, Physiker, Mathmatiker, Vermessungstechniker, sonstige Techniker, Technische Zeichner, Naturwissenschaftler, anderweitige Wissenschaftler),
- Kaufleute und Verwaltungsberufe (Warenkaufleute, Bank- und Versicherungskaufleute, andere Dienstleistungskaufleute, Rechnungskaufleute, Bürofachkräfte)
- Organisations- und Ordnungsberufe (Unternehmer, Organisatoren, Wirtschaftsprüfer, Abgeordnete, Administratoren, Rechtswahrer, Rechtsberater, Wirtschaftswissenschaftler, Sozialwissenschaftler, Statistiker),
- Soziale Berufe und Lehrer (Sozialpflegerische Berufe, Publizisten, Dolmetscher, Bibliothekare, Musiker und darstellende Künstler, Lehrer, Geisteswissenschaftler, Verbraucherberater),
- Infrastrukturberufe (Drucker, Setzer, Berufe des Nachrichtenverkehrs, Bürohilfskräfte, Fotografen, Datenverarbeitungsfachkräfte).

Diese neue Systematisierung zeigt sich im Vergleich zur Abgrenzung der OECD als klarer und eindeutiger in den Zuordnungen. Allerdings entsprechen die Ausführungen Dostals auch mehr den Gegebenheiten der Bundesrepublik und den hier existierenden Berufsbildern. Hinzu kommt der Vorteil, dass neu entstehende Berufsbilder leichter integriert werden können. Der Position Dostals ist aus gegenwärtiger Sicht umso mehr zuzustimmen, als nahezu jeder Beruf einen gewissen Grad an Informationsverarbeitung aufweist und kognitiven Anforderungen unterworfen ist.
Festzuhalten bleibt, dass eine Zusammenfassung der verschiedenartigste Berufe und Gütergruppen im "occupational" und "industrial approach" nur infolge weitgreifender Vereinfachungen erfolgen kann. Die aggregierten Daten homogenisieren zwangsläufig äußerst unterschiedliche ökonomische Aktivitäten. Durch die Arbeit von Dostal, der als erster den qualitativen Aspekt miteinbezogen

---

511 Alvin W. Gouldner, The Future of Intellectuals and the Rise of the New Class. In: Theory and Society 6 (2) September 1978, S.153-203, hier S.153.

512 Werner Dostal, Der Informationssektor und seine Entwicklung in der Bundesrepublik Deutschland. In: Thomas Schnöring, a.a.O., S.85.

hat, erweist es sich als auffällig, dass in sämtlichen Definitionsversuchen stillschweigend angenommen wurde, dass es sich bei Informationsarbeit grundsätzlich um hoch-qualifizierte Arbeit handelt.[513] Dies muss aber nicht notwendigerweise so sein.
Um die Aggregationsunsicherheiten zu minimieren und den Einfluss des Faktors Information auf die ökonomischen Zusammenhänge weiter zu verdeutlichen, insbesondere aber auch, um den qualitativen Aspekten der Informationsarbeit Rechnung zu tragen, erscheint es geboten, den Beitrag des Informationssektors zur Produktivität des Industriesektors und zur Wertschöpfung als weiteren ökonomischen Indikator heranzuziehen.

[513] Herbert S. Dordick / Georgette Wang, a.a.O., haben diese Annahme näher untersucht und in Zusammenhang mit ökonomischem Wachstum gebracht.

2 *Der Beitrag des Informationssektors zur Wertschöpfung*

Die vorangegangenen Ausführungen haben verdeutlicht, dass die Beziehung zwischen der Größe des Informationssektors und dem Wirtschaftswachstum ein Kriterium bildet, das den tatsächlichen Einfluss der Informatisierung auf die ökonomische Zusammenhänge aufzeigen kann. Um diesen Einfluss analysieren zu können, ist die Frage zu stellen, inwieweit die Informatisierung des ökonomischen Systems Einfluss auf das Pro-Kopf-Bruttoinlandsprodukt hat. Zunächst steht dementsprechend die Ermittlung der Wertschöpfung des Informationssektors selbst im Mittelpunkt. Diese Analyse erfolgt im Rückgriff auf das volkswirtschaftliches Instrument der Input-Output-Matrix. In der Input-Output-Rechnung werden die Zusammenhänge zwischen den unterschiedlichen Wirtschaftszweigen einer Volkswirtschaft dargestellt, indem die Lieferbeziehungen zwischen den Wirtschaftszweigen, die Endnachfrage und die gesamtwirtschaftliche Wertschöpfung erfasst werden. Auf diese Weise können die Güterströme der Volkswirtschaft, einschließlich der Vorleistungsverflechtungen und des innersektoralen Leistungsaustausches sowie die gegenseitige Abhängigkeit der Produktionsprozesse statistisch dargestellt werden. Folgerichtig können auch die Wirkungen des technologischen Wandels prognostiziert werden. Dieses Vorgehen findet sich bereits in den Ausführungen Porats. Porats Analyse setzt im primären Informationssektor auf der Entstehungsseite des Sozialprodukts an. Dabei greift Porat auf die Additionsmethode zur Bestimmung der Wertschöpfung zurück.
Im sekundären Informationssektor zeigt sich die Erfassung der Wertschöpfung als weitaus komplexer und wird durch den Rückgriff auf Modelle ermöglicht:

> "The strategy adopted in measuring the information sector is to tear firms apart in an accounting sense into an information activity and a noninformation activity. The informational side of the firm sells its services on a fictious account to the noninformation side."[514]

Diese indirekte Methode geht zunächst davon aus, dass der Informationsbereich eines Unternehmens ausschließlich Informationsgüter und -dienstleistungen (Input) kauft, um diese an die Nichtinformationsseite des Unternehmens abzugeben (Output). Analog dazu besteht sowohl Input als auch Output des Nicht-Informationsbereiches des Unternehmens ausschließlich aus Nicht-Informationsgütern oder Nicht-Informationsdienstleistungen: "... the information quasi-industries as a group can be said to exactly consume all the information resources purchased by the firm."[515] Mit diesen Annahmen befindet sich Porat auf einer Aggregations- und Datenebene, die in der VGR zu erfassen ist. Die Wertschöpfung im sekundären Informationssektor kann dann ermittelt werden aus der Lohn- und Gehaltsumme der Informationsarbeiter, der Abschreibung für den periodischen Werteverzehr der Informationsmaschinen und kalkulatorische Kosten für Informationsgüter und -dienstleistungen (Mieten, Unternehmerlohn, Zinsen, Abschreibungen). Aus Vereinfachungsgründen nimmt Porat an, dass die indirekten Steuern, die Gewinne und der betriebsfremde Ertrag dem Nicht-Informationsbereich des Unternehmens zugeordnet werden, obwohl sicherlich zugestanden werden muss, dass auch in diesen Anteilen der Wertschöpfung ein Informationsanteil enthalten ist.[516] Diese

---

514 Marc Uri Porat, The Information Economy, a.a.O., S.238.
515 Ebd. S.239.
516 Ebd. S.240-242.

Vorgehensweise wiederholt Porat in den Bereichen des Staates und der Privathaushalte und gewinnt damit ein umfassendes Bild über die Zusammenhänge der Wertschöpfung.[517] Durch Berechnung des so gewonnenen Vorleistungskoeffizienten läßt sich der Informatisierungsgrad jedes einzelnen Wirtschaftszweiges beziffern. Nachfrageänderungen im Informationssektor können im Hinblick auf ihre Bedeutung für den Nicht-Informationssektor analysiert werden.[518] Porat nimmt weiterhin an, dass ein proportionaler Zusammenhang zwischen der Zahl der Informationsabeiter und dem im gesamten Informationssektor erwirtschafteten Sozialprodukt besteht und dass dieser Zusammenhang für den primären wie den sekundären Sektor gilt.[519]
Hensel, der eine umfassende Beschreibung von Porats Vorgehensweise bietet, übt Kritik an der Input-Output-Rechnung als Instrument zur quantitativen Analyse der Informationsgesellschaft.[520] Er betont, dass sich die Input-Output-Rechnung nur dann als korrektes Prognoseinstrument einsetzen läßt, wenn eine Gesetzmäßigkeit des Handelns, im Extremfall sogar ein deterministischer Zusammenhang unterstellt wird. Damit handelt sich generell um eine modellhafte Ceteris-paribus-Vorstellung, die in der Realität durch die Gleichzeitigkeit der Ereignisse nicht gegeben ist. Diese Einwände Hensels sind korrekt und nachvollziehbar. Dennoch hat sich die Anwendung der Input-Output-Rechnung als hilfreiches Analyseinstrument gerade für die Darstellung des Strukturwandels erwiesen. Mit Hilfe dieses Instrumentes kann der Grad der Informatisierung in den einzelnen Wirtschaftszweigen und deren Abhängigkeit vom Faktor Information intertemporal verglichen werden kann. Dies gesteht auch Hensel ein und schlägt in Folge vor, aus den Input-Output-Tabellen eine Maßeinheit zur Definition von Informationsgesellschaft abzuleiten. Diese Maßeinheit soll mit dem Durchschnittswert der Informatisierungskoeffizienten der einzelnen Wirtschaftszweige korrespondieren. Die Definition der Informationsgesellschaft könnte dann beispielsweise lauten: "Als Informationsgesellschaft ist jede Gesellschaft zu bezeichnen, bei der der aus der IO-Tabelle ermittelte durchschnittliche Informatisierungskoeffizient höher als der Wert X liegt."[521] Eine ökonometrische Einzelanalyse der Sektoren ist im Rahmen dieser Arbeit verständlicherweise nicht möglich, es soll daher für das vorliegende Forschungsvorhaben genügen, diesen Indikator ebenfalls aufzunehmen.
Um den Einfluss der Informatisierung auf die gesamte Wertschöpfung korrekt untersuchen zu können, müssen auch die Veränderungen der Wertschöpfung in den anderen Sektoren infolge der Informatisierung erfasst werden. In den Studien des DIW zeigt sich, dass die Wertschöpfung durch Information im verarbeitenden Gewerbe stark beeinflusst wird, ein Gegensatz zwischen Informatisierung und Industrialisierung hat wenig Grundlage.[522] Vielmehr ist davon auszugehen, dass die

---

517 Ebd. S.242.

518 Ebd. S.152-160. Porat verwendet eine 190/190 Matrix. Das bedeutet, dass er die Volkswirtschaft der USA in 190 Wirtschaftszweige aufspaltet, wobei der primäre und sekundäre Informationssektor in die Input-Output- Tabelle integriert wurden, indem Porat 26 Wirtschaftzweige dem primären Informationssektor zuordnet, 82 dem sekundären Informationssektor und die restlichen 82 Wirtschaftszweige dem Nicht-Informationssektor.

519 Ebd. S.258. Legler / Speckner führen eine solche Untersuchung für die Bundesrepublik durch, die jedoch aufgrund ihrer weitreichenden Schätzungen zu kritisieren ist. Harald Legler / Bernhard Speckner, Informationssektor der Bundesrepublik Deutschland, a.a.O., S.21f. Weitaus genauer und im Rückgriff auf vorhandene Input-Output-Rechnungen entwickelt, sind die Ergebnisse von Filip-Köhn u.a., die die Wertschöpfung im Informationssektor in den Jahren 1970 und 1980 ermitteln. Vgl. Renate Filip-Köhn u.a., a.a.O., S.123. Aktuelle Untersuchungen gibt es nicht.

520 Matthias Hensel, a.a.O., S.123.

521 Ebd. S.124.

522 Renate Filip-Köhn u.a., a.a.O., S.32f.

Informatisierung der industrriellen Produktion einen Wertschöpfungswachstum zur Folge hat.[523] Dies zeigt, dass nicht allein die Größe des Informationssektors zur effektiven Informatisierung beiträgt, sondern vor allem die eigentliche Produktivität dieses Sektors und der Beitrag zur Produktivität der anderen Sektoren. Diese Sichtweise wird untermauert durch Untersuchungen, die darlegen, dass ein bestimmter Wachstumspunkt des Informationssektors nicht überschritten werden kann: "... the economic modell foresaw a ›wall‹ beyond which the information sector would not grow, and that this ›wall‹ in the United States was an informaion sector comprising 50% of the nation's work force."[524] Diese Sichtweise wird auch von den Forschungsergebnisse Voges bestätigt, indem er herausgefunden hat, dass der Beitrag des Informationssektors zur Produktivität der Ökonomie abnimmt, wenn der Informationssektor 40% der gesamtem Arbeitskraft erreicht.[525] Als Begründung für dieses Phänomen führt Voges an, dass Produktivitätsgewinne durch Infomatisierung, also im Grunde durch Modernisierung der Arbeitsmethoden, die entstehenden Begleitkosten wachsender Ausbildung, Forschung und Verwaltungskosten nicht vollständig auffangen können.

Diese Ergebnisse zeigen, dass es notwendig ist, neben dem Informationssektor selbst, auch den Beitrag der Informationstätigkeit zur Produktivität des herstellenden Sektors und die Durchdringung des herstellenden Sektors mit Informationstechnologien als Analyseindikator einzubeziehen. Nur auf diese Weise kann die Durchdringung der Gesellschaft mit modernen Informationstechnologien und deren ökonomische Bedeutung vor Augen geführt werden.

Dordick / Wang bieten diesbezüglich eine erste Analyse unter Rückgriff auf bereits existierender Daten.[526]

Der Produktivitätsbeitrag des Informationssektors zum herstellenden Sektor wird nach Dordick / Wang durch das Verhältnis des Outputs der Arbeitskraft des herstellenden Sektors zur gesamten Arbeitskraft der Produktion bestimmt. Damit ergibt sich folgende Formel:

$$\text{Beitrag Informationssektor} = \frac{\text{Output der Arbeitskraft in der Produktion}}{\text{Arbeitskraft in der Produktion gesamt}}$$

Diese Formel basiert auf der Annahme, dass Produktionssteigerungen direkt auf die Anwendung der Informationstechnologien und die Nutzung der dazugehörigen Infrastruktur zurückgeführt werden können.

> "There is a strong relationship between the contribution of the information sector to the manufacturing sector and information sector growth and between both and the GDP/capita among the Group I high-income-nations. The strength of these

---

523 H. Oniki / T. Kuriyama New informationtechnology and the growth of the Japanese economy. Paper presented at the International Conference on Asia's Experience in Informatization, Taipei, Taiwan May 9-11, 1989. Vgl. Meheroo.Jussawalla / Donald Lamberton / N. Karunaratne, a.a.O. Herbert S. Dordick / Georgette Wang, a.a.O., S.89.

524 Herbert S. Dordick / Georgette Wang, a.a.O., S.90. Vgl. dazu auch Charles Jonscher, Information Resources and Economic Productivity. In Informations Economics Policy. Vol. 1 (1983), S.13-35. Ebenso Charles Jonscher, Productivity Chance and the Growth of Information Processing Requirements in the Economy, Harvard University 1982.

525 J. Voges, The political economics of complexity. In: The Information Economics and Policy, 1, 1983, S.97-114.

526 Herbert S. Dordick / Georgette Wang, a.a.O., S.91.

relationships tends to decrease for the middle-income nations and is considerable weaker for the lower-middle-income and low-income nations."[527]

Tatsächlich ist der Einfluss auf die Produktivität in den unterschiedlichen Sektoren natürlich davon abhängig, inwieweit die Einführung neuer Technologien und Verfahrensweisen in diesen Sektoren erfolgreich verlaufen ist, und selbstverständlich ist diese Einführung grundsätzlich mit erheblich Aufwand verbunden: "Training is required before use of these technologies is effective and, finally, the effective use of the new technology often requires structural change in a firm."[528]
In diesem Zusammenhang sind es die sozialen Indikatoren, die in den Blickpunkt geraten, da insbesondere die Voraussetzung ›Bildung‹ und das entsprechende Bildungsniveau in letzter Konsequenz ausschlaggebend ist für die Implementierung neuer Informationstechnologien.

> "It is evident that the process of informatization demands a long-term commitment in capital, both equipment and human. Having made this investment, nations achieved significant rates of economic growth. This is evident among the high- and middle-income countries. The low-income nations do not have the capital resources to make the long-term investments required to accelerate their growth and, consequently, cannot develop the professional and skilled talents required for informatization for economic growth. Indeed many of the poorer nations cannot even embark on the road to informatization; they lack the basic infrastructures on which to base economic growth and the possibility of improved standard of living, including power, water, and transportation."[529]

Alles in allem bestätigen sämtliche zu diesem Thema vorgelegten Studien, dass die Informatisierung grundsätzlich ökonomische Entwicklung initiiert, auch wenn sie sicherlich nicht die einzige Determinante ökonomischen Wachstums darstellt. An dieser Stelle sei betont, dass die in den vorgestellten Studien dargelegte ökonomische Entwicklung, die durch den Einsatz von Informationstechnologien erfolgt ist, bis heute in den offiziellen ökonomischen Statistiken keine Berücksichtigung erfährt. Robert Solow hebt diesen Missstand so hervor: "We have the computer everywhere but in the economic statistic."[530]
Dies ist umso bedauerlicher, als die Analyse bereits bestehender Literatur bestätigt hat, dass zur quantitativen Untersuchung des Konzeptes Informationsgesellschaft im Bereich der Untersuchung ökonomischer Zusammenhänge der Informationssektor, die Informationsbeschäftigung und deren Beitrag zur Produktivität erfolgsversprechende Indikatoren darstellen.

b Gesellschaftliche Innovationsfähigkeit

Neben dem Informationssektor, der in den ökonomischen Zusammenhängen einer Informationsgesellschaft bestimmend sein muss, tritt ein weiteres, wesentliches Bestimmungskriterium: die Innovationsfähigkeit einer Gesellschaft. Dem liegt die Annahme zugrunde, dass sich die Informationsgesellschaft durch ein hohes Maß an Innovationsfähigkeit ausgezeichnet. Hagen Hultzsch spricht in seinen Ausführungen

527 Ebd. S.97.
528 Ebd. S.100.
529 Ebd. S.103.
530 Zit. nach Herbert S. Dordick / Georgette Wang, a.a.O., S.100.

im dritten Jahreskolloquium der *Alfred-Herrhausen-Gesellschaft* von einer "Innovationsproduktionsgesellschaft"[531]
Die Innovationsfähigkeit gewinnt ihren Ausdruck insbesondere im Wirtschaftssystem und bezeichnet das bemerkenswerte Phänomen, dass Einführungszeiträume und Lebensdauer neuer Produkte nachweislich immer kürzer werden. Eine wesentliche Voraussetzung für diese Entwicklung ist die Informatisierung der Gesellschaft und ihre Durchdringung mit Wissen. Daher kann die Anmeldung neuer Patente und die Betrachtung der Innovationszyklen, aber auch der Stellenwert von Forschung und Entwicklung Auskunft darüber geben, wie innovationsfreundlich eine Gesellschaft ist. Es liegt daher nahe, die Analyse der Innovationsaffinität als wesentlichen Indikator zur Beurteilung und Definition einer Informationsgesellschaft einzuführen. Die Innovationsaffinität kann, trotz des recht schillernden Begriffes der Innovation, mit Hilfe zweier Bereiche festgestellt werden. Zum einen, indem die staatlichen Ausgaben für den Bereich Forschung und Entwicklung analysiert werden, da Forschung und Entwicklung eine Grundvoraussetzung für Innovation bilden. Zum anderen, indem die Patentanmeldungen in einer Gesellschaft und die Produktzyklen einer näheren Betrachtung unterzogen werden. Dieser Aspekt ist in der wissenschaftlichen Literatur im Zusammenhang mit der Diskussion um die Informationsgesellschaft bislang weitgehend vernachlässigt worden. Eine Ausnahme bildet die Strukturberichterstattung des ifo-Instituts im Zeitraum 1996 bis 1998 zum Thema "Neue IuK-Technologien, Tertiarisierung und Globalisierung – Herausforderungen für den Strukturwandel". Im Mittelpunkt dieser Untersuchung standen die Patentaktivitäten, die sich auf die Informations- und Kommunikationstechnologien beziehen. Auch hier wurde die international vergleichende Analyse angewandt und damit begründet, dass unter den Bedingungen einer zunehmenden Globalisierung Erfolg im Innovationswettbwerb von entscheidender Bedeutung ist für den Beitrag des Informations- und Kommunikationssektors zu den gesamtwirtschaftlichen Wachstumsperspektiven: "Das Patent ist das bedeutendste gewerbliche Schutzrecht für neue Technologien. Wenn eine Geheimhaltung nicht möglich ist, gewährleistet vor allem die Patentierung der Erfindungen die Internalisierung der Erträge aus der Nutzung des neuen technischen Wissens. Die intensive und weiterhin zunehmende Anwendung dieses Instruments in allen Industrieländern bildet die Grundlage dafür, dass patentstatistische Indikatoren zur Beobachtung der Aktivitäten herangezogen werden können, die auf die Entwicklung neuer Technologien gerichtet sind."[532]
Die jeweiligen Forschungsoutputs einer Gesellschaft, Niveau und Entwicklung der patentrelevanten Forschung geben darüber Aufschluss, welche Bedeutung der Informations- und Kommunikationsverarbeitung zukommt. Dabei ist insbesondere die Dynamik der Forschungsaktivitäten, die sich in der Zunahme der zum Patent angemeldeten Erfindungen ausdrückt, als Indikator wegweisend. Es ist folgerichtig davon auszugehen, dass eine Informationsgesellschaft, deren wesentliches Merkmal Information und Wissen sowie Forschung und Entwicklung ist, einen deutlichen Schwerpunkt in der Forschungstätigkeit und zudem eine bemerkenswerte und überdurchschnittliche Dynamik gerade im technologischen Innovationsbereich aufweisen wird.

---

531 Hagen Hultzsch, Die globalinformierte Welt, a.a.O., S.73-92.

532 ifo Institut für Wirtschaftsforschung (Hrsg.), Die deutsche Position im globalen Wettbewerb um die Entwicklung neuer Informations- und Kommunikationstechnologien. In: ifo Schnelldienst 53. Jahrgang/29. 02.2000, 5-6/2000.

3. Soziale Indikatoren

Indem im letzten Abschnitt zum einen die Qualifikation, zum anderen die gesellschaftliche Einstellung zu technologischen Innovationen angesprochen worden ist, wurde bereits implizit auf einen weiteren Indikator zur näheren Bestimmung der Informationsgesellschaft hingewiesen: der soziale Indikator. Die Einführung sozialer Indikatoren betrifft die eigentlichen Erscheinungen sozialer Veränderungen. Ausgangspunkt dieser Überlegung ist die Überzeugung, dass eine neue Gesellschaftsform auch konkret feststellbare Veränderungen im sozialen Zusammenleben der Menschen aufzeigen muss. Diese Grundüberzeugung beruht auf einem Denkanstoß durch die Ausführungen Karl Poppers in "Die offene Gesellschaft und ihre Feinde":

> "Im sechsten Jahrhundert v. Chr. hatte diese Entwicklung zur teilweisen Auflösung der alten Lebensformen und sogar zu einer ganzen Reihe politischer Revolutionen und Reaktionen geführt. Und sie hatte nicht nur, wie in Sparta, zu Versuchen Anlaß gegeben, die alte Stammesform zu bringen, sondern auch zu jener großen geistigen Revolution, zur Erfindung der kritischen Diskussion und damit zu einem Denken, das frei war von Starrheit magischer Zwangsvorstellungen. Zur gleichen Zeit finden wir die ersten Symptome eines neuen Unbehagens. *Die Last der Anforderungen der Zivilisation begann fühlbar zu werden.*" [533]

"Die Last der Anforderungen der Zivilisation begann fühlbar zu werden", diese Aussage bezeichnet nichts anderes als die Einstellung der Gesellschaft zu Veränderungen und die daraus resultierenden Konsequenzen. Damit ist methodisch ein Perpektivenwechsel verbunden. Es stehen nicht länger gesellschaftliche Teilbereiche im Mittelpunkt der Untersuchung, sondern das gesellschaftliche Individuum selbst.

a Die Lebensführung des Einzelnen

Ziel eines Indikators, der die sozialen Veränderungen greifbar machen soll, ist zum einen, die Einstellung der Individuen zu untersuchen, zum anderen, herauszufinden, ob die Einführung von Informationstechnologien Einfluss auf die eigentliche Lebensführung des Menschen genommen hat. Dies erinnert an die theoretische Literatur der "Utopisten", die in ihren Ausführungen vornehmlich die Veränderung sozialer Lebensweisen dargelegt haben.

Die Einstellung der Gesellschaft zur Information ist dabei von entscheidender Bedeutung für den Umgang mit Information und der Etablierung einer von Information geprägten Gesellschaftsform. Nach den offiziellen Verlautbarungen etwa der G-7-Staaten oder der EU bietet das neue Informationszeitalter entscheidende, positive Veränderungen: das Informationsniveau des einzelnen steigt, es erfolgt eine ständige Zunahme von Wissen, Kommunikation wird weltweit ermöglicht. Zugleich ist jedoch nicht von der Hand zu weisen, dass die neuen informations- und kommunikationstechnischen Möglichkeiten den Menschen einer enormen Informations- und Datenfülle aussetzen. Die Menschen können dabei die zur Verfügung stehenden Informationen weder komplett verarbeiten, noch sie gänzlich

---

[533] Karl Popper, Die offene Gesellschaft und ihre Feind, P.K: Feyerabend, 2bde., Bern 1957/58, Band 1, S.237-238.

ignorieren. Auswahl, Vereinfachung, gezieltes Vergessen, aber auch die Toleranz gegenüber Fehlern werden notwendige Fähigkeiten, um die Informationsfülle positiv nutzen zu können. Der in der Informationsgesellschaft lebende Mensch muss sich an den Umgang mit dieser Informationsbelastung gewöhnen. Es ist davon auszugehen, dass eine ausgeprägte Fähigkeit zur Komplexitätsreduktion erforderlich wird, die die zugängliche Information für den Menschen beherrschbar macht. Von besonderer Bedeutung zur Festlegung der gesellschaftlichen Grundhaltung ist daher, wie sich die grundsätzliche gesellschaftliche Einstellung zu dieser Informations"flut" darstellt. In diesem Kontext ist auch die Betrachtung der Komponente Freizeit und Veränderungen des Freizeitverhaltens aufzunehmen. Dies schließt eine Untersuchung des Informationskonsums ein und legt die Frage nach Wachstumsgrenzen der marktabhängigen Nachfrage von Information nahe, die sich um so deutlicher stellt, als der individuelle Informationskonsum einer grundsätzlichen Zeitbegrenzung unterliegt.

> "Further, while information can be produced at a very rapid rate, it can be consumed at a relatively slow rate. We have not yet developed the means nor the capacity to efficiently select and organize information for our consumption. Consequently, we often hear about ›information overload‹"[534]

Neben dem zeitlichen Aspekt hängt die gesellschaftliche Gesamtnachfrage auch von der grundsätzlichen Fähigkeit der Individuen ab, sich Information effizient anzueignen und effektiv zu verarbeiten.
Neben der grundsätzlichen Einstellung, die zur Information und Informationsnutzung besteht, neben Freizeitverhalten und dem Zeitaufwand zum Informationskonsum ergibt sich infolge eine weitere Untersuchungsebene innerhalb der sozialen Indikatoren: die Fähigkeit zur Nutzung der Information, oder anders ausgedrückt: der Grad der Medienkompetenz der Individuen. Diese Fähigkeit zur Anwendung und effektiven Nutzung von Information steht in Abhängigkeit zur Qualifikation und damit zum Bildungsstand einer Gesellschaft.

b Der Bildungsstand in der Gesellschaft

Es liegt nahe bei der Untersuchung der sozialen Charakteristiken, den Bildungsstand als sozialen Indikator einzuführen. Mit dem Bildungsstand als Indikator kann dargestellt werden, in welchem Grad die Informatisierung das Indidviduum und damit die Gesellschaft überhaupt erreichen kann. Der Bildungsgrad einer Gesellschaft läßt sich durch Analphabetenrate, Rate der tertiären Bildung[535] und mittels schulstatistischer und bildungsfinanzstatistischer Kennziffern empirisch überprüfen.
Die Alphabetenrate stellt einen Indikator für die Grundbildung dar. In einem Informationszeitalter erweist sich eine Grundbildung aber als nicht länger ausreichend; hochqualifizierte Tätigkeiten erfordern eine höhere Bildung. Damit wird der Blickwinkel auf die tertiären Bildungswege gerichet, was sich aus der Annahme ergibt, dass in der Informationsgesellschaft das theoretische Wissen besondere Bedeutung erlangen wird. Nützliche Maßeinheit zur Bestimmung des Bildungsgrades ist die Prozentrate der Schüler und Schülerinnen einer Altersgruppe, die tertiäre Bildungseinrichtungen besuchen. Die Anforderung der höheren Qualifizierung endet nicht mit der Schul- und Hochschulausbildung da ein erhöhter Innovationsgrad einer

---

534 Herbert S. Dordick / Georgette Wang, a.a.O., S.109.
535 Ebd. S.67.

Informationsgesellschaft vielmehr einen lebenslangen Lernprozess bedingt. Aufgrund dessen wird die Aufnahme des gesamten informellen Bildungssektors, sowie der Anteil der privaten und staatlichen Weiterbildungsprogramme innerhalb einer Gesellschaft als weitere Bestimmungsparameter notwendig.
Weiterhin ist nicht nur der Bildungs- und Weiterbildungsstand innerhalb der Bevölkerung von Belang, sondern auch die Modernität des Bildungs- und Ausbildungssystems. In die Untersuchung einbezogen werden muss dementsprechend auch, wie schnell sich das Bildungssystem in seinen Bildungsvorstellung auf die gesellschaftlichen Veränderungen einstellen kann und auf innovative Entwicklungen reagiert. Die Bezeichnung der "Computer literacy" oder auch Medienkompetenz spiegelt dabei am besten wider, welche Fähigkeiten zu den allgemeinen Kulturqualifikationen hinzutreten müssen, um Computer- und Informationstechnologie zu beherrschen. Diese Fähigkeiten müssen über das Bildungssystem vermittelt werden.
Indem im sozialen Indikator die Betrachtungsperspektive auf die Einzelperson gelenkt wird und die dargelegten unterschiedlichen Betrachtungsmodalitäten – Betrachtung des Bildungsniveaus, und seiner Innovationsfähigkeit, der grundsätzlichen Einstellung zu Information und Wissen und des Freizeitverhaltens – angeführt werden, sind Rückschlüsse auf die Durchdringung der Informations- und Kommunikationstechnologien in der Gesellschaft möglich. Dieser Perspektivwechsel ist eine wesentliche Voraussetzung dafür, nicht nur eine Information*swirtschaft,* sondern eine Informations*gesellschaft* identifizieren zu können.

c Soziologische Abgrenzungskriterien: Entstehung der Electronic Community

Neben diesen empirisch leicht zu analysierenden Veränderungen sind zusätzlich soziale Veränderungsprozesse im Sinne soziologischer Abgrenzungskriterien zu berücksichtigen, die die gesellschaftlichen Gruppierungen, oder zugespitzter formuliert, Klassifizierungen betreffen.
Bei den im Gefolge des Internet weltweit im Aufbau begriffenen Online-Diensten, denen sich die Endnutzer anschließen, ist beispielsweise die Herausbildung unterschiedlicher Nutzer-Gemeinschaften zu erwarten, die als soziologische Abgrenzungskriterien ähnliche Bedeutung erlangen, wie traditionelle soziologische Klassifizierungen. In diesem Zusammenhang wird von der Entstehung einer elektronischen virtuellen Gemeinschaft, einer "Electronic Community"[536] gesprochen. Eine "Electronic Community" ist eine Art globales Forum, in der Bürger weltweit interagieren und kommunizieren. Die Diskussion um die ökonomischen, politischen und kulturellen Auswirkungen des internationalen Informationsaustausches wird in der Literatur unter verschiedenen Bezeichnungen geführt. Es wird von "World Communication", "Intercultural Communication", "International Information", "International News", "Transborder Data Flow" usw. gesprochen. Wie auch immer man diese Veränderung benennen möchte- es ist nicht von der Hand zu weisen, dass sich in einer informationstechnologisch geprägten Gesellschaft ein stärkeres Bewusstsein für die globale Dimension allen Handelns ausbildet. Ob mit diesen Veränderungen auch die Transformation der sozialen Ordnung einhergeht, ist derzeit noch offen. Feststellbar ist, dass die Wahrnehmung der gesellschaftlichen Individuen

[536] William Martin, a.a.O., S.9. Dazu auch Meike Zwingenberger, Gemeinschaftsformen in der globalen Informationsgesellschaft. In: Wienand Gellner / Fritz Korff (Hrsg.), Demokratie und Internet, Baden-Baden 1998, S.227-240.

beinflusst wird und auf diese Weise mit Sicherheit die Basis eines Bewusstseinswandels geboten ist. Die Art und Weise der Veränderungen der sozialen Ordnung wird dabei unterschiedlich bewertet. Masuda nimmt an, dass in diesem Zusammenhang materielle Werte zunehmend den "informationell-geistigen" Werten weichen werden.[537] Diese geistigen Werte werden dann zur treibenden Kraft der Gesellschaft. Masuda proklamiert die Technologie mit menschlichem Antlitz, ganz im Sinne Jacques Elluls.[538] Die Informationsgesellschaft bildet hierfür die Brücke, weil sie als gesellschaftliche Form die in letzter Konsequenz vom Menschen gesteuerte Technologie zu ihrem festen Bestandteil macht. Zugleich wird dabei implizit von einer Erweiterung des Gemeinschaftsgefühls ausgegangen. Die Gesellschaft öffnet sich, Grenzen und Beschränkungen treten in den Hintergrund, und auch die Wahrnehmung selbst verändert sich. Ian Miles betont, dass die Interaktivität der neuen Informationstechnologien Einfluss auf die Lebensstile nehmen wird.[539] William Halal schließt sich dieser Sichtweise weitgehend an und geht davon aus, dass möglicherweise damit die Wiederbelebung kommunikativer Werte einhergeht und dies entscheidend Gemeinschafts- und Familienleben beeinflussen wird.[540] Auch Marshall McLuhan, einer der bedeutendsten Theoretiker des Fernsehens, beschreibt in "Die Gutenberg-Galaxis. Das Ende des Buchzeitalters"[541] und in "Understanding Media"[542], wie sehr Wahrnehmung die gesellschaftliche Form beeinflusst. Dabei wendet er sich explizit gegen zwei herrschende Vorstellungen: einerseits gegen die Idee, menschlicher Geist, Wahrnehmung und Denken seien invariant gegenüber Kultur und Gesellschaft. Zum anderen greift er die Ansicht an, ein Medium bestimme nur die Form der medialen Kommunikation, Unterhaltung oder Information, nicht aber deren Inhalt. McLuhan geht gerade infolge der Verschmelzung von Medien- und Informationstechnik von einer deutlichen Erweiterung der Sinne aus, die zu einer deutlichen Prägung der Medieninhalte führt und zu guter Letzt die soziale Wirklichkeit verändert und zur Entwicklung eines vernetzten, "globalen Dorfes" führt. McLuhan geht von digitalen Mediengemeinschaften aus, die mehr und mehr durch den enormen Einsatz öffentlich finanzierter Ressourcen in der Matrix des Cyberspace entstehen.[543]

> „Daß die Abstraktion oder die Öffnung geschlossener Gesellschaften das Werk des phonetischen Alphabets ist und nicht irgendeiner anderen Form der Schrift oder Technik, stellt eines der Themen unseres Buches dar. Auf der anderen Seite führt die Tatsache, daß geschlossene Gesellschaften auf der gesprochenen Sprache, der Trommel- und Ohrentechniken beruhen, dazu, daß beim Anbruch des elektronischen Zeitalters die gesamte menschliche Familie zu einem einzigen globalen Stamm verschmolzen wird. Und zwar ist diese elektronische Revolution für die Menschen der offenen Gesellschaften kaum weniger verwirrend als die Revolution für die Menschen des phonetischen

---

537 Yoneji Masuda, The Informations Society as Post-Industrial Society, Tokyo 1980.

538 Jacques Ellul, The technological Society, a.a.O.

539 Ian Miles, Information Technology and Information Society: Options for the Future, London 1988, S.31ff.

540 William E. Halal The Information Technology Revolution: Computer Hardware, Software and Services in the 21st Century. In: Technological Forecasting and Social Change 44, S.81.

541 Marshall McLuhan, Die Gutenberg-Galaxis. Das Ende des Buchzeitalters. Bonn, Paris 1995.

542 Marshall McLuhan, Understanding Media, a.a.O.

543 Der Cyberspace wurde literarisch von William Gibsons in seinem Roman „Neuromancer"aus dem Jahre 1984 dargestellt.

> Alphabetismus, welche die alten Stammesverbände oder geschlossenen Gesellschaften auflöste und modernisierte."[544]

McLuhans Ausführungen verdeutlichen, dass – ähnlich wie bereits beim Buchdruck – die Wahnehmung sich verändern wird, und mit ihr das soziale Leben und die soziale Struktur.[545]

> „Wer zum erstenmal den Einbruch einer neuen Technik erlebt – handle es sich um das Alphabet oder das Radio -, reagiert auf äußerst lebhafte Weise, weil die neuen Sinnesverhältnisse, die von der technischen Erweiterung des Auges oder Ohres geschaffen werden, den Menschen vor eine überraschende neue Welt stellen, die eine nachhaltige ›Schließung‹ oder ein neuartiges Muster des Wechselspiels zwischen allen Sinnen hervorruft. Aber der anfängliche Schock nimmt allmählich ab, wenn sich die ganze Gemeinschaft dem neuen Wahrnehmungshabitus anpaßt und ihn tatsächlich auf allen Gebieten ihrer Arbeit und ihres Zusammenlebens absorbiert. Die eigentliche Revolution jedoch besteht in dieser späteren und längeren Phase der ›Anpassung‹ des gesamten persönlichen und gesellschaftlichen Lebens an das durch die neue Technik geschaffene neue Wahrnehmungsmuster."[546]

Nach dieser Auffassung wird die literal dominierte Gesellschaft zu einer globalen medialen Gesellschaft, in der Veränderung das bestimmende Prinzip und die eigentliche Herausforderung darstellt. McLuhan betont einen überaus wichtigen Aspekt, der letztendlich auch die Grundeinstellung der vorliegenden Arbeit beeinflusst hat, nämlich den Aspekt der Veränderung: "Mit Gutenberg tritt Europa in die technische Phase des Fortschritts, in der die Veränderung an sich zur archetypischen Norm des sozialen Lebens wird."[547] Diese der Informationsgesellschaft impliziten Neigung zur Veränderung ist empirisch deutlich nachweisbar und ist die Voraussetzung für das Kriterium, das die Informationsgesellschaft am deutlichsten prägt: die auffällige Pluralität oder Heterogenität.
Damit sind auch Eruptionen verbunden, mit denen sich die Gesellschaft konfrontiert sieht, und die radikal neue Fragen transnationaler, rechtlicher oder politischer Beherrschung aufwerfen.
In der Literatur wird auf weitere soziale Effekte hingewiesen, die eng mit dem gesellschaftlichen Begrenzungsverlust und der ausgeprägten gesellschaftlichen Öffnung und Erweiterung gesellschaftlichen Lebens zusammenhängen. Die Entstehung einer neuen Unterklasse etwa, der "information poor", wird befürchtet sowie eine informationsbedingte soziale Dislokation. Mc Luhan versucht diese Bedenken zu relativieren, indem er betont, dass solche Befürchtungen mit jeder sozialen Veränderung verbunden sind.

> „Die Aufgabe der Gutenberg-Galaxis ist es aber gewesen, nur die mechanische Technik zu untersuchen, die sich aus unserem Alphabet und der Druckerpresse ergab. In welchen neuen Konfigurationen werden sich der Mechanismus und der Alphabetismus wohl zeigen, wenn diese älteren Formen der Wahrnehmung und des Urteilens vom neuen elektrischen Zeitalter durchdrungen werden? Die neue elektrische Galaxis der Ereignisse ist schon tief in die Gutenberg-Galaxis

[544] Marshall McLuhan, Die Gutenberg-Galaxis. Das Ende des Buchzeitalters. Bonn, Paris 1995, S.10.
[545] Ebd., S.IX, XVII. Vgl. auch Marshall Mc Luhan, The Bias of Communication, Toronto 1951, S.29.
[546] Ebd., S.27.
[547] Ebd. S.193.

eingedrungen. Auch ohne Zusammenstoß verursacht eine solche Koexistenz verschiedener Techniken und Bewußtseinsformen bei jedem heute lebenden Einzelmenschen Traumata und Spannungen. Unsere alltäglichsten und konventionellsten Haltungen erscheinen plötzlich grotesk und verzerrt. Altvertraute Institutionen und Beziehungen erscheinen bisweilen bedrohlich und bösartig."[548]

Die hier dargelegte Relativierung unstrittig vorhandener sozialer Gefährdungen erscheint recht kurz gefasst, betrachtet man zugleich die bereits überprüfbaren Auswirkungen des Einflusses neuer Medien auf gesellschaftliche Verhaltensweisen. Besondere Beachtung wird in diesem Zusammenhang der Präsenz von Medien in der kindlichen Entwicklung geschenkt. Dort lassen sich laut wissenschaftlicher Analysen oftmals passive, rezeptive Verhaltensweisen beobachten, bis hin zur Verschmelzung virtueller und realer Lebenswelt.[549] Diese Erkenntnisse und der gesellschaftliche Trend der Individualiserung und Abgrenzung (Cocooning), bilden die Grundlage für die Annahme, die neuen Kommunikations- und Informationstechnologien führten zur Vereinsamung, zur Kommunikationslosigkeit und am Ende zur Atomisierung der Gesellschaft. Dies bliebe nicht ohne erheblichen Einfluss auf die Wertebildung des einzelnen und die soziale Organisation der Gesellschaft. Die Formulierung im Konjunktiv verweist darauf, dass derzeit eine abschließende Beurteilung der Frage nicht erfolgen kann. Was die Indikatorenentwurf betrifft, ist die Wirkung auch nicht ausschlaggebend für die empirische Überprüfung. Dennoch sollte hier nicht darauf verzichtet werden, die unterschiedlichen Sichtweisen darzulegen, die in letzter Konsequenz nichts anders darstellen als Beurteilungen oder futurologische Deskriptionen. Vorstellbar sind sicherlich beide möglichen Entwicklungsstränge in der gesellschaftlichen Wirklichkeit. Eine wertfreie Betrachtung muss zugleich zu der Erkenntnis gelangen, dass diese Entwicklungen in letzter Konsequenz nichts anders sind als Signale eines Gesellschaftswandels.

4. Politische Indikatoren

Die möglichen sozialen Effekte bzw. die Vermeidung gesellschaftsgefährdender sozialer Effekte bedürfen der politischen Gestaltung, um eine gesellschaftliche Erruption zu vermeiden. Diese Grundannahme führt zu einem weiteren Indikator zur Beschreibung der Informationsgesellschaft: dem politischen Indikator. Die Darlegung des politischen Indikators wird durch die Entstehung einer weltweiten *Electronic Community* und die damit verbundene weltweite Kommunikation, die direkte globalisierende Effekte in sich trägt, erschwert, da die Nationalstaaten mehr und mehr in den Hintergrund treten und möglicherweise erste Anzeichen einer neuen "Weltpolitik" aufgezeigt werden können.[550]

---

548 Ebd. S.345.

549 Ulrich Arndt, Herausforderung an die Schule von heute: Welche Bildungspotentiale hat die Schule? Die deutsche Perspektive. In: Bertelsmann-Stiftung (Hrsg.), Die Informationsgesellschaft von morgen – Herausforderung an die Schule von heute, Gütersloh 1996, S.85.

550 Vgl. dazu auch Internetionale Politik: Schöne neue Weltordnung? In: Karl Rohe (Hrsg.), Politik und Demokratie in der Informationsgesellschaft, Baden-Baden 1997, S.85-108. Dazu in Auseinandersetzung Winfried Scharlau, Internetionale Politik – ein Kommentar. In: Karl Rohe (Hrsg.), a.a.O., S.109-114.

a Veränderung der politischen Kultur und der Staatsinstitutionen

Im Zusammenhang mit politischen Indikatoren ist zunächst die Perspektive auf die Wirkungsebene der neuen Informations- und Kommunikationstechnologien zu richten. Die Analyse politischer Effekte eines informationsbedingten Wandels ist am deutlichsten empirisch nachvollziehbar in der Wirkung auf die Staatsorganisation und den damit verbundenen staatlichen Institutionen Von besonderer Bedeutung sind dabei, gerade im parlamentarischen System, die Teilbereiche, die dem Aspekt der Öffentlichkeit unterliegen. Die Entwicklung der Medien nimmt unmittelbar Einfluss auf die Informations- und Kommunikationsstruktur einer Gesellschaft und verändert den Öffentlichkeitsbegriff. Der öffentliche politische Diskurs wird geprägt durch Themen, die unmittelbar auf die neuen Technologien zurückzuführen sind und kann als Indikator darauf hinweisen, dass Gesellschaftswandel zu konstatieren ist.
Weiterhin bieten die neuen Kommunikations- und Informationstechnologien mit ihrem verändernden Einfluss auf den Öffentlichkeitsbegriff die Möglichkeit den politischen Diskurs, selbst über nationale Grenzen hinweg zu intensivieren. Damit tragen sie emanzipatorischen Charakter und machen den Weg frei für eine „vitale Bürgergesellschaft“ im Dahrendorfschen Sinn.[551] Die Verfassungsorgane müssen sich dieser Instrumente zu Nutze machen, deshalb ist deren Aktivität und intensive Anwendung als sichtbares Zeichen zur Entwicklung einer Informationsgesellschaft zu werten.
In der Informationsgesellschaft verfolgt der Einzelne die aktive politische Teilhabe. Unter diesen Voraussetzungen ist es naheliegend, die Organisation des Wahlaktes zu untersuchen. Mittels moderner Informations- und Kommunikationstechnologien wird die elektronische Wahl realisierbar. Zur empirischen Beschreibung bietet sich eine einfache Extrapolation der Verhältnisse an.

b Staatliche Etablierungsinitiativen

Ein weiterer, aufschlussreicher Indikator für eine neue Gesellschaftsform sind auf politischer Ebene die staatlichen Etablierungsinitiativen selbst. Von der ersten Erscheinung und Anwendung des Computers in den 70er Jahren an zeigt sich, dass für die meisten Länder, unabhängig von ihrem sozialen Standard, die aktive Nutzung der Informatik ein grundlegender strategischer Faktor geworden ist. Die Staaten entwickeln zunehmend das Bewusstsein, dass Information sich mehr und mehr zu einem spezifisch neuen "Rohstoff" und damit zu einem neuen Produktionsfaktor entwickelt.[552] Sie setzen hierzu erhebliche Mittel ein, je nach einer dem nationale Temperament entsprechenden Strategie.[553] Dies spiegelt sich in den politischen Programmen wider. Zunächst wurde die Aufmerksamkeit auf die Informatikindustrie, die Informatikforschung und die Informatisierung der Verwaltung gelegt. Später trat der Ausbau der infrastrukturellen Voraussetzungen in den Mittelpunkt, und schließlich gilt heute das Interesse konkreten Initiativen und Projekten zur Etablierung der Informations- und Kommunikationsmittel in der Gesellschaft. Dabei sind nationale und supranationale Initiativen zu unterscheiden. In Deutschland sind zusätzlich die im föderalen System entstehenden Länderinitiativen von großer

[551] Ralf Dahrendorf, Der moderne soziale Konflikt. Essays zur Politik der Freiheit, Stuttgart 1992.
[552] Thomas A. Stewart, Der vierte Produktionsfaktor. Wachstum und Wettbewerbsvorteile durch Wissensmanagement, Hamburg 1998.
[553] Simon Nora / Alain Minc, a.a.O., S.76.

Bedeutung.[554] Neben den Projekten und Initiativen ist für diesen Indikator von Bedeutung, wie intensiv sich die nationalen politischen Institutionen mit der Entstehung der Informationsgesellschaft auseinandersetzen. Dabei treten die Arbeitsgruppen, Kommissionen und staatliche Forschungseinrichtungen sowie die thematisch geprägten Debatten in den politischen Organen in den Blickwinkel der Betrachtung. Hervorzuheben sind beispielsweise die Anstrengungen des deutschen Bundestages. Durch den Bundestag wurden in den vergangenen zwölf Jahren vier technikbezogene Enquete-Kommissionen eingesetzt, um den Parlamentariern ein umfassenderes Bild von den technologischen Neuerungen bieten zu können. Ihr erster, 1986 vorgelegter Bericht sprach sich darüber hinaus bereits dafür aus, "eine wissenschaftliche Einheit beim Deutschen Bundestag einzurichten (als Organisationseinheit der Bundestagsverwaltung), die eigene TA (Technology-Assessment)-Analysen durchführt, extern in Auftrag gegebene Analysen und Gutachten begleitet und die parlamentsadäquate Aufarbeitung der Ergebnisse leistet. Ein wesentlich breiter angelegter und weniger normativ belasteter Etablierungsversuch, der ein völlig anderes politisches Vorgehen demonstriert, wurde in Japan gemacht. Im japanischen Ansatz wurde eine ambitionierte Lösung entworfen für die Schwierigkeiten eines mittelgroßen, bevölkerungsreichen und völlig vom Außenhandel abhängigen Landes, dessen Hauptstärke in der Intensität des sozialen Konsenses liegt. Dort stand nicht die humane Ausgestaltung und Information im Vordergrund, sondern eine weitaus klarere Zielformulierung, der sogenannte JACUDI-Plan, der 1972 veröffentlicht wurde. Dieser Plan sah die konkrete Implementierung der Informationsgesellschaft vor und trug den bezeichnenden Titel: "The Plan for Information Society". Die JACUDI-Studie über die wirtschaftlichen und sozialen Auswirkungen von auf Informatisierung gerichtete Investitionen zielt darauf ab, ausgehend von einer Fülle von Kriterien die positiven Effekte einer massiven staatlichen Finanzierung der Informatik aufzuzeigen.[555] Dieser Plan ist von einem erstaunlichen Gigantismus und einer deutlich technokratischen Prägung. Aus heutiger Perspektive konnte der Plan weder in seinem vollen Umfang noch innerhalb der vorgesehenen Zeiträume realisiert werden. Allgemein wirkt der JACUDI-Plan in deutscher Sichtweise stark interventionistisch und deterministisch. Besonders die gerade in den deutschen Etablierungsinitiativen augenfällig erörterten sozialen Veränderungen werden darin kaum betrachtet. Stattdessen beruht der Plan beruht auf einem klaren Beziehungsmuster zwischen Staat und Industrie und auf einen klaren sozialen Konsens.

Welcher grundsätzliche Weg der politischen Ausgestaltung auch bevorzugt wird, für die Auswertung als Analyseindikator für die Informationsgesellschaft ist lediglich von Bedeutung, wie intensiv sich die jeweilige politische Klasse und die nationalen politischen Einrichtungen mit der Etablierung der Informationsgesellschaft befassen.

---

554 Als wegweisend gilt das Projekt der nordrhein-westfälischen Landesregierung, das über den Projektträger des Rhein-Ruhr-Instituts für Sozialforschung und Politikberatung e.V., seit 1984 geförderte Programm "Mensch und Technik: Sozialverträgliche Technikgestaltung mit dem Ziel, die neuen IuK-Technologien, die Schlüsseltechnologien Mikroelektronik und ihre Anwendungen in Produktion, Verteilung und in der außerbetrieblichen Lebenswelt an den Bedürfnissen des Menschen nach humaner, sozial- und naturverträglicher Gestaltung zu orientieren. Das Programm soll dazu beitragen, die Betroffenen im Lande zu befähigen, sich über Technik zu informieren, mit der Technik menschen- und naturverträglich umzugehen, Technikalternativen zu entwickeln, Ansatzpunkte und Anlässe zur Mitwirkung, Mitbestimmung und Partizipation der von Technik Betroffenen zu finden. Das Programm "Mensch und Technik: Sozialverträgliche Technikgestaltung" baut dabei auf 97 Einzelprojekte auf.

555 Dieser Plan wurde vom japanischen Parlament bis heute weder förmlich abgelehnt, noch angenommen. Es hat den Anschein, dass man den Plan zwar verzögern, aber nicht aufgeben will.

Die Anzahl der Initiativen wie die Intensität der politischen Debatte zu diesem Thema können darüber Aufschluss geben.
Durchaus von Bedeutung ist in diesem Zusammenhang auch, ob und wie die modernen Kommunikations- und Informationstechnologien zur politischen Arbeit herangezogen werden. Dabei ist auch die Überprüfung notwendig, wie vertraut die politische Klasse mit den neuen Informations- und Kommunikationstechnologien ist.[556] Dabei gilt die einfache Formel: je intensiver sich ein Land mit der Etablierung moderner Informations- und Kommunikationstechnologien und der politischen Weiterentwicklung der Informationsgesellschaft befasst, je vertrauter die politische Klasse mit diesen Informations- und Kommunikationstechnologien umgeht, je direkter die Informations- und Kommunikationstechnologien Bestandteil intermediärer Strukturen sind, umso höher ist der Informatisierungsgrad.

5. Kulturelle Indikatoren

Die Veränderung auf kultureller Ebene, die sich im gesellschaftlichen Wandel hin zu einer Informationsgesellschaft vollziehen, sind am leichtesten erkenn- und erfassbar, gleichwohl aber am schwierigsten einer Messung zu unterwerfen. Die Veränderung der kulturellen Verhaltensweisen und Grundeinstellungen in einer Gesellschaft basieren auf der engen Verbindung zwischen kulturellem Leben und Medientechnik. James Joyce stellte diese Verbindung in "Finnegans Wake"[557] dar, indem die ganze Geschichte des menschlichen Geistes hinsichtlich seiner Grundgesten und -haltungen durch alle Phasen der menschlichen Kultur und Technik vorgeführt wird.
Im gegenwärtigen kulturellen Verhalten und Alltagsleben ist die Zunahme zirkulierender Information augenscheinlich. Sämtliche Medien, besonders aber die Telematik zeigen einen Zuwachs auf lokaler, nationaler und internationaler Ebene: "All of this testifies to the fact we inhabit a media-laden society, but the informational features of our world are more thoroughly penetrative than a short list of television radio and other media sytems suggests."[558] Medien sind unzweifelhaft zu einem bedeutenden Teil des gegenwärtigen gesellschaftlichen und kulturellen Lebens geworden und bestimmen es nachhaltig.

> "We exist in a media-saturated environment, which means that life is quintessentially about symbolisation, about exchanging and receiving – or trying to exchange and resisting reception messages about ourselves and others."[559]

a Veränderung von Wahrnehmung und Inhalt

In besonderer Weise hebt McLuhan die Veränderung kultureller Inhalte durch die Medien hervor, indem er betont, dass ein Medium nicht nur die Form bestimmt, sondern auch Wahrnehmung und Inhalt: "the medium ist the message". Anhand der

---

556 Vgl. dazu auch die von Philipp Stradtmann bei der Hochschule für Musik und Theater Hannover am Institut für Journalistik und Kommunikationsforschung vorgelegte Diplomarbeit mit dem Titel "Deutschland auf dem Weg in die elektronische Demokratie. Das Internet als neues Medium der politischen Kommunikation und Partizipation." Vorgelegt in Hannover am 14. August 1998.
557 James Joyce, Finnegans Wake, Hrsg. Von Klaus Reichert, Frankfurt am Main 1989.
558 Frank Webster, Theories of the Information Society, London, New York, 1995 S.21.
559 Ebd. S.22.

Entwicklung des Buchdrucks führt er vor Augen, dass der dadurch geschaffene symbolische Raum über eine Zeitspanne von drei Jahrhunderten hinweg eine geistige Welt hervorgebracht hat, in der Abstraktion, Verallgemeinerung, Öffentlichkeit, wissenschaftliche Erkenntnis und schriftlicher Diskurs das soziokulturelle Denken prägen. Die Speicherfunktion des typographischen Gedächtnisses erlaubte die präzise Wiederholung des Notierten, was wiederum die Form logischer Argumentation und die gesamten Denklinien beeinflusst. Durch das Gutenbergsche System wurde ein Kommunikations- und Informationswandel eingeleitet, aus dem letzlich der radikale kulturelle und gesellschaftliche Wandel zur europäischen Neuzeit folgte. Der Buchdruck transformierte die oralen Gemeinschaften in literale Gesellschaften mit Grammatiken und grapholektischen Hochsprachen, aus denen in Folge nationale Kulturen und Literaturen hervorgingen. Es liegt nahe, in der globalen elektronischen Vernetzung eine vergleichbare kulturelle Veränderung zu vermuten. Diese besteht insbesondere darin, dass in Folge des Zusammenwachsens unterschiedlicher Medien zu multimedialen Formaten mit einer wachsenden Dominanz der visuelle Kultur zu rechnen ist.
Die Überlegungen McLuhans sind nicht neu. Auch Harold Innis[560] hebt in seinen Ausführungen heraus, dass die Formen einer bestimmten Medien-Technik den kulturellen Wandlungsprozess implizieren. Damit wird jeder kulturelle Wandel zu einer neuen gesellschaftlichen Herausforderung. Mc Luhan drückt dies sehr eingängig aus:

> „Einfacher gesagt: wenn eine neue Technik den einen oder anderen unserer Sinne auf die soziale Umwelt ausweitet, dann werden sich in dieser bestimmten Kultur neue Verhältnisse zwischen allen unseren Sinnen einstellen. Dies läßt sich etwa mit der Veränderung vergleichen, die sich vollzieht, wenn einer Melodie eine neue Note hinzugefügt wird. Aber wenn sich die Sinnesverhältnisse in irgendeiner Kultur verschieben, dann wird vielleicht das, was bisher als sehr klar erschien, plötzlich unklar und dunkel werden, und was verschwommen und dunkel war, wird durchsichtig."[561]

In einer gesellschaftlichen Form, die im wesentlichen von modernen Informations- und Kommunikationstechnologien geprägt ist, ist eben die Anwendung dieser Technologien die "neue Note", die das gesellschaftliche Leben verändert. Diese Entwicklung impliziert die Notwendigkeit eines informatisierten Bewusstseins, das bestimmend wird für das kulturelle Leben in einer Informationsgesellschaft.
Zu überprüfen ist daher, wie präsent die neuen Informations- und Kommunikationstechnolgien in den unterschiedlichen kulturellen Sparten sind, inwiefern sie als prägender Bestandteil in traditionelle Kulturbereiche Eingang finden. McLuhan, der vor Augen geführt hat, dass das Medium den Inhalt bestimmt, hat durch diese Feststellung zugleich verdeutlich, dass sich kulturelle Veränderungen gerade auch in den Inhalten kultureller Ereignisse widerspiegeln.

---

560 Harold Innis, Empire and Communications, Oxford 1950.
561 Marshall McLuhan: Die Gutenberg-Galaxis, a.a.O., S.51.

b Sprach- und Kommunikationswandel

Neben den eigentlichen Inhalten kultureller Ereignisse ist als Untersuchungsfaktor von besonderer Bedeutung der Sprach- und Kommunikationswandel, sowie die Veränderung von Textstrukturen.[562]
Was die kulturellen Wertestrukturen selbst betrifft ist infolge der ermöglichten globalen Kommunikation und internationalen Öffnung eine Aufnahme der Wertvorstellungen anderer Kulturkreise wahrscheinlich. Das Zusammenleben der Menschen erhält eine interkulturellen Dimension. Mit Sicherheit ist derzeit eine Präsenz der Informations- und Kommunikationstechnologien in unterschiedlichsten kulturellen Sparten nachgewiesen werden und die dadurch erfolgte Ausweitung kulturellen Lebens. Außerdem sind Veränderungen im Kommunikations- und Sprachverhalten der Individuen empirisch feststellbar; sie können als Indikator für eine Informationsgesellschaft dienen.

6. Akzeptanzindikator

Als letzter Indikator, der in engem Zusammenhang mit den bereits genannten steht, ist zu untersuchen, ob innerhalb der Individuen die Bereitschaft zur Nutzung moderner Informations- und Kommunikationstechnik besteht. Der eigentliche Schlüssel zur Entwicklung einer Gesellschaft zur Informationsgesellschaft liegt darin, inwieweit die Informations- und Kommunikationstechnik zum integralen Bestandteil des ganz normalen Alltagsleben geworden ist. Anders formuliert: sind die gesellschaftlichen Individuen zu "Anwendern" und damit zu aktiven Bestandteilen der Informationsgesellschaft geworden? Damit eng verbunden ist die Frage, ob die modernen Informations- und Kommunikationstechnologien, die ihre stärkste und anwenderorientierteste Form in den sogenannten Multimediaformaten finden, die Entwicklung zu eine Massenmedium durchlaufen. Die Entwicklung zu einem Massenmedium setzt eine organisatorische Instiutionalisierung und eine sozio-kulturelle Kultivierung voraus. Nur dergestalt kann die Integration der Kommunikations- und Informationstechnologien in Alltagsabläufe erfolgen und daraus habitualisierte Nutzungsgewohnheiten generieren. Bis dato ist die entscheidende Unbekannte aller Prognosen zur Entwicklung der Informationsgesellschaft der Konsument, daher muss der Konsument selbst und der Konsum zur näheren Beschreibung der Informationsgesellschaft als Indikator einbezogen werden. Die Überprüfung der Diffusionsphase verspricht dabei neue Erkenntnisse darüber, wie weit der medienbedingte gesellschaftliche Wandel fortgeschritten ist. Nachweislich kann derzeit die Behauptung aufgestellt werden, dass die Diffusionsprozesse, also die Etablierung moderner Informations- und Kommunikationstechnologien im alltäglichen Leben, intensiv sind. Nähere Untersuchung verdient in diesem Zusammenhang das tatsächliche Nutzungsverhalten.[563] Im Mittelpunkt dieses Analyseindikators zur näheren

---

562 Oliver Rosenbaum, chat-slang, München 1997; Uwe Kreisel / Pamela Ann Tabbert, Net Jargon, Reinbek 1997, beide Veröffentlichungen führen die Sprachveränderungen und Veränderungen im Wortschaft besonders plastisch vor Augen. Dazu auch Josef Oehrlein, Schöne Grüße von Webmaster und Sysop. Booten, scannen und chatten: Computer, Internet und die deutsche Sprache. In: Frankfurter Allgemeine Zeitung vom 5. Dezember 1998.

563 Lange Zeit befasste sich die Technikfolgenabschätzung mit dem PC überhaupt nicht, da man wohl von der Prämisse ausgegangen war, dass distanzierte Haltung der Bevölkerung über längeren Zeitraum stabil bleiben würde. Aus heutiger Sicht ein klares Fehlurteil. Vgl. dazu auch Wilfried Müller, Technology Assessment: Von der Abschätzung ungeahnter Nebenfolgen zur Bewertung

Bestimmung der Informationsgesellschaft steht der Einzelne und der private Haushalt. Dabei ist – an anderer Stelle dieser Arbeit wurde bereits darauf hingewiesen – die Bereitschaft, multimediale Angebote nachzufragen, durch die Faktoren Zeit, Endgeräteausstattung, Netzzugang für Online Multimedia und nicht zuletzt durch das verfügbare Einkommen begrenzt.

> "Wenn sich neue Informationstechniken im privaten Alltag erfolgreich verbreiten sollen, müssen sie nicht nur technisch perfekt funktionieren und einen annehmbaren Preis oder Tarif haben; sie müssen von den Nutzern als sinnvolle Produkte angenommen und problemlos wie eigensinnig in ihre alltägliche Praxis eingebaut werden können. Was jeweils als sinnvoll angesehen wird, hängt von kulturellen Orientierungen ab; was auf welche Weise angeeignet wird, das wird durch Praktiken und Lebensstile in unterschiedlichen soziokulturellen Milieus bestimmt."[564]

Inwieweit Personen eines Einzelhaushalts Informationstechniken als sinnvolle Produkte annehmen, ist zu überprüfen. Darzulegen ist die Prozentrate der vorhandenen Informations- und Kommunikationstechnologien in den Einzelhaushalten. In diesem Zusammenhang ist die Offenheit und Eigeninitiative der Nutzer ebenso von Bedeutung wie der Verwendungskontext der Geräte. In einer Informationsgesellschaft ist von einem hohen Akzeptanz- und Anwendungsgrad auszugehen, wobei alle Bereiche des menschlichen Alltags eingeschlossen werden.

---

bekannter Risiken. In: Britta Schinzel (Hrsg.), Schnittstellen. Zum Verhältnis von Informatik und Gesellschaft, Braunschweig / Wiesbaden 1996.

[564] Werner Rammert, Kultureller Wandel im Alltag und Informationstechniken. In: Jörg Tauss / Johannes Kollbeck / Jan Mönikes (Hrsg.), Deutschlands Weg in die Informationsgesellschaft, a.a.O., S.278.

VI. Zusammenfassung und Bewertung: Indikatorendefinition der Informationsgesellschaft

Die Quantifizierung und Definition der Informationsgesellschaft ist weitgehend abhängig von den angelegten Bemessungskriterien und den dazugehörigen Parametern. Entsprechend wurde in den vorangegangenen Ausführungen besonderes Augenmerk darauf gelegt, eine möglichst breite Beschreibung des Phänomens Informationsgesellschaft zu bieten und aufgrund der unterschiedlichen Aspekte Indikatoren zu entwickeln, die in ihrer Anwendung eine Analysegrundlage bieten können. Die Bezugnahme auf die weitreichende Literatur der letzten vier Jahrzehnte zeigt, dass die Entwicklung einer solchen Methodik zur empirischen Überprüfung des Phänomens nicht nur dringend geboten, sondern auch auf diesem Wege der Einführung eines Indikatorenbündels möglich ist. Als besonders bedeutend haben sich dabei diejenigen Ansätze erwiesen, die die vielen Facetten der Informationsgesellschaft zu begreifen und den gesellschaftlichen Wandel zu verdeutlichen versuchen. Jede wissenschaftliche Bemühung war dabei dadurch bestimmt, Aussagen über den Entwicklungsstand einer Gesellschaft auf dem Weg zur Informationsgesellschaft machen zu können. Vorherrschend waren – dies hat sich in der Aufarbeitung der Literatur gezeigt und spiegelt sich auch in den entsprechenden Kapiteln dieser Arbeit wider – Untersuchungen zu den ökonomischen Aspekten des gesellschaftlichen Wandels, wobei sich gerade die Bestimmung der Beschäftigungsstruktur als außergewöhnlich aufschlussreich präsentiert. Es ist ein Anliegen der vorliegenden Arbeit, diese Perspektive zu erweitern. Nicht zuletzt auch deswegen, da als unklar bezeichnet werden kann, was gerade im ökonomischen Bereich als Ursache und was als Wirkung zu betrachten ist. Dennoch hat auch vorliegende Arbeit auf die Erkenntnisse der Information-Economy-Forschung zurückgegriffen und in ihrer Vorgehensweise die beiden wegweisenden Forschungsansätze, die in Japan und in den USA entwickelt worden sind, zusammengeführt. Dabei wurden in erster Linie folgende Ansätze in der Informationsökonomie zusammengeführt:

- Ausgabenkoeffizient
- Medienpenetration
- Informationsbeschäftigung
- Wertschöpfung des Informationssektors und Beitrag zur Wertschöpfung der anderen Wirtschaftssektoren

Da diese Arbeit das Ziel einer gesellschaftlichen Analyse verfolgt, wurden neben den ökonomischen Indikatoren weitere Betrachtungskriterien eingeführt. Für die empirische Untersuchung des Konzeptes Informationsgesellschaft, das die rein ökonomische Betrachtung um die Dimension der gesellschaftlichen Betrachtung ergänzt, konnten zusätzlich folgende Analyseindikatoren herausgearbeitet werden:

- Technologischen Grundlagen der Infrastruktur
- Bildungsniveau und Einstellung
- Veränderungen im kulturellen Verhalten sowie in Sprache und Kommunikation
- Politische Etablierungsinitativen und die Präsenz der Informations- und Kommunikationstechnologien bei den staatlichen Institutionen und Intermediären

- Anwendungsbereitschaft und Nutzungsverhalten des Einzelindividuums, sowie die Etablierung moderner Medien im Einzelhaushalt.

Die Zusammenführung der ökonomischen, gesellschaftlichen und individuellen Betrachtungsebenen zieht eine Abwendung von der Partialanalyse der Informationsgesellschaft nach sich, die immer nur einen Teilbereich als Analysefaktor einbezogen hat, hin zu einer Totalanalyse. Diese Totalanalyse, die auf der Modifizierung, Weiterentwicklung und Ergänzung der Analyseindikatoren basiert, vermittelt ein umfassendes Bild gesellschaftlicher Entwicklung und stellt die eigentliche Definition der Informationsgesellschaft dar. Die wesentliche Ergänzung bestand darin, nicht nur weitere Element der Makro-Ebene in die Betrachtung miteinzubeziehen, sondern eben gerade auch die soziologische Mikro-Ebene. Unter diesen Voraussetzungen kann mit den neu vorliegenden Bemessungsidikatoren bei entsprechender Datenzufuhr eine nähere Bestimmung der Gesellschaft als Informationsgesellschaft erfolgen, die dann auch Aufschluss gibt über quantitative Veränderungen. Auf diese Weise ergibt sich in der Anwendung der hier aufgezeigten infrastrukturellen, ökonomischen, sozialen, kulturellen, politischen Indikatoren und des Akzeptanzindikators eine Beschreibung der gegenwärtigen Erscheinungsform einer Gesellschaft, die zugleich offenlegt, welchen Stellenwert Information und Wissen in dieser Gesellschaft einnimmt. Auf diese Weise wird eine quantitative Aussage zum Informatisierungsniveau einer Gesellschaft möglich, wobei der Begriff der Informatisierung verstanden wird als Durchdringung der Gesellschaft mit modernen Informations- und Kommunikationstechnologien und einer daraus sich entwickelnden Geisteshaltung und Lebensgestaltung.
Es soll an dieser Stelle nicht unerwähnt bleiben, dass die dargelegten Indikatoren mit einem Unsicherheitspotenzial behaftet bleiben: "Do these measures permit us to gauge a nation's progress toward informatization, toward the dual goals of economic growth and socio-cultural development?"[565]
Die Frage von Dordick / Wang trifft im Kernpunkt die Problemlage, die seit Beginn der Informationsökonomie jegliche aufgestellten Analyseindikatoren angreifbar macht. Bereits Fritz Machlup erkannte die Schwierigkeiten, die mit der Bemessung von Wissensindustrien verbunden sind und in erster Linie darauf basieren, dass die Messung von Information und Wissen problematisch ist, da keine erkennbaren Outputs, keine Produktivitätsdaten und keine Preissetzungen zu verzeichnen sind. Diese Problematik bleibt trotz Indikatorenbündel bestehen, weil Information keine ökonomische Ware im herkömmlichen Sinn ist.

> "How do you set a value on knowledge in the form of research and development required to produce a computer or a chip, except in an aggregated fashion, and how do you allocate these knowledge costs below the industry level, that is, in the firm, departement, or individual?"[566]

Auch die vorliegende Arbeit muss die heterogene Natur der Information selbst zugestehen und hat sich daher auf die Anwendung jener Indikatoren der Informationsökonomie beschränkt, die zumindest deduktiv nachvollziehbar sind. Dennoch bleibt die Sektorentypologisierung mit einigen Fragezeichen verbunden. Die Konkretisierung des Informationssektors, so hat sich auch in der vorliegenden Charakterisierung gezeigt, bietet Raum für erhebliche Unsicherheiten. Letztlich liegt es im Ermessen des Betrachters, welche Aktivitäten, Waren und Dienstleistungen in

[565] Herbert S. Dordick / Georgette Wang, a.a.O., S.53.
[566] Ebd.

den Informationssektor einzuschließen sind und welche nicht. Unter Berücksichtigung der derzeitigen Entwicklung und des Stellenwerts des Informationssektors in den ökonomischen Zusammenhängen erscheint eine internationale Festlegung geboten. Vergleichbares gilt für die Informationsbeschäftigung. Unbestritten ist auch, dass unterschiedliche Arten von Wissen existieren, die auch für die Gesellschaft von unterschiedlicher Bedeutung sind:

> "... ›productive knowledge‹, which is expected to lead to increased productivity and a higher standard of living, and there is ›unproductive knowledge‹, which may just serve to provide immediate pleasure. There is knowledge that may be offered free yet is not wanted, and there is knowledge cost a great deal to acquire"[567].

Es ist eine unumstößliche Erkenntnis: um Wissen und Information messbar zu machen, müssen diese Unterschiede und Feinheiten bewusst außer Acht gelassen und vernachlässigt werden. Die Qualität der Information kann bei einer empirischen Analyse keine Berücksichtigung finden: "Consequently, the U.S. Constitution would be measured in the same way as a 30-second television advertising spot."[568]
Durch dieses Erkenntnis verdeutlicht sich, dass die empirische Totalanalyse durch das hier aufgestellte Indikatorenbündel zwar ein hinreichendes Instrumentarium zur Deskription der Informationsgesellschaft und ein solides Analyseraster bereitstellt, eine theoretisch fundierte Explikation und qualitative Beurteilung dieser Entwicklung kann dadurch aber nicht geboten werden. Der vorliegenden Arbeit ging es bis zu diesem Zeitpunkt aber vor allem darum, ein Instrumentarium bereitzustellen, um den Prozess der Informatisierung zu beschreiben und den Stand der Informatisierung in einer Gesellschaft quantitativ und empirisch bestimmen zu können. Letztenendes sollte so eine solide Definition der Informationsgesellschaft mittels Indikatorenbündel erreicht werden. Am Ende steht eine pluralistische Definition der Gesellschaft anhand unterschiedlicher Indikatoren. Eine solche Definition wird der prozedural-dynamischen Pluralität, die nach Analyse der theoretischen Literatur als wesentliches Kennzeichen der Informationsgesellschaft gewertet werden kann, gerecht. Die Bezeichnung prozedural-dynamische Pluralität drückt dabei in erster Linie aus, dass es sich bei der Informationsgesellschaft um eine diffuse gesellschaftliche Form handelt, die sich in ständiger Veränderung befindet und auf diese Weise durch eine in dieser Form bisher unbekannten Vielschichtigkeit geprägt ist. Die Informationsgesellschaft ist eine Gesellschaftsform ganz heterogener Ausprägungen.
Jede weitere Aussage, etwa die Antwort auf die Frage, ab wann eine Gesellschaft eine Informationsgesellschaft ist, bleibt in hohem Maße auf die wissenschaftliche Festlegung zurückgeworfen.[569]

---

[567] Ebd. S.53.
[568] Ebd. S.53.
[569] So etwa die Definition von Japans RITE, zu finden bei Herbert S. Dordick / Georgette Wang, a.a.O., S.132, Fußnote 1: (a)Information ratio of at least 0,5; (b)Per capita income of more tan US $10,703; (c)At least half of the work force engaged in information occupations; (d) At least half the school age population enrolled in tertiary education.
Nach diesen Kriterien würden lediglich 2 Länder als Informationsgesellschaften gelten, nämlich USA und Kanada; Japan hingegen, mit einem Anteil von nur 28% der Bevölkerung, die einen tertiäre Bildung genossen haben, würde nicht als Informationsgesellschaft gelten.
Analog in der Vorgehensweise, aber abweichend in den Kriterien bezeichnete Ito eine Gesellschaft dann als Informationsgesellschaft, wenn die folgenden vier Bedingungen erfüllt werden:

Die vorliegende Arbeit schließt sich aus diesem Grunde keiner definitorisch, nominalen Festlegung an. Stattdessen wird davon ausgegangen, dass letztlich von Bedeutung ist, dass Information und Wissen wesentlichen Einfluss auf das gesellschaftliche Zusammenleben haben. Feste Marken für die Erscheinungsform einer Informationsgesellschaft zu setzen, erscheint in diesem Zusammenhang unnötig, ja sogar kontraproduktiv, da damit eben gerade der typische Prozesscharakter ausgeklammert wird. Weil gesellschaftliche Entwicklung keinen Endpunkt kennt, sondern ein ständiger Prozess der Veränderung ist, kann es nach Ansicht der Verfasserin auch keinen Bestimmungspunkt der Informationsgesellschaft geben. Feststellbar sind lediglich unterschiedliche Ausprägungen, die in Korrelation mit dem Diffusionsprozess von Information stehen. Durch die in dieser Arbeit ausgearbeiteten Indikatoren, die ganz unterschiedlichen Untersuchungsbereichen und Untersuchungsebenen Rechnung tragen, können Prozesscharakter, Pluralität und Heterogenität der gesellschaftlichen Veränderung zum Ausdruck gebracht werden. Dies erscheint ausreichend, um zumindest quantitativ die empirischen Unterschiede zur Industriegesellschaft zu verdeutlichen. Damit schließt dieser erste Teil der Arbeit mit einem deutlichen Plädoyer für die Definition der Informationsgesellschaft anhand unterschiedlicher Indikatoren.

Inwiefern die qualitative Visionen, wie sie etwa von Masuda, Dahrendorf oder Bell vertreten wurden, tatsächlich realisiert sind, bleibt bis zu diesem Stand der Arbeit unbeantwortet. Um eine Klärung herbeizuführen, schließt sich in dieser Arbeit daher ein dritter Teil an, der die Ebene empirischer Ermittlung verläßt und sich auf die Ebene einer qualitativen Untersuchung begibt. Anhand dreier maßgeblicher gesellschaftlicher Bereiche – Zukunft der Arbeit, Zukunft der Bildung, Zukunft des Staatsorganisationssystems – soll nun das qualitative Veränderungspotenzial vor Augen geführt werden.

---

1. Das Pro-Kopf-Einkommen liegt höher als 4000 US $; 2. Mehr als 50% der Erwerbstätigen arbeiten im Dienstleistungssektor; 3. Mehr als 50% eines Jahrgangs besuchen die Universität; 3. Der Informationskoeffizient liegt höher als 0,35. In: Youichi Ito, "Johoka Shakai" Approach to the Study of Communication in Japan. In: KEIO Communication Review, Vol. 4, 1980, S.13-39, hier S.18. Nachdruck in: G.C. Wilhoit / H.de Bock (Hrsg.), Mass Communication Review Yearbook 1981 (vol. 2), S.671-698.
Eine weitere definitorische Festlegung bietet Karl Deutsch. Zu finden in Karl Deutsch, Soziale und Politische Aspekte der Informationsgesellschaft. In: Philipp Sonntag (Hrsg.), Die Zukunft der Informationsgesellschaft, Frankfurt am Main 1983, S.69. Karl Deutsch trifft folgende Feststellungen: Eine Informationsgesellschaft ist geprägt von einer nationalen Ökonomie, in der mehr als 50% der Berufstätigen in überwiegend informations-orientierten Berufen tätig sind. Der Beitrag zum Bruttosozialprodukt, der aus überwiegenden Informationsbeschäftigungen der Industrie kommt, beträgt mehr als die Hälfte des Bruttosozialproduktes. Die beiden Anteile Zahl der Erwerbstätigen und Bruttosozialproduktes korreliert mit dem Anteil der direkten Informationsausgaben in den Budgets von sowohl privaten Firmen wie auch öffentlichen Institutionen, wobei die Informationsrate, sowie die Informationsdichte steigende Tendenz aufweist. Sobald ein kritischer Stellenwerte überschritten wird, liegt eine haben wir die Informationsgesellschaft vor. Die Dichte der Information hat dabei im Verhältnis zur Materie um Größenordnungen zugenommen, ebenso das Verhältnis von Information zu Energie. Das Wachstum der Informationsdichte, also der Informationseinheit pro Zeiteinheit ist deutlich. Einer der ersten Effekte dieses Überganges ist, dass im Laufe der Zeit Information billiger wird, während greifbare Leistungen von Materie und Energie eher teurer werden.

C. Gesellschaftsveränderung: Qualitative Analyse Informationsgesellschaft

I. Qualitative Veränderung in der Gesellschaftsrealität der Bundesrepublik Deutschland am Beispiel Bildung, Wirtschaft und Staatsorganisation

Entsprechend der in dieser Arbeit vertretenen Grundauffassung, dass neben quantitativen auch qualitative Veränderungen feststellbar sein müssen, um einen Wandel der Gesellschaft zu deklarieren, schließt sich ein zweiter Hauptteil an. Implikationen im Bereich Wirtschaft, im Bereich Bildungswesen und im Bereich des politischen Systems stehen hier im Vordergrund der Betrachtung. Die Auswahl dieser Sektoren begründet und orientiert sich an den Erwartungen der Experten in der Delphi-Befragung 1996 / 1998, durchgeführt im Auftrag des Bundesministeriums für Bildung, Wissenschaft, Forschung und Technologie (BMFT), vorgelegt von der Prognos AG, Basel. Hier werden die angesprochenen Bereiche bzgl. des Veränderungspotenzials besonders herausgestellt. Ziel ist es, einen Eindruck davon zu vermitteln, welche qualitativen Veränderungen die Informatisierung im gesellschaftlichen Zusammenleben initiiert, wobei auch politische Herausforderungen implizit werden. In der Darlegung der ausgewählten Sektoren wird insbesondere deutlich werden, dass in der Informationsgesellschaft die einzelnen gesellschaftlichen Bereiche in einem ausgesprochenen Abhängigkeitsverhältnis stehen, dessen Dreh- und Angelpunkt der Umgang mit Information und Wissen ist. Dies unterstreicht die ausgeprägte prozedural-dynamische Pluralität, die als wesentliches qualitatives Kennzeichen der neuen Gesellschaftsform zu werten ist. Die Darlegung dieses Kennzeichens qualitativer Veränderung bestärkt wiederum die im ersten Teil angewandte Methodik zur Definition von Informationsgesellschaften. In der Analyse der Teilbereiche wird auf die Erkenntnisse des vorangegangenen Teiles zurückgegriffen. Auf diese Weise wird sich der Kreis der wissenschaftlichen Untersuchung im Hauptteil C schließen.

1. Zukunft der Bildung in der Informationsgesellschaft: qualitative Auswirkungen des gesellschaftlichen Wandels im Bildungssektor

Wie sich in der theoretischen Literatur zur Informationsgesellschaft gezeigt hat, ist eine informatisierte Gesellschaft in besonderem Maße von Wissen und Information geprägt. Die Darstellung der Indikatoren im ersten Teil dieser Arbeit hat dies bestätigt. Daniel Bell ging von einem neuen gesellschaftlichen Axiom, dem Wissen, aus und wird durch die Delphi-Umfrage "Potentiale und Dimensionen der Wissensgesellschaft – Auswirkungen auf Bildungsprozesse und Bildungsstrukturen"[570] bestätigt. Der verantwortliche Umgang mit Information, die Integration der Information in Wissen und die Beherrschung von Schlüsselkompetenzen sind Voraussetzung sowohl für die aktive Teilhabe der Menschen an der Informationsgesellschaft und ihre Chancen auf dem Arbeitsmarkt, als letztlich auch für die Wettbewerbsfähigkeit der Wirtschaft und der Unternehmen.[571] Diese Entwicklung legt nahe, dass gerade jene Institutionen, die mit der Vermittlung von Information und Wissen betraut sind, in einer Informationsgesellschaft eine besondere Stellung einnehmen und rascher auf die neuen Anforderungen reagieren sollten als jedes andere gesellschaftliche Teilsystem, da sie als Wegbereiter der Informationsgesellschaft dienen können.

> „Schulen stehen wie kaum eine andere unserer gesellschaftlichen Institutionen im dauernden Spannungsfeld zwischen Erneuerung und Tradition, Anpassung und unveränderlichem Kanon, Reformbemühungen und notwendiger Stabilität. In den Schulen wirken sich die Veränderungen des gesellschaftlichen Umfeldes für LehrerInnen und SchülerInnen erlebbar aus..."[572]

Dies bedingt, dass das Bildungssystem in hohem Maße qualitativen Veränderungen unterworfen sein muss. Veränderungen, welche die gesellschaftliche Entwicklung selbst reflektieren. Peter A. Bruck verdeutlicht dies in der Aussage: „Bildungsinstitutionen müssen lernende Organisationen werden."[573]

Eine intensive Betrachtung der Bildungsstrukturen verdeutlicht hingegen schnell, dass das Bildungssystem dieser Anforderung nicht gerecht wird. Gerade die von der Wirtschaft geforderten Qualifikationen, zumeist im IT-Bereich[574], werden nur ungenügend vermittelt. Die OECD dem deutschen Bildungssystem schlechte Noten erteilt.[575] Es ist von einer allgemeinen Bildungskrise die Rede.[576]

Die mangelnde Vorbereitung auf die Informatisierung und die Globalisierung der gesellschaftlichen Strukturen erstaunt insofern, als unbestritten die Lebenswelt gerade der Heranwachsenden in besonderem Maße von den neuen elektronischen Medien und einer weltweiten Kommunikation geprägt ist. Unzweifelhaft ist, dass gerade Heranwachsende die Strukturen der informatisierten Gesellschaft kennen und beherrschen lernen müssen.[577] Es liegt auf der Hand, dass die pädagogischen Einrichtungen dieser Entwicklung begegnen müssen. Diese Aufgabe ist umso

---

570 Delphi-Befragung 1996/1998. Potentiale und Dimensionen der Wissensgesellschaft – Auswirkungen auf Bildungsprozesse und Bildungsstrukturen. Herausgegeben vom Bundesministerium für Bildung und Forschung. Integrierter Abschlußbericht. Kurz "Wissens-Delphi", Mai 1999.

571 19.7.2000 Diskussionsforum in Berlin zur Erörterung eines Memorandums "Hochschule für das 21. Jahrhundert zwischen Staat, Markt und Eigenverantwortung. Ein Hochschulpolitisches Memorandum im Rahmen der Initiative D21 unter Federführung der Daimler Chrysler Services (Debis) AG."

572 Peter A. Bruck / Guntram Geser, Schulen auf dem Weg in die Informationsgesellschaft, Innsbruck, Wien München 2000, S.11.

573 Ebd. S.60ff.

574 T.I.S. Trends im Stellenmarkt. DEKRA Akademie GmbH Nr. 2 Mai 2000. Vgl. auch Presseinformation der wbv W. Bertelsmann Verlag Wirtschaft, Bildung, Verwaltung ohne Datumsangabe T.I.S. analysiert den Arbeitsmarkt in Zukunftsbranchen Nr. 1/2000. Jede zweite Stellenanzeige 2000 verlangt IT-Know-How. Vgl. dazu auch www.wbv.de.

575 Süddeutsche Zeitung vom 21. April 1999, Der Alptraum vom studierten Arbeitslosen. Ähnliche Äußerungen fielen auf einer Konferenz der OECD am 18. Oktober 2000 in Berlin.

576 Stern, Bildungsnotstand: Um das Allgemeinwissen unserer Jugend steht es schlecht – Experten wollen eine Schulreform, Heft Nr. 4 vom 21. Januar 1999.

577 Interview mit dem Erwachsenenbildner Peter Faulstich, Studium und Arbeit müssen endlich verzahnt werden. In: Marc Hoch / Hans-Herbert Holzamer (Hrsg.), a.a.O.

dringlicher, als in nahezu allen neueren Veröffentlichungen zum Thema Informationsgesellschaft die latente Gefahr der Zweiklassengesellschaft angeführt wird. Die Befürchtung einer Wissenskluft zwischen einer „Bildungselite“ und einem „Bildungsproletariat“ liegt nahe. Entsprechend bemühen gerade die Medienkritiker die „Knowledge-Gap-Theorie“[578], die von einer Zunahme der Wissenskluft zwischen Gebildeten und Ungebildeten ausgeht, wenn beide Gruppen ohne weitere Hilfen mit dem gleichen Bildungsprogramm und den gleichen Bildungsinhalten konfrontiert werden. Die Annahme ist, dass Personen mit einem höheren sozialen Status und einer höheren formalen Bildungsqualifikation Informationen in der Regel rascher aufnehmen und verarbeiten können: "Wenn der Informationsfluss in ein soziales System zunimmt, nimmt damit die Informationsdifferenz in einer Gesellschaft nicht ab, sondern zu; eine bereits vorhandene Wissensdifferenz vergrößert sich, die Wissenskluft wird größer."[579]
Aber nicht nur der Zugang zu den neuen Informations- und Kommunikationstechnologien und deren Anwendung wird als kritischer Punkt hervorgehoben; diskutiert wird gerade in der pädagogischen Literatur auch der Zusammenhang zwischen der Fülle verfügbarer Information und der menschlichen Verarbeitungskapazität. Nach einer Umfrage des B.A.T. Freizeit-Forschungsinstituts zum Multimedia-Zeitalter fühlen sich 48% der 2600 Befragten über 14 Jahre von den neuen Angeboten der Informationsgesellschaft überrollt, bei den über 50-jährigen sind es sogar 53%. Im Begleittext wird der Leiter der Untersuchung, Freizeitforscher Horst Opaschowski zitiert: “Viele Bürger fühlen sich von der Überfülle des Medienangebotes bedroht und wissen nicht, wie sie sich gegen diese Lawine wehren können.“ Dem entspricht die die Vermutung der Reizüberflutung, die, subsumiert unter dem Begriff "Informationsflut"[580], häufig in der Literatur zu finden ist.[581] Der Begriff "Informationsflut" wird zu Recht von Bernd Weidenmann abgelehnt: zum einen führt Weidenmann schlüssig vor Augen, dass die eigentliche Veränderung nicht ausschließlich in der Quantität der Informationen liege, sondern in der Demokratisierung von Information, zum anderen zeigt er auf, dass der Umgang mit den Informationen Aktivitätsmuster aufweist und unter dem Diktum der Ökonomie stünde.[582]

---

578 Hypothese formuliert von Philip J. Tichenor / George A. Donohour / Clarice N. Olien, Mass Media Flow and Differential Growth in Knowledge, in: Public Opinion Quaterly 34 (1970). Dieser Hypothese von der Wissenskluft folgten eine Reihe von Studien, die aufgrund der unterschiedlichen Forschungsdesigns nur schwer miteinander vergleichbar sind. Viele der bislang im Kontext durchgeführten Forschungen sind methodisch mangelhaft, Panel-Studien fehlen völlig. Die Schlussfolgerung, dass Medienexpansion eine Wissenskluft zur Folge hat, kann gegenwärtig empirisch nicht sauber nachgewiesen werden. Dazu in einer vorbildlichen Überblicksdarstellung und Diskussion auch Michael Jäckel, Auf dem Weg zur Informationsgesellschaft? Informationsverhalten und die Folgen der Informationskonkurrenz. In: Michael Jäckel / Peter Winterhoff-Spurk (Hrsg.), Politik und Medien. Analysen zur Entwicklung der politischen Kommunikation, Berlin 1994, S.16ff. Dazu auch die Delphi-Befragung 1996/1998. a.a.O., Abschlußbericht zum Bildungs-Delphi, S.99ff.

579 Michael Jäckel, Auf dem Weg zur Informationsgesellschaft? Informationsverhalten und die Folgen der Informationskonkurrenz. In: Michael Jäckel / Peter Winterhoff-Spurk (Hrsg.), a.a.O., S.17.

580 Ulrich Arndt, Herausforderung an die Schule von heute: Welche Bildungspotentiale hat die Schule?. Die deutsche Perspektive. In: Bertelsmann-Stiftung (Hrsg.): Die Informationsgesellschaft von morgen – Herausforderung der Schule von heute. Gütersloh 1996. S.85. Hier wird die These der Informationsflut betont. Ebenso bei der Beschreibung der Probleme mit den neuen Medien, Bundesministerium für Bildung, Wissenschaft, Forschung und Technologie (Hrsg.), a.a.O., S.39, verbunden mit Ungleichheit der Nutzungschancen.

581 Karl W. Deutsch, Soziale und Politische Aspekte der Informationsgesellschaft. In: Philipp Sonntag (Hrsg.), Die Zukunft der Informationsgesellschaft, a.a.O., S.69.

582 Bernd Weidenmann, Die Informationsgesellschaft von morgen: Was müssen wir lernen? Kapazitäten und Mechanismen der Informationsverarbeitung. In: Bertelsmann-Stiftung (Hrsg.): Die

„Ich gehe davon aus, daß das wesentliche Charakteristikum der Informationsgesellschaft von morgen nicht darin besteht, daß es mehr oder weniger Informationen gibt als heute oder gestern. Das entscheidend Neue ist nicht die Informationsmenge, sondern der Zugang zu diesen Informationen. Durch die neuen Technologien und Angebote kann ich mir die Informationen nahezu unabhängig von Raum und Zeit beschaffen und verfügbar machen. Der Zugriff auf Informationen ist es, der eine völlig neue Qualität erhält“.[583]

Bernd Weidenmann ist zuzustimmen, denn das Charakteristische an den neuen Technologien ist im Prinzip weniger in der Informationsmenge zu sehen als in der Entstehung einer neuen Unmittelbarkeit von Kommunikation.[584] Bernd Weidenmanns Überlegungen sind allerdings dahingehend zu ergänzen, dass der Mensch selbst das bestimmende Element bleibt; er legt fest, wieviel und welche Information er aufnehmen möchte. Der Mensch bestimmt den Umgang mit der ihm zu Verfügung stehenden Information. Aber: Um dies erfolgreich tun zu können, muss er eine entsprechende Bildung vorweisen können.

"Wer Wissen nutzen will, muß etwa in der Lage sein, sich schnell zu orientieren, richtig zu selektieren und Informationen kreativ zu verknüpfen. Diese Aufgabe ähnelt derjenigen der Suchmaschinen im Internet, geht aber noch um einiges darüber hinaus, insbesondere was die Beurteilung und Bewertung von Informationen angeht."[585]

Voraussetzung für die erfolgreiche Etablierung der Informationsgesellschaft ist, die Individuen in diese Gesellschaftsentwicklung zu integrieren und ihnen ein Instrumentarium zur Verfügung zu stellen, durch das sie mit der Information umzugehen lernen: Bildung. Die Vorbereitung der Gesellschaft ist eine der dringlichsten politischen Aufgaben und Herausforderung zugleich. Wird diese Aufgabe vernachlässigt und die Gesellschaft nicht an den Umgang mit modernen Informations- und Kommunikationstechnologien und an die Verarbeitung von Informationen herangeführt, wären gerade die Unkundigen, die sogenannten "Analphabiten"[586], den neuen Technologien und ihren Verwaltern in einem beachtlichen Maße ausgeliefert. Damit sind sämtliche Institutionen des Bildungssystems und die im Bildungswesen tätigen Personen von den neuen

---

Informationsgesellschaft von morgen – Herausforderung der Schule von heute, a.a.O. S.64. Vgl. auch S.66. Die Hinfälligkeit traditioneller Lesestrategien und die Bestätigung einer neuen effizienzorientierten Informationskultur wird durch Untersuchungen zur Nutzung von Hypertext- und Hypermedia-Anwendungen dokumentiert. Vgl. auch E. Schoop, Benutzernavigation im Hypermedia Lehr-/Lernsystem HERMES. In: U. Glowalla / E. Schoop (Hrsg.), Hypertext und Multimedia, S.149-166. Berlin u.a. 1992. Wissensrepräsentation unter dem Stichwort Hypertext/Hypermedia steht im Kontrast zu den Drill-and-Practice-Programmen. Zu didaktischer Software auch Ulrich Arndt, Herausforderung an die Schule von heute: Welche Bildungspotentiale hat die Schule? Die deutsche Perspektive. In: Bertelsmann-Stiftung (Hrsg.): Die Informationsgesellschaft von morgen – Herausforderung der Schule von heute, Gütersloh 1996, S.93.

583 Bernd Weidenmann, Die Informationsgesellschaft von morgen: Was müssen wir lernen ? Kapazitäten und Mechanismen der Informationsverarbeitung. In: Bertelsmann-Stiftung (Hrsg.), Die Informationsgesellschaft von morgen – Herausforderung an die Schule von heute, Gütersloh 1996, S.66.

584 Vgl. Clark, R.E. (1983), Reconsidering research on learning from media. In: Review of educational research, 53/1983, S.445-459.

585 Delphi-Befragung 1996/1998, a.a.O., Basel., S.20.

586 Peter Otto / Philip Sonntag, Wege in die Informationsgesellschaft. Steuerungsprobleme in Wirtschaft und Politik, München 1985, S.263.

Entwicklungen unmittelbar betroffen; sie stehen in der Pflicht und nehmen eine Schlüsselstellung im Aufbau der Informationsgesellschaft ein. Das Bildungswesen ist die Vorbereitungsinstanz für den mündigen Bürger in der Informationsgesellschaft. Es ist Aufgabe des Bildungssystems, die Menschen auf ein Leben mit den neuen Techniken vorzubereiten und zu einem aktiven Umgang mit der neuen Vielfalt der Informationen und ihrer multikulturellen Herkunft zu befähigen.[587] Betroffen sind dabei alle Bildungsbereiche, also neben Schulen und Hochschulen auch das Feld der beruflichen Bildung. In dieser Arbeit soll die berufliche Bildung keine gesonderte Würdigung erfahren, da die Informatisierungsprozesse denen an Schulen und Hochschulen ähneln, gerade was den staatlichen Anteil der dualen Ausbildung betrifft.[588]

Die Diffusion moderner Informations- und Kommunikationstechnologien und die damit verbundenen Implikationen für das Bildungssystem stehen im Vordergrund der Darstellung. Dabei ist der Frage nachzugehen, ob auch das Grundverständnis und der Stellenwert von Bildung und die Bildungsvermittlung selbst Veränderungen unterworfen ist. Ein mögliches Signal einer solchen Veränderung ist die Integration von Medien als aktive Elemente und feste Bestandteile des Bildungssystems. In besonderem Maße gilt dies für die modernen Informations- und Kommunikationsmedien und deren Stellenwert im Unterricht.

a Qualitative Veränderungen des Bildungssystems und der Vermittlung von Bildung

Die Veränderungen, die mit der Integration moderner Informations- und Kommunikationstechnologien in den Bildungsabläufen verbunden sind, werden nicht erst in heute diskutiert. Bereits 1988 hat die Arbeitsgruppe des *International Federation for Information Processing* (IFIP) Gründe für den Einsatz von Computern im Erziehungsbereich aufgeführt:

---

587 Inzwischen sind in den USA zahlreiche Klassenzimmer in unterschiedlichen Staaten und Ländern in „Lernzirkeln“ miteinander verbunden. Vgl. dazu Bill Gates, Der Weg nach vorn. Die Zukunft der Informationsgesellschaft, Hamburg 1995, S.294. Ein besonders ehrgeiziges Projekt für Schüler ist das Projekt "Global Learning and Observation to Benefit the Environment“, initiiert durch Al Gore. Bereits Grundschüler sollen in internationaler Zusammenarbeit wissenschaftliche Informationen über die Erde zusammentragen. Aus deutscher Sicht ist als besonders interessantes Beispiel ein Projekt anzuführen, das 1989 beim Fall der Berliner Mauer ins Leben gerufen wurde; westdeutschen Schülern wurde über das Netz die Möglichkeit gegeben, das Ereignis aktiv mit Gleichaltrigen in der ganzen Welt über das Netz zu diskutieren.

588 Vgl. dazu Christoph Führ, Deutsches Bildungswesen seit 1945. Grundzüge und Probleme, Berlin 1997; Rudolf Tippelt / Bernd van Cleve, Verfehlte Bildung? Expansion und Qualifikationsbedarf, Darmstadt 1995; Rudolf Tippelt, Handbuch Erwachsenenbildung/Weiterbildung, Opladen 1994; Marc Hoch / Hans-Herbert Holzamer (Hrsg.), Zukunft der Arbeit. Zukunft der Bildung. Eine Serie der Süddeutschen Zeitung. Hrsg. Süddeutsche Zeitung, München 1998. Vgl. dazu auch Richard von Bardeleben, Weiterbildungsqualität Konzepte, Instrumente und Kriterien, Berlin und Bonn 1995; Jittie Brandsma, Berufliche Weiterbildung in Europa, Stand und Perspektiven, Bielefeld 1995; Karin Büchter / Wolfgang Hendrich, Professionalisierung in der betrieblichen Weiterbildung, München, Mering 1996; Bundesministerium für Bildung, Wissenschaft, Forschung und Technologie (Hrsg.), Berichtssystem Weiterbildung VI, Integrierter Gesamtbericht zur Weiterbildungssituation in Deutschland, Bonn 1996; Rolf Dobischat / Rudolf Husemann (Hrsg.), Berufliche Weiterbildung als freier Markt? Regulationsanforderungen der beruflichen Weiterbildung in der Diskussion, Berlin 1995.

> "To individualize instruction, in order to better deal with individual differences among students. With appropriate software a student can become a self-directed and self-initiating learner.
> To contribute to learning mastery. The appropriately programmed can be used to select alternative learning paths on the basis of the student's past records, and monitor the progress of each individual student.
> To make higher quality material available more widely. With the expansion of broad-band information networks, sharing of quality institutional materials and software packages among educational institutions becomes easier and financially viable.
> To emphasize analysis and logical thinking, a major weakness of many learners. The computer's requirement for precise and ordered logic provides an ideal opportunity for training in logical thought.
> To stimulate educational reform. The computer allows for the satisfaction of individual learning needs. Institutions can create a more flexible environment to supplement students' instructions at the home, in small groups or in learning centers."[589]

Es ist offensichtlich, dass diese Äußerungen nicht nur den reinen Computereinsatz ansprechen, sondern bereits Forderungen nach strukturellen und qualitative Veränderungen darstellen. Ziel dieser strukturellen Veränderungen ist ein modularisiertes, dem tatsächlichen Bedarf angepasstes und selbständig abfragbares Lern- und Studienangeboten. Ähnliche Forderungen finden sich auch 12 Jahre später in den Formulierungen der D21 Inititiative wieder.[590] Mit den Forderungen verbunden ist eine Vorstellung, die bei Bill Gates Beschreibung einer modernen Lernsituation ihren Höhepunkt findet:

> „Ist erst einmal auch nur ein Hauch von positiver Lernatmosphäre hergestellt, wird der Information Highway dafür sorgen, daß in Zukunft alle ein höheres Bildungsniveau erreichen können. Er wird neue Unterrichtsmethoden und eine sehr viel größere Wahlfreiheit ermöglichen."[591]

Inwiefern diese Entwicklung bereits konkrete Formen angenommen hat, soll später untersucht werden.
Der zunehmende Einsatz moderner Informations- und Kommunikationstechnologien führt zu einer zunehmenden Visualisierung des Wissens. Damit geht ein verändertes Bildungsverständnis in einer informatisierten und mediendominierten Gesellschaft einher. Die Visualisierung des Wissens ist gesamtkulturell eine einschneidende und empirisch belegbare Entwicklung. Lernen in der Wissensgesellschaft muss sich daher das Ziel setzen, jedem Menschen die Möglichkeit zu eröffnen, dieser indizierten Visualisierung zu begegnen, sie zu verstehen und sein Wissen und seine Fähigkeit dahingehend auszubauen, adäquate Handlungs- und Problemlösungskompetenzen zu entwickeln. Dass die Informationstechnik dabei Gegenstand des Lehrens und Lernens sein sollte, darüber besteht weitgehend

589 IFIP working group Volume 29, Amsterdam 1988, zit. nach Herbert S. Dordick / Georgette Wang, a.a.O., S.112.

590 Norbert Bensel / Hans Weiler, Hochschulen für das 21. Jahrhundert zwischen Staat, Markt und Eigenverantwortung. Ein Hochschulpolitisches Memorandum im Rahmen der Initiative D21 unter Federführung der Daimler Chrysler Services (DEBIS) AG, Berlin und Standford im August 2000. Das hochschulpolitische Memorandum ist erstmals am 18. September offiziell im Rahmen des D21 Kongresses "Leben, lernen und arbeiten in der Informationsgesellschaft" auf der EXPO in Hannover präsentiert worden.

591 Bill Gates, Der Weg nach vorn. Die Zukunft der Informationsgesellschaft, Hamburg 1995, S.287.

gesellschaftlicher Konsens. Das Ausbildungssystem selbst hat sich jedoch über Jahrzehnte hinweg bis heute als äußerst resistent gegenüber den angeführten gesellschaftlichen Veränderungen erwiesen:

> "Die Blockierer einer Bildungsreform sind rasch ausgemacht. Da sind die Politiker, die mit ihren ideologischen Positionen verwachsen scheinen. Da ist die Bürokratie. Und da sind die Amts- und Würdenträger der Alma Mater. Woher sollten gerade sie den Drang entwicklen, etwas zu verändern?"[592]

Ebenso deutlich bringt es Peter Faulstich zum Ausdruck:

> "Es gibt echte Reformer, die Konzepte vorlegen und vorleben. Sie bewegen das Bildungssystem, langsam zwar, aber in die richtige Richtung. Und wichtig auch: Sie entlarven die Blockierer, nehmen ihnen die Chance, sich hinter Kommissionen zu verstecken. Denn im Grunde tragen diejenigen, die das Bildungssystem ausmachen Schuld an seinem Zustand."[593]

Bislang wird in den Bildungsinstitutionen der Bundesrepublik nach wir vor ein fester Bildungskanon in klar festgelegten Unterrichtsstrukturen vermittelt. Moderne Informations- und Kommunikationsmedien spielen dabei eine nur untergeordnete Rolle. Die von der Wirtschaft an das Bildungssystem herangetragenen kritischen Anmerkungen[594] fordern nun ein Ende der Diskussionen und die Umsetzung bildungspolitischer Reformen, die über die Integration von Computern in Unterrichtsabläufe hinausgehen, begründet wird dies durch die Wettbewerbssituation in der die deutsche Wirtschaft in zunehmend globalisierten Arbeits- und Bildungsmärkten steht.[595] Die Wirtschaft adaptiert die neuen Möglichkeiten infolge der Informatisierungsprozesse weitaus schneller und fordert diese Adaption nun, ganz im Sinne systemtheoretischer Überlegungen, auch von den anderen gesellschaftlichen Systemen.[596] Ulrich Arndt spricht in diesem Zusammenhang von einem notwendigen „Quantensprung der Pädagogik“[597]. Bislang bleibt ein solcher Quantensprung aus[598]: „Die Erziehungsfunktionäre haben die Herausforderungen der Informationstechnologie noch überhaupt nicht begriffen“[599], lautet das Urteil.

---

592 Interview mit Rolf Dobischat "Gesucht: Neue Wege der Weiterbildung" In: Marc Hoch / Hans-Herbert Holzamer (Hrsg.), Zukunft der Arbeit. Zukunft der Bildung. Eine Serie der Süddeutschen Zeitung. Herausgegeben von der Süddeutschen Zeitung 1998, S.30.

593 Peter Faulstich in einem Interview mit Hans-Herbert Holzamer. In Marc Hoch / Hans-Herbert Holzamer (Hrsg.), Zukunft der Arbeit. Zukunft der Bildung. Eine Serie der Süddeutschen Zeitung. Herausgegeben von der Süddeutschen Zeitung 1998, S.26.

594 Vgl. die Diskussion um die sogenannte Greencard von März 2000 bis Juli 2000. Vgl. dazu auch Computerwoche 30/2000 Green Card: Die Fallstricke für die Unternehmen, S.59 und 60. Ebenso der Artikel „Es fehlen nicht 100 000, sondern 400 000 Computerexperten“, In. Computerwoche 30/2000, S.61.

595 Vgl. dazu hochschulpolitisches Memorandum der D21 Initiative in Kooperation mit DEBIS, a.a.O., September 2000. Vgl dazu auch Bundesverband Junger Unternehmer (BJU), Grundsatzpapier "Deutschland entrümpeln!" vom Oktober 2000.

596 Beispiel ist die Initiative Schule ans Netz der Deutschen Telekom Januar 2000. Vgl. dazu in kritischer Betrachtung Brigitte von Haacke," Jeder einmal. Trotz aller Propaganda. Erst die Hälfte der deutschen Schulen ist am Netz. Und wenn, bringt das meist nicht den gewünschten Effekt." In: Wirtschaftswoche Nr. 13 vom 23. 3. 2000, S.18.

597 Ulrich Arndt, a.a.O., S.86.

598 Interview mit Hans-Jörg Bullinger, Verfallszeit für Hochschulabschlüsse. In: Marc Hoch / Hans-Herbert Holzamer (Hrsg.), a.a.O.

599 Spiegel 9/1994, S.100.

Richtig ist, dass das Verständnis noch wenig ausgeprägt ist. Die einen zeigen sich als klare Befürworter und prognostizieren die „Heranbildung einer Generation von Genies“[600] und ein „neues Lernen[601], unterstützt durch den „Computer als Lehr- und Lernhilfe“. Die andere Seite dagegen prognostiziert eine „neue Bildungskrise“[602] und betont „wie die Computerwelt das Kindsein zerstört“[603] und den klassischen Bildungskanon untergräbt. Die vorliegende Arbeit möchte sich keiner dieser Sichtweisen anschließen, sondern, wie Werner Sacher, für eine sachliche Auseinandersetzung plädieren, die die qualitativen und strukturellen Veränderungen infolge neuer Qualifikationsanforderungen in den Mittelpunkt der Klärung stellt.[604] Grundsätzlich soll daher erst einmal der Bildungsbegriff selbst in Augenschein genommen werden. In diesem Zusammenhang sei auf Werner Sachers Ansatz einer "Anthropologie des Lernens"[605] verwiesen, die auch eine Evolution der Lernmethoden[606] veranschaulicht.

Bereits die bekannten, traditionellen Formen des Lehrens und Lernens basieren auf Symbolsystemen, die eine Rationalisierung des Lernens bewirken und auf diese Weise die Lernsituation des "homo dicens"- des Lernmenschen- vereinfachen. Im Mittelpunkt solcher traditioneller Lernmethoden steht das rezipierende Lernen, also das rein kognitive, durch Lehre eines Dritten angeleitete Lernen.[607] Voraussetzung ist die Anhäufung eines fest umrissenen Wissenskontingentes.[608] Sacher greift zu Recht diese Dominanz des rezipierenden und angeleiteten Lernens an und führt aus, dass Erleben und Verstehen als wesentliche Voraussetzung für den Lernprozess im Grunde nur als Eigenaktivität möglich sind. In diesem Zusammenhang steht für Sacher die Frage im Vordergrund, ob die neuen Technologien möglicherweise emanzipatorisches Potential aufweisen, das zur Bewältigung der Lehr- und Lernkrise genutzt werden könnte.[609] Ein weiterer Punkt wird implizit angesprochen, nämlich die Diskussion um die Etablierung einer

---

600 A. Hald, The Making of a Genius Generation, Tempe 1981.

601 Udo Karl, Computer im Unterricht. Engangement für neues Lehren und Lernen. In: micro computer college 4/1985, S.50-53; Seymor Papert, Mindstorms: Children, Computers and Powerful Ideas, New York 1980.

602 Klaus Haefner, Die neue Bildungskrise. Lernen im Computerzeitalter, Reinbek 1985.

603 Claus Eurich, Computerkinder: wie die Computerwelt das Kindsein zerstört, Reinbek 1985.

604 Vgl. dazu auch die Studie Qualifikationsanforderungen in der professionellen Multimediaproduktion, deren Ergebnisse im Sommer 1996 vorgestellt wurden. Die Studie wurde in Kooperation mit AIM, dem Kölner Koordinationszentrum für die Ausbildung in Medienberufen durchgeführt. Empirische Basis ist eine Betriebsbefragung, an der 102 Multimediaproduzenten aus der Bundesrepublik teilgenommen haben.

605 Werner Sacher, Computer und die Krise des Lernens. Eine pädagogisch-anthropologische Untersuchung zur Zukunft des Lernens in der Informationsgesellschaft, Bad Heilbrunn 1990, S.6-26. Es ist davon auszugehen, dass eine Anthropologie des Lernens für pädagogische Belange fruchtbar sein könnte und in Konkurrenz zu den zahlreichen behaviouristischen und kognitiven Theorien stehen würde.

606 Ebd. S.15. Werner Sacher unterscheidet konzipierendes und rezipierendes Lernen. Konzipierendes Lernen leitet er ab vom lat. concipere (= fassen, erkennen, begreifen); nicht bekannt ist dabei, ob das Lernobjekt bereits Gegenstand eines anderen Lernprozesses war. Und rezipierendes Lernen von lat. recipere wieder aufnehmen, übernehmen; dies bedeutet, dass die Lernaktivität sich wissentlich nach dem Ergebnis eines anderen Lernprozesses richtet.

607 Ebd. S.24. Rezipierendes Lernen ermöglicht Tradierung und ist damit entscheidende Voraussetzung für Kulturentwicklung, gleichwohl ist es mit Risiken verbunden; zum einen schließt es bedeutungsbestimmende Lernarbeit nicht aus, zudem kann die Übernahme fremder Lernergebnisse in oberflächlicher Weise vollzogen werden und so unsachgemäße Anwendung nach sich ziehen. Des weiteren besteht die Gefahr der Projektion.

608 Ebd. S.39-40. Dazu auch Werner Sacher, Erziehungsbedürftigkeit – „moderner Mythos“ oder Zentralkategorie der anthropologische-pädagogischen Forschung? In: Vierteljahresschrift für Wissenschaftliche Pädagogik 60, 1984, S.288 (S.281-300).

609 Gernot Wersig, Die kommunikative Revolution, Opladen 1985, S.13f und S.169f.

Medienerziehung. Ziel einer jeden Medienerziehung ist nach Arndt ein „... sachgerechtes, selbstbestimmtes, kreatives und sozialverantwortliches Handeln in einer von Medien beeinflussten Umgebung..." und „... die Nutzung von Medien zur Unterhaltung, zur Informationsbeschaffung, zur Kommunikation und zur Problemlösung..."[610] Diese Position, erstmalig bei Simon[611] zu finden, verdeutlicht eine Entwicklung, die eng mit der Erscheinungsform der Informationsgesellschaft zusammenhängt: Es ist davon auszugehen, dass die Menschen in Informationsgesellschaften mehr prozedural als substantial lernen. Lernprozesse, welche auf das reine Speichern von Informationen hinauslaufen, werden zunehmend abgelöst. Diese Entwicklung ist folgerichtig, geht man von einem exponentiellen Zuwachs des Wissens aus, das zugleich die Verkürzung der Verfallszeit impliziert. Nimmt man die Diskussion um die Verfallszeit ernst, ist die Vermittlung von Faktenwissen zunehmend nutzlos. Infolgedessen liegt es nahe, nach neuen Wegen und Lernstrategien zu suchen, die zum Ziel haben, Medien in den Unterricht aktiv zu integrieren und ausreichend Flexibilität zeigen, um den sich ständig wandelnden Anforderungen im Informatisierungsprozess gerecht zu werden. Dies bedeutet nichts anderes, als dass das traditionelle Bildungssystem auf diese Entwicklung hin neu auszurichten ist.[612] So ist mit der Aufgabe für die erziehungswissenschaftlichen Fachrichtungen verbunden, sich künftig den Kompetenzveränderungen und der Integration der Technologie in pädagogische Konzepten zu widmen. Derzeit steht zur Diskussion, wie Schule heute und künftig unter diesen Bedingungen aussehen muss, wie Lernen und Wissen im Informationszeitalter zu fassen sind, wie sich die Professionalisierung der Lehrer und Lehrerinnen vorantreiben läßt. Zuguterletzt steht auch zur Disposition, welche Kompetenzen in der Informationsgesellschaft gefordert sein werden.
Aber nicht nur die Schulen, auch die Hochschulausbildung muss sich den neuen Anforderungen anpassen. Im universitären Bereich hat diese Neuorientierung bereits in weitaus stärkerem Maße begonnen als im schulischen Bereich.[613] Norbert Bensel und Hans N. Weiler geben dafür ein Zusammenwirkung von Entwicklung der öffentlichen Finanzen und Forderungen der Wirtschaft an, die bei politischen Entscheidungsträgern die notwendige Einsicht generiert hat.[614] Des weiteren werden Reforminitiativen gezielt durch nichtstaatliche Organisationen[615] gefördert und evaluiert. Trotz dieser Initiativen sind aber weitere Reformanstrengungen notwendig, die insbesondere Strukturen, Inhalte, Studienangebote und Forschungsprogramme betreffen. Diese müssen sich an den inhaltlichen Herausforderungen orientieren, die sich durch die Strukturveränderungen ergeben. Im Zentrum steht dabei im Zeitalter

---

610 Ulrich Arndt, Herausforderung an die Schule von heute: Welche Bildungspotentiale hat die Schule?. Die deutsche Perspektive. In: Bertelsmann-Stiftung (Hrsg.): a.a.O., S.86.

611 H. Simon (Hrsg.), Computerunterstützte Simulationen im naturwissenschaftlichen Hochschulunterricht. Abschlußbericht, Tübingen 1977.

612 Robert Mc Clintock analysiert die Wesensmerkmale eines zukünftigen Bildungssystems. Robert Mc Clintock, Erziehung für das 21. Jahrhundert. In: Christa Maar / Claus Leggewie (Hrsg.), Internet & Politk. Von der Zuschauer- zur Beteiligungsdemokratie, o.O., o.J, Dazu auch http://www.akademie3000.de/politics.

613 Als herausragendes Beisliel ist Universitas 21 zu nennen, einem weltweiten Netzwerk von 18 Universitäten. In diesem Netzwerk wird das „e-education" aktiv verfolgt, d.h. Fernstudium, Gastprofessorenprogramm und studentischer Austausch und Fortbildung.

614 Norbert Bensel / Hans Weiler, Hochschulen für das 21. Jahrhundert zwischen Staat, Markt und Eigenverantwortung, a.a.O., S.8.

615 Stifterverband der deutschen Wissenschaft, Centrum der Hochschulentwicklung (CHE) der Bertelsmann-Stiftung. Besonders hervorzuheben sind in diesem Zusammenhang auch die "Thesen zur künftigen Entwicklung des Wissenschaftssystems in Deutschland", die der Wissenschaftsrat am 7. Juli 2000 in Berlin verabschiedet hat.

des globalen Wettbewerbs die Internationalisierung der Hochschulbildung auf allen Ebenen.[616] Hinzu kommt die Forderung nach einer verstärkten Vernetzung der Wissenschaften. Besonders augenscheinlich ist diese Entwicklung auch in den sogenannten Fachinformationszentren (FIZ), durch die die "Informationsumlaufgeschwindigkeit", "Informationsdurchlässigkeit" und "Informationsstimmigkeit" im wissenschaftlichen Bereich erhöht werden sollen, indem aus diesen Datenbanken die einzelnen Lehrstühle im Bundesgebiet, aber auch aus anderen Ländern, gezielt und zentral Informationen abrufen können.[617] Dies sind die deutlichen Zeichen einer zunehmenden "Computerisierung" und "Informatisierung". Wissenstransfer ist damit weitaus mehr als eine leere Worthülse. Dabei werden auch neue Organisationsformen denkbar. Die Einbeziehung der Studierenden in diesen Prozess kann über eine *Computerintegrierte Universität (CIU)* erreicht werden In einer *CIU* oder auch *virtuellen Universität* werden wichtige Informationen ausschließlich über Bildschirmkontakt gewonnen, bis hin zur Lehre über den Bildschirm.[618] Ein äußerst interessantes Projekt in diesem Zusammenhang ist der oberrheinische Universitätenverbund EUCOR. Dort können Studierende virtuell an den Vorlesungen der oberrheinischen Universitäten teilnehmen.[619] Baden-Württemberg erweist sich deutlich als Vorreiter dieser neuen Organisationsstrukturen. Detlef Schmid vom Karlsruher Institut für Informatik betont auf dem 6. Europäischen Kongress LEARNTEC in Karlsruhe im Februar 1998, dass es zur Vernetzung der Hochschulen keine Alternative gäbe und darin die Zukunft von Forschung und Lehre läge.[620] Die zahlreichen Pilotprojekte zur Virtuellen Hochschule bestätigen diese Einschätzung.[621]
Auch der grenzübergreifenden und interkulturellen Dimension kommt in dieser Entwicklung eine ganz neue Bedeutung zu.[622] Festzustellen ist weiterhin, dass sich der Bildungsauftrag von Hochschulen stark erweitert. Bislang beschränkt sich das deutsche Hochschulwesen auf die wissenschaftliche Ausbildung und nur indirekt auf die Berufsvorbereitung. An immer mehr Hochschulen ist nun die Tendenz feststellbar, dass die Ausbildung zunehmend die rein wissenschaftliche Ebene verläßt und praktische Orientierung gewinnt. Deutlicher Nachweis dieser Tendenz sind die im Zusammenhang mit der allgemeinen wirtschaftlichen Entwicklung stehenden Existenzgründerprojekte an deutschen Hochschulen.[623] Infolge der verstärkt aufbrechenden Lernstrukturen, die aufgrund ständiger Weiterentwicklung der informations- und kommunikationstechnologischen Möglichkeiten ein

[616] Vgl. dazu die Rede des Rektors der Albert Ludwigs Universität Freiburg zur Eröffnung des Akademischen Jahres 1999/2000 Prof. Dr. Wolfgang Jäger.

[617] Eine genaue Übersicht bietet das vom BMFT herausgegebene "Fachinformationsprogramm der Bundesregierung 1990-1994".

[618] Vgl. Financial Times Deutschland, Sonderbeilage connectis Nr. 5, Oktober 2000, S.54f.

[619] Badische Zeitung vom 13.6.1998, Virtuelle Uni Oberrhein. Vorlesungen künftig online.

[620] Vortrag auf der LEARNTEC in Karlsruhe im Februar 1998. Vgl. dazu auch den zum Kongress erschienenen Artikel in der Badischen Zeitung vom 04.02.1998. Vgl. dazu auch Süddeutsche Zeitung 13./14. Februar 2000, Auf der Suche nach dem neuen Lernen. Elektronische Medien leiten einen Paradigmenwechsel in der Pädagogik ein. Ein Tagungsbericht von der LEARNTEC. Dazu auch Willi van Lück, Diskutieren im virtuellen Seminarraum. In: Das Parlament Nr.33-34, 9./16.August 1996.

[621] Süddeutsche Zeitung vom 13. April 1999. Lehrreiches Spektaktel im digitalen Hörsaal. Mit mehreren Pilotprojekten erproben deutsche Universitäten die "Virtuelle Hochschule" der Zukunft.

[622] In diesem Zusammenhang ist die Diskussion um Modelle konsekutiver Studiengänge zu nennen (BA/MA/MBA).

[623] Vgl. dazu Süddeutsche Zeitung vom 21. April 1999, Hochschule & Beruf, Auf der Suche nach der verlorenen Gründerzeit. Universitäten versuchen sich als Unternehmer-Schmieden. Ebenfalls Süddeutsche Zeitung vom 21. April 2000 Simulation als Pflichtfach. An immer mehr Lehrstühlen für Existenzgründer proben Studenten den Aufbau eines Unternehmens.

lebenslanges Lernen erfordern, wird die Hochschule in der Weiterbildung neue Bedeutung gewinnen. Die Entwicklung einer modular strukturierten und unterschiedliche Anwendungsbereiche einschließenden Ausbildung wird die hochschulischen Aufgaben ergänzen.[624] Außerdem wird sich die hochschulische Aus- und Weiterbildung nicht länger auf das Alter der Adoleszenz beschränken.

> "Angesichts sowohl der neuen informations- und kommunikationstechnologischen Möglichkeiten als auch der Erweiterung und demographischen Diversifizierung ihrer Klientel werden sich Hochschulen in erheblichem Maße von ihrer Bindung an bestimmte örtliche, räumliche und zeitliche Gegebenheiten lösen können und werden Elemente eines Präsenzstudiums mit national und international zugänglichen und über einen größeren Zeitraum verfügbaren Online-Angeboten verbinden müssen. Sie werden sich in dieser Hinsicht, wie in den USA bereits geschehen, zunehmend der Konkurrenz kommerzieller Anbieter gegenübersehen, die im Bereich der berufsbegleitenden, aber auch der berufsvorbereitenden Ausbildung oft auf leistungsfähigere (und vielleicht auch preiswertere) Weise Online-Möglichkeiten der Wissensvermittlung nutzen."[625]

Hans-Jörg Bullinger geht in seinen Ausführungen noch einen Schritt weiter und fordert in Anlehnung an Matti Otala von der finnischen University of Technology in Tampere ein "qualification recycling"; dahinter verbirgt sich, dass Studenten auch nach einem Abschluss in die Pflicht zur Weiterbildung genommen werden sollen, indem Hochschulabschlüsse einem Verfallsdatum unterliegen.[626]

Die Implementierung neuer, mit den Informations- und Kommunikationstechnologien mittelbar oder unmittelbar verbundenen Lehrformen in die Universitäten, die ohnehin auf die selbständige Erarbeitung von Sachverhalten ausgerichtet sind, erscheint vergleichsweise einfach. Aber um den neuen Entwicklungen adäquat zu begegnen, sind bereits die Schulen gefordert. Eine Veränderung, die sich als weitaus schwieriger erweist, weil sie die Entwicklung neuer Schulorganisationsmodelle erfordert. Traditionelle Unterrichtsformen, Unterrichtsinhalte und Lernstrategien müssen auf die Zielsetzung der Informationsgesellschaft hin überprüft und gegebenenfalls modifiziert werden.
Stephen Doheny-Farina weist in seinen Ausführungen auf drei unterschiedliche Möglichkeiten hin, moderne Informations- und Kommunikationsmittel in die Unterrichtsgestaltung einzubinden. Zunächst schlägt er *synchrones computergestütztes Lernen,* das durch sogenannte "text-only systems"[627] dominiert wird. Es stehen dabei synchrone Instruktionen durch den Lehrenden in Echtzeit im

---

624 Norbert Bensel / Hans N. Weiler, Hochschulen für das 21. Jahrhundert, a.a.O. Vgl. dazu auch die überaus interessanten Ausführungen von Hans-Jörg Bullinger, Fraunhofer Institut für Arbeitswirtschaft und Organisation (IAO) in einem Interview mit der Süddeutschen Zeitung vom 24./25. Januar 1998. Ebenfalls abgedruckt in Marc Hoch / Hans-Herbert Holzamer (Hrsg.), a.a.O., S.35, Verfallszeit für Hochschulabschlüsse. Der Arbeitswissenschaftler fordert Kurzstudiengänge und permanente akademische Weiterbildung. Besonders hervorzuheben ist dabei Bullingers Initiative GLIM (Globaler Lern- und Innovationsmarkt). GLIM führt Partner aus Wirtschaft und Wissenschaft zusammen.

625 Norbert Bensel / Hans N. Weiler, a.a.O., S.10/11.

626 Süddeutsche Zeitung vom 24./25. Januar 1998. Matti Otala hat sich in diesem Bereich als Entscheider bei Nokia hervorgetan: als Nokia infolge amerikanischer und japanischer Konkurrenz unter Druck kam, Otala aber die Angestellten aufgrund finnischer Arbeitsgesetzgebung nicht entlassen konnte, schickte er sie zurück auf die Universitäten. In dieser Phase der Weiterbildung sieht Otala heute die Ursache für den geschäftlichen Erfolg von Nokia auf dem Weltmarkt.

627 Stephen Doheny-Farina, a.a.O., London 1996, S.106.

Vordergrund, vermittelt über unterschiedliche Übertragungswege, wie beispielsweise Satelliten, Video oder durch sogenannte "text-only Computer".
Demgegenüber steht die sogenannte *asynchrone Interaktion*, die sämtliche Formen und Varianten gedruckter Instruktionen, selbstbestimmter Kurse und interaktiver, computergestützter CD-Roms einschließt, bis hin zu *Multimedia Hypertext Programmen* und *Virtueller Realität*. Das asynchrone Computerlernen erreicht außerordentlich heterogene Lernbereiche und zahlreiche Lernende. Die gesamte Lernerziehung wird "Schüler-zentriert".[628] Der Schüler ist durch das computerunterstützte Lernen jeder Zeit in der Lage, das Programm abzubrechen, um eine spezifischere oder allgemeinere Darstellungsform des Themas oder eine andere Herangehensweise zu wählen. Unterschiedliche Lerntempi, aber gerade auch unterschiedliche Begabungen finden auf diese Weise verstärkt Berücksichtigung.[629] Dies kann lernbehinderten Kindern ebenso zugute kommen[630], wie besonders begabten Schülerinnen und Schülern. Unter dem Fachterminus „vermitteltes Lernen" werden herkömmliche Unterrichtsmethoden und computergestütztes Lernen miteinander gekoppelt.[631] Experten zufolge wird in Folge das Telelearning allgemein deutlich zunehmen.[632] Das Institut der deutschen Wirtschaft konstatiert in diesem Zusammenhang in Deutschland dringenden Nachholbedarf, dem das Bundesministerium für Bildung und Forschung mit dem Förderprogramm "Neue Medien in der Bildung" nachkommen will.[633]

> "In den nächsten vier Jahren bis 2004 soll mit etwa 400 Millionen Mark eine dauerhafte und breite Integration der neuen Medien als Lehr-, Lern-, Arbeits- und Kommunikationsmittel in Aus- und Weiterbildung gefördert werden."[634]

Doch nicht nur die nach wie vor bestehenden Bildungsbudgets setzen deutliche Grenzen für die Integration der Informations- und Kommunikationstechnologien, auch das Lehrpersonal selbst zeigt sich reformzögerlich gegenüber den derzeitig beobachtbaren Veränderungen.[635]
Hinsichtlich Kompetenz und Selbstverständnis ist eine Neuorientierung des Lehrkörpers eine wesentliche Voraussetzung für die erfolgreiche Implementierung neuer Technologien in den Schulalltag. Die heutigen Methoden des Lernens und Lehrens sind in ihrer Grundstruktur stark veraltet. Im Gegensatz zum herkömmlichen Lernen findet Bildung in der Informationsgesellschaft in "offenen

---

628 Franz-Josef Radermacher, Zukunft der Arbeit, In: Andreas Dengel / Welf Schröter, Flexibilisierung der Arbeitskultur, Talheim-Mössingen 1997, S.37.h

629 Vgl. dazu auch den Artikel von Ingrid Ostlender, Die Zukunft der Schule in Zeiten des Internet. Hassliebe zur Cyberwelt. Ohne Computer ist Orientierung in der kommenden Wissensgesellschaft kaum möglich. In: Süddeutsche Zeitung vom 15. April 1997.

630 Margaret Clark, Educational Technology and Children with Moderate Learning Difficulties. In: Exceptional Child, Vol 33/1 1986, S.28-34; Uwe Hameyer / Jürgen Waldow (eds.), Using Computer in Special Education. Current Approaches and Practices in the Federal Republic of Germany, Kiel 1987; Tim O'Shea / John Self, Lernen und Lehren mit Computern. Künstliche Intelligenz im Unterricht. Basel 1986; weitere empirische Untersuchungen angegeben bei Werner Sacher, Computer und die Krise des Lernens, a.a.O., S.79.

631 Bill Gates, Der Weg nach vorn, a.a.O, S.285.

632 Delphi-Befragung 1996/1998, a.a.O., S.49.

633 Vgl. dazu auch Pressemitteilung des SPD Parteivorstandes vom 17. April 2000 Berlin 116/00 "Bildungsoffensive zeigt Wirkung – Die Bildungsausgaben steigen wieder".

634 Pressemitteilung TELESKOP (02/2000) Institut der deutschen Wirtschaft Köln vom 16.05.2000 "Telelernen: Amerika vorn, Deutschland hat Nachholbedarf".

635 Ingrid Ostlender, a.a.O., Süddeutsche Zeitung vom 15. April 1997.

Wissens(austausch-)systemen"[636] statt. Eine Studie des *Office of Technology Assessment (OTA)* belegt, dass bei Lehrern, die kompetente Anwender von Informationstechnologien geworden sind, dieser Kompetenzzuwachs eine neue Art des Lehrens fördert.[637] Durch die neuen Lernformen, durch die größere Vielfalt der Lerninhalte und aufgrund der Tatsache, dass Lernen nicht mehr auf den Lebensabschnitt Ausbildung / Studium begrenzt bleibt, sondern lebensbegleitend erfolgt, wandelt sich auch das Lehrerbild entscheidend. Der Lehrer wird zum Visualisierer und Moderator.[638] Patenschaftsmodelle bzw. Mentoringkonzepte gewinnen in den pädagogischen Abläufen an Bedeutung. Peter A. Bruck spricht vom Übergang vom geschlossenen Lernen geprägt durch den lehrkraftzentrierten Unterricht zum offenen Lernen.[639] Neben fachlichem und pädagogischem Wissen wird auch technische Fingerfertigkeit in das Anforderungsprofil des Lehrers treten. Lehrerinnen und Lehrer sind gefordert, sich mit den Medienerfahrungen auseinanderzusetzen, die die Kinder und Jugendlichen in die Schule mitbringen. Bislang sieht sich die große Mehrheit der Lehrerinnen und Lehrer gerade bezüglich dieser Anforderung nicht ausreichend qualifiziert. Sogar die Mehrheit der Berufsanfänger im Lehrbereich beginnt die Tätigkeit mit nur begrenztem Wissen über den Einsatz und die Möglichkeiten neuer Technologien im Unterricht. Weit verbreitet sind diesbezüglich Befürchtungen, durch die neue Technologie langfristig ersetzt zu werden und Autorität und Kontrolle zu verlieren. Die Herausforderung, sich ständig mit neuen Technologien zu befassen, um nicht den Anschluss zu verlieren, hat „Techno-Streß"[640] zur Folge, und der Lehrkörper befürchtet den „Techno Breakdown"[641] im Klassenzimmer. Sicherlich ist nicht von der Hand zu weisen, dass die Omnipräsenz der neuen Technologien und die damit einhergehende ständige Aktualisierung der Information den Bedarf an Aus- und Weiterbildung beim Lehrpersonal erhöht. Aber ebenso unbestritten ist auch, dass Medienerziehung ohnehin ein integraler Bestandteil der erziehungswissenschaftlichen und fachdidaktischen Lehrerausbildung werden muss, um den Anforderungen des modernen Wirtschafts- und Arbeitslebens gerecht zu werden:

> „Ziel der Lehreraus- und -fortbildung im Bereich der Medienerziehung ist es, Lehrerinnen und Lehrer in die Lage zu versetzen, Medienkompetenz zu erwerben, d.h. die Möglichkeiten der neuen Techniken zu nutzen und zugleich Verantwortung für die Erziehung zu einem sinnvollen Umgang mit den Medien zu übernehmen."[642]

Die Weiterbildung der Lehrer setzt zunächst am Training individueller Fertigkeiten im Umgang mit der Technologie an, kann hier aber nicht stehen bleiben, sondern muss

636 Delphi-Befragung 1996/1998, a.a.O., Abschlußbericht Wissens-Delphi, S.73.

637 Linda Roberts, Today's Challenge to the School. What is the School's Educational Potential? In: Bertelsmann-Stiftung (Hrsg.), Die Informationsgesellschaft von morgen – Herausforderung an die Schule von heute. Vierter Deutsch-Amerikanischer Dialog zur Medienkompetenz als Herausforderung an Schule und Bildung, Gütersloh 1996, S.77.

638 Peter A. Brucker / Guntram Geser, a.a.O., S.15. Eine Darstellung des konkreten Umsetzens von „offenen Lernen" gibt Georg Blaha, Internet-Technologie zur Unterstützung ›Offenen Lernens‹ in der Oberstufe. In: Peter A. Bruck / Guntram Geser, a.a.O., S.106ff.

639 Eine detaillierte Darstellung ist zu finden bei Peter A. Bruck / Guntram Geser, a.a.O., S.55f.

640 Barbara Eschenbauer, Konferenzbericht. In: Bertelsmann-Stiftung (Hrsg.), Die Informationsgesellschaft von morgen – Herausforderung an die Schule von heute, a.a.O., S.27.

641 Ebd.

642 Ulrich Arndt, Herausforderung an die Schule von heute: Welche Bildungspotentiale hat die Schule? Die deutsche Perspektive. In: Bertelsmann-Stiftung (Hrsg.): Die Informationsgesellschaft von morgen – Herausforderung der Schule von heute, a.a.O., S.151ff.

sich gerade auch auf die Förderung pädagogischer und kommunikativer Kompetenzen erstrecken, um der Ausweitung der den Schülern zugestandenen Lernautonomie gerecht werden zu können. Dies alles sind Fähigkeiten, die Pädagogen zur Ausübung einer Medienerziehung benötigen, nur so können sie zu „media education literate" werden.[643]
Dabei ist es in besonderem Maße auch Aufgabe der Weiterbildungskonzepte, die Erwartungen und Befürchtungen des Lehrpersonals aufzufangen, um durch Kenntnis der Widerstände Schwellenängste abzubauen und damit die Akzeptanz für neue Informationstechnologien im Unterricht insgesamt zu fördern: „It becomes very important to find a way to inspire and change the teacher's vision of what is possible."[644] Neben traditionellen Seminaren sind ganz andere Formen von Fortbildung denkbar. Mittels Multimedia und der Vernetzungstechnik lassen sich Modelle schulinterner und schulübergreifender Fortbildung entwickeln. Die stärkere Individualisierung der Lernprozesse aufgrund der medialen Möglichkeiten gilt für die Fortbildung genauso wie für die schulischen Lernprozesse und sollte auch tatsächlich am "eigenen Leib" erfahren werden. Es ist den modernen Informations- und Kommunikationstechnologien implizit, dass die eigene Erfahrung im Umgang nicht durch Instruktionen ersetzt werden kann. Es steht fest und ist als tatsächliche qualitative Veränderung zu erkennen, dass die Entwicklung einer allgemeinen Medienkompetenz zum Schlüsselbegriff für den erfolgreichen Aufbau einer Informationsgesellschaft wird.[645] Heinz Mandl geht noch einen Schritt weiter: Nach seiner Auffassung ist nicht nur Medienkompetenz, sondern die Fähigkeit zum Wissensmanagement gefragt.[646] In schulischen Lernprozessen muss gerade die Sensibilität für Sinneseindrücke angesichts der neuen Anforderungen unterstützt und weiterentwickelt werden: "Eine Gesellschaft, die vom Wissen lebt, muss deshalb ihre Bürger in die Lage versetzen, mit der Informations- und Wissensflut zurechtzukommen."[647] Die Entwicklung von Medienkompetenz ist eine wesentliche Voraussetzung für die richtige Nutzung moderner Medien und muss daher deren Entwicklung folgen. Lebenslanges Lernen erweist sich als notwendig.[648] Diese Notwendigkeit des lebenslangen Lernens unterstreicht den Prozesscharakter und Dynamik einer Informationsgesellschaft. Die Weiterbildung erfolgt in einem spielerischen Sinn, da sich die Grenzen zwischen Leben, Arbeiten und Lernen, wie sie in der Industriegesellschaft noch üblich waren, auflösen. Bildung wird heute vielmehr zum Ergebnis eines individuellen Wechsels zwischen formellen und informell-situativem Lernen. Lebenslanges Lernen und die Eigenverantwortung des Individuums können als Grundprinzipien eines zukünftigen Bildungssystems identifiziert werden. In einer empirischen Analyse führt Claus Tully aus, dass ein

---

643 Barbara Eschenbauer, Konferenzbericht, a.a.O.

644 Linda Roberts, Today's Challenge to the School. What is the School's Educational Potential? In: Bertelsmann-Stiftung (Hrsg.), Die Informationsgesellschaft von morgen – Herausforderung an die Schule von heute, a.a.O., S.77.

645 Delphi-Befragung 1996/1998: Potentiale und Dimensionen der Wissensgesellschaft – Auswirkungen auf Bildungsprozesse und Bildungsstrukturen. Endbericht. Beim Wissen über die individuellen Auswirkungen der Informationstechnik wurde das Thema Medienkompetenz von den befragten Experten am höchsten eingeschätzt. Dazu auch Gernot Gehrke, Geschäftsführer der ecmc Europäischen Zentrum für Medienkompetenz GmbH, Die Informationsgesellschaft arbeitet. Lebt und lernt mit Medien. In: Handelsblatt Beilage Multimedia in NRW vom 30. Mai 2000. Vgl. dazu auch die neue Arbeit von Peter A. Bruck / Guntram Geser, a.a.O., S.30.

646 Ingrid Ostlender, a.a.O., Süddeutsche Zeitung, 15. April 1997.

647 Delphi-Befragung 1996/1998,Endbericht, a.a.O., S.147.

648 Bundesministerium für Bildung, Wissenschaft, Forschung und Technologie (Hrsg.): Der Rat für Forschung, Technologie und Innovation. Informationsgesellschaft, a.a.O. S.43. Vgl. dazu auch Marc Hoch / Hans-Herbert Holzamer (Hrsg.), a.a.O.

erstes sichtbares Zeichen dieser Tendenz ein ausgeprägtes Angebot an Weiterbildungsmöglichkeiten ist.[649] Informelle Bildungsmöglichkeiten, die lebenslanges Lernen fördern und das eigenverantwortliche Selbststudium im Zentrum haben, zeigen einen deutlichen Zuwachs.[650] Eng damit verbunden ist die Tendenz zur Privatisierung der Bildungseinrichtungen.[651] Mit dieser Erkenntnis steht Claus Tully nicht alleine. Auch Doheny-Farina bestätigt dies:

> "The future, (...), will be very different for education providers. We are near the beginning of the internationalization and large-scale commercialization of education. Trade wars among education providers will drive down prices and heighten competition. Distance education will become the norm, the least expensive way to deliver the educational product, while face-to-face teaching will be only for the well to do."[652]

Mit dieser Entwicklung eröffnet sich ein neuer Aspekt qualitativer Veränderung, der Stellenwert des organisierten Lernens nach Lehr- und Studienplänen steht zur Disposition. Dies stellt eine qualitative Veränderung im Bildungsverständnis dar, die die Entwicklung neuer pädagogischer und bildungspolitischer Ansätze erfordert. Informationsextraktion und Informationsverarbeitung werden dabei wesentliche Elemente eines neuen, informationsgesellschaftlich geprägten, pädagogischen Ansatzes sein müssen. Dabei steht das Lehr- und Lernziel erstmalig auch unter einem ökonomischen Diktum. Die normativen Bezüge zur Information gehen verloren, es entwickelt sich eine eigene Informationskultur, die mit den Begriffen „lean-information“ oder „Just-in-time-information“[653] umschrieben werden kann.
Welche Ansätze zur Bewältigung dieser "Just-in-time-Informationskultur" bestehen, wie die Qualifikationen aussehen müssen, die Ausdruck dieser Veränderung des Bildungsverständnisses sind und welche Strukturveränderungen im Bildungssystem selbst geschehen, wird nachfolgend zu diskutieren sein.

1 Qualitative Veränderung des Bildungssystems: Pluralisierung der Lernorte und Individualisierung des Lernens

Die vorangegangenen Ausführungen haben bereits gezeigt, dass das Bildungsverständnis durch den Einsatz neuer Medien beachtlichen Veränderungen

---

649 Der Tagesspiegel vom 21. Mai 2000.

650 Claus J. Tully, Lernen in der Informationsgesellschaft, a.a.O. Diese Tendenz spiegelt sich auch in der Zunahme privater Bildungseinrichtungen und Bildungsanbieter wider. Vgl. dazu auch die Pressemitteilung von LIQUIDE 02/2000 des Instituts der deutschen Wirtschaft Köln vom 16.05. 2000. Durch die Erweiterung des Internet-Publikums profitieren immer mehr Bildungseinrichtungen, die ihren Service im Internet anbieten und sich in Suchmaschinen und Datenbanken aufnehmen lassen. Auch das Institut der deutschen Wirtschaft Köln unterstützt das Online Marketing mit der Bildungsanbieterdatenbank LIQIDE. Vgl. dazu auch www.liquide.de oder www.bildungsanbieter.de. Dort werden Bildungseinrichtungen mit ihrer Internet Adresse gespeichert. Vgl. dazu auch Peter J. Weber, Technisierung und Marktorientierung von Bildung in Europa. In: Ingrid Lohmann / Rainer Rilling, a.a.O. Vgl. dazu auch Mechthild Bayer, Weiterbildungspolitik heute – Modernisierung wohin? In: Ingrid Lohmann / Rainer Rilling, a.a.O., S.261ff.

651 Peter J. Weber, Technisierung und Marktorientierung von Bildung in Europa. In: Ingrid Lohmann / Rainer Rilling, a.a.O., S.30.

652 Stephen Doheny-Farina, a.a.O., S.108.

653 Bernd Weidemann, Die Informationsgesellschaft von morgen: Was müssen wir lernen? Kapazitäten und Mechanismen der Informationsverarbeitung. In: Bertelsmann-Stiftung (Hrsg.), Die Informationsgesellschaft von morgen, a.a.O., S.69.

unterworfen ist. Bildung wird in der entstehenden Gesellschaft eine ganz andere Akzeptanz und Bedeutung erfahren. Lernprozesse werden nicht mehr als Last empfunden, da die neuen Technologien neue Lernangebote unter optimaler Ausnutzung der menschlichen Lernfähigkeit unterbreiten.[654] Im Bildungsverständnis erhält der Begriff der Aktualität eine neue Dimension und rückt neben der Notwendigkeit der Beherrschung von Komplexität in den Mittelpunkt. Diese Entwicklung ist geprägt von der allgemeinen Anerkennung von Interdependenzen. Mit den neuen Kommunikationsmöglichkeiten ist es wesentlich leichter, Informationen abzurufen, zu selektieren und aufzunehmen. Die neuen Technologien offerieren neue Wege, Wissen weiterzugeben. Die Wissensaufnahme kann dadurch nicht nur den individuellen Bedürfnissen und dem individuellen Wissensstand angepasst werden, sondern die Informationsaufnahme erfolgt verstärkt durch das direkte Erleben, nicht durch die kognitive Theorie. Die Form des „Super Learning", welche die Verarbeitung der Information mittels Erfahrung verfolgt, kann in der Wissensvermittlung einen völlig neuen Stellenwert erlangen. In der pädagogischen Literatur wird einmütig festgestellt, dass Lernen "menschengerecht", interaktiv und dialogorientiert sein wird und sein muss, um den neuen Anforderungen in einer wissensdominierten, dynamischen und pluralistischen Gesellschaft gerecht zu werden. In der Fachliteratur wird daher davon ausgegangen, dass (durch die auf die Anwendung moderner Informations- und Kommunikationstechnologien beruhende „All-Sense-Methode" im Bildungsangebot) der Bildungsbereich zu mehr Effektivität und Professionalität geführt wird.[655] Dies bedeutet nichts anderes als die Anpassung an das Phänomen, dass Wissen, zu einem Wert an sich geworden, ständig im Fluss ist. Dies wiederum bestätigt die Ausgangsthese der vorliegenden Arbeit, dass es sich in bei der Informationsgesellschaft um eine Gesellschaftsform handelt, deren Entwicklung zu keinem Zeitpunkt zum Abschluss kommt, sondern durch eine prozedural-dynamische Pluralität gekennzeichnet ist. Dies beinhaltet auch, dass gewissen Bildungsinhalte erhalten bleiben und eine umfassende allgemeine Bildung, die das normative Rückgrat der Gesellschaft bilden, auch in der Informationsgesellschaft von grundlegender Bedeutung bleiben wird, daneben jedoch zahlreiche neue Bildungsinhalte treten und andere ablösen. Die neuen Bildungsinhalte werden in erster Linie individuelle Begabungen berücksichtigen, die aufgrund der neuen Methoden, die durch die Informations- und Kommunikationstechnologien zur Verfügung stehen, aufgespürt und gefördert werden. Die durch die Anwendung moderner Informations- und Kommunikationstechnologien freigelegten Bildungsmöglichkeiten können ein breiteres Wissen vermitteln und gleichzeitig Rücksicht auf spezielle Interessensgebiete nehmen. Dies ist das qualitativ Neue am Bildungssystem der Informationsgesellschaft. Der allgemeingültige Bildungskanon, die „Bildung von der Stange", kann durch eine individualistisch geprägte, Begabungen und Neigungen berücksichtigende Bildungsvermittlung abgelöst werden. Lernen wurde lange Zeit als Aufgabe und Produkt von Schule betrachtet, in einer Zeit aber in der alle Informationen prinzipiell für jeden abrufbar sind, ist dieses Verständnis neu zu bestimmen.

> „Enorme Veränderungen haben nun außerhalb der Schulen stattgefunden mit dem Ergebnis, daß das Wissensmonopol der Schulen sowie die Förderung formaler, dirigistischer Lernprozesse obsolet geworden ist. Es besteht Skepsis gegenüber sequentiellem Unterricht, Schulbüchern und Curricula. Der klassische

---

[654] Studie des EMNID-Instituts „Zukunftserwartungen und Zukunftsverhalten 1992". Frage: „Welche dieser Themen halten Sie in der Zukunft für sehr wichtig?" Antwort auf Platz eins: Berufsausbildung.

[655] Josef Brauner / Roland Bickmann, a.a.O., S.92.

> Ansatz des Lernens basierte auf dem Buch, das nun ergänzt wird durch das Lernen mit dem Computer. Der Instrumentalcharakter der Technologien und die Individualisierung des Lernprozesses werden als eine Chance begriffen, Lernleistungen bei größtmöglicher Freiheit der Lernenden zu verbessern."[656].

Diese allgemeine Neubestimmung erfordert in erster Linie eine strukturelle Veränderung der Bildungsinstitutionen und der Bildungsvermittlung. Es ist von einer Liberalisierung, von der Entstehung eines Bildungs-„Marktes" zu sprechen. Das freie Spiel von Bildungsangebot und Bildungsnachfrage wird zum prägenden Bestandteil des Bildungssystems.[657] Innovation und Investition im Bildungssystem sind gefragt, der Ruf nach einer Bildungsreform ist deutlich. Die Verwendung von Multimedia-Dokumente im Lehr-Lernprozess ermöglicht das Lernen im Rahmen des Lehrplanes auf individuelle Bedürfnisse zuzuschneiden[658]: „Jeder, der etwas lernt, wird in den Genuss maßgescheiderter Bildung zum Preis eines Massenprodukts kommen."[659]

> „With the interactive technologies we can meet learning needs in a more individualized way, particularly to deliver instructions to adults when it's needed, not in a fixed time or place. This allows us to build the kind of bridges between public education and higher education that many of us always wanted to have. Now we are no longer separated by distance, or even by institutions because telecommunications eliminates all of the traditional boundaries that, in fact, keep communities of learners apart from each other. However, networking technology will only turn out to be beneficial if we have the appropriate learning resources and materials, if we have the kinds of institutional structures that enable them to be used well, and if we have invested in the human resource as well."[660]

Dieses durch neue Technologien möglich gewordene, individualisierte Lernen wird in der erziehungswissenschaftlichen und sozialwissenschaftlichen Literatur dem Lernen im sozialen Kontext des Klassenverbundes derzeit noch als Kontrast entgegengestellt. Dieser vergleichende Ansatz ist fragwürdig: zum einen hängt das Lehrergebnis auch immer von der Fortschrittlichkeit des Unterrichts ab[661], zum anderen haben die Effekte der Computerlehre keine Entsprechungen im Klassenunterricht.[662] Auch die Messbarkeit der Unterrichtsqualität ist problematisch. Lehrleistung ist nicht nur nach rein lehrplanbezogenen Lernergebnissen zu

---

656 Barbara Eschenbauer, Konferenzbericht „Medienkompetenz als Herausforderung an Schule und Bildung" 1996 der Bertelsmann Stiftung, begonnen 1992 in Gütersloh zur Eröffnung eines deutsch amerikanischen Dialogs. In: Bertelsmann-Stiftung (Hrsg.), Die Informationsgesellscahft von morgen, a.a.O.,. S.16. Vgl. auch Bill Gates, Der Weg nach vorn, a.a.O., S.268. Gates prägt den Begriff des „massenhaft individuellen Lernens" und sieht darin eine Möglichkeit der Humanisierung der Schulwelt.

657 Peter J. Weber, Technisierung und Marktorientierung von Bildung in Europa. In: Ingrid Lohmann / Rainer Rilling (Hrsg.), Die verkaufte Bildung. Kritik und Kotroversen zur Kommerzialisierung von Schule, Weiterbildung, Erziehung und Wissenschaft, Opladen 2002, S.29ff. Vgl. dazu auch Nico Hirtt, The ›Millenium Round‹ and the Liberalisation of the Education Market. In: Ingrid Lohmann / Rainer Rilling, a.a.O., S.15ff.

658 Robert Mc Clintock, Erziehung für das 21. Jahrhundert. In: Christa Maar / Claus Leggewie (Hrsg.): Internet & Politk. Von der Zuschauer- zur Beteiligungsdemokratie, o.O. o.J., S.411-412.

659 Bill Gates, Der Weg nach vorn. a.a.O., S.268.

660 Linda Roberts, Today's Challenge to the School, a.a.O. S.76.

661 H. M. Levin, Costs and Cost-Effectiveness of Computer-Assisted Instruction. In: Jack Culbertson / Luvern Cunningham (Eds.), Microcomputers in Education. Eighty-Fifth Yearbook of the National Society for the Study of Education, Part 1, Chicago 1986; H. Levin, Cost-Effectiveness of Four Educational Interventions (Project-Reports 84-A11), Stanford 1984.

662 Tim O'Shea / John Self, Lernen und Lehren mit Computern. Künstliche Intelligenz im Unterricht 1986, S.158.

bewerten, auch die Entwicklung sozialer Kompetenzen durch Lernprozesse muss berücksichtigt werden. Im Zusammenhang mit der Computerlehre ist derzeit noch immer die wenig haltbare Unterstellung verbunden, dass das Lernen am Computer zu einem isolierten Zustand des Schülers oder der Schülerin führe. Die negativen Bewertungen betonen zumeist die mangelnde Initiative, Selbständigkeit und Modellhaftigkeit der Computerlehre, die Angepasstheit und Rezeptivität fördern, nicht aber die Kreativität des Lernenden[663] Dies ist nach heutigen Erkenntnissen nachweislich nicht der Fall.[664] Die Kommunikationsnetze ermöglichen durch das Aufbrechen des starren Schüler-Lehrer-Verhältnisses eine neue Form kooperativen Lernens unter den Schülern und im Schüler-Lehrer-Verhältnis. Es ist davon auszugehen, dass mit der Computerlehre eine Verstärkung sozialer Kontakte verbunden ist, das sogenannten „peer-teaching" entwickelt sich, die wechselseitige Instruktion Geleichaltriger[665]: „... new technology fosters much more student interaction among groups, guided by the teacher who becomes more of a coach and facilitator than lecturer."[666]

Dies generiert eine weitere Anzahl positiver Effekte, wie beispielsweise der Verminderung von Ängsten vor der Lernsituation, individualisierte Instruktionen, verbesserte Organisation und verbessertes Rekapitulieren von Wissen und nicht zuletzt wird dadurch auch die Möglichkeit gegeben, Verantwortung gegenüber anderen Lernenden aktiv zu praktizieren.

Eine empirisch einigermassen abgesicherte Theorie der Computerlehre existiert derzeit in der Forschung noch nicht.[667] Um zu einer abschließenden Beurteilung zu kommen, bedarf es weiterer ATI (Aptitude-Treatment-Interaction) Forschung. Der damit verbundene Erkenntnisgewinn könnte dazu führen, die positiven Effekte der Computerlehre planmäßig zu maximieren. Unklar ist derzeit noch, ob dieser Trend

---

[663] Vgl. dazu Hans Bussmann, Computer contra Eigensinn. Was Kinder dem Computer voraus haben, Frankfurt 1988, S.20ff, 60ff, 67f; Douglas Clements, Computers in Early and Primary Education, Prentice Hall, New Jersey 1985, S.28ff; H. K. Cuffaro, Microcomputers in Education: Why is Earlier Better? In: Teachers College Report 85, 1984; S.559-568; Horst Dichanz, Computertime, Eindrücke aus dem Alltag amerikanischer Schulen. In: Medien und Erziehung, Jg.29 (1985), H.3, S.145-151; Claus Eurich, Computerkinder, a.a.O., S.74f; Stefan Gergely, Wie der Computer den Menschen und das Lernen verändern, München 1986, S.168; Ulrich Gruber, Die Auswirkungen der IuK-Technik auf die Bildung. In: 1984 und danach. Die gesellschaftliche Herausforderung der Informationstechnik, 1984 und danach. Die gesellschaftliche Herausforderung der Informationstechnik (Dokumentation einer internationalen Konferenz der Regierung der Bundesrepublik Deutschland und des Senats von Berlin in Zusammenarbeit mit der OECD vom 28.3.1984) Kongressdokumentation November 1984, S.544-589, S.567ff, S.544-589, o.O.1984, besonders S.567ff; David Hawkridge, New Information Technology in Education, London 1983; Heinz Moser, Der Computer vor der Schultür. Entscheidungshilfen für Lehrer, Eltern und Politiker, Zürich 1986, S.53; Theodor Roszak, Der Verlust des Denkens. Über die Mythen des Computerzeitalters, München 1986, S.319.

[664] Henry Jay Becker, How Schools use Microcomputers. Results from a National Survey. In: Milton Chen / William Paisley (Eds.), Children and Microcomputers, Beverly Hills 1985; S.87-107. J.A. Chambers / J.W. Sprecher; Computer Assisted Instruction,: Current Trends and Critical Issues. In: Harper, Dennis / James Stewart (Eds.), RUN Computer Education, Monterey 1983, S.107-118. Milton Chen, A Macro-Focus on Microcomputers. Eight Utilization and Effect Issues. In: Milton Chen / William Paisley (Eds.), Children and Microcomputers, Beverly Hills 1985.

[665] Vgl. Bill Gates, Der Weg nach vorn, a.a.O., S.291. Beschreibung eines Projektes an der Ralph-Bunche-School im New Yorker Stadtteil Harlem, in der computerunterstützte Lerneinheiten geschaffen wurden. Die Ralph-Bunche-Schule war eine der ersten amerikanischen Schulen, die eine Homepage im Internet einrichtete.

[666] Linda Roberts, Today's Challenge to the School: What is the School's Educational Potential?, a.a.O. S.76.

[667] Henry Jay Becker, How Schools Use Microcomputers. Results from an National Survey. In: Milton Chen / William Paisley (eds.), Children and Microcomputers, Beverly Hills 1985, S.87-107., S.104.

hin zu einem aktiven, selbstbestimmten Lernen[668] durch neue Technologien möglicherweise zu Lasten der kognitiven Verarbeitung geht und damit in letzter Konsequenz zu Lasten des Wissens und Verstehens. Feststellbar ist in ersten Ansätzen, dass „Kennen“ an die Stelle von „Verstehen“ gesetzt wird. Am Ende steht eine Illusion des Wissens[669], aber kein eigentliches Wissen. Heute basieren Lernstrategien in erster Linie darauf ein rasches Sammeln relevanter Fundstellen zu realisieren: „Lernen im Stile des Zapping“.[670] Dies erscheint auf dem ersten Blick beklagenswert, ist jedoch vielmehr eine natürliche Entwicklung, um die Informationen in vorhandenes Wissen einbetten zu können. Lernen in der Informationsgesellschaft bedeutet nichts anderes als den Wissensstand ständig zu erweitern oder zu komplementieren. In Konzepten des „lebenslangen Lernens“[671], die derzeit durch den Einsatz von Informations- und Kommunikationstechnologien neue Impulse erhalten, wird von der permanenten Aneignung sich verändernder Wissensbestände ausgegangen. Die Dringlichkeit schulischer Medienbildung, die eine Bereitschaft zur Verantwortungsübernahme und eine Kritik- und Analysefähigkeit einbezieht, wird angesichts der Brüchigkeit gemeinsamer Wissensbestände notwendig. Dies bleibt nicht ohne Auswirkungen auf die Bildungspraxis. Es ist beobachtbar, dass die Ordnung und Routine der formellen Bildungsinstitutionen, insbesondere der Schulen, Hochschulen und Ausbildungsstätten, durch externe Faktoren einer medienbestimmten Außenwelt dynamisiert werden. Infolge der gesellschaftlichen Dominanz von Informations- und Kommunikationstechnologien kann damit abschließend festgehalten werden, dass sich klar neue Lernarrangements herausbilden. Reines Faktenwissen wird in der Informationsgesellschaft nicht länger das eigentliche Lernziel sein. Wichtiger wird der Grad der Perfektion des Informationsmanagements. Im Mittelpunkt jeder Bildungsanstrengung muss daher zukünftig in erster Linie die Fähigkeit stehen, Information zu selektieren, zu bewerten und in Handlungsmuster umzusetzen. Dies trifft den Kernpunkt der Medienkompetenz. Lerninhalte können künftig nicht mehr nur durch das Curriculum vorgeschrieben werden. Im Zuge des raschen Wandels von Wissen wird eine sich häufiger verändernde und kurzfristigere Vorbereitung von Bildungsinhalten erforderlich sein. Die Lehrpläne, die immer noch auf der Existenz eines festen, zumeist humanistisch geprägten Bildungskanons beruhen, stehen unter erheblichem Modernisierungsdruck. Die Bindung von Schule und Unterricht an eine zentralisierte und unbewegliche Bürokratie behindert notwendige Veränderungsprozesse. Um exploratives und interaktives Lernen zu ermöglichen, müssen neue Formen der Bildungsstrukturen gefunden werden. Besondere Erwähnung sollen in diesem Zusammenhang die äußerst interessanten Reformvorschläge von Peter Faulstich finden. Faulstich lehnt starre Lehrpläne ab, um so die Möglichkeit einer raschen Reaktion des Bildungswesens auf gesellschaftlichen Bedürfnisse zu eröffnen. Er betont die notwendige Flexibilisierung der Bildungsstrukturen und fordert eine Restrukturierung der Prädikatssystems. An Stelle der großen Prädikate sollen im Sinne eines modularen Systems schneller erwerbbare Prädikate treten.

---

[668] Vgl. dazu auch Dieter Kirchhöfer, Neue Lernkulturen im Spannungsfeld. In: Ingrid Lohmann / Rainer Rilling, a.a.O., S.74ff.

[669] Elisabeth Noelle-Neumann, Lesen in der Informationsgesellschaft, Mainz 1986.

[670] Barbara Eschenbauer, Konferenzbericht. In: Bertelsmann-Stiftung (Hrsg.), Die Informationsgesellschaft von morgen, a.a.O., S.17.

[671] Der Begriff des lebenslangen Lernens hat in Europa derzeit Konjunktur, 1996 wurde auf Beschluss des Europäischen Parlamentes und des Rates zum „Europäischen Jahr des lebensbegleitenden Lernens“. Leider blieb eine Präszisierung des Begriffes und Beschreibung der damit verbundenen Implikationen bislang weitgehend aus.

"Man müßte ein modulares System schaffen. Über ein Bausteinsystem ist schon vor Jahren diskutiert worden, aber jetzt besteht die Chance, es umzusetzen, weil sich die Situation in den Unternehmen ändert. Wenn dort Flexibilisierung angesagt ist, muß der Bildungssektor folgen"[672]

Bildung in der Informationsgesellschaft steht damit in einem größeren schul- und hochschulreformerischen Kontext: „Die Schule braucht nicht mehr Paragraphen, sondern mehr Handlungsspielraum und Verantwortung."[673] Dies fördert den Wettbewerb unter den Bildungsinstitutionen. Die Förderung des Wettbewerbs läßt zugleich die Forderung nach der Entstehung eines Bildungsmarktes aufkommen. Faktisch befindet sich das deutsche Bildungssystem bereits in Marktstrukturen und konkurriert mit Bildungsinstitutionen weltweit um die "besten Köpfe".[674] Dabei reguliert der Markt die Qualität der Schulen, die darauf angewiesen sind ihr Bildungsangebot auf veränderte Anforderungen einzustellen.[675]

"Die Schlußfolgerung hieraus ist einfach: Wenn Deutschland als Studienort und darauf aufbauend als Partner der Wirtschaft im Gespräch bleiben will, müssen wir auf diesen Bildungsmärkten erscheinen und ein professionelles Marketing betreiben. Dies auch dann, wenn keine Gebühren die deutschen Universitäten dazu verlocken, sich um ausländische Studenten zu bemühen. (...) Im Prinzip setzt sich diese Erkenntnis auch in Deutschland durch. Werbung für die Hochschulen ist in den einschlägigen Beschlüssen als wichtiger Bestandteil der neuen Bildungspolitik aufgeführt. In der Praxis allerdings fehlt noch oft das richtige Verständnis dafür."[676]

Diese Entwicklung bedeutet auch, dass eine zusätzliche Komponente den Lehrplan beeinflussen wird: die Nachfrage. Das Bildungsangebot wird in einer Bildungslandschaft, die durch Individualisierung und Entformalisierung geprägt ist, thematisch von den Interessen des Einzelnen abhängen. In einer Gesellschaft, die geprägt ist durch einen prozedural-dynamischen Pluralismus, wird der Wettbewerb in der Bildungslandschaft einen wesentlichen Platz einnehmen. Es ist davon auszugehen, dass dies nicht ohne Einfluss auf die Qualität der Qualifikation bleiben wird. Je individueller und entformalisierter die Bildungsmöglichkeiten werden, desto mehr verlieren staatliche Zeugnisse ihre Unantastbarkeit. Die Zugangswege zur Bildung werden sich weiter differenzieren. In Zukunft wird die ganz spezielle Befähigung für ganz spezifische Aufgaben abgefragt werden. Zu erwarten ist daher die Etablierung einer Kombination von Lehr- und Umsetzungsphasen im Bildungsprozess. Bildung bekommt damit einen zunehmend instrumentellen Charakter. Ein Bildungsgang wird sich in der Informationsgesellschaft künftig weit weniger aus sich selbst heraus

672 Interview mit Peter Faulstich "Studium und Arbeit müssen endlich verzahnt werden". In: Marc Hoch / Hans-Herbert Holzamer (Hrsg.), a.a.O., S.27.

673 Ulrich Arndt, Herausforderung an die Schule von heute: Welche Bildungspotentiale hat die Schule? Die deutsche Perspektive. In: Bertelsmann-Stiftung (Hrsg.): Die Informationsgesellschaft von morgen, a.a.O., S.96.

674 Südostasien als Bildungsmarkt: Deutsche Hochschulen sind nur noch dritte Wahl. Von Heinrich Seemann. In: Marc Hoch / Hans-Herbert Holzamer (Hrsg.), a.a.O., S.23. Dazu auch Norbert Bensel / Hans N.Weiler, a.a.O., S.8ff.

675 Gita Steiner-Khams, School Choice – wer profitiert, wer verliert? In: Ingrid Lohmann / Rainer Rilling, a.a.O., S.133ff. Vgl. dazu auch Ingrid Lohmann, After Neoliberalism. Können nationalstaatliche Bildungssysteme den ›freien Markt‹ überleben? In: Ingrid Lohmann / Rainer Rilling, a.a.O., S.90ff.

676 Südostasien als Bildungsmarkt: Deutsche Hochschulen sind nur noch dritte Wahl. Von Heinrich Seemann. In: Marc Hoch / Hans-Herbert Holzamer (Hrsg.), a.a.O., S.24.

legitimieren. Vielmehr ist ein kontinuierlicher Abgleich mit der Zielgruppe notwendig, der gestalterisch auf die Bildungsgrundsätze einwirkt. Im Bildungssystem, insbesondere was die Schulbildung betrifft, wird in Folge ein neuer Generalismus postuliert, der an Comenius erinnert. Comenius ging in seiner Pädagogik davon aus, dass jede Bildung vom Umfassenden ausgehe, erst später gliedere sich das Umfassende mehr und mehr in die Fülle des Unterscheidbaren. Auch Johann Wolfgang Goethe forderte in Wilhelm Meisters Lehrjahren eine „allgemeine Ausbildung", und bis ins 20. Jh. hat Humboldts Bildungstheorie[677] als klassische Formulierung des modernen Allgemeinbildungspostulat gewirkt – doch erst jetzt gewinnen diese Auffassungen ganz neue Bedeutung.

> „Die Forderung für die Zukunft lautet also: Wir brauchen gebildetet Menschen, die fähig sind, in einer Welt, die immer mehr in Einzelinformationen und in Atome zerfällt, Gesamtzusammenhänge zu erkennen, zu abstrahieren, übergreifende Schlüsse zu ziehen und damit Handlungsperspektiven zu eröffnen. Das heißt, wir haben künftig die Chance einer am Generalismus sowie am Spezialismus orientierten Bildung. Diese Auflösung der Abgrenzung ist erst durch die neuen Medien` möglich, durch diese aber auch notwendig geworden."[678]

Die Bildungsmöglichkeiten vermitteln damit einerseits ein breit angelegtes Grundwissen, bei gleichzeitiger Rücksichtnahme auf spezielle und individuelle Interessensgebiete.[679] Die Verbindung zwischen Individualität und Allgemeinheit einerseits und die Vermittlung und Implementierung von Wissen andererseits wird weiterhin Gegenstand pädagogischer Überlegungen bleiben.[680] Dabei wird aber ein, wie es Bullinger nennt, neuer Zugang zum Humboldtschen Bildungsideal gefunden werden müssen. Die zentrale Frage für diesen Zugang ist die Finanzierbarkeit der Ausbildung.[681] Hinzu kommt, dass nicht von der Hand zu weisen ist, dass sich die Bildungsinstitutionen auf die Individualisierung der Bildungsanstrengungen, also den individuellen Rückgriff auf staatlich unabhängige Bildungseinrichtungen und Bildungsmöglichkeiten, einstellen müssen. Es ist davon auszugehen, dass erhebliche Strukturveränderungen in den Bildungsinstitutionen verfolgt werden. Die Expertenbefragung im "Bildungs-Delphi" legt offen, dass in jedem Bildungssektor erheblicher Veränderungsbedarf besteht. Besonders hervorgehoben wird von den Experten aber der Schul- und Hochschulsektor, der ihrer Meinung nach einen höheren Änderungsbedarf aufweist als die berufliche Bildung.[682] Die

---

677 Wilhelm von Humboldt, Theorie der Bildung des Menschen 1793. In: W. Flemmer, Wilhelm von Humboldt. Schriften, München 1964, S.100-104.

678 Josef Brauner / Roland Bickmann, a.a.O., S.102.

679 Weitere einschlägige Vorteile der Computerlehre zu finden bei Douglas Clements, Computer in Early and Primary Education, Prentice Hall, New Jersey 1985, S.28ff; Ulrich Gruber, Die Auswirkungen der IuK Techniken auf die Bildung. In: 1984 und danach. Die gesellschaftliche Herausforderung der Informationstechnik (Dokumentation einer internationalen Konferenz der Regierung der Bundesrepublik Deutschland und des Senats von Berlin in Zusammenarbeit mit der OECD vom 28. 3. 1984) Kongressdokumentation November 1984, S.544-589,S.567ff; Klaus Haefner, Denkzeuge, Basel 1987, S.245; Heinz Moser, Der Computer vor der Schultür. Entscheidungshilfen für Lehrer, Eltern und Politiker, Zürich 1986, S.50ff; Donald Sanders, Computers in Society, New York 1977, S.343f.

680 Werner Sacher, a.a.O., S.97.

681 Interview in der Süddeutschen Zeitung vom 24./25. Januar 1998.

682 Delphi-Befragung 1996/1998. Abschlussbericht, a.a.O., S.19. Einen starken Wandel im Hochschulbereich wünschen 84%, im allgemeinbildenden Bereich 82% und in der beruflichen Bildung 71% der befragten Experten.

Anpassungsfähigkeit gerade des dualen Systems, dass das berufliche Ausbildungssystem in Deutschland prägt, wird weitgehend positiv bewertet.[683]

Um aber den Veränderungen der Bildungsstrukturen zu begegnen und neue Medien in den Unterricht zu integrieren, also das individualisierte Lernen zu ermöglichen, ist eine wesentliche Voraussetzung der Zugang zu Datennetzen. In der Frage, wie sich der Zugang zu Datennetzen für Bildungszwecke organisieren läßt, gibt es unterschiedliche Positionen. Einerseits wird für ein möglichst offenes System plädiert, andererseits hält man Zugangsbeschränkungen infolge von Schutzinteressen für unumgänglich.[684] Ein Zwiespalt, der bis heute nicht gelöst ist. Die Arbeitsgruppe der Bertelsmann-Konferenz 1996 entwarf in Folge drei Szenarien für die "Schule der Zukunft": die Schule als Experiment, die Schule als Netzwerk und die Schule als Ort der sozialen Begegnung.[685]
Die "Schule als Experiment" kennt die traditionelle Kontrolle durch die Schulaufsicht nicht mehr. Der starr festgelegte Lehrplan wird abgelöst durch eine Offenheit für Impulse von außerhalb. Vereinheitlichende Vorgaben durch Curricula werden zwar nicht völlig aufgegeben, aber der Spielraum, der dem Lehrkörper zur Verfügung steht, um Unterricht zu gestalten, vergrößert sich entscheidend.
Die Vision von der "Schule als Netzwerk" löst den klassischen Schulraum auf. Die althergebrachte und bekannte "Sozialgemeinschaft Schule" wird von neuen Sozial- und Kommunikationsformen abgelöst, die in und durch das Netz generiert werden. Die damit einhergehende Überwindung von Zeit und Raum im Netz hebt Kulturbarrieren auf, am Ende steht die „global school“ in McLuhans "global village". Dies verdeutlicht einen weiteren Aspekt der Informationsgesellschaft, der sich neben der prozedural-dynamischen Pluralität, von der bislang gesprochen wurde, mehr und mehr zeigt: die Informationsgesellschaft wird eine gesellschaftliche Form sein, die in qualitativer Hinsicht in höchstem Maße interkulturell ist.[686] Die sozialen Begegnungen erfolgen vermehrt im virtuellen Raum. Dies bedeutet aber zugleich, dass reale Kommunikations- und Identifikationsräume für Schüler, Eltern und Lehrer mehr und mehr zurückgedrängt werden und in der Entwicklung fehlen. Daher muss aus pädagogischem, aber auch bildungspolitischen Interesse an eine Zusammenführung der Elemente beider Szenarien gedacht werden.

Es liegt auf der Hand, dass die Informationsgesellschaft ein Aufbrechen der bislang bestehenden festen und starren Bildungsstrukturen mit sich bringen wird. Das Bildungssystem hat sich der prozedural-dynamischen Pluralität der Informationsgesellschaft anzupassen, da gerade diese prägende Eigenschaft zahlreiche Anforderungen an den Menschen impliziert. Entsprechend ist als eigentliches Ergebnis festzuhalten, dass in qualitativer Hinsicht mit einem Aufbrechen aller festen Strukturen zu rechnen ist; „...fest steht, dass die ›Schule der Zukunft‹ keine endgültige Form haben wird, sondern Teil eines dynamischen

---

683 Dazu auch Die Zeit vom 8. August 1997, Die neue Freiheit der Lehre. Hat das duale System der Ausbildung eine Zukunft? Von Wolfgang Gehrmann / Stefan Willeke / Ulrike Winkelmann.

684 Die Frage des Jugendschutzes im Netz ist einer der brisantesten Fragen. Aus forschungspragmatischen Gründen wurden diese im rechtlichen Bereich angesiedelten Fragestellungen nicht behandelt.

685 Barbara Eschenbauer, Konferenzbericht. In: Bertelsmann-Stiftung (Hrsg.), Die Informationsgesellschaft von morgen, a.a.O., S.19.

686 Dies wurde ja bereits in den kulturellen Indikatoren angedeutet, hier zeigen sich in den qualitativen Veränderungen des Bildungssektors aber deutlich die damit verbundenen tatsächlichen Implikationen.

Prozesses ist."[687] Voraussetzung für die erfolgreiche Etablierung ist, dass staatlicherseits ein bestimmtes Maß an Freiheit in der Entwicklung schuleigener Konzepte zugestanden wird. Das gleiche gilt für die Hochschulreform. Die hier angesprochenen Phänomene der Öffnung von Bildungsinstitutionen und die Pluralisierung von Lernorten werden auch im Bildungs-Delphi als Schlüsselcharakteristika zukünftiger Bildung gesehen. Zugleich wird mit einer Vermehrung des privaten und zurückgezogenen Lernens gerechnet, eine Konsequenz der universalen Verfügbarkeit von Wissen durch die mediale Vernetzung. Gerade lebenslanges Lernen kann nur gewährleistet werden, wenn die Wege zu unterschiedlichen Angeboten im Bildungssystem offen bleiben. Die technischen Möglichkeiten der Vernetzung mit anderen Lernenden bietet schließlich zusätzliche Optionen der Informationsgewinnung und des Zugriffs auf Bildungsmittel.

> "Bildung im Jahr 2020 findet demnach zunehmend auch außerhalb herkömmlicher Bildungsinstitutionen statt. Die meisten Experten stimmen überein, daß die Legitimation von Bildungsinstitutionen in Zukunft immer weniger ›per se‹ als gegeben gilt, sondern sich verstärkt daran bemißt, inwieweit diese vorgegebene Ziele erreichen. "[688]

Aufgaben und Angebote der Bildungsinstitutionen werden vor diese Hintergrund neu definiert. Dabei spielen die Forderungen nach Internationalisierung der Bildungsangebote, Durchlässigkeit im Bildungssystem, Ausbau von Kooperationen und Öffnung für andere Lebenswelten sowie die Pluralisierung und Virtualisierung der Lernorte eine strukturprägende Rolle. Die Bildungsinstitutionen in der Informationsgesellschaft werden dabei weitaus mehr durch den Einfluss des "wirklichen Lebens" geprägt sein. Systemtheoretisch gesprochen, unterliegen sie in höherem Maße dem Umwelteinfluss. Folgerichtig müssen die Entscheidungsspielräume von Bildungsinstitutionen erweitert werden.
Deutlich spiegelt sich auch die Tendenz wider, dass mit einer Virtualisierung des Bildungssystems zu rechnen ist. In Schule, Berufsbildung und Hochschule werden multimediale Lehr- und Schulungsprogramme ihren festen Platz finden müssen. Damit ist der Lernende nicht mehr an einen Lernort gebunden, sondern wird flexibel. Lernen wird in die Freizeit verlagert, dies gilt gerade auch für die berufliche Bildung. Der Telelernexperte vom Weiterbildungsinstitut der IHK Clerman-Ferrand fasst zusammen: "Kleine und Mittlere Unternehmen (KMU) setzen für die Weiterbildung ihrer Mitarbeiter immer häufiger Telelernmodule ein. Betriebsabläufe werden weniger durch A bwesenheiten gestört, Lernmaterialien stehen jederzeit zur Verfügung, das Lerntempo kann selbst bestimmt und Reiskosten reduziert werden."[689]
Bislang war Medienarbeit im Bildungssystem lediglich eine Art methodisch-didaktische Abwechslung und konzentrierte sich zumeist auf die traditionellen Medien. Dies wird sich in der Informationsgesellschaft fundamental ändern. Gerade das Internet wird sich zu einem alltäglichen und nicht mehr wegzudenkenden Element der Lernarbeit entwickeln. Durch die neuen Unterrichtsmaterialien, die didaktische Software, die über die "Drill-and-Practice-Programme" hinausgehen, werden sich neue innovative Unterrichtsstile entwickeln. Günter Streit verdeutlicht,

---

687 Barbara Eschenbauer, Konferenzbericht. In: Bertelsmann-Stiftung (Hrsg.), Die Informationsgesellschaft von morgen, a.a.O., S.20.

688 Delphi-Befragung 1996/1998. Abschlussbericht, a.a.O., S.38.

689 Pressemitteilung TELESKOP (=2/2000) des Institut der deutschen Wirtschaft Köln vom 16.05.2000. Zu ähnlichen Ergebnissen kam ein virtueller Workshop mit Experten des Telelernens aus Frankreich, Portugal und Deutschland in Condeixa, Portugal, am 30. Mai 2000.

dass die Möglichkeiten dieser Technologien bei weitem noch nicht ausgeschöpft sind und gerade der Ausstattungsumfang der Schulen weiter anwachsen wird:

> „Was am Anfang unseres Jahrhunderts Tafel und Kreide waren – damals das einzige Unterrichtsmedium – könnte im ausgehenden 20. Jahrhundert das Breitbandkommunikationsnetz sein – das interaktive Unterrichtsmedium. Der Weg für Reformen und für technologische Innovationen im Bereich der Schule ist weit offen. Gehen wir ihn ohne Hast, aber mit festem Blick auf das Ziel – der Erziehung unserer Kinder“[690]

Derzeit ist deutlich festzustellen, dass in den Institutionen des Bildungssystems die tradierten Lehrmethoden mit den neuen Ansätzen konkurrieren. Soziale Lernformen in Gestalt von Planspielen und Großgruppenprojekten und die Option des ortsunabhängigen und virtuellen Lernens treten an die Seite der traditionellen Unterrichtsmethoden und sind im Begriff, diese zu verdrängen. Dieser Verdrängungseffekt liegt nahe, dadurch die neuen Methoden die Verbindung von Arbeiten und Lernen, weitaus mehr der Individualität des Lernenden entsprochen wird. Damit gewinnen gestalterische Prozesse gegenüber dem Lehren und Unterweisen an Bedeutung. Um exploratives und interaktives Lernen zu ermöglichen, müssen im Zusammenspiel individueller Lernsituationen und staatlicher Bildungsvorgaben neue Formen gefunden werden.[691] Da Lernen zunehmend an relevanten und aktuellen Themen erfolgen wird und eine Ausweitung des Praxiskontextes zu erwarten ist, werden projektbezogenen Lernformen an Bedeutung gewinnen, genau diese aber werden von schulischer Bürokratie gestört. Fachübergreifende Lernformen werden eine hohe Prioriätsstufe im Unterricht der Informationsgesellschaft einnehmen, da fächerübergreifendes, vernetztes und integratives Denken eine maßgebliche Anforderung im Berufs- und Arbeitsleben der Informationsgesellschaft ist[692], wie sich an anderer Stelle dieser Arbeit noch zeigen wird.
Berachtet man diese Beschreibung der in der Informationsgesellschaft gewünschten Lernsituation vor dem Hintergrund der heutigen Realität im Bildungssystem, so wird die Dringlichkeit des Reformbedarfes deutlich. Dies jedoch bedeutet nichts geringeres als eine massive qualitative Veränderung. Seit den 70er Jahren werden Reformkonzepte diskutiert und teilweise in Pilotprojekten verfolgt. Eine Durchsetzung hat bisher jedoch kaum stattgefunden. Die für die Informationsgesellschaft notwendigen Lernarrangements bzw. Lernmethoden haben bisher nur ungenügend in die bildungspolitische Praxis Eingang gefunden. Stattdessen wird die Fehlqualifikation und der Mismatch des Bildungssystems beklagt, der nichts anderes darstellt als das Resultat von Fehlentscheidungen infolge falscher Prämissen. Bislang konzentriert sich das deutsche Bildungssystem, insbesondere Schul- und Hochschulsystem, auf die Anforderungen der Industriegesellschaft und ihrer klaren Abgrenzungen und starren Regulierungen.

2 Qualitative Veränderung der Unterrichtsgestaltung und der Unterrichtsmethoden

[690] Ulrich Arndt, Herausforderung an die Schule von heute: Welche Bildungspotentiale hat die Schule? Die deutsche Perspektive. In: Bertelsmann-Stiftung (Hrsg.): Die Informationsgesellschaft von morgen, a.a.O., S.100.

[691] Bill Gates, Der Weg nach vorn, a.a.O, S.293.

[692] Zur gewünschten Lernsituation in einer Informationsgesellschaft vgl. auch Delphi-Befragung 1996/1998. Abschlussbericht, a.a.O., S.67.

Aus der vorangehenden Darstellung verdeutlicht sich bereits, dass ebenso wie Bildungsverständnis und Bildungsstrukturen auch die Unterrichtsmethoden in Bewegung geraten müssen. Die Nutzung moderner Informations- und Kommunikationstechnologien übt einen großen Einfluss auf die Inhalte, Methoden und Lernarrangements des tradierten Bildungssystems aus. Dessen wesentlicher Bestandteil muss künftig die laufend konzeptionelle Überarbeitung des Bildungskanons sein. Die Curricula in der Informationsgesellschaft muss mehr einen Bildungsrahmen denn einen Bildungsplan gleichen. Die Ausweitung des Zugangs zu Information und Wissen erfordert auch eine Revision der traditionellen Fachorientierungen. Lehre in der Informationsgesellschaft steht jederzeit zur Disposition, ständig auf der Suche nach neuen, wirkungsvolleren Mitteln für das Lernen selbst, da der Lehrer seine zentrale Stellung im Bildungssystem zunehmend verliert: "Vor allem der Lernende, nicht der Lehrende betreibt den Bildungsprozeß".[693]

> "Die Basisbeziehung der Bildung (Lehrender-Lernender) wird zunehmend durch wachsende Netzwerke des Lernens ergänzt und teilweise auch abgelöst. Freie Anbieter von Wissen konkurrieren in vielen Lernfeldern zunehmend mit konservativ bzw. traditonell Lehrenden. Netzgestützte Learning Communities bieten die Möglichkeit zum wechselseitigen Austausch. Die Lernenden selbst, seien es Kinder, Jugendliche oder Erwachsene, nutzen zunehmend aktiv neue Wege des Lernens wie z.B. das Internet."[694]

Damit ist die Schule in der Informationsgesellschaft nicht nur in ihrer organisatorischen Infrastruktur eine andere, sie wird sich gerade auch inhaltlich und in den Unterrichtsformen sowie in der Qualität des Unterrichts ändern. [695] Derzeit ist der Unterricht noch auf Wissen, Verstehen, Können und auf Leistung ausgerichtet. Lernen in der Schule ist geplant und verbal-systematisch. Bildhaft-assoziatives Lernen erfolgt ausschließlich mit Bezug auf ganz konkrete Lebenssituationen. Erst seit einigen Jahren gibt es in der Pädagogik eine intensive Diskussion darüber, ob dieses bildhaft-assoziative Lernen nicht weiter gefördert werden solle. Diese Diskussion hat nun durch die modernen Informations- und Kommunikationtechnologien eine neue Dimension erreicht, die sich auf die Frage zuspitzen läßt, ob lehrende Computer nicht unter gewissen Umständen eine vielversprechende Alternative zu menschlichen Lehrern sein könnten. Diese Frage erscheint berechtigt, da gerade die neuen Unterrichtsmaterialien, die zunehmend entwickelte didaktische Software im Stile des „Edutainment", eine ausreichend Bestätigung dieser Forderung darstellen. Unter dem Stichwort Hypertext oder Hypermedia[696], vor allem aber durch die Kommunikation über das Internet mit Menschen in anderen Kulturen treten zahlreiche innovative Momente für den Unterricht hinzu. CD-Roms liefern einen Vorgeschmack auf das interaktive Erlebnis.[697] Die Software reagiert auf persönliche Eingaben des Lernenden mit der

---

[693] Delphi-Befragung 1996/1998. Abschlussbericht, a.a.O., S.54.

[694] Ebd. S.55.

[695] Vgl. dazu auch Robert Mc Clintock, Erziehung für das 21. Jahrhundert. In: Christa Maar / Claus Leggewie (Hrsg.), Internet & Politk. Von der Zuschauer- zur Beteiligungsdemokratie, o.O. o.J, S.410. Mc Clintock spricht zu Recht von der Öffnung des Klassenzimmers zum kommunikativen Zentrum.

[696] Werner Sacher, a.a.O. Sacher unterscheidet und charakterisiert sechs Arten von Computer-Lehrprogrammen, wobei er sich auf den deutschsprachigen Raum beschränkt.

[697] Vgl. dazu Badische Zeitung vom 28.10.1996, Artikel von Manfred Schiefer, Kinder und neue Medien: Verteufelung ist kurzsichtig. Spielerisch beginnen.

Präsentation von Informationen in Form von Text, Audio und Video. Computerunterstütztes Lernen, computersimulierte Unterrichtsmodelle und virtuelle Räume sind im Bildungsprozess einsetzbar. Durch diese neuen Lehrmethoden kann nicht nur an die Nutzung multimedialer Formen herangeführt, sondern zugleich eine didaktische Aufbereitung gefunden werden, die den Lernprozess positiv fördert. Bilanzierend kann festgehalten werden, dass diese innovativen Elemente erweiterte Freiheiten in der Unterrichtsgestaltung und den angewandten Lehrmethoden bieten. Zudem ist damit selbstverständlich auch eine schlichte Ausweitung der Lernmaterialien und der didaktischen Lernmethoden verbunden. Die multimedialen Bildungsformate und die Datenautobahn entwickeln sich bei verstärkter bildungspolitischer Weichenstellung zu einem alltäglichen und nicht mehr wegzudenkenden Element der Lernarbeit in der Informationsgesellschaft. Lehrer und Lehrerinnen tragen zwar weiterhin die Verantwortung für den Unterricht, die Zentrierung des Unterrichts auf die Lehrperson, am sichtbarsten in der Form des Frontalunterrichts oder in der Stufen-Methode Vormachen-Nachmachen, wird in der Informationsgesellschaft zurückgedrängt. Das passive, aufnehmende und nachvollziehende Lernen wird durch die Etablierung handlungsorientierter und selbstaktiver Methoden verdrängt. Der kreative Prozesse des Lernens gewinnt gegenüber dem Lehren und Unterweisen an Bedeutung. Damit erfährt auch das Berufsbild des Lehrers eine klare qualitative Rollenveränderung. Der Lehrer der Informationsgesellschaft unterstützt in erster Linie seine Schüler bei der Steuerung der Lernprozesse: "Effective and wise use of technology can assist the teacher in shaping his or her day in a way that allows more time for attention to individual students. Information technology, then, might well be seen as playing a greater logistic role, rather than a teaching role."[698]
Was die hier angeführten Unterrichtsmethoden betrifft, die die Arbeit mit dem Computer verfolgen, wird in der Literatur derzeit noch allgemein folgende begriffliche Unterscheidung getroffen: zum einen spricht man vom *computerunterstützten Unterricht*, sowie von *computergesteuertem Unterricht*. Mit *computerunterstütztem Unterricht* wird eine Unterrichtsform bezeichnet, in dem Computer lediglich als Hilfsmittel innerhalb des traditionellen Unterrichts eingesetzt werden. Dies betont in erster Linie den Werkzeugcharakter des Computers und der modernen Informations- und Kommunikationstechnologien. *Computergesteuerter Unterricht* hingegen bezeichnet die völlige Delegierung der Instruktion an den Computer. Es sind hier die modernen Informations- und Kommunikationstechnologien, die die Lehrerrolle über längere Zeit hinweg übernehmen.[699] Computergesteuerter Unterricht fordert dabei in erster Linie die autodidaktischen Fähigkeiten des Lernenden heraus.
Was die Integration von modernen Informations- und Kommunikationstechnologien im Unterricht betrifft, lassen sich in diesem Rahmen verallgemeinernd vier Programme unterscheiden. Zum einen finden sich die sogenannten *Drill- and-Practice Programme*, die auf das Vertiefen des Lernstoffes abzielen und sich der Lerngeschwindigkeit der sie Bedienenden anpassen. Daneben existieren die sogenannten *Tutoriellen Programme*, die die Vermittlung bisher nicht gekannter Lerninhalte zum Ziel haben. Zum dritten ermöglicht es der sogenannte *Intelligente Computerunterstützte Unterricht* (ICUU) auf die individuelle Lernleistung der Schülerinnen und Schüler unmittelbar einzugehen, Hinweise und Hilfestellung zu

[698] Herbert S. Dordick / Georgette Wang, a.a.O., S.114.
[699] Dem Begriffspaar computergestützter-computergesteuerter Unterricht entspricht in englischsprachigen Veröffentlichungen die Unterscheidung von computer-aided und computer-managed instruction (CAI-CMI) bzw. adjunct computer-aided instruction und primary computer-aided instruction.

bieten und zu Lösungsplänen Stellung zu nehmen. Schließlich bieten sich Informationstechnologien im Unterricht auch als reine Präsentationssysteme an, die unterschiedliche Vorgänge visualisieren und eine Demonstration von Gedanken- und Zufallsexperimenten ermöglichen.
Derzeit sind alle Formen des Unterrichts, der traditionelle, verbal-systematische und damit lehrerzentrierte Unterricht, der computerunterstützte Unterricht, der zumeist die spielerischen Elemente des Unterrichtes hervorhebt, in zunehmenden Maße aber eben auch der computergesteuerte Unterricht im Bildungssystem anzutreffen, und zwar sowohl in der Schul- als auch in der Hochschulbildung. Dies stellt eine klare qualitative Veränderung gegenüber der Schule der Industriegesellschaft dar und belegt Adaptionsprozesse eines Gesellschaftswandels.
Offen ist in der erziehungswissenschaftlichen Forschung aber nach wie vor die Frage, wie effizient der Einsatz von Computertechnologien im Erziehungsprozess tatsächlich ist. [700] Zwar gibt es zahlreiche Studien zu diesem Thema, die Ergebnisse differieren jedoch in hohem Maße:

- "Stronger short-term, rather than long-term effect of computer-based instructions
- Computers cannot replace conventional teaching but rather support that teaching
- Improved software is crucial and its introduction showed significant improvements in student performance
- Students who have used computers report more positive attitudes toward school and their subjects."[701]

Was die Bewertung der Computerlehre angeht, nennen nur wenige Autoren Vor- und Nachteile.[702] Empirisch lassen sich klare Erfolge nur bei computerunterstütztem Unterricht nachweisen, der computergesteuerte Unterricht ist nach dem gegenwärtigen Stand der Forschung dem herkömmlichen Unterricht unterlegen oder bestenfalls ebenbürtig.[703] Inwieweit dies mit den Gewohnheitsstrukturen der Lernenden zusammenhängt, die bis dato durch den traditionellen Unterricht kaum dazu angehalten wurden, autodidaktische Fähigkeiten zu entwickeln, wurde in den vorliegenden Studien nicht berücksichtigt. Eine klare, pauschal geltende und einfache Beurteilung computergestützten Lernens kann es kaum geben, gefordert ist zum jetzigen Zeitpunkt eine differenzierte Betrachtungsweise, die unumgänglich zu der Auffassung führen muss, dass der Effekt computergestützten Lernens vom Bildungsalter und vom Bildungsgrad der Person und von der Fähigkeit und der Bereitschaft zu autodidaktischem Verhalten abhängt.
Unzweifelhaft ist sicherlich, dass der Lernende durch computergestützten Unterrichts seine eigene Neugier als Richtschnur besitzt, diese Neugier mit der Fähigkeit der Analyse verbindet und damit den Lernprozess einleitet. Ein Prozess, der von den traditionellen Mitteln des Unterrichts bisher nur ungenügend gefördert wurde. Bill Gates ist zuzustimmen, wenn er die Behauptung aufstellt:„... ich war immer

---

700 C.P. Smith / B.J. Zimmermann, Microcomputers in schools: A promise unfulfilled? In: Social Policy, S.17-20. Ebenso J.A. Kulik, Evaluation of the effects of teaching with computers. In: P.F. Campbell / G.G. Fein (Eds.), Young children and Microcomputers, Englewood Cliffs 1986, S.159-170.

701 Zit. nach Herbert S. Dordick / Georgette Wang, a.a.O., S.113.

702 Ausnahme ist Werner Sacher, a.a.O., 70ff.

703 Vgl. J.A. Chambers / J. W. Sprecher, Computer Assisted Instruction: Current Trends and Critical Issues. In: Dennis Harper / James Stewart (Eds.), RUN Computer Education, Monterey 1983.

überzeugt, dass die meisten Menschen mehr Intelligenz und Neugier besitzen, als sie – von den vorhandenen Informationswerkzeugen dazu ermuntert – praktisch nutzen."[704]

Für die Unterrichtsgestaltung ist eine intensivere Auseinandersetzung mit Präsentation und Strukturierung von Information zu erwarten. Zu erwarten ist des weiteren, dass ethischen Fragestellungen sowie die Betrachtung der Prinzipien der Realitätskonstruktion im Unterricht an Bedeutung gewinnen werden. Sobald Medien in den Unterricht einbezogen werden, stellt sich die Frage, wie Medien Realität konstruieren. Dies gilt in besonderem Maße für die neuen Technologien und den ihnen innewohnenden Möglichkeiten der Wirklichkeitssimulation. Im medienbezogenen Unterricht wird daher die Entschlüsselung der Prinzipien von Realitätskonstruktion eine zentrale Rolle einnehmen müssen.

Voraussetzung für die hier beschriebene Integration moderner Technologien in den Unterricht ist eine den Schulen zur Verfügung stehende Infrastruktur. Diese Feststellung stellt zugleich den Schwachpunkt in der qualitativen Weiterentwicklung eines Bildungssystems der Informationsgesellschaft dar, das sich zwar in seiner Ausgestaltung deutlich abzeichnet, in der Umsetzung der qualitativen Veränderungen jedoch an der infrastrukturellen Ausstattung in seiner vollen Entfaltung gehindert wird.[705] Trotz aller Bekenntnisse in der politischen Rhetorik sind in Deutschland derzeit gerade einmal die Hälfte aller Schulen am Netz. [706] Peter A. Bruck weist als einer der wenigen dezidiert daraufhin, dass dies in engem Zusammenhang zu den Gesamtbetriebskosten der Informations- und Kommunikationsinfrastruktur steht.[707] Dies bestätigt sich auch in der Betrachtung der Multimediainvestitionen der Länder, die stark variieren.[708] Die Initiative „Schulen ans

---

704 Bill Gates, Der Weg nach vorn, a.a.O., S.279.

705 Kaum nachvollziehbar sind die Ergebnisse, die Ute Götz-Henrich in diesem Zusammenhang zieht. Sie kommt zu dem Schluss, dass die Ausstattung der Schulen mit einem Anschluss an das Internet irrelevant sei. Die gesamte Argumentation von Götz-Henrich erscheint in weiten Zügen antiquiert. Vgl. dazu Ute Götz-Henrich, Erziehung und Bildung in der Informationsgesellschaft. Ein Beitrag zu Möglichkeiten und Notwendigkeiten der allgemeinbildenden Schule heute. Dissertation an der Pädagogischen Hochschle Karlsruhe, Karlsruhe 1996 Herausgegeben 1999.

706 Vgl. dazu Wirtschaftswoche Nr 13/23.3.2000. Dordick / Wang geben für die USA und Japan kaum ermutigendere Zahlen an.Vgl. Herbert S. Dordick / Georgette Wang, a.a.O., S.113/114. Trotz bedeutender Investitionen in den Informationstechnologien haben in den USA 96% der öffentlichen Schulen nur einen Computer, die meisten haben für eine Schülerpopulation, die oft 2500 umfasst, nicht mehr als 20 Computer. Diese Zahl ist in den letzten Jahren nicht wesentlich gewachsen. Japanische Statistiken zeigen ähnliche Ergebnisse. 56,4 % der Sekundarschulen haben Computer, aber nur 2 % haben mehr als 20 Stück, die meisten weniger als drei. In der Grundschule haben mehr als 80% der Schüler keine Computererfahrung.

707 Peter A. Bruck / Guntram Geser, a.a.O., S.125ff.

708 Vgl. dazu die aufschlussreiche Graphik in Wirtschaftswoche Nr. 13 vom 23.3.2000. Hamburg liegt in den Multimediainvestitionen an Platz eins, gefolgt von Baden Württemberg. Die Zahlen beruhen auf Schätzungen aus dem Bundesministerium für Bildung und Forschung 1999. Zu den Ausgaben detaillierter: Helmut E. Klein, Was kostet die Schule? Was leistet die Schule? Eine Analyse schulstatistischer und bildungsfinanzstatistischer Kennziffern. Institut der deutschen Wirtschaft Köln, Beiträge zur Gesellschafts- und Bildungspolitik 237, Köln 1999. Bundesministerium für Bildung, Wissenschaft, Forschung und Technologie (Hrsg.), Grund- und Strukturdaten, Bonn 1999 (verschiedene Jahrgänge); Pia Brugger, Öffentliche Ausgaben für Bildung, Wissenschaft und Kultur 1992 bis 1995. In: Statistisches Bundesamt (Hrsg.), Wirtschaft und Statistik 3/1998, S.249-258. Mit der Einführung der Schulcomputer kämen ohne Initiative der Telekom auf die Länder und Gemeinden künftig mit Telefongebühren und Zugangskosten Belastungen von mindestens 90 Mio. Mark zu. Jede an das Internet angeschlossene Schule wird mit durchschnittlich 7500 Mark Telefongebühren und Zugangskosten konfrontiert. 1998 gingen die Staatssekretäre in diesen Berechnungen noch davon aus, dass jede dritte Schule in Deutschland ans Netz angeschlossen ist. Vgl. dazu Badische Zeitung vom 24.2.1998. Dies ist heute Ende 2000 noch immer nicht der Fall. Besonders hervorzuheben ist in diesem Zusammenhang allerdings Baden-Württemberg, vgl.

Netz" wurde 1996 vom Bundesministerium für Bildung und Forschung (BMBF) und der Telekom gestartet mit dem Ziel, bis Ende 2001 allen Schulen einen Zugang zu Internet zu verschaffen. Bis Januar 2000 steckte der Verein insgesamt 16 Millionen Mark in rund 13 000 Schulen. Neben den Hauptsponsoren Telekom und Apple fördern 27 weitere Unternehmen wie Microsoft, Siemens, oder Novell die Initiative. Zusätzlich kündigte Bundesbildungsministerin Edelgard Bulmahn an, in den kommenden fünf Jahren die Entwicklung von Lernsoftware für Schulen mit 200 Millionen Mark zu fördern. Die weitere Etablierung dieser Initiative bleibt abzuwarten.[709]

3 Qualitative Veränderung des Unterrichtsgegenstandes: Soziale Qualifikation und Medienkompetenz als Schlüsselbegriffe der Bildungsdiskussion

Bisher konnte verdeutlicht werden, dass der aktive Umgang mit modernen Informations- und Kommunikationstechnologien den Schlüssel zur Informationsgesellschaft bildet und zahlreiche qualitative Veränderungen in den Bildungsanstrengungen mit sich bringt. Entsprechend geht die Diskussion um die Integration moderner Informations- und Kommunikationstechnologien bis in die 80er Jahre zurück. 1987 gab es in Deutschland eine erste Bund-Länder-Kommission, die sich mit dieser Herausforderung beschäftigte, allerdings beschränkte sich die Diskussion in dieser Kommission noch auf die Forderung nach einer informationstechnologische Grundausbildung.[710] Ein Ansatz, der den heutigen Erfordernissen nicht mehr gerecht wird. Die Aussage von Toni Carbo Bearman verdeutlicht dies:

> "... We have gone beyond the need for literacy and information literacy. Both of these are still needed, but we also need what we call mediacy to denote the ability to find and use information in multimedia formats, and also to connote the sense of immediacy for instantaneous transmission and receipt of information in all formats."[711]

Mit der hier geäußerten, den Realitäten weitaus angemesseneren Anforderung setzte sich in Deutschland erstmals 1994 die Bund-Länder-Kommission für Bildungsplanung und Forschungsförderung auseinander und verständigte sich auf einen Orientierungsrahmen zur schulischen Medienerziehung. Dieser Orientierungsrahmen bleibt jedoch auf halben Wege stehen und ist somit nicht mehr als ein Minimalkonsens über Ziele und Inhalte der Medienerziehung, die neben den klassischen Massenmedien auch die neuen Technologien einbezieht. Nur in Ansätzen werden auch strukturelle Veränderungen in der internen und nach außen gerichteten Schulorganisation gefordert und Modellversuche zur Erprobung neuer Formen vorgeschlagen, die insbesondere Autonomiekonzepte zur Erweiterung schulischer Freiräume in den Mittelpunkt stellen, um auf diese Weise das Potenzial an Kreativität und Gestaltungswillen zu entfalten.
Was die Vermittlung der Mediennutzung betrifft, wurde durch die Kommission insbesondere die Interaktivität der Technologien betont und eine Umsetzung im

---

dazu Badische Zeitung vom 15.7.1997, Online von der Schulbank aus. Dazu auch Willi van Lück, Diskutieren im "virtuellen Seminarraum". In: Das Parlament Nr. 33-34 9./16. August 1996.

709 Brigitte von Haacke, Schule ans Netz. Jeder Einmal. In: Die Wirtschaftswoche 13/23.3.2000, S18f.

710 Vgl. Claus Tully, a.a.O, S.152.

711 Toni Carbo Bearman, Information Transforming Society: Challenges for the year 2000. In: Information Services & Use, 12, 1992, S.217-23.

Lernprozess verfolgt, um nicht zur Mehrheit der passiven Teilnehmer – der „Sauger" – zu gehören, die lediglich Informationen aus dem Netz holen: „Die Interaktivität macht den Zuschauer zum User."[712] Der User zeichnet sich aus durch ein besonderes Maß an Medienkompetenz und sollte am Ende des interaktiven Lernprozesses stehen.

Dies beinhaltet nicht nur die kritische Auswahl aus der Vielfalt der Medienangebote, sondern betont vor allem das kreative Navigieren im Netz. Um ein solches kreatives Navigieren erfolgreich zu erreichen, sind ein allgemeines Wissen über das Netz, über die dort herrschenden unterschiedlichen Kommunikationsformen, die Fähigkeit zum kompetenten Umgang mit Information nötig. Zugleich gehört aber auch dazu, selbst Informationen aktiv und aufbereitet im Netz zur Verfügung zu stellen. Damit wird die Nutzung von Netzoptionen und die Vermittlung von Kompetenzen im Umgang mit Vernetzung zur Querschnittsaufgabe jeder Bildungsaktivität. Aktives Suchen, aktives Auswählen, aktives Be- und Verarbeiten sind die Tätigkeiten, die das Mediennutzungsverhalten der Zukunft kennzeichnen. Die Entwicklung von Verarbeitungskapazität und Verarbeitungsstrategien stehen im pädagogischen Prozess damit im Vordergrund: „Die Flüchtigkeit der Informationen im Netz macht das gezielte Suchen und präzise Verarbeiten von Information sowie deren Beurteilung nach Richtigkeit und Relevanz zu zentralen Fähigkeiten."[713]

Barbara Eschenauer beschreibt fünf Dimensionen von medienkompetenten Handeln, die gerade auch für den Bereich der Vernetzungstechnologien Gültigkeit besitzen:

1. Auswahl und Nutzung von Informationen und Aneignung geeigneter Forschungs- und Suchstrategien.
2. Medienbotschaften verstehen und bewerten, Grundkenntnisse der Mediensprache und Reflexion der konstruierten Medienrealität. Gerade die Möglichkeit mittels der Computer ganze Welten zu simulieren, macht die Fähigkeit zur kritischer Analyse besonders dringlich.
3. Schaffung und Verbreitung eigener Medienprodukte und Verantwortungsbewusstsein gegenüber verbreiteter Inhalte.
4. Intervention in Medien und in Medienprodukte. Insbesondere bei den neuen Interaktions- und Kommunikationsmedien können Eingriffe direkter und weniger reglementiert erfolgen. Eine klare Beteiligung am Diskurs soll daher ermöglicht werden.
5. Wahrnehmung der Medienwirkung. Veränderungen, die durch Medien herbeigeführt werden sind zu registrieren und zu beschreiben.[714]

Diese äußerst präzise Darstellung der unterschiedlichen Faktoren führt eindrucksvoll die Mehrdimensionalität von Medienkompetenz vor Augen. Dordick und Wang verwenden einen anderen, äußerst treffenden Begriff um diese Mehrdimensionalität zum Ausdruck zu bringen und zugleich die Nähe zur Kulturtechnik auszudrücken: "computer literacy".

---

[712] Bernd Weidenmann, Die Informationsgesellschaft von morgen: Was müssen wir lernen? Kapazitäten und Mechanismen der Informationsverarbeitung. In: Bertelsmann-Stiftung (Hrsg.), Die Informationsgesellschaft von morgen, a.a.O, S.65.

[713] Barbara Eschenbauer, Konferenzbericht. In: Bertelsmann-Stiftung (Hrsg.), Die Informationsgesellschaft von morgen, a.a.O., S.24.

[714] Ebd. S.24/25.

"Theses skills involve more than the ability to program or use computers; it is the stage in which there would be fundamental innovation in conceptualizing and processing information. This would involve a shift in perception about information formats and uses as fundamental as the shift from memory to written records was as the basis for traditional literacy."[715]

Bernd Weidenmann bezeichnet das mit Medienkompetenz in Zusammenhang stehende Wissen als deklaratives und prozedurales Wissen. Deklarativ ist das Wissen über Aufbau und Eigenschaften des Systems, sowie rein semantisches Wissen zu den unterschiedlichen Befehlen, Fachtermini usw. Prozedurales Wissen dagegen ist das Handlungswissen im Umgang mit dem System, z. B. Einloggen, das Wissen zur Nutzung von Menüs, Features und Hilfen, zu Explorations- und Navigationsstrategien sowie zum Störungsmanagement.[716]

„In der Informationsgesellschaft der Zukunft kommt es also mehr denn je darauf an, als medienkompetentes Individuum ein breites Repertoire an Nutzungsstrategien zu beherrschen und je nach Medium, Absichten und Kontext ›umschalten‹ zu können. Das traditionelle Lesen traditionell aufbereiteter Texte ist eine Nutzungsstrategie, das Datasurfing eine andere."[717]

Dazu gehört auch, was der Rat für Forschung, Technologie und Innovation des Bundesministeriums für Bildung, Wissenschaft, Forschung und Innovation mit dem Begriff des „personal information managements" bezeichnet.[718]
An diese sehr unterschiedlichen Bedingungen von Medienkompetenz knüpfen sich klare Herausforderungen und Erwartungen an den Menschen:

„Ein ›information citizen‹ muß auswählen, richtige von falschen Nachrichten unterscheiden; er muß sich strategischer Aspekte bewußt sein, und er ist in der Lage, selbst Informationen zu produzieren und mit Medien zu kommunizieren. Aus der Geschichte der Medien wissen wir, daß mit dem Erwerb von Kulturtechniken die Entwicklung neuer Persönlichkeiten einhergeht." [719]

Der Erwerb dieser besonderen Fähigkeiten und die damit verbundene Weiterentwicklung der individuellen Persönlichkeit ist nach Gauly Voraussetzung für die Mediengesellschaft von morgen. Ziel dieser Entwicklung ist der medienmündige und damit medienresistente Bürger. Dieser versteht es mit den Medien professionell umzugehen, weil er die Formen und Möglichkeiten der Vermittlung und Verführung, die damit verbundenen Tricks und Subtilitäten der Medien kennt und zu bewerten weiß. Infolgedessen bedient er sich Medien eigenverantwortlich und selektiv.

---

715 B. M. Compain Information Technology and Cultural Change: Toward a new literacy. In: B. M. Compain (Ed.), Issues in New Informaion Technology, Norwood 1988, S.145-156.

716 Bernd Weidenmann, Die Informationsgesellschaft von morgen: Was müssen wir lernen? Kapazitäten und Mechanismen der Informationsverarbeitung. In: Bertelsmann-Stiftung (Hrsg.), Die Informationsgesellschaft von morgen, a.a.O., S.68.

717 Ebd., S.70.

718 Bundesministerium für Bildung, Wissenschaft, Forschung und Technologie (Hrsg.), Rat für Forschung, Technologie und Innovation, Informationsgesellschaft. Chancen, Innovationen und Herausforderungen, Feststellungen und Empfehlungen, Dezember 1995, S.38.

719 Der Umgang mit dem Computer und den neuen Informations- und Kommunikationstechnologien wird von vielen als neue 4. Kulturtechnik gesehen. So auch Bundesministerium für Bildung, Wissenschaft, Forschung und Technologie (Hrsg.), Rat für Forschung, Technologie und Innovation, Informationsgesellschaft. Chancen, Innovationen und Herausforderungen, Feststellungen und Empfehlungen, Dezember 1995, S.38.

Um diese distanziert analysierende Haltung gegenüber Medien zu erreichen, ist eine breit angelegte Medienerziehung notwendig, sie stellt einen qualitativ neuen Bildungsinhalt in der Informationsgesellschaft dar. Zu einer soliden Medienerziehung gehört ein Überblick über die Medien, über ihre Nutzung, ihre Wirkung und über die Möglichkeit der Kombination von Medien. Auf diese Weise kann eine Entmythologisierung der Medien und eine vernünftige Nutzung von Massenmedien und modernen Informations- und Kommunikationstechnologien herbeigeführt werden.[720]

> „We certainly can teach differently, and we can for the first time really connect our schools to the outside world. If we can bring all that knowledge that resides outside of our schools in, we really have an opportunity to reach more students, and to reach them better."[721]

Konfrontiert man nun diese weitgehende Forderung der Integration von Medien in den Unterricht mit den vorhandenen Anforderungen des Bildungsplans und der dazu zur Verfügung stehenden Zeit, wird man sehr schnell an die Grenzen des Machbaren kommen. Implizit steht damit auch hier die politische Forderung nach der kompletten Bildungsreform im Raum, die nicht zuletzt gerade auch die Bildungsinhalte betrifft. Das "Bildungs-Delphi" bestätigt diese Sichtweise und geht über die allgemeine Forderung nach Entwicklung von Medienkompetenz (basierend auf der Einführung moderner Informations- und Kommunikationstechnologien in den Unterricht) hinaus, und legt zusätzlich ganz konkrete Forderungen nach neuen Elementen der Wissensvermittlung dar. Die damit geforderten zentralen Veränderungen der Bildungsinhalte, die vermittelt werden sollen, zeigen zwar die Nähe zu Gauly, sind aber weitaus präziser in der Formulierung. Durch die Präzision der Formulierung kann dieses Gutachten in hohem Maße dazu beitragen, konkrete Veränderungen im Bildungssystem herbeizuführen. Ansatzpunkt der Empfehlungen seitens des vorliegenden Gutachtens ist die Gegenüberstellung von Allgemeinwissen und Spezialwissen. Keine neue Vorgehensweise, erinnert man sich an die detaillierten Ausführungen von Machlup in den 60er Jahren. In den Ausführungen des Delphi-Gutachtens wird dem Allgemeinwissen jedoch eine ganz neue Priorität gegeben, indem es in den Mittelpunkt der Bildungsaufgabe gestellt wird. Dieser Gedankengang ist nachvollziehbar, wenn man die darauffolgende Mehrdimensionalität des Allgemeinwissens in der Beschreibung zur Kenntnis nimmt und zugleich den Ausgangsgedanken der vorliegenden Arbeit von der prozedural-dynamischen Pluralität der gesellschaftlichen Entwicklung einbezieht. Das Allgemeinwissen stellt in der Vorstellung der Experten die Basis für eine allgemeine Verständigung her und ist so in erster Linie Voraussetzung für jedes soziale Handeln. Zugleich bildet es aber auch die Basis für den Einstieg in die Entwicklung von Spezialwissen, indem es Schlüsselqualifikationen und Anknüpfungspunkte für Fachgespräche bietet und die Orientierung in der zur Verfügung stehenden Informationsmenge erleichtert. Allgemeinwissen setzt sich infolge dessen aus vier wesentlichen Elementen zusammen: Erstens aus instrumentell-methodischer Kompetenz. Hier werden die Grundlagen und Kulturtechniken angesprochen, was auch den Umgang mit Informations- und Kommunikationstechnologien subsumiert. Zweitens wird personale Kompetenzen einbezogen, wie Selbstbewusstsein und der

---

[720] Thomas M. Gauly, Die Mediengesellschaft. In: Reinhard Göhner (Hrsg.), Die Gesellschaft für morgen, München 1993, S.123.

[721] Linda Roberts, Today's Challenge to the School. What is the Schools's Educational Potential? In: Bertelsmann-Stiftung (Hrsg.), Die Informationsgesellschaft von morgen, a.a.O., S.81.

Umgang mit Emotionen, sowie persönliche Fähigkeiten wie etwa die Fähigkeit zu tiefgreifender Reflexion. Zum dritten wird unter Allgemeinwissen soziale Kompetenz als wesentlicher Bestandteil gefasst. Soziale Kompetenz bezeichnet dabei in erster Linie kommunikative Fähigkeiten und soziale Orientierung im Sinne prosozialen Verhaltens. Viertens ist inhaltliches Basiswissen ein Teil des Allgemeinwissens. Inhaltliches Basiswissen ist das Wissen über aktuelle Probleme, wie auch das Wissen um inhaltliche Grundlagen und Alltagswissen im Sinne einer notwendigen Allgemeinbildung im heutigen, modernen Verständnis. Damit wird der Begriff des Allgemeinwissens im Verständnis der Experten der Delphi-Umfrage in erster Linie wesentliche Voraussetzung für soziales Handeln. Bezugspunkt des Allgemeinwissens ist einzig und allein der Mensch.[722]

> "Wenn sich also die Entwicklung zur Wissensgesellschaft fortsetzt, dann kommt es künftig stark auf den **Menschen** und seine **persönlichen und sozialen Kompetenzen** (Hervorhebung im Gutachten, A.d.V.) an. Bildungsziel muß also nicht nur das breite und ganzheitliche Allgemeinwissen werden, sondern insbesondere die Persönlichkeitsentwicklung. Ihr kommt nach dem Ergebnissen zumindest gleicher Rang zu wie den Inhalten. Das heißt auch, daß das reine ›Pauken‹ von inhaltlichem Wissen immer weniger genügen wird. Dies wird im heute üblichen – und im Prinzip richtigen – Bildungsstreben gerne übersehen. In der Wissensgesellschaft geht (es, A.d.V.) darum, Menschen durch Allgemeinwissen zum Umgang mit Informationen und Wissen und damit zum sozialen Handeln zu befähigen"[723]

Dieser grundlegenden Erkenntnis folgend, stellt das Gutachten zwei Forderungen an das Lernen: zum einen solle Lehre eine allgemeine Grundlagenorientierung gewährleisten und zugleich den Bezug des Lernstoffes auf aktuelle Problemstellungen vorbereiten. Zum anderen solle Lehre insbesondere die Entwicklung sozialer Kompetenzen und der Entwicklung der Persönlichkeit im Auge haben. Gerade letztgenannte Anforderung stellt eine wirkliche Neuerung im Bildungssystem dar.

> "Vor allem die Allgemeinbildung ist verstärkt ganzheitlich zu konzipieren. Neben inhaltlichem Wissen ist besonderer Wert auf personale und soziale wie auch auf methodische Kompetenzen zu legen. Bestimmte Reformansätze werden durch diese aus der Delphi-Studie zur Wissensgesellschaft abgeleiteten Empfehlungen bestätigt. Tendenziell kommt es künftig in der Allgemeinbildung stärker auf ein umfassendes Allgemeinwissen an, während es genügen mag, Spezialwissen selektiv und beispielhaft, aber unter Aufgabe eines Anspruchs auf Vollständigkeit einzuflechten. Insofern ist Allgemeinwissen auch die entscheidende Voraussetzung für selbstverantwortliches lebenslanges Lernen und damit die wesentliche Grundlage für das Leben in der Wissensgesellschaft"[724]

Diese Aussagen korrespondieren mit den Ausführungen von Karlheinz Geißler und Frank Michael Orthey.[725] Geißler und Orthey gehen davon aus, dass zukünftig überfachliche "Meta-Kompetenzen" gefragt sind, die durch fachliche Spezialkompetenzen ergänzt werden, die immer wieder und in immer kürzeren Zeitabständen erneuert werden müssen. Für Geißler und Orthey zeichnen sich

722 Delphi-Befragung 1996/1998. Endbericht, a.a.O., S.149-178.
723 Ebd., S.177.
724 Ebd. S.178.
725 Marc Hoch / Hans-Herbert Holzamer (Hrsg.), a.a.O., S.33-34.

folgende drei Kompetenzen ab, die die Voraussetzung für die Bewältigung der Zukunft bilden:

1. Pluralitätskompetenz. Die Kompetenz, die Welt stets aus mehreren Perspektiven deuten zu können, um auf diese Weise eine reflexive Distanz zu unterschiedlichen Problemen zu entwickeln.
2. Übergangskompetenzen. Leben in der Informationsgesellschaft ist durch eine Diskontinuität geprägt, Übergänge, Brüche, Zäsuren sind die Regel. Übergangskompetenzen befähigen dazu, diese Übergangssituationen zu meistern und flexibel Änderungen anzunehmen. Da Übergänge global verlaufen, bedeutet dies auch die traditionellen Grenzen zwischen Systemen, Kulturen und Mentalitäten zu antizipieren.
3. Prozessstrukturbezogene Kompetenzen. Hier wird die Fähigkeit angesprochen einen Lebensplan zu entwerfen; Voraussetzung hierfür ist Selbstreflexion und wirklichkeitsnahe Einschätzung der beruflichen und persönlichen Situation.

Diese Ausführungen verdeutlichen, dass die Qualifikationsanforderungen der Informationsgesellschaft neben der Entwicklung medienkompetenten Verhaltens insbesondere die Ausbildung sozialer Kompetenzen und die Persönlichkeitsentwicklung im Auge haben muss.

Anhand dieser Darstellung verdeutlicht sich, dass die künftige Schule, die Schule der Informationsgesellschaft, nicht nur in ihrer organisatorischen Infrastruktur eine andere sein wird, sie wird sich auch inhaltlich und in den Unterrichtsformen sowie in der Qualität des Unterrichts ändern müssen, um diesen neuen Anforderungen begegnen zu können.[726] Gerade die Konzentration auf die Entwicklung sozialer Schlüsselqualifikationen korrespondiert mit der Aussage der prozeduraldynamischen Entwicklung dieser gesellschaftlichen Form, die von den gesellschaftlichen Individuen in erster Linie Flexibilität erfordert. Flexibilität basiert auf sozialer Kompetenz und die damit gewonnene Anpassungs- und Entwicklungsfähigkeit. Bislang ist der Unterricht – geprägt durch die Anforderungen der Industriegesellschaft – noch auf Wissen, Verstehen, Können und Leistung ausgerichtet, weitaus weniger auf die Entwicklungsfähigkeit des Lernenden. Die Vermittlung von eigenverantwortlicher Entwicklungsfähigkeit wird aber im Zentrum künftiger Bildungsanstrengung stehen müssen.
Diese Grundtendenz bestätigt sich auch für den Hochschulbereich und wird in den Forderungen des politischen Memorandum der D21 Initiative deutlich. In den konkreten Handlungsempfehlungen spiegelt sich die Aufforderung wider, alte Strukturen aufzubrechen und Individualität, Flexibilität und Differenziertheit verstärkt zu vermitteln.[727] Der Mensch mit seiner gesamten intellektuellen und sozialen Kompetenz rückt in den Mittelpunkt.
Dies korrespondiert mit den Qualifikationsanforderungen, die die Wirtschaft an die Bildungsinstitutionen heranträgt. Bereits im Oktober 1993 forderten die Spitzenverbände der deutschen Wirtschaft in ihren Vorschlägen zur Weiterentwicklung des Bildungswesens die forcierte Ausbildung kognitiver Kompetenzen, von fächerübergreifendem und fächervernetztem Denken, der Fähigkeit zu

[726] Dazu auch Bill Gates, Digitales Business, a.a.O. S.421ff.

[727] Norbert Bensel / Hans N. Weiler, Hochschulen für das 21. Jahrhundert zwischen Staat, Markt und Eigenverantwortung, a.a.O., S.12-18. Darlegung eines konkreten Handlungsbedarfs in 16 Punkten.

selbständiger Wissensaneignung, des Umgangs mit modernen Informations- und Kommunikationstechnologien, aber eben auch und gerade die Entwicklung sozialer Kompetenz. Forderungen, die bis heute aufrecht erhalten werden und bislang mittels ergriffener bildungspolitischen Maßnahmen nach wie vor nur ungenügend Eingang in die Bildungsinhalte gefunden haben.

b Bewertung

In Deutschland ist zum jetzigen Zeitpunkt davon auszugehen, dass Schulen sich ohne äußere Veranlassung diesen neuen Anforderungen nur langsam, zu langsam öffnen werden. Die modernen Informations- und Kommunikationstechnologien haben bei weitem noch nicht in dem Maße Eingang in die praktische Arbeit der Bildungsinsititutionen gefunden, das notwendig wären, um den Anforderungen des quantitativ nachweisbaren gesellschaftlichen Wandels auch qualitativ zu begegnen.[728] Die Medienerziehung erschöpft sich nach wie vor weitgehend in einer informationstechnischen Grundbildung (ITG).[729] Ansätze der Veränderungen beschränken sich auf bildungspolitische Diskussionen, die sich jedoch zumeist in Sonntagsreden erschöpfen.[730] Dies ist umso kritischer zu beurteilen, als sich das Einstiegsalter der Schülerinnen und Schüler zur eigenen, privaten Computererfahrung immer weiter nach unten verlagert.[731] Die Gründe für die nur zögerliche Umsetzung bildungspolitischer Forderungen in den Schul- und Hochschulalltag sind vielfältig.
Der freie Zugang zu Netzen untergräbt die Kontrolle durch die öffentliche Schulaufsicht und die Schulgremien und unterbindet deutlich das schulische Informationsmonopol.[732] Andere Aversionen kommen hinzu, viele Lehrer stehen den neuen Informationstechnologien negativ gegenüber, sie wissen, dass der gewohnte Unterrichtsstil keine Zukunft mehr hat, und die meisten ahnen, dass die Schüler ihnen beim Umgang mit der neuen Technologie weit voraus sind. Die Computerausstattung der Schulen ist mangelhaft, und eine wesentliche Voraussetzung ist, die Ausstattung der Schulen zu verbessern. Die Frage nach den Kosten im normalen Schulalltag stellt sich mit großer Dringlichkeit, die Kooperation mit Partnern aus der Telekommunikationsbranche sowie mit anderen außerschulischen Institutionen, die über notwendige Ressourcen verfügen, ist unumgänglich. Das Engagement der Deutschen Telekom kann nur ein erster Schritt sein.
Bisher basieren die Innovationen im Bildungssystem lediglich auf Willenserklärungen der Politik und auf dem Engagement in einzelnen Schulen. Modellversuche sind das

---

728 Dazu auch Horst Siebert, Neue Impulse für die neue Ökonomie. In: FAZ vom 20. Mai 2000.

729 Vgl. hierzu Bund-Länder-Kommission für Bildungsplanung und Forschungsförderung: Gesamtkonzept für die informationstechnische Bildung. Materialien zur Bildungsplanung, Heft 16.Bonn 1987. Ein neueres umfassendes Dokument liegt nicht vor.

730 Ulrich Arndt, Herausforderung an die Schule von heute: Welche Bildungspotentiale hat die Schule? Die deutsche Perspektive. In: Bertelsmann-Stiftung (Hrsg.): Die Informationsgesellschaft von morgen, a.a.O. S.91. Beilage der Frankfurter Allgemeinen Zeitung zur CEBIT 2000, 22.2.2000, Neues Schulfach PC von A. Rissberger.

731 Der private Ausstattungsgrad von Grundschülern mit Computern liegt schon bei 30% mit steigender Tendenz. Vgl. Ulrich Arndt, Herausforderung an die Schule von heute: Welche Bildungspotentiale hat die Schule? Die deutsche Perspektive. In: Bertelsmann-Stiftung (Hrsg.), Die Informationsgesellschaft von morgen, a.a.O. S.92.

732 Das Thema „Zensur für Netzwerke im Unterricht" wird in den USA bereits diskutiert. Vgl. C.D. Maddux, The Internet: Educational Prospects – and Problems. In: Educational Technology, 34, 9, S.37-42.

Resultat. Dabei werden medienpädagogische, kommunikations- und lerntheoretische Erkenntnisse miteinbezogen und nach Prinzipien des forschenden und entdeckenden Lernens gearbeitet: "Tätigkeiten sollen im Tun erlernt werden."[733] Dies hat zur Folge, dass die Unterrichtsorganisation aus den starren Vorgaben herausgenommen und eigenverantwortlicher Strukturierung übergeben wird, in der besonderes Augenmerk auf die Verknüpfung mit dem außerschulischen Bereich gelegt wird.[734] Es wird didaktisches Neuland betreten, wenn auch zögerlich. Ziel ist es, ganz im Sinne des Delphi-Gutachtens die Handlungskompetenz aller Beteiligten zu erhöhen und zu Schlüsselqualifikationen beizutragen, die insbesondere auch soziales Handlungsgefüge mit einbeziehen.[735]

Solche Modellversuche dürfen kein Einzelfall bleiben und müssen verstärkt werden, wenn das Bildungssystem den neuen Anforderungen des gesellschaftlichen Wandels gerecht werden will. Dies ist umso dringlicher, als bei der anstehenden Neugestaltung des Bildungssystems und der mit den neuen Technologien verbundenen Chancenerweiterung gerade das Prinzip der Chancengleichheit nicht aufgegeben werden darf. Um die Chancen nutzen zu können, die mit dem gesellschaftlichen Wandel verbunden sind, muss sich die Einstellung der Bildungsplaner selbst ändern, um die Offenheit der Bildungsstruktur zu fördern, ohne zugleich einen kulturellen Bildungshorizont zu opfern. Der Aufbau eines rationalen Verhältnisses zu den Informationstechnologien wird notwendig, um den einzelnen Menschen auf dem Weg zur Informationsgesellschaft mitzunehmen. Ausbildung ist nicht die ganze Antwort auf die Herausforderungen des Informationszeitalters, aber sie ist ein Teil der Antwort. Bildung und Ausbildung sind die entscheidenden Instrumente der Gesellschaft zur Beseitigung gesellschaftlicher Unterschiede. Jede Verbesserung des Bildungssystems bedeutet zugleich einen Schritt in Richtung gesellschaftlicher Chancengleichheit. Zum besonderen Charme der elektronischen Welt gehört, dass man allen Interessierten Bildungs- und Ausbildungsmöglichkeiten praktisch zum Nulltarif zugänglich machen kann. Voraussetzung ist jedoch die qualitative Veränderung des Bildungssystems, die insbesondere die Flexibilisierung und Öffnung erfordert. Das Bildungssystem hat die Aufgabe, an das Lernen und eigenverantwortliche Erforschen heranzuführen. In seiner jetzigen Gestalt wird es diesen Anforderungen in vielfältiger Weise nicht gerecht. Die vorangehenden Ausführungen haben verdeutlicht, dass weder die Kernkompetenzen der Informationsgesellschaft vermittelt werden, noch die notwendige Flexibilität und Fähigkeit zu rascher Adaption neuer Entwicklungen gezeigt wird. Verstärkt wird dieses Defizit durch einen hohen Kostendruck und die Tendenz zu regressiver staatlicher Förderung. Qualitätssicherung und Qualitätsmanagement sind in das Bildungssystem zu integrieren. Dies würde eine Verbesserung der Lehreignung und Lehrleistung ebenso einbeziehen wie Personalentwicklungskonzepte. Gefördert werden müßte eine kontinuierliche und systematische Evaluation der Bildungsinstitutionen. Von besonderer Bedeutung wird dabei auch sein, inwiefern Bildungsleistungen nachgefragt werden. Ökonomisches Denken muss Eingang in das Bildungswesen selbst finden, da nur ökonomisches

---

[733] Nach dem Pädagogen Johann Amos Comenius Anfang des 17. Jh.

[734] Ulrich Arndt, Herausforderung an die Schule von heute: Welche Bildungspotentiale hat die Schule? Die deutsche Perspektive. In: Bertelsmann-Stiftung (Hrsg.): Die Informationsgesellschaft von morgen – Herausforderung der Schule von heute, Gütersloh 1996, S.98. Hier wird beschrieben, wie das Projekt konkret im Schulalltag umgesetzt wird.

[735] Vgl. dazu Rolf Heidrich, Gerhart Rohr, Bildung heute. Wege aus der PISA-Kathastrophe, München 2002. Hier werden 14 Schlüsselqualifikationen aufgeführt, die sowohl für die Bildungsvermittlung, als auch den Bildungserwerb von Bedeutung sind. Vgl. auch Peter A. Bruck / Guntram Geser, Schulen auf dem Weg in die Informationsgesellschaft, Innsbruck, München, Wien 2000, S.38, 44f.

Denken die Adaption an die wettbewerblichen Herausforderungen gewährleisten kann, in der sich jede Gesellschaft in einer globalisierten Lebenswelt befindet: "Dann nämlich wird sich eine Nation ein Ausbildungssystem, das es sich leisten darf, wenig zu leisten, nicht mehr leisten können."[736]
Thomas Straubhaar fordert in diesem Zusammenhang die Aufgabe der bisherigen staatlichen Bildungsdominanz.[737]

> "Ein leistungsfähiges und sozial gerechtes Bildungssystem ist ohne staatliche Bildungsanbieter möglich. Ein freier Bildungsmarkt erfüllt in der Regel alle qualitativen Wünsche der Bildungsnachfrage mit den geringsten gesamtwirtschaftlichen Kosten."[738]

Straubhaar relativiert diese Aussage dahingehend, dass er ökonomisches Kalkül nicht absolut setzt, sondern staatliche Eingriffe aus Gründen der Erweiterung der Bildungsbeteiligung zuläßt. Insofern ist seine Forderung durchaus als sinnvoller Denkanstoß zu sehen, der auch den Anforderungen einer Informationsgesellschaft gerecht werden kann. Nur auf diese Weise kann die Informationsgesellschaft, die in einem besonderen Abhängigkeitsverhältnis zum Einzelnen steht, erfolgreich etabliert werden. Diese breite Basis herzustellen ist bildungspolitische Aufgabe.
Erstaunlich ist der breite politische Konsens. Über alle Partei und Ideologiegrenzen hinweg besteht Einigkeit über die Richtung einer Bildungsreform.[739] Trotz dieser Einigkeit besteht jedoch nach wie vor ein klares Umsetzungsdefizit der politischen Forderungen. In den politischen Programmen werden bereits Instrumentarien der Informationsgesellschaft gefordert, in der tatsächlichen Umsetzung aber verharren die politischen Akteure auf industriepolitisch dominierten Strukturen. Die tatsächliche Umsetzung stellt damit die eigentliche Herausforderung dar.

---

736 Thomas Straubhaar, Die staatliche Bildungskatastrophe. Herausgegeben durch das Liberale Institut der Friedrich-Naumann-Stiftung Bonn, September 1996, S.2.

737 Dazu auch Einzelbeiträge von Lutz Bellmann / Alex Reinberg / Manfred Tessaring, Bildungsexpansion, Qualifikationsstruktur und Einkommensverteilung – Eine Analyse mit Daten des Mikrozensus und der Beschäftigtenstatistik. In: Reinar Lüdeke, Bildung, Bildungsfinanzierung und Einkommensverteilung, a.a.O. S.13-70; Karl Dieter Grüske, Verteilungseffekte der öffentlichen Hochschulfinanzierung in der Bundesrepublik Deutschland. In: Reinar Lüdeke, Bildung, Bildungsfinanzierung und Einkommensverteilung II, a.a.O. S.71-147; Dieter Timmermann, Studiengebühren und personelle Einkommensverteilung. In Reinar Lüdeke, Bildung, Bildungsfinanzierung und Einkommensverteilung II, a.a.O., S.149-188.

738 Thomas Straubhaar, a.a.O., S.53.

739 Vgl. dazu Programme zur Bildungspolitik aller im Deutschen Bundestag vertretenen Parteien. Inhalt, Richtung, teilweise auch Formulierung und Wortlaut sind identisch. Parteipolitische Unterschiede sind kaum mehr festzustellen.

2. Zukunft der Ökonomie in der Informationsgesellschaft: Qualitative Veränderungen des gesellschaftlichen Wandels im Wirtschaftssektor

Bereits im vorangegangenen Kapitel zur Zukunft der Bildung hat sich verdeutlicht, dass von Seiten der Wirtschaft Qualifikationsanforderungen an das Bildungssystem herangetragen werden. Diese neuen Anforderungen an die Qualifikationen sind keineswegs zufällig, sondern stehen in engem Zusammenhang zur ökonomischen Entwicklung selbst. Arbeit wird mehr und mehr zur Informationsarbeit. Materielle Produktion wird zunehmend durch die effektive Nutzung von Informationen bzw. Wissensarbeit verdrängt.[740] Die ökonomische Entwicklung ist, so haben bereits die quantitativen Veränderungen der ökonomischen Indikatoren im ersten Teil der Arbeit verdeutlicht, mit einem enormen Strukturwandel konfrontiert, der seinerseits ein qualitatives Anzeichen einer gesellschaftlichen Veränderung ist. Die Interdependenzen der gesellschaftlichen Teilsysteme werden deutlich. Der massive Einsatz der Informations- und Kommunikationstechnologien hat die ökonomischen Abläufe qualitativ verändert und wird sie weiterhin verändern. Veränderungen, die, wie sich im folgenden Kapitel zeigen wird, nachhaltigen Einfluss auf Wirtschafts- und Arbeitsleben nehmen werden. Der ehemalige US-Handelsminister William Daley bringt dies auf den Punkt: "Die Technologie formt die Wirtschaft um und verändert Geschäftswelt und Verbraucher. Dies ist mehr als E-Commerce oder E-Mail. Die gesamte Ökonomie wird sich völlig digitalisieren."[741] Am Ende steht das E-Business. E-Business "steht für die kontinuierliche Optimierung der Position eines Unternehmens und aller seiner Geschäftsprozesse entlang der gesamten Wertschöpfungskette unter Einsatz digitaler Technologien und des Internets. Entscheidend für den Erfolg einer E-Business-Strategie ist ihre grundlegende Integration in den Kontext des Gesamtgeschäfts."[742] Ante Pulic geht in eine vergleichbare Richtung und sieht die Tendenz der Dematerialisierung und Globalisierung als wesentliches Element zukünftiger Wirtschaftstätigkeit.[743] Nachfolgend sollen die mit dieser allgemeinen Neuorientierung verbundenen qualitativen Veränderungen beschrieben und diskutiert werden, um einen Eindruck dessen zu vermitteln, wie sich die Wirtschaft in der Informationsgesellschaft verändern wird. Implizit verdeutlichen sich auf diese Weise auch die damit verbundenen politischen Herausforderungen.

a Qualitative Veränderung der Wirtschaftsstruktur und des Arbeitsmarktes

Ende der 70er Jahre und die gesamten 80er Jahre hindurch konzentrierten sich wissenschaftliche Analysen zu ökonomischen Zusammenhängen schwerpunktmäßig auf das Thema „Zukunft der Arbeit“. In jüngster Zeit hat sich die Debatte erweitert, nicht nur der technologische Wandel und dessen mögliche positive oder negative

740 Peter A. Bruck / Guntram Geser, Schulen auf dem Weg in die Informationsgesellschaft, Innsbruck, Wien, München 2000, S.28.

741 Zit. nach Bill Gates, Digitales Business. Wettbewerb im Informationszeitalter, München 1999, S.91.

742 Verlagsbeilage zur Frankfurter Allgemeinen Zeitung E-Conomy. E-Business – E-Commerce – E-Services vom 13. Juni 2000. Roland Berger, Neue Manager für neue Märkte.

743 Ante Pulic, Elemente der Informationswirtschaft jenseits von Smith und Keynes, Wien, Köln, Weimar 1993, S.56.

Effekte auf den Arbeitsmarkt werden diskutiert, sondern es werden auch die sozialen und politischen Faktoren miteinbezogen. Dabei stehen die Veränderungen im Vordergrund, die durch die Digitalisierung der ökonomischen Zusammenhänge zu erwarten sind. Subsumiert werden diese Veränderungen im Begriff der "Neuen Ökonomie" (New Economy). Damit stehen im folgenden Kapitel zwei grundlegende Themen zur Debatte. Zunächst soll dargelegt werden, welchen qualitativen Veränderungen der Faktor Arbeit in der Informationsgesellschaft unterliegt. Arbeit in der Informationsgesellschaft, so wird dieses Kapitel zeigen, wird sich von der herkömmlichen Industriearbeit grundlegend unterscheiden. Die Unterschiede sind festzumachen an Ort, Schwerpunkt und den Formen der Arbeit.

> "Wir stehen vor einer tiefgreifenden Zäsur in der Entwicklung der Arbeit. Die Arbeitsweise der Industrieepoche geht unter, und wir erleben die Geburtsstunde einer neuen Arbeitswelt. Es geht heute nicht mehr um bloße Schwankungen des gesamtwirtschaflichen Beschäftigungsvolumens, sondern um etwas viel Fundamentaleres: um eine andere Art der Arbeit, letztlich um eine andere Art von Gesellschaft."[744]

Um der Debatte der sogenannten "technological utopians", die in erster Linie die Vision einer humaneren Arbeitswelt präsentieren, und der "anti-utopians", die eine entmenschlichte Fließbandarbeit sehen, in der der Mensch von der Maschine bestimmt wird, zu begegnen, soll auch hier – wie bereits im Kapitel um die Zukunft der Bildung – für eine sachliche Auseinandersetzung plädiert werden. In diesem Sinne ist William Martin zu folgen:

> "In an age when computerization will continue to be a pervasive presence, the impact of technological change will not yield readily to generalized interpretations of a black or white nature. Different people, different workplaces and organizations will respond in different and unpredictable fashion to the application of similiar technologies and systems. Indeed to really begin to understand the social impact of information and communication technology, it is necessary to look first at the organizational and social settings into which these technologies are deployed."[745]

Um, wie Martin es ausdrückt, zugleich die "organizational and social settings" in die Betrachtung der qualitativen Veränderungen miteinzubeziehen, soll neben der genaueren Betrachtung der Arbeit in der Informationsgesellschaft auch der gesamte ökonomische Rahmen einer Untersuchung unterzogen werden. Im Zusammenhang mit dem wirtschaftliche Strukturwandel ist daher auch die Entfaltung einer "neuen Ökonomie" infolge neuer Informations- und Kommunikationstechnologien zu betrachten. Fragen, wie diese neue Ökonomie zu bewerten ist, welche charakteristischen Merkmale sie trägt und unter welchen Bedingungen sie funktioniert, sind in der Darstellung zu diskutieren. Dabei sei an dieser Stelle explizit darauf hin gewiesen, dass nicht zuletzt diese Entwicklung die Basis für die Veränderung des Faktors Arbeit bildet.

---

[744] Johann Welsch, Die Revolution der Informationsarbeit. Die Zukunft der kollektiven Regulierung von Arbeitsverhältnissen. In: Kurt van Haaren / Detlef Hensche.(Hrsg.), Arbeit im Multimedia-Zeitalter, Hamburg 1997, S.115.-116.

[745] William Martin, The global Information Society, a.a.O., S.119.

> "Informatization has led to structural changes in our labour force and in our economy and is shaping the future of our society and societies throughout the world."[746]

Nachfolgend soll zur Klarstellung des Sachverhaltes zunächst der wirtschaftliche Strukturwandel im Mittelpunkt der Darstellung stehen.

1 Die Tertiarisierung

Marktwirtschaften zeichnen sich dadurch aus, dass sich die Wirtschaftsstrukturen ständig in Bewegung befinden.[747] Jede Änderung der „Rahmenbedingungen" zeigt Folgewirkungen durch Anpassungsreaktionen. Am Ende steht ein umfassender Strukturwandel, der die Summe der Veränderungen in den Teilbereichen der Volkswirtschaft bezeichnet.[748]

> „In aller Regel lösen Veränderungen an einer Stelle des Wirtschaftsablaufs Anpassungsreaktionen an anderen Stellen aus. Struktureller Wandel setzt die wirtschaftliche Entwicklung in Gang und ebenso wird strukturelle Veränderung durch diese Entwicklung erzwungen. Je schneller und reibungsloser notwendige Strukturanpassungen erfolgen, umso positiver verläuft die wirtschafliche Entwicklung."[749]

Derzeit hat der Strukturwandel eine beachtenswerte Dynamik erreicht. Die ökonomischen Indikatoren des ersten Teil dieser Arbeit belegen dies deutlich.
Genauso vielschichtig wie der Strukturwandel selbst, der auf allen Ebenen volkswirtschaftlichen Handelns sichtbar wird, sind auch seine Ursachen. Übereinstimmung in der wirtschaftswissenschaftlichen, aber auch journalistischen Literatur besteht insofern, als besonders zwei Aspekte als Ursachen des derzeitigen Strukturwandels hervorgehoben werden: die allgemeine Globalisierung und der technische Fortschritt. Globalisierung der Wirtschaft bewirkt eine Verstärkung der Konkurrenzsituation auf dem Weltmarkt, die den Faktor Arbeit international mobil macht[750] und ein Außenhandelsgleichgewicht[751] generiert. Der technische Fort-

---

746 Herbert S. Dordick / Georgette Wang, a.a.O., S.31.

747 Zur Strukturierung der wirtschaftlichen Vorgänge und ihrer statistischen Darstellung ist die Theorie des Wirtschaftskreislaufs und darauf aufbauend die Volkswirtschaftliche Gesamtrechnung hilfreich. Nach diesem Denkmodell unterscheidet man als große volkswirtschaftliche Teilbereiche die Bereitstellung von Gütern (Produktionsphäre bzw. Güteraufkommen), die Güterverwendung, die Einkommens- sowie die Finanzierungsbereiche. Innerhalb dieser Hauptbereiche werden mit Hilfe unterschiedlicher Systematiken weitere Untergliederungen vorgenommen. Eine wichtige Systematik für den Produktionsbereich einer Volkswirtschaft ist beispielsweise die der Wirtschaftszweige. Nach ihr lassen sich die wirtschaftliche Leistung, die Beschäftigten, die entstandenen Einkommen, die Investitionen, das Anlagevermögen u.a. strukturieren. Am deutlichsten wird eine Struktur sichtbar, wenn die Anteile an der Gesamtheit in Prozentzahlen ausgedrückt werden. Strukturveränderungen zwischen zwei oder mehreren Zeitpunkten sind an unterschiedlichen Anteilswerten für einen bestimmten Bereich erkennbar. Statt verschiedene Darstellungsinhalte einer Systematik zuzuordnen, kann Strukturierung auch umgekehrt verstanden werden: Eine Gesamtzahl wird nach unterschiedlichen Kriterien gegliedert. Hartmut Essig, Der Strukturwandel als Motor der wirtschaftlichen Entwicklung. In: Merk, Hans-Günther: Wirtschaftsstruktur und Arbeitsplätze im Wandel der Zeit, Stuttgart 1994, S.16.

748 Essig, Hartmut: Der Strukturwandel als Motor der wirtschaftlichen Entwicklung. In: Merk, Hans-Günther (Hrsg.): Wirtschaftsstruktur und Arbeitsplätze im Wandel der Zeit, Stuttgart 1994, S.17.

749 Ebd., S.16.

750 Aus dieser Entwicklung wird in zahlreichen Veröffentlichungen die Gefahr des Sozialdumpings erörtert, verbunden mit der Antwort der sozialen Weltmindeststandards im Rahmen der

schritt[752], der den Strukturwandel nachhaltig fördert, wird derzeit in erster Linie in den Informations- und Kommunikationstechnologien gesehen.[753] Durch die dadurch ermöglichte weltweite Kommunikation steht der Fortschritt in den Informations- und Kommunikationstechnologien in engem Zusammenhang mit Globalisierungstendenzen. Deutschland als hochentwickeltes Industrieland und Exportnation ist damit Teil eines sich immer stärker weltweit verflechtenden Systems wirtschaftlicher und politischer Abhängigkeiten. Die Märkte werden zunehmend transparenter, die neuen Kommunikations- und Informationstechniken schaffen eine ökonomische Offenheit, die in diesem Ausmaß bisher unbekannt war. Dies bewirkt eine starke Dislozierung und eine stark nachlassende Bedeutung von Standorten. Die sich daraus ergebenden Impulse führen zu qualitativen Veränderungen der wirtschaftlichen Abläufe und erfordern mehr denn je die politische Einbettung in einen sozialen Kontext.[754] Wirtschaftliche Unternehmungen, die ihrerseits soziale Gebilde sind, brauchen – ebenso wie die gesamte Gesellschaft – Zeit, um sich auf diese Entwicklung einzustellen. Die Bundesrepublik Deutschland befindet sich derzeit deutlich in der Anpassungsphase an diesen fundamentalen Strukturwandel. Diese Veränderung in den ökonomischen Strukturen bedingt eine Veränderung der Produktionsfaktoren, der Produktionsbedingungen und der gesamtwirtschaftlichen Güterstruktur. Der erste Teil dieser Arbeit hat dies bereits vor Augen geführt. Es erscheint daher durchaus gerechtfertigt, Vergleiche mit der Phase der Industrialisierung anzustellen.[755] Die Veränderungen im Bereich der Erwerbstätigkeit, wie sie im folgenden noch darzustellen sind, sind besonders sichtbare Zeichen dieses Wandels.[756] Im Laufe der Zeit verlagerte sich die Beschäftigung innerhalb der Sektoren immer stärker, zunächst von der Landwirtschaft (primärer Sektor) zum produzierenden Gewerbe (sekundärer Sektor), dann hin zum tertiären Sektor, dem Bereich der Dienstleistungen. Nach Johann Fuchs ist im Jahre 2010 damit zu rechnen, dass beinahe 72% aller Erwerbstätigen vorwiegend im qualifizierten Dienstleistungsbereich tätig sein werden, wobei auch in den Industriebetrieben die

---

Internationalen Arbeitsorganisation. Vgl. dazu als Überblick Klaus Lörcher Sozialdumping global? Möglichkeiten und Grenzen internationaler Standards. In: Kurt van Haaren / Detlef Hensche (Hrsg.), Arbeit im Multimedia-Zeitalter.a.a.O., S.165ff. Dazu auch Franz-Josef Radermacher, Zukunft der Arbeit. In: Andreas Dengel / Welf Schröter, Flexibilisierung der Arbeitskultur. Infrastruktur der Arbeit im 21. Jahrhundert, Talheim-Mössingen 1997, S.15.

751 Hans-Günther Merk (Hrsg.), Wirtschaftsstruktur und Arbeitsplätze, a.a.O., S.8. Anzeichen für die zunehmende Globalisierung ist die Tatsache, dass immer mehr Länder in der Lage sind international konkurrenzfähige Güter herzustellen, exportorientiert zu agieren und zunehmend die Zweige der Zukunftstechnologien zu besetzen. Daraus erwächst eine neue Konkurrenzsituation auf dem Weltmarkt, insbesondere für Hochlohnländer.

752 Hans-Günther Merk, Strukturwandel heute und morgen. In: ders.(Hrsg.): Wirtschaftsstruktur und Arbeitsplätze, a.a.O., S.6.

753 Derzeit zeigt sich eine weitere Technologie, die Einfluss auf ökonomische Strukturen nimmt: die Biotechnologie. Sie führt zu einer verstärkten Entwicklung des Life Science Sektors. Dies soll an dieser Stelle Erwähnung finden, jedoch nicht weiter verfolgt werden.

754 Gewerkschaften sehen die Gefahr des Lohn- und Sozialdumpings. Kurt van Haaren, Detlef Hensche (Hrsg.),a.a.O., S.26. Auf solche Befürchtungen gehen auch Vorschläge der europäischen Expertengruppe zurück, die eine Studie der EU in Zusammenarbeit mit der Internationalen Arbeitsorganisation über die sozilaenn Auswirkungen der Infomationsgesellschaft auf Handel, Investitionen und Arbeitsverlagerung vorschlägt. In die gleiche Richtung zielen Initiativen der Gewerkschafte für die Aufnahme von Sozialklauseln in internationale Handelsabkommen.

755 W. Klauder, Ohne Fleiß kein Preis: Die Arbeitswelt der Zukunft. Bd.227 der Taschenbuchreihe Texte und Thesen, Zürich / Osnabrück 1990.

756 Ausführliche Beschreibung der einzelnen Teilbereiche, belegt durch Zahlenmaterial bei Hartmut Essig, Der Strukturwandel als Motor der wirtschaftlichen Entwicklung. In: Merk, Hans-Günther: Wirtschaftsstrukturen und Arbeitsplätze, a.a.O., S.18-33.

Arbeiten Dienstleistungscharakter annehmen.[757] Als weiteres, besonders augenfälliges Zeichen ist anzuführen, dass innerhalb der verschiedenen Wirtschaftssektoren selbst klar "Gewinner" und "Verlierer" dieser sektoralen Entwicklung zu konstatieren sind.[758] Eine allgemeine De-Industrialisierung ist aus der Tendenz der Tertiarisierung aber nicht ableitbar.[759] Stattdessen ist eine Informatisierung der Industrieproduktion zu konstatieren. Rückläufig ist dabei jedoch die allgemeine wirtschaftliche Bedeutung der materiell-industriellen Güter, da diese in zunehmenden Maße von Dienstleistungen und insbesondere durch die Informations-Produktion abgelöst wird. In diesem Zusammenhang wird gerne von der "Entmaterialisierung der Wirtschaft" gesprochen. Als tatsächliche auch qualitative Veränderung ist festzuhalten, dass die Bedeutung von Informationen ansteigt. Bildlich gesprochen läßt sich dieser Sachverhalt folgendermaßen ausdrücken: Befand sich Deutschland bis zum jetztigen Zeitpunkt auf dem festen Standbein der Industrieproduktion, mit dem Spielbein Informations-und Dienstleistungsgesellschaft, so bewirkt der sich infolge technologischer Entwicklung rasch vollziehende Strukturwandel eine Umkehrung der Verhältnisse. Dies soll veranschaulichen, d ass t rotz a ller E ntmaterialisierungstendenzen m aterielle W aren auch in Zukunft aus dem Wirtschaftsgefüge nicht wegzudenken sein werden. Qualitativer Kern der ökonomischer Veränderung ist die Generierung neuer Ressourcen. Während noch in der Industriewirtschaft Elemente steigender Produktivität, vom Sachkapitalbestand Maschinen, Fabrikanlagen, Transportfahrzeuge etc. bis zur Gewinnung von Rohstoffen und deren Weiterverarbeitung zu Industriegütern im Vordergrund standen und der Grad der technischen Modernität der Produktionsmittel auschlaggebend war, beruht die Produktion der Informationsgesellschaft im wesentlichen auf der Kreation, Nutzung und Bearbeitung von Information und Wissen. Damit ist ein neuer Produktionsfaktor in den ökonomischen Komplex getreten[760]: "Fast alles ist Kommunikation. Es gibt fast nichts, was nicht Kommunikation wäre."[761] Die Produktionsfaktoren Information und Kommunikation wird, infolge eines ubiquitären Einsatzes, die zukünftige Wirtschaft maßgeblich prägen.

Die Organisation und der Einsatz von Information und Kommunikation erweisen sich als ausschlaggebend für den wirtschaftlichen Erfolg und die gewinnorientierte Allokation der Ressourcen. Die Bundesrepublik Deutschland weist zunehmend eine Informationswirtschaft auf. Darin liegt eine maßgebliche qualitative Veränderung in

---

757 Johann Fuchs, Arbeitsmarkt 2000 – Perspektiven für den deutschen Arbeitsmarkt. In: ebd. S.253. Vgl. auch Carsten Cornelsen, Konsequenzen des wirtschaftliche Wandels für den Arbeitsmarkt. In: Hans Günther Merk (Hrsg.), Wirtschaftsstruktur und Arbeitsplätze, a.a.O., S.66ff. Casten Cornelsen, Konsequenzen des wirtschaftlichen Wandels für den Arbeitsmarkt, in: Hans Günther Merk (Hrsg.), Wirtschaftsstruktur und Arbeitsplätze, a.a.O., S.81. Hier ist auch ausführliches Zahlenmaterial als Beleg für den Tertiarisierungsprozesse in der Erwerbstätigenstruktur zu finden. Deutlich ist der Trend zu technischen Berufsbildern.

758 Johann Fuchs, Arbeitsmarkt 2000 – Perspektiven für den deutschen Arbeitsmarkt, in: Hans Günther Merk (Hrsg.), Wirtschaftsstruktur und Arbeitsplätze, a.a.O. Hagen Hultzsch, a.a.O., S.73-92.

759 Ebd., S.253. Vgl. dazu auch Johann Welsch, die Revolution der Informationsarbeit, Die Zukunft der kollektiven Regulierung von Arbeitsverhältnissen. In: Kurt van Haaren / Detlef Hensche (Hrsg.), a.a.O., S.115.

760 Wolfgang Müller-Michaelis, Die Informationsgesellschaft im Aufbruch. Perspektiven für Wachstum, Beschäftigung und Kommunikation, Frankfurt/Main 1996, S.24-25. Interessanterweise war es Karl Marx in seinem Manifest der Kommunistischen Partei von 1848, London Februar 1848, der bereits die Faktoreigenschaften von Kommunikation hervorgehoben hat, S5-6. Zur gleichen Ansicht gelangt auch Ante Pulic, Elemente der Informationswirtschaft jenseits von Smith und Keynes, Wien, Köln Weimar 1993, S.7.

761 Wolfgang Müller- Michaelis, a.a.O., S.15.

den ökonomischen Zusammenhängen, die mit der Erscheinungsform Informationsgesellschaft verbunden sind.
Damit liegt im Grunde auch eine grundlegende Änderung des Wertschöpfungssystems vor.

> "Arbeit wird sich in neue Wirtschaftszweige verlagern, die folgende Merkmale aufweisen: ihr Hauptprodukt ist Wissen, welches in den verschiedensten Formen verpackt ist: Unterhaltung, Lernangebote, hochtechnologische Industriegüter, integrierte Umwelttechnologien, Öko-Dienstleistungen usw., ihr wesentlicher Wettbewerbsfaktor sind qualifizierte Menschen (›Wissensarbeiter‹), die in ihnen geleistete Arbeit ist vorwiegend Informations- und Wissensarbeit."[762]

[762] Johann Welsch, Die Revolution der Informationsarbeit. In: Kurt van Haaren / Detlef Hensche (Hrsg.), a.a.O., S118.

2 *„Jobless Growth"*

Eine deutliche Konsequenz der beschriebenen Entwicklung ist die Auswirkung des Strukturwandels auf die Beschäftigung.[763] Mit jeder technischen, demographischen, gesellschaftlichen und strukturellen Bewegung verändern sich auch die Bedingungen der Arbeit selbst. Die sektoralen Deformationen haben deutlich vor Augen geführt, dass in Westdeutschland im industriellen Bereich seit Ende 1991 zunehmend Arbeitsplätze verloren gegangen sind.[764] Beschäftigung ist im gesamtgesellschaftlichen Zusammenhang weitaus mehr als Mittel der Lebenssicherung: Sie ist die Voraussetzung für Selbstbestätigung, Entwicklung der Individualität und letztendlich wesentlicher Bestandteil gesellschaftlicher Akzeptanz. Erwerbstätigkeit nimmt damit im menschlichen Leben einen zentralen Platz ein und ist Garant für die Stabilität und Funktionsfähigkeit des demokratischen Staates.[765]

> "Viele Beobachter sehen mit Sorge auf die tiefgreifenden psychologischen Folgen der radikalen Veränderungen auf dem Arbeitsmarkt. Arbeit zu haben heißt nicht nur Geld zu verdienen, für viele ist es auch ein wesentlicher Bestandteil ihres Selbstbildes. Wer nur zeitweise oder gar nicht beschäftigt ist, fühlt sich nutz- und wertlos." [766]

Dieser Grundannahme folgend wird Arbeitslosigkeit infolge strukturellen Wandels zur größten wirtschaftlichen und gesellschaftlichen Herausforderung im Übergang zur Informationsgesellschaft. Neben konjunkturellen Entwicklungen sind es nämlich in erster Linie strukturelle Veränderungen, die Auswirkungen auf die Beschäftigung haben. Eine Voraussetzung zur Vermeidung struktureller Arbeitslosigkeit ist, überholte wirtschaftliche Strukturen zu erkennen und den neuen Anforderungen anzupassen. Äußerst vereinfacht dargestellt, hängt die Arbeitsmarktentwicklung im wesentlichen davon ab, wie rasch Wirtschaft und Gesellschaft den Strukturwandel bewältigen. Es ist daher eine vorrangige politische Aufgabe, permanent Strukturanpassungen zu leisten.[767] Einschränkend soll an dieser Stelle zugestanden werden, dass zwischen Strukturwandel und Beschäftigungssituation keine einfachen, monokausalen Zusammenhänge bestehen, sondern äußerst komplexe Wirkungsmechanismen.

Die Bundesrepublik Deutschland hat bereits Anfang der 50er Jahre, später dann seit Beginn der 70er Jahre mit struktureller Arbeitslosigkeit zu kämpfen gehabt; verstärkt wurde dies durch die Deutsche Wiedervereinigung 1990 und hält, auch in Zeiten

---

[763] Ebd., S.117. Vgl. auch Robert Wagner, Die Informationsgesellschaft. Chancen für eine neue Lebensqualität am Beginn des 3. Jahrtausends, Münster 1996, S.97f.

[764] Verstärkt wurde dieser Prozess dadurch, dass in den neuen Ländern und Berlin-Ost eine 40 Jahre lang aufgeschobene strukturelle Entwicklung nachgeholt werden musste. Eine Problematik, die aufgrund forschungspragmatischer Eingrenzung in dieser Arbeit keine gesonderte Berücksichtigung erhalten soll.

[765] Casten Cornelsen, Konsequenzen des wirtschaftlichen Wandels für den Arbeitsmarkt, in: Hans Günther Merk (Hrsg.), Wirtschaftsstrukturen und Arbeitsplätze, a.a.O., S.67.

[766] Jeremy Rifkin, Das Ende der Arbeit und ihre Zukunft, Frankfurt/New York 1996, S.137. Vgl. auch Journal of Applied Psychology, Oktober 1989, S.759.

[767] Helmut Rudolph, Die Kehrseite des Wandels – Strukturelle Arbeitslosigkeit. In: Hans Günther Merk (Hrsg.), Wirtschaftsstrukture und Arbeitsplätze, a.a.O., S.194. Definition des Strukturalisierungsprozesses: Prozess, der die Arbeitslosigkeit auf bestimmte Personengruppen verteilt und sie einem besonders hohen Arbeitslosigkeitsrisiko und vor allem langer und wiederholter Arbeitslosigkeit aussetzt. Die Merkmale der Betroffenen werden zu Signalen für schlechte Chancen auf Wiedereingliederung und für vermutete mangelnde Leistungsfähigkeit.

positiver konjunktureller Entwicklung, bis heute an.[768] Die These vom Wachstum ohne Beschäftigung[769] – „jobless growth" – bestätigt sich. Eine Aussicht auf Vollbeschäftigung wird es nach einhelliger Meinung der Wirtschaftsforschung nicht mehr geben.[770] Entsprechend der allgemeinen Wesensmerkmale struktureller Arbeitslosigkeit sind davon in erster Linie Geringqualifizierte und ältere Erwerbspersonen betroffen.[771] Das Zugangsrisiko in die Arbeitslosigkeit ist dabei ebenso drastisch ausgeprägt wie das Verbleibrisiko, erkennbar in der hohen Rate der Langzeitarbeitslosen. Zeitgleich aber ist ein ausgesprochener Fachkräftemangel zu konstatieren, sowie erkennbare Qualifikationsdefizite bei den Erwerbspersonen. Dies stellt ein Paradoxon der momentanen Arbeitsmarktsituation dar, das im Zusammenhang mit den drei Trends steht, die nach Johann Fuchs bestimmende Herausforderungen des künftigen Arbeitsmarkt darstellen: Neue Technologien, Internationalisierung des Wirtschaftens und Ökologisierung des Wirtschaftens.[772]

---

768 Ebd. S.182-194. Rudolph bietet hier einen Rückblick auf verschiedenen Phasen der Wirtschaftsentwicklung und zeigt deren jeweilige Herausforderungen an die Wirtschafts- und Beschäftigungspolitik auf.

769 Jeremy Rifkin, Das Ende der Arbeit, a.a.O. S.21f. Dazu auch in sachlicher Art Klaus F. Zimmermann, Eine brummende deutsche Jobmaschine ist nicht in Sicht. In: Handelsblatt vom 13. März 2000.

770 Hans Günther Merk (Hrsg.), Wirtschaftsstruktur und Arbeitsplätze, a.a.O.

771 Helmut Rudolph, Die Kehrseite des Wandels – Strukturelle Arbeitslosigkeit. In: Hans Günther Merk (Hrsg.), Wirtschaftsstruktur und Arbeitsplätze, a.a.O., S.176ff. Darlegung der unterschiedlichen Typen von Arbeitslosigkeit: strukturelle Arbeitslosigkeit, friktionelle Arbeitslosigkeit, konjunkturelle Arbeitslosigkeit und strukturelle Arbeitslosigkeit. Darlegung schlüssiger Definitionen.
Zur Bezeichnung der seit Mitte der 70er Jahre andauernden Arbeitslosigkeit in Millionenhöhe wird in der arbeitsmarktpolitischen Diskussion der Begriff „strukturelle Arbeistslosigkeit" verwendet. Mit struktureller Arbeitslosigkeit wird generell das Ausmaß an Unterbeschäftigung bezeichnet, das im konjunkturellen Aufschwung nicht wieder abgebaut wird. Der Begriff wird in mindestens drei Bedeutungen verwendet, die nicht immer scharf von einander abzugrenzen und nebeneineander im Arbeitsmarkt zu beobachten sind:
1. Der Begriff bezeichnet anhaltende Arbeitslosigkeit. Obwohl genügend Arbeitsplätze in der Volkswirtschaft vorhanden sind, können diese aufgrund mangelhafter oder falscher Qualifikation nicht mit den Arbeitslosen besetzt werden. Sie wird auch als Miss-Match-Arbeitslosigkeit bezeichnet. Für das Vorliegen von struktureller Arbeitslosigkeit im engeren Sinn ist also Voraussetzung, dass mindestens in Teilarbeitsmärkten bestimmter Regionen, Berufe und Qualifikationen ein Arbeitskräftemangel herrscht.
2. Eine weitere Verwendung des Begriffs „strukturelle Arbeitslosigkeit" bezeichnet eine Situation mit anhaltendem, globalen Arbeitsplatzdefizit aufgrund unzureichenden Wirtschaftswachstums und wird als strukturelle Arbeitslosigkeit im weiteren Sinn bezeichnet. Häufig wird sie mit technischem Fortschritt in Verbindung gebracht. Sie wird auch als „stagnationsbedingt" oder als „Kapitalmangel-Arbeitslosigkeit" bezeichnet.
3. Allgemeiner bezeichnet „strukturelle Arbeitslosigkeit" die teils vorübergehende, teils längerfristige Unterbeschäftigung, die durch den Strukturwandel in der Volkswirtschaft ausgelöst wird. Dabei bleibt offen, ob prinzipiell genügend Arbeitsplätze zur Verfügung stehen, deren Besetzung jedoch durch die notwendige Umorientierung der Arbeitslosen erschwert ist, und ob genügend Arbeitsplätze als Ersatz für die in schrumpfenden Branchen verlorenen zur Verfügung stehen.
Das charakteristische Merkmal struktureller Arbeitslosigkeit ist ihre Dauerhaftigkeit.
Unabhängig von diesen Erkärungen bleibt der Begriff strukturelle Arbeitslosigkeit vage. Eine Ursachenbestimmung ist nicht eindeutig möglich. Daher spricht das Institut für Arbeitsmarkt- und Berufsforschung (IAB) stattdesse von Strukturalisierung der Arbeitslosigkeit, um den Auswahl- und Sortierprozess zu beschreiben, der Personen mit schlechten Arbeitsmarktchancen in der Arbeitslosigkeit verbleiben läßt.

772 Johann Fuchs, Arbeitsmarkt 2000 – Perspektiven für den deutschen Arbeitsmarkt, in: Hans Günther Merk (Hrsg.), Wirtschaftsstruktur und Arbeitsplätze, a.a.O., S.240. Zu einer vergleichbaren Bewertung kommt Walter Riester, Auswikungen der Informationstechniken auf die Arbeitswelt. In Jörg Tauss et al, a.a.O., S.898-902. Riester hebt als Auswirkungen den

Der Mis-Match zwischen Qualifikationsmerkmalen der Beschäftigten und der zu besetzenden Arbeitsplätze einerseits und der Arbeitslosen andererseits, der bereits zu Beginn der 90er Jahre erkennbar war, verdeutlicht sich zunehmend. Im vorangehenden Kapitel wurde diese Entwicklung bereits angedeutet, in der zur Zukunft der Arbeit aber zeigen sich die gravierendsten Auswirkungen. Die zu besetzenden Arbeitsplätze befinden sich vornehmlich im Informationssektor. War es 1997 noch jede dritte Stellenanzeige, die fachspezifisches oder anwendungsorientiertes IT-Know-How verlangte, so wurde in diesem Jahr erstmals die 50-% Hürde übersprungen.[773] In letzter Konsequenz geht damit eine neue Elitebildung der sogenannten Wissensarbeiter einher. Jeremy Rifkin spricht gar von der Entstehung einer "neuen Aristokratie".[774] Wissensarbeiter, das haben bereits die ökonomischen Indikatoren der ersten Teil der Arbeit verdeutlicht, sind die bestimmende Berufskategorie der Informationsgesellschaft.[775] Zu Beginn des Industriezeitalters bestimmte der Besitz von Kapital und Produktionsmitteln die Wirtschaft, heute sind die Wissensarbeiter "die Katalysatoren der Dritten Industriellen Revolution, und sie halten die High-Tech-Wirtschaft am Laufen. Die Topmanager und die Investoren müssen jetzt ihre Macht mit ihnen teilen, da ihr Wissen und ihre Ideen der Treibstoff unserer Informationsgesellschaft sind. (...) Das Monopol auf Wissen und Ideen sichert seinen Besitzern Marktpositionen und Wettbewerbsvorteile."[776] Zugleich verschlechtert sich dadurch die Lage der unqualifizierten Arbeitnehmer. Die soziographischen Verhältnisse deuten bereits auf einen neuen Klassenkonflikt hin.[777] Andererseits zeigt dies, dass durch die modernen Informations- und Kommunikationstechnologien und die Entstehung des Informationssektors, bei entsprechender Adaption der Veränderungen, Beschäftigungspotentiale freigesetzt werden können. Es werden dabei Produktionsbereiche an Bedeutung gewinnen, in denen Kommunikation nicht nur in Form von Prozesssteuerung eine Rolle spielen, sondern kommunikationsintensive technologische Innovationen erfordern.[778] Durch die Entwicklung eines kommunikativen Bewusstseins und durch die Emergenz neuer Kommunikationstechnologien wird nach Müller-Michaelis auf breiter Ebene Kreativität freigesetzt, die zu neuen Anwendungen in allen Lebensbereichen führen wird und damit zu neuen Arbeitsplätzen.[779]. Aufgrund des beachtlichen Weiterbildungsbedarfs ist zudem mit einem Wachstum des Bildungssektors zu rechnen.[780]

Bei genauerer Analyse zeigt sich jedoch schnell, dass die Beschäftigungsbilanz der Telematik in der betreffenden Literatur höchst umstritten und bis zum jetzigen Zeitpunkt auch noch nicht seriös zu beantworten ist. Aufgrund mangelnden Datenmaterials können weder die Enthusiasten, noch die Skeptiker bislang eine zuverläsige Quantifizierung der Beschäftigungsauswirkungen bieten. Einigkeit besteht jedoch darin, dass technische Innovationen nur dann positiv ein- und umgesetzt werden können, wenn sich die gesellschaftlichen Zusammenhänge, die Erwerbspersonen, aber auch die betrieblichen Abläufe auf die neuen Möglichkeiten einstellen. Die tatsächlichen Auswirkungen der Informatisierung auf die

---

Qualifikationsbereich hervor, Veränderung der Unternehmensorganisation und Dezentralisierungstendenzen verbunden mit Internationalisierung.

773 T.I.S. Trends im Stellenmarkt. DEKRA Akademie GmbH Nr. 2 Mai 2000, S.3.

774 Jeremy Rifkin, Das Ende der Arbeit, a.a.O., S.141.

775 Vgl. dazu auch Manuel Castell, Der Aufstieg der Netzwerkgesellschaft. a.a.O., S.230ff.

776 Jeremy Rifkin, Das Ende der Arbeit, a.a.O., S.139ff, Zitat S.141.

777 Vgl. dazu auch World Press Review Februar 1993, S.40.

778 Wolfgang Müller- Michaelis, a.a.O., S.45ff.

779 Ebd. S.76-77.

780 Ebd. S.64.

Beschäftigung ergeben sich dann aus einem Saldo. Sie bilden das Resultat eines Wettlaufs zwischen der Freisetzung von Arbeitskräften durch Produktivitätsgewinne und der Ausweitung der Wirtschaftsaussichten durch eine verbesserte Wettbewerbsfähigkeit infolge der Informatisierung. Allgemein fördert der Technologieschub das Wirtschaftswachstum in zweierlei Weise, zum einen durch Erhöhung der Produktivität, zum anderen können durch Innovation neue Produkte durch Innovation entwickelt werden. Noch vor einigen Jahren wurde gerade in der wissenschaftlichen Literatur die Behauptung aufgestellt, Telematik würde lediglich als Rationalisierungsinstrument in den Produktionsabläufen eingesetzt, selbst aber keine neuen Konsumgüter hervorbringen. Diese Behauptung hat sich aus heutiger Perspektive als falsch erwiesen.[781] Zugestanden werden muss jedoch auch weiterhin, dass Auswirkungen auf die Beschäftigung insbesondere auch davon abhängig sind, ob es gelingt, den Anforderungen des Marktes nach bezahlbaren und breiten Anwendungen gerecht zu werden. Dies ist dann nicht nur eine Frage der Kosten und Preise, im Mittelpunkt steht auch der zusätzliche Nutzeneffekt. Damit ergibt sich eine weitere große Unbekannte, das Nutzerverhalten selbst, im ersten Teil der Arbeit als Akzeptanzindikator bezeichnet.[782] Ein weiterer Punkt kommt hinzu, der die Beschäftigungseffekte betrifft. Seit den 70er Jahren werden Freisetzungseffekte durch die neuen Informations- und Kommunikationstechnologien belegt. Die Höhe des Beschäftigungsvolumens ist damit also auch abhängig von den allgemeinen Rationalisierungsmaßnahmen.[783] Es ist kaum zu leugnen, dass moderne Informationstechnologien hochgradig kosten- und in keinster Weise arbeitsintensiv sind. Um eine konkretere Einschätzung der Lage zu erhalten, hat Klaus Gretschmann eine Reihe von Einzelfallstudien untersucht:

> "Das Fazit ist ernüchternd: Das verfügbare Wissen über die zurückliegenden und zukünftigen quantitativen Beschäftigungseffekte des Einsatzes neuer Technologien ist alles andere als befriedigend. Zwar gibt es eine Vielzahl einzelbetrieblicher und sektoraler Untersuchungen, eine einfache ›Hochrechnung‹ dieser Ergebnisse reicht aber für eine Bestimmung der quantitativen Beschäftigungswirkungen der Neuen Technologien nicht aus. (...) Die Vielfalt der Arbeitsmarktfluktuationen macht es extrem schwierig, bestimmte Teilströme von Entlassungen verschiedenen Verursachungsfaktoren zuzuschreiben. So kommt man wohl heute nicht umhin zuzugeben, daß wir global nicht feststellen können, ob ein Zwachs an Arbeitslosen aus

---

781 Wolfram Engels, Informationszeitalter – Über den Einfluss der Informations- und Kommunikationstechnik auf die Wirtschaftsentwicklung und Wirtschaftsstruktur. In: Wolfram Engels (Hrsg.), Arbeit und Einkommensverteilung in der Informationsgesellschaft der Zukunft, Heidelberg 1990, S.49-51.

782 Aussagekräftige Studien über das Nutzerverhalten bei Multimedia-Diensten liegten nicht vor. Vgl. dazu auch Roland Schneider, Auf der Datenautobahn in eine goldene Zukunft? Gewerkschaftliche Anmerkungen zu Visionen, Aktionen und Gestaltungsbedarf. In: Kurt van Haaren / Detlef Hensche, Multimedia, Hamburg 1995, S.145.

783 Die Unternehmensberatung KPMG beziffert das Rationalisieiungspotenzial für Unternehemen auf Milliarden. Handelsblatt vom 11.10. 1994. Ebenso Handelsblatt vom 9.12. 1994. Die Tendenz der Freisetzung wird auch durch die aktuellen Pläne der Telefongesellschaften bestätigt, die eher einen Personalabbau verzeichnen. B. Kraus schätzt, dass über 6 Mio Arbeitsplätze im Dienstleistungssektor in Deutschland nach Abgrenzung des Statistischen Bundesamtes durch den Einsatz von IT wegfallen könnten, vgl. B. Kraus, Arbeitsplatzeinsparungen. In: R. Thome (Hrsg.), Arbeit ohne Zukunft?, Vahlen, München 1997, S.125. Kompensationseffekte werden von Kraus nicht berücksichtigt.

technologischen Innovationen, Absatzschwierigkeiten, Kostenfaktoren oder Weltmarktproblemen resultiert."[784]

An dieser Einschätzung hat auch die vom BMFT finanzierte und 1989 herausgegebene META-Studie "Arbeitsmarktwirkungen moderner Technologien" wenig geändert.[785] Eines jedoch ist offensichtlich, die Art der Beschäftigungen unterliegt qualitativen Veränderungen. Im Rahmen dieser Diskussion wird vom "Ende der Arbeitswelt"[786] gesprochen. So prophezeit Jeremy Rifkin die "Fabrik ohne Arbeiter"[787] und eine "technische Arbeitslosigkeit"[788].

> "Das Informationszeitalter hat begonnen, und dank immer leistungsfähigerer Computerprogramme werden wir schon bald in einer Welt ohne Arbeit leben. Ob im Agrarsektor, in der Industrie oder im Dienstleistungsbereich – überall in der Wirtschaft wird automatisiert, überall wird menschliche Arbeitskraft durch maschinelle ersetzt. Auf der ganzen Welt verändern sich die Lebensverhältnisse, Millionen von Menschen suchen nach einer neuen Aufgabe. Das Verschwinden fester Arbeitsverhältnisse wird zum drängendsten sozialen Problem des nächsten Jahrhunderts."[789]

Jacques Attali verkündet gar das Ende der Arbeiterschaft: "Die Maschinen sind das neue Proletariat, die Arbeiterklasse kann sich ihre Entlassungspapiere holen."[790]
Der hier dominierende Begriff der Technischen Arbeitslosigkeit ist kein neuer Begriff in der wirtschaftswissenschaftlichen Diskussion. Bereits 1930 warnte John Maynard Keynes vor diesem Phänomen:

> "Wir sind von einer neuen Krankheit befallen, deren Namen einige Leser nicht gehört haben mögen, von der sie aber in den nächsten Jahren noch recht viel hören werden, nämlich technologische Arbeitslosigkeit. Das bedeutet Arbeitslosigkeit, weil unsere Entdeckung von Mitteln zur Ersparung von Arbeit

---

[784] Klaus Gretschmann / Rolf G. Heinze u.a., Neue Technologien und soziale Sicherung. Antworten auf Herausforderungen des Wohlfahrtsstaates: Maschinensteuer, Mindestsicherung, Sozialgutscheine, Opladen 1989, S.28-30. Zitat S.33 f. Zur gleichen Einschätzung gelangt Peter Kalmbach, Chimäre oder reale Bedrohung? Ein Beitrag zur Diskussion über "technologische Arbeitslosigkeit". In: Hochschule für Wirtschaft und Politik Hamburg: Auswirkungen Neuer Technologien auf Betrieb, Wirtschaft und Gesellschaft, Opladen 1989, S.187-204. Hier S.201f. Vgl. dazu auch Toronto Financial Post (1994) vom 23. August, S.6. Von 1990-1994 verloren in Canada beispielsweise 3000 Computer Hardware-Techniker ihren Arbeitsplatz als Ergebnis der wachsenden Maschinenverläßlichkeit. Vgl. dazu auch Rudolf Hickel, Die Risikospirale. Was bleibt von der New Economy?, Frankfurt am Main 2001, S.30.

[785] BMFT (Bundesministerium für Forschung und Technologie) (Hrsg.), Arbeitsmarktwirkungen Moderner Technologien. Bonn 1989. Die Forschungsergebnisse wurden dabei nicht in einer Gesamtanalyse erbracht, sondern von neun, nur wenig miteinander koordinierten Forschungsinstituten als Einzelstudien erstellt. Dies verdeutlicht die defizitäre Forschungslage auf Ebene der Empirie.

[786] Jeremy Rifkin, Das Ende der Arbeit, a.a.O. S.17. Vgl. dazu den Artikel von Thomas Knüwer, Primadonna des Protests. In: Handelsblatt Montags-Extra Netzwert. E-Business für Entscheider vom 2.10.2000. Dazu auch www.handelsblatt-netzwert.com/gegenrede, Diskussion von Rifkins Thesen im Netzwert-Forum.

[787] Ebd.

[788] Ebd. S.18. Vgl. dazu auch New York Times 31.1.1993, C1.

[789] Ebd.

[790] Jacques Attali, Millenium: Winners and Losers in the Coming World Order, New York 1991, S.101.

schneller voranschreite als unsere Fähigkeit neue Verwendung für die Arbeit zu finden."[791]

Jeremy Rifik denkt die Ausführungen Keynes zu Ende und entwirft ein düsteres Bild der weiteren Entwicklung auf:

> "Wenn in der Vergangenheit in einem Wirtschaftssektor durch eine technologische Revolution die Mehrzahl der Arbeitsplätze verlorenzugehen drohte, entstand immer rechtzeitig ein neuer Sektor, der die überschüssigen Arbeitskräfte aufnahm. Viele Millionen Menschen, die durch die schnelle Mechanisierung der Landwirtschaft arbeitslos geworden waren, fanden Unterschlupf in der aufblühenden Industrie. Als diese von der Automatisierung erfaßt wurde, wanderten die Arbeiter in den schnell wachsenden Dienstleistungsbereich ab. Heute aber, da alle diese Sektoren neuerlichen Unstrukturierungen und einer weiteren Automation ausgesetzt sind, gibt es keinen Bereich mehr, der die Abermillionen Arbeitslosen aufnehmen könnte."[792]

Diesen Äußerungen ist entgegenzuhalten, dass Informations- und Kommunikationstechnologien gerade infolge des angestoßenen sektoralen Wandels eben nicht länger ausschließlich als reine Rationalisierungsinstrumente zu sehen sind. Betrachtet man die Zahlen der Erwerbstätigen in den letzten Jahren, so zeigt sich eine deutliche Zunahme gerade hochqualifizierter Arbeitsplätze. Die aktuelle IT-Stellenmarktanalyse bestätigt die hervorragenden Berufsausichten im Bericht der Informationstechnologien.[793] Hinzu kommen unzweifelhaft durch Automation und Telematik erzeugte Produktivitätszuwächse infolge einer verbesserten Wettbewerbsfähigkeit. Die Binnennachfrage kann auf diese Weise stimuliert werden. Von der Finanzierung dieser neuen Nachfrage hängt die Wirksamkeit für den Arbeitsmarkt ab.[794]

Diese Entwicklung verdeutlicht, dass der Informationsgesellschaft, entgegen düsterer Prognosen, keineswegs die Arbeit ausgeht; vielmehr ist eine kontinuierliche Stellenzunahme zu verzeichnen. Dabei ändert sich die Qualität der Arbeit,

---

791 John Maynard Keynes, Politik und Wirtschaft, Männer und Probleme, Ausgewählte Abhandlungen, Tübingen 1956, S.267. Die Frage, ob moderne Maschinen und Technologien mehr Arbeitsplätze und Wohlstand fördern oder zu Arbeitslosigkeit und wirtschaftlichen Abschwung führen, ist eine weitgreifend diskutierte Frage der Wirtschaftswissenschaften. Zur Vorstellung, dass technische Neuerungen und Produktivitätssteigerungen durch billigere Waren, größere Kaufkraft und mehr Arbeitsplätzen insbesondere der arbeitenden Bevölkerung zukommt, vgl. Saysches Theorem der neoklassischen Ökonomie. Johann Baptist Say, Darstellung der Nationalökonomie oder der Staatswirtschaft, Heidelberg 1818. Nach dieser Ansicht erhöhen neue, arbeitssparende Technologien die Produktivität und erlauben es den Anbietern, bei geringeren Kosten mehr Güter herzustellen. Dieses erhöhte Angebot schafft seine Nachfrage. Aus der Angebotstheorie läßt sich der Schluss ziehen, dass das Problem der Arbeitslosigkeit sich trotz technischer Entlassungen von selbst löst, da gestiegener Güterumsatz und sinkende Preise dazu veranlassen müssten, mehr Einstellungen bei niedrigeren Löhnen vorzunehmen, die negativen Beschäftigungseffekte würden von selbst abgeschwächt. Diese Annahme, dass technische Neuerungen Wachstum und Vollbeschäftigung nach sich ziehen, löste größten Widerspruch aus. Zum Widerspruch vgl. insbesondere Karl Marx, Das Kapital, 1867, Erstes Kapitel. Vgl. dazu auch Karl Marx, Grundrisse der Kritik der Politischen Ökonomie, Berlin 1974, S.584 und 591f. Marx prophezeite, dass eine wachsende Automatisierung die Arbeiter überflüssig machen würde.

792 Jeremy Rifkin, Das Ende der Arbeit, a.a.O. S.41. Vgl. auch S.108.

793 T.I.S. Trends im Stellenmarkt. DEKRA Akademie GmbH Nr.2 Mai 2000, S.5, ebenso Trends im Stellenmarkt Gesamtübersicht in graphischer Darstellung, S.14.

794 Diese Tendenz wurde bereits im Bericht über die Informatisierug der Gesellschaft des Nachbarlandes Frankreich vorgelegt, den Simon Nora und Alain Minc vorgelegt haben. Simon Nora / Alain Minc, a.a.O.

Höherqualifizierung ist eine wesentliche Voraussetzung für den Arbeitsplatzerhalt. Politische Aufgabe ist es daher, Arbeitsplätze im niedrigqualifizierten Bereich zur Verfügung zu stellen.[795] Dieser Bereich ist in der Bundesrepublik nicht oder nur ungenügend erschlossen. Verdeutlicht werden kann gerade dieser Sachverhalt am Phänomen des oft zitierten "Beschäftigungswunders" in den USA, wo seit 1973 über 20 Mio. neuer Arbeitsplätze geschaffen wurden. Eine Analyse der Wirtschaftswissenschaftler Barry Bluestone und Bennet Harrison aus dem Jahre 1987 zeigt dabei, dass hier in der Mehrzahl schlecht bezahlte Dienstleistungsjobs entstanden.[796] Neben dem Problem der Arbeitslosigkeit muss daher auch berücksichtigt werden, dass verbleibende oder neu geschaffene Arbeitsplätze für die Erwerbstätigen auch mit Dequalifizierung verbunden sein können. Ulrich Beck hat diese Tendenz mit dem Terminus des "risikogesellschaftlichen Unterbeschäftigungssystems"[797] belegt. Eine immer größere Zahl von Arbeitenden befindet sich in "einem neuartigen System flexibler, pluraler, risikovoller Formen von Unterbeschäftigung."[798] Andererseits lassen sich dem auch Effekte einer Aufwertungen von verschiedenen Berufsbildern oder die Entstehung völlig neuer Berufsfelder entgegenhalten. Gerade diese neu entstehenden Berufsfelder haben als Voraussetzung die Verfügung über qualitativ hochstehende Fertigkeiten und Kenntnisse.[799] Karl Wolfgang Seithümmer beschreibt dies plastisch mit der Formulierung "Von der schwarzen zur digitalen Kunst."[800] Bilanzierend kann festgehalten werden, dass die Beschäftigungssituation in der Bundesrepublik Deutschland, wie auch in anderen hochindustrialisierten Ländern, auf eine Polarisierung der Beschäftigungsverhältnisse hindeutet, die, neben der Verlagerung von Arbeitsvollzügen auf Computer, zum einen zu einer größeren Anzahl minderqualifizierter Tätigkeiten, zum andern zu höher- und höchstqualifizierten Tätigkeiten führt.[801] Diese Polarisierung weist eine Ausprägung auf, die

---

795 Vgl. dazu Süddeutsche Zeitung vom 7. August 1997. Lohnkosten der Angst. Ein Entgegnung auf Ulrich Beck von Johannes Wiegand. Dies stimmt auch mit den Ergebnissen des Instituts für Arbeitsmarkt- und Berufsforschung der Bundesanstalt für Arbeit überein. Helmut Rudolph, Geringfügige Beschäftigung mit steigender Tendenz, IAB Werkstattbericht Nr.9/21, 8, 1998. Dazu auch Ulrich Walwei, Möglichkeiten und Grenzen der Schaffung eines Niedriglohnsektors. IAB Werkstattbericht Nr.5/25.5.1998.

796 Barry Bluestone / Bennet Harrison, The Great American Job Machine. The Proliferation of Low-Wage Employment in the U.S. Economy. Auszugsweise übersetzt von Ilse Davis, in: Frankfurter Rundschau, Frankfurt/Main vom 25.02.1987, S.12.

797 Ulrich Beck, Risikogesellschaft, a.a.O., S.227.

798 Ebd. S.228.

799 Berufsbilder und Ausbildungsordnungen bedürfen daher einer Anpassung an die informationstechnische Entwicklung. Vgl. dazu Kurt van Haaren / Detlef Hensche (Hrsg.), Arbeit im Multimedia-Zeitalter, a.a.O., S.25-26. Vgl. auch Lutz P. Michel, Qualifikationsanforderungen in der Multimediawirtschaft. In: Kurt van Haaren / Detlef Hensche (Hrsg.), Arbeit im Multimedia-Zeitalter, a.a.O., S.45. Eine sehr ernüchternde Sichtweise hat dagegen Thomas Hartge, Zukunftsträume. In: c't 5/95, S.110-113, indem er richtigerweise darlegt, dass zahlreiche neu geschaffene Ausbildungsgänge bereits wieder eingestellt werden.

800 Karl-Wolfgang Seithümmer, Gutenbergs Enkel. Electronic Publishing und CD-ROM. In: Kurt van Haaren / Detlef Hensche (Hrsg.), Multimedia, Hamburg 1995, S.55-64, hier S.55.

801 Die Einschätzung der gegenwärtigen Höher- und Dequalifizierungstendenzen durch die Informationstechnologien fällt unterschiedlich aus. Industriesoziologen erkennen hierin den Prozess einer Neoindustrialisierung, einen Umbruch in der Industriestruktur und, damit verbunden einen arbeitspolitischen Paradigmenwechsel in den Betrieben, der ihrer Auffassung nach eine Integration von zuvor getrennten Aufgabenschritten, eine Re-Taylorisierung der Arbeitsstrukturen, zur Folge hat. Vgl. dazu Horst Kern / Michael Schumann, Das Ende der Arbeitsteilung? Rationalisierung in der industriellen Produktion: Bestandsaufnahme Trendbestimmung, München 1984. Ebenso Michael J. Piore / Charles F. Sabel, Das Ende der Massenproduktion. Studie über die Requalifizierung der Arbeit und die Rückkehr der Ökonomie in die Gesellschaft, Berlin 1985. Die Kritiker dieser industriesoziologischen Entwürfe haben dagegen die erheblichen Defizite in den Analysen herausgearbeitet und stellen in den Mittelpunkt ihrer Ausführungen, dass mit Hilfe der

eine deutliche qualitative Veränderung zu den bekannten Beschäftigungsanalysen der Industriegesellschaft zeigt. Derzeit kann man sich in der wissenschaftlichen Diskussion daher auf die konsensfähige, aber ebenso schwache These einigen, "dass die Entwicklung der Produktions- und Informationstechnologie jedenfalls nicht eindeutig und zwangsläufig in Richtung fortschreitende Dequalifizierung der Arbeit weist, sondern Spielräume eröffnet, die kompatibel sind mit solchen Reorganisationsprozessen, die aus rationalen, marktstrategischen und ethischen Überlegungen die klassisch-tayloristische Teilung zwischen anweisender und ausführender Arbeit prinzipiell überwinden und den Mitarbeiter wieder stärker als ›ganze Person‹ – und nicht nur als Träger hochspezialisierter Arbeitsrollen – in Anspruch nehmen wollen."[802]
Auch Gert Wagner und Brigitte Preißl widersprechen Jeremy Rifkins These vom Ende der Arbeit mit einem weiteren, in diesem Kontext nicht von der Hand zu weisenden, Sachverhalt. Sie gehen davon aus, dass technischer Fortschritt auch neue Märkte und damit eben auch neue Arbeitsmärkte erschließt.[803] Ein Sachverhalt, der tatsächlich von Jeremy Rifkin und seinen Anhängern völlig unberücksichtigt geblieben ist. Direkte Kompensationseffekte können durch die Produktion neuer Konsum- und Investitionsgüter und neuer Dienstleistungen im Bereich der neuen Technologien entstehen.[804] Insbesondere die neuen Dienstleistungen sind auf die Zunahme der Produktvielfalt und der wachsenden technischen Komplexität vieler Güter zurückzuführen. Tatsächlich handelt es sich hierbei um „Value Added Services“.[805] Betrachtet man den Nettoeffekt dieser Entwicklung auf die Beschäftigung selbst, ist zum jetzigen Zeitpunkt wohl kaum von einem "Job-Knüller Multimedia"[806] auszugehen, aber ein Ende der Arbeit ist bei weitem nicht in Sicht; vielmehr besteht die Notwendigkeit, sich von gewohnten industriellen Formen zu trennen und damit den Weg für die Entstehung neuer, leistungsfähiger Wirtschaftsstrukturen frei zu machen. Dies wird – trotz der Unsicherheit des vorliegenden Zahlenmaterials[807] – auch bestätigt durch Ergebnisse, die offenlegen, dass innovationsscheue Betriebe Arbeitsplätze verlieren, während innovative Unternehmen gerade durch die Entwicklung neuer Produkte und durch eine effizientere Produktion die Beschäftigung erhalten oder ausbauen können.[808]

Informationstechnologien zwar Tendenzen zur Enttaylorisierung dêr Arbeit gegeben sind, auf der anderen Seite aber eine Erhöhung der Planbarkeit und Kontrollierbarkeit der Arbeitsvollzüge zu erwarten ist. Vgl. hier die Diskussion bei Thomas Malsch / Rüdiger Seltz (Hrsg.), Die neuen Produktionskonzepte auf dem Prüfstand. Beiträge zur Entwicklung der Industriearbeit, Berlin 1987.

802 Horst Steinmann, Industrielle Arbeitsorganisation zwischen Technik, Strategie und Unternehmensethik, Nürnberg 1989, S.7. Diskussionsbeiträge der Friedrich-Alexander-Universität Erlangen-Nürnberg, Lehrstuhl für Allgemeine Betriebswirtschaftslehre und Unternehmensführung, Heft 48.

803 Gert Wagner / Brigitte Preißl, Perspektiven der funktionalen und der personellen Einkommensverteilung. In: Wolfram Engels (Hrsg.), a.a.O., S.61. Vgl. zu den Beschäftigungsbilanzen der Inforamtionstechnik auch Werner Dostal, Telearbeit in der Inforamtionsgesellschaft, Göttingen 1999, S.33.

804 Werner Dostal, Multimedia – Jobknüller oder Jobkiller? Neue Formen der Arbeit zeichnen sich deutlich ab. In: Das Parlament Nr. 33-34, 9./16. August 1996. FAZ vom 19. Oktober 2000, Die Neue Ökonomie ist eine Job-Maschine. Dazu auch Handelsblatt vom 16. August 2000. Robert Landgraf, Jobmaschine. Gute Aussichten am Neuen Markt. In: Handelsblatt 16. August 2000; Vgl. dazu auch die Studie der Unternehmensberatung Roland Berger, vorgestellt am 15. August 2000. Bereits ein Jahr später ist deutlich, dass diese Einschätzungen zu überprüfen sind.

805 Ulrich Hofmann, Globale Informationswirtschaft. Management, Technologien, Strategien, München, Wien 1999, S.4.

806 Kurt van Haaren / Detlef Hensche, Arbeit im Multimedia-Zeitalter, a.a.O., S.14.

807 Meist werden Diffusionsprobleme außer Acht gelassen.

808 Vgl. dazu auch OECD Technology, productivity and job creation, Paris 1996.

Diesen Ausführungen folgend, läßt die Vermutung zu, dass die Pessimisten der 80er Jahre mit ihren Prognosen zwar näher an der heutigen Wirklichkeit auf dem Arbeitsmarkt lagen als die Technologieprotagonisten, dass aber die derzeitigen Prognosen eine Verbesserung der Lage andeuten. Die Prognosen für unmittelbar mit informationsbasierten Produkten und Dienstleistungen zusammenhängende Arbeitsplätze liegen in Deutschland bei 3-5 Millionen in den nächsten zehn Jahren. In der EU wird rund ein Vierfaches dieser Zahl prognostiziert.[809] In den beschäftigungspolitischen Diskussionen wird daher der Bereich der Dienstleistungen, auch der niedrigqualifizierten, immer häufiger als wesentliches Mittel zur Schaffung von Arbeitsplätzen angesehen[810]. Diese Entwicklung zeigt eindrucksvoll, wie rasch sich durch neue Technologien und veränderte wirtschaftliche und gesellschaftliche Rahmenbedingungen aus einer Industriegesellschaft alter Prägung eine Dienstleistungs- oder Informationsgesellschaft entwickeln kann. Zusätzliche Arbeitsplätze werden in beachtlicher Zahl aber nur dann zu schaffen sein, wenn es infolge der Innovationen gelingt, neue Anwendungen und Produkte zu entwicklen. Zugleich müssen die Beschäftigten selbst mitgenommen werden auf dem Weg des sektoralen Wandels. Dies schließt eine Veränderung der Qualifikation ebenso ein wie eine allgemeine Flexibilisierung der wirtschaftlichen Rahmenbedingungen.
Das momentane wirtschaftliches Wohlergehen Deutschlands ist nach wie vor in starkem Maße von der Entwicklung des industriellen Bereichs und dem verarbeitenden Gewerbe abhängig. In dem Maße wie Information und Kommunikation zu einem eigenständigen, international wirkenden Produktionsfaktor werden, ist mit einer Strukturverschiebungen zu rechnen. Das bedeutet auch, dass gerade im Bereich des produzierenden Gewerbes eine zunehmende Produktionsverlagerung massenhaft herstellbarer Güter, die mit geringem Qualifikationsniveau gefertigt werden können, in Niedriglohnländer zu erwarten ist. Damit verdeutlicht sich, dass die Zukunft des Hochlohnlandes Deutschland wohl kaum in der industriellen Massenproduktion liegen kann.[811] Nur Qualitätsurteile und die Entwicklung neuer Produkte bzw. Technologien kann entscheidende Wettbewerbsvorteile bringen. In der weiteren ökonomischen Entwicklung müssen daher Innovation, Forschungs- und Entwicklungsanstrengungen sowie intelligente Dienstleistungskapazitäten im Vordergrund stehen. Mehr denn je sind gerade jetzt informationstechnische Industrien, Anwendungen und Informationsdienstleistungen zu einem 4. Sektor, dem Informationssektor, zusammenzufassen[812] und durch politische Anreizsysteme zu fördern, da gerade hier humankapitalintensive Arbeitsplätze entstehen können.
Diesen veränderten Rahmenbedingungen muss durch Anpassungsreaktionen aller am Wirtschaftsleben Beteiligten Rechnung getragen werden. Flexibilität und vorausschauendes Agieren, verbunden mit einer erforderlichen Qualifizierung der Erwerbstätigen verhindern und lindern die Krisenhaftigkeit wirtschaftlichen Strukturwandels. Der sektorale Wandel, die Verbreitung neuer Technologien, die

---

809 Dieter Vogel, Futurion Diskussionsforum I, S.167.

810 Jürgen Hertel, Die internationale Herausforderung, in: Hans Günther Merk (Hrsg.), Wirtschaftsstrukturen und Arbeitsplätze, a.a.O., S.210.

811 Es sei denn, die Bundesrepublik entschließt sich auf politischer Ebene dazu durch sozial flankierte Maßnahmen, wie etwa den Kombilohn oder das weitergehende Bürgergeldmodell, einen Niedriglohnsektor zu eröffnen.

812 Hans Günther Merk (Hrsg.), Wirtschaftsstruktur und Arbeitsplätze, a.a.O. S.12. Der weltweite Umsatz mit Informationsdienstleistungen betrug 1993 3000 Mrd US-Dollar. Die Informationswirtschaft ist mit rund 4000 Mrd. US-Dollar zu einem riesigen Wirtschaftszweig geworden. Ein Ende der Expansion ist nicht absehbar, aufgrund der ständigen Innovationsschübe in diesem Sektor.

wachsende Komplexität des wirtschaftlichen und sozialen Geschehens sowie die Internationalisierung der Märkte führen deutlich zur Anhebung der Anforderungen an die Qualifikation. Qualifikation wird in dieser vom Strukturwandel geprägten Gesellschaft von gesamtwirtschaftlicher Bedeutung, der Ausbildungsstand der Erwerbspersonen zum entscheidenden Faktor für die Produktivität und Entwicklungsperspektive der Volkswirtschaft.[813] Das Humankapital, also Bildungsstand, Fähigkeit und Fertigkeiten sowie Arbeitsmotivation sind wohl der wichtigste Produktionsfaktor des Standortes Deutschland und Voraussetzung einer verbesserten internationalen Wettbewerbsfähigkeit. Dispositive, kontrollierende und regelnde Tätigkeiten gewinnen an Bedeutung, im Dienstleistungsbereich treten die beratende und betreuenden Tätigkeiten in den Vordergrund. Mehr Bildung und Ausbildung sind die zentrale Forderung der modernen Arbeitswelt. Der Trend der höheren Bildungsabschlüsse zeigt, dass dieser Forderung zunehmend entsprochen wird, wobei dabei über die Qualität des Bildungsabschlusses noch keine Aussage getroffen ist.
Fehlende berufsspezifische Qualifikation wird heute mehr denn je als Auslöser von Erwerbslosigkeit gesehen. Das hat zur Folge, dass im Bereich der einfacheren Arbeiten weiter mit einem Beschäftigungsabbau zu rechnen ist. Die Informatisierung wird keine Massenarbeitsplätze, vergleichbar der industriellen Produktion, hervorbringen können. Hingegen werden sich Berufsbilder qualitativ verändern. Ganze Branchen werden durch die konsequente internationale Nutzung der medienintegrierenden Technik eine neues Profil bekommen.[814] Forderungen der IG Metall und des BIBB nach Qualifizierungs-, Weiterbildungs- und Umschulungsmaßnahmen sind sichtbares Zeichen für diese Entwicklung.[815]

> "... marketing skills, organizational innovations, and an educated work force. These are the ›technologies‹ that will count in the twenty-first century. Technology, then, should be seen not in terms of hardware or software alone but also as a way of managing, educating, and organizing."[816]

---

813 Mit einer Entspannung am Arbeitsmarkt ist nicht zu rechnen. Gleichzeitig steigen die Anforderungen an die Beschäftigten, so dass das individuelle Arbeitsplatzrisiko sich vergrößert, je geringer die Qualifikation ist. Andererseits erhöht steigende Qualifikation der Beschäftigten die Produktivität, wodurch sich die internationale Wettbewerbsfähigkeit der deutschen Wirtschaft verbessert, mit wiederum günstigen Auswirkungen auf den Arbeitsmarkt. Vgl. Johann Fuchs, Arbeitsmarkt 2000 – Perspektiven für den deutschen Arbeitsmarkt, in: Hans Günther Merk (Hrsg.), Wirtschaftsstruktur und Arbeitsplätze, a.a.O., S.256. Vgl. dazu auch Institut für Arbeitsmarkt- und Berufsforschung der Bundesanstalt für Arbeit IAB Werkstattbericht Nr. 15/18.11.1997. Alexander Reinberg, Bildung zahlt sich immer noch aus. Eine Analyse qualifikationsspezifischer Arbeitsmarktentwicklungen in der ersten Hälfte der 90er Jahre für West- und Ostdeutschland. Ebenso Alexander Reinberg, Angela Rauch, Bildung und Arbeitsmarkt: Der Trend zur höheren Qualifikation ist ungebrochen. IAB Werkstattbericht Nr.15 vom 17.12.1998.

814 Joseph Brauner / Roland Bickmann, Die multimediale Gesellschaft, Frankfurt am Main, S.61- 84. Nachfolgend sind eingängige Beschreibungen der Veränderungen unterschiedlicher Berufsbilder zu finden, bsp. Sekretärin, Versicherung, Immobilienmakler, Künstler, Journalist. Im Anschluss werden unterschiedliche Branchen und dortige Veränderungen aufgeführt. Vgl. dazu auch Frank Werbeke, Der Multimedia-Alleskönner. Berufe der Medienwirtschaft im Umbruch. In: Kurt van Haaren / Detlef Hensche (Hrsg.), Arbeit im Multimedia-Zeitalter, a.a.O., S.51ff. Im Herbst des Jahres 1995 hat der DIHT (heute DIHK) eine Liste mit Vorschlägen zur Schaffung neuer Berufsbilder in die Diskussion eingebracht.

815 Das Anforderungsniveau steigt so sehr an, dass 2010 wahrscheinlich 40% aller Beschäftigten höherqualifizierte Tätigkeiten ausüben (1985: 28%) Nach Johann Fuchs, Arbeitsmarkt 2000 – Perspektiven für den deutschen Arbeitsmarkt, in: Hans Günther Merk (Hrsg.), Wirtschaftsstruktur und Arbeitsplätze im Wandel der Zeit, Wiesbaden, Stuttgart 1994, S.254.

816 Herbert S. Dordick / Georgette Wang, a.a.O., S.28.

Der Arbeitnehmer der Informations- und Dienstleistungsgesellschaft ist der mitdenkende, kreative und verantwortungsbewusste Mitarbeiter.[817]

> „Gefragt sind theoretische und praktische Kenntnisse sowie soziale und kommunikative Kompetenz. Es existiert ein Bedarf an speziellem Know-how, sowie engagiertern, gut informierten und kreativen Mitarbeitern, an flexiblen und produktiven Gruppen."[818]

Damit wird implizit deutlich, dass Arbeitslosigkeit künftig weder mit ausschließlich keynesianischen noch monetaristischen Ansätzen beseitigt werden kann, weil das Problem der Arbeitslosigkeit nicht mehr rein quantitativer Natur, sondern gerade auch qualitativer Natur ist[819]: Das Problem der Arbeitslosigkeit kann nicht "durch die Lenkung der Geldmenge, sondern es muss durch die Lenkung des Wissens gelöst werden."[820] Erwerbslosen muss in erster Linie die Möglichkeiten eröffnet werden, sich mit neuem Wissen und neuen Qualifikationsanforderungen der Arbeitsgebiete vertraut zu machen. Nur auf diese Weise kann eine Integration in das Wirtschaftssystem erfolgen.

b Qualitative Veränderung der Arbeitsformen: Pluralisierung der Arbeitsorte und Individualisierung der Arbeitsverhältnisse

Diese hohen Qualifikationsanforderungen an den Arbeitnehmer der Informationsgesellschaft sind in engem Zusammenhang mit neuen Arbeitsformen zu sehen, die durch die zunehmende Technisierung und Automatisierung der Arbeitswelt möglich geworden sind und eine wesentliche qualitative Veränderung darstellen. Durch diese Informatisierung und Technisierung der Arbeitswelt ist eine zeitliche und örtliche Flexibilisierung der Arbeitsabläufe möglich, wie sie in der Industriegesellschaft bis dahin unbekannt war.

> "Datenautobahnen werden den gesamten Globus miteinander verbinden, multimediale Dienstleistungen und verteiltes Arbeiten werden in zunehemendem Maße den Alltag bestimmen. Die informationstechnische Überwindung der räumlichen Trennung von Arbeitsplätzen reorganisiert die betriebliche Welt von Grund auf."[821]

In letzter Konsequenz verbirgt sich dahinter ein vergrößerter Spielraum zur Ausweitung der Produktion und zur Verkürzung der Arbeitszeit selbst. Die neuen Techniken ermöglichen eine Dezentralisierung und Individualisierung der Arbeit, was für den einzelnen Arbeitnehmer eine größere Selbstbestimmtheit und Eigenständigkeit bedeuten kann. Das Institute of Technology Massachusets (MIT) beschreibt die Arbeitswelt des Jahres 2010 folgendermaßen:

---

817 Marlene Nowack, Der Strukturwandel und seine Begleiterscheinungen. Rückblick auf die Entwicklung ausgewählter Wirtschaftsbereiche im füheren Bundesgebiet, in: Hans Günther Merk (Hrsg.), Wirtschaftsstrukturen und Arbeitsplätze, a.a.O., S.39-64.

818 L. Nefiodow, Informationsgesellschaft – Arbeitsplatzvernichtung oder Arbeitsplatzgewinne?. In: IFO Schnelldienst 12/94, München.

819 Ante Pulic, Elemente der Informationswirtschaft jenseits von Smith und Keynes, Wien, Köln, Weimar 1993, S.240.

820 Ebd.

821 Achim Bühl, Cyber Society, a.a.O., S.215.

"Das Unternehmen des späten 20. Jahrhunderts, in dem ihr noch gearbeitet habt, war nur eine Übergangsform. Es überdauerte zwar mehr als hundert Jahre, aber nur wenige Unternehmen dieser Art sind heute übriggeblieben. Heute wird nahezu jede Aufgabe von Teams mit bis zu zehn Mitgliedern ausgeführt, die aus unabhängigen und selbständigen Vertragspartnern oder kleinen Firmen zusammengesetzt sind, verbunden durch Netzwerke, die nur für vorübergehende Zeiträume zusammenkommen, um die unterschiedlichsten Projekte zu bearbeiten und sich wieder aufzulösen, sobald das Projekt erledigt ist."[822]

Vieles von dem, was das MIT angekündigt hat, ist heute bereits Realität. Das Normalarbeitsverhältnis wird von neuen Arbeitsformen abgelöst.[823] Karlheinz Geißler und Frank Michael Orthey sprechen vom "Jobholder".[824] Das "Berufsmenschentum", wie es noch von Max Weber beschrieben worden ist, geht zunehmend verloren. Just-in-Time-Konzepte, freie Mitarbeit, die Diskussion um die Scheinselbständigkeit, Projektarbeit, all das sind Vorboten einer künftigen Arbeitswelt.[825] Wie schon im Bereich der Bildung zeigt sich auch in den Arbeitsverhältnissen eine deutliche Individualisierungstendenz. Tatsächlich liegt es auf der Hand, dass die neuen Informationssysteme[826] qualitativ neue, höher qualifizierte und humanere Arbeitsplätze zum Greifen nahe bringen. An die Stelle kollektiver Arbeitszeitvereinbarung, wie sie in der Industriegesellschaft üblich war, treten Selbstbestimmtheit und Eigenständigkeit des Mitarbeiters, der mehr und mehr individuelle Vereinbarungen mit dem Arbeitgeber trifft.[827] Damit verändert sich mit der Informationsgesellschaft der noch aus der Industriegesellschaft bekannte, herkömmliche Arbeitsbegriff. Dies bleibt nicht ohne Einfluss auf die Unternehmensstrukturen selbst. In sogenannten *Virtuellen Unternehmen* (VU) mit einer Vielzahl freier Mitarbeiter sind Unternehmen über Datennetze miteinander verbunden und arbeiten in einer Art Partnerschaft auf Zeit unter wechselnden Firmenschildern. Die Kooperation dezentraler Einheiten, dazu im internationalen Rahmen, führt zu einer verstärkten Neustrukturierung von Arbeitsteilung und Arbeitszusammenhängen zwischen Konzernen, Unternehmen und Betrieben und betrifft in hohem Maße das bisher vorherrschende Verständnis von räumlicher und zeitlicher Einheit des Arbeitsprozesses.

---

[822] Zitiert nach Dagmar Deckstein, Zukunfts-Arbeit. In: Süddeutsche Zeitung vom 11.01.1997. Ebenso Kurt van Haaren, Die Entstehung einer neuen Arbeitswelt. In: ders. Arbeit im Multimedia Zeitalter. Die Trends in der Informationsgesellschaft, Hamburg 1997, S.13.

[823] Werner Dostal, Telearbeit in der Informationsgesellschaft, Göttingen 1999, S.49ff. Werner Dostal beschreibt hier im kurzen Überblick die unterschiedlichen Arbeitsformen, die das Normalarbeitsverhältnis zunehmend ablösen.

[824] Marc Hoch / Hans-Herbert Holzamer (Hrsg.), Zukunft der Arbeit. Zukunft der Bildung. Eine Serie der Süddeutschen Zeitung. Herausgegeben von der Süddeutschen Zeitung 1998, S.33.

[825] Dazu auch detailierter und in tabellarischer Darstellung: Johann Welsch, Die Revolution der Informationsarbeit. In: Kurt van Haaren / Detlef Hensche (Hrsg.), Arbeit im Multimedia-Zeitalter, a.a.O., S.119-120. Vgl. auch Der Spiegel 11/1994.

[826] Zur Definition von Informationssystemen Ulrich Hofmann, Globale Informationswirtschaft. Management, Technologien, Strategien, S.50. Ein Informationssystem ist ein System, das betriebliche Aufgaben, Personen und die Informationstechnik als Elemente durch Informationsverarbeitungsprozesse, also Informationserfassung, -sicherung, -übertragung und -transformation, miteinander verbindet.

[827] J. Schumann, Der Produktionsfaktor Arbeit: Düstere Vergangenheit – glänzende Zukunft. In: Jahrbuch für Sozialwissenschaft 43 (1992) Heft 1, Göttingen. Vgl. dazu auch Johann Welsch, Die Revolution der Informationsarbeit. In: Kurt van Haaren / Detlef Hensche (Hrsg.), Arbeit im Multimedia-Zeitalter.a.a.O., S.121. Welsch führt charakteristische Merkmale der Normalarbeitsverhältnisse auf, die durch die sich ausbildenend neuen Arbeitsformen drastisch in Frage gestellt werden.

> "Das heißt, Teile des Unternehmens sind virtuell, sind dynamisch. Von Projekt zu Projekt, von Produkt zu Produkt werden bestimmte Verbindungen geknüpft, und diese Zellen mit ihren Verbindungsleitungen bestehen so lange, wie sie wachsen, Wenn die Aufgaben beendet sind, das Produkt seine Lebenszeit gehabt hat, werden die Verbindungen gelöst und woanders neu aufgebaut."[828]

Die Virtualisierung der Unternehmensabläufe spiegelt sich in den bestehenden Konzepten wie Lean Office, Lean Management, Reengineering[829] und Workflow[830] wider. Auf den Betrieb bezogen sind Rückwirkungen auf die Organisationsstrukturen sowohl hinsichtlich der Tätigkeit als auch hinsichtlich des Personalmanagements zu erwarten. Zu den Grundsätzen der New Economy gehört, dass Informationsverarbeitung und Mitarbeiterführung nach neuen Kooperationsstrategien erfolgen müssen.[831] Zielvereinbarungen und Ergebnisbesprechungen treten an die Stelle von Weisung und Kontrolle. Als Führungsinstrumente der Zukunft werden nach Braun / Bickmann ausschließlich die Persönlichkeit und Kompetenz des Vorgesetzten von Bedeutung sein, seine Moderationsfähigkeit und seine Fähigkeit, notwendige Kommunikationsprozesse zu initiieren, um sachgerechte Problemlösung zu generieren. Führungsmethoden, die auf Herrschaftswissen basieren, scheiden aus, da Informationen omnipräsent sind und ein ständiger Kommunikationsfluss erfolgen kann; d abei m üssen n eue Rückkopplungsmechanismen zwischen Arbeitgeber und Arbeitnehmer entwickelt werden.[832] Damit tragen die neuen Informations- und Kommunikationsmittel zur weiteren Abflachung von Hierarchien bei, die zum jetzigen Zeitpunkt für Großunternehmen noch typisch sind.[833] Die mit dem Einsatz moderner Informations- und Kommunikationstechnologien verbundene weltweite wirtschaftliche Handlung birgt zudem den Anspruch auf eine besondere Form des multikulturellen Managements.[834] Die industrielle Organisation der Arbeit, die auf ein System von "Command and Control" beruhte, ist damit im Verschwinden begriffen. Die paradoxe Folge ist, dass der Leistungsdruck selbst dadurch kaum gemindert wird.[835] Begründet liegt dies darin, dass der Mitarbeiter der Informationsgesellschaft zwar ein Höchstmaß an Selbständigkeit gewinnt, dadurch aber zugleich auf sich selbst zurückgeworfen wird. Jeder einzelne Mitarbeiter muss lernen, aus eigenem Antrieb

---

828 Dieter Beste, Die Multimedia-Hexenküche. In: Spektrum der Wissenschaft, Dossier: Datenautobahn, S.20/21.

829 Vgl. Bill Gates, Digitales Business. Wettbwerb im Informationszeitalter.München 1999, S.313ff.

830 "Kein Grund zu streiten", Interview mit Hans-Jörg Bullinger, Leiter des Fraunhofer-Instituts für Arbeitswissenschaft und Organisation (IAO). In: Wirtschaftswoche 10/1995, S.99.

831 Horst Wildemann, In der Neuen Ökonomie wird sich die Hierarchie der Waren verschieben. In: FAZ vom 2. Oktober 2000; FAZ vom 16. Oktober 2000 Generäle contra Partisanen. In der "New Economy" versagen traditionelle Managementkonzepte. Von Thomas A. Becker.

832 Vgl. dazu Rita Mohr, Mit Bill Gates auf du und du. Die neuen Informationstechnologien revolutionieren die Kommunikation in der Arbeitswelt. In: Süddeutsche Zeitung 5./6. April 1997, SZ-Serie Wissensmanagement.

833 Dieter Schweer, Columbus Digital. Die Organsiationsformen und Strukturen in den Unternehmen werden sich bald radikal ändern. Die große Chance fürs Management. In: WIWO6/1996, Februar. Stefan Baron, Kurt Bedker, Hanspeter Schreiner, Die Informationsgesellschaft im Neuen Jahrtausend. Wirtschaft und Gesellschaft im neuen Jahrtausend, Futurion. Ein Forum der Thyssen AG 1996 in Zusammenarbeit mit der Wirtschaftswoche und der Universität Witten-Herdecke, S.62.

834 Ebd., S.63.

835 Wilfried Glißmann / Klaus Peters, Business Reengineering, Cultural Change. Die neue Organisation der Arbeit und die Frage der Solidarität. In: Kurt van Haaren / Detlev Hensche, Arbeit im Multimedia-Zeitalter, a.a.O. S.187ff. Vgl. auch Klaus Peters, Ganz zwanglos – Der Arbeitnehmer als unselbständiger Selbständiger, Beitrag für die Mitbestimmung, Heft 9/1996, S.24-26.

heraus ein produktiver Mitarbeiter zu sein. Der US-Prognostiker Paul Saffo weist darauf hin, dass die Struktur der Unternehmen immer stärker den jeweils verfügbaren Informationssystemen ähnelt:

> "Wenn sich die Informationswerkzeuge weiterentwickeln, verändert sich auch die Unternehmensstruktur – oder besser gesagt: es entstehen völlig neue Untenhmen, deren Stukturen auf die neuen Systeme ausgerichtet sind (...) Jetzt bewegen wir uns von dieser erodierenden Befehls- und Kontrollstruktur in Richtung auf ein Organisationsmodell, das starke Analogien zum Arbeitsschema des Internet aufweist: Es ist weder eine flache Hierarchie noch eine traditionelle Organisation. Nennen wir es einmal eine Hetarchie- eine heterogene Hierarchie."[836]

Diese zunehmende Auflösung der klassischen Arbeitsorganisation hat auch die Auflösung des klassischen Betriebes zur Folge. Der Kommunikationsforscher Johannes Erhardt führt die Veränderungen beeindruckend vor Augen:

> "Die neuen Kommunikationsarbeitsplätze ändern nicht nur Jobs, sie schaffen sie ab. Den herkömmlichen Arbeitsplatz wird es bald nicht mehr geben (...). Jeder bietet seine Kompetenz an und bringt sie in komplexe Projekte ein, die von immer neu zusammengesetzten Teams bearbeitet werden. Man trennt zwischen Arbeit, die getan werden muß, und einem festen Arbeitsverhältnis."[837]

Hinzu tritt in verstärktem Maße Teilzeitarbeit.[838] In der Industriegesellschaft noch als Krisensymptom marktwirtschaftlicher Wirtschaftssysteme und als „kleine Schwester der Arbeitslosigkeit" gewertet, tritt Teilzeitarbeit in der Informationsgesellschaft als Impulsgeber und Entfalter neuer Wirtschaftstätigkeiten auf.[839]

> "Der Wirtschaftsbürger der Zukunft wird sein Einkommen aus mehreren parallel laufenden Teilzeitbeschäftigungen erwirtschaften und seine Berufstätigkeiten werden im Zeitablauf wechseln, unterbrochen von anteiligen Ausbildungsphasen, die im Teilzeitverfahren neben weiterlaufenden anderen Teilzeitbeschäftigungen absolviert werden."[840]

Die zunehmende Technisierung und Automatisierung in der Arbeitswelt erhöht nachweislich den Spielraum zur Ausweitung der Produktion oder zur Verkürzung der Arbeitszeit. Deutlich ist ein Trend zur Arbeitszeitverkürzung feststellbar.[841]

---

836 Auf den Kopf stellen. Der US-Prognostiker Paul Saffo im Gespräch mit Christian Deysson und Dieter Schweer über die ökonomischen Auswirkungen der Informationstechnik. In: Wirtschaftswoche 6, 1. Februar 1996. Stefan Baron, Kurt Bedker, Hanspeter Schreiner, Die Informationsgesellschaft im Neuen Jahrtausend, Futurion, a.a.O. S.62.

837 Zitiert nach Lutz Berger, Arbyte 2000. In: ManagerSeminare, Heft 19, II. Quartal 1995, S.40.

838 Allein zwischen 1960 bis Anfang der 70er Jahre hat sich die Zahl mehr als verdreifacht. Die Ausweitung von Teilzeitarbeit ist insbesondere bei Frauen in der mittleren Lebensphase beobachtbar. Genauere Angaben bei Carsten Cornelsen, Konsequenzen des wirtschaftlichen Wandels für den Arbeitsmarkt. In: Merk, Hans-Günther: Wirtschaftsstruktur und Arbeitsplätze, a.a.O., S.75-77. Die jüngsten Vorschläge aus dem Arbeitsministerium haben diesen Trend aufgenommen, unabhängig von der Bewertung dieser Vorschläge. FAZ vom 12.9.2000 Riester will Teilzeitarbeit fördern und Kettenarbeitsverträge verbieten.

839 Jeremy Rifkin, Das Ende der Arbeit, a.a.O., S.148.

840 Wolfgang Müller-Michaelis, a.a.O., S.48.

841 Marlene Nowack, Der Strukturwandel und seine Begleiterscheinungen. In: Merk, Hans-Günther: Wirtschaftsstruktur und Arbeitsplätze, a.a.O., S.61.

Zusätzlich ist durch den verstärkten Einsatz von neuen Kommunikations- und Informationstechnologien im Arbeitsprozeß auch die Entstehung neuer Arbeitsformen festzustellen, die die Trennung der Bereiche Arbeit und Leben teilweise aufhebt: „Die beiden ›Welten‹ – Arbeit und Leben – würden sich nicht mehr ausschließen, sondern ergänzen und zu einem harmonischen Ganzen zusammenfügen."[842]

Vor allem neue, kreative Formen der Teamarbeit werden sich positiv auf die Herstellung von Produkten oder das Angebot von Dienstleistungen auswirken. Vieles deutet bereits heute darauf hin, dass die Informationsgesellschaft von einer Vielzahl unterschiedlicher Organisationsformen der Arbeit bestimmt sein wird. Auf diese Weise ist eine neue Form der Selbständigkeit im Begriff des Entstehens: "Die Verwischung des Unterschieds zwischen ›intern‹ und ›extern‹ relativiert auch die Unterscheidung zwischen selbständigem Unternehmer, Angestellten bzw. Teilbetrieben eines Unternehmers."[843] Werner Dostal vom Institut für Arbeitsmarkt und Berufsforschung der Bundesanstalt für Arbeit prognostiziert zu Recht das Ende des Normalarbeitsverhältnisses: "Die Selbständigen sind die virtuellen Unternehmer, die in Virtual Corporations als Kleinunternehmer, Selbstangestellte, Einzelkämpfer auf allen Gebieten des Dienstleistungs- und Produktionsbereichs tätig werden."[844] Diese Heterogenität der Arbeitsformen stellt eine wesentliche qualitative Veränderung dar. Zum einen lassen sich so individuelle Lebensplanung und Arbeit leichter vereinbaren, andererseits sieht sich der Arbeitnehmer durch mangelnde rechtliche Absicherung und "scheinbarer Selbständigkeit" mit schwer abschätzbaren Risiken im Arbeitsverhältnis konfrontiert.[845] Achim Bühl spricht von einem "schutzlosen Nomaden auf der Datenautobahn"[846], und auch Ursula Engelen-Kefer spricht in ihren öffentlichen Äußerungen plastisch von "Wanderarbeitern im Cyberspace". Beide deuten damit bereits die Kehrseite dieser Entwicklung an.[847] Zwar wird sich unzweifelhaft die Freiheit der Arbeitnehmer vergrößern und das Arbeitsverhältnisse mehr und mehr individuellen Ansprüchen angepasst werden können, doch zugleich geht damit die Sicherheit eines festen Arbeitsverhältnisses verloren:

> "Der Zustand, ohne ›festen‹ Job zu sein, immer auf dem Sprung und auf der Suche nach Projekten, bei denen man seine Fähigkeiten einbringen kann, könnte in Zukunft zum Leitbild einer Flexibilisierung werden, die vor allem die ältere Generation auf der Strecke läßt. Das Leben des Selbständigen als eine Art Typus zwischen Unternehmer und Taglöhner wird durch positiv erfahrene Möglichkeiten einer flexibleren Gestaltung der Arbeitszeit einerseits und einem wachsenden Grad an Selbstausbeutung andererseits bestimmt sein."[848]

---

842 Joseph Brauner / Roland Bickmann, a.a.O., S.55. Vgl auch Financial Times 16.8.1993, S.8.

843 Peter Fischer, Die Selbständigen von morgen. Unternehmer oder Taglöhner? Frankfurt am Main 1995, S.120.

844 Ebd.

845 Rat für Forschung, Technologie und Innovation (Hrsg.), Informationsgesellschaft. Chancen, Innovationen und Herausforderungen. Feststellungen und Empfehlungen, Bonn 1995, S.50.

846 Achim Bühl, CyberSociety, a.a.O., S.226. Vgl. dazu auch J. Welsch, Zukunft der Arbeit: Neues Nomadentum oder auf dem Weg zum Wirtschaftsbürger. In: Gewerkschaftliche Monatshefte, Heft 11/1994, S.743ff.

847 Kurt van Haaren / Detlef Hentsche, Arbeit im Multimedia-Zeitalter, a.a.O., S.27. Dazu auch Stephen Doheny-Farina, a.a.O., S.95. Vgl. auch Die Lügen der Informationsgesellschaft. In: Chip 4/1996, S.52.

848 Achim Bühl, CyberSociety, a.a.O., S.223.

Darüber hinaus kommen politische Probleme hinzu. Wird das Normalarbeitsverhältnis mehr und mehr abgelöst, können erhebliche Konsequenzen für das System der Sozialversicherungen entstehen. Diese Entwicklung bedingt eine Anpassung der Steuer- und Sozialgesetzgebung.[849] Es verdeutlicht sich, dass in Zukunft Flexibilisierungsstrategien im Vordergrund stehen müssen, um Wettbwerbsfähigkeit zu erhalten. Dies eröffnet den Arbeitgebern die Möglichkeit zur besseren Kapazitätsauslastung und den Arbeitnehmern die Chance, Arbeit und persönliche Belange wie Kindererziehung, Weiterbildung etc. in Einklang zu bringen. Bilanzierend kann dargelegt werden, dass ohne eine umfassende Modernisierung des individuellen und kollektiven Arbeitsrechts diese neuen Formen der Arbeit nicht flächendeckend und nicht sozialverträglich zu verwirklichen sein werden.[850] Dies betrifft in erster Linie auch die verstärkte temporäre Beschäftigung. In den USA werden entsprechend diese Zuwachses temporärer Beschäftigung in erster Linie neue Formen der Arbeitsorganisation diskutiert. In der Vordergrund dieser Diskussion steht das Thema Telearbeit, auf das nachfolgend in einem eigenen Abschnitt eingegangen werden soll.

Abschließend soll an dieser Stelle auf eine Entwicklung hingewiesen werden, die eine kurze Würdigung verdient, auch wenn sie lediglich eine langfristige Tendenz darstellt. Jeremy Rifkin geht davon aus, dass zukünftig der soziale oder auch nonprofit-Bereich an Zuwachs gewinnen wird, denn hier werden die Menschen die gewonnene persönliche Zeit investieren, neue Verantwortlichkeiten übernehmen und ihrem Leben neuen Sinn verleihen. Zu erwarten ist nach Rifkin eine Verlagerung der Tätigkeiten auf den öffentlichen Sektor.[851] Rifkin geht sogar soweit, in gemeinnützigen Tätigkeiten eine grundsätzliche Alternative zu traditionellen Arbeitsverhältnissen zu sehen und spricht von einer "Economie Sociale".[852] Damit wäre dann auch die traditionelle Verknüpfung von Einkommen und Arbeit in der Auflösung begriffen. Staatliche Aufgabe wird es dann sein, diesen öffentlichen Sektor als Basis eines postmarktwirtschaftlichen Zeitalters zu fördern, indem etwa ein staatlich garantiertes Mindesteinkommen oder Sozialeinkommen gewährt wird.[853] Auch Wolfgang Müller-Michaelis, der ebenfalls den "Marsch durch die Sektoren"[854] proklamiert, sieht in den traditionell wirtschaftsfernen Lebensbereichen Bildung, Kultur, Sport und Unterhaltung, die er unter dem Begriff "weiße Wirtschaft" zusammenfasst[855], zukünftige Wachstumsfelder der Informationsgesellschaft.[856]

Das zentrale Konzept marktwirtschaftlichen Denkens, das Konzept des Mangels wird dann außer Kraft gesetzt und durch das neue Ideal des Überflusses ersetzt. Ante Pulic geht in seinen Ausführungen noch einen Schritt weiter und sieht als

---

849 Wolfgang Müller-Michaelis, a.a.O., S.58-60. Vgl. dazu auch Franz-Josef Radermacher, Zukunft der Arbeit. In: Andreas Dengel / Welf Schröter, a.a.O., S.22.

850 Kurt van Haaren / Detlef Hensche, Arbeit im Multimedia-Zeitalter, a.a.O.,S.17.

851 Jeremy Rifkin, Das Ende der Arbeit, a.a.O. S.161.

852 Ein von französischen Sozialwissenschaftlern in den 80er Jahren eingeführter Begriff. Vgl. nähere Ausführung Thierry Jeantet, La Modernisation de la France par L'économie Sociale, Paris 1986, S.78.

853 Erstmalig wurden diese Ideen in den USA 1963 vom *Ad Hoc Committee on the Triple Revolution* vorgebracht. Befürworter waren Ökonomen wie Robert Theobald, The Guranteed Income, New York 1967. Unerwartete Unterstützung bekam dieses Konzept vom neokonservativen Wirtschaftswissenschaftlern Milton Friedeman und seinem Konzept der negativen Einkommenssteuer. Sein Augenmerk galt dabei allerdings der Reform des staatlichen Wohlfahrtsystems. Vgl. International Labour Review Mai/Juni 1987, S.263. Dazu auch National Review 7 (3) 1967, S.239. Journal of Labor Economics, Januar 1993, Teil 2, S.280 und 287.

854 Wolfgang Müller-Michaelis, a.a.O., S.23.

855 Ebd. S.36/37.

856 Ebd. S.61-64. Müller-Michaelis gibt handfeste Beispiele für diese Entwicklung.

revolutionäre Veränderung die Tatsache, dass in der neuen Informationswirtschaft eine Demokratisierung des Eigentums durch die Machtverlagerung auf Wissen erfolgt, und sieht darin die Bewältigung des "Jahrhunderte lang anwesenden Antagonismus zwischen Arbeit und Kapital."[857] Eine gewagte und doch interessante Hypothese.

1 Neue Arbeitsformen in der Informationsgesellschaft: Die Telearbeit

Mit dem Eintritt in das Zeitalter der industriellen Revolution und den damit verbundenen Urbanisierungsprozessen erfolgte eine deutliche Trennung der Bereiche Arbeit und Wohnen. Durch die Entwicklung der Informations- und Kommunikationstechnologie ergibt sich Möglichkeit, diese strikte Trennung wieder aufzuheben, die umgekehrte Tendenz verdeutlicht sich: "One of the most powerful seductions of the net ist that it will take us back home. It will enable us to telecommute to work and will create ultra-accessible virtual schools."[858] Inzwischen ist es möglich geworden, viele Arbeiten aus den Betrieben auszulagern und bewusst von Arbeitskräften zu Hause vor dem Bildschirm erledigen zu lassen. Die Telearbeit tritt neben die herkömmliche Arbeitsform in festen Unternehmens- und Arbeitsplatzstrukturen.[859] Die wissenschaftliche Auseinandersetzung mit dem Thema Telearbeit ist überwältigend. Frühe Arbeiten betonen die Möglichkeit der Telearbeit vornehmlich bei Routinearbeiten, die in erster Linie die Weitergabe von Information betreffen. In jüngster Zeit hingegen wird Telearbeit gerade auch für fortgeschrittene, wissensintensive und hochqualifizierte Tätigkeiten in Betracht gezogen.[860] In diesem Zusammenhang geht es nunmehr um mobile Arbeitsplätze für Führungskräfte: "Ihr ›Arbeitsplatz‹ ist seltener der Schreibtisch im Büro als das Hotelzimmer, das Auto, der Zug, die Flughafen-Lounge, der Golfplatz oder das Kongresszentrum. Multimediageräte wie derzeit noch der Notebook-Computer mit Modem und künftig auch das UMTS-Handy machen diese ›Telearbeiter‹ sehr flexibel, was den Ort ihrer Tätigkeit betrifft."[861] Auch steht Telearbeit zunehmend im Kontext von Outsourcing-Strategien. Hochprofessionelle Tätigkeiten werden an externe Spezialisten weitergegeben, die über ein Intranet oder auch über Internet mit dem Kernunternehmen zu einem virtuellen Konzern zusammengefasst sind. Aber: Eine solche Organisation der Telearbeit ist kostspielig. Infolgedessen ist kein

[857] Ante Pulic, a.a.O. S.152.

[858] Stephen Doheny-Farina, a.a.O. S.88. Dazu auch Süddeutsche Zeitung vom 18.2. 1999.

[859] Werner Dostal, Telearbeit in der Informationsgesellschaft, Göttingen 1999, S.61ff. Sabine Raithel, Bisher noch ein schöner Traum: Telematic-Germany. In: Das Parlament Nr.33-34 9./16. August 1996. Dazu Siegfried Mandel, Ein Innovationspreis – und dann? Telearbeit bei der IBM. In: Kurt van Haaren / Detlef Hensche (Hrsg.), Multimedia, a.a.O., S.103-109. Beschreibung der praktischen Ausführung von ABA "Außerbetriebliche Arbeitsstelle in der Wohnung". Zur Untermauerung ebenso von Interesse: Projekt in Baden-Württemberg Welf Schröter, Online-Dienst TELEWISA. Paraxisbausteine virtueller Gewerkschaftsarbeit. In: Kurt van Haaren / Detlef Hensche, Arbeit im Multimedia Zeitalter, a.a.O., S.226ff. Vgl. auch Walter Riester, Auswirkungen der Informationstechniken auf die Arbeitswelt. In: Jörg Tauss, Johannes Kollbeck, Jan Mönikes (Hrsg.), a.a.O., S.897. Auch die meisten Kommissionen, die sich mit der Frage der Arbeitswelt in der Informationsgesellschaft beschäftigen, widmen sich in erster Linie der Telearbeit. Dies stellt eine erhebliche Reduktion des gesamten Sachgebietes dar.

[860] Beispiel: F.W. Newton, Australia's information landscapes. In: Prometheus, 11 (1), 1993, June, S.3-39. Dazu auch Handelsblatt vom 6./7. Oktober 2000, Vorreiter der Telearbeit sind die Führungskräfte. Telearbeit setzt sich langsamer durch als erwartet. Die Idee des mobilen Arbeitsplatzes für Führungskräfte verdrängt die Vision von der Massen-Heimarbeit.

[861] Handelsblatt 6./7. Oktober 2000

beachtenswerter quantitativer Anstieg damit verbunden, vielmehr ist von einer qualitativen Veränderung zu sprechen. Die derzeitigen Angaben über die Zahlen der Telearbeitsplätze in Deutschland weisen in der wissenschaftlichen Literatur eine hohe Diskrepanz auf, dort ist von 3000 bis zu ca. 150.000 die Rede.[862] Erwartet werden durch die Einführung von Telearbeitsplätzen betriebswirtschaftliche Produktivitätssteigerungen von bis zu 20%, sowie eine außerordentliche Zeit- und Kostenersparnis, die in der Bilanz einen beachtlichen Beitrag zur Wettbewerbsfähigkeit der Unternehmen bieten soll.[863] Trotz solcher Prognosen kann zum jetzigen Zeitpunkt kaum die Rede davon sein, dass sich Telearbeitsplätze verstärkt durchsetzen. Möglicherweise ist dies darauf zurückzuführen, dass sich die Implementierung von Telearbeit in bestehende organisatorische Firmenhierarchien als überaus schwieriger Prozess erweist.[864] Gerade mittelständische Firmen, die in der Wirtschaftsstruktur der Bundesrepublik dominieren, sind durch die Einführung von Telearbeitsplätzen mit erheblichen Kosten und zusätzlich mit rechtlichen Grauzonen konfrontiert, die abschreckend wirken[865]. Die optimistischen Aussagen aus den 70er und 80er Jahren haben sich nicht realisieren lassen. Dennoch gilt Telearbeit als Prototyp der Arbeit in der Informationsgesellschaft, und das Thema ist in den Betrieben präsent. Jeder fünfte Betrieb beschäftigt sich bereits mit Konzeptionen zur Einführung der Telearbeit. Eine Expertengruppe der Telekom hält in Deutschland bereits 2 Mio. Arbeitsplätze und 150.000 Firmen für telefähig. Das Fazit einer EU-Studie lautet, dass jedes dritte mittelständische Unternehmen Tele-Arbeitsplätze offerieren könnte, das entspricht etwa 9% der Arbeitsplätze. Allein in Deutschland gibt es mittlerweile (1999er Zahlen) 2,5 Millionen Telearbeiter. Die jährlichen Wachstumsraten seit Mitte der 90er Jahre bei 34 Prozent und damit deutlich höher als in anderen europäischen Ländern.[866] Zunehmend wird vom "electronic immigrant" gewarnt. Gemeint ist eine Person, die im eigenen Land bleibt und über eine große Distanz hinweg Telearbeit nachgeht.[867]
Diese neue Arbeitsform hat einen Anstoß zur Diskussion über die Dekollektivierung der Betriebsverfassungen gegeben. Die Auflösung des klassischen Betriebes etwa durch verstärkte Telearbeit, vor allem aber durch die Virtualisierung der Wirtschaftsabläufe, führt zu einer Auflösung der klassischen betrieblichen Interessenvertetung.[868]

---

[862] Futurion, Diskussionsforum 1, a.a.O., Dr. Dieter Vogel, S.166. Walter Riester gibt in einem persönlichen Gespräch im Juni 2000-3000 Arbeitsplätze an. Dazu auch: Das Parlament 48, Jahrgang, Nr. 40 vom 25. Septmeber 1998. Vgl. die Graphik auf S.8 des Textes. Vgl. dazu auch Werner B. Korte, Telearbeit. Ein Vorgeschmack auf die Arbeit der Zukunftln: Andreas Dengel / Welf Schröter (Hrsg.), a.a.O., S.77.

[863] Stefan Baron, Kurt E. Bedker, Hans Peter Schreibner, Die Informationsgesellschaft im Neuen Jahrtausend. Futurion Kongress, Diskussionsforum I, a.a.O., S.166.

[864] Penelope Schoeffel, Alison Loveridge, Carl Davidson, Telework: issues for New Zealand, Prometheus 11 (1), Juni 1993, S.49-60.

[865] Vgl. dazu Werner Dostal, Telearbeit in der Informationsgesellschaft, Göttingen 1999, S.97ff.

[866] Werner B. Korte, Wer hat Angst vor Telearbeit? Niemand! Wenn Sie aber kommt dann laufen wir!. In: http://www.symposion.de/telearbeit/tele_01.htm vom 15.6.2002. Vgl. Dazu auch W. B. Korte / Ch. Flüter-Hoffmann / R.Kowitz, Report Telearbeit. Wie man sie einführt und als Innovationsmotor nutzt., Düsseldorf 2000.

[867] Virgil L.P. Blake / Thomas T. Suprenant (1990) Electronic immigrants in the information age: some policy considerations. In: The Information Society, 7, S.233-244. Dazu auch William Martin, The global information society, a.a.O., S.122.

[868] Die Gewerkschaften, welche zu den klassischen Elementen der Industriegesellschaft zählen, sind von ihrer Struktur und der Anlage ihrer Interessensvertretungspolitik durch die Krise des fordistischen Produktionstypus ebenso gefährdet. Es droht klassische Arbeiter abhanden zu kommen, auch der Begriff des Betrieb unterliegt Veränderungen. Ansätze zur Veränderung der Gewerkschaftsarbeit werden beschrieben in: Kurt van Haaren / Detlef Hensche, Arbeit im Multimedia Zeitalter, Hamburg 1997 S.20-21.

"Die Strukturen der neuen Arbeitswelt untergraben nicht nur die kollektiven Systeme der Arbeitsregulierung, sie bedrohen auch deren Akteure. Vor allem Gewerkschaften gehören zu den Organisationen, deren Existenz in der Informationsgesellschaft unterminiert wird. Sie laufen Gefahr, dramatisch an Bedeutung und Durchsetzungskraft zu verlieren. Denn: Gewerksschaften sind in einer Arbeiswelt entstanden und gewachsen, deren Beschaffenheit sich grundlegend ändert und dem Untergang geweiht ist."[869]

Die Gewerkschaften müssen ihren Organisationsanspruch über den klassischern Typus des Arbeitnehmers hinaus auf die neuen Varianten faktisch abhängiger Erwerbsarbeit ausdehnen.[870] Ein virtueller Betrieb kann sich über mehrere Länder, Kontinente und Zeitzonen erstrecken. Damit werden nationalstaatliche, arbeits- und sozialrechtliche Grundlagen ad absurdum geführt. Die Definiton des Betriebsbegriffs muss überdacht werden; muss sich künftig eher an funktionalen Arbeits-zusammenhängen denn an der lokalen Zusammenfassung von Arbeitnehmern orientieren.[871] Hinzu treten telespezifische Rechtsprobleme im Individualarbeitsrecht, im Arbeitsschutz, in der Haftung, im Datenschutz und in der Gleichbehandlung.[872]
Das United States Census definiert einen Telearbeiter "as one who worked at home on an income-producing job for at least 8 hours a week."[873] Telearbeit ist demnach eine Arbeitsform der bezahlten Arbeit, welche überwiegend in räumlicher Distanz zum Betrieb des Arbeit- bzw. Auftraggebers und in räumlicher Nähe zum Wohnort des Telearbeiters, unter Nutzung moderner Informations- und Kommunikationstechnik verrichtet wird. [874] Die Mitarbeiter sitzen an einem externen Arbeitsplatz, die Arbeitsergebnisse gelangen in Form von Datenpaketen in das Unternehmen. Was das Arbeitsverhältnis betrifft, ist das normale Angestelltenverhältnis ebenso denkbar, wie die freie Mitarbeit. In der Analyse der realiter praktizierten Form von Telearbeit kann festgestellt werden, dass gegenwärtig die Form der *alternierenden Telearbeit* dominiert. Bill Gates bezeichnet diese Personen als „Telependler".[875] In vielen Fällen wird Telearbeit nämlich nicht vollständig außerhalb des Betriebes, sondern mit wechselnden Abständen auch im Betrieb selbst erbracht. Langfristige Folge dieser Entwicklung ist die sogenannte "neue Selbständigkeit".[876] Telearbeit ist demnach nicht automatisch mit Heimarbeit gleichzusetzen, sie kann auch in sogenannten "workcentres" stattfinden. Tom Forester stellt heraus, dass vergleichsweise nur ein geringer Anteil der Telearbeiter tatsächlich im privaten Bereich arbeitet.[877] Robert Wagner spricht in diesem

869 Johann Welsch, Revolution der Informationsarbeit. In: Kurt van Haaren / Detlef Hensche (Hrsg.), Arbeit im Multimedia-Zeitalter. Die Trends der Informationsgesellschaft, Hamburg 1997, S.125.

870 Der DPG ist hier eine Ausnahme.

871 Das neue Betriebsverfassungsgesetz führt vor Augen, dass diese Veränderungen in derPolitik noch keinen Niederschlag gefunden haben. Die notwendige Flexibilisierung bleibt aus.

872 Um den Rahmen dieser Arbeit nicht zu sprengen, können diese weitreichenden Probleme aus forschungspragmatischen Gründen nicht gesondert diskutiert werden.

873 Nach dieser Definition befänden sich augenblicklich 23 Millionen Telearbeiter in den Vereinigten Staaten.

874 Johann Welsch, Die Revolution der Informationsarbeit. In: Kurt van Haaren / Detlef Hensche (Hrsg.), Arbeit im Multimedia-Zeitalter. Die Trends der Informationsgesellschaft, Hamburg 1997, S.123. Einschränkend soll hier erwähnt werden, dass es keine allgemeingültige und anerkannte Definition von Telearbeit gibt. Vgl. Werner Dostal, Telearbeit in der Informationsgesellschaft, Göttingen 1999, S.64ff.

875 Bill Gates, Der Weg nach vorn. Die Zukunft der Informationsgesellschaft, Hamburg 1995, S.222.

876 Vgl. dazu auch J. Gutmann (Hrsg.), Flexibilisierung der Arbeit. Chancen und Modell für eine Mobilisierung der Arbeitsgesellschaft, Stuttgart 1997.

877 Tom Forester, The electronic cottage revisited: towards the flexible workstyle. In Urban Futures 2 (1), Special Issue 5, S.27-33.

Zusammenhang von der Entstehung sogenannter *Satalite Offices, Telehäuser* oder speziellen Räumen, in denen außerbetrieblich Arbeitsplätze speziell für Telearbeiter eingerichtet werden, die dann entsprechend projektbezogen beauftragt werden können.[878] Bei der Telearbeit oder auch elektronischen Fernarbeit können im Grunde drei gegeneinander abgrenzbare Hauptformen unterschieden werden:[879]

- Arbeitsplätze außerhalb der Firmen mit regulärem Arbeitnehmerstatus
- Heimarbeitsplätze nach dem Heimarbeitsgesetz
- Werk- oder Dienstverträge mit selbständigen Auftragnehmern.

Noch läßt Telearbeit, deren Bedeutung sich sehr häufig im Kontext betrieblicher Rationalisierungsoffensiven zeigt, einige Fragen offen. Unklar ist die psychologische Situation der Telearbeiter. Zwar werden immer wieder die positiven Auswirkungen, wie etwa die Vereinbarkeit von Beruf und Familie betont:

> "Alle Befragten (12 Frauen und 26 Männer) bewerteten dieAuswirkungen des häuslichen Arbeitsplatzes auf ihre Arbeit äußerst positiv. Vier von fünf gaben an, zu Hause ungestörter und effizienter arbeiten zu können als im Betrieb, und fast zwei Drittel glauben, daß sie in den eigenen vier Wänden auch produktiver sind. Als Hauptursache dafür nannte man die Möglichkeit zu konzentrierter Arbeit und die Anpassung desArbeitsrhythmus an die eigene Leistungskurve. Allerdings meinte die Hälfte der Befragten, daß mit einer freieren wahl der Arbeitszeit auch ein höheres Maß an Selbstdiziplin notwendig sei, wobei dies aber nicht als Belastung erlebt wurde."[880]

Andererseits wird aber auch die Gefahr der Isolation diskutiert.[881] Jeremy Rifkin etwa spricht von der Entstehung des "High-Tech-Streß".[882] In Japan hat die Belastung der Mitarbeiter bereits einen eigenen Begriff erhalten. "Karoshi" bezeichnet einen Zustand fortdauernder psychischer Belastung durch die Arbeitsweise und subsumiert chronische Überarbeitung und körperliche Ermüdung.[883]

---

878 Robert Wagner, Die Informationsgesellschaft. Chancen für eine neue Lebensqualität am Beginn des 3. Jahrtausend, Münster 1995, S.59.

879 Herbert Kubicek, Arno Rolf, Mikropolis. Mit Computernetzen in die ›Informationsgesellschaft‹, Hamburg 1985, S.285. Genauere Ausführungen der einzelnen Arten bei Günther Streit, Computer und Informatisierung der Gesellschaft, Frankfurt/M., Berlin, Bern 1993, S.179-182. Kurt van Haaren geht differenzierter vor und verweist darauf, dass aus rechtlicher Sicht mehrere Formen zu unterscheiden sind: zwischen Betrieben und Betriebsteilen, in der Privatwohnung des Arbeitnehmers, alternierend im Betrieb und in der Privatwohnung, im Nachbarschafts- und Satellitenbüro, in mobiler Tätigkeit. In näherer Ausführung, Kurt van Haaren, Leitbilder einer sozialen Informationsgesellschaft. In: Jörg Tauss, Johannes Kollbeck, Jan Mönikes, Deutschlands Weg in die Informationsgesellschaft, a.a.O., S.925-926.

880 John Bordeaux, Sabine Dutz, In eigener Regie. Stand und Zukunft der Telearbeit, in: c't 8/1994, S.47. Zu Vor- und Nachteilen der Telearbeit. Vgl. auch Günther Streit, a.a.O, S.182. Dazu auch Robert Wagner, Die Informationsgesellschaft. Chancen für eine neue Lebensqualität am Beginn des 3. Jahrtausends, Münster 1996, S.61.

881 Dies kann die Verfasserin dieser Arbeit bestätigen, die von April bis Dezember 1999 für den Bundesverband Junger Unternehmer projektbezogen als Telearbeiterin tätig war. Der Unterschied zur Integration in den Unternehmensablauf ist gravierend. Hervorzuheben ist nicht nur das Zurückgeworfen sein auf sich selbst, sondern vor allem ein Informationsdefizit, mit dem man sich permanent konfrontiert sieht. Dieser Aspekt des Informationsdefizits infolge mangelnder Präsenz im Unternehmen ist ein Aspekt, der in der Bewertung von Telearbeit häufig übersehen wird.

882 Jeremy Rifkin, Das Ende der Arbeit, a.a.O., S.128.

883 Vgl. Martin Kenney / Richard Florida, Beyond Mass Production: The Japanese System and its Transfer to the U.S., New York 1993, S.265. Vgl. auch Washington Post, 28.3.1993.

2 *Neue Arbeitsorgansation in der Informationsgesellschaft: Das Virtuelle Unternehmen*

In der Beschreibung der Veränderung der Arbeitsorganisation wurde bereits auf die Entstehung virtueller Unternehmen hingewiesen. Virtuelle Unternehmen sind in erster Linie Ausdruck dafür, dass die Organisation der Wissensarbeit anders verläuft als die industriell dominierter Arbeit. Die vorangegangenen Ausführungen haben dies anschaulich vor Augen geführt. Es hat sich gezeigt, dass sich ein neues Wertschöpfungssystem entwickelt hat, dessen Basis Information und Wissen ist. Kernpunkt der Transformation ist eine Änderung dahingehend, dass der Anteil der im Produkt enthaltenen Rohstoffe rückläufig ist, während die mit dem Produkt verbundene Information zunimmt. "In der neuen Informationswirtschaft dominiert das Nichtmaterielle in allen Formen: vom Geld bis zum Markt, vom Marketing bis zum Verbrauch."[884] Der Bedarf an Kapital, Arbeit und Energie wird reduziert, entscheidender Faktor des Erfolges ist Information, Wissen und Know-How. Vergleicht man dies mit der klassischen Industrietätigkeit, wird offensichtlich, dass die bisherige Wirtschaftstätigkeit vornehmlich auf die Produktion ausgerichtet war, während sich die moderne Wirtschaftsorientierung überwiegend auf die Transformation der Information stützt. Somit entsteht ein neues System der Wertschöpfung. Es

> "liegt das wesentliche der jetzigen Wirtschaftstätigkeit nicht mehr in der Ware, sondern in der Informationsmenge, die einer Verarbeitung bedarf, um erfolgreich realisiert zu werden. In diesem Prozess hat die entscheidende Rolle die kreative Arbeit des Menschen (...) Aus der modernen Geschäftsabwicklung geht hervor, dass man die Informationsprozesse in den Unternehmen verfolgen muss, weil sie heute die vorherrschende Aktivität in der Wertschöpfung darstellen."[885]

Das Ergebnis ist ein qualitativ neues Wirtschaftssystem mit neuen zusätzlichen wirtschaftlichen Gesetzmäßigkeiten.[886] Dies bleibt nicht ohne Einfluss auf die Formen der Unternehmens- und Arbeitsorganisation. Unternehmen müssen sich zu wissenserzeugenden Unternehmen verändern.[887] Durch die Anwendung global existierender Informations- und Kommunikationstechnologien ist auf breiter Front die Möglichkeit für transnationale Unternehmen[888] gegeben, ihre wirtschaftlichen Operationen weltweit zu gestalten. Die globale Unternehmensvernetzung macht Entwicklung, Produktion, Vertrieb und Distribution ortsunabhängig, Standorte sind damit dynamisch geworden.[889] Maßgebliche Bedeutung hingegen hat Innovation im Unternehmen gewonnen. Entwicklungszeiten sind zu einer wettbewerblichen Schlüsselgröße geworden. Auch kleinere und mittlere Unternehmen erhalten zu niederigen Kosten Zugang zu den neuesten wissenschaftlichen Erkenntnissen und Technologien.

---

884 Ante Pulic, Elemente der Informationswirtschaft jenseits von Smith und Keynes, Wien, Köln, Weimar 1993, S.161.

885 Ebd., S.175-176.

886 Ebd., S.159.

887 Ebd., S.215f.

888 Andreas Dengel / Welf Schröter (Hrsg.), Flexibilisierung der Arbeitskultur. Infrastruktur der Arbeit im 21. Jahrhundert, Mössingen Talheim 1997, S.8.

889 SZ-Serie: Die Gegenwart der Zukunft. Lester Thurwo, Kolumbus irrte richtig. Die Zukunft des Kapitalismus: Fünf Gründe, warum sich die Welt im Wandel befindet. In: Süddeutsche Zeitung 13./14. Februar 1999.

Als Unternehmen der Zukunft wird das sogenannte *Virtuelle Unternehmen* gehandelt.[890] Virtuelle Unternehmen weisen eine erhöhte Produktionsflexibilität auf und ermöglichen eine "individualisierte Massenproduktion".[891] Gemeint ist mit diesem paradox anmutenden Begriff, dass VU in der Lage sind ihre Wertschöpfung durch zwei Faktoren zu erzielen: enge Orientierung an Kundenbedürfnissen und schnelle Reaktionsfähigkeit. Die Virtualität der Unternehmensstruktur führt zu gänzlich neuen Organisationsstrukturen.[892] Die Projektorganisation wird, wie bereits die Projektarbeit in der Arbeitsorganisation, zum Standard der Unternehmensorganisation. Die klassische funktionelle oder divisionale Aufbauorganisaton wird dadurch abgelöst. Es handelt sich um eine äußerst flexible Form der Wertschöpfung die mit standardisierten Arbeitszeiten nicht kompatibel ist. Die Unternehmen der Zukunft bestehen aus kleinen Kernbelegschaften, in denen Entscheidungen relativ autonom getroffen werden.[893] *Collaborative Engineering* macht es dabei möglich, dass rund um den Globus verteilte Teams 24 Stunden am Tag Projektarbeit verrichten. VU entziehen auf diese Weise nationalstaatlichen Grundlagen, etwa im Arbeitsrecht, den Boden und führen zu Veränderungen in den internationalen Wirtschaftsbeziehungen.

> "Eine globale Neuverteilung der Produktivkraftstrukturen sowie der Arbeit ist keinesfalls ausgeschlossen, neue globale Segmentierungen könnten die Folge eines solchen Prozesses sein. Der Standort als eine entscheidende Größe im Industriezeitalter spielt bei virtuellen Unternehmen keine Rolle mehr."[894]

Definitionsversuche einer virtuellen Firma sind meist außerordentlich eingeschränkt und werden der Vielseitigkeit dieser Unternehmen nur bedingt gerecht, da virtuelle Unternehmen Arbeit nicht in Form von Arbeitsplätzen organisieren, sondern in Form wechselnder Arbeitsaufgaben mit klaren Terminvorgaben:

---

890 Eine Definition, die auch den unterschiedlichen Ausprägungen Rechnung trägt ist zu finden bei Josephine Hofmann, Virtuelle Unternehmensstrukturen. In: Andreas Dengel / Welf Schröter (Hrsg.), Flexibilisierung der Arbeitskultur, a.a.O., S.86ff.

891 Johann Welsch, Die Revolution der Informationsarbeit. In: Kurt van Haaren / Detlef Hensche (Hrsg.), Arbeit im Multimedia-Zeitalter. Die Trends der Informationsgesellschaft, Hamburg 1997, S.118. Gemeint ist damit die Befriedigung individueller Kundenwünsche unter Beibehaltung der Kostenvorteile der Massenproduktion. Dazu auch Handelsblatt, Beilage zur Hannover Messe 2000 vom 15. März 2000, Virtuelle Produktion und digitale Fabriken. Ressourcen für Aufgaben und Zeit bündeln.

892 Beispiele für konkrete Veränderungen finden sich bei Thomas W. Malone, Robert J. Laubacher, The Dawn of the E-Lance Economy. In: August-Wilhelm Scheer / Markus Nüttgens (Hrsg.), Electronic Business Engineering. 4. Internationale Tagung Wirtschaftsinformatik 1999, Heidelberg 1999, S.13-24, konkret S.18ff. Vgl. auch Markus Rittenbruch / Helge Kahler / Armin B. Cremers, Unterstützung von Kooperation in eine virtuellen Organisation. In: August-Wilhelm Scheer / Markus Nüttgens (Hrsg.), Electronic Business Engineering 4. Internationale Tagung Wirtschaftsinformatik 1999, Heidelberg 1999, S.585-604, insbesondere S.586-588. Auf eine Gegenposition weisen Britta Schinzel und Nadja Parpart hin. Britta Schinzel / Nadja Parpart, Technische und wirtschaftliche Probleme des Informationstechnik-Einsatzes. Eine Einführung. In: Britta Schinzel (Hrsg). Schnittstellen. Zum Verhältnis von Informatik und Gesellschaft, Braunschweig/Wiesbaden 1996, S.123.

893 Dieter Schweer, Columbus Digital, Die Organisationsformen und Strukturen in den Unternehmen werden sich bald radikal ändern. Die Grosse Chance fürs Management. In: Stefan Baron, Kurt E. Bedker, Hans Peter Schreibner, Die Informationsgesellschaft im Neuen Jahrtausend. Futurion Kongress Wirtschaft und Gesellschaft im neuen Jahrtausend in Zusammenarbeit mit der Universität Witten-Herdecke, a.a.O., S.61. Vgl. auch Wirtschaftswoche Nr. 6, Februar 1996.

894 Achim Bühl, CyberSociety, a.a.O., S.226. Dazu auch Siegmar Mosdorf, Digitale Revolution führt zur globalen Wirtschaft. In: Das Parlament 48. Jahrgang/Nr.40 vom 25. September 1998.

"The virtual corporation is a temporary network of independent companies – suppliers, customers, ... – linked by information technology to share skills, costs, and access to one another's markets. It will have neither central office nor organization chart. It will have no hierarchy, no vertical integration (...), In the concept's purest form, each company that links up with others to create virtual corporation will be stripped to its essence. It will contribute only what it regards as its core competentcies."[895]

Diese Definition von VU ist äußerst eng gefasst. Der Prozess der Virtualisierung eines bereits bestehenden Unternehmens wird dabei gänzlich außer Acht gelassen. Damit kann diese Definition zwar Anhaltspunkt für ein besseres Verständnis sein, umfasst aber nicht alle Facetten der Virtualisierung von Unternehmen. Achim Bühl zeigt hingegen in seiner Definition einen ausgesprochenen Facettenreichtum und entspricht damit weitaus mehr den realen Begebenheiten:

"Ein virtuelles Unternehmen kann dabei sehr unterschiedlich beschaffen sein:

Es kann fast ausschließlich virtueller Natur sein
Es kann ein reines Unternehmen auf Zeit über Unternehmensgrenzen hinweg darstellen
Es kann virtuelle Strukturen von Projekt zu Projekt ausbilden
Es kann auf Dauer räumlich gebundene Firmentätigkeiten mit Telearbeit verbinden
Es kann Dienstleistungen virtuell über weltweite Netze anbieten."[896]

Virtuelle Unternehmen zeichnen sich dadurch aus, dass in ihnen nur wenig fest angestellte Mitarbeiter tätig sind, in der Mehrzahl handelt es sich um Projektarbeiter. Dadurch sind Einsparungen im Bereich Miete, Personalkosten und Sozialabgaben möglich. Diese Entwicklung kommt den betriebswirtschaftlichen Rationalisierungsabsichten der Firmen weitgehend entgegen. Bühl geht allerdings zu weit, wenn er die Virtualisierung betrieblicher Unternehmen vornehmlich als Rationalisierungsprozess versteht, in dessen Verlauf betriebliche Aufgabenstellungen zunehmend von virtuellen Teams auf Kosten der Stammbelegschaft bewältigt werden. Er vergisst dabei, dass die Virtualisierung von Betriebsabläufen wesentliche Voraussetzung für die Wettbewerbsfähigkeit der Firmen ist. Spezialisierte Telearbeiter stellen für sich gesehen im Grunde "unsichtbare Ad-hoc-Unternehmen"[897] dar. Infolgedessen werden auch neue Formen der Arbeitsbewertung generiert. Statt einer Orientierung an definierten Arbeitsaufgaben und einer Entlohnung durch Bemessung des Inputs bzw. der aufgewendetetn Arbeitszeit wird künftig vielmehr das Arbeitsergebnis als vorherrschender Entlohungsfaktor für Informations- und Wissensarbeit maßgeblich sein.[898] Deutlich feststellbar ist, dass das Thema "Innovative Entlohnungsmodelle" an Bedeutung gewinnt.[899]

---

895 Hervorhebung durch den Verfasser. John A Byrne / Richard Brandt / Otis Port, The Virtual Corporation. In: Business Week vom 8.2.1993, S.36-40, hier S.38.

896 Achim Bühl, Cyber Society, a.a.O., S.216.

897 Ebd., S.217.

898 Johann Welsch, Die Revolution der Informationsarbeit. In: Kurt van Haaren / Detlef Hensche (Hrsg.), Arbeit im Multimedia-Zeitalter. Die Trends der Informationsgesellschaft, Hamburg 1997, S.122.

899 Vgl. dazu die Veröffentlichung der Arbeitsgemeinschaft Selbständiger Unternehmer (ASU) zum Thema Innovative Entlohnungsmodelle. In diesen Bereich fällt auch die Diskussion um die Besteuerung der Aktienoptionen. Vgl. Wirtschaftswoche Nr. 25 vom 15. Juni 2000.

Die bislang bekannte Dreiteilung des Lebens in eine Ausbildungszeit, eine Arbeitszeit und eine Pensionszeit wird sich in Folge dieser gesamten Entwicklung lockern.[900] Die Grenzen zwischen Arbeitszeit und Freizeit verschwimmen; bereits 1990 hat Wolfram Engels darauf hingewiesen, dass die Zeitsouveränität selbst dadurch zunimmt.[901] Reinhard Sprenger hebt eine weitere qualitative Veränderung hervor, indem er von der Epochentendenz "Abdanken der Raumordnung"[902] spricht. Die Bedeutung der geographischen Nähe zu großstädtischen Dienstleistungszentren sinkt, die Unterschiede zwischen städtischen und ländlichen Regionen verlieren an Relevanz. Damit wirkt sich die räumliche Verteilung nicht nur auf die Unternehmensorganisation aus, sondern betrifft gerade auch Veränderungen in Ballungsräumen. Die elektronische Post und gleichzeitige Darstellung von Dokumenten erleichtert Terminabsprachen, Präsentationen und Konferenzplanungen. Auch Videokonferenzen mit gleichzeitiger Dokumentdarstellung, also synchrone Echtzeitdarstellungen, gehören zum Geschäftsalltag. All diese elektronischen Neuerungen – e-mail, Dokumentenkonferenzen, Videokonferenzen – sind Mittel zur Überwindung räumlicher Trennung.[903] An Bedeutung gewinnt auf diese Weise der virtuelle Raum.[904] Damit ist deutlich eine Individualisierung der Arbeitsverhältnisse und eine Pluralisierung der Arbeitsräume festzustellen. Arbeitskraft entwickelt sich zum Bedarfsprodukt. Verbunden ist damit eine Auflösung der Unterscheidung von Beschäftigungsverhältnis und Selbstständigkeit. Es folgt die "Entbetrieblichung d er Arbeitswelt."[905] Zu erwarten ist ein wettbewerbsintensiver Markt im Beratungsbereich.[906] Die durchschnittliche Mitarbeiterzahl wird in vielen Firmen gegenüber heute sinken, Aufgaben und eine Reihe von Fuktionen werden sowohl strukturell als auch räumlich verteilt werden.[907] Umstrukturierungen betreffen aber nicht nur Informationsflüsse innerhalb eines Unternehmens, sondern auch die Grenzen zwischen dem Unternehmen und seinen Kunden und Lieferanten. Im Internet sind Produktionsinformationen abrufbar, die auf lange Sicht gesehen auch eine synchrone Verbindung zwischen Anbieter und Käufer ermöglichen soll.[908] Auch die industriellen Organisationsformen sind auf dem Weg zur Dezentralisierung und bieten dadurch die zunehmende Möglichkeit der Identifikation des Menschen mit seiner Arbeit, da die Zusammenarbeit flexibler und intensiver wird. Das Tayloristische Organisationsmodell der Industriegesellschaft hat ausgedient. Informationsgeschwindigkeit und Informationsmanagement werden zu einem strategischen Erfolgsfaktor.[909] Auf diese Weise kann Wettbewerbsfähigkeit stabilisiert werden, denn „die neue Devise heißt `Nicht´ die Großen fressen die

---

900 Wolfram Engels, Über den Einfluß der Informations- und Kommunikationstechik auf die Wirtschaftsentwicklung und Wirtschaftsstruktur. In: Ders., Arbeit und Einkommensverteilung in der Informationsgesellschaft der Zukunft, Heidelberg 1990, S.58.

901 Ebd., S.59.

902 Stefan Baron, Kurt E. Bedker, Hans Peter Schreibner, Die Informationsgesellschaft im Neuen Jahrtausend. Futurion Kongress, Diskussionsforum I, a.a.O., S.168-170.

903 Bill Gates, Der Weg nach vorn. Die Zukunft der Informationsgesellschaft, Hamburg 1995, S.220.

904 Achim Bühl, Cyber Society, S.217.

905 Kurt van Haaren / Detlef Hensche, Arbeit im Multimedia-Zeitalter, a.a.O., S.28. Den gleichen Ausdruck für dieses Phänomen nutzt auch Welf Schröter, Virtuelle Arbeitsformen und die Flexibilisirung des industriellen Prinzips. In: Andreas Dengel / Welf Schröter, Flexibilisierung der Arbeitskultur, a.a.O., S.123.

906 Handelsblatt vom 24. August 2000, Gedichte für die New Economy.

907 Bill Gates, Der Weg nach vorn, a.a.O., S.224.

908 Ebd. S.215.

909 Zahlreichen Fallbeispiele bei Gilbert Probst / Steffen Raub / Kai Romhardt, Wissen managen, Wiesbaden 1998.

Kleinen, sondern die Schnellen die Langsamen`".[910] Der reibungslose Informationsfluss liegt im Interesse eines jeden Unternehmens, Wissensmanagement wird zum Schlüsselbegriff der unternehmerischen Tätigkeit und bedingt Effizienz, Wachstum und schließlich Gewinn[911]: "Wie man Informationen sammelt, verwaltet und verwendet, wird darüber entscheiden, ob man zu den Gewinnern oder Verlierern gehört".[912] Bill Gates umschreibt dies mit dem treffenden Begriff des "digitalen Nervensystems" eines Unternehmens.

> "Das digitale Nervensystem – das unternehmerische, digitale Äquivalent zum menschlichen Nervensystems, das für einen einheitlichen Informationsfluß zur richtigen Zeit an die richtige Stelle innerhalb der Organisation sorgt. Es besteht aus den digitalen Prozessen, die es einem Unternehmen ermöglichen, die jeweiligen Gegebenheiten zu erkennen und entsprechend darauf zu regieren, Herausforderungen durch Konkurrenten frühzeitig wahrzunehmen und den Bedürfnissen der Kunden rechtzeitig nachzukommen. Ein digitales Nervensystem erfordert eine Kombination von Hardware und Software; es unterscheidet sich von einem reinen Computernetzwerk dadurch, daß es seinen Benutzern unmittelbar genaue und vielfältige Informationen liefert. Dadurch erhalten die Mitarbeiter Einblick in die Zusammenhänge und sind auf eine Weise zur Zusammenarbeit fähig, die ohne diese Informationen nicht möglich wäre."[913]

Der Aufbau dieses digitalen Nervensystems ist der Schritt zum papierlosen[914], mitarbeiterorientierten[915] Geschäftsablauf.[916] Bezüglich der Unternehmensstrukturen ist damit deutlich ersichtlich, dass die zukünftige Unternehmensorganisation im Grunde aus Netzwerken einzelner Organisationseinheiten bestehen wird.[917]
Derzeit zeichnet sich die Tendenz ab, dass die Zahl der virtuellen Firmen weiter ansteigen wird, wobei auch einbezogen werden muss, dass insbesondere Großunternehmen ihre firmeninternen Abläufe infolge von globalen Zusammenschlüssen ebenfalls weiter virtualisieren. In enger Verbindung mit dieser Entwicklung steht, dass die Beschäftigten mit neuen Anforderungen konfrontiert werden, die nicht zuletzt Qualifikationsveränderungen erfordern.[918]

---

910 Joseph Brauner / Roland Bickmann, Die multimediale Gesellschaft, Frankfurt am Main, S.59.

911 Als herausragendes Beispiel gilt General Motors. Beschreibung in Bill Gates, Digitales Business. Wettbewerb im Informationszeitalter. München 1999, S.28ff. Zum Begriff des Wissensmanagements Heinz Mandl / Gabi Reinmann-Rothmeier. In: Christa Maar / Claus Leggewie (Hrsg.):Internet & Politik. Von der Zuschauer- zur Beteiligungsdemokratie, o.O., o.J, S.389-399.

912 Bill Gates, Digitales Business, a.a.O., S.23 Vgl. auch S.257ff.

913 Ebd. S.15/16. Gestützt durch Beispiele aus der Praxis von Microsoft und anderen Unternehmen, führt Bill Gates in diesem Buch vor Augen, wie ein digitales Nervensystem funktioniert und wie alle Geschäftsprozesse vereint werden können. Des weiteren werden praktische Hinweise zur Etablierung eines digitalen Nervensystems im Unternehmen gegeben.

914 Ebd., S.59ff. Unter dem Begriff des "papierlosen Büros" wird der vollkommen digitalisierte Arbeitsplatz verstanden. Der Begriff geht auf das Jahr 1973 zurück. Bis heute ist die Realisierung des papierlosen Büros nicht eingetreten. Als herausragendes Beispiel der ersten Schritte in diese Richtung gilt die Xerox Corporation.

915 Ebd. S.38.

916 Vgl. dazu Innovationsoffensive Office 21. Zukunft der Arbeit. Fraunhofer Instituts für Arbeitswirtschaft und Organisation. Vgl. auch Office Management 10/1998. Office Management 1/1999. Office Design 02/1998. Computerwoche Spezial 2/1989. Berliner Zeitung vom 3./4. Januar 1998. http: //www.office21.de.

917 Vgl. dazu die Ausführungen von Manuel Castell, Der Aufstieg der Netzwerkgesellschaft. Teil 1 der Trilogie: Das Informationszeitalter, Opladen 2001, S.191ff.

918 Johann Welsch, Die Revolution der Informationsarbeit. In: Kurt van Haaren / Detlef Hensche (Hrsg.), Arbeit im Multimedia-Zeitalter, a.a.O. S.122.

"Im Gegensatz zu allen früher geäußerten Befürchtungen hat der Fortschritt der Technik nicht dazu geführt, daß die Arbeit dequalifiziert wird, sondern gerade umgekehrt: daß nur noch die qualifizierte Arbeit übrigbleibt."[919]

Dies legt einen weiteren, verstärkten Veränderungsdruck auf das Bildungs- und vor allem Weiterbildungssystem offen. Zugleich ist die Virtualisierung der Wirtschaftsabläufe ein Impuls für eine weitere qualitative Veränderung innerhalb der ökonomischen Bedingungen. Richtet man den Blick weg von der Thematik der Unternehmens- und Arbeitsorganisation, hin zu den marktbezogenen wirtschaftlichen Abläufen, zeigt sich sehr schnell die Entwicklung eines neuen elektronischen Marktes. Elektronische Märkte bilden die auf Informations- und Kommunikationstechnologien basierende "New Economy".[920]

c Qualitative Veränderung des Marktgeschehen: „E-Business“

Als Adam Smith den Marktbegriff untersuchte[921], erläuterte er, dass in dem Augenblick, in dem jeder Käufer die Preise jedes Verkäufers kennen würde und jeder Verkäufer wüßte, was jeder Käufer zu zahlen bereit wäre, jeder Marktteilnehmer vollkommen begründete Entscheidungen treffen könnte und die Ressourcen der Gesellschaft optimal verteilt würden. Heute wird dies mit dem Begriff der Markttransparenz bezeichnet. Die neuen Informations- und Kommunikationsmöglichkeiten schaffen nun erstmals weltweit die von Adam Smith geforderte Markttransparenz.[922]

„Weltweit verteilte Server werden Angebote entgegennehmen, Geschäfte rechtsgültig machen, Berechtigungen und Sicherheiten prüfen und sich um das ganze übrige Marktgeschehen, einschließlich der Geldüberweisung, kümmern. Damit werden wir in eine neue Wirtschaftswelt eintreten, einen Kapitalismus mit geringer Reibung und niedrigen Gemeinkosten, mit einem überreichen Angebot an Marktinformation und bescheidenen Transaktionskosten. Es wird ein Paradies für Konsumenten sein.“[923]

---

919 Wolfram Engels, Entwicklungstendenzen der Industriegesellschaft. In: Ders. (Hrsg.), Arbeit und Einkommensverteilung, a.a.O., S.8. Zur gleichen Ansicht gelangt Hans H. Barth, Technischer Fortschritt, Wirtschaft und Arbeitsmarkt. Perspektiven auf mittlere Sicht. In: Wolfram Engels (Hrsg.), Arbeit und Einkommensverteilung, a.a.O., S.29-31. Vgl. auch Wolfram Engels, Informationszeitalter – Über den Einfluß der Informations- und Kommunikationstechnik auf die Wirtschaftsentwicklung und Wirtschaftsstruktur. In Wolfram Engels (Hrsg.), Arbeit und Einkommensverteilung, a.a.O. S.51-52.

920 An dieser Stelle sei angemerkt, dass die New Economy von Basistechnologien geprägt ist. Beipielsweise wird auch die Biotechnologie oder der Bereich der optischen Technologien zur New Economy gerechnet. In dieser Arbeit steht die Telematik im Mittelpunkt. Damit wird auch nur der Teil der New Economy angesprochen, der durch diese Technologie geprägt ist. Lothar Späth, Die New Economy Revolution: neue Werte, neue Unternehen, neue Politik, München 2001.

921 Adam Smith, Der Wohlstand der Nationen, a.a.O.

922 Vgl. dazu auch Kai Holger Müller-Kästner / Matthias W.Vaagt, Europa profitiert von den Erfahrungen in den USA. Die Chancen virtueller Marktplätze. In: Computerwoche extra, Ausgabe Nr. 5, 28. Juli 2000, S.16ff. Dazu auch Beilage der Frankfurter Allgemeinen Zeitung zur CEBIT 2000 vom 22. Februar 2000, Der Trumpf des Internets. Mehr Transparenz dank Information. Von Erwin Staudt.

923 Bill Gates, Der Weg nach vorn. a.a.O., S.230. Vgl. dazu auch Stefan Schneider, Makroökonomische Aspekte der Internet Economy. Deutsche Bank Research, Reihe economics, Oktober 2000. www.dbresearch.de. Dazu auch Hanno Beck, Auf der Suche nach der Neuen Welt. Der Mythos von der New Economy. In: FAZ vom 13. Mai 2000.

Vor diesem Hintergrund wird die Äußerung Al Gores nachvollziehbar; für ihn ist das Internet "das größte Geschäft auf dem wichtigsten und lukrativsten Markt des 21. Jahrhunderts..."[924] Es werden phänomenale Umsatz- und Gewinnerwartungen prognostiziert. Adri Baan etwa geht davon aus, dass die multimediale Wertschöpfung schneller wachsen wird als das Bruttoinlandsprodukt aller OECD-Länder.[925] Daran verdeutlicht sich die Dynamik des Prozesses, der durch eine entsprechende Deregulierungspolitik weiter gefördert werden und den Informations- und Telekommunkationsmarkt insgesamt zu einem soliden Wachstumsmarkt machen kann. Dies liegt auch darin begründet, dass im Kontext der Deregulierung der Telekommunikationsmärkte und weiterer Globalisierungstendenzen der Wirtschaft eine globale Neuaufteilung der Märkte bevorsteht. Konzentrations- und Zentralisationstendenzen in der Wirtschaft, die infolge der Globalisierungstendenzen zu beobachten sind, verschärfen die weltweite Konkurrenzsituation.[926] Konvergenz, das Zusammenwachsen ursprünglich getrennter Technologien und Wirtschaftssektoren ist dabei ein Schlüsselwort der Multimedia-Debatte [927]

> "Convergence ist the outcome of a complex interplay between such factors as advances in the information and communication technologies, the liberalization and deregulation of trade as capital markets, and the development of global competition. It has led to the blurring of boundaries both within and between industries for example between computer hardware and software industries, between computing and telecommunications and communications and broadcasting."[928]

---

924 Der Spiegel Nr. 50/1994.

925 Adri Baan, Elektronische Produkte und Märkte der Zukunft,. In: Alfred Herrhausen Gesellschaft für internationalen Dialog (Hrsg.): Multimedia, a.a.O., S.73. Vgl. auch Arnold Picot / Sven Scheuble: Die Bedeutung der Information für Innovation und Wettbewerbsfähigkeit von Unternehmen. In: Gerhard J. Mantwill (Hrsg.): Informationswirtschaft und Standort Deutschland. Der Beitrag der Informationswirtschaft zur Wettbewerbsfähigkeit der Unternehmen. Veröffentlichungen des HWWA Instituts für Wirtschaftsforschung Hamburg, Baden-Baden 1997, S.15-43, S.32.

926 Stefan Baron / Kurt E. Bedker / Hans Peter Schreiner, Die Informationsgesellschaft im Neuen Jahrtausend. Wirtschaft und Gesellschaft im Neuen Jahrtausend. Futurion Kongress, a.a.O. S.60. Dazu auch WIWO Nr. 51/14 Dezember 1995. Ebenso FAZ vom 4. März 2000, Im globalen Übernahmefieber, Kommentar von Klaus Peter Krause. Vgl. auch Handelsblatt vom 13.3.2000, Die Politik und die Mega Fusionen. Glanz der Größe, Kommentar von Patrick Welter. Vgl. dazu auch Hans-Peter Martin / Harald Schumann, Die Globalisierungsfalle, Rowolth 1996. Vgl. dazu auch Kurt van Haaren / Michael Schwemmle, Digitalisierung der Arbeitswelt. In: Andreas Dengel / Welf Schröter (Hrsg.); Flexibilisierung der Arbeitskultur, a.a.O., S 102ff.

927 Die Prognose lautet: Branchen, Computer (Hard-Software und Dienstleistungen), Kommunikation (Telefon, Kabel, Satellit) und Inhalte (Verlagswesen, Unterhaltung, Werbung) fallen zusammen oder brechen zusammen um zu einer neuen Branche zu verschmelzen. Vgl. D. Tapscott, Die digitale Revolution, Wiesbaden 1996, S.257. Vgl. auch Klaus Pickshaus / Michael Schwemmle, Wächst zusammen, was zusammengehört. Konvergenzen und Allianzen im Multimedia-Sektor. In: Kurt van Haaren / Detlef Hensche, Arbeit im Multimedia-Zeitalter, Hamburg 1997, S.237ff. Vgl. dazu auch Ulrich Hofmann, Globale Informationswirtschaft. Management, Technologien, Strategien, München, Wien 1999, S.17 und S.18. In nachvollziehbaren Abbildungen wird die Konvergenz der Branchen veranschaulicht.

928 William Martin, The Global Information Society, a.a.O., S.135-152. Besonders augenscheinlich sind diese Tendenzen in der Entwicklung der Telekommunikationsindustrie und in der elektronischen Informationsdiensteindustrie. Als konkrete Beispiele im Bereich der Computerindustrie gelten Apple und IBM; Jüngstes Beispiel ist der Zusammenschluss von HP und Compaq im September 2001. Im Bereich der Telekommunikation tritt ein neues Phänomen hinzu, nämlich globale Allianzen über Ländergrenzen hinweg, z. B. France Telekom und Deutsche Telekom; British Telecom und MCI (zweitgrößter Teleträger der USA). Sichtbar sind auch Zusammenschlüsse zwischen Telekommunikationsindustrie und Entertainment. US West/Time

Insgesamt ist auf diese Weise von einem qualitativ veränderten Verhältnis von Staat und Wirtschaft auszugehen. Dies verdeutlicht sich gerade auch in den zunehmenden internationalen Handelsvereinbarungen.[929]
Die Kapitalverflechtungen und strategischen Allianzen in der Wirtschaft folgen dabei nach Schwemmle zwei Grundmustern: Zum einen gruppieren sich die Konzerne innerhalb der Branche zu großen, kapitalträchtigen und internationalen Vereinigungen, zum anderen bilden sich immer mehr Kooperationen über Branchengrenzen hinweg, die im Idealfall sämtliche Segmente des sich herausbildenden Multimediamarktes vereinen.[930] Kritiker dieser Entwicklung befürchten "die laut- und gewaltlose Herrschaft des Medienverbunds, ein intelligentes Regime von Werbung, Warenhäusern, Fernsehsendern, Verlagen, Versicherungen, Telekommunikationskonzernen und Sport."[931]
Andererseits ist mit der massiven Marktentwicklung eine Gründungswelle verbunden. Die Zahl der Existenzgründungen zeigt einen deutlichen Anstieg. An der Feststellung dieser Entwicklung hat auch die erste Insolvenzwelle der Neugründungen nichts geändert. Dokumentierbar ist lediglich eine Restrukturierung der Märkte. Die Komplexität des Marktpotenzials hat sich vergrößert.[932] Die Konsolidierung der Anbieter ist eine natürliche ökonomische Folge. Weiterhin ist damit zu rechnen, dass fortlaufend im Medien- und Telekommunikationssektor die üblichen Marktabgrenzungen verschwinden. Diese hochkomplexe, heterogene und wettbewerbsintensive Wirtschaftsstruktur sieht sich mit der Inflexibilität einer industriell geprägten Gesellschafts- und Arbeitsform konfrontiert.[933] Bill Gates prognostiziert 1995, dass mit dieser Voraussetzung durch das Internet der ideale Marktplatz geschaffen werde und verwendet zur Beschreibung den Begriff "reibungslosen Kapitalismus". Diese Äußerungen bringt vor allem eines zum Ausdruck, nämlich die allgemeine Verstärkung des Wettbewerbs.[934] Diese ist nicht nur auf die Globalisierung, Konvergenz, die Gründungswelle und die bereits dargelegten Veränderungen im Sektor der Arbeit zurückzuführen, sondern im besonderen Maße auch darauf, dass sich durch die neuen Informations- und Kommunikationstechnologien neue Märkte und insbesondere eine völlig neue

---

Warner, Bell Atlantic/TCI Southwest Bell und Cox Enterprises. Diese Zusammenschlüsse sind auch die Folge der multimedialen Entwicklung.

929 Jeremy Rifkin, Das Ende der Arbeit, a.a.O, S.178. Rifkin führt als Beispiele GATT, Maastricht und die NAFTA auf, als deutliche Anzeichen dafür, dass sich die globalen Machtverhältnisse verändern und die nationale Gesetze durch den transnationalen Handel unwirksam werden. Eine seiner Thesen ist, dass der Staat sich aus der internationalen Politik zurückzieht. Eine durchaus interessante These, die aber noch der Verifizierung bedarf. Vgl. dazu auch Manuel Castell, Der Aufstieg der Netzwerkgesellschaft, Teil 1, a.a.O., S.282ff.

930 Michael Schwemmle, Das größte Geschäft des 21. Jahrhunderts. In: Kurt van Haaren / Detlef Hensche (Hrsg.), Multimedia, a.a.O., S.24. Zu den Märkten der neuen multimedialen Produkte und Dienstleistungen weitaus ausführlicher auch René Perillieux / Gregor Vogelsang, Märkte und Perspektiven. In: Jörg Tauss et al, Deutschlands Weg in die Industriegesellschaft, a.a.O. S.452-480. Ebenso Helmut Fangmann / Michael Schwemmle, Multimedia – Von der Telematik zur elektronischen Medien-Integration. In: Blätter für deutsche und internationale Politik, 2/1995, S.207.

931 Peter Glotu, Der unheimliche Mogul. In: Die Woche vom 21.7.1994.

932 Michael Schwemmle, Das größte Geschäft des 21. Jahrhunderts. In: Kurt van Haaren / Detlef Hensche (Hrsg.), Multimedia, a.a.O. S.18-19.

933 Gemeint sind insbesondere rechtliche Fragestellungen zum Verbraucherschutz. Hagen Hultzsch, a.a.O., S.99. Gefordert werden hier internationale Standards.

934 Bill Gates, Digitales Business, a.a.O., S.92. Zu einer vergleichbaren Einschätzung kommt aus wirtschaftswissenschaftlich fundierter Sicht Ulrich Hofmann, Globale Informationswirtschaft. Management, Technologien, Strategien, S.171. Dazu auch Jaap Favier, Von 1000 auf 50 in 5 Jahren. Situation der elektronischen Marktplätze durch Konkurrenzkampf geprägt. In: Verlagsbeilage zur Frankfurter Allgemeinen Zeitung E-Conomy vom 13. Juni 2000.

Handelsplattform eröffnen.[935] Diese neuen Märkte bilden die Basis für die Entstehung der New Economy. In besonderem Maße sind diese Märkte von der Aufmerksamkeit der Empfänger abhängig. Aufmerksamkeit wird in der Informationsgesellschaft zu einem knappen Gut. Ulrich Klotzu spricht in Folge dieser Entwicklung durchaus berechtigt von einer "neuen Ökonomie der Aufmerksamkeit":[936]

> "Charakteristisch für die Informationsgesellschaft ist es nicht, dass Information einen besonderen Wert annähme. Charakteristisch ist vielmehr deren nicht mehr zu bewältigende Flut. Zum Engpass wird die Kapazität zur Aufnahme und Verarbeitung der Fülle von Signalen, Symbolen und Reizen. Weil aber Information, die keine Beachtung findet, keinen ökonomischen Wert hat, bestimmt sich ihr Wert nicht aus sich selbst, sondern aus der Ressource, die sie in Anspruch nimmt: Information verbraucht die Aufmerksamkeit der Empfänger."[937]

1 Neue Formen des Wirtschaftens: Eine "New Economy"?

Das Jahr 2000 ist zum Jahr des e-commerce erklärt worden. Im Grunde bedeutet dies jedoch nichts anderes, als dass „Old“ und „New Economy“ mehr und mehr ineinander übergehen. Herkömmliches Wirtschaften, die bekannte Wertschöpfungsstruktur, sieht sich mit neuen Möglichkeiten konfrontiert. Europa hat aufgrund der ausgeprägten Infrastruktur und den technologisch ausgefeilten Logistiksystemen im Grunde gute Ausgangsbedingungen, um diese neuen Möglichkeiten zu intensivieren.[938] Vieles spricht daher dafür, dass Europa den noch bestehenden Rückstand von rund drei Jahren bei der „New Economy“ gegenüber den USA aufholen wird.[939] Mehr noch, Europa hat heute die Chance, ökonomische Fehler, die in der allgemeinen Euphorie um die New Economy gemacht worden sind, zu vermeiden und diese damit auf eine solide Basis zu stellen.
Was aber prägt das neue Wirtschaften?
Prägende Kräfte gegenwärtiger ökonomischer Veränderung sind junge und risikobereite Nachwuchsunternehmer, die ihre Ideen verwirklichen und auf diesem

---

935 Dazu auch Stefan Schneider, Mikroökonomische Aspekte der Internet Economy. Deutsche Bank Research, Reihe economics, Oktober 2000. http://www.dbresearch.de.

936 FAZ vom 8. Mai 2000, Netzwerkeffekte und die Ökonomie der Aufmerksamkeit.

937 Ebd.

938 Handelsblatt vom 5. Juni 2000. Dazu Interview mit Dr. Norbert Walter, Chefvolkswirt der Deutsche Bank AG und Leiter von DB Research. In: Handelsblatt vom 24. Februar 2000. Dazu auch das Engagement des EU-Kommissars Erkki Liikanen für den Abbau der Defizite und hohen Kosten im Internetzugang, Handelsblatt vom 17. Februar 2000.

939 Europas Norden dürfte den Anschluss am raschesten schaffen. Schweden hat 1998 rund 1500 Euro pro Kopf in die Informations- und Kommunikationstechnik gesteckt, Spanien dagegen nur magere 501 Euro. Aber auch der Süden Europas engagiert sich zunehmend für den High Tech Bereich. In in Italien waren 1998 erst 3 % der Bevölkerung ans Internet angeschlossen, heute sind es schon 14 % und für 2001 rechnet das Mailänder Forschungsinstitut *Cefirel* mit einer Quote von 28 %. Auch beim Handel über das weltweite Netz holen die Europäer auf. So wird nach Schätzung des Forschungsinstituts *Forrester Research* das elektronische Handelsvolumen in Europa bis zum Jahr 2003 um 935 % zulegen, in den USA dagegen nur um 406 %.
Vgl. dazu den Artikel in der Financial Times Deutschland vom 16. März 2000, EU will im Internet Wettbewerb die Amerikaner überholen. Vgl. dazu auch Rucolf Hickel, Die Risikospirale. Was bleibt von der New Economy?, Frankfurt am Main 2001, S.23ff.

Wege nichts anderes tun, als neue Märkte zu erschließen.[940] In der New Economy zählt nicht länger die Macht des Stärkeren, sondern der Vorsprung des Ersten. Die Vision und die Schnelligkeit in der Umsetzung dieser Vision sind die wichtigsten Attribute, um in der New Economy zu überleben. Damit ist die New Economy in hohem Maße von der Innovationsfähigkeit und Innovationsbereitschaft ihrer Faktoren abhängig. Die neue Ökonomie zeichnet sich bei näherer Betrachtung insbesondere durch den hohen Mobilitätsgrad des Kapitals aus.[941] Investoren ziehen ihr Geld ohne großes Zögern aus einem Land ab, wenn sich woanders höhere Renditen erwirtschaften lassen. Für den schnellen Geschäftsaufbau "verbrennen" die Macher der New Economy hemmungslos Kapital. Die *Cash Burn Rate*, die alle Ausgaben für Personal, Investitionen, Operationen und Marketing zusammenfasst, ist exorbitant hoch. In der Regel verbrauchen die „dot.com-Firmen" schon im ersten Jahr 2,5 Millionen bis 5 Millionen Euro, Marketing ausgaben können dabei bis zu 50 % ausmachen. Noch bis vor kurzem galt die Regel, je höher die Cash Burn Rate, desto erfolgreicher das Startup. Anlaufverluste wurden zum Wachstumsindex. Das Branchencredo lautete „Cash is King".[942] Diese Entwicklung wurde nun mit der Veränderung am neuen Markt abrupt gestoppt. Die Floprate der New Economy ist deutlich.[943] Laut Branchenstatistik der Risikokapitalgeber gelingt von zehn Investments nur zwei Unternehmen der Gang zur Börse, oder der Trade Sale. Sechs gelten als sogenannte „Living Deads". Und die Konsolidierung ist bei weitem noch nicht am Ende.[944] Das Schicksal zahlreicher bekannter dot.com-Firmen der sogenannten "New Economy" verdeutlicht, dass sich die ökonomischen Grundregeln nicht außer Kraft setzen lassen. Auch die Firmen der "New Economy" stehen unter dem ökonomischen Gewinnpostulat. Während noch Anfang 2001 als das qualitativ wirklich neue der New Economy gewertet wurde, dass den „Schwarze Zahlen" in den Bilanzen von den Unternehmern der New Economy keine Bedeutung zugemessen werde, Verluste als normal gesehen wurden, solange die Expansion des Unternehmens selbst anhält, muss Ende des Jahres 2001 diese Bewertung revidiert werden. An ihre Stelle tritt die Erkenntnis, dass die Aussagen von Marktbeobachter Rajeeh Singh Molares, Londoner Direktor der Unternehmensberatung *Monitor Company* Recht behalten sollte, als er prognostizierte, dass in den kommenden fünf Jahren höchstens 10% der jetzigen Startups überleben. Um sich im Marktgeschehen, zumeist ohne eigentliches Produkt, zu etablieren, heißt es schnell und innovativ sein. Damit konzentrieren sich die dot.com-Gründer auf Märkte oder Wettbewerber, auf die Entwicklung neuer Produkte und Strategien. Das eigentlich

---

[940] Dazu FAZ vom 14. Oktober 2000, Im Silicon Calley ist der Wandel das Beständige. Dazu auch Handelsblatt vom 5. Juni 2000, Die Kultur der Internet-Startups ist in vielen Ländern ähnlich.

[941] Vgl. dazu Handelsblatt vom 19.6.2000, Dollarmilliarden für die Hightech-Gründer der alten Welt. US-Wagniskapitalfonds drängen nach Europa.

[942] Den Rekord in Sachen Cash Burn Rate hält noch immer Amazon.com. Der erst fünf Jahre alte Onlinebuchhändler zeigte allein im vierten Quartal 1999 bei einem Umsatz von 676 Millionen Dollar einen Verlust von 185 Millionen Dollar. Das entspricht einer Verbrennungsquote von rund 60 Millionen Dollar im Monat. Das selbe Bild zeigt Ciao.com und Dooyoo.de.

[943] Spektakulärster Fall ist die Pleite des Online-Anbieters Boo.com. Vgl. dazu den Artikel in der Financial Times, Sonderbeilage connectis Nr.5, Oktober 2000, S.42ff.

[944] Wirtschaftswoche Nr. 21 vom 18.5.2000, S.100-107. Dazu auch Handelsblatt / The Wall Street Journal Europe, Beilage Convergence. Computer- und Kommunikationsindustrie wachsen zusammen. Die wilden Zeiten sind vorbei. Konsolidierung der Internet Branche, S.4/5. Dazu auch Achim Born, Nackenschläge für Dotcoms. Das Ende der Goldgräber-Stimmung. In: Computerwoche Extra, Ausgabe Nr. 5, 28. Juli 2000, S.4ff. Holger Schmidt, Cash Flow statt Cash Burn in FAZ 19. Juni 2000. Ebenso Computerwoche 32/2000 Dotcom-Pleiten, und was nun. New Economy besinnt sich auf die alten Regeln. Zur gleichen Einschätzung: Computerwoche 29/2000, Schwerpunkt IT Handel, E-Commerce in Turbulenzen, S.41/42. Dazu auch FAZ vom 7. September 2000, Die Konsolidierung unter den Internet-Marktplätzen hat bereits begonnen.

Neue der New Economy sind also nicht etwa neue ökonomische Gesetzmäßigkeiten und Abläufe, das Neue ist vielmehr die Innovationskraft und die Schnellebigkeit, durch die die ökonomischen Zusammenhänge geprägt sind. Diese beiden Merkmale gelten jedoch nicht nur für die Neugründungen mit ihren innovativen Gründungsideen, auch die Unternehmen der sogenannten Old Economy sehen sich mit diesen prägenden Elementen konfrontiert. Nicht umsonst wird heute zunehmend von der "One Economy" gesprochen. Zwar wird die New Economy verändernd auf die Old Economy wirken, eine Spaltung oder Ablösung ist nicht zu erwarten.[945]
Innovationskraft und Schnellebigkeit der ökonomischen Zusammenhänge bleibt nicht ohne qualitative Herausforderungen für die Unternehmen selbst. Die typischen betriebswirtschaftlichen Themen wie Personalentwicklung, Qualitätskontrollen, Aufbau einer Organisations- und Infrastruktur müssen zugunsten des Markterfolges vernachlässigt werden. Bei den etablierten Firmen der New Economy – um bei diesem irreführenden Begriff zu bleiben – halten sich die unternehmensinternen Beeinträchtigungen noch in erstaunlichen Grenzen, was auf eine völlig veränderte Unternehmenskultur innerhalb dieser Firmen der neuen Ökonomie zurückzuführen ist.[946] Innovativ sind die Unternehmen des Neuen Marktes nicht nur, was ihre Produkte und Dienstleistungen betrifft, sie gehen auch neue Wege, um Mitarbeiter zu motivieren und beteiligen sie an den betrieblichen Entscheidungsprozessen. Feststellbar ist in diesem Zusammenhang, dass die Bedeutung der institutionalisierten Formen der Mitbestimmung verhältnismäßig gering ist. Die meisten Firmen aus dem NEMAX haben keinen Betriebsrat. Dies ist nicht auf die geringe Größe der Unternehmen oder die mangelnde Nutzung gesetzlicher Möglichkeiten zurückzuführen, da mehr als die Hälfte der NEMAX-notierten Unternehmen über 300 Mitarbeiter haben, sondern basiert vielmehr darauf, dass diese Unternehmen bewusst Merkmale der traditionellen Industrien aufgegeben haben. Die Mitarbeiter, in der Regel alle hochqualifiziert, haben ihrerseits kein Bedürfnis nach betrieblicher Interessensvertretung. Begründet liegt dies auch darin, dass die Hierarchien in den neuen Unternehmen flach sind und eine außerordentlich offene Unternehmenskultur besteht. Der Großteil der Unternehmen hat regelmäßige Mitarbeiterversammlungen, um über die aktuelle Geschäfts- und Unternehmensentwicklung zu informieren und diese auch zu diskutieren. Die meisten Unternehmen haben sogar ganz neue Formen der delegierten Interessensvertretung entwickelt. In etwa der Hälfte der Unternehmen begleiten Coaches die Mitarbeiter und besprechen personalpolitischen Fragen. Die Strategie der Firmen in der neuen Ökonomie lautet „Beteiligung statt Mitbestimmung".[947] Umfangreiche Mitarbeiterbeteiligungsprogramme werden angeboten, in der Regel in Form von Aktienbeteiligungen oder Optionsmodellen. Die Vorteile liegen in der höheren Identifikation mit dem Unternehmen und einer deutlicheren Mitarbeiterbindung. Damit sind die Unternehmen der neuen Ökonomie mit Unternehmen der alten Ökonomie, den Industrieunternehmen, qualitativ nicht mehr zu vergleichen. Dies ist jedoch letzendlich nicht auf neue ökonomische Regularien zurückzuführen, sondern basiert vielmehr auf der Alters- und Bildungsstruktur der Angestellten. Hervorzuheben ist in diesem Zusammenhang die

---

945 Rudolf Hickel, Die Risikospiral. Was bleibt von der New Economy? Frankfurt am Main 2001, S.49. Rudolf Hickel fasst insgesamt 8 Wirkungsfaktoren zusammen: Wissens- und informationsbasierte Produktion, Vorrangiger Einsatz von Humankapital, Produkte mit Verbundeffekten mit vollständig internalisierter Nutzung, Schwierigkeiten der Bildung von Marktpreisen, direktere Kundenbeziehung, Auflösung des Normalarbeitsverhältnis, Abbau von Hierarchien hin zum Mitarbeiter-Unternehmer, Wachsende Abhängigkeit vom Börsenrhythmus. Zu einer Bewertung der One Economy vgl. auch S.142f.

946 Dazu die Reportage in Die Zeit Nr. 29 vom 13. Juli 2000, Superglückliche Malocher.

947 Vgl. dazu auch Handelsblatt-Spezial, Mitarbeiterbeteiligung vom 28. Februar 2000.

Entwicklung, dass zahlreiche Industrieunternehmen sich in diesem Bereich an den jungen Firmen orientieren. Bekannte und namhafte Industrieunternehmen haben Elemente der Personalführung und Beteiligungsformen übernommen. Old und New Economy lernen voneinander. Die Formen des Wirtschaftens verändern sich qualitativ.

2 Das Internet als Handelsplattform: „E-Commerce" als fester Bestandteil ökonomischer Transaktionen

Das weltumspannende Internet zeichnet sich durch sein enormes Wachstum aus.[948] Entsprechend wächst die Aufmerksamkeit, die die Wirtschaftsunternehmen dem Internet entgegenbringen. Die Wirtschaft entdeckt die kommerzielle Nutzbarkeit des Internet als weltweit erreichbare Präsentations- und Informationsplattform. Immer mehr Anbieter treten auf, die das WorldWideWeb zum Verkauf ihrer Güter und Dienstleistungen in Ergänzung zu etablierten Vertriebskanälen oder aber auch als ausschließlichen Weg der Geschäftsanbahnung oder vollständiges Transaktionsmedium nutzen. *Electronic Commerce* und zunehmend auch seine mobile Variante *Mobile Commerce*[949] werden zu einem festen Bestandteil ökonomischer Transaktionen. Durch diese Entwicklung steht fest: "Das Internet kristallisiert sich als die dominante Handelsplattform der Zukunft heraus."[950] Die E-Commerce-Aktivitäten expandieren stark und bilden in ihrer Gesamtheit neue elektronische Märkte.
Elektronische Märkte werden definiert als "informationstechnische Systeme zur Unterstützung aller oder einzelner Phasen und Funktionen der marktmäßig organisierten Leistungskoordination eines Unternehmens."[951] Electronic Commerce ist damit die gemeinsame Nutzung von Geschäftsinformationen, die Unterhaltung von Geschäftsbeziehungen und die Durchführung von Geschäftsprozessen und Markttransaktionen mittels moderner Informations- und Kommunikationstechnologien.[952] Diese elektronischen Marktplätze ersetzen oder ergänzen die

---

[948] Vgl. dazu August-Wilhelm Scheer / Markus Nüttgens (Hrsg.), Electronic Business Engineering. 4. Internationale Tagung Wirtschaftsinformatik 1999, Heidelberg 1999. Nahezu alle Beiträge anläßlich des 4. Internationalen Tagung Wirtschaftsinformatik 1999 vom 03.-05. März 1999 an der Universität des Saarlandes bestägen diese Einschätzung, ebenso auf dem Kongress „Europas Verbraucher Online. Chancen und Risiken im elektronischen Markt", die am 10./11. 6 1999 in Bonn als Veranstaltung der Arbeitsgemeinschaft der Verbraucherverbände (AgV) e.V., in Zusammenarbeit mit der Europäischen Kommission, Generaldirektion XXIV- Verbraucherpolitik und Gesundheitsschutz und dem Bundesminsiterium für Wirtschaft und Technologie stattgefunden hat.

[949] Dazu auch Verlagsbeilage der Frankfurter Allgemeinen Zeitung E-Conomy vom 13. Juni 2000, Thomas Lerner, Geschäfte von überall machen. Deutsche Unternehmen drängen in den Zukunftsmarkt M-Commerce. Auch Handelsblatt vom 24. Februar 2000, Der Kampf um virtuelle Marktanteile. Auf der Cebit überbieten sich die Aussteller mit Ideen für künftigen Mobile Commerce. Vgl. auch http://www.dmmv.de/presse/forum_mobileint_ergebnisse000817.htm.

[950] Florian Bieberbach / Michael Hermann, Die Substitution von Dienstleistungen durch Informationsprodukte auf elektronischen Märkten. In: August-Wilhelm Scheer / Markus Nüttgens (Hrsg.), Electronic Business Engineering. 4. Internationale Tagung Wirtschaftsinformatik 1999, Heidelberg 1999, S.67-82, hier S.74. Dazu auch: Die Woche, e-commerce Spezial vom 8. Oktober 1999. Dazu auch Verlagsbeilage der Frankfurter Allgemeinen Zeitung E-Conomy vom 13. Juni 2000, Manfred Heil, Feilschen wie auf dem Basar. In Deutschland boomen virtuelle Marktplätze und Auktionen. Peter Dehn, Das Internet wird mobil. In: Handelsblatt Sonderbeilage zum Deutschen Multimedia-Kongress Stuttgart, E-Business: Mit multimedia zum Profit, vom 6. April 2000.

[951] B. Schmid, Elektronische Märkte. In: Wirtschaftsinformatik, 35 (1993) 5, S.465-480. Es handelt sich hierbei um die gängige Definition in der deutschen Literatur.

[952] Eine klare Definition im Bereich elektronischer Märkte hat sich weder in der deutschen noch englischsprachigen Literatur bis heute durchgesetzt. Begriffe elektronischer Markt/electronic

herkömmlichen, geographisch abgrenzbaren Märkte und rücken zunehmend den Konsumenten in den Mittelpunkt der Marktbeziehungen, indem über den elektronischen Handel die individuellen Bedürfnisse verstärkt berücksichtigt werden. Unternehmen und Konsumenten rücken auf diese Weise näher zusammen. Damit verbunden sind auch erste Veränderungen im Konsumverhalten der Verbraucher. Der interaktive Verbraucher wird Realität, Voraussetzung allerdings ist die grundsätzliche Bereitschaft und Akzeptanz des Konsumenten am elektronischen Handel teilzunehmen, online zu bestellen.[953] Daher wird auf die zunehmende Bereitschaft insbesondere der jüngeren Generation gesetzt, die "Einkaufsmöglichkeiten" über die neuen Medien tatsächlich zu nutzen, die "Gesellschaftlichen Trends zur ›Rund-um-die-Uhr-Gesellschaft‹ werden aufgenommen und mit entsprechenden Angeboten gefördert."[954] Von dieser Entwicklung sind sämtliche Geschäftsbereiche betroffen, nicht nur der Business-To-Consumer (B2C) Bereich, der den Weg für Direktverkäufe eröffnet.[955] Auch für Banken und Finanzdienstleister wird, laut der Prognose der New Yorker Unternehmensberater Booz Allen & Hamilton, in absehbarer Zeit in Europa und in den USA das Internet der wichtigste Vertriebskanal für bankentypische Geldgeschäfte.[956] In jüngster Zeit ist in Anlehnung an den mobile commerce auch vom mobile Banking die Rede, also von Bankgeschäften über das Handy. [957]Auch die sogenannten Business-to-Business-Beziehungen (B2B), wie Online-Geschäfte zwischen Unternehmen genannt werden, werden künftig über den elektronischen Weg abgehandelt. Entsprechend lassen sich beim electronic commerce ganz unterschiedliche Formen erkennen: Neben den Direktverkäufen zu festgesetzten Preisen bestehen auch sogenannte Auktionssysteme. Hier treten mehrere Nachfrager im Wettbewerb um die Leistung eines Anbieters auf, oder umgekehrt, mehrere Anbieter im Wettbewerb um den Nachfrager.[958] Im allgemeinen erhält derjenige den Zuschlag, der den höchsten Preis zu zahlen bereit ist. Wettbewerb entsteht durch das Angebot verschiedener Stores, Auktionen oder Ausschreibungen.

Zum zweiten entstehen elektronische Börsen, die den Funktionsweisen eines vollkommenen Marktes am nächsten kommen, da hier viele Anbieter auf viele Nachfrager treffen und über definierte Mechanismen ein gemeinsamer, im allgemeinen umsatzmaximierender Preis festgelegt wird. In diesem Zusammenhang ist die Entstehung sogenannter *Intermediärer* zu erwähnen. *Intermediäre* sind Mittler, die Transaktionen zwischen potentiellen Handelspartnern erleichtern, etwa durch

---

market, elektronischer Marktplatz/electronic marketplace, virtual market, werden meist synonym benutzt. Y. Bakos, The Emerging Role of Electronic Marketplaces on the Internet. In: Communications of the ACM, August 1998, Vol.41, No.8, S.35-42. S.-Y. Choi / D.O. Stahl / A.B. Whinston, The Economics of Electronic Commerce, Indianapolis 1997. J.F. Rayport / J.J. Sviokla, Managing in the Marketspace. In: Harvard Business Review, November-December 1994, S.141-150.

953 Annette Ruess, Kaufen per Klick.Wie die neuen Multimedia-Technolgien das Konsumverhalten der Deutschen verändern. In: Wirtschaftswoche Nr. 24/6 1996. Vgl. auch Stefan Baron / Kurt Bedker / Hanspeter Schreiner, Die Informationsgesellschaft im Neuen Jahrtausend. Futurion-Kongress, a.a.O., S.83ff.

954 Christian Meier, 24 Stunden täglich, sieben Tage die Woche. Multimedia-Terminals, Telebanking, Teleshopping. In: Kurt van Haaren / Detlef Hensche (Hrsg.), Multimedia, a.a.O., S.89.

955 Sandra Schuffelen, Handel im Wandel. In: Handelsblatt vom 23./24. Juni 2000.

956 Dazu auch Interview mit Hermann-Josef Lamberti, Vorstandsmitglied der Deutschen Bank in der FAZ 22. Februar 2000. Dazu auch Martin T. Roth, Zwischen Backsteinen und Maus-Clicks. In: FAZ vom 20. Juni 2000.

957 Dazu die Sonderbeilage der Financial Times Deutschland connectis Nr. 5, Oktober 2000. Bankgeschäfte per Handy abwickeln. Alles unter Kontrolle dank M(obile)-Banking, S.26ff. Dazu auch Handelsblatt vom 2. Mai 2000.

958 Vgl. dazu www.ebay.de.

Unterstützung der Suche und der Entscheidung durch zur Verfügung gestellte Informationen. Sichtbar werden solche *Intermediäre* beispielsweise in den sogenannten *Malls*, die verschiedene *Stores* unter einem gemeinsamen virtuellen Dach zusammenschließen und eine Vorauswahl für Nachfrager treffen. Im Prinzip wird auf diese Weise eine gemeinsame Marketing-Plattform für die Anbieter zur Verfügung gestellt. Diese sehr unterschiedlichen Varianten des elektronischen Handels demonstrieren die Offenheit des zugrundeliegenden Netzwerkes.

Viele deutsche Unternehmen, insbesondere die kleinen und mittelständischen Unternehmen, haben den E-Commerce-Boom lange Zeit unterschätzt.[959] Eine breit angelegte Untersuchung an der Freiburger Universität verdeutlicht dabei, dass zudem nach wie vor in erster Linie weiche Variablen im Vordergrund der Anwendung der Internet-Plattform stehen, die im Grunde eher das Image des Unternehmens betreffen, als die tatsächliche Vertriebsmöglichkeit.[960] Allmählich wird aber auch als der Informationsbezug als Vorteil registriert. Dabei rückt die Möglichkeit, neue Zielgruppen anzusprechen, neuartige Dienstleistungen anzubieten, schneller Information aufzufinden, Zugang zu neuen Märkte in neuen Regionen zu erhalten, zeitliche Wettbewerbsvorteile auszuschöpfen und so eine allgemeine Erhöhung der Wettbewerbsfähigkeit zu erzielen, zunehmend in den Blickpunkt der Unternehmer.[961] Die Web-Pages einzelner Firmen und Anbieter im Internet sind sichtbares Zeichen der Bemühungen, den Informationszugang für den Verbraucher zu erleichtern. Web-Pages werden zu einer elektronischen Form der Werbung, die zugleich neue, kreative, kostengünstigere und zielgruppenorientierte Marketingstrategien in Gestalt interaktiver Multimedia-Dokumente ermöglicht.[962]

Die mit dem elektronischen Handel verbundene Auflösung von Marktgrenzen führt außerdem zu einer räumlichen und zeitlichen Ausdehnung der Absatzreichweite einzelner Unternehmen und damit zu einer Verschmelzung bisher getrennter Teilmärkte. Die individuellen Kundenbetreuung entwickelt sich weiter, hin zu einer grundsätzlichen Analyse der Kundenwünsche, verbunden mit einem nachfolgenden Design der geeigneten Produkte und Informationen. [963] Im Verhältnis zwischen Produzent und Konsument können zwei Tendenzen festgestellt werden: einerseits atomisieren sich die Absatzmärkte im Zeichen einer zunehmenden Individualisierung, andererseits ermöglichen die Informationstechnologien eine automatische Maßfabrikation auf Abruf.[964] Damit ist eine deutliche qualitative

---

959 Süddeutsche Zeitung vom 08. April 1997, Mittelstand droht beim Internet weltweit den Anschluss zu verlieren. Verlagsbeilage der Frankfurter Allgemeinen Zeitung E-conomy, 13. Juni 2000, Liebe auf den zweiten Blick. Mittelstand entdeckt E-Business – Manager zögern noch. Ansgar Zerfass, Mittelstand setzt auf digitale Wertschöpfung. In: Handelsblatt Sonderbeilage zum 8. Deutschen Multimedia Kongress in Stuttgart, E-Business: Mit Multimedia zum Profit, 6. April 2000. Handelsblatt vom 15. März 2000, Mittelstand stellt sich dem Thema E-Commerce.

960 Vgl. dazu auch Executive Research Report Electronic Commerce Enquete (ECE) 1997/1998. Survey on the business uses of electronic commerce for companies in the German speaking area. Durchgeführt durch Peter Welchering (Computer Zeitung), Dr. Detlef Schoder (Institut für Informatik und Gesellschaft (IIG)) Telematik der Universität Freiburg und Dr. Ralf E. Strauß (Gemini Consulting GmbH).

961 Vgl. dazu auch die Ergebnisse einer Umfrage beim Bundesverband Junger Unternehmer (BJU) im Rahmen seiner Konjukturumfrage Frühjahr 2000. Basis der Umfrage sind 1800 mittelständische Unternehmen aller Branchen.

962 Bill Gates, Der Weg nach vorn, a.a.O., S.249-255. Zum Thema Online Marketing. Vgl. auch Sonderbeilage der Financial Times Deutschland connectis Nr.5, Oktober 2000, S.48. Der Artikel zeigt die Schwierigkeiten bei der Entwicklung von online Werbestrategien.

963 Das Unternehmen Levi Strauss macht bereits erste Versuche mit maßgeschneiderten Jeans für Frauen.

964 Christian Lutz verweist darauf, dass durch diese Tendenz das Gesetz der Kostendegression aufgrund der wachsenden Stückzahl im Grunde seine Gültigkeit verliert. Das Produktdesign ist

Veränderung verbunden. Die Industriewirtschaft, bisher auf die Massenproduktion und den Massenmarkt konzentriert, entwickelt sich zu einem vielseitigen Produktionssystem individuell-spezifischer Güter. Michael J. Poire und Charles F. Sabel sprechen von "flexibler Spezialisierung".[965] Damit teilt sich der Massenverbrauchermarkt in unzählige spezifische Teilmärkte. Es entsteht ein Markt nach Maß.
Wachstumsmarkt und Verdrängungskraft sind wesentliche qualitative Kennzeichen der durch den e-commerce neu entstehenden Web-Wirtschaft. Zugleich sehen sich Unternehmen des e-commerce immer wieder in ihren Handlungen mit Unsicherheiten über die Rechtsgrundlagen konfrontiert.[966] Von politischer Seite ist es dringend erforderlich, die notwendigen Voraussetzungen für die Unternehmer zu schaffen, um den elektronischen Handel auf eine sichere rechtliche Basis zu stellen und damit einen weiteren Anreiz zu schaffen am e-Business teilzunehmen. Dabei muss es darum gehen, die die Wettbewerbsfähigkeit zu stärken, ohne den Schutz des Verbrauchers entscheidend zu schwächen.[967] Dies gilt in besonderem Maße auch für die Sicherheit von Internet-Transaktionen.[968] Bislang dominieren im Netz Zahlungsverfahren, die auch der klassische Versandhandel nutzt: Rechnung, Nachnahme oder Abbuchung per Kreditkarte. Es liegt jedoch nahe, dass im elektronischen Medium Internet auch eine elektronische Zahlungsweise[969] und ein elektronisches Billingverfahren, also die elektronische Rechnungserstellung erfolgen wird. Auch Sicherheit und Verschlüsselung im Internet gewinnen gerade durch den E-Commerce zunehmend an Bedeutung und Dringlichkeit. Derzeit werden unter dem Sicherheitsaspekt in Geschäftsprozessen meist ausschließlich Autorisierung und Zugriffskontrolle zur Gewährleistung von Vertraulichkeit oder reglementierter Nutzung betrachtet. Darunter werden auch die Rechtsverbindlichkeit der Aktivitäten im Netz, die Bindung an Verträge, Kommunikationsnachsweise oder die Gewährleistung von Urheberrecht an digitalen Gütern subsumiert. Dieses Verständnis muss jedoch erweitert werden und zusätzlich folgende Anforderungen einbezogen werden: Vertraulichkeit, Integrität, Verfügbarkeit, ferner im Bereich des Datenschutzes die Gewährleistung der Anonymität. Dies impliziert die Verwendung verschiedener kryptographischer Algorithmen und Protokolle, die keinesfalls durch staatliche Regelungen unterbunden oder eingeschränkt werden dürfen. Als Anwendungsbeispiele gelten derzeit die manipulationssicheren Order- und Bestellverfahren, wie das SET oder die elektronische Signaturen.

Ergebis des indivduellen Dialogs zwischen Produzenten und Konsumenten und entspricht dem Grundmuster des Handwerks. Christian Lutz, Unsere Zukunft: Die Kommunikationskultur. In:Wolfram Engels (Hrsg.), Arbeit und Einkommensverteilung, a.a.O., S.38. Hans-Jürgen Warnecke sieht darin einen Paradigmenwechsel, nämlich die Wendung vom Verkäufermarkt zu Käufermarkt, verbunden mit stark zunehmenden Sättigungseffekten und einer Segmentierung in spezialisierten Märkte. Hans-Jürgen Warnecke, Das Fraktale Unternehmen – Antwort auf ein turbulentes Umfeld. In: Jörg Tauss, Deutschlands Weg in die Informationsgesellschaft, Baden-Baden 1996, S.521-537, hier 523.

[965] Michael J. Poire / Charles F. Sabel, The second Industrial divide: Possibilities for Prosperity, o.O.1985. Vgl. dazu auch Ante Pulic, a.a.O., S.153.

[966] Fritjof Börner, Digitaler Rechtsverkehr: Welche Regeln gelten für den E-Commerce? Rechtslücken verderben manches Geschäft. In: Computerwoche, Extra Ausgabe 5, 28. Juli 2000, S.60/61. Dazu auch Hans F. Bellstedt, Der geeignete Rechtsrahmen für die digitale Welt. Das Internet muss reguliert werden. Doch jede weitere Direktive könnte das Wachstum bremsen. In: Financial Times Deutschland vom 21. Juni 2000.

[967] Gernot Beissmann, Noch gibt es zu viele Fußangeln im Netz. In: Handelsblatt vom 2. August 1999.

[968] Dazu Handelsblatt-Special: Sicheres E-Business vom 19. Juni 2000.

[969] Süddeutsche Zeitung vom 23. Juni 1999, Elektronisches Geld erschwert die Steuerung der Geldmenge.

Ein weiterer Aspekt im Zusammenhang mit der Entstehung weltweiter elektronischer Handelsplattformen ist hervorzuheben. Mit der ständigen Zunahme des elektronischen Handels wird es für Unternehmen und Verbraucher immer leichter, Steuerzahlungen zu umgehen. Die bedeutet, dass je mehr der Internethandel boomt, desto stärker wird die Steuerbasis der Nationalstaaten untergraben. Die somit drohenden Steuerausfälle führen in der Politik konsequent zu Überlegungen der Besteuerung des Internethandels.[970] Weil das Internet grenzüberschreitend ist, werden unterschiedliche nationale Regelungen zum Problem. Dies gilt vor allem für den Handel von nicht materiellen Güter. Während für den Handel mit herkömmlichen Waren und Dienstleistungen weltweit ein kompliziertes Regelwerk zur Erhebung der Mehrwertsteuer besteht, ließ sich der boomende Internethandel bislang in kein gesetzliches Raster pressen. Die USA beispielsweise verzichteten aus diesem Grund auf die Besteuerung des Internethandels. Eine vom Kongress bestellte Expertengruppe hat die Empfehlung gegeben, diesen Zustand mindestens bis 2006 beizubehalten. Die EU legte zu diesem Thema eine eigene Richtlinie vor.

Elektronischer Handel über ein weltumspannendes Netz bedeutet, dass der Nationalmarkt zum Weltmarkt wird. Pulic konstatiert in Folge dessen das Ende der Nationalwirtschaft.[971] Weiterhin erwartet er das Ende der Betonung der Ware in Marktbeziehungen. Die Entwicklung gibt ihm Recht: Zunehmend sind es begleitende Aktivitäten zum Warenangebot, der Verkauf des Nichtmateriellen gewinnt im Internet an Bedeutung. Die zahlreichen Meinungsportale im Internet sind sichtbare Zeichen. Die ökonomische Entwicklung dieser Internetportale ist dabei in erster Linie von der Entwicklung der zugehörigen Bannerwerbung abhängig.[972] Das Produkt als Zentrum der Marktgeschäftsabwicklung tritt in den Hintergrund.[973]Auch dies ist eine Facette des elektronischen Handels und der neuen elektronischen Märkte. Auf diese Weise wird Information auf Umwegen zur Ware. Jüngst ist eine weitere Entwicklung festzustellen, die dies unterstreicht und in engem Zusammenhang mit Wissensmanagement steht: Im Netz wird Wissen und Information zur Verfügung gestellt, das gehandelt und käuflich erworben werden kann.[974]

Insgesamt ist eine bemerkenswert optimistische Einschätzung zu den Nutzwirkungen des webgestützten Electronic Commerce seitens der Unternehmen festzustellen, die ein verstärktes Engagement der Unternehmen für den elektronischen Handel auch in Zukunft vermuten lassen.[975] Warnecke führt berechtigter Weise neben den zahlreichen positiven Effekten auch die Effekte Marktunsicherheit, Produktkomplexität und Technologieabhängigkeit an, die in ganz besonderem Maße mit elektronischen Handelsplattformen verbunden sind.[976]. Dies hat zur Folge, dass Unternehmen in weitaus stärkerem Maße Zukunftsentwicklungen frühzeitig erkennen und sich mit neuen Strukturkonzepten dem stetigen Wandel anpassen müssen, was eine enorme Innovationsbereitschaft im Unternehmen voraussetzt.

---

970 Handelsblatt vom 1. März 2000, Streit um Besteuerung von E-Commerce. EU will im Internet kassieren.

971 Ante Pulic, a.a.O., S.235ff.

972 Vgl. dazu das Firmenkonzept der Firma Ciao.com in München oder der Firma doyoo.de in Berlin.

973 Ante Pulic, a.a.O., S.155ff.

974 Verlagsbeilage der Frankfurter Allgemeinen Zeitung E-Conomy, Frank Kappe, Das elektronische Tor zum Wissen. Enterprise Information Portal für Informationstransfer im Unternehmen. Vgl. dazu das Firmenkonzept der Firma Infosphinx in München.

975 Vgl. dazu auch Executive Research Report Electronic Commerce Enquete (ECE) 1997/1998. Survey on the business uses of electronic commerce for companies in the German speaking area. Durchgeführt durch Peter Welchering (Computer Zeitung), Dr. Detlef Schoder (Institut für Informatik und Gesellschaft (IIG) Telematik der Universität Freiburg) und Dr. Ralf E. Strauß (Gemini Consulting GmbH).

976 Ebd. S.526.

"Eine für heutige Umfelddynamik erforderliche Reaktions- und Anpassungsfähigkeit der Unternehmen läßt sich nur durch eine umfassende Umorientierung in der Unternehmensphilosophie erreichen. Hierzu sind weitreichende strukturelle und organisatorische Maßnahmen notwendig. Ziele derartiger Maßnahmen können unter dem Begriff der ›dynamischen Produktions- und Organisationsstrukturen‹ zusammengefaßt werden."[977]

Hinzu kommt, dass Unternehmen künftig mit einem enormen Wachstum konfrontiert sind, dem unternehmensintern begegnet werden muss. Zugleich sind diese Unternehmen daher in besonderem Maße von der Vermittlungsfähigkeit des Arbeitsmarktes abhängig.
Das Gros der Web-Companys oder Technologieunternehmen wächst schneller als ihre Produktivität steigt. Besonders der steigende Bedarf an qualifizierten Mitarbeitern wird zum Hauptproblem der Unternehmer.[978] Die meisten Firmen setzen auf eigene Weiterbildungskonzepte, doch dies reicht bei weitem nicht aus. Die sogenannte „Green Card Initiative"[979] ist eine Folge dieses Sachverhaltes, da die Qualifikationsanforderungen vom inländischen Arbeitsmarkt nur unzureichend abgedeckt werden.
E-Commerce, als Kernelement der Netz-Wirtschaft, ist damit zwar sicher keine Modeerscheinung, sollte aber auch nicht überbewertet werden.[980] Jeremy Rifkins

---

977 Ebd. S.531.

978 Ifo-Schnelldienst 21/2000. Dazu auch Handelsblatt vom 25. Juli 2000 IT-Fachkräftemangel bleibt größtes Hemmnis; Handelsblatt vom 11. Juli 2000 nach einer Umfrage des Instituts der Deutschen Wirtschaft (DIW), vorgestellt am 11. Juli 2000 in Düsseldorf. Dazu auch Wirtschaftswoche Nr 35/24. August 2000, Malte Fischer, Ganz neue Dimensionen, S.18ff. Vgl. auch http://www.heise.de/ct/98/09/036 13.10.2000, Andreas Grote, Branche im Wachstumsfieber. Die Informations- und Kommunikationsindustrie beklagt Arbeitskräftemangel.

979 Bundeskanzler Schröder kündigte diese Arbeitserlaubnis für ausländische Informatik-, Software- und Computerspezialisten auf der Cebit 2000 an. Vgl. dazu die Berichterstattung in der Presse: IT Fachkräftemangel entzweit die Regierung; Handelsblatt vom 25./26. Februar 2000. Kanzler rudert bei Green Cards zurück; FAZ vom 25. Februar 2000. Der Kanzler schwächt seine Cebit Initiative ab; FAZ vom 26.Februar 2000, Ebenso Handelsblatt vom 28. Februar 2000. Schöders Green-Card-Initative ist ein Votum gegen die Regulierer am Arbeitsmarkt, Handelsblatt vom 10./11.3. 2000. Schröder vergibt zunächst 10.000 Green Cards; FAZ vom 14.3.2000. Debatte um die Greencard; FAZ vom 15.3.2000 Stoiber und Teufel beurteilen Green Card skeptisch. Handelsblatt vom 14.3.2000 mit einer umfassenden Berichterstattung; Handelsblatt vom 15.3.2000 Greencard für IT Experten. FAZ vom 16.3.2000 Auch Computer-Fachleute aus dem Osten; Handelsblatt vom 4. April 2000. Green Card ist nur ein Teil des großen Problems; FAZ vom 4. 4. 2000. Informatiker gehen am liebsten nach Amerika; Handelsblatt vom 6.4.2000. Noch keine Entscheidung über Green Card; FAZ vom 22.4.2000. Riester zeigt sich bei Green Cards flexibel, Handelsblatt vom 25. 4. 2000 BDI für Green Card ohne Bürokratie, Handelsblatt vom 19.4.2000. Sozialgesetzbuch setzt Green Cards Grenzen; FAZ vom 3.5.2000. Green Cards allein genügen nicht "Stock Options nur zur Hälfte besteuern"; Handelsblatt vom 3.5.2000. Durchbruch bei Green-Card - Verhandlungen; FAZ vom 2.6.2000. Der Weg ist frei für ausländische IT Spezialisten. Die unionsgeführten Länder dürften sich im Bundesrat anschließen;Handelsblatt vom 13.7.2000. IT Branche warnt Unionsländer vor Verzögerungstaktik bei Green Card; Handelsblatt vom 31.7.2000. Der Green Card Boom läßt auf sich warten; Handelsblatt vom 2.8.2000. Vieles spricht für eine Versteigerung der Green Card. Das geringe Interesse der Unternehmen spiegelt die hohen bürokratischen Hürden der jetzigen Regelung wider; FAZ vom 14.8.2000. Indische IT-Branche sieht sich durch deutsche Bürokratie behindert; FAZ vom 6.9.2000. Der zehntausendste Green-Card-Bewerber ist eine Amerikanerin. Dazu auch Financial Times Deutschland vom 14.3.2000 Deutschland sucht mit 20 000 ausländischen Spezialisten den Anschluss ans IT Zeitalter; vgl. dazu http://ftd.de/Greencard vom 14. März 2000.

980 Bundesverband Deutscher Banken. Interesse. Wirtschaft und Politik in Daten und Zusammenhängen. Zukunftsforschung: Fünf Megatrends vor dem Take-off, Nr. 6/2000, S.1/2.

Prognosen vom Ende der Marktwirtschaft,[981] erscheinen vor diesem Hintergrund überzogen. E-Commerce ist nicht mehr und nicht weniger als eine moderne und zusätzliche Form der Geschäftsabwicklung, an der sich auch kleine und mittelständische Unternehmen vermehrt beteiligen müssen, um wettbewerbsfähig zu bleiben. Für sie liegen die Vorteile auf der Hand: Geringe Markteintrittsbarrieren und globale Präsenz ohne aufwendiges Vertriebsnetz zu relativ geringen Kosten. In der neuen E-konomie sind Schnelligkeit und Entschlossenheit ausschlaggebender als Größe. Das relativiert den Wettbewerbsvorteil etablierter Großunternehmen.[982] Es zeigt sich sehr deutlich, dass eine Entwicklung in Gang gekommen ist, die eine qualitativ neue Wirtschaftsform entstehen läßt. Diese neue Web-Wirtschaft oder auch eine neue Form der Ökonomie, gemeinhin unter dem Begriff New Economy gefasst, wird neben die alten Wirtschaftsstrukturen treten und diese verändern. Wachstumsmarkt und Verdrängungskraft sind dabei wesentliche Kennzeichen dieser neuen Wirtschaft. Andererseits ist in zunehmendem Maße festzustellen, dass gerade die Großunternehmen des Industriezeitalters im Begriff sind, durch eine Umstellung auf das Internet und dessen Geschäftsmöglichkeiten wieder zur treibenden Kraft des E-Business zu werden.[983] Voraussetzung ist allerdings die Bereitschaft, Unternehmensstrukturen zu verändern. Erst aus der Kombination von Know-How der Old Economy und der Anwendungen elektronischer System werden künftig Wettbewerbsvorteile generiert werden können, die ökonomischen Grundbedingungen bleiben bestehen.[984]

d Bewertung

1997 hat Hal Varian erklärt „Je mehr man von Wirtschaft versteht, desto weniger revolutionär scheint das alles".[985] Unter Berücksichtigung der vorangegangenen Darstellung ist diese Einschätzung einerseits richtig, andererseits ist eine Veränderung nicht von der Hand zu weisen. Die Ökonomie befindet sich in einem Wandel, auch wenn Grundpfeiler ökonomischer Zusammenhänge bestehen

---

[981] Jeremy Rifkin, Access. Das Verschwinden des Eigentums, Frankfurt 2000. Vgl. dazu auch das Interview im Handelsblatt Montags Extra Netzwert, Der Markt ist tot, es lebe das Netz vom 2. Oktober 2000.

[982] Umso erstaunlicher ist es, dass vergleichsweise nur wenige kleine und mittelständische Unternehmen am E-commerce partizipieren. Dies weist daraufhin, dass für KMU Nutzungsbarrieren bestehen, die abgebaut werden müssen. Dabei soll eine Tendenz nicht verschwiegen werden: gerade die sogenannten "First Mover", also diejenigen Firmen, die sehr früh in den e-commerce eingestiegen sind und jene Firmen, die sehr früh moderne Informations- und Kommunikationstechnologien in ihre Formenabläufe integrierten, haben einen klaren Wettbwerbsvorteil.

[983] Vgl. dazu den ausführlichen Bericht in der Financial Times Deutschland, Sonderbeilage connectis Nummer 5, Oktober 2000. Die FTD-Sonderbeilage bezieht sich auf einen Bericht von Andersen Consulting und eine Studie von KPMG. Dazu auch Handelsblatt/The Wall Street Journal Europe, Sonderbeilage Convergence. Computer -und Kommunikationsindustrie wachsen zusammen, Herbst 2000, Die Big Player schlagen zurück. Die Old Economy im Internet, S.8ff. David Pringle / Edward Taylor, E-Commerce. Die Old Economy entdeckt das Netz. In: Handelsblatt/The Wall Street Journal Europe, Sonderbeilage Convergence. Computer -und Kommunikationsindustrie wachsen zusammen, Herbst 2000, Die Big Player schlagen zurück. Die Old Economy im Internet, S.13ff. Dazu auch http://de.news.yahoo.com/001005/27/13y01.html. 13. Oktober 2000. Yahoo! Schlagzeilen vom 5. Oktober 2000.

[984] Horst Wildemann, In der Neuen Ökonomie wird sich die Hierarchie der Waren verschieben. Electronic Business – ein Geschäft? Unternehmen müssen sich häuten können. In: FAZ vom 2. Oktober 2000.

[985] Süddeutsche Zeitung vom 15. Juli 1997, Die wirtschaftliche Revolution steht noch aus.

bleiben.[986] Dies muss auch als Quintessenz des vorangehenden Kapitels gesehen werden.
Gerade in der Betrachtung der qualitativen ökonomischen Veränderungen kann in Anlehnung an Schumpeters Konzept der schöpferischen Zerstörung und der Betrachtung "alter Industrien", wie sie bis jetzt die wirtschaftlichen Zusammenhänge geprägt haben, konstatiert werden:

> "In einem kreativen Prozeß der Zerstörung enstehen neue Technolgien und Industrien, zwar verschwinden ältere Technologien und Industrien, aber sie schaffen gleichzeitig neue Chancen."[987]

Die Entstehung der New Economy, die dargelegten Veränderungen der Staatsrolle, Begriffe wie "New Age" zeigen die tiefe Veränderungen im ökonomischen Gefüge und tatsächlich sind mit dem Erscheinungsbild der neuen Ökonomie qualitative Veränderung gegenüber alten wirtschaftlichen Strukturen verbunden.[988] In einer nie zuvor gekannten Geschwindigkeit entfalten sich in der New Economy mittels neuer Handelsplattformen und unter Eröffnung neuer, zumeist globaler, Märkte neue wirtschaftliche Aktivitäten. In diesen wirtschaftlichen Aktivitäten steht nicht länger das materielle Produkt im Mittelpunkt, stattdessen gewinnen immaterielle Güter an Bedeutung. Dies bedeutet jedoch nicht, dass die bekannten wirtschaftlichen Strukturen gänzlich verschwinden würden.[989] Die prägenden Merkmale ökonomischer Strukturen bleiben bestehen.
Deutlich festzustellen aber sind qualitative Veränderung in Unternehmens- und Arbeitsorganisationen, die in Folge insbesondere durch eine Pluralisierung und Individualisierung geprägt werden. Arnold Picot gibt zwei Trends an, die gegenwärtig Unternehmen und Märkte prägen:"From maket place to market space" und "management by wire".[990]
Die von der Industriegesellschaft geprägte Wirtschaft wird keineswegs abgelöst, viel mehr ist davon auszugehen, dass alte und neue Ökonomie weiter zusammenwachsen und sich die alte Ökonomie in ihrem Erscheinungsbild verändert wird.

> "Es ist klar, daß wir uns in die Richtung von besser entwickelten Wirtschaftsstrukturen bewegen. Im Augenblick befinden wir uns aber in einer Zeit von zwei verschiedenen Wirtschaftsstrukturen. Die gegenwärtige wirtschaftliche Verwirrung kann man mit der Tatsache erklären, daß jetzt zwei verschiedene überschneidende Wirtschaftsformen bestehen: die Wirtschaft der

[986] FAZ 5.6.2000, Die Ökonomie bedeutet nicht das Ende der Inflation. Internet Economics Workshop in Berlin im Juni 2000.

[987] Auf den Kopf stellen. Der US Prognstiker Paul Saffo im Gespräch mit Christian Deysson und Dieter Schweer über die ökonomischen Auswirkungen der Informationstechnik. Wirtschaftswoche Nr. 6/1. Februar 1996. In: Stefan Baron / Kurt Bedker / Hanspeter Schreiner, Die Informationsgesellschaft im Neuen Jahrtausend. Futurion- Kongress, a.a.O. S.62, S.69.

[988] Verlagsbeilage der Frankfurter Allgemeinen Zeitung E-Conomy vom 13. Juni 2000, Arnold Picot New E-Conomy schafft neue Qualitäten. Arnold Picot gibt 10 wesentliche Merkmale an: Kostensenkung, Dematerialisierung und Digitalisierung, Neue Spezialisierung und Arbeitsteilung, Kooperation und vernetzte Zusammenarbeit, Economies of Scale and Scope, Netzeffekte und Standards, Neue Preis- und Erlösmodelle, Neue Rolle der Kunden, Individualisierung der Kundenbeziehungen, Neues Unternehmertum.

[989] Hanno Beck, Auf der Suche nach der Neuen Welt. Der Mythos von der "New Economy". In: FAZ vom 13. Mai 2000.

[990] Arnold Picot, Die Transformation der Wirtschaft in der Informationsgesellschaft. Die Network Economy wird vom Internet angetrieben. Doch der Ordnungsrahmen ist derzeit noch zu einseitig auf die klassische Industriegesellschaft ausgerichtet. In: Frankfurter Allgemeine Zeitung vom 24. Februar 2000.

> Massenproduktion und des Massenverbrauches und die neue informationsorientierte Wirtschaftsform. Diese neue Form der Wirtschaft reduziert die Materialmenge in den Produkten. Das wird in der Ware durch Vergrößerung der Dienstleistungen, intellektuellen Faktoren, nämlich mit Intelligenz und Information realisiert."[991]

Die Kluft zwischen der neuen Art der Wertschöpfung und der alten Art der Wirtschaftsverwaltung stellt den vorherrschenden Wirtschaftkonflikt der heutigen Tage dar.[992] Unternehmen wurden bisher an ihren Bilanzen gemessen und nach ihrem Bestand an Waren und Kapital beurteilt. Im Bereich der New Economy übersteigen die Börsenwerte von Unternehmen mittlerweile deren Buchwerte. Der Wert des Unternehmens orientiert sich häufig an dem vermuteten Potenzial. Wesentliches und prägendes Element ist dabei neben dem eigentlichen Investitionskapital das Humankapital einer Firma. Das Humankapital unterscheidet sich vom Sachkapital vor allem dadurch, dass sich an ihm kein Eigentum erwerben läßt. In der New Economy verändert sich das Machtverhältnis zwischen Mitarbeitern und Unternehmen, zwischen Arbeit und Kapital: "das entscheidende Produktionsmittel gehört nicht mehr den Kapitalisten, sonder den Mitarbeitern: Es ist das Wissen in ihren Köpfen."[993] Dieser Veränderungsprozess wird so lange anhalten, bis wieder eine, in ihrer Erscheinungsform veränderte Ökonomie entsteht. Der in jüngster Zeit insbesondere bei Kongressen bemühte Begriff der "one economy" ist sichtbarstes Zeichen einer solchen Entwicklung. Zur Lösung dieses neuen Wirtschaftskonflikts muss die Politik ihren Beitrag leisten. Die Ökonomie der Informationsgesellschaft zeichnet sich durch ein hohes Maß an Flexibilität und Innovationsbereitschaft aus. Diesen Merkmalen muss in politischer Hinsicht verstärkt Rechnung getragen werden. Die Politik hingegen klammert sich an die Regelungen einer "Sozialen Marktwirtschaft" alter Prägung. Zu recht kommentiert die Frankfurter Allgemeine Zeitung:

> "Es kann anderseits aber auch kein Zweifel daran bestehen, daß unter den Bedingungen eines globalen Wettbewerbs eine soziale Ordnung in Schwierigkeiten gerät, deren Kosten auf den Märkten für Güter und Dienste unmittelbar preiswirksam werden: Die Verzerrungskosten der Tarifpolitik und die Bindung der sozialen Sicherung an die Arbeitsverträge gehören zu den Elementen der deutschen ›Ordnung‹, die die Anpassungsschwierigkeiten der Wirtschaft und den beklagenswerten Zustand des Arbeitsmarktes erklären."[994]

Reformen werden nur ungenügend angegangen und begünstigen, wie etwa die Steuerreform zeigt, alte Wirtschaftszweige.[995] Auch die Systeme sozialer Sicherung müssen umgebaut werden, in der Alterssicherung etwa sind die Grenzen des

---

991 Zit. nach Ante Pulic, a.a.O., S.157. P. Hawkn, The next economy, It. G. Gerken: Die Trends für das Jahr 2000, S.91-92.

992 Dazu auch der hochinteressante Artikel von Arnold Picot, Die Transformation der Wirtschaft in der Informationsgesellschaft. Die Network Economy wird vom Internet angetrieben. Doch der Ordnungsrahmen ist derzeit noch zu einseitig auf die klassische Industriegesellschaft ausgerichtet. In: FAZ vom 24. Februar 2000.

993 Ulrich Klotz, Netzwerkeffekte und die Ökonomie der Aufmerksamkeit. Das Machtverhältnis zwischen Arbeitnehmern und Unternehmen verändert sich. Stärkere Ausrichtung nach den Mitarbeiterinteressen. In: FAZ vom 8. Mai 2000.

994 FAZ vom 31. Mai 2000.

995 Horst Siebert, Neue Impulse für die neue Ökonomie. Die Wirtschaftspolitik muss alles daran setzen, die Rahmenbedingungen für einen höheren Wachstumspfad in Deutschland zu schaffen. In: FAZ vom 20. Mai 2000.

Umlagesystems absehbar. Während Steuersenkungen und die Absenkung der Haushaltsdefizite angestrebt werden, der Gütermarkt dereguliert wird und die Aktienkultur floriert, bleibt ein wirkliches Sorgenkind der neuen Ökonomie der Arbeitsmarkt. Die aufgrund der Veränderung des Arbeitsbegriffes dringend benötigte Flexibilisierung der Arbeitsmärkte kommt in Europa kaum voran, wird aber einer der maßgeblichen Erfolgsfaktoren bleiben.[996] Die nach wie vor rigidesten Arbeitsmärkte Europas sind Italien und Deutschland. Zwar verdeutlicht sich in Deutschland zunehmend, dass die Macht der Gewerkschaften rückläufig ist[997], Veränderungen auf dem Arbeitsmarkt bleiben aber weitgehend aus. Ein möglicher Grund ist die zunehmende Mediation deutscher Politik, die die Macht gesellschaftlicher Kräfte der Industriegesellschaft in informellen Zirkeln konserviert. Das Bündnis für Arbeit ist hierfür eines der deutlichsten Beispiele. Dies ist umso schwerwiegender, als diese gesellschaftlichen Kräfte gerade in der für die allgemeine ökonomische Entwicklung so wichtigen New Economy kaum mehr Bedeutung haben. Auffällig ist, dass gerade die traditionellen Arbeitnehmerorganisationen in den Firmen der neuen Wirtschaft kaum Fuß fassen können.

Eine weitere Beeinträchtigung dieser Entwicklung hin zu qualitativ neuen ökonomischen Strukturen bilden aber auch die eigentlichen politischen Entscheidungen. Und das, obgleich die Bewältigung des Strukturwandels auf politischer Ebene einer der entscheidenden ökonomischen Erfolgsfaktoren sein wird.[998]

Die strukturellen Probleme, gerade am Arbeitsmarkt, sind vielleicht der entscheidende Grund dafür, dass Deutschland die Chancen der neuen Ökonomiefelder nicht adäquat nutzen kann. Die technologische Leistungsfähigkeit der Bundesrepublik Deutschland muss ausgebaut werden.[999]

Das Land oder die Gemeinschaft, die es schaffen wird, seine / ihre politischen Grundsätze den neuen ökonomischen Grundsätze anzupassen oder flexibel auf sie zu reagieren, wird den ökonomischen Erfolg erzielen. Nicht von der Hand zu weisen ist, dass sich unter dem Druck technologischer Innovationen im Internet, der zunehmend globalisierten Wirtschaftswelt und der beständig hohen Arbeitslosenrate, sich zunehmend ein deutliches Problembewusstsein in der Politik entwickelt.[1000] Steuersenkungspolitik, Privatisierungs- und Deregulierungspolitik sind erste Zeichen dieses Bewusstseins. Zögerlich hingegen verhalten sich die Europäer noch immer bei der Flexibilisierung der Arbeitsmärkte und der Reform der Sozial- und Steuersysteme. Die politische Entwicklung, deren Entscheidung in weiten Zügen noch immer industriegesellschaftlich geprägt sind, hat für diese neue Form der

---

996 Handelsblatt vom 19./20. Mai 2000, EZB mahnt Reformen am Arbeitsmarkt an.

997 Dazu Handelsblatt vom 9. August 2000, Die Streikfront für die New Economy steht.

998 Daran hat auch das Aktionsprogramm der Bundesregierung Innovation und Arbeitsplätze in der Informationsgesellschaft des 21. Jahrhunderts noch nichts wesentliches geändert. http://www.iid.de/aktionen/aktionsprogramm.
Vgl. auch Horst Siebert, Noch viel zu tun für eine "New Economy" in Euroland. In: Handelsblatt vom 21. Februar 2000; Horst Siebert, Das neue dringt herein mit Macht. Auf der Suche nach einer modernen Wirtschaftspolitik: Deutschland hat den Schlüssel für die New Economy noch nicht gefunden. In: Handelsblatt vom 27. Juni 2000. Dazu auch Kurt van Haaren, Die "Jobmaschine" ist immer noch nicht in Sicht. Arbeits- und sozialrechtlicher Handlungsbedarf. In: Das Parlament 48. Jahrgang/Nr. 40 vom 25. September 1998. Vgl. dazu die überaus interessanten Handlungsempfehlungen des Instituts für Arbeitsmarkt- und Berufsforschung der Bundesanstalt für Arbeit. IAB Werkstattbericht Nr.10/28.9.1998. IAB Agenda 1998. Wissenschaftliche Befunde und Empfehlungen zur Arbeitsmarkt- und Beschäftigungspolitik. Aus forschungspragmatischen Gründen können diese Empfehlungen leider nicht diskutiert werden.

999 Bundesministerium für Bildung und Forschung. Gutachten im Auftrag des Bundesministeriums, vorgelegt im März 2002: Zur technologischen Leistungsfähigkeit Deutschlands 2001.

1000 Vgl. K. Grewlich, Die transnationale Dimension der sich entwickelten Informationswirtschaft. In: Europa-Archiv, Folge 21/1987.

Wirtschaft bei weitem noch nicht alle Voraussetzungen geschaffen. Dominierend sind die Versuche, weiter mit den alten Kategorien der Wirtschaftspolitik zu antworten: zu hohe Produktionskosten, konjunkturelle Schwierigkeiten, Standortschwächen, Mangel an Nachfrage und Massenkaufkraft, kollektive Regulierungen der Arbeitsverhältnisse, die immer weniger greifen, flächendeckende Tarifverträge, Standardisierung der Gestaltungsdimensionen von Arbeit wie Arbeitszeit, Arbeitsleistung, Arbeitsentgelte und kollektive Regelung des Arbeitsrechts sind nach wie vor die Regel politischer Handlungsvorschläge.
Hinzu kommt, dass durch die Globalisierung das klassische wirtschaftspolitische Instrumentarium in nationalen Grenzen stecken bleibt. Zukünftige Wirtschaftspolitik, die mit einer Wirtschaft, deren Basis Information und Innovation ist, konfrontiert wird, kann nicht länger einzelne Unternehmen oder einzelne Wirtschaftszweige sichern, sondern hat einzig und allein die Aufgabe, Bedingungen für eine Erweiterung des Wissens zu schaffen. Staatsintervention und Staatssubventionen haben damit ausgedient, der wirtschaftspolitische Schwerpunkt ist vielmehr ein infrastruktureller und ein bildungspolitischer Schwerpunkt. Zum einen muss die Verantwortung für die Erstellung einer neuen Infrastruktur übernommen werden, wie etwa der Aufbau sogenannter Informationsdatenautobahnen (Information-Highways). Zum anderen muss durch bildungspolitische Reformen die Verantwortung für eine Adaption des Bildungssystems an diese neue Herausforderung übernommen werden. Durch die zunehmende globale Geschäftsabwicklung muss protektionistisches Verhaltens aufhörn. Freier Handel über alle Grenzen hinweg muss ermöglicht werden. Die Freiheit des Wirtschaftens und des unternehmerischen Handelns wird damit zu einem Standortfaktor für die wirtschaftliche Stellung eines Landes: "Von Antagonisten sind Staaten zu Dienstleistern für Unternehmen geworden."[1001]
In Europa beruht Wohlstand und Wirtschaftskraft nach wie vor auf klassischen, aber überholten Technologien und gesättigten Märkten der zweiten Industrierevolution, wie etwa dem Maschinenbau, der Elektrotechnik, der Chemie oder der Automobilindustrie. Mittels staatlicher Subventionen werden nationale Wirtschaftszweige wie Kohle, Schiffsbau, Stahlindustrie und Landwirtschaft erhalten, die keinen Beitrag zur wirtschaftlichen Wettbewerbsfähigkeit leisten oder diese sogar behindern. Dies sind deutliche Hinweise, dass nach wie vor verkannt wird, dass Information und Kommunikation zu einem eigenständigen, international wirkenden Produktionsfaktor geworden ist.[1002] Dies stellt die maßgeblichste qualitative Veränderung dar: in der Informationsgesellschaft erfolgt die Ökonomisierung der Information, Information wird zu einem Gut im Marktsystem und damit zum Standortfaktor. Es erfolgen grundlegende Veränderungen der Marktprozesse, insbesondere im Bereich der Marktabwicklung und Preisfindungsmechanismen. Das Entstehen von „virtuellen Unternehmen“ erfordert eine Neudefinition des Arbeitsbegriffes, denn Arbeit kann zunehmend global verteilt werden und findet dezentral statt. Dies entspricht bereits marktwirtschaftlicher Praxis zahlreicher bundesdeutscher Großunternehmen. Die Durchführung von Projekten auf internationaler Ebene stellt eine Bedrohung sozialer Standards in sogenannten Hochlohnländern dar. Elektronische Dienstleistungsangebote wirtschaftlicher Schwellenländer steigen, bestehende arbeits- und sozialrechtliche Regelungen geraten damit zunehmend unter Druck. Zu Ende gedacht, macht diese Entwicklung eine Internationalisierung der Rechtsordnung notwendig oder die Akzeptanz, dass

[1001] Ute Bernhard / Ingo Ruhmann, Revolution von oben. In: Jörg Tauss et al, Deutschland auf dem Weg in die Informationsgesellschaft, a.a.O., S.123.
[1002] Dazu auch Thomas A. Stewart, Der vierte Produktionsfaktor. Wachstum und Wettbwerbsvorteile durch Wissensmanagement, Hanser Verlag o.O., 1998.

verschiedene Rechtsordnungen im Wettbewerb zueinander stehen und entscheidender Faktor der Standortwahl werden können. Mit der zunehmenden Ablösung der Ort- und Zeitorientierung von Arbeit durch die Ergebnisorientierung und Auflösung des Betriebsbegriffs werden zwei zentrale Kategorien unseres Arbeitsrechts aufgelöst, da es nur jene umfasst, die fest im Betrieb angestellt sind. Die Auflösung des Betriebes fordert eine Reform der Arbeitsrechts und damit auch der sozialen Sicherungssysteme.[1003] Die Erweiterung des sozial- und arbeitsrechtlichen Arbeitnehmerbegriffs ist ebenso notwendig wie die Neudefinition des Betriebsbegriffs. Die Fixierung auf das Normalarbeitsverhältnis, wie im Arbeitsrecht, in Rechtsprechung und Tarifpolitik anzutreffen, muss aufgegeben werden. "Selbst"-Angestelltenarbeit – oder wie Dieter Kirchhöfer es bezeichnet der „Arbeitskraftunternehmer"[1004] – wird in der Informationsgesellschaft prägend sein, ist mit heutigen Rechtskategorien aber kaum erfasst und im Arbeitsrecht vollständig ausgeblendet.[1005] Weiterhin ist es dringend notwendig, Voraussetzungen zu schaffen, die den elektronischen Handel auf eine sichere Basis stellen und damit einen weiteren Anreiz geben, am e-Business teilzunehmen, auch über Ländergrenzen hinweg.
Dies schließt wiederum auch ein, notwendige infrastrukturelle Maßnahmen zu ergreifen, um den Aufbau der Datenautobahn weiter zu fördern. Entsprechend muss dafür gesorgt werden, einen allgemeinen Zugang zum Netz bereitzustellen, und es müssen Universaldienste angeboten werden. Nur so können "die Voraussetzungen für die wirtschaftlich optimale Entfaltung des Produktionsfaktors Kommunikation "[1006] geschaffen werden. Da die weitere Entwicklung der Telematik und die damit verbundenen Veränderungen in absehbarer Zeit kaum zum Abschluss kommen werden und die Tendenzen daher auch nur schwer abzuschätzen sind, muss als Prinzip eine größtmögliche Freiheit des Wirtschaftens angestrebt werden, die in erster Linie eine Flexibilisierung und Deregulierung der Abläufe zum Ziel hat. Nur so können grundlegende rechtliche und gesellschaftspolitische Rahmenbedingungen geschaffen werden für die Realisierung der mit den neuen Informations- und Kommunikationstechnologien auf ökonomischer Ebene verbundenen Entwicklungschancen.
Diese Veränderungen bleiben nicht ohne Einfluss auf das Sozial- und Gesellschaftssystem. Systemtheoretisch betrachtet, ist auch mit Folgewirkungen für das das demokratische System zu rechnen. Qualitative Umwälzungen, die im Bereich der ökonomischen Veränderungen deutlicher als irgendwo sonst geworden sind, haben immer Einfluss auf das politische System selbst. Neuerungen im ökonomischen Bereich haben stets Neuerungen im politischen System nach sich gezogen. Daher sollen im weiteren Verlauf der Arbeit auch die Auswirkungen der Informations- und Kommunikationstechnologien auf das Staatsorganisationssystem betrachtet werden.

[1003] Vgl. dazu Gerd Nies, Arbeitsrecht in der multimedialen Gesellschaft. Gestaltung des Übergangs. In: Kurt van Haaren / Detlef Hensche (Hrsg.), Arbeit im Multimedia-Zeitalter, a.a.O., S.140ff.
[1004] Dieter Kirchhöfer, Neue Lernkulturen im Spannungsfeld. In Ingrid Lohmann / Rainer Rilling, a.a.O., Opladen 2002, S.72. Hier wird eine Beschreibung des „Arbeitskraftunternehmers" gegeben.
[1005] Als mögliche Lösung gilt die politische Vorstellung des Bürgergelds. Die wissenschaftliche Diskussion um dieses Thema ist beeindruckend, kann hier aber nicht weiter verfolgt werden.
[1006] Wolfgang Müller-Michaelis, a.a.O., S.14.

3. Zukunft der Demokratie in der Informationsgesellschaft: Qualitative Auswirkungen des gesellschaftlichen Wandels auf die Staatsorganisation

Das auffallende Interesse der Wissenschaft an der Entwicklung von Information, Kommunikation und Medienentwicklung ist, hier ist Gerhard W. Wittkämper zuzustimmen, insbesondere dadurch gerechtfertigt, dass das Netzwerk Medien – Politik aus wirtschaftlichen und technischen Gründen ständiger Veränderung unterliegt und daher auch einer ständigen wissenschaftlichen Begleitung bedarf.[1007] Besonders deutlich wird diese Entwicklung an der veränderten Rolle vor allem der elektronischen Medien im politischen Prozess, die sich nicht zuletzt durch die Dualisierung des Rundfunksystems[1008] ergeben hat, und die damit verbundene Bedeutungssteigerung wirtschaftlicher gegenüber rundfunkpolitischer Aspekte.[1009] Gerade in jüngerer Zeit tritt ein technisch induzierter Wandel des Mediensystems hinzu, der von einer "dominanten Wenige-an-alle-Struktur der üblichen Massenkommunikation hin zu einer Differenzierung vor allem in Richtung von Alle-an-alle- bzw. Wenige-an-wenige-Strukturen"[1010] führt. Die von früheren Beobachtern in diesem Zusammenhang geäußerte Vermutung, dass die neuen Medien, insbesondere das Internet, nur geringe Zukunftschancen im politischen Bereich haben würden, haben sich, im Rückblick als falsch erwiesen.[1011] Auch das Interent ist zu einem Medium politischer Kommunikation geworden und zeigt einen steigenden Anteil gerade auch an politischen Inhalten.[1012] Es ist davon auszugehen, dass damit nachhaltige Veränderungen im politischen System möglich werden. Mit diesen Veränderungen befasst sich dieses Kapitel.

Die Debatte um den Einfluss der neuen Medien auf die Demokratie zeichnet sich durch einen hohen Grad der Polarisierung aus.[1013] Einerseits wird ein neuer Grad zivilgesellschaftlicher Praxis erwartet, indem Information demokratisiert wird. Andererseits besteht zweifellpo die Gefahr der totalen staatlichen Kontrolle und Überwachung, da Information kumuliert, angesammelt und gespeichert werden kann. Diese beiden Extreme werden in der Formel "Orwell in Athen"[1014] zum Ausdruck gebracht.

1007 Gerhard W. Wittkämper, Medien und Politik – Einführung in die Wissenschaftliche und Praktische Diskussion. In: Ders. (Hrsg.), Medien und Politik, Darmstadt 1992, S.2.

1008 Nähere Informationen zur dualen Rundfunkordnung liefert die überblickshafte Darstellung von Meyn. Hermann Meyn, Massenmedien in Deutschland, Konstanz 1999, S.167-258.

1009 Vgl. Der Spiegel 47 (1996), S.58-60; Die Süddeutsche Zeitung vom 29.10.1996 und Economist vom 28.9.1996, S.4-50.

1010 Max Kaase, Demokratisches System und die Mediatisierung von Politik. In : Ulrich Sarcinelle (Hrsg.), Politikvermittlung und Demokratie in der Mediengesellschaft, Opladen/Wiesbaden 1998, S.25.

1011 Austin Ranney, Channels of Power. The impact of Television on American Politics, New York 1983.

1012 Besonders deutlich wurde dies bei den Kongresswahlen in den USA 1996.

1013 Vgl. dazu die Zusammenfassung von Olaf Winkel, The Democratic Potentials of Interactive Information Technologies. In: Bernd Holznagel / Andreas Grünwald / Anika Hanssmann, Elektronische Demokratie. Bürgerbeteiligung per Internet zwischen Wissenschaft und Praxis. München 2001.S.28-43.

1014 W.B.H.J. Van de Donk / I.Th.M. Snellen / P.W.Tops (Hrsg.), Orwell in Athens. Perspective on Informatisation and Democracy, Amsterdam 1995. Vgl. auch Kevin Robins / Frank Webster: Athens without slaves... or slaves without Athens? The Neurosis of Technology. In: Science as a Culture 3 (1988), S.7-53. Vgl. dazu auch Robert Wagner, Die Informationsgesellschaft. Chancen für eine neue Lebensqualität am Beginn des 3. Jahrtausend, Münster 1996, S.129ff.

Unabhängig von der Bewertung wird von einer Steigerung staatsbürgerlicher Partizipation ausgegangen. Infolge dieser neuen Partizipationsmöglichkeiten diagnostiziert Gerhard W. Wittkämper die Entstehung eines neuen Demokratietypus: der "kommunikativen Demokratie"[1015]. Bislang wurden Medien stets mit Attributen der Herrschaft versehen. Dies rechtfertigte sich insbesondere dadurch, dass es die Medien bzw. Medienvertreter waren, die die Entscheidungen darüber trafen, welche Informationen, zu welchem Zeitpunkt und in welcher Art und Weise vermittelt worden sind. Diese Herrschaftsmetaphorik lässt sich mit den neuen Medien, die in erster Linie nutzerbestimmt sind, nicht mehr verbinden. Mit Blick auf die Staatsorganisation werden die moderne Kommunikations- und Informationstechnolgien vielmehr als Freiheitsmedien gefeiert.[1016]

Durch diese skizzenhafte Darstellung der Grundpositionen zeichnen sich bereits die zahlreichen Fragestellungen ab, die sich aus dem Beziehungsgeflecht neue Medien / Internet und Staatsorganisation / Demokratie ergeben. Da im Blickpunkt dieser Arbeit die strukturellen Veränderungen stehen, sind die wohl interessantesten Untersuchungsgegenstände das Konzept der demokratischen Öffentlichkeit sowie das neu entstehende Spannungsfeld zwischen Repräsentation und Partizipation.

Um sich diesen Feldern zu nähern und die strukturellen Veränderungen zu verdeutlichen soll zunächst einführend die Interdependenz zwischen demokratisch verfassten Staatssystemen und freiheitlichen Mediensystemen skizziert werden. Weiterführend soll auf dieser Grundlage der strukturelle Wandel des Mediensystems und die Verbindung mit dem Strukturwandel der Öffentlichkeit dargelegt werden. Die Frage nach den strukturellen Bedingungen von Öffentlichkeit werden in der wissenschaftlichen Literatur nur rudimentär behandelt, was wohl darauf zurückzuführen ist, dass diese Variable zumeist als selbstverständlich angesehen wird. Hinzu kommt, dass es auch immer eine Frage, welche Bedeutung dem Konzept „Öffentlichkeit“ als zentralem, intermediären (also zwischen Bürger und politischen Akteuren und Institutionen vermittelnden) Mechanismus demokratietheoretisch zugebilligt wird, unterschiedlich beantwortet wird.

Zunächst soll die momentanen Interdependezen zwischen dem Mediensystem und dem politischem System, sowie dem Mediensystem und dem Öffentlichkeitsbegriff in ihren strukturellen Veränderungen und derzeitigen Ausprägungen dargestellt werden. Im Anschluss daran soll der Frage nachgegangen werden, ob durch die neuen Medien, mögliche demokratiepraktische Defizite, gerade mit Blick auf die Partizipationsmöglichkeiten der Bürger und Bürgerinnen, überwunden werden können, indem "Re-Demokratisierungspotentiale" freigesetzt werden. Endpunkt dieser "Re-Demokratisierungspotentiale" bildet die Form der elektronischer Demokratie.

Am Ende dieses Kapitels wird sich zeigen, dass die Veränderungen medialer Öffentlichkeitskonzeption und die Konzepte elektronischer Demokratie genau jene grundsätzlichen strukturellen Veränderungsprozesse reflektieren, denen sich das demokratisch verfasste politische System in der Informationsgesellschaft unterworfen sieht.

[1015] Gerhard W. Wittkämper, Medien und Politik – Einführung in die Wissenschaftliche und Praktische Diskussion. In: ders. (Hrsg.), Medien und Politik, a.a.O., S.1.

[1016] Winfried B. Lerg, Politik und Medien. In: Gerhard W. Wittkämper (Hrsg.), Medien und Politik, a.a.O., S.14.

a Exkurs: Interdependenzen zwischen Regierungssystem und Mediensystem in parlamentarisch verfassten Demokratien

Aus systemtheoretischer Perspektive läßt sich Demokratie als Idee oder aber als Verfahren beschreiben. Demokratie stellt eine konstitutionell, institutionell und prozedural fixierte politische Form dar, die über die Ideen der Gleichheit, Rechtstaatlichkeit und der Menschenrechte ihre konkrete Ausgestaltung erfährt. Entsprechend der unterschiedlichen Politien oder normativen Prinzipien sind dabei sehr unterschiedliche Ausgestaltungen und Bewertungen festzustellen.[1017] Für die übergreifende Perspektive bietet sich der Stellenwert der Kommunikation im demokratischen System an: "Ein großer Teil des politischen Handelns ist heute öffentliche Kommunikation".[1018] Dies entspricht Heinrich Oberreuters Grundsatz der kommunikativen Dimension politischen Handelns.[1019]: Was hier als öffentliche oder auch politische Kommunikation bezeichnet wird, ist das Ergebnis der Interaktion zwischen politischem System und Mediensystem. Dies impliziert bereits eine gegenseitige Abhängigkeit von Politik und Medien. Diese Interdependenz wird durch die Kommunikationsstruktur der Demokratie geradezu eingefordert, die drei wesentliche Merkmale aufweist: die grundsätzliche Staatsfreiheit[1020], die Pluralität der Inhalte[1021] und die Artikulation des politischen Willens des Volkes.

> "Das demokratische Prinzip beruht auf der Existenz einer Vielheit von Meinungen, Interessen und Willensrichtungen, auf Pluralität, auf Gegensätzlichkeit und Konflikt. Pluralismus erweist sich heute geradezu als Strukturelement der freiheitlich-rechtsstaatlichen Demokratie." [1022]

Entsprechend ist der demokratische Staat durch Transparenz der politischen Abläufe geprägt, und bietet dadurch die Möglichkeit der freien Meinungsbildung.[1023]

1017 Ohne weiter auf die unterschiedlichen Modelle einzugehen, sei verwiesen auf Arend Lijphart, Democracies. Patterns of Majoritarian and Consensus Government in Twenty-One Countries, New Haven / London 1984. Arend Lijphart (Hrsg.), Parliamentary versus Presidential Government, Oxford 1992. Fuchs dagegen arbeitet vier normative Demokratiemodelle heraus, das libertäre Modell, liberales Modell, Modell des demokratischen Sozialismus und republikanisches Modell. Vgl. dazu Dieter Fuchs, Wohin geht der Wandel der demokratischen Institutionen in Deutschland? Die Entwicklung der Demokratievorstellungen der Deutschen seit ihrer Vereinigung. In: Gerhard Göhler (Hrsg.), Institutionenwandel. Leviathan, Sonderheft 15, Opladen 1997, S.253-284.

1018 Richard Münch, Dialektik der Kommunikationsgesellschaft, 2. Auflage, Frankfurt am Main 1992.

1019 Vgl. Walter Reese-Schäfer, Politik und Demokratie in der Informationsgesellschaft, Diskussionsbericht. In: Karl Rohe (Hrsg.): Politik und Demokratie in der Informationsgesellschaft. Veröffentlichung der Deutschen Gesellschaft für Politikwissenschaft, Baden-Baden 1997. Vgl. Heinrich Oberreuter, Medien und Demokratie. Ein Problemaufriss. In: Karl Rohe (Hrsg.), a.a.O., S.12ff. Eine vergleichbare Betonung der kommunikativen Dimension politischen Handelns ist auch bei Ulrich Saxer zu finden. Ulrich Saxer, Beziehungsspiele statt Streitkultur? In: Beziehungsspiele. Medien und Politik in der öffentlichen Diskussion, Gütersloh 1993. Eugen Semrauch, Entertainment für Einsiedler. Überlegungen zur Strategie politischer Fernsehwerbung. In: Fritz Plassner / Peter Ulram / Manfred Welan (Hrsg.), Demokratierituale. Zur politischen Kultur der Informationsgesellschaft, Wien, Köln, Graz 1985, S.62.

1020 Johannes Kurschildgen, Die demokratisch verfasste Öffentlichkeit, Aachen 1998. Zum Grundsatz der Staatsfreiheit S.18ff. Kurschildgen geht auch auf die Problematik einer möglichen Einmischung des Staates auf den Meinungsbildungsprozess ein, also auf das Spannungsverhältnis zwischen dem Grundsatz der staatsfreien Öffentlichkeit und der Aufgabe des Staates, die Pluralität im Bereich der Massenkommunikation im Interesse der Demokratie zu wahren. Dieses Spannungsverhältnis ist in der verfassungsrechtlichen Literatur stark umstritten.

1021 Ebd. S.22ff.

1022 Stern I §18 II, S.5f.

1023 Letztgenanntes wird von Johannes Kurschildgen als demokratisch verfasste Öffentlichkeit bezeichnet. Johannes Kurschildgen, a.a.O., S.30ff. Ebenso S.230ff.

Demokratien stellen offene Gesellschaften dar. Das Grundgesetz der Bundesrepublik Deutschland, das eine parlamentarisch-repräsentative Demokratie festschreibt, garantiert eine solche offene Gesellschaft und verteidigt die gesellschaftliche Kommunikation durch Abwehrrechte gegen staatliche Eingriffe in kommunikative Freiräume.
Es wäre zu einfach, Demokratie oder Herrschaft des Volkes als eine Staatsform zu sehen, die von einer Identität von Herrschenden und Beherrschten ausgeht.Vielmehr geht es in der Demokratie als Staatsform, gleich welcher Ausgestaltung, um die Auseinandersetzung mit politischen Inhalten, die politische Diskussion und um das Ringen nach politischen Kompromissen. Diese Auffassung spiegelt sich in besonderer Weise wider in Ralf Dahrendorfs These von der Demokratie als „Regierung durch Konflikt".[1024] Dies entspricht der Aussage im politikwissenschaftlichen Standardwerk von K.W. Deutsch, "... daß politische Macht eigentlich nur im mehr oder weniger weitreichenden Zusammenwirken von Legitimitätsvorstellungen und sozialen Kommunikationskanälen entstehen kann."[1025]
Im Widerstreit der Interessen gewährleistet das Mehrheitsprinzip die politische Handlungsfähigkeit. Jede Politische Aktivität in der Demokratie ist daher von gesellschaftlicher Zustimmung abhängig. Ihre Legitimität entsteht folglich kommunikativ.[1026]

> "Mit Norbert Wiener, dem Vater der Kybernetik, läßt sich also Kommunikation als jener Kitt begreifen, der Organisationen und Gesellschaft zusammenhält, der sie befähigt, zusammen zu denken, zusammen zu sehen und zusammen zu handeln. Ein dynamischer Kitt – nicht bloß ein formeller Ordnungsrahmen."[1027]

Diese legitimierende Kommunikation erfolgt auf unterschiedlicher Art und Weise. In der Demokratie der Bundesrepublik Deutschland findet sie ihren Höhepunkt durch den Wahlakt. Art. 38 Abs I Satz 1 GG ist die wichtigste Konkretisierung des demokratischen Prinzips und etabliert die repräsentative Demokratie.[1028] Politische Repräsentation schließt die kontinuierliche Orientierung an den Präferenzen der Politikbetroffenen ein. Pitkin folgert daraus eine *policy responsiveness.*[1029]
Die Wahl ist jedoch nicht das alleinige Instrument legitimierender Kommunikation, sondern stellt vielmehr den Schlussakt dar. In der Artikulation des Volkswillens ist ein weiterer maßgeblicher Prozess vorgelagert: der Prozess der Willensbildung und die Bildung der öffentlichen Meinung.

> "Demokratische Willensbildung läßt sich beschreiben als kommunikativer Brückenschlag zwischen beiden Bereichen (Gesellschaft und Staat, Anm.

1024 Zit. nach Hermann Meyn, a.a.O., S.31.

1025 Karl W. Deutsch, Politische Kybernetik, Freiburg 1969, S.221.

1026 Zurm Thema „Legitimität" vertiefend Peter Graf Kielmansegg, Legitimität als analytisches Kategorie. In: Politische Vierteljahresschrift 12, 1971. Ders. / Ulrich Math (Hrsg.), Die Rechtfertigung politischer Herrschaft, Freiburg 1978. Ders., Legitimitätsprobleme politischer Systeme in Politische Vierteljahresschrift Sonderheft 7, Opladen 1976.

1027 Heinrich Oberreuter, Übermacht der Medien. Erstickt die demokratische Kommunikation? Zürich 1982, S.9.

1028 Zum Repräsentationsprinzip Suzanne S. Schüttemeyer, Repräsentation. In: Dieter Nohlen / Rainer-Olaf Schultze (Hrsg.), Politische Theorien. Lexikon der Politik, Band I, München 1995. Vgl. auch Ulrich von Alemann, Repräsentation. In: Dieter Nohlen (Hrsg.), Wörterbuch Staat und Politik, Bonn 1991 S.589-593.

1029 Hanna F. Pitkin, The Concept of Representation, Berkeley 1967. Die empirische Repräsentationsforschung hat dies bestätigt. Warren E. Miller / Konrad Stokes: Constituency influence in Congress. In: American Political Science Review 1963, 57, S.45-56.

> Verf./M.S.) – ein Brückenschlag, welcher die grobe Richtung politischer Steuerung dem Willen der Wählermehrheit unterwirft. Wenn der demokratische Anspruch erhalten bleiben soll, erschöpft sich dieser Prozeß nicht in der Wahl und ihrem Vorfeld; er ist vielmehr ein Kommunikationsprozeß, der diese Brücke ständig und immer wieder aufs neue herstellt: ein Vorgang, der im Grunde täglich stattfindet und nie abgeschlossen sein kann."[1030]

Oberreuter betont – im Rekurs auf K.W Deutschs "The Nerves of Government" oder in deutscher Übersetzung "Politische Kybernetik" – den Kreislauf politischer Kommunikation:

> "In der Demokratie ist der Prozeß der politischen Willensbildung ein Kreislauf- und Rückkopplungsprozeß... Und es wäre funktionswidrig, irgendeine Institution oder Organisation aus ihm herauszudefinieren, die an der demokratischen Willensbildung und Entscheidung beteiligt ist. Im Idealfall gewinnt diese vielmehr ihre unverwechselbaren Qualitäten gerade duch die kommunikative Einbindung aller Macht- und Einflußfaktoren"[1031]

In der pluralistischen Demokratie sind damit vielfältige soziale Kräfte am Willensbildungsprozess beteiligt. In Parteiendemokratien wie es die Bundesrepublik ist, nehmen hierbei die politischen Parteien eine Schlüsselposition ein. Es ist die Aufgabe von Parteien, die Interessen in der Gesellschaft zu bündeln und als überschaubare Alternativen zu präsentieren, um so eine Wahlentscheidung herbeizuführen.[1032] Parteien stehen im Mittelpunkt des Öffentlichkeitsbegriffs, sie gestalten aktiv den öffentlichen Kommunikationsprozess, der Willensbildungsprozesse einleitet: "Heute sind die Parteien ohne Zweifel die Spinne im Netz politischer Kommunikation, aber auch im Netzwerk der Begründung, Legitimierung und Ausübung politischer Macht."[1033]

1 Funktion und Stellenwert der Konzeption „Öffentlichkeit" im demokratischen Regierungssystem

Die Bildung einer Öffentlichkeit bedarf also der Kommunikation und des Informationsaustausches[1034]. Eine notwendige Voraussetzung ist hierbei eine bestehende Kommunikationsstruktur, die einen freien Informationsfluss ermöglicht, an dem jeder Bürger aktiv und passiv partizipieren kann.

[1030] Heinrich Oberreuter, Übermacht der Medien, a.a.O., S.20-21.

[1031] Ders. (Hrsg.), Ungewißheiten der Macht. Parteien, Wähler, Wahlentscheidung, München 1998, S.29.

[1032] Dieter Roth / Andrea M. Wüst, Parteien und Wähler. Erklärungsmodelle des Wahlverhaltens. In: Heinrich Oberreuter (Hrsg.), Ungewißheiten der Macht, a.a.O., S.102. Zu erkennen, was in die Entscheidung des Wählers einfließt, ob emotionale Elemente, kurz- oder langfristige Einflüsse, Erwartungen oder Erfahrungen, individuelle oder Gruppenentscheidungen ist der Schlüssel zum Erfolg. Einfach strukturierte, monokausale Erklärungsansätze für die Wählerentscheidungen liegen nicht vor, Einigkeit besteht lediglich darin, dass auch hier Kommunikationsprozesse ausschlaggebend sind. Wilhelm Bürklin, Gesellschaftlicher Wandel, Wertewandel und politische Beteiligung. In: Karl Stazacher / Konrad Schacht / Bernd Friedrich / Thomas Leif (Hrsg.), Protestwähler und Wahlverweigerer. Die Krise der Demokratie, Köln 1992.

[1033] Heinrich Oberreuter, Macht durch Wahlen: die Parteien. In: Heinrich Oberreuter (Hrsg.), Ungewißheiten der Macht, a.a.O., S.19.

[1034] Die Wichtigkeit der Information für die Meinungsbildung findet auch Niederschlag in der Rechtsprechung des Bundesverfassungsgericht, die die Unentbehrlichkeit umfassender Information betont. Besonders augenscheinlich in folgenden Urteilen: BverfG Urteil vom 5.8.1966 E 20, 162, 174 ebenso 30.5.1962 E 14, 121, 136.

"Der Prozeß der Meinungsbildung pulsiert, er schwankt und windet sich, unterliegt unterschiedlichster Einwirkung durch Urteil, Aussagen und Äußerungen des einzelnen, großer gesellschaftlicher Gruppen, der Parteien oder der Staatsorgane. Die öffentliche Meinung ist Gegenstand ständiger geistiger Auseinandersetzung, sie ist immer in Bewegung und kann nie in Vollständigkeit, sondern nur unter einzelnen Gesichtspunkten und nur für den Augenblick eingefangen werden." [1035]

Jürgen Habermas bezeichnet dies, in Anlehnung an liberale und republikanische Demokratiemodelle, als *deliberative Politik.*
Mit dem Begriff der Öffentlichkeit konstituiert sich also ein Bereich, der sich von der privaten Sphäre abgrenzt und politische und soziale Dimensionen aufweist. Öffentlichkeit bassiert in Folge auf der Vorstelung einer *res publica*. Johannes Kurschildgen fasst Öffentlichkeit als Kommunikationsnetz zusammen: "Öffentlichkeit in diesem Sinne errichtet einen Raum, in dem der Prozess der Kommunikation vonstatten geht"[1036] Die Forderung nach Öffentlichkeit unterwirft dabei alle Staat und Gesellschaft betreffende Bereiche einer offenen Erörterung. Idealiter besteht Öffentlichkeit nach diesem Verständnis aus autonomen Teilöffentlichkeiten, die sich bilden und selbstständig organisieren. Öffentlichkeit erlaubt die Herausbildung einer öffentlichen Meinung und zugleich eröffnet sie den Raum, innerhalb dessen diese öffentliche Meinung wahrgenommen und schließlich in politisches Entscheidungshandeln umgesetzt wird.[1037] Öffentlichkeit übt Kontrolle aus und schränkt staatliche Macht durch die Forderung nach Information und Transparenz.[1038] Zugleich aber ist Öffentlichkeit auch die eigentliche Voraussetzung für Elitenmacht im Verständnis von Hanna Arendt, denn nur durch die Schaffung von Öffentlichkeit ist es möglich, politische Interessen durchzusetzen und Wahlchancen zu maximieren.[1039] Entsprechend betont Jürgen Habermas, dass Öffentlichkeit ein systemnormatives Organsiationsprinzip demokratischer Instiutionen darstellt[1040]:

„Öffentlichkeit ist eine Legitimationsvoraussetzung für die allgemeine Verbindlichkeit politischer Entscheidungen und damit Basis demokratischer Herrschaft. Die Konzepte von Öffentlichkeit und Demokratie sind frühzeitig

1035 Johannes Kurschildgen, a.a.O.
1036 Ebd. S.12.
1037 Stefan Marschall, Öffentlichkeit und Volksvertretung. Theorie und Praxis der Public Relations von Parlamenten, Wiesbaden 1999, S.45.
1038 Diese Betonung der Kontrollfunktion von Öffentlichkeit mit ihrer machtbegrenzenden Wirkung prägen bis heute das Begriffsverständnis in weiten Teilen der Politikwissenschaft, aber auch in einschlägigen juristischen Erörterungen. Ein solches, auf die Kontrollfunktion der Öffentlichkeit konzentriertes Begriffsverständnis, erfasst den Begriff der Öffentlichkeit nicht vollständig und ist zu eingeschränkt.
1039 Entsprechend diesem ambivalent erscheinenden Zusammenhang werden dem Öffentlichkeitsbegriff einschlägige Funktionen zugeteilt: 1. Tansparenzfunktion: Öffentlichkeit bietet eine umfassende Wahrnehmung von den in einer Gesellschaft vertretenen Meinungen; 2. Validierungsfunktion: Öffentlichkeit erwirkt die Konfrontation von Meinungen und Themen und erlaubt die Revision gefasster Positionen; 3. Orientierungsfunktion: im Rahmen des Austausches verschiedener Standpunkte bilden sich sogenannte öffentliche Meinungen heraus, die als Handlungsorientierung der Entscheidungselite im Sinne der Responsivität gelten sollen. Diese drei Funktionen werden in den vorherrschenden Modellen von Öffentlichkeit unterschiedlich gewichtet. Friedhelm Neidhard, Öffentlichkeit, öffentliche Meinung, soziale Bewegung. In: Ders. (Hrsg.), Öffentlichkeit, öffentliche Meinung, soziale Bewegung. Sonderheft Kölner Zeitschrift für Soziologie und Sozialpsychologie, 34, Opladen1994, S.7-14, S.8f.
1040 Jürgen Habermas, Strukturwandel der Öffentlichkeit. Untersuchungen zu einer Kategorie der bürgerlichen Gesellschaft, Frankfurt am Main 1990, S.154.

miteinander verflochten worden. Entsprechendes gilt für die Beziehung zwischen Öffentlichkeit und demokratischem Parlamentarismus."[1041]

Auf diese Weise begründet Öffentlichkeit Macht und ist nicht nur Kontroll-, sondern zugleich auch Herrschaftsinstrument. Mark Wössner[1042] hebt diese Ambivalenz eindrucksvoll hervor, ebenso Gerhard Göhler.[1043]

"Von allen Staatsformen ist sie (die Demokratie; Anm. der Verfasserin/M.S.) die der Öffentlichkeit am meisten zugewandte. Im politischen Prozess sind Diskussion und Öffentlichkeit in der Tat ihre Lebenselexiere. Demokratischem Selbstverständnis nach wird Macht kommunikativ zugeteilt und kommunikativ entzogen."[1044]

Im Zusammenhang mit der Legitimation durch Kommunikation und der Herstellung von Öffentlichkeiten sind in der derzeitigen soziopolitischen Struktur der weitentwickelten Industrie- und Dienstleistungsgesellschaft oder anfänglichen Informationsgesellschaft die traditionellen Massenmedien mit Ihrer weitgehenden Breitenwirkung von besonderer Bedeutung, wobei die traditionellen elektronischen Medien und insbesondere das Fernsehen dabei zunächst im Mittelpunkt stehen. Diese Art der Massenmedien konstruieren eine "Arena-Galerie-Konstellation"[1045] und lassen Massenkommunikation entstehen, die als Verschränkung von medialer und interpersonaler Kommunikation besteht.[1046]

"Unter Massenkommunikation verstehen wir jene Form der Kommunikation, bei der Aussagen öffentlich (also ohne begrenzte und personell definierte Empfängerschaft) durch technischeVerbreitungsmittel (Medien) indirekt (also bei räumlicher oder zeitlicher oder raumzeitlicher Distanz zwischen den Kommunikationspartnern) und einseitig (also ohne Rollenwechsel zwischen

---

1041 Stefan Marschall, Öffentlichkeit und Volksvertretung. Theorie und Praxis der Public Relations von Parlamenten, Wiesbaden 1999, S.17; Vgl. dazu auch Heinrich Oberreuter, Parlament und Öffentlichkeit. In: Wolfgang R. Langenbucher (Hrsg.), Politik und die öffentliche Meinungsbildung, München, Zürich 1979, S.62-78. Vgl. auch Heinrich Oberreuter, Was nicht in den Medien ist, ist nicht W irklichkeit. P arlamente – F oren p olitischer Öffentlichkeit? In: Bayrischer Landtag (Hrsg.) Colloquium zum Landesparlamentarismus II und III der Akademie für Politische Bildung Tutzing, München 1996, S.105-120, hier, S.112. Vgl. auch Thomas Saretzki, Arguing oder Bargaining: Selbstbindung der Politik durch öffentliche Diskurse. In: Gerhard Göhler (Hrsg.), Macht der Öffentlichkeit-Öffentlichkeit der Macht, Baden-Baden 1995, S.277-311 1995, hier S.307.

1042 Mark Wössner, Informationsgesellschaft und Demokratie. Was bedeutet die digitale Revolution für die Gesellschaft. In: Jörg Tauss / Johannes Kollbeck / Jan Mönikes (Hrsg.), a.a.O., S.866.

1043 Gerhard Göhler (Hrsg.), Macht der Öffentlichkeit – Öffentlichkeit der Macht, Baden-Baden 1995.

1044 Heinrich O berreuter, Medien und Demokratie. Ein Problemaufriß. In: Karl Rohe (Hrsg.), a.a.O., S.14. Eine identische Aussage traf Heinrich Oberreuter bereits 1982 in Heinrich Oberreuter, Übermacht der Medien. Erstickt die demokratische Kommunikation?, Zürich 1982, S.12-13.

1045 Hinter dieser Aussage steht die Ansicht, dass das Pulikum auf den Galerieplätzen die Meinungen und Themen der Sprecher in der Arena bewusst und unterbewusst aufnehmen. Die Aktivität des Publikums beschränkt sich auf die Programmauswahl und die Exit-Option.Vgl. dazu auch Friedhelm Neidhardt, Öffentlichkeit, öffentliche Meinung, soziale Bewegung. In: Ders. (Hrsg.), Öffentlichkeit, öffentliche Meinung, soziale Bewegung, Sonderheft Kölner Zeitschrift für Soziologie und Sozialpsychologie 34, Opladen 1994, S.9. Ebenso Stefan Marschall, Netzöffentlichkeit – eine demokratische Alternative? In: Wienand Gellner / Fritz von Korff (Hrsg.), Demokratie und Internet, Baden-Baden 1998, S.43-54, hier S.46f.

1046 Vgl. dazu auch Heinrich Oberreuter, Übermacht der Medien. Erstickt die demokratische Kommunikation?, Zürich 1982, S.23. Simone Dietz, Legitimationsmacht der Öffentlichkeit, Die öffentliche Meinung der Mediendemokratie. In: Gerhard G öhler (Hrsg.), a .a.O., S .129. H einrich Oberreuter, Was nicht in den Medien ist, ist nicht Wirklichkeit., a.a.O., S.111.

> Aussagendem und Aufnehmendem) an ein disperses Publikum vermittelt werden"[1047]

Massenmedien vermitteln demnach Information und stellen die strukturelle Voraussetzung her, die Öffentlichkeit.[1048]

> "Aufgabe der Journalisten ist, Öffentlichkeit herzustellen. Ihr Auftrag ist es nicht, den Vorhang der politischen Bühnen geschlossen zu halten, und hinter den Kulissen selbst Politik zu machen. Journalisten müssen recherchieren, müssen im Interesse der Leser und der Demokratie auch die andere Seite der Medaille beschreiben. Konflikte zwischen politisch Handelnden und Journalisten sind unvermeidbar. Kennworte für unser demokratisches System sind Worte wie Pluralismus, Öffentlichkeit, balance of power. Balance of power meint: Keine Institution soll zu mächtig werden, soll zuviel zu sagen haben. Gleichgewichtsstörungen können demokratiegefährdend sein..."[1049]

Dies impliziert zugleich, dass Massenmedien Öffentlichkeit auch verweigern können: „Sie sind Schleusenwärter für Kommunikationsströme und bestimmen, was sie durch ihr Schleusentor hindurchlassen und was nicht." [1050]
Notwendigerweise besteht so eine Verbindung zwischen Politik und Medien. In Einzelfällen kann diese Verbindung nicht nur als Wechselspiel, sondern auch als Abhängigkeit interpretiert werden. Diese Abhängigkeit findet ihren reinsten Ausdruck in der politischen Öffentlichkeitsarbeit.[1051] Kampf um Öffentlichkeit ist ein Spezifikum der liberalen Demokratie und führt zu dem von Ulirch Sarcinelli geprägte Begriff der Politikvermittlung[1052]:

> "Unter den Bedingungen des politischen Wettbewerbs in modernen Massendemokratien erscheint es für Regierungen und Parteien rational, die öffentliche Meinung zu jeweils aktuellen Themen und Politiken (1) permanent zu beobachten und bei den Entscheidungen zu berücksichtigen, (2) durch Strategien der Öffentlichkeitsarbeit zu beeinflussen. Die Beobachtung öffenlicher Meinung und das Management von Informationen in der politischen Öffentlichkeitsarbeit zielen in erster Linie auf die Massenmedien, die aufgrund

---

1047 Gerhard Maletztke, a.a.O., S.32.

1048 Wie Massenmedien auf die Öffentlichkeit und die öffentliche Meinung wirken, ist erst seit Ende der 60er Jahre fundiert durch Medieninhaltsanalysen und Trenddaten der Meinungsforschung analysiert worden. Damit wurde jene Phase der Forschung abgeschlossen, die einst proklamierte, Medienwirkung lasse sich nicht erkennen. Damit wurde in der Medienforschung Einigkeit darüber erzielt, dass Medien eine starke Wirkung auf die Bevölkerung ausüben, wobei zahlreiche sich gegenseitige beeinflussende Faktoren beteiligt sind. In Kurzdarstellung der Wirkungsforschung sind darüber Informationen zu finden bei Hermann Meyn, a.a.O., S.296-309.

1049 Dieter Golombek: Wieviel Zeitung braucht die Demokratie? In: Die Zeitung Nr. 4/5 1990 S.11

1050 Heinrich Oberreuter, Übermacht der Medien, a.a.O., Zürich 1982, S.69.

1051 Ulrich Sarcinelli, Massenmedien und Politikvermittlung. Eine Problem- und Forschungsskizze. In: Gerhard W. Wittkämper (Hrsg.), Medien und Politik, Darmstadt 1992, S.44.

1052 Ders., Politikvermittlung und demokratische Kommunikationskultur, In: ders. (Hrsg.): Politikvermittlung. Beiträge zur politischen Kommunikationskultur. Stuttgart 1987, S.19-45. Ulrich Sarcinelli, Massenmedien und Politikvermittlung. In: Gerhard W. Wittkämper (Hrsg.), a.a.O, S.37. Vgl dazu auch Frank Markinkowski, Politikvermittlung durch das Fernsehen. Politiktheoretische und konzeptionelle Grundlagen der empirischen Forschung. In: Otfried Jarren, Heribert Schatz, Hartmut Weßler (Hrsg.), Medien und politischer Prozeß. Politische Öffentlichkeit und massenmediale Politikvermittlung im Wandel, Opladen 1996, S.201-212. Es handelt sich hier um einen Tagungsband. Die Tagung "Medien und Politischer Prozeß fand am 28./29. September 1995 statt.

ihrer Reichweite und Wirkung als entscheidende Akteure der Politikvermittlung anzusehen sind."[1053]

Damit steht die Politikvermittlung im Spannungsfeld zwischen Transferleistung wie Selektion bzw. Komplexitätsreduktion und Interpretation. Zudem sind diese Transferleistungen zielgerichtet und persuasiv, da die Strategien politischer Öffentlichkeitsarbeit ja genau auf die Zustimmung für Entscheidungen der politischen Akteure ausgerichtet sind. Zentrales Problem politischer Öffentlichkeitsarbeit ist es, Kommunikations- und Verfahrensregeln des politischen Prozesses und Aufmerksamkeitsregeln des Massenkommunikationssystems in Einklang zu bringen. In diesem Sinne argumentieren Ronneberger / Rühl, die Öffentlichkeitsarbeit als Management politischer Unterstützung verstehen, als persuasive Kommunikation mit Wirkungsabsicht, um öffentliches Interesse und öffentliches Vertrauen zu stärken.[1054] Im Bereich der politischen Öffentlichkeitsarbeit hat sich die politikwissenschaftliche Forschung lange Zeit in deskriptiven Einzelfallstudien über Pressesprecher[1055], einzelne Parteien bzw. Wahlkämpfe[1056] oder die staatliche Öffentlichkeitsarbeit des Bundespresseamtes erschöpft.[1057]
In jüngster Zeit werden sie durch systematisch-theoretische Überlegungen[1058] und empirische Untersuchungen der Interaktion von Politikern und Medien in der politischen Öffentlichkeitsarbeit[1059] ergänzt und Öffentlichkeitsarbeit vermehrt mit dem Begriff des „Agendasetting“ in Zusammenhang gebracht.[1060]

1053 Barbara Pfetsch, Zur Beobachtung und Beeinflussung öffentlicher Meinung in der Mediendemokratie. Bausteine einer politikwissenschaftlichen Kommunikationsforschung. In: Karl Rohe (Hrsg.), Politik und Demokratie in der Informationsgesellschaft, Baden-Baden1997, S.45-54, hier S.45.

1054 Franz Ronneberger / Manfred Rühl, Theorie der Public Relations. Ein Entwurf, Opladen 1992, S.282f.

1055 Günther M. Friedmann, Der Pressesprecher in den Bundesministerien. Sein Rollenverständnis und dessen Verwirklichung. In: Publizistik 17,1972, S.311-319; Heinz-Dietrich Fischer (Hrsg.), Regierungssprecher. Zwischen Information und Geheimhaltung. Zur publizistischen und kommunikativen Funktion staatlicher Presseamts-Leiter in Bund – Länder- Gemeinden, Köln 1981.

1056 Heinz Flieger (Hrsg.), Public Relations Reader, Teil 2, Wiesbaden 1987, S.13-82 ; Thomas Redlich, Gesellschaftsorientierte Öffentlichkeitsarbeit als Chance für das politische System und die Parteien, Münster, Hamburg 1992.

1057 Walter Kordes / Hans Pollmann, Das Presse- und Informationsamt der Bundesregierung, Düsseldorf 1983, 7. Auflage; Fank Böckelmann / Günther Nahr, Staatliche Öffentlichkeitsarbeit im Wandel der politischen Kommunikation, Berlin 1979. Frank Schürmann, Öffentlichkeitsarbeit der Bundesregierung. Strukturen, Medien, Auftrag und Grenzen eines informationalen Instrumentes der Staatsleitung, Berlin 1992.

1058 Jürgen Gerhards, Politische Öffentlichkeit. Ein system- und akteurstheoretischer Bestimmungsversuch. In: Friedhelm Neidhardt (Hrsg.), Öffentlichkeit und soziale Bewegungen. In: KZfSS Sonderheft 34, Opladen 1994. Frank Marcinkowski, Publizistik als autopoeitisches System. Politik und Massenmedien. Eine systemtheoretische Analyse, Opladen 1993.

1059 Otfried Jarren / Klaus Dieter Altmeppen / Wolfgang Schulz, Parteiintern. Medien und innerparteiliche Entscheidungsprozesse. Die Nachfolge Genschers und die Kür Engholms zum SPD Kanzlerkandidaten. In: Wolfgang Donsbach / Otfried Jarren / Hans Matthias Kepplinger / Barbara Pfetsch (Hrsg.), Beziehungsspiele- Medien und Politik in der öffentlichen Diskussion. Fallstudien und Analysen, Gütersloh 1993, S.111-158.
Barbara Pfetsch / Kerstin Dahlke, Politische Öffentlichkeitsarbeit im Spannungsfeld von Zustimmungsmanagement und Politikvermittlung. Zur Selbstwahrnehmung politischer Sprecher in Berlin und Bonn. In: Otfried Jarren / Heribert Schatz / Hartmut Weßler (Hrsg.), Medien und politischer Prozeß. Politische Öffentlichkeit und massenmedieale Politikvermittlung, Opladen 1996, 137-154; Otfried Jarren / Patrick Donges, Keine Zeit für Politik? Landespolitische Berichterstattung im Rundfunk. Journalisten, Öffentlichkeitsarbeiter und Politiker in der Interaktion.

2 Funktion und Stellenwert der Konzeption „öffentlicher Meinung" im demokratischen Regierungssystem

Aus den vorausgegangenen Ausführungen wird deutlich, dass im Mittelpunkt politikwissenschaftlicher Arbeiten zu Kommunikationsprozessen der mit dem Öffentlichkeitsbegriff in enger Verbindung stehende Begriff der *öffentlichen Meinung* steht. Umso erstaunlicher ist, dass bis dato keine eindeutige Definition dieses zentralen Begriffs zu finden ist.[1061] Entsprechend lassen sich in der einschlägigen Literatur unterschiedliche Konzeptionen zu „öffentlicher Meinung" finden. In der US-amerikanischen Diskussion wird öffentliche Meinung als Summe von Meinungen atomisierter Individuen definiert, die mittels moderner Interviewtechniken erfassbar wird. Dies impliziert eine Gleichsetzung von öffentlicher Meinung mit demoskopischen Ergebnissen. Die Unterscheidung zwischen reflektierter öffentlicher Meinung und einfacher Meinungsäußerung verschwindet.[1062]

In der europäischen Diskussion des Begriffes findet man dagegen eine normative Begriffsdefinition von öffentlicher Meinung, welche die qualitativen Aspekte der Kommunikation und Reflektion als Generierungsmechanismen von öffentlicher Meinung einbezieht. Bei Habermas beispielsweise stellt öffentliche Meinung eine historische Größe dar und ist das Ergebnis des rationalen Diskurses gleicher und aufgeklärter Gesellschaftsmitglieder.[1063] Bei Elisabeth Neolle-Neumann steht dagegen die soziale Kontrolle als meinungsbildender Mechanismus im Mittelpunkt: "Öffentliche Meinung ist gegründet auf das unbewusste Bestreben zu einem gemeinsamen Urteil zu gelangen, zu einer Übereinstimmung wie sie erforderlich ist, um zu handeln, und wenn notwendig entscheiden zu können "[1064] Jürgen Gerhards / Friedhelm Neidhardt bestätigen diesen Ansatzpunkt, indem sie öffentliche Meinung als Meinung verstehen, die auf breite Zustimmung stößt" und insofern ›herrschende

Das Beispiel Hamburg. Eine Studie im Auftrag der Hamburgischen Anstalt für neue Medien, Bd. 16, Berlin 1996.

1060 Jürgen Gerhards, Politische Öffentlichkeit. Ein system- und akteurstheoretischer Bestimmungsversuch. In: Friedhalm Neidhardt (Hrsg.), Öffentlichkeit und soziale Bewegung, KTfSS Sonderheft 34, Opladen 1994. Barbara Baerns, Öffentlichkeitsarbeit oder Journalismus? Zum Einfluß im Mediensystem, Köln 1985; Klaus Schönbach, Einige Gedanken zu Public Relation und Agenda Setting. In: Horst Avenarius / Wolfgang Arbbrecht (Hrsg.), Ist Public Relation eine Wissenschaft? Eine Einführung, Opladen 1992, S.325-335.

1061 Linda Steiner, Public Opinion Paradigms. In: Critical Studies in Mass Communication, 11 (1994), S.274-275.

1062 In den USA herrscht eine weitaus offeneres Verhältnis zur Demokratie, zumeist mit äußerst positiver Konnotation, als „special voice of the people". Vgl. Sidney Verba, The Citizen as Respondent: Sample Surveys and American Democracy. Presidential Address. Amerian Political Science Association. In: American Political Science Review 90 (1996).Vgl. auch Lawrence Jacobs / Robert Y. Shapiro, Studying Substantive Democracy. In: Political Science and Politics, 27 (1994), S.9-17;11. Vgl. dazu auch weitergehend James S. Fishkin, Democracy and Deliberation. New Directions for Democratic Reform, New Haven 1991. Die europäische Forschung hingegen hat bis in die 80er Jahre das Gegenteil herforgehoben: die Missachtung des Repräsentationsprinzips durch die Demoskopie. Vgl. dazu Wilhelm Hennis, Meinungsforschung und repräsentative Demokratie. Zur Kritik politischer Umfragen, Tübingen 1957. Dieter Oberndörfer, Politische Meinungsforschung und Politik. In: Dieter Oberndörfer (Hrsg.), Wählerverhalten in der Bundesrepublik Deutschland. Studien zu ausgewählten Problemen der Wahlfroschung aus Anlaß der Bundestagswahl 1976, Berlin 1978, S.13-38. Im Gegensatz zur amerikanischen Forschung verfolgt die europäische Forschung einen normativen Begriff der öffentlichen Meinung.

1063 Jürgen Habermas, Strukturwandel der Öffentlichkeit. Untersuchungen zu einer Kategorie der bürgerlichen Gesellschaft (Erstausgabe 1962) Frankfurt 1991.

1064 Elisabeth Noelle-Neumann: Öffentliche Meinung. In: Elisabeth Noelle-Neumann / Winfried Schulze / Jürgen Wilke, Publizistik, Massenkommunikation, Fankfurt am Main 1995, S.367.

Meinung‹ darstellt".[1065] Dem entspricht auch die Auffassung von Martin Löffler: "Öffentliche Meinung ist die während eines gewissen Zeitraums in einem größeren, individuell nicht bestimmten Teil der Bevölkerung vorherrschende übereinstimmende Ansicht bzw. Einstellung zu Personen, Ereignissen oder Zuständen."[1066]
Niklas Luhmann hingegen hat eine weitaus eingeschränktere Vorstellung von öffentlicher Meinung und versteht unter ihr lediglich die Etablierung bestimmter Themen im öffentlichen Diskurs, nicht aber die eigentliche Meinungsbildung innerhalb des thematischen Bezugs. Diese Vorstellung wird durch konstruktivistische Konzepte[1067] von öffentlicher Meinung modifiziert. Hier wird öffentliche Meinung zur veröffentlichten Meinung, zur Projektion dessen, was politische Eliten und Journalisten als öffentliche Meinung betrachten.
Welche Definition auch immer zugrundegelegt wird, öffentliche Meinung gilt in allen Definitionsversuchen als Ergebnis von Kommunikationsprozessen in der Öffentlichkeit. Damit bilden Kommunikation, Öffentlichkeit und Legitimation das konstitutive Trias demokratisch verfasster Systeme und verbinden Mediensystem und politisches System.
Grundlage hierfür ist aus demokratietheoretischer Sicht die Demokratisierung des Informationszugriffs, also der diskriminierungsfreie Zugang zu allen öffentlich angebotenen Daten und Informationen – "public access"[1068] – und damit verbunden der Begriff der informationellen Grundversorgung.[1069]
Nach Wildenmann / Kaltefleiter[1070], Meyn[1071] und durch Ronneberger [1072]bestätigt, fallen den Massenmedien, entsprechend der vorangegangenen Ausführungen, drei zentrale Funktionen zu: vollständig und objektiv zu infomieren, ferner die in der Gesellschaft vertretenen Standpunkte zu artikulieren, also Öffentlichkeit herzustellen, und schließlich eine Kritik- und Kontrollfunktion auszuüben, durch die Rechtfertigungsdruck auf politische Insititutionen ausgeübt wird. [1073] Darüber hinaus

[1065] Jürgen Gerhards / Friedhelm Neidhardt, Strukturen und Funktionen moderner Öffentlichkeit. Fragestellungen und Ansätze, Discussion Paper WZB Berlin 1990, S.12.
[1066] Martin Löffler / Reinhart Ricker, Handbuch des Presserechts, München 1978, S.4.
[1067] Walter Lippmann, Public Opinion. Erstausgabe 1922, New York 1965. Pierre Bourdieu, Die öffentliche Meinung gibt es nicht. Soziologische Fragen, Fankfurt/Main 1993, S.212-223.
[1068] Hans J. Kleinsteuber, Das Prinzip Kommerz. Medienpolitische Weichenstellungen. In: Kurt van Haaren / Detlef Hensche, Multimedia, Hamburg 1995, S.168. Der Begriff *Public Access,* der allgemeine öffentliche Zugang bezieht sich auf Telekommunikationsnetze und Informationsinhalte und bezeichnet das Recht sich ungehindert zu informieren, so wie das Recht, seine Meinung frei zu äußern und aktiv an der politischen Willens- und Meinungsbildung mitwirken zu können.
[1069] Dazu auch Johannes Kurschildgen, a.a.O., S.146-164. Vgl. auch Heribert Kubicek / Ulrich Schmid / Heiderose Wagner, Mehr Information wagen! Auf der Datenautobahn zur informationellen Grundversorgung? In : Kurt van Haaren / Detlef Hensche, Multimedia, a.a.O., S.223-236, besonders S.231f. Der Begriff der informationellen Grundversorgung stammt aus der rundfunkpolitischen Debatte und der daraus hervorgehenden Rechtsprechung des Bundesverfassungsgerichtes. Im GG findet dies Ausdruck in Art.87. In den USA wird dies unter dem Begriff des Universal Service diskutiert. Vgl. dazu Agenda for Action IITF, Information Infrastructure Tasc Force 1993 der National Information Infrastructure Agenda for Action, U.S. Departement of Commerce, Washington 1993. Zu einem sehr detaillierten und ausgedehnten Verständnis von informationeller Grundversorgung kommt Herbert Kubicek, Allgemeiner Zugang und informationelle Grundversorgung in der Informationsgesellschaft.In: Jörg Tauss et al., a.a.O., S.166ff.
[1070] Rudolf Wildenmann / Werner Kaltfleiter, Funktionen der Massenmedien, Frankfurt/Main, Bonn 1965.
[1071] Hermann Meyn, a.a.O.
[1072] Franz Ronnberger, Die politischen Funktionen der Massenkommunikationsmittel, In: Publizistik, 9. Jg., 1964, S.291-304. Heinrich Oberreuter, Übermacht der Medien, a.a.O. S.33-36.
[1073] Auf diese Funktion bezieht sich die Bezeichnung als "vierte Gewalt". Dazu auch Rita Süssmuth, Die kommunikative Brücke der Medien. Parlament, Presse und Öffentlichkeit. In: Hermann Boventer (Hrsg.), Medien und Demokratie. Nähe und Distanz zur Politik, Konstanz 1993, S.113-

läßt sich als vierte Funktion, vom Bundesverfassungsgericht hervorgehoben, eine weitere demokratietheoretisch maßgebliche Funktion – die Integrationsfunktion – aufführen.[1074] Ausgangspunkt ist dabei die Auffassung, dass Massenmedien Bildungs-, Sozialisations- und Mobilisierungsleistungen erbringen. Massenkommunikation ist also bedeutungsvoll für die Ausbildung gesellschaftlicher Normen und Werte; Massenmedien können so als kulturspezifisches Bezugssystem und Orientierungshilfe angesehen werden. Dabei wird davon ausgegangen, dass gesellschaftliche Integration – also das Zusammenbringen einzelner Individuen oder sozialer Gruppen zu einer gesellschaftlichen Einheit – unter weltanschaulichen und verhaltensbezogenen Aspekten stattfinden kann, über gemeinsam vertretene Einstellungen und Wertorientierungen in einer Gesellschaft, aber eben auch über die faktische Einbindung in bestehende Kommunikationsnetzwerke. Vergrößern sich die Unterschiede in den Einstellungen und Wertorintierungen der Bevölkerung, d.h. schreitet die Fragmentierung der Gesellschaft voran, wird Integration erschwert. Die traditionellen Massenmedien bilden im Prozess der Willensbildung eine Scharnierfunktion[1075] zwischen den fragmentierten gesellschaftlichen und individuellen Kommunikationsnetzwerken.
Zusammenfassend muss daher folgende Aussage getroffen werden:
Es ist notwendig, dass Massenmedien und politisches System in einem interdependenten Verhältnis stehen. Das politische System, die Staatsorgane und die Volksvertreter, die sich aus Parteiangehörigen zusammensetzen, sind auf Publizität und Legitimation angewiesen. Andererseits sind die Medien, um dies überhaupt leisten zu können, auf Informationen aus dem politischen System angewiesen. Nur so kann Öffentlichkeit hergestellt und die öffentliche Meinung generiert werden. Es entsteht ein entsteht Abhängigkeitsverhältnis, das unter dem Einfluss des Medienwandels steht.

b Veränderung des Mediensystems: Pluralisierung, Fragmentierung und Ökonomisierung

Der Wandel der Medienlandschaft liegt offen. Empirisch beobachtbar sind vielfältig ausgeprägte Differenzierungs-, Organisationsbildungs- und Professionalisierungsprozesse, die dazu führen, dass die Komplexität des Mediensystems zunimmt.
Dies impliziert eine Ausdifferenzierung und Etablierung des Mediensystems bis hin zur Medienautonomie, die als Phänomen der modernen Gesellschaft gelten kann und nicht ohne Folgen bleibt. Durch die modernen Informations- und Kommunikationsmedien und durch multimediale Medienformate kommt nun eine neue interaktive Medienkultur hinzu. Die Veränderungen, die diese neue Medeinkultur mit sich bringt und ihre Folgen sollen nachfolgend analysiert werden, um so die strukturellen und prozesshaften Veränderungen zu verdeutlichen.

---

120. Hermann Boventer, Sind Journalisten die Vierte Gewalt? Demokratie und Medien. In: Hermann Boventer (Hrsg.), a.a.O., S.127-149.

1074 Zahlreiche aktuelle medienwissenschaftliche Veröffentlichungen, sowie der medienrechtliche und medienpolitische Diskurs beschäftigen sich mit der Förderung gesellschaftlicher Integrationsprozesse durch die Medien. Das Bundesverfassungsgericht spricht 1971 von der integrierenden Funktion des Rundfunks für das Staatsganze. Dazu auch Georg Ruhrmann, Multimedia im Alltag. Von der Integration zur Desintegration. In: Jörg Tauss, a.a.O., S.231.

1075 Albrecht Kutteroff, Poltische Macht und Massenmedien.Veränderungen der politischen Kommunikation und des journalistischen Selbstverständnisses. In: Jürgen Falter (Hrsg.), Politische Willensbildung und Interessensvermittlung, Opladen 1984, S.372-380.

1 *Ausdifferenzierung der Medienlandschaft*

Aus den Medien des räsonierenden Bürgertums entwickelt sich zunächst im 19. Jh. eine alle Schichten umfassende Gesinnungspresse. Diese Gesinnungspresse wird zu Beginn des 20. Jh. zunehmend durch die politische und konfessionelle Richtungspresse abgelöst. In Deutschland gerät die zuvor dominierende Parteipresse bereits in den 20er Jahren durch unabhängige Zeitungen und Boulevardblätter in eine Konkurrenzsituation.

Während der Dominanz der Parteipresse liegt nur eine schwache Rollendifferenzierung zwischen Journalismus und Politik vor, geprägt durch eine gesinnungsethisch und persuasiv geprägtes Selbstverständnis. Die politische Kommunikation ist in Folge im wesentlichen durch parteipolitisch etikettierbare Grundpositionen geprägt. Die öffentliche Meinung ist demnach in erster Linie durch Gesinnungsorgane der Parteien und Verbände hergestellt worden. Dabei liegt der Bezugspunkt nicht auf individuelle Meinungen, sondern auf Gruppenpositionen. Die unter diesen Vorzeichen entstehende politische Kommunikation kann als Elitenkommunikation mit hoher Komplexität bezeichnet werden. Mit dem Erscheinen der Boulevardblätter setzt die Notwendigkeit einer inhaltlichen und politischen Profilierung ein. Verbunden ist damit auch die Orientierung an Kaufkraftgruppen. An die Stelle normativ ausgerichteter Organisationen als Herausgeber treten Kapitalgesellschaften. Damit ändern sich aber nicht nur die Eignerstrukturen, sondern auch der Mediensektor selbst. Medien werden zum ökonomischen Gut, Medienangebot zur Dienstleistung.[1076] Hier zeichnet sich bereits die Individualisierung der politischen Kommunikation ab, erkennbar an der diskursiven Validierung von Argumenten, die zunehmend – wie alle Medieninhalte – einer Zielgruppendefinition folgen.[1077]

Mit der Etablierung der elektronischen Medien und der weiteren Verbreitung von Hörfunk und Fernsehen, letzteres ein Phänomen der 50er Jahre, entstand schließlich ein Rundfunksystem, dass den Einfluss der sozialen Gruppen weiter minimierte. Diese Tendenz wird durch die seit den 80er Jahren erfolgte Dualisierung der elektronischen Medien fortgeführt.

In jüngster Zeit tritt der Begriff der *Neuen Medien* oder – synonym – der *interactive media* hinzu. Der Begriff alleine ist der wohl deutlichste Hinweis eines medialen Wandels. Neue Medien bezeichnen ganz unterschiedliche Technologien, vom Kabel- über das Satellitenfernsehen, bis hin zum Computernetzwerk. Gemeinsam ist diesen unterschiedlichen Technologien das Potenzial der interaktiven Nutzung und der Verbindung ganz unterschiedlicher Medienformate, was zum Begriff Multimedia geführt hat. Kernelement ist die Digitalisierung von Information und Kommunikation.

> "Der Computer wird dabei zum Endgerät einer Transportkette für Neuigkeiten umgestaltet... Ein publizistisch relevantes und damit medienpolitisch wichtiges Gerät wird er aber erst mit seiner Vernetzung, also den zur Außenwelt hergestellten Kontakt, realisiert durch ein terrestrisches und interaktives Netz,

---

1076 Anhand des öffentlich-rechtlichen Rundfunks wird diese Entwicklung anschaulich. So sitzen in den Gremien zwar noch Vertreter der gesellschaftlichen Gruppen, ihr Einfluss schwindet aber zunehmend, da auch der öffentliche Rundfunk den medialen Marktverhältnissen unterworfen ist.

1077 Barbara Pfetsch hat auf vorbildliche Weise herausgearbeitet, dass sich die Veränderungen mit der Deregulierung des elektronischen Mediensystems eingestellt haben. Barbara Pfetsch, Mediatisierte Politik und Wertewandel, Berlin 1989, S.31-41.

wie es herkömmliches Telefon (über Modem), ISDN oder moderne Breitbandnetze bis hin zum Glasfaserkabel ermöglichen."[1078]

Dadurch mutiert der traditionelle Empfänger zugleich zum Sender. Die bisherige Trennung wird aufgehoben. Die so entstehenden neuen Möglichkeiten bleiben nicht ohne Einfluss auf die bereits bestehenden Medienformate.[1079] Die Digitalisierung bringt völlig neue Anwendungen und damit neue Wege der Kommunikation und Information (z. B. Internet und dessen unterschiedliche Anwendungen wie e-mail, Internet Relay Chat, Word Wide Web).[1080] Des weiteren ist festzustellen, dass die traditionellen Massenmedien und die neuen Kommunikationstechniken zunehmend kombiniert werden (z. B. Webseiten von Rundfunkmedien oder Printmedien).[1081]
Diese Phase der Medienentwicklung läutet das Ende der einseitigen und zentralisierten Kommunikation ein. Erstmalig in der über dreieinhalb Jahrhunderte langen Mediengeschichte wird es möglich, über digitale *Informationhighways* substantielle Interaktion in Echtzeit herzustellen. Die Konzentration der Technik auf der Sender-Seite wird auf diese Weise überwunden. Es ist in Zukunft davon auszugehen, dass dadurch zwei Medienkulturen nebeneinander existieren werden: auf der einen Seite die rezeptiven Medien in der Linie der traditionellen Massenmedien, auf der anderen Seite die interaktiven Medien, symbolisiert durch vernetzte Computersysteme.
Beide Entwicklungsstränge haben zwar eine gemeinsame Basis, aber in Hinsicht auf die Herstellung und die Art der Inhalte, die Nutzungspraxen, die Endgeräte und der Märkte sind es zwei sehr verschiedene mediale Organisationen, Ökonomien und Kulturen. Sichtbarstes Zeichen dieser Entwicklung ist, dass traditionelle mediale Regulierungsinstrumente (wie etwa Verbote), die mehr oder weniger einseitig auf die Sender konzentriert sind, heute nicht mehr greifen. Der Rechtsrahmen muss heute vielmehr auf die öffentliche Sensibilisierung, auf Selbstverpflichtung und auf Aktionsprogranme statt auf ordnungspolitische Vorgaben setzen. Firestone / Koop sehen dadurch "ein neues Paradigma des Zusammenwirkens von Staat und Regierung einerseits und dem Kommunikations- und Informationssektor andererseits, (...) eine Politik der ›nachhaltigen Demokratie‹ (sustainable democracy)."[1082]
Gefordert sind neue Interaktionsformen, um aus den neuen Kommunikationstechniken soziale Medien zu machen.
Zusammenfassend kann daher festgehalten werden, dass quantitativ gewaltige Veränderungen im Medienbereich zu konstatieren sind. Durch Datenkompression und Digitalisierung hat sich das Rundfunkangebot enorm ausgeweitet, und auch der Printbereich hat das Angebot erweitert, indem neue Printmedientypen – zum Teil gekoppelt mit elektronischen Online-Angeboten – entwickelt worden sind.

2 *Entkopplung und Marktunterwerfung der Medien*

[1078] Hans J. Kleinsteuber, Das Prinzip Kommerz. In: Kurt van Haaren / Detlef Hensche, Multimedia, a.a.O., S.157.
[1079] Stefan Marschall, Öffentlichkeit und Volksvertretung, a.a.O. S.52. Vgl. auch Jürgen Wilke, Wege aus dem Mediendschungel. Die neuen Kommunikationstechnologien und ihre Wirkungen. In: Die politische Meinung Nr.330, S.32-43, 1997.
[1080] Stefan Marschall, Netzöffentlichkeit – eine demokratische Alternative? In: Wienand Gellner / Fritz von Korff a.a.O., S.43-54.
[1081] Jürgen Wilke, Internet und Journalismus. In: Wienand Gellner / Fritz von Korff, a.a.O., S.179-191.
[1082] Vgl. Ch. M. Firestone / K. Koop, Sustainable Democracy. In: 20/20 Vision: The Development of a National Information Infrastructure. Hrsg. Aspen Institut, Washington D.C. 1994, S.21f.

Mit dem quantitativen Anstieg des Medienangebots zeigt sich aber auch in dreierlei Hinsicht eine qualitative Veränderung:
Zum einen verstärkt sich der Medienkonsum; es bilden sich, wie Saxer formuliert, immer mehr "organisierte Kommunikationskanäle von spezifischem Leistungsvermögen"[1083]
Ferner ist auch die Produktionsseite betroffen, denn um im härteren Wettbewerb bestehen zu können, müssen sich die Medien deutlicher als zuvor profilieren. Dies hat qualitative Auswirkungen. Wachsende Spezialisierung und thematische Verengungen sind die Folge und führen hin zu den sogenannten Special-Interest-Medien. An die Stelle der früheren etikettierbaren Partei- und Meinungspresse treten damit die Medien als "Meinungsforen"[1084]. Die sich abzeichnende Individualisierung der Kommunikation findet eine neue qualitative Ausprägung. Infolge dessen ist eine Ausweitung des Wertepluralismus zu konstatieren.

> "Die Substitution der politischen Milieus durch Zielgruppen mit bestimmten sozioökonomischen Eigenschaften führt zu Special-Interest-Medien, zur Zersplitterung öffentlicher Kommunikation in einem ständig wachsenden Medienkiosk, zur Steigerung des Unterhaltungscharakters von Radio und Fernsehen, wie der Printmedien und zu einer an den Aufmerksamkeitsbedürfnissen des Publikums orientierten Eigenlogik der Nachrichtenvermittlung".[1085]

Mit diesem Differenzierungsprozess sind deutliche Entkopplungseffekte verbunden. Während die traditionellen Medien, insbesondere Tages- und Wochenpresse, entwicklungsgeschichtlich mit den traditonellen Institutionen verbunden sind und den normativen Auftrag haben, sich an eine *allgemeine* Öffenlichkeit zu wenden, fehlt diese Rückbindungen den neu instiutionaliserten, privat-kommerziellen Medien völlig. Medienpublikum und insitutionelles Klientel sind nicht mehr deckungsgleich; somit besteht eine geringere normative Verpflichtung, bezogen auf die Herstellung einer *allgemeinen* Öffentlichkeit. Zugleich werden zugleich Integrationsformen in Frage gestellt. Selektivität der Informationsauswahl, Informationsaufbereitung und Informationsvermittlung werden immer weniger durch medienexterne Kriterien bestimmt, Produktion erfolgt nicht mehr mit Blick auf Institutionen und deren Klientel, sondern mit Blick auf ein zahlendes Publikum. Entscheidungen über Programmformate unterliegen dem Markt. Für die traditionellen Institutionen bedeutet dies, dass sie eine Vermittlungsinstanz und ein Sprachrohr verlieren und damit privilegierte Möglichkeiten zur Teilnahme am öffentlichen Kommunikatonsprozess einbüßen.[1086] Dies hat zur Folge, dass sie ihre Öffentlichkeitsarbeit optimieren müssen. Am Ende steht, was Gurevitch / Blumler als

---

1083 Ulrich Saxer, a.a.O., S.180.

1084 Andreas Iten, Vernunft und Tugend in der Informationsgesellschaft. In: Kurt Imhof / Peter Schulz (Hrsg.), Politisches Raisonnement in der Informationsgesellschaft, S.19.

1085 Kurt Imhof / Peter Schulz (Hrsg.), a.a.O., S.10.

1086 Dies weist die "Potsdamer Elitestudie 1995" nach, die verdeutlicht, dass der Einfluss der Politik auf die Massenmedien spürbar nachgelassen hat. Gestützt wird dieses Ergebnis durch die Tatsache, dass der Anteil von Parteimitgliedern in Rundfunkanstalten deutlich variiert, gerade die privaten Rundfunkanstalten weisen einen äußerst niedrigen Anteil von Parteimitgliedern auf. Dies ist kein Widerspruch dazu, dass die Medienelite selbst als politisiert gilt. Die Studie ist zusammengefasst bei: Wilhelm Bürklin, Politische Eliten in der Mediendemokratie. In: Karl Rohe (Hrsg.), a.a.O., S.62ff.

Herausbildung des "modernen politischen Publicity Prozeß"[1087] bezeichnen und Ulrich Sarcinelli als Prozess der „Mediatisierung von Politik". Dieser Prozess beinhaltet die zunehmende Durchdringung der Politik durch die Medien und die Reaktion und Anpassungsstrategien der Politik auf diese veränderten Umweltbedingungen, d.h eine Professionalisierung und Spezialisierung politischer Kommunikationsbeziehungen.[1088]
Interdependenz wird durch Interpenetration abgelöst: Medienkommunikation folgt politischer Entscheidungs- und Steuerungslogik, die politischen Prozesse wiederum folgen der Selektions- und Konstruktionslogik der Medieninstitutionen: "Die Medien haben zunehmend der Marktlogik zu folgen, die Politik hat sich dem marktfähigen Medienformat anzupassen."[1089] Medien haben sich auf diese Weise in modernen Gesellschaften zu einem sehr spezifischen Insitutionentypus entwickelt.

> "Der politisch-gesellschaftliche Charakter der Medien wandelt sich – rasend schnell. Die Medien sind kein ›Werkzeug‹ der anderen Institutionen mehr, und sie sehen sich nicht mehr dominant in einer mit einem allgemeinen Vermittlungsauftrag versehenen dienenden Funktion. Sie nehmen damit eine eigene, eine eigenständige Position im intermediären Gefüge ein. Die traditionellen politischen Insitutionen verlieren insgesamt gesehen ihre Vermitlungsprivilegien und die bestehenden korporatistischen Formen der Verflechtung werden aufgeweicht. Die Medien sind in der politischen Kommunikation immer weniger die Vermittler zwischen ›Regierenden‹ und ›Regierten‹, zwischen ›oben‹ und ›unten‹ oder zwischen allen Institutionen und allen Bürgern. Die meisten gehen zunehmend temporäre Beziehungen mit unterschiedlichen Institutionen oder Teilgruppen der Gesellschaft ein. Sie agieren eigenständig und sie entwickeln sich im intermediären Gefüge von einer ›Neben-‹ zu einer ›Hauptinstitution‹."[1090]

Die Aussage "von der Parteien- zur Mediendemokratie" fasst diese Entwicklung zusammen.[1091] Es ist kaum von der Hand zu weisen: die Medien prägen die kulturelle und politische Pluralität Deutschlands. Politische Realität konstituiert sich in erster Linie durch Medienrealität. Medienrealität ist dabei in erster Linie Komplexitätsreduktion. Indem die Massenmedien eine solche Komplexitätsreduktion vornehmen, stellen sie Wirklichkeit her, je nach Auswahl, Gewichtung und Aufbereitung der Inhalte.[1092] Politische Kommunikation ist damit also nicht mehr als "Komplexitätsreduziertes Abbild politischer Realität" zu verstehen, sondern als "komplexer Prozess der Realitätskonstruktion bzw. Realitätskonstitution."[1093] Dies

---

1087 Michael Gurevitch / Jay Blumler, Comparative Research: The Extending Frontier. In: David Swanson / Dan Nimmo (Hrsg.), New Directions in Political Communication, Newbury Park, S.305-328, hier S.323.

1088 Dies verdeutlicht sich im Zusammenwachsen zweier Branchen: der Meinungsforschung und der politischen Public Relation.

1089 Wilhelm Bürklin, Politische Eliten in der Mediendemokratie. In: Karl Rohe (Hrsg.), a.a.O., S.57.

1090 Otfried Jarren, Medien als Akteure und institutionalisierter Handlungskontext. Theoretische Anmerkungen zum Wandel des intermediären Systems. In: Kurt Imhof / Peter Schulz (Hrsg.), a.a.O., S.90.

1091 Eine sehr knappe, aber eingängige Definition liefert Wilhelm Bürklin, Politische Eliten in der Mediendemokratie. In: Karl Rohe, a.a.O, S.54ff.

1092 Heinrich Oberreuter, Übermacht der Medien, a.a.O., S.10. Vgl. Thomas M. Gauly, Die Mediengesellschaft. In: Reinhard Göhner (Hrsg.), Die Gesellschaft für morgen, München 1993, S.113.

1093 Ulrich Sarcinelli, Massenmedien und Politikvermittlung – Eine Problem- und Forschungsskizze. In: Gerhard W. Wittkämper (Hrsg.), a.a.O., S.46.

bleibt nicht ohne Einfluss auf das Institutionengefüge des politischen Systems als Ganzes.

> "Als eigenständiger Insitutionentypus prägen sie jetzt die Architektur des bestehenden Institutionentypus mit, vor allem beeinflussen sie das intermediäre politische System der Gesellschaft...
> Medien determinieren bspw. nicht den Gang – wie oftmals behauptet – der Politik, wohl aber beinflussen sie die Interaktionsmöglichkeiten politischer Akteure und damit den politischen Prozeßverlauf. Insoweit wirken sie auf bestehende Strukturen ein... Veränderungen im Medienbereich wirken somit in vielfältiger Weise auf die anderen gesellschaftlichen Institutionen und deren Handlungsmöglichkeiten zurück."[1094]

Im Anschluss soll daher danach gefragt werden, welche Auswirkungen diese Entwicklung auf die politische Kommunikation hat und inwieweit damit ein Strukturwandel der Öffentlichkeit verbunden ist.

3 *Strukturwandel der Öffentlichkeit*

Repräsentativ verfasste Demokratien setzen einen öffentlichen Raum voraus, in dem sich der Meinungs- und Willensbildungsprozess formiert. Die Massenmedien sind die institutionellen Träger der Öffentlichen Meinung und Teil des Willensbildungsprozesses. Neue mediale Verbreitungsmöglichkeiten sowie veränderte gesellschaftliche und ökonomische Bedingungen verändern den öffentlichen Raum.[1095] Der klassische Begriff der Öffentlichkeit, entstanden im Zeitalter der bürgerlichen Revolution, greift auf die Vorstellung von der Agora zurück und bezeichnet die mündliche Kommunikation persönlich anwesender Teilnehmer oder den schriftlichen Diskurs des gebildeten Bürgertums. In einer ersten Phase des Stukturwandels wurde nun diese elitäre Nahkommunikation in der Massendemokratie durch Printmedien und elektronische Medien erweitert. Am klassischen Ideal gemessen, kann dies als Bedrohung der Öffentlichkeit gewertet werden, denn Öffentlichkeit kann jetzt nicht länger als monolitischer Kommunikationsraum begriffen werden. Dass die idealisierende Agora-Vorstellung aber ohnehin nicht aufrechterhalten werden kann, haben vorangehende Ausführungen vor Augen geführt, nach denen Öffentlichkeit "eine Vielzahl kleiner und großer Foren, die nur teilweise miteinander vernetzt sind"[1096], darstellt. Und dennoch bleiben die Veränderungen in der Medienlandschaft nicht ohne Beeinträchtigung der politischen Kommunikation und des Öffentlichkeitsbegriffes, denn" die Medien führen im Demokratiespiel Regie. Sie sind die Regisseure der politischen und gesellschaftlichen Öffentlichkeit und sie wählen die ›Schauspieler‹ aus."[1097] Auf den ersten Blick scheint die Vergrößerung des Medieangebots Vielfalt zu versprechen. Bei genauerer Analyse ist jedoch sehr schnell festzustellen, dass

---

[1094] Otfried Jarren, Auf dem Weg in die "Mediengesellschaft"? Medien als Akteure und institutionalisierter Handlungskontext. Theoretische Anmerkungen zum Wandel des intermediären Systems. In: Kurt Imhof / Peter Schulz (Hrsg.), a.a.O., S.81-82. Vgl. dazu auch Albrecht Müller, Von der Parteiendemokratie zur Mediendemokratie, Opladen 1999: S.15.

[1095] Konrad Adam in FAZ vom 29.11.95, S.37.

[1096] Jürgen Gerhards / Friedhelm Neidhardt, Strukturen und Funktionen moderner Öffentlichkeit. Fragestellungen und Ansätze. Discussion Paper WZB, Berlin 1990, S.19.

[1097] Andreas Iten, Vernunft und Tugend in der Informationsgesellschaft. In: Kurt Imhof / Peter Schulz (Hrsg.), a.a.O., S.19.

die die numerische Erweiterung der Kanäle nicht mit einer sichtbaren inhaltlichen Differenzierung einhergeht. Vielmehr ist eine grundsätzliche Orientierung an unterhaltenden Programmen für ein „Mainstream-Publikum"! festzustellen. Zielgruppenorientierte Minderheitenprogramme oder Programmformate mit inhaltlicher Fokussierung bilden die Ausnahme. Die Präferenz des Marktes bestimmt die medialen Inhalte.

> "Das Problem ist auch nicht, daß das Fernsehen den Massen lauter unterhaltenden Themen präsentiert, nein, daß Problem ist vielmehr, daß das Fernsehen alle Themen als Unterhaltung präsentiert... Die Folge ist, daß Amerika als erste Kultur der Welt Gefahr läuft, sich buchstäblich zu Tode zu amüsieren."[1098]

Hinzu kommt, dass innerhalb des Mediensektors nachweislich Konzentrationstendenzen zu konstatieren sind.[1099] Demokratisch verfasste Gesellschaften sind auf freie und unbhängige Medien als unverzichtbare Grundlage der demokratischen Willensbildung angewiesen, Medienkonzentration stellt eine latente Gefahr für die Demokratie und für die Öffentlichkeitsstruktur dar.[1100] In besonderer Weise ist gerade die politische Berichterstattung als Kernelement demokratischer Willensbildung von dieser Entwicklung betroffen. Betrachtet man den Umgang der Medien mit politischen Themenbereichen, fällt eine zunehmende Distanzlosigkeit und wachsende Intimisierung im Umgang mit der politischen Führung ins Auge.[1101] Politik wird personalisiert und damit im zweiten Schritt zunehmend privatisiert. Visualisierung, Personalisierung und Ritualisierung sind in diesem Zusammenhang die dominierenden Begriffe. Helmut Schmidt bemängelt in seinen Memoiren, dass die Fernsehdramaturgie an die Stelle der Staatskunst trete.[1102]

> "Fernsehen bestimmt die Tagesordnung der Politik, inklusive der Einstellungen und Affekte des Publikums. Es verursacht ein Übermaß an Publikumsorientierung und verändert die Aktionsweise der Politiker, einschließlich der ständig wachsenden Tendenz zu symbolischer Politik." [1103]

Die Politik beginnt sich auf die mediatisierten Anforderungen einzurichten. Das politische Streitgespräch, die Kontroverse wird abgelöst durch „Symbolische Politik". Das Image dominiert die Inhalte.[1104]

1098 Neil Postman, Vortrag zur Eröffnung der Fankfurter Buchmesse 1984. In: Börsenblatt für den Deutschen Buchhandel XL/82 vom 12. Oktober 1984, S.2457 und 2459. Vgl. dazu auch Neil Postman, Wir amüsieren uns zu Tode. Urteilsbildung im Zeitalter der Unterhaltungsindustrie, Frankfurt am Main 1985. Stark kritisiert wurde die Fernsehberichterstattung auch in einer Rede von Bundespräsidenten a.D. Roman Herzog, EPD Medien Nr.53, 1997.

1099 Detlef Hensch, Medienmarkt und Demokratie. In: Kurt van Haaren / Detlef Hensche (Hrsg.), Multimedia, a.a.O., S.151.

1100 Hans J. Kleinsteuber, Die publizistische Vielfalt für die Zukunft sichern. In: Das Parlament Nr.33-34 vom 9./16. August 1996.

1101 Joshua Meyrowitz, Die Fernsehgesellschaft. Wirklichkeit und Identität im Medienzeitalter, Weinheim 1987 S.190ff. Ottfried Jarren, Politik und politische Kommunikation in der modernen Gesellschaft. In: APUZ B39/94 S.7.

1102 Helmut Schmidt, Menschen und Mächte, Berlin 1987, S.313.

1103 Heinrich Oberreuter, Medien und Demokratie. Ein Problemaufriß. In: Karl Rohe (Hrsg.), a.a.O., S.19.

1104 Stefan Wallisch, Aufstieg und Fall der Telekratie. Silvio Berlusconi, Romano Prodi und die Politik des Fernsehzeitalters. Wien, Köln, Weimar 1997, S.28.

> "Symbolische Politik, die sich die Vormacht der Wahrnehmung über die Sprache und die Unübersichtlichkeit der Verhältnisse in den komplexen Gegenwartsgesellschaften zunutze macht, produziert eine Welt von sinnfälligen Scheinhandlungen, die den Zusammenhang mit dem wirklichen Tun und Lassen der Politker zunehmend einbüßt. Die politische Beteiligung der Bürger, die über die sinnliche Faszination der elektronischen Massenmedien der Illusion des Dabeiseins erliegen, beschränkt sich zumeist allenfalls noch auf eine symbolische Partizipation an den Prozessen und Entscheidungen, die sich heute vielleicht mehr denn je betreffen. Das Fernsehen schafft eine neuartige Form der allgegenwärtigen Scheinbeteiligung. Man ist überall dabei, ohne irgendwo dabeizusein."[1105]

Am Ende dieser Entwicklung steht die Bezeichnung der "Soundbite Democracy", in der das "Infotainment"[1106] oder "Confrontainment" dominiert. Dabei läßt sich die Politik nicht nur den Stil vorgeben, sondern auch die politischen Inhalte. Demoskopie und Meinungsforschung werden zu handlungsleitenden Elementen der Politik.[1107] Unweigerlich führt dies zu einer Erosion der demokratischen Institutionen, denn die eigentliche politische Meinungsbildung findet immer weniger in verfassungsmäßig dafür konstruierten Arenen, sondern in medienabgewandten, informellen Zirkeln und Netzwerken statt. [1108] Ulrich von Alemann spricht von einer "Schattenpolitik".

Weil der politische Prozess der Willensbildung dadurch nicht länger in der Öffentlichkeit verfolgt werden kann, entstehen falsche Vorstellungen über den politischen Prozess, über die beteiligten Institutionen, ihre Leistungsfähigkeit und ihre Problemlösungskapazität. Dies bleibt nicht ohne Auswirkungen auf das individuelle Verhalten.

Putnam weist nach, dass eine Verbindung zwischen der Durchsetzung des Fernsehens und der Erosion sozialer Bindungen besteht.[1109] Christina Holtz -Bacha

---

1105 Bodo Berthold Flaig / Thomas Meyer / Jörg Ueltzhöffer, Alltagsästhetik und politische Kultur. Zur ästhetischen Dimension politischer Bildung und politischer Kommunikation, Bonn 1993, S.211.

1106 Vgl. Elisabeth Noelle-Neumann, W arum d ie Z eitung ü berleben w ird. D ies.(Hrsg.), Ö ffentlichkeit als Bedrohung: Beiträge zur empirischen Kommunikationsforschung, Freiburg im Breisgau/München 1977, S.95. Vgl. auch Michael Udo Krüger, Zwischen Konkurrenz und Konvergenz. Fernsehnachrichten öffentlich-rechtlicher und privater Rundfunkanbieter. In: Klaus Kamps / Miriam Meckel (Hrsg.), Fernsehnachrichten. Prozesse, Strukturen, Funktionen, Opladen 1998; dazu auch Fritz Wolf, Alle Politik ist medienvermittelt. Über das prekäre Verhältnis von Politik und Fernsehen. In: APUZ B32 (1996), S.26-31.

1107 Vgl. dazu Fritz Plassner, Elektronische Politik und politische Technostruktur reifer Industriegesellschaften – Ein Orientierungsversuch. In: Fritz Plassner / Manfried Welan (Hrsg.), Demokratierituale. Zur politischen Kultur der Informationsgesellschaft, Wien/Köln/Graz, 1985, S.9-31 hier S.16.

1108 Klaus von Beyme, Der Gesetzgeber. Der Bundestag als Entscheidungszentrum, Opladen 1997. Ebenso Ulrich von Alemann, Schattenpolitik. Streifzüge in die Grauzone der Politk. In: Claus Leggewie (Hrsg.), Wozu Politikwissenschaft? Über das Neue der Politik, Darmstadt 1994, S.135-144.

1109 Robert Putnam, Bowling Alone – America's Declining Social Capital. In: Journal of Democracy 6 (1995), S.65-78. Ders., The Strange Disappearance of Civic America. In: The American Prospect 1996, S.34-43; Ders., Tuning in, Tuning out: The Strange Disappearance of Social Capital in America. In: Political Science and Politics, 27 (1995), S.664-683. Pippa Norris kritisiert Putnam in Einzelbefunden, der Kernbefund jedoch wird bestätigt. Pippa Norris, Does Television Erode Social Capital? A reply to Putnam. In: Political Science and Politics 28 (1996), S.474-486. Vgl. auch Roderick Hart, Easy Citizenship: Televisions Curious Legacy. In: The Annals of the American Academy, July 1996, S.109-119. Erste Anzeichen wurden bereits von Ithiel DeSola Pool registriert. Ithiel de Sola Pool, Technologies without Boundaries. On Telecommunications in a Global Age, London, Cambridge 1990. Das Buch wurde postum veröffentlicht. Dazu auch Bernd Meier, Sozialkapital in Deutschland. Eine empirische Skizze, Köln 1996, S.12. Beiträge zur Wirtschafts- und Sozialpolitik des Instituts der Deutschen Wirtschaft Köln. Erstmalig wurde die Vermutung,

ist in ihrer Aussage differenzierter und hält fest, dass nur der überwiegende Konsum unterhaltender Medienangebote entpolitisierend wirkt.[1110] Mit diesem Ergebnis verknüpft Holtz-Bacha die Erwartung, dass mit dem Zuwachs unterhaltender Programme die Bereitschaft zu politischer Partizipation als rückläufig einzustufen ist.[1111] Roderick Hart geht einen Schritt weiter, indem er davon ausgeht, dass Medienkonsum Passivität bewirkt, da gerade das Fernesehen dem Zuschauer vorgaukelt, politisch involviert zu sein. Das Gemeinwesen jedoch benötige "... real not hypothetical, involvement if it is to meet its civic oligations."[1112] Auch das Phänomen der Politikverdrossenheit wird in diesen Zusammenhang gestellt. Diese Entwicklung wird in der Literatur mit dem Begriff der *Videomalaise*[1113] bezeichnet. Die Videomalaise stellt den zentralen Aspekt der Veränderung in der politischen Kommunikation dar, umschrieben durch den Begriff der *Zuschauerdemokratie*. Verstärkt wird diese Tendenz hin zur Zuschauerdemokratie durch die scheinbare Fragmentierung der Mediennutzer, die aus der Vervielfachung des Programmangebots resultiert. Die Folge ist die Unverbindlichkeit des Allgemeinen, verbunden mit einer Kultivierung des Besonderen; am Ende steht ein, wie Dieter Ross es ausdrückt, "gruppendemokratischer Pluralismus."[1114]

---

dass massenmediale Kommunikation, vor allem das Fernsehen, politische Apathie fördert von J. Robinson mitte der 70er Jahre formuliert. Michael J. Robinson, The Impact of the Televised Watergate Hearings. In: Journal of Communication, 24. Jg. Heft 2, S.17-30. Robinson vertritt hier die Hypothese, dass durch die Darstellung politischer Sachverhalte im Fernsehen politische Entfremdung bewirkt werden kann. In einer Studie von 1975 legte Robinson Ergebnisse vor, die diese Hypothes weitgehend bestätigten. Vgl. Ders., American Political Legitimacy and Growth of Political Malaise: The Case of "Selling of the Pentagon". In: American Political Science Review, 70. Jg., S.409-432. In einer weiteren Studie 1977 überträgt Robinson diese Ergebnisse auf die gesamten Medien. Michael J. Robinson, Televisions and American Politics 1965-1976. In: Public Interest 48 Jg., S.3-39. Dabei besteht eine Übereinstimmung zu Paul F. Lazarsfeld / Robert Merton, Massenkommunikation, Publikumsgeschmack und organisiertes Sozialverhalten. In: Gesellschaftliche Kommunikation und Information, Bd 2. Herausgegeben von Jörg Aufermann / Hans Bohrmann, Rolf Sülzer. Die Autoren sprechen von der „narkotisierenden Dysfunktion" der Massenmedien. In dieselbe Richtung gehen die kulturkritischen Äußerungen von Max Horkheimer und Theodor Adorno, Kulturindustrielle Aufklärung und Massenbetrug. In: Dialektik der Aufklärung, Fankfurt 1971, S.108-150.

[1110] Christina Holtz-Bacha, Ablenkung oder Abkehr von der Politik, Opladen 1990, S.157.

[1111] Die Radikalforderungen Holtz-Bachas nach einer vollkommenen Abschaffung unterhaltender Medienangebote überraschen und sind derart überzogen, dass ihre hervorragende Analyse nachträglich fragwürdig erscheint. Christina Holtz-Bacha, Ablenkung oder Abkehr von der Politik, a.a.O., S.153. Vgl. auch Christina Holtz-Bacha, Massenmedien und Politikvermittlung – Ist die Videomalaise Hypothese ein adäquates Konzept? In: Michael Jäckel / Peter Winterhoff-Spurk (Hrsg.), Politik und Medien, a.a.O., S.181-191.

[1112] Roderick Hart: Easy Citizenship: Televisions Curious Legacy. In: The Annals of the American Academy, Juli 1996, S.109-119. Leo Kißler spricht in diesem Zusammenhang von realer und mentaler Partizipation. Leo Kißler, Die Öffentlichkeitsfunktion des Deutschen Bundestages. Theorie, Empirie, Reform, Berlin 1976, S.491-498. Vgl. auch Elisabeth Noelle-Neumann / Renate Köcher (Hrsg.), Allensbacher Jahrbuch der Demoksopie 1993-1997, München 1997, S.783-785.

[1113] Videomalaise bezeichnet den Prozessverlauf, in dem die Privatisierung der Medien die Qualität des Journalismus negativ beeinträchtigt hat. Kennzeichen sind eine Entrationalisierung, Personalisierung, Boulevardisierung der Berichterstattung durch eine starke Orientierung an Auflagen und Quoten. Der Neuigkeitswert, die Skandalträchtigkeit und die spontan emotionale Darstellbarkeit haben dabei größere Bedeutung als die rationale Darstellung komplexer politischer Sachverhalte.Vgl. ausführlicher Michael Robinson, Public Affairs Television and The Growth of Political Malaise. The Case of the ›Selling the Pentagon‹. In: American Political Science Review 70 (1976), S.409-432.

[1114] Dieter Ross, Es waren einmal die Massenmedien. Das Publikum zerstreut sich, die Öffentlichkeit zerfällt, in: Hermann Boventer (Hrsg.), Medien und Demokratie. Nähe und Distanz zur Politik, Konstanz 1993, S.157-171, hier S.166.

Verbunden mit dieser Fragmentierungstendenz erwartet Gellner durch die Erweiterung der Kanäle für Fernsehprogramme und verstärkt durch die Ergänzung traditioneller Massenmedien durch Multimedia-Angebote, eine Auflösung und Privatisierung des öffentlichen Raums.[1115] Dies wird auch von Dieter Ross bestätigt, der eine Renaissance des Privaten und Partikularen vermutet, da das Publikum von den Medien einen überaus eigenständigen und selbstbestimmten Gebrauch macht.[1116]

Bilanziert man nun die so dargestellte Entwicklung, so sind Äußerungen wie die von Wienand Gellner, der ein Ende der Öffentlichkeit einläutet[1117], zwar nachvollziehbar, erscheinen jedoch voreilig. Solche Aussagen sind nicht selten; sie sind vor allem in Beiträgen der Massenkommunikationsforschung zu finden, die implizit oder explizit am Öffentlichkeitsideal der Aufklärungsphilosophie festhalten.

Es ist sicherlich zutreffend, dass in Folge medialer Entwicklung ein Abschied vom Massen-Paradigma festzustellen ist[1118] und eine stark individualistische Mediennutzung in den Vordergrund tritt: "Die Medien bieten alles und auch immer das Gegenteil davon".[1119]

Diese Tendenz ist angesichts der kontinuierlichen Zunahme von Medien und Programmen sowie einer weiter voranschreitenden Verspartung sicherlich noch lange nicht zum Ende gekommen; vielmehr ist wahrscheinlich, dass sie durch die weitere Digitalisierung der Medien fortgeführt werden wird.[1120]

> "Wir müssen uns mit der Tatsache abfinden, dass die öffentliche Kommunikation äusserst zersplittert ist. In einem ständig wachsenden Medienkisosk wird das Angebot immer größer und damit wird das Marketing der Informationen immer wichtiger."[1121]

Damit schließt und verstärkt sich der Kreislauf der Mediatisierung, und es ist davon auszugehen, dass sich damit die Tendenz hin zu einer Zuschauerdemokratie verstärkt.

Zugleich aber, und das soll keinesfalls übersehen werden, hat die sprunghafte Vervielfältigung aktueller und kumulierter Informationsangebote auch zur Folge, dass dem Einzelnen mehr Information zugänglich sein wird. Diese "Demokratisierung" der Information kann ihrem Wesen nach zu einer insgesamt informierteren Gesellschaft führen; dies bedeutet jedoch nicht zwangsläufig ein besser informiertes Individuuem, einen besser informierten Bürger.

> "Damit findet ein erstes Paradoxon seinen Ausdruck: Die starke Vergrößerung des Informationsangebots schafft eine neue Unübersichtlichkeit, die tendenziell die gleichen Folgen hat wie ein vollkommen defizitäres Informationsangebot: Der

---

1115 Vgl. dazu auch Konrad Adam in FAZ vom 29.11.1995.

1116 Dieter Ross, Es waren einmal die Massenmedien. Das Publikum zerstreut sich, die Öffentlichkeit zerfällt. In: Hermann Boventer (Hrsg.), Medien und Demokratie. Nähe und Distanz zur Politik, Kontanz 1993, S.157-171, hier S.169f.

1117 Wienand Gellner, Das Ende der Öffentlichkeit. In: Karl Rohe (Hrsg.), Politik und Demokratie in der Informationsgesellschaft, Baden-Baden 1997, S.25-44.

1118 Dieter Ross, Es waren einmal die Massenmedien, a.a.O., S.170.

1119 Ebd., S.166-167.

1120 Christina Holtz-Bacha, Das fragmentierte Medien-Publikum. Folgen für das politisceh System. In: APUZ B 42, 1997 S.13-21.

1121 Andreas Iten, Vernunft und Tugend in der Informationsgesellschaft. In: Kurt Imhof / Peter Schulz (Hrsg.), Politisches Raisonnement in der Informationsgesellschaft, a.a.O., S.21.

Mensch fühlt sich nicht ausreichend informiert, weil er nicht sicherstellen kann, wie die für ihn relevante Information herauszufiltern ist."[1122]

Der sprunghafte Anstieg der Informationsangebote und der sich daraus ergebende Selektionszwang, führen deutlich zur Abnahme der Homogenität vorhandenen Wissens und fördert die Segmentierung und Individualisierung des Wissens.[1123] Dies wiederum kann zu Verständigungs- und Konsensprobleme innerhalb der Gesellschaft führen.[1124]
Andererseits darf nicht unterschlagen werden, dass die weitere Ausdifferenzierung des Medienangebots auch faktisch die Möglichkeit eröffnet oder zumindest eröffnen könnte, ganz bewusst politische Kommunikation herbeizuführen. Offene Plädoyers für Parlamentskanäle oder für die Einrichtung von Nachrichtensendern sind sichbare Zeichen dieses Potenzials.
Entsprechend diagnostiziert Sarcinelli in der fortschreitenden Informatisierung der Gesellschaft und Mediatisierung der Politik ein Konstitutivum, aber auch ein Destruktivum und warnt in Folge vor der Marginalisierung und Entrationalisierung politischer Vorgänge.[1125] Dieser Einschätzung ist vorbehaltlos zuzustimmen.
Ein Ende der Öffentlichkeit ist nicht zu konstatieren, wohl aber eine Marginalisierung der politischen Inhalte innerhalb dieser Öffentlichkeit. Dies bleibt nicht ohne Auswirkungen auf die politischen Institutionen.

4 Die Auswirkungen der Mediatisierungs- und Fragmentierungstendenz auf die politischen Akteure und Institutionen

---

[1122] Klaus Merten, Chancen und Risiken der Informationsgesellschaft. In: Jörg Tauss u.a., Deutschlands Weg in die Informationsgesellschaft, a. a. O., S.87. Merten spricht in diese Zusammenhang die Installation von „Metamedien" an. Als Metamedien werden Medien bezeichnet, die Informationen über andere Medien enthalten und eine raffende, selektive und steuernde Funktion erfüllen, z.B. Programmzeitschriften, Inhaltsverzeichnisse, Kataloge, Datenbanken etc.

[1123] Ebd., S.92. Merten geht von einer proportionalen Abnahme des Wissens zur Vergrößerung des Informationsangebotes aus.

[1124] Die Mediennutzungsforschung unterstützt diese These mit der Erkenntnis einer zunehmend freizeitorientierten Nutzung von Medien.

[1125] In der Forschung wird dies als *Scherenthese* betitelt. Die Normative Bewertung der Schere fällt dabei unterschiedlich aus. Während die einen die Unregierbarkeit proklamieren (wie etwa Franz Ronneberger, Das Syndrom der Unregierbarkeit und die Macht der Medien. In: Publizistik, 28. Jg. 1983, S.487-511), weisen andere daraufhin, dass eine solche Kluft zwischen Herstellung und Darstellung von Politik in demokratischen Gemeinwesen nicht überbrückbar ist und dies auch nicht wünschenswert erscheint (Ulrich Sarcinelli, Mediale Politikdarstellung und politisches Handeln: analytische Anmerkungen zu einer notwendigerweise spannungsreichen Beziehung. In: Otfried Jarren (Hrsg.), Politische Kommunikation in Hörfunk und Fernsehen. Elektronische Medien in der Bundesrepublik Deutschland, Gegenwartskunde Sonderheft 8, Opladen 1994, S.35-50.) Wiederum andere weisen auf die Verschmelzungstendenz von Herstellung und Darstellung hin und betonen Politik als Elitenhandeln, das einer permanenten Kommunikationskampagne gleichkommt (so etwa Rüdiger Schmitt-Beck / Barbara Pfetsch, Politische Akteure und die Medien der Massenkommunikation. Zur Generierung von Öffentlichkeit in Wahlkämpfen. In: Friedhelm Neidhardt (Hrsg.), Öffentlichkeit, öffentliche Meinung, soziale Bewegungen, Opladen. In: Kölner Zeitschrift für Soziologie und Sozialpsychologie, Sonderheft 30, S.106-138, S.107.) Murray Edelmann, Politik als Ritual. Die symbolische Funktion staatlicher Institutionen und politischen Handelns, Frankfurt, New-York 1990, S.105. Auch Jarren / Donges / Weßler plädieren dafür, eine solche pragmatische Trennung neu zu überdenken. Otfried Jarren / Patrick Donges / Hartmut Weßler, Medien und politischer Prozeß. Eine Einleitung. In: Otfried Jarren / Heribert Schatz / Hartmut Weßler (Hrsg.), Medien und politischer Prozeß. Politische Öffentlichkeit und massenmediale Politikvermittlung., Opladen 1996, S.11ff.

Die vorangehenden Ausführungen haben gezeigt, dass die Ausdifferenzierung des Mediensystems die Handlungsbedingungen der politischen Institutionen und der politischen Akteure sowohl für die Interessenartikulation als auch für die Interessenaggregation geändert haben. Ulrich Sarcinellei konstatiert, dass der Prozess der Mehrheitsbeschaffung in der Politik nicht weniger, sondern mehr Kommunikationsaufwand nach sich ziehen wird, da für alle politischen Akteure ein stärkerer Zwang herrscht, sich den Vermittlungsformaten der Medien anzupassen.[1126]

Dies bleibt nicht ohne Einfluss auf das Rollenverständis von Politikern. Neben den sachkundigen Experten tritt als moderner Politikertyp ein "politischer Kommunikator".[1127]

Aber nicht nur der einzelne im politischen System ist herausgefordert, auch die parlamentarische Vertretung sieht sich mit Veränderungen bezüglich ihrer kommunikativen Repräsentationsaufgaben konfrontiert. Besonders augenscheinlich wird dies in den offenkundig werdenden Defiziten bezüglich der Transparenz und der Publizität[1128]und Responsivität.[1129] parlamentarischer Vorgänge. Der altliberale Begriff der öffentlichen Meinung operierte noch, wie gezeigt wurde, mit einem homogenen Gesellschaftsbild. Diese Homogenität entspricht dem pluralen Charakter moderner Gesellschaften nicht mehr. Interessengegensätze und gesellschaftliche Spannungen nehmen zu und verstärken sich durch die mediale Entwicklung. Dies hat zur Folge, dass nicht länger die Artikulation politischer Strategien im Vordergrund der Parlamentsarbeit steht, sondern die Konversion von Interessen in politische Strategien. Das Parlament steht vor der Herausforderung einer gesellschaftlichen Integrationsfunktion. Der Parlamentarier selbst wird zur Integrationsfigur.[1130] Von Beyme weist in diesem Zusammenhang folgerichtig auf die Zunahme von Handlungs- und Verhandlungszwängen hin.[1131] Entsprechend kommt Fritz von Korff, der diese Entwicklung in ihrer Konsequenz zu Ende denkt, zu der Auffassung, dass sich dadurch die Tendenz zum Repräsentationskonzept des *delegate* durchzusetzen beginnt.[1132] Auch wenn eine solche Ankündigung möglicherweise überzogen erscheinen mag, so ist nicht von der Hand zu weisen, dass die politischen Institutionen der liberalen Demokratie angesichts dieser dynamischen Entwicklungen

---

[1126] Ulrich Sarcinelli, Massenmedien und Politikvermittlung – Eine Problem- und Forschungsskizze. In: Gerhard W. Wittkämper (Hrsg.), Medien und Politik, Darmstadt 1992, S.38.

[1127] Ebd., S.45.

[1128] Deutlich ist beispielsweise eine mangelnde Kenntnis über parlamentarische Verhaltensweisen, die ein Vertrauensdefizit gegenüber politischen Institutionen nach sich zieht. Vgl. dazu Werner Patzelt, Abgeordnete, Parlamente und Bürger: Erwartungen und Enttäuschungen. In: Ulrich Sarcinelli, Öffentlichkeitsarbeit der Parlamente. Referate und Diskussionsbeiträge einer Tagung der Deutschen Vereinigung für Parlamentsfragen e.V. und des Schleswig-Holsteinischen Landtages Baden-Baden, S.89-92 (1994).

[1129] Über den Grad der Responsivität des Bundestages liegt eine Studie von Frank Brettschneider vor. Frank Brettschneider, Öffentliche Meinung und Politik. Eine empirische Studie zur Responsivität des Deutschen Bundestages, Opladen 1995. Ders. Parlamentarisches Handeln und öffentliche Meinung. Zur Responsivität des Deutschen Bundestages bei politischen Sachfragen 1949-1990. In: ZParl 27, 1996, S.108-126.

[1130] Heinz Eulau / John C. Wahlke / William Buchanan / Leroy F. Ferguson (1959), The Role of the Representative. Some empirical Observations on the Theory of Edmund Burke. In: APSR 53, 1959, S.742-756, hier S.750.

[1131] Klaus von Beyme, Der Gesetzgeber. Der Bundestag als Entscheidungszentrum, Opladen 1997.

[1132] Fritz von Korff, Kommunale Bürgernetze im Internet. In: Wienand Gellner / Fritz von Korff (Hrsg.), Demokratie und Internet, Baden-Baden 1998, S.114. Dazu auch Chrisa Daryl Slaton, Televote. Expanding Citizen participation in the Quantum Age, New York. 1992. Vgl. auch Ian McLean, Democracy and new Technology, Cambridge 1988. Heinz Eulau, Some Political Effects or the Information Utility on Political Decision Makers and the role of the Representative. In: H. Sackman / Norman Nie (Hrsg.), The Information utility and Social Choice, Montreal 1970.

durch den Medienwandel zunehmend unter Handlungsdruck geraten. Die Veränderungen bleiben nicht ohne Konsequenz für die Regierbarkeit der modernen Demokratien. Die Konsequenzen sind dysfunktional einzuschätzen sind. Dies vor allem deswegen, weil die politisch und gesellschaftlich zur Diskussion stehenden Fragen ein hohes Komplexitätsniveau von meist globaler Dimension aufweisen, während die Medienformate auf Komplexitätsreduktion und Unterhaltung konzentriert sind, bis hin zu dem von Grossmann geäußerten Vorwurf der Entpolitisierung. Nachvollziehbar werden mit diesem Hintergrund die Forderungen nach einer Korrektur dieser Folgen der Ökonomisierung der Medien, in deren Mittelpunkt die gemeinwohloreintierte Gestaltung anspruchsvoller Programmstrukturen gestellt wird. Zumeist wird dies verbunden mit der Behauptung, dass dies nur im Rahmen einer vom öffentlich-rechtlichen Rundfunk geleisteten Grundversorgung zu realisieren ist.[1133] Einer genaueren Prüfung hält gerade letztere Behauptung jedoch nicht stand, da nachweislich eine Angleichung zwischen öffentlich-rechlichen und kommerziellen Programmanbietern stattgefunden hat.[1134] Hinzu kommt, dass die Medienentwicklung alleine als Erklärungsansatz für das volatile Wahlverhalten[1135] kaum taugt. Medien können solche Trends zwar verstärken, aber nicht herbeiführen. Diese Entwicklung, und das wird von der Parteiforschung bestätigt, ist auch auf sozialstrukturelle Faktoren zurückzuführen, wie etwa die Auflösung traditioneller Sozialmilieus, die Pluralisierung der Lebensstile und die Herauslösung des Individuums aus bestimmbaren Kollektivbezügen, um nur einige exemplarisch zu nennen.[1136] Die Medien sind vielmehr eine responsive Reflektion sich bereits vollziehnder gesellschaftlicher Veränderungen.

1133 Vgl. dazu Albrecht Kutteroff, Politische Macht und Massenmedien. Veränderungen der politischen Kommunikation und des journalistischen Selbstverständnisses. In: Jürgen Falter (Hrsg.), Politische Willensbildung und Interessensvermittlung, Opladen 1984, S.372-380; Udo Reiter, Zukunft: Unentbehrlichkeit eines öffentlich-rechlichen Rundfunks: neue Strukturen – neue Maßstäbe? In: Fiedhelm Hilterhaus / Rupert Scholz (Hrsg.), Medienentwicklung. Von der Selektion der Anbieter zur Selektion der Bürger. Individualisierung der Nachfrage als Gefährdung der kulturellen Integration? Köln 1996.

1134 Dazu Heribert Schatz, Rundfunkentwicklung im "dualen System": die Konvergenzhypothese. In: Otfried Jarren (Hrsg.), Politische Kommunikation in Hörfunk und Fernsehen. Elektronische Medien in der Bundesrepublik Deutschland Sonderheft, Gegenwartskunde 8, Opladen 1994. Als Gegenposition Michael Udo Krüger, Zwischen Konkurrenz und Konvergenz. Fernsehnachrichten öffentlich-rechtlicher und privater Rundfunkanbieter. In: Klaus Kamps / Miriam Meckel (Hrsg.), Fernsehnachrichten. Prozesse, Strukturen, Funktionen, Opladen 1998 und Heinz Gerhard, Politische Sendungen im Fernsehen – Publikumspräferenzen im dualen Fernsehsystem. In: Michael Jäckel / Peter Winterhoff-Spurk (Hrsg.), Politik und Medien. Analysen zur Entwicklung der politischen Kommunikation, Berlin 1994, S.126.

1135 Pederson Morgens, The Dynamics of European Party System. In: European Journal of Political Research 7 (1979), S.1-26; Carsten Zelle, Der Wechselwähler. Eine Gegenüberstellung politischer und sozialer Erklärungsansätze des Wählerwandels in Deutschland und den USA, Opladen 1995. Wilhelm Bürklin / Dieter Roth, Das Superwahljahr 1994. Deutschland am Ende einer stabilen Ära des Wahlverhaltens in: Dies., Das Superwahljahr. Deutschland vor unkalkulierbaren Regierungsmehrheiten, Köln 1994, S.9-26. Richard Rose / Ian McAlistar, Voters begin to Choose. From closed Class Open Elections, London 1986. Die Struktur des Mediensystems wird dabei nur in wenigen politikwissenschaftlichen Analysen als Ursache thematisiert, vorherrschend ist die kurzfistige Perspektive der Wahlkampfbewertung. Dazu auch Franz Urban Pappi, Klassenstruktur und Wahlerhalten im sozialen Wandel. In: Max Kaase / Hans-Dieter Klingemann (Hrsg.), Wahlen und Wähler. Analysen aus Anlaß der Bundestagswahl 1987, Opladen 1990, S.15-30.

1136 Vgl. dazu Russel Dalton / Scott Falnagan / Paul Beck (Hrsg.), Electoral Change in Advanced Industrial Democracies: Realignment or Dealignment? Princeton 1984; Ivor Crese / David Denver (Hrsg.), Electoral Chance in Western Democracies. Patterns and Sources of Electoral Volatility, London, Sidey 1985; Russel Dalton, Citizen Politics, Public Opinion and Political Parties in Advanced Industrial Democracies, Chatham 1996. Dazu auch Wolfgang G. Gobowski,

Die vorangegangene Analyse des medial gesellschaftlichen Ist-Zustandes hat vor Augen geführt, dass ein Wandel des Mediensystem Einfluss auf die Öffentlichkeit nimmt und ohne Zweifel einen strukturellen Öffentlichkeitswandel reflektiert und verstärkt. Um diese Aussage nachvollziehbarer zu machen: Ausgangspunkt war eine massenmedialen Öffentlichkeit, die sich zunehmend in eine den Aufmerksamkeitsregeln verpflichteten fragmentierten Öffentlichkeit entwickelt hat. Im Hinblick auf demokratische Idealvorstellungen ist eine fragmentierte Öffentlichkeit mit einem deutlichen demokratischen Strukturmangel gleichzusetzen, denn auf diese Weise stehen Selektionskriterien und Aufmerksamkeitspotentiale der Rezipienten oder Kommunikations- / Informationsbeteiligten im Mittelpunkt. Damit entsteht eine nur scheinbare Teilhabe am gesellschaftlich-politischen Leben. Passiver Konsum des politischen Lebens wird realisiert und teilweise politische Information der Unterhaltung und Inszenierung preisgegeben. Peter Glotz prägt hierfür den Begriff des „Politainments".[1137]
Entgegen dieser empirisch nachweisbaren strukturellen Veränderungen des Öffentlichkeitsbegriffes mit all seinen beschriebenen Implikationen, blieb der Topos Öffentlichkeit als Ideal unberührt und bis heute gültig. Die aufklärerischen Idealvorstellung von Öffentlichkeit wurde bis heute nicht beeinträchtigt:

> "Zwar hat die Gesellschafts- und Medienkritik – von Schopenhauer und Nietzsche über Karl Karus und Adorno bis Postman – ein gewaltiges Arsenal elitärer Argumente wider die verderblichen Massenmedien aufgetürmt, doch der Normenkodex der Demokratie mit seiner Stilisierung des Prinzips Öffentlichkeit wurde dadurch ebensowenig tangiert wie durch die Theorien von Frau Noelle-Neumann und ihrer Schule über die Entmachtung der Politik durch die Medien."[1138]

c Die globalisierte Netzöffentlichkeit: Die Rennaissance diskursiver Prozesse und aktiver Partizipation?

Der Glaube an die aufklärende, diskursfördernde, sinnfstiftende Funktion der Medien bleibt ungebrochen. Belege hierfür sind sowohl im Grundgesetz, im Pressegesetz, einschlägigen Urteilen höchster Gerichte wie auch in Standardwerken der Politischen Wissenschaft zu finden. Mit dieser grundsätzlichen Einschätzung sind die Hoffnungen verbunden, die durch die Integration der neuen Medien in die gesellschaftliche Öffentlichkeit erwartet werden. Ausgehend von der fragmentierten Öffentlichkeit, wie sie derzeit dominiert, besteht die Überzeugung, dass die zunehmende Integration der neuen Medien und die Nutzung moderner Informations- und Kommunikationstechnologien einen neuen medialen Wandel provoziert, der seinerseits folgrichtig einen Wandel der Öffentlichkeit generiert. Am Ende wird die fragmentierte Öffentlichkeit des massenmedialen Mediensystems von einer neuen Öffentlichkeitsform abgelöst: der Netzöffentlichkeit.

Gesellschaftlicher Wandel, politische Eliten, Mediendemokratie, In: Karl Rohe (Hrsg.), a.a.O., S.79ff.

1137 Peter Glotz, Freiheitliche Demokratie in der golbalen Informationsgesellschaft. In: Heinz Nixdorf Museums Forum (Hrsg.), Paderborner Podium 2, Freiheitliche Demokratie in der globalen Informationsgesellschaft. Chancen – Perspektiven – Risiken, S.11.

1138 Dieter Ross, Es waren einmal die Massenmedien. Das Publikum zerstreut sich, die Öffentlichkeit zerfällt, in: Hermann Boventer (Hrsg.), Medien und Demokratie. Nähe und Distanz zur Politik, Konstanz 1993, S.157-171, hier S.159.

Die Entstehung der Netzöffentlichkeit ist zurückzuführen auf das Zusammenwachsen der verschiedenen Medien zu einem einheitlichen, digitalisierten Netz. Dieses Zusammenwachsen ist gleichbedeutend mit einer Vergrößerung des Informationsangebots und der Kommunikationsmöglichkeiten. Die bisherige, verteilte Kommunikation im Sinne einer Massenkommunikation wird durch die Individualkommunikation in Reinform ersetzt. Dies verstärkt die Individualisierungstendenzen, die sich ja schon durch die Vergrößerung des Medienangebotes gezeigt haben. Jeder Einzelne kann sich ohne Einschränkung durch Raum oder Zeit in den Kommunikationsprozess ein- und ausklinken. Nicht umsonst wird das Internet daher als "Tummelplatz von Privatinteressen"[1139] bezeichnet. Allerdings wird in dieser Bewertung nicht ausreichend berücksichtigt, dass mit der Möglichkeit, sich ein- und auszuklinken, zugleich in höchstem Maße Rückkopplungsmechanismen geboten werden, die diskursive Prozesse ermöglichen. Gerade die neuen Internet-Dienste weisen einen hohen Interaktivitätsgrad auf. Das Internet ist mit seinen Diensten das einzige Medium, dass zeitgleich sowohl die *person-to-person,* als auch die *one-to-many*-Kommunikation ermöglicht.[1140] Damit löst sich in diesem Medium die bis dato übliche Differenzierung zwischen Kommunikator und Rezipient – wie sie exemplarisch etwa Maletzke noch getroffen hat – auf.[1141] Die Passivität, wie sie die herkömmlichen traditionellen Massenmedien gefördert haben, wird überwunden. Rezipienten der neuen Medien nehmen nicht mehr nur auf, sondern sind zeitgleich gefordert aktiv zu senden. Der passive Zuschauer, der *Couch Potatoe* der fernsehdominierten Mediendemokratie, mutiert auf diese Weise zum interaktiven Kommunikationsbeteiligten.

> "Ein Übermaß rezeptiven Kommunikationsverhaltens führt zu Verlusten an Kommunikationsfähigkeit: der Mensch verstummt in Gesellschaft. Die neuen Techniken ermöglichen neue Strukturen und Aktivierungschancen, die den Menschen aus der Berieselung lösen und ihm Möglichkeiten aktiver Gestaltung oder zumindest des betroffenen Reagierens anbieten, welches sich zumindest stimulierend auf sein Alltagsverhalten und seine Alltagskommunikation auswirken kann."[1142]

1139 Claus Leggewie, Demokratie auf der Datenautobahn oder : Wie weit geht die Zivilisierung des Cyberspace? In: Claus Leggewie / Christa Maar, (Hrsg.), Internet & Politik. Von der Zuschauer zur Beteiligungsdemokratie, o.O., o.J. Bei diesem Buch handelt es sich um die Ergebnisse des dritten internationalen Kongresses der Burda Akademie zum Dritten Jahrtausend Internet&Politk, der im Februar 1997 in München stattgefunden hat. Informationen und Material eine zur Tagung http://www.akademie3000.de/overview/conf/politics/index.html Auf der Basis der Münchener Erklärung hat sich inzwischen der Verein Münchener Initiative Internet und Politik gegründet, die darin versammelten Wissenschaftler setzen sich für die demokratische Entwicklung der Wissensgesellschaft ein und stellen in den Mittelpunkt ihres Engagements die informationelle Grundversorgung und Selbstbestimmung der künftigen Wissensgesellschaft.

1140 Friedrich Krotz, Elektronisch mediatisiere Kommunikation. Überlegung zur Konzeption einiger zukünftiger Forschungsfelder der Kommunikationswissenschaft. In: Rundfunk und Fernsehen 43, 1995 S.445-462; Lutz Goertz, Wie interaktiv sind Medien? Auf dem Weg zu einer Definition von Interaktivität. In: Rundfunk und Fernsehen 43, (1995), S.477-493. Dazu auch Jörg Tauss, Politik und neue Medien. In: Bernd Holznagel, Andreas Grünwald, Anika Hanssmann, Elektronische Demokratie. Bürgerbeteiligung per Internet zwischen Wissenschaft und Praxis. München 2001, S.115-123.

1141 Joachim R. Höflich, Vom dispersen Publikum zu "elektronischen Gemeinschaften". Plädoyer für einen erweiterten kommunikationswissenschaftlichen Blickwinkel. In: Rundfunk und Fernsehen 43, S.518-537.

1142 Heinrich Oberreuter, Übermacht der Medien. a.a.O., S.101.

Dies bildet die Tiefenstruktur des Internets[1143] aus und ist die Essenz des Neuen an den *neuen Medien*. Die Parallelen zum Modell der diskursiven Öffentlichkeit, wie es von Habermas dargestellt worden ist, sind auffällig und demokratietheoretisch als Idealfall zu werten, denn Nachrichten und Informationen können zu jedem Zeitpunkt weitergeleitet und zugleich diskutiert werden. Aufgrund der neuen technischen Möglichkeiten entsteht eine interaktiv dominierte Netzöffentlichkeit. Die informationelle Selbstbestimmung bildet dabei den Kern dieser Modulation des Öffentlichkeitsbegriffs.

Diese Entwicklung ist derzeit mit einer Einschränkung konfrontiert. Diese Einschränkung liegt im Nutzer selbst. Interaktive Möglichkeiten erfordern den aktiven Nutzer, es sei daher an dieser Stelle ausdrücklich hervorgehoben, dass die neuen Medien und die damit entstehende Netzöffentlichkeit die alten, traditionellen Medien ergänzen, aber keineswegs verdrängen werden.[1144] Die spezifische Qualität, die jedes einzelne Medium aufweist, macht auch jedes für sich unersetzlich. Die Mediengeschichte kennt kein Beispiel dafür, dass ein neues Medium, ältere Medien verdrängt hätte. Die Nutzerpräferenz, die durch die Lebensgewohnheiten der Menschen mitbestimmt wird, legt die Gewichtung in den Lebensabläufen fest. Um die Bindung auch innovativer Nutzer der Netzöffentlichkeit an traditionellen Medien aufrechtzuerhalten, tritt vielmehr das Phänomen ein, dass die traditionellen Medien mit entsprechenden Anpassungsprozessen reagieren. Diese Anpassungsprozesse werden darin sichtbar, dass die Printpresse, aber auch unterschiedliche TV-Sendungen, mit eigenen online-Angeboten im Netz vertreten sind.[1145] Zudem hat sich das Internet zu einem wesentlichen Rechercheinstrument für Journalisten der traditionellen Medien entwickelt. Weitaus spannender als die Frage der Ablösung ist daher die Frage der gegenseitigen Beeinflussung und – im Hinblick auf die politische Kommunikation – das wechselseitige thematische Agenda-Setting.[1146] Da letztendlich der Nutzer das entscheidende Element ist, sind Massenkommunikation und Netzkommunikation nicht strikt abtrennbar," sondern beide Bestandteil eines komplexen Systems (sind), das sich aus einer ›Vielzahl kleiner und großer Foren, die nur teilweise miteinander vernetzt sind‹ zusammensetzt. Sie bilden mit anderen Kommunikationen den Flickenteppich, den man als Öffentlichkeit bezeichnen kann. Ein solch fluides und heterogenes kommunikatives System ist aber nur schwerlich mit rigiden theoretischen Schemata einzufangen."[1147]

Traditionellen Kategorien wie Massenkommunikation, Publikum, Diskurs- und Spiegelmodell werden durch das zunehmende Ineinandergreifen von traditionellen und neuen Medien in Frage gestellt, was eine theoretische Betrachtung des Mediensystems nachhaltig erschwert und im Grunde eine völlig neue Medientheorie erfordert.[1148]

1143 Im Standardwerk von Jeffrey Abramson, Christopher Arterton und Garry B.Orren zum Thema elektronische Demokratie werden die für die Tiefenstruktur prägenden Eigenschaften komprimiert dargestellt. Jeffrey Abramson / Christopher Arterton / Garry Orren, a.a.O., S.34-60.

1144 Diese belegte Tatsache wird in der Publizistikwissenschaften als *Rieplsches Gesetz* bezeichnet. Vgl. dazu auch Winfrid Lerg, Verdrängen oder ergänzen Medien einander? Innovation und Wandel in Kommunikationssystemen. In: Publizistik 26 (1981), S.193-201.

1145 Christoph Neuberger / Jan Tonnemacher / Matthias Biel / Andre Duch, Die deutsche Tageszeitung im World Wide Web. In: Media Perspektiven (1997), S.652-662.

1146 Als Beispiel ist die Lewinsky Affäre um den US amerikanischen Präsidenten Clinton anzuführen. Der sogenannte Starr-Report ist zuerst im Internet erschienen. Vgl. dazu Ludwig Siegele, Präsident im Netz. Das Internet wußte es zuerst. In: Die Zeit vom 29. Januar 1998.

1147 Ulrich Weiß, Das Politische am Internet. Eine politikphilosophische Reflexion. In: Wienand Gellner / Fritz von Korff (Hrsg.), a.a.O., S.53.

1148 Ebd.

Diese neue Medientheorie muss dabei berücksichtigen, dass die bestehende Netzöffentlichkeit nicht nur interaktiven Individualisierungsprozessen unterliegt, sondern zugleich auch einem Globalisierungsprozess.[1149] Die Globalisierungsprozesse resultieren aus der weltweiten Netzstruktur. Das Internet hat grundsätzlich eine transnationale bzw. globale Ausrichtung. Medien anderer Nationen und Kulturkreise sind jeder Zeit und ohne größeren Aufwand zu empfangen. Zugleich wird die kommunikative Vernetzung über nationalstaatliche Grenzen hinweg ermöglicht. Stefan Marschall spricht zu Recht von der Entstehung der "transnationalen Kommunikationsräume"[1150] und weist damit darauf hin, dass sich kommunikative Räume entwickeln, die nicht länger mit den verfassungsstaatlichen Gebieten und territorialen Grenzen übereinstimmen. Dieser Aspekt erweist sich in Zusammenhang mit dem politischen Öffentlichkeitsbegriff als außergewöhnlich, denn bisher war die demokratische Legitimation, die auf dem demokratietheoretischen Öffentlichkeitsbegriff beruht, stets gebunden an einen institutionalisierten Politikprozess, der seinerseits wiederum an ein definiertes (Staats-) Gebiet gekoppelt war. Die nun gegebene Entgrenzung politischer Kommunikation kann dann als problematisch gewertet werden, wenn sich die Kommunikationsprozesse von den Entscheidungsprozessen abkoppeln, denn Entscheidungshandeln bedarf immer der Willensvermittlung durch die Öffentlichkeit. Trennt sich Öffentlichkeitsraum und Entscheidungsraum, wird die Erfüllung demokratierelevanter, institutioneller Leistungen, die der allgemeinen Kommunikation bedürfen, in Frage gestellt. Dass eine solche Situation eintritt, erscheint zum jetzigen Zeitpunkt eher unwahrscheinlich, ist theoretisch jedoch denkbar.
Bislang wird eine solche Entwicklung durch eine weitere Eigenschaft des Netzes unterbunden. Es hat sich erwiesen, dass das Netz durch die kommunikativen Möglichkeiten die es eröffnet, insbesondere dann von Bedeutung ist, wenn es darum geht, Interessen zu bündeln und Interaktionspotenziale auszubauen.
Sichtbare Zeichen der Interaktionspotenziale und der daraus resultierenden Interessenbündelung sind die auch in Deutschland bestehenden überregionalen Bürgerinitiativen oder Lobbygruppen, die sich im Netz präsentieren.[1151] Daneben gibt es auch die sogenannten *Voter Information Services.*[1152] Dort stellen Lobbyverbände das Abstimmungsverhalten, Redebeiträge und Anträge einzelner Abgeordneter dar und stellen es den eigenen Forderungen gegenüber.[1153]
Die Intensivierung politischer Kommunikation zeigt sich auch durch die verstärkten email-Feedbacks an Mandatsträger oder aber die direkte Kommunikation mit dem

---

[1149] Vgl. dazu Jörg Becker, Globale Trends. Entwicklungen im internationalen Informations- und Kommunikationssektor. In: Miriam Meckel / Markus Kriener (Hrsg.), Internationale Kommunikation. Eine Einführung, Opladen 1996, S.49-66; Hans J. Kleinsteuber / Barbara Thomaß, Politikvermittlung im Zeitalter von Globalisierung und medientechnischer Revolution. In: Ulrich Sarcinelli (Hrsg.), Politikvermitltung und Demokratie in der Mediengesellschaft, a.a.O., S.209-229.

[1150] Stefan Marschall, Öffentlichkeit und Volksvertretung, a.a.O., S.66. So auch Heinz Kleger, Direkte und transnationale Demokratie. Die neuen Medien verändern die repräsentative Demokratie. In: Claus Leggewie / Christa Maar, a.a.O., S.85-96.

[1151] Die Suchmaschine Yahoo! (http://www.yahoo.de) erfasst dabei nur einen Teil der Angebote, dort sind über 800 verschiedene Special Interest Gruppen vertreten, zumeist schon nach Themen gegliedert.

[1152] Für USA: http://world.std.com/~voteinf/.

[1153] Besonders ausgeprägt ist dies bei den Elektronischen Aktivisten des WWW. Vgl. http://www.berkshire.net/~ifas/activist/.

Politiker über den *Chat.*[1154] Besonders hervorzuheben sind die Newsrooms oder Foren. Hier wird die Besonderheit elektronischer Netzöffentlichkeit besonders anschaulich, nämlich die Möglichkeit der interaktiven Diskussion zwischen mehreren Personen.[1155] Im Internet existieren thematisch orientierte Foren zu nahezu allen Inhalten, darunter auch zahlreiche politische Diskussionsforen. Die meisten sind unmoderiert, das Niveau variiert intellektuell wie politisch, da die anonymen, wenig reglemetierten Zugangsmöglichkeiten insbesondere solche Gruppen animieren, die über die traditionellen Medien nicht veröffentlicht werden.[1156] Dabei werden in offenen Foren zum einen eigene Positionen dargestellt, zugleich aber auch eine interne Kommunikation über geschlossene Mailinglisten und verschlüsselte Botschaften verfolgt. Die freie Meinungsäußerung wird in den Netzen dabei, unabhängig von Regeln der politischen Korrektheit oder der Verfassungsmäßigkeit, ausgesprochen hoch bewertet.
Des weiteren sind sogenannte *Town Hall Meetings*[1157]anzuführen, an den sich auch auswärtige und physisch nicht anwesende Personen beteiligen können.
Diese verstärkten Kommunikations- und Interaktionsmöglichkeiten, die zugleich Mobilisierungsmöglichkeiten sind, führen bei den aktiven Nutzern in letzter Konsequenz zu einer Intensivierung der politischen Kommunikation. Dabei kann grundsätzlich jede Person teilnehmen und selbst die kommunikativen Strukturen entscheidend mitgestalten und mitbestimmen.

> "... Das Radio-Zeitalter verlangte rednerische Fähigkeiten, um politisch effektiv zu sein; das schließt die meisten von uns aus. Im Fernseh-Zeitalter sind wahrscheinlich ein schönes Gesicht und ein schlanker Körper die wichtigsten politischen Requisiten; das schließt die meisten von uns aus. Im Gegensatz dazu basiert dieses (Netz) Bürger-Aktionssystem auf Inhalten; (...) Unsere Computer sind unsere großen Gleichmacher."[1158]

Interessanterweise konzentriert sich die Mobilisierung nicht auf einen regional begrenzten Raum, sondern ist abhängig von der Thematik. Ein regional oder national begrenztes Thema wird regional und national angenommen, ein international ausgerichtetes Thema hingegen erreicht seine Interessenten weltweit und mobilisiert damit auch weltweit.[1159]
Grundsätzlich wird auf diese Weise die Gelegenheit gegeben, das von den intermediären Instanzen der elektronischen Republik dominierte Agenda Setting

---

[1154] Vgl. Dazu auch Thomas Zittel, Elektronische Demokratie – Ein Demokratietypus der Zukunft?. In: Zeitschrift für Parlamentsfragen 2000, S.903ff.

[1155] Dazu auch Stephen Doheny-Farina, a.a.O., S.14.

[1156] Mark Bonchek, Grassroots in Cyberspace. Using Computer Networks to Facilitate Political Participation, April 1995. http//:www.ai.mit.edu/projects/ppp/pubs/95-2-2.html.

[1157] Senator Patrick Leahy führt regelmäßig sogenannte Town Halls durch, dabei werden tagespolitische Themen mit Wählern im Weißen Haus diskutiert. Das Weiße Haus unterhält ein E-mail- und Publikationssystem, das bis zu 40000 Mal am Tag abgerufen wird. Vgl. dazu Kenneth L. Hacker, Missing links in the evolution of electronic democratization. In: Media Culture & Society 18 (2) 1996, S.213-232, hier S.223. Vgl. auch Kenneth L. Hacker / Michael A. Todino, Virtual Democracy at the Clinton White House: An Experiment in Electronic Democratisation, In: Javnost/the Public 3 (1), S.71-86.

[1158] Jim Warren, How Citizens can pursue practica, potent, grassroots political action – net based, computer aided, 1994. http://cpsr.org:80/cpsr/states/california/govaccess/GocAccess.027_net-based_comp.

[1159] Dies spiegelt sich in den Systemen politischer e-mails wider. Diese sind zahlreich zu Umwelt- oder Menschenrechtsthemen im Netz zu finden. In der Regel liegen dabei bereits fertig formulierte Briefe in unterschiedlichen Sprachen vor, die nur noch mit einer elektronischen Unterschrift versehen werden müssen.

zurück in die Hände der Bürger und Wähler zu legen und die Deliberation der öffentlichen Angelegenheiten auf lokaler, nationaler und globaler Ebene zu ermöglichen.[1160] Information und politische Kommunikation und damit die politische Öffentlichkeit ist nicht länger an mediale Träger gebunden, sondern läßt sich jeder Zeit über Computernetze abrufen. Am Ende steht der souveräne Mediennutzer, der aktiv ein speziell und individuell zugeschnittenes Informationsangebot abfragt und auf diese Weise die Netzöffentlichkeit aktiviert, etabliert und stabilisiert. Damit wirkt das Netz gemeinschaftsfördernd. Für diese gemeinschaftsfördernde Wirkung stehen im Netz die zahlreichen virtuellen Gemeinschaften, deren wesentliches Element die Kommunikation zu einem bestimmten Thema bildet. Virtuelle Gemeinschaften setzen sich immer wieder neu zusammen und verfolgen einen Austausch mit Gleich- und Andersgesinnten über alle Grenzen hinweg.

Die prägenden Elemente der Netzöffentlichkeit, Interaktivität, Internationalität und Mobilisierung durch Kommunikativität bilden ideale Ausgangspositionen, um die Tendenz der gesellschaftlichen Desintegration zu unterbinden.

Die neuen netzbasierten Medien weisen deutlich das Potenzial auf, um den gesellschaftlichen Desintegrationserscheinungen zu begegnen. Voraussetzung ist jedoch, dass sich die politischen Institutionen der repräsentativen Demokratie aktiv die neuen Medien zu Nutze machen. Dies muss über die Präsenz im Internet[1161] hinausgehen. Nur die Aktivierung der Interaktionspotentiale der neuen Medien, beispielsweise in Form kommunaler Bürgernetze, Online-Foren, Gesprächsgruppen oder virtuelle Ortsvereine bzw. virtuelle Landesverbände, kann zu einer Aufhebung mediatisierter Strukturen und zu einem aktivierten politischen Öffentlichkeitsraumes im Sinne aufklärerischer Vorstellungen führen.

1 Interaktionspotenzial der neuen Medien

Interaktion ist ein wesentlicher Bestandteil der Politikvermittlung. Durch das Internet steht den politischen Akteuren ein zusätzliches Kommunikationsmittel mit interaktivem Potenzial zur Verfügung. Dieses interaktive Potenzial findet sich in den Websites wieder und findet gerade in Wahlkampfzeiten seinen deutlichsten Ausdruck.

In Deutschland zeigte sich die Bedeutung der Websites bereits im Wahlkampfjahr 1998. Eine tatsächliche Erfolgsbewertungen wird derzeit noch recht unterschiedlich eingeschätzt.[1162]Der Stellenwert, den die Websites im Wahlkampf einnehmen, hängt im Wesentlichen von ihrer Einrichtung und Pflege ab und damit von der zur Verfügung stehenden personellen Ausstattung. In diesem Zusammenhang ist von besonderer Bedeutung der Zeitfaktor des Netzes. Es ist die schnelle Reaktionszeit der digitalen Medien, die dem gedruckten Material oder TV-Spots weit überlegen ist. Websites unterliegen der ständigen Veränderung.[1163] Zugleich ist dieser Vorteil aber auch die größter Herausforderung für die politischen Institutionen, insbesondere für

---

[1160] Beispiele zu finden bei Claus Leggewie, Demokratie auf der Datenautobahn oder: Wie weit geht die Zivilisierung des Cyberspace. In: Claus Leggewie / Christa Maar, a.a.O. o.J. Ebenso http//: www.Auburtn.edu/~tann.html Democracy and Internet Workgroup http://www.sas.upenn.edu/~eumansky/net.dem.html Democracy Net http://www.ned.org; Democracy Online Report ftp://ftp.uni-stuttgart.de/pub/org/multimedia-Enquete/related; Democracy Resource Center http://www.ned.org/page 4/resources.html; Electronic Fontier Foundation http://www.eff.org/blueribbon.html.

[1161] Vgl. dazu die empirische Analyse in der Zeitschrift pl@net9,1996 und SZ 27.8.96.

[1162] Claus Leggewie, Demokratie auf der Datebautobahn oder: Wie weit geht die Zivilisierung des Cyberspace. In: Claus Leggewie / Christa Maar, a.a.O., S.32.

[1163] Diese Eigenschaft verhindert empirische Erhebungen und zutreffende inhaltliche Beschreibungen.

die Parteien, die sich mit der Problematik konfrontiert sehen, aktuelle Informationen nicht zeitnah genug in das Netz stellen zu können, bzw. veraltete Informationen entsprechend herauszunehmen. Oft fehlen die personalen Ressourcen, um die Schnellebigkeit der politischen Information im Netz adäquat abbilden zu können.
Verändert man nun den Blickwinkel und richtet sein Interesse auf die Parteiorganisation selbst, zeigen sich durch die Anwendung der Informations- und Kommunikationstechnologien deutliche Vorteile für die Parteistrukturen und die eigentliche innerparteiliche Tätigkeit. Mittels Informations- und Kommunikationstechnologien werden Parteien in die Lage versetzt, eine rasche Informationsverteilung auch sensibler Informationen zu ermöglichen.[1164] Die Kandidaten vor Ort können so bestmöglich mit aktuellsten Informationen und Hilfsmitteln ausgestattet werden, wobei grundsätzlich Information nicht nur *top-down* sondern auch *bottom-up* weitergegeben werden kann. Es ist also davon auszugehen, dass durch die modernen Informations- und Kommunikationsmittel mit einer deutlichen Professionalisierung der Parteiarbeit und ihrer Extremform, der Wahlkampfführung, gerechnet werden kann. Dies gilt im besonderen für kleinere und damit ressourcenärmere Parteien. Das Ergebnis könnte eine Verdichtung der Kommunikation sein.
Was in den ökonomischen Strukturen bereits sichtbar geworden ist, überträgt sich zunehmend auf die politischen Strukturen: wer im Netz nicht präsent ist, ist im Grunde überhaupt nicht präsent. Mehr noch als Parteien bieten auch die staatlichen Verfassungsorgane, Regierungsstellen und die Legislative, Informationen über das Internet an. Auf diese Weise gelingt es den demokratischen Verfassungsorganen, wieder vermehrt in das Bewusstsein des Staatsbürgers zu dringen. Staatsbürger und Staatsorgane rücken näher zusammen.[1165]
Es bietet sich die Chance, den Bürger permanent auf allen Ebenen über Hintergründe zu informieren.[1166] Die Verwendung von E-mail steigert zudem die Kooperation der verschiedenen Behörden mit den gesetzgebenden Körperschaften, und diese wiederum können mit ihren Wählern in permanenter Verbindung bleiben.[1167] Druck- und Verteilungskosten werden eingespart.[1168] Dieser Online-Ansatz reduziert aber nicht nur Kosten für öffentliche Dokumente, es ist ein zusätzlicher Kontaktpunkt zum Bürger, der die Möglichkeit zur Responsivität steigert.
Auch die Exekutive nutzt das Netz, so dass Sitzungsprotokolle, der aktuelle Stand von Gesetzgebungsprojekten, Adressen und biographische Angaben von Regierungsmitgliedern und Abgeordneten, aber auch tagesaktuelle politische Informationen jeder Zeit elektronisch abgefragt werden können. Durch digitale Systeme wird aber auch die Regierungsarbeit selbst rationalisiert. So können beispielsweise eingereichte Gesetzesvorschlägen vewaltet, überprüft und sofort

---

[1164] SPD und CDUK@ndidat, FDP, Grüne verzichten bislang auf ein Intranet, um die basisdemokratische Transparenz zu wahren.

[1165] www.bundestag.de. Dazu die Analyse Simone Fühles-Ubach / Hans-Peter Neumann, Zwei Jahre Deutscher Bundestag im Internet – Konzeption, Erfahrungen, Resonanz und Perspektiven. In: Nachrichten für Dokumentation (NfD). Information – Wissenschaft und Praxis 3 (1998). Hier werden die Rubriken einzeln beschrieben. Dazu auch Dietmar Schiller, Parlament online: Zum Stukturwandel parlamentarischer Öffentlichkeit im Internet-Zeitalter. In: Wienand Gellner / Fritz von Korff (Hrsg.), a.a.O., S.127-142.

[1166] Rudolf Gallist sieht darin eine wirkungsvolle Maßnahme gegen die Politikverdrossenheit. In: Rudolf Gallist, Szenarien und Visionen einer Informationsgesellschaft. In: Jörg Tausset al (Hrsg.),a.a.O., S.891.

[1167] Bsp. ist das australisches Parlament. Vgl. zu Veränderungen im Verwaltungsgefüge, verbunden mit der Forderung nach digitalen Informationsflüssen auch Bill Gates, Digitales Business. Wettbwerb im Informationszeitalter, München 1999, S.379.

[1168] Bill Gates, Digitales Business, a.a.O., S.380.

deren Druck eingeleitet werden. Probleme innerhalb des Gesetzgebungsprozesses, beispielsweise durch die Kollision eines Gesetzentwurfes mit einem weiteren Gesetzesvorhaben oder der Verfassung sind so leichter erkennbar und können zugleich protokolliert werden.[1169]
Auch kann über die Entwicklung eines Gesetzesvorhaben und über den Stand der Ausschusssitzung im Gesetzgebungsverfahren zu jedem Zeitpunkt auf Anfrage informiert werden. Regierungen ihre Wissens- und Verwaltungssysteme für die Öffentlichkeit zugänglich machen.[1170] Dies erhöht die Transparenz der Staatsorgane. Der Staatsbürger kann staatliche Verwaltungsstellen schnell ausfindig machen und Kontakt aufnehmen. Durch diese Möglichkeiten ist eine qualitative Veränderung im Staatsgefüge offensichtlich: Informations- und Kommunikationstechnologien bewirken, dass Staat und Bürger enger zusammenrücken.
Einschränkend muss jedoch zugestanden werden, dass diese Informationsangebote von Seiten der staatlichen Institutionen hauptsächlich von jenen benutzt werden, die ohnehin ein ausgeprägtes Interesse für parlamentarische Politik haben.[1171] Bei der breiten Bevölkerung treffen die spezialisierten politischen Netzangebote oder die Netzangebote staatlicher Stellen und politischer Organisationen bis jetzt lediglich auf begrenztes Interesse treffen.[1172].Besonders auffällig ist, dass sich die Netzangebote politisch agierender Institutionen bewusst nicht nur an den Bürger wenden, sondern zugleich auch Informationen für die traditionellen Medien zur Verfügung stellen. Auf den entsprechenden Homepages können Materialien zur Weiterverarbeitung heruntergeladen werden.[1173] Damit nimmt das Internet augenblicklich auch die Stellung eines weiteren Instrumentes der Politikvermittlung ein.[1174] Zunehmend sind auch sogenannte *Hyperlinks* zu finden, die Querverweise zu weiterführender Hintergrundinformationen bieten. Ein Mangel ist, dass Möglichkeiten zur gezielten politischen Kontroverse vergleichsweise selten zu finden sind, obgleich das Internet aufgrund seiner diskursiven Struktur wie kein anderes Medium den staatlichen Institutionen diese Möglichkeit bieten würde. Dialogische Angebote, wie beispielsweise Online-Konferenzen oder themengebundene Dikussionsforen sind eher die Ausnahme. Selbst die zumeist vorhandene Möglichkeit der Kontaktaufnahme per e-mail verbessert dieses Defizit nicht, denn Thomas Zittel verweist darauf, dass die e-mail-Bearbeitung bei Abgeordneten des US-amerikanischen Repräsentantenhauses ebenso erfolgt wie die konventionelle Briefpost. Nur in Ausnahmen erreichen die Mitteilungen den Repräsentanten

---

1169 Ebd., S.385.

1170 Beispiel ist das vom deutschen Bundesministerium für Finanzen entwickelt Dokumentenverwaltungs- und elektronische Archivierungssystem für öffentliche Unterlagen. Das Projekt wird eine automatische Dokumentenführung und -abspeicherung beinhalten. Dokumente werden klassifiziert und auf internen und öffentlichen Internetseiten veröffenlicht.
Als vorbildlich in diesem Bereich gilt das THOMAS-Informationssystem des amerikanischen Kongresses. Dort werden alle Gesetzesvorlagen, Ausschussberichte nach dem Erscheinen zugänglich gemacht. Zusätzlich gibt es eine Vielzahl weiterer Inforamtionssysteme, wie das California Voter Foundation, Minnesaota E-Democracy, Vote Smart etc., um nur die bekanntesten aufzuzählen.

1171 Simone Fühles-Ubach / Hans-Peter Neumann, Zwei Jahre Deutscher Bundestag im Internet – Konzeption, Erfahrungen, Resonanz und Perspektive. In: Nachrichten für Dokumentation (NfD) Information Wissenschaft und Praxis 3 (1998).

1172 Zahlen aus Rainer Rilling, Marktvermittelt oder selbstorganisiert? Zu den Strukturen von Ungleichheit im Netz. In: Douglas Schuler, Neue Bürgernetzwerke. Aufruf zu einer neuen Gemeinschaft. In: Christa Maar / Claus Leggewie (Hrsg.), Internet & Politk, a.a.O., S.367ff.

1173 Claus Leggewie / Christa Maar, Internet & Politik, a.a.O. S.283. Eine umfassende empirische Studie zu diesem Thema fehlt leider.

1174 Volker Leib, Wissenschaftsnetz und Bürgernetz. Vom selbstgesteuerten Internet zur elektronischen Demokratie. In: Wienand Gellner / Fritz von Korff (Hrsg.), a.a.O., S.81-94, v.a. S.90

selbst.[1175] Vergleichbares ist für den deutschen Bundestag festzustellen. Daran verdeutlicht sich, dass die staatlichen Organe und Institutionen bei der Nutzung digitaler Technologien noch deutlich hinter der Wirtschaftswelt liegen. Verwaltungsbehörden etwa arbeiten nach wie vor nur begrenzt online. Allerdings muss zugestanden werden, dass die Entwicklung fortschreitet und das Tempo, mit dem sich politische Angbote auf deutschsprachigenen Seiten im Internet verbreiten, ständig zunimmt. Zu Beginn des Jahres 1995 gab es praktisch noch keine politischen Informationen im deutschsprachigen WorldWideWeb, heute gibt es kaum mehr eine staatliche Organisation, die nicht vertreten ist, selbst kleine Ortsverbände von Regierungs- und Nicht-Regierungsorganisationen sind zu finden. Allerdings dominiert Textinformationen, Adressen und Daten der Spitzenvertreter und der Anschluss an recherchierbare Datenbanken noch nicht sehr verbreitet ist. Es überwiegen die Basisinformationen, deren Inhalt den üblichen Werbebroschüren gleicht. All dies verdeutlicht, dass die Möglichkeiten des Internets und der digitalen Übertragung derzeit von den Staatsinstitutionen nur subopitmal genutzt werden. Eine tatsächliche Anpassung der instituionellen Ebene an diese neuen Möglichkeiten hat offenbar noch nicht stattgefunden. Der Mehrzahl der Büros fehlt es an Kenntnis und Kapazitäten, um das Medium entsprechen seiner Potenziale einzusetzen. Dennoch ist nicht von der Hand zu weisen, dass ein massiver Bewusstseinswandel eingesetzt hat, der sich bereits in ersten interaktiven und diskursiven Angeboten widerspiegelt, in jedem Fall jedoch in der Gewichtung der Netzkommunikation zum Tragen kommt.
Dass es sich um eine sichtbare, aber sehr langsam von statten gehende Entwicklung handelt, ist letztendlich auf die Gewohnheitsstrukturen der Anwender zurückzuführen. Der User muss an die neuen Möglichkeiten herangeführt werden. Manfred Stegger betont in diesem Zusammenhang, dass die Kommunikation mit elektronischen Netzen zwar interaktive, persönliche Verbindungen zwischen einzelnen Netzteilnehmern ermöglicht, die sich zur Gruppenkommunikation "many to many" ausbauen läßt, dass aber derzeit die deutliche Tendenz einer nach wie vor passiven Aufnahme von Information beobachtbar ist, eine Analogie zu den traditionellen Massenmedien: "Der interaktive, selbst mitgestaltende, souverän die Technik beherrschende Nutzer war in den früheren Netzen der dominierende Typus. Mit einer schnell zunehmenden Popularisierung nimmt seine quantitative Bedeutung ab."[1176] Derzeit ist das "hyperaktive Publikum"[1177] einer Netzöffentlichkeit noch eine Illusion, es ist aber davon auszugehen, dass sich dies in dem Maße ändern wird, in dem die Nutzung neuer Medien mehr und mehr selbstverständlicher Bestandteil des Lebens wird.
Was sich zum gegenwärtigen Zeitpunkt bereits sehr deutlich abzeichnet ist, dass mit dem Eintritt in das Zeitalter neuer, interaktiver Medien wieder ein deutlicher Strukturwandel der Medienwelt und eine Veränderung in der Öffentlichkeitsstruktur einhergeht. Durch die digitalen Netze begünstigt, wird es in Zukunft keine Information mehr geben, die unbemerkt bleibt, nur weil sie durch das Raster der Auswahlmechanismen eines Massenmedium fällt und daher nicht transportiert wird. Jedermann kann zu jeder Zeit Informationen veröffentlichen. Die Demokratisierung

---

1175 Thomas Zittel, Über die Demokratie in der vernetzten Gesellschaft. Das Internet als Medium politischer Kommunikation. In: Aus Politik und Zeitgeschichte, B42 (1997), S.23-29. Vgl. dazu auch Thomas Zittel, Repräsentativverfassung und neue Kommunikationsmedien. In: Wienand Gellner / Fritz von Kroff (Hrsg.), a.a.O., S.111-125, bes.117-118. Dazu auch Fritz von Korff, Kommunale Bürgernetze im Internet. In: Wienand Gellner / Fritz von Korff (Hrsg.), a.a.O., S.116.

1176 Manfred Stegger, Partizipation und Demokratie im Cyberland – Politische Kommunikation im Zeitalter der elektronischen Netze. In: Jörg Tauss et al., a.a.O., S.786.

1177 Klaus Schönbach, Das hyperaktive Publikum. Essay über eine Illusion. In: Publizistik (1997) 42, S.279-286.

der Information wird Realität, es entsteht eine neue Dimension der Informationsfreiheit.

> "In der Verkürzung des traditionellen Two-Step-Model des Informationsflusses in ein One-Step-Model, also unter Umgehung der Vermittlungsstufe der opinion leader, liegt die eigentliche Sprengkraft der neuen Medien, auch wenn die Praxis allzuoft die manchmal utopischen Hoffnungen enttäuscht hat."[1178]

Diese beeindruckende Öffnung des nationalen und internationalen Informationsaustausches macht eine staatliche Kontrolle oder auch nur eine bewusste Steuerung praktisch unmöglich. Durch globale Informations- und Meinungsmärkte ist es theoretisch möglich, dass alle Individuen an einem "weltgesellschaftlichen Diskurs"[1179] teilnehmen, denn in Sekunden kann jeder mit jedem Meinungen und Informationen über nationale und geographische Grenzen hinweg austauschen. Es entsteht ein neuer politischer Kommunikationsraum, der politischen Interaktion und der politischen Reaktion sind keine Grenzen gesetzt.

> "... der Mensch der Gegenwart – und der der Zukunft ohnehin – wäre nach dieser Vorstellung gewissermaßen bei sich selbst, frei von gesellschaftlichen Zwängen, selbstbestimmt, in einem Zustand größtmöglicher individueller Wahlmöglichkeit. Jeder einzelne verfügt zumindest theoretisch über ideale Information und kann damit rationale Entscheidungen auf idealen Märkten treffen. Da ist er also, der mündige Bürger, das aus allen gesellschaftlichen Zwängen entlassene Individuum, das vermeintlich rational und selbstbestimmt Auswahlentscheidungen trifft."[1180]

Technische Hürden, die den Zugang zu bestimmten Informationsangeboten unterbinden, können zwar eingerichtet, aber ebenso schnell auch umgangen werden.

> "Die neuen Medien stellen damit eine weitere Waffe im Kampf gegen autoritäre und totalitäre Regime dar und ermöglichen so nicht nur die Errichtung einer europäisch-transnationalen, sondern sogar einer weltweiten Öffentlichkeit, die politisch von Bedeutung sein kann."[1181]

Winfried Scharlau betont in diesem Zusammenhang, dass totalitäre Herrschaftssysteme unter den Bedingungen moderner Informationstechnik nicht mehr entstehen oder bestehen können. Das Netz wird zum Instrument der Gegenöffentlichkeit.[1182] Diese dem Netz immanenten Möglichkeiten werden verstärkt

---

1178 Martin Hagen, Elektronische Demokratie. Computernetzwerke und politische Theorie in den USA, Hamburg 1997, S.36.

1179 Wienand Gellner, Individualisierung und Globalisierung. Die Privatisierung der Öffentlichkeit. In: Karl Rohe (Hrsg.), a.a.O., S.25. Wienand Gellner widerspricht dieser Auffassung und geht weitestgehend davon aus, dass es sich bei Globalisierung und Individualisierung lediglich um Pseudoprozesse handelt. Diese Auffassung allerdings resultiert aus einer Verengung Gellners in der grundsätzlichen Bewertung des Internets, welches er in erster Linie von privaten Gewinninteressen dominiert sieht.

1180 Ebd., S.29.

1181 Heinz Kleger, Direkte und transnationale Demokratie. Die neuen Medien verändern die repräsentative Demokratie.In: Claus Leggewie / Christa Maar, Internet & Politik, a.a.O. S.85-96, S.106.

1182 Winfrid Scharlau, Internetionale Politik – ein Kommentar in: Karl Rohe, a.a.O., S.109-114, hier S.109. Zugleich aber weist Scharlau daraufhin, dass durch das Internet eine mögliche Dominanz der westliche Wertvorstellungen zu erwarten ist, dabei vermutet er einen Zusammenprall der

durch die Tatsache, dass sich die "Internet-Gemeinschaft" durch ein ausgeprägtes Freiheitsbewusstsein auszeichnet.[1183]

Damit gewinnt insbesondere das Internet, das exemplarisch für die neue Medienstruktur steht, gewinnt für die Politikvermittlung zunehmend an Bedeutung, um Kosten zu senken und weite Bevölkerungsgruppen zu erreichen. Die meisten Parteien westlicher Demokratien sind im Netz zu finden und kommunizieren aktiv über das Netz. Die Parteien nutzen die Netzkommunikation zum einen für interne Kommunikationszwecke, zum anderen zur intensivierten Selbstdarstellung nach aussen. Auf diese Weise ist eine sich ausweitende Netzöffentlichkeit empirisch feststellbar.[1184]

> "Die neuen Medien bieten besonders über das Internet für Parlamente, Regierungen und Verwaltungen auf allen Ebenen neue Möglichkeiten, Bürger schnell und unmittelbar zu informieren und das eigene Handeln transparenter zu machen. Für die Bürger bieten sich neue Möglichkeiten der gezielten unmittelbaren Information (...) Der Bürger kann nicht nur Informationen einholen, sondern auch seine Meinung kundtun. Dies ist eine große Chance zur Belebung der politischen Diskussion und zur verstärkten Einbindung von Bürgern in die poilitische Willensbildung, die genutzt werden sollte (...)"[1185]

Während noch vor kurzer Zeit die vorherrschende Meinung über die Rolle des neuen digitalen und interaktiven Kommunikationsmediums in der wissenschaftlichen Betrachtung lautete, dass es sich mehr um eine "symbolische Modernisierung"[1186] der Parteien handele, als um ein tatsächlich zusätzliches Kommunikationsmittel, muss diese Position inzwischen sicherlich überdacht werden. Einschränkend muss jedoch zugleich gesagt werden, dass dabei die Möglichkeiten der Responsivität und Reziprozität bei der Mehrzahl der im Netz präsenten Institutionen und Parteien nur mangelhaft umgesetzt werden. Lediglich in Diskussionsforen und demoskopisch relevanten Themen bestehen Interaktionsmöglichkeiten. Die Personalpolitik bei Parteien dagegen, wie beispielsweise die Kandidatenaufstellung, bleibt nach wie vor intransparent. Die mangelnde Interaktion ist letztlich darauf zurückzuführen, dass in den einzelnen Parteien die Netzinformation über die Netzkommunikation gestellt wird. Aber auch hier zeigen sich Entwicklungen, die auf eine veränderte Sichtweise hindeuten. Aktive virtuelle Ortsvereine, wie etwa bei der SPD[1187] oder gar ein virtueller Landesverband, wie er bei der FDP zu finden ist, aktivieren die politische Meinungsäußerungen mittels des Netzes.[1188] Durch die Entstehung solcher

---

Zivilisationen. Diese Frage ist aus politikwissenschaftlicher Perspektive überaus interessant, denn es könnte auch das genaue Gegenteil, wie beispielsweise eine Annäherung der unterschiedlichen Nationen und Kulturen, also eine kulturintegrative Wirkung vermutet werden. Im Rahmen dieser Arbeit kann diese Frage jedoch nicht weiter untersucht werden.

1183 Als eindrucksvolles Beispiel dieser Denkrichtung ist aufzuführen: Electronic Frontier Foundation (http//:www.eff.org). Im Internet kann auch eine Übersicht über verbotene Schriften gefunden werden (http//www.cs.cmu.edu/People/spok/banned-books.html) eingestellt durch die Carnegie Mellon University.

1184 Herausragendes Beispiel sind die USA. Dazu auch Manfred Stegger, Partizipation und Demokratie im Cyberland. In: Jörg Tauss et al, a.a.O., S.787-793.

1185 Hermann Meyn, a.a.O., S.16. Schlußbericht der Enquete-Kommission des Deutschen Bundestages zum Thema „Deutschlands Weg in die Informatonsgesellschaft", Bonn 1998, S.85.

1186 Claus Leggewie, Demokratie auf der Datebautobahn oder: Wie weit geht die Zivilisierung des Cyberspace. In: Claus Leggewie / Christa Maar, Internet & Politik, a.a.O., S.31.

1187 Ebd.

1188 Von besonderem Interesse wäre es für die Wissenschaft, den gegenwärtigen Stand und Aktivitätsgrad bei den einzelnen Parteien zu erforschen und der Frage nachzugehen, inwieweit die

interaktiver Parteistrukturen, die sich neben den etablierten Strukturen ihren Platz suchen, verändert sich der Begriff der Parteibasis. Es findet eine Erweiterung statt, bis hinein in die politisch nicht gebundene Wählerschaft, die als Quelle externen Sachverstandes miteinbezogen wird. Die intensive Nutzung solcher Möglichkeiten durch den Endnutzer zeigt, dass das Netz den Parteien die Chance geben kann, ihre originäre Rolle im Prozess der Meinungs- und Willensbildung zurückzuerobern. Der im Auftreten mediengerechte, charismatische Politiker kann auf diese Weise durch einen Politikertyp ersetzt werden, dessen inhaltlich-thematische Diskussions- und Diskursfähigkeit überzeugt.

2 Partizipationspotenzial der neuen Medien

Partizipationspotenziale verdeutlichen sich insbesondere in Wahlkampfzeiten. Und gerade hier zeigt sich verstärkt, dass die neuen politischen Kommunikationsformen ihren festen Platz erringen werden. Dabei ist es keine neue Erkenntnis, dass die frühzeitige Nutzung neuartiger Kommunikationskanäle und technischer Hilfmittel Vorteile für die Wahlkampfführung birgt. Das Internet und damit verbunden das *Cybercampaigning* zeigt sich diesbezüglich als neues Mobilisierungsmittel. Anzuführen sind auch die neuen Formen politischer Partizipation in Wahlkämpfen in Form von virtuellen Wählergemeinschaften zur aktiven Unterstützung von Parteien.[1189] Solche virtuellen Gemeinschaften von Personen, die nicht Parteimitglied sein müssen, können jetzt stärker gebündelt und in die innerparteiliche Information einbezogen werden. Derzeit wird diese Möglichkeit von den Parteien nur ungenügend genutzt. Insgesamt geht Winfried Scharlau aber davon aus, dass sich die Methoden des Wahlkampfes nachhaltig dadurch verändern werden, dass neue Kommunikationsmittel zur Verfügung stehen.[1190]

Durch die enge Verbindung von Kommunikation und demokratischer Strukturen, wie sie zu Beginn dieses Kapitels beschrieben worden ist, bleibt die Entstehung einer diskursiven und interaktiven Netzöffentlichkeit für die demokratischen Strukturen sicherlich nicht folgenlos. Offen ist derzeit jedoch, ob dieser Strukturwandel eine Fortsetzung des Zerfalls bürgerlicher Öffentlichkeit und eine verstärkte Individualisierung mit sich bringen wird, oder aber – im Gegenteil – zu einer Revitalisierung der politischen Öffentlichkeit und damit zu einer Stärkung der demokratisch-politischen Öffentlichkeit der Demokratie führen wird.

Aus demokratietheoretischer Sicht ist grundsätzlich mit einer Revitalisierung zu rechnen. Denn zur Entwicklung von diskursiver Kommunikation und normativer Strukturen ist in erster Linie die Vernetzung der Teilöffentlichkeiten notwendig. Wie kein anderes mediales Instrument ermöglicht das Internet diese Vernetzung der Teilöffentlichkeiten und fördert die diskursive Kommunikation. Viel deutet bereits darauf hin, dass sich mit Hilfe der neuen Informations- und Kommunikationsmöglichkeiten lokale Kommunikation verdichtet[1191] und darüber hinaus auch globale

---

Nutzung neuer Medien sich in den Internet-Seiten widerspiegelt. Eine interessante empirische Frage, der aus forschungspragmatischen Gründen hier nicht nachgegangen werden kann.

1189 http//:kohl-muß-weg.org.

1190 Winfried Scharlau, Internetionale Politik – Ein Kommentar. In: Karl Rohe (Hrsg.), a.a.O, S.109-114, hier S.113.

1191 Sichtbares Zeichen dieser Entwicklung ist die Entstehung sogenannter Bürgernetze. Fritz von Korff definiert Bürgernetez als "Informations- und Kommunikationssysteme, die einen eindeutigen lokalen Bezug aufweisen, dabei jedoch keine inhaltliche Themeneinschränkung vorgeben oder Akteure ausschließen. Vgl. Fritz von Korff, Kommunale Bürgernetze im Internet. In: Wienand Gellner / Fritz von Kroff (Hrsg.), a.a.O., S.99. Dazu auch Morino Institute: Assessment and Evolution of Community Networking http//:arc-online.org/publications/assessment.html (1.5.1998)

Kommunikation hergestellt werden kann. Unbestritten ist jedoch auch, dass sich die Nutzung dieser Kommunikationsmöglichkeiten noch auf eine kleine Gruppe beschränkt und einer weiteren Förderung und verstärkten Etablierung bedarf.

> "Kurzum: In einigen ihrer Potentiale ist die Internet Kommunikation der massenmedialen Teilöffentlichkeiten überlegen. Potentiale aktivieren sich aber nicht von selbst. Eine offensive Förderung der allgemeinen Computer-Literacy sowie der Ausbau der Verbindungen zwischen Internet-Öffentlichkeit sowie massenmedialer und institutioneller Öffentlichkeit sind erforderlich."[1192]

Nur wenn diesen Anforderungen entsprochen wird, kann das zweifellos bestehende partizipative Potenzial der Netztechnologie weiter ausgeschöpft und die Festigung der Netzöffentlichkeit weiter vorangebracht werden. Das *Political Participation Project* bestätigt diese Vermutung mit einer ersten Untersuchung.[1193] Zugleich aber zeigt sich, dass eine Mobilisierung nur dann stattfinden kann, wenn entsprechende Möglichkeiten der aktiven Teilhabe eröffnet werden. Möglichkeiten einer solchen Teilhabe sind etwa elektronische Petitions- oder Unterschriftenaktionen oder aber die Verbindung, der *Link*, zu allgemeinen oder speziellen Diskussionsforen. Nur auf diese Weise können aktiv Allianzen mit Organisationskernen entstehen, die zumeist internationalen Charakter haben.[1194] Unabhängigkeit und Selbstbestimmung bringen mit sich, dass die Grenzen der Beteiligungen fließend und unstrukturiert sind. Claus Leggewie kommt folgerichtig zu dem Schluss:

> "Im Verhältnis zu alten wie neuen sozialen Bewegungen sind digitale Bürgerinitiativen kaum noch auf Face-to-face Kontakte und auf massenhafte Versammlung im öffentlichen Raum angewiesen, was ihre Struktur zugleich fluider und fragiler macht"[1195]

Die Veränderungen der Partizipations- und Vermittlungsprozesse bleiben nicht ohne Folgen für den eigentlichen politischen Entscheidungsprozess. Moderne Informations- und Kommunikationstechnologien verändern die politische Wahl auf zweierlei Weise: zum einen durch die Aktivierung und Vereinfachung des politischen Prozesses selbst, aber auch indem sie theoretisch ein neues Wahlinstrumentarium zur Verfügung stellen. Plakativ gesprochen ist es möglich, die Wahlurne durch den Wahl-Mausklick zu ersetzen, d.h. direkte, elektronisch vermittelte Wahlen vorzunehmen. Dies bildet den Ansatzpunkt für die Diskussion um die *elektronische Demokratie*. Sie löste den noch in den 70/80er Jahren dominierenden Begriff der „Teledemocracy“ in der wissenschaftlichen Diskussion ab. Das Internet wird als "elektronischer Hyde Park"[1196] gesehen, es wird von dem Beginn eines neuen

---

Anne Meamisch, Community on-line. Community-Based Computer networks 1995 http://sap.mit.edu./arch/4.207/anneb/thesis/toc.html 28.4.1998, Wagner / Kubicek 1996 S.202. Dazu auch Douglas Schuler, Neue Bürgernetzwerke. In: Claus Leggewie / Christa Maar, Politik&Internet., a.a.O., S.300-315.

1192 Ulrich Weiß, Das Politische am Internet. Eine politikphilosophische Reflexion. In: Wienand Gellner / Fritz von Korff (Hrsg.), a.a.O., S.54.

1193 http://www.ai.mit.edu/projects/ppp/home.html. Vgl. Manfred Stegger, Partizipation und Demokratie im Cyberland.In: Jörg Tauss et al., a.a.O., S.794.

1194 Beipiele hierfür sind: die Protestbewegung Belgrader Studenten 1996 oder die Streiks an deutschen Universitäten 1997.

1195 Claus Leggewie, Demokratie auf der Datenautobahn oder: Wie weit geht die Zivilisierung des Cyberspace. In: Claus Leggewie / Christa Maar, Internet & Politik, a.a.O., S.35.

1196 Manfred Stegger, Partizipation und Demokratie im Cyberland. Politische Kommunikation im Zeitalter der elektronischen Netze. In: Jörg Tauss et al, a.a.O. S.785-801, S.793.

athenischen Zeitalters gesprochen, von einer elektronischen Agora in einer elektronischen Republik. Diese Begrifflichkeiten implizieren unübersehbar eine qualitative Veränderung der Staatsorganisation. In welche Richtung diese qualitative Veränderung erfolgen kann, soll nachfolgend durch die Veränderungspotenziale der "Elektronischen Demokratie" vor Augen geführt werden.
Diese Einschätzung wird gestützt durch die Mobilisierungseffekte, die dem neuen Medium zu eigen sind und die vornehmlich auf die Interaktionspotenziale zurückzuführen sind.

d Qualitative Veränderung der politischen Repräsentation: „E-Democracy"?

Wie bereits dargestellt, verfügt das Internet unzweifelhaft über demokratieförderliche Potenziale: "Despite inherent limitations of statistical analyses, every analytic perspective of this study coherently and repeatedly emphasizes that interconnectivity is a powerful predictor of democracy, more so than any of democracy's correlates."[1197] Die Elektronische Demokratie gilt dabei als natürliche und wünschenswerte Konsequenz einer durch die neuen Informations- und Kommunikationstechnologien bewirkten partizipativen Mobilisierung. Wird von *Elektronischer Demokratie* gesprochen, handelt es sich nicht allein um die Beschreibung eines gegenwärtigen oder zukünftigen politischen Systems, das in seiner Struktur von Computernetzwerken bestimmt wird. Vielmehr wird mit dem Begriff eine neue normative Variante der Demokratietheorie bezeichnet.[1198] Denn bei näherer Betrachtung der *Elektronischen Demokratie* verdeutlicht sich nichts anderes als eine Transformation der demokratischen Verhältnisse. Im Mittelpunkt dieser Transformation steht der Wunsch, institutionelle Hindernisse für politische Beteiligung zu beseitigen und die Etablierung einer politischen Öffentlichkeit voranzutreiben. Direktdemokratische Verfahrensweisen spielen dabei eine nicht unerhebliche Rolle. Offen ist jedoch, wann und auf welche Weise das bestehende Regierungssystem den strukturellen Veränderungen angepasst werden kann und soll, denn die eigentliche Realisierung birgt unzählige Variationsmöglichkeiten und ist damit Spiegel der dynamischen Pluralität der Informationsgesellschaft selbst.

> "Konzepte elektronischer Demokratie sehen sich nicht nur als praktisch umsetzbare Antworten auf die sich verändernden politischen und sozialen Bedingungen der demokratischen Regierungsform in modernen und hochdifferenzierten Informationsgesellschaften. Sie verstehen sich auch als theoretische Weiterentwicklungen, wie sie dem mechanistischen-kausalen Denken des Newton-Cartesianischen Weltbildes ein postmodernes, an Ambiguitäten und Differenzen orientiertes Politkverständnis entgegensetzen wollen"[1199]

[1197] Robert H. Anderson / Tora K. Bikson / Sally Ann Law / Bridger M. Mitchell, Universal Access to e-mail: Feasibility and Societal Implication, Santa Monica, CA: RAND-Corporation MR-650-MF 1995 unter http://www.rand.org./publications. Kapitel 6: Conclusions and Recommendations, keine Seitenangaben vorhanden.

[1198] Zu einer vergleichbaren Einschätzung kommt auch Martin Hagen in seiner umfassenden Darstellung der elektronischen Demokratie in den USA. Vgl. Martin Hagen, Elektronische Demokratie. Computernetzwerke und politische Theorie in den USA, Hamburg 1997, S.47.

[1199] Ebd. S.101-102. Dazu auch Hans J. Kleinsteuber / Martin Hagen, Was bedeutet elektronische Demokratie? Zur Diskussion und Praxis in den USA und Deutschland. In: Zeitschrift für Parlamentsfragen 1 (1998), S.128-143. Hubertus Buchstein, Virtuelle Demokratie. Zum Verhältnis

Entgegen dieser Erkenntnis konzentriert sich die wissenschaftlicher Diskussion um die elektronische Demokratie fälschlicherweise auf die bekannten Demokratieformen der direkten und der repräsentativen Demokratie.[1200] Die gängigste Vorstellung von *elektronischer Demokratie* lautet entsprechend: "Mündige Bürger stimmen kurzfristig in den Computernetzen über ihre Angelegenheiten ab. Alles schnell und kostengünstig, damit eigentlich fast täglich wiederholbar."[1201] Exemplarisch für eine solche Verengung sind die Ausführungen Alvin Tofflers. Das Regierungssystem der Zukunft ist für Toffler eine "semi direct democracy"[1202]

Aus politikwissenschaftlicher Perspektive kann es aber nicht um die einfache Ablösung der repräsentativen Demokratie durch die direkte Demokratie gehen. Die eigentliche Frage muss vielmehr lauten: Wie ist der Demokratiegehalt der Informationstechnologie zu bewerten?[1203] Welche Auswirkungen haben die neuen Informations- und Kommunikationsmedien auf das Repräsentationsprinzip, das sich einer Individualisierung und Globalisierung des konstitutiven öffentlichen Raums gegenübersieht. Bedeutet dies die Verdrängung der *res publica* selbst?[1204] Diese Frage ist insofern zu bejahen, als das politische System sich mit der Herausforderung konfrontiert sieht, d em W unsch d er d emokratischen B evölkerung nach mehr politischer Teilhabe entgegenzukommen. Der Einfluss des demokratischen Souveräns gegenüber Exekutive und Legislative ist zu stärken, jedoch ohne die staatlichen Organe selbst zu schwächen.[1205] Infolgedessen setzt sich Martin Hagen[1206] von den vereinfachenden Darstellungen der elektronischen Demokratie ab, indem er einen umfassenden patizipationstheoretischen Analyserahmen erarbeitet. Dieser Analyserahmen, der dazu beitragen soll, die elektronische Demokratie darzustellen, stellt richtigerweise die strukturellen Rahmenbedingungen politischer Beteiligung in den Mittelpunkt und kommt auf diese Weise zu einer korrekten Beschreibung. Martin Hagen zufolge, steht nicht mehr nur der eigentliche Wahlakt i m M ittelpunkt, s ondern e benso d ie d emokratietheoretisch relevanten Bereiche der Informationsbeschaffung, der politischen Diskussion, sowie der konkreten politischen Aktivitäten. Damit verdeutlicht er, dass der Begriff der

---

von Internet und Demokratie, In: Frankfurter Hefte 2 (1996) 43, S.165-170. Claus Leggewie, Netizens oder: Der gut informierte Bürger. In: Transit 13 (1997); Thomas Zittel, Über die Demokratie in der vernetzten Gesellschaft. Das Internet als Medium der politischen Kommunikation. In Politik und Zeitgeschichte B42(1997), S.23-29.

1200 Bei diesem Konflikt handelt es sich um einen typisch US-amerikanischen Konflikt, dem auch wenn das föderale System der USA unrsprünglich eine Repräsentativverfassung in Reinform war, konnten auf der Ebene der Einzelstaaten vermehrt direktdemokratische Elemente installiert werden. Dass dieser Konflikt im Mittelpunkt der Diskussion um elektronische Demokratie steht, demonstriert, dass die Konzepte elektronischer Dmokratie amerikanischen Ursprungs sind. Deutlich feststellbar ist, dass die Entstehung der Konzepte elektronischer Demokratie eng mit der Periode direktdemokratischer Reforminitiativen zusammenfällt.

1201 Manfred Stegger, Partizipation und Demokratie im Cyberland. In: Jörg Tauss et al, a.a.O., S.793.

1202 Alvin Toffler, a.a.O., S.427-434.

1203 Hans. J. Kleinsteuber, Das Internet in der Demokratie. Euphorie und Ernüchterung. In: Bernd Holznagel / Andreas Grünwald / Anika Hanssmann, Elektronisch Demokratie. Bürgerbeteiligung per Internet zwischen Wissenschaft und Praxis, München 2001, S.9ff.

1204 Richard Sennett, Verfall und Ende des öffentlichen Lebens. Die Tyrannei der Intimität, Frankfurt 1986. In der politischen Theorie wurde diese Problematik bereits von Alexis de Tocqueville angesprochen, indem er die Folgen des Individualismus für die Demokratie durchleuchtet. Alexis de Tocqueville, Über die Demokratie in Amerika, 2. Auflage, München 1984, S.585. Vgl. auch der in Misskredit geratene Peter Sloterdijk. In: Focus 1/1996, S.66, der die ich-bezogene Einstellung der „Just-Do-It-Generation" anprangert.

1205 In den USA nimmt diese Frage einen überaus großen Raum ein, sowohl im Wissenschaftsbetrieb im Rahmen der Beschäftigung mit Demokratietheorien, als auch in der Öffentlichkeit selbst, wie die Mitte der 90er Jahre erschienen Sonderhefte von Newsweek 1995 und Time 1995 zeigen.

1206 Martin Hagen, Elektronische Demokratie, a.a.O. S.20ff.

Elektronischen Demokratie weitaus mehr bezeichnet als die bloße Wahl per Mausklick, nämlich die politische Aktivität und Teilhabe des mündigen Bürgers mittels moderner Informations- und Kommunikationstechnologien.

1 Der Begriff der elektronischen Demokratie[1207]

In der Diskussion um die unterschiedlichen Ausprägungen elektronischer Demokratie geht es in erster Linie um die unterschiedlichsten Formen politischer Beteiligung selbst.[1208] Erst am Ende dieses strukturellen Wandels, konsequent und umfassend, steht was von Dietmar Schiller beschrieben wird:

> "Aus Zeit-, Kosten- und nicht zuletzt demokratiepraktischen Gründen könnte sich diese Mode parlamentarischer ›arguing- and bargaining‹-Prozesse sukzessive in das Cyberspace verlagern, mit der Konsequenz, daß der physische Ort des Parlaments in nicht allzuferner Zukunft einem virtuellen gewichen sein könnte. Denn bereits heute wäre nahezu jede Tägigkeit der Volksvertreter auch per Mausklick möglich, ob nun Plenar-, Ausschuß- oder Fraktionssitzungen, Hearings, Enquete-Kommissionen oder Abstimmungen. Die Interaktivität des Internet würde nicht nur eine prinzipiell universale Versammlungsöffentlichkeit gewährleisten, auch könnte ein virtuelles Plenum die bislang nur unzureichend eingelösten normativen Attribute parlamentarischer Öffentlichkeit wie Gleichheit, Diskursivität und Reziprozität eher erfüllen als die bisherigen Formen und Praktiken. Wenngleich die Anzeichen für dieses Szenario kaum zu orten sind, so verbirgt sich hinter dieser Vision zumindest eine Chance, den modernen Parlamentarismus an die technischen Möglichkeiten des beginnenden 21. Jahrhunderts anzunähern."[1209]

Jedoch stehen vor der hier beschriebenen Realisierung in letzter Konsequenz eine Vielzahl unterschiedlicher Ausprägungen. Die Diskussion um *elektronische Demokratie*, die von den USA ausging, ist demnach auch durch eine starke Heterogenität geprägt. In Bezug auf den Öffentlichkeitsbegriff werden Computernetzwerke korrelativ zu den Massenmedien verstanden. Unabhängig von dieser Übereinstimmung aber variieren die Vorstellungen über elektronische Demokratie stark.[1210] Ältere Konzepte *Elektronischer Demokratie,* wie das *Teledemocracy*[1211] Konzept, sind in erster Linie von dem – auf die partizipative Demokratietheorie zurückgehenden – direktdemokratischen Impetus beeinflusst. Neuere Konzepte *Elektronischer Demokratie* hingegen, wie die *Cyberdemocray* [1212]und das Konzept der *Electronic Democratization*[1213] verfolgen nicht nur

---

1207 Ebd S.58.

1208 Vgl. dazu Scott London, Electronic Democracy – A Literature Survey. A Paper prepared for the Kettering Foundation, march 1994. In: http://www.west.net/~insight/london/ed.htm vom 10.05. 1999.

1209 Dietmar Schiller, Parlamente Online: Zum Strukturwandel parlamentarischer Öffentlichkeit im Internet Zeitalter. In: Wienand Gellner / Fritz von Korff (Hrsg.), a.a.O., S.128.

1210 Martin Hagen, A Typology of Electronic Democracy. In: http://www.uni-giessen.de/fb03/vinci/labore/netz/hag_en.htm vom 11.05 1999. Vgl dazu auch http://staff-www.uni-marburg.de/~rillingr/net/netdem.htm.

1211 F. Christopher Aterton, Teledemocracy. Can Technology Protect Democracy? Newsbury Park 1987. Ted Becker, Teledemocracy. Bringing Power Back to People. In: The Futurist, December 1981, S.6-9.Amitai Etzioni, Teledemocracy. The Electronic Town Meeting. In: Current, Februar 1993, S.26-29. vgl.auch:http://www.uni-giessen.de/fb03/vinci/labore/netz/hag_en.htm.

1212 Martin Hagen, A Road to Electronic Democracy? – Politische Theorie, Politik und der Information Superhighway in den USA, In: Joachim Kleinsteuber (Hrsg.), Der „Information Superhighway". Amerikanische Visionen und Erfahrungen, Opladen 1996, S.63-85. Rainer Rilling, Auf dem Weg

partizipatorische, sondern insbesondere auch kommunitaristische Ideale. Ihnen geht es um die Bildung von politischen Gemeinschaften. Die Varianten elektronischer Demokratie treffen die Kernpunkte einer jeden politikwissenschaftlichen Demokratie-Diskussion und damit auch die entscheidenden Punkte, wie politische Information, politische Diskussion und politische Partizipation, an denen moderen Informations- und Kommunikationsmedien das staatliche Organisationssystem qualitativ verändern.

Die bundesdeutschen Diskussion um computergestützte Demokratieformen reicht bis in die die 70er Jahre zurück[1214], international wird diese Diskussion schon weitaus länger geführt.[1215] Beiträge für die theoretische Diskussion einer computergestützten Demokratie kamen in jüngerer Zeit von Hubertus Buchstein[1216], Rainer Rilling[1217] und vor allem von Claus Leggewie[1218]. Jüngste und für die bundesdeutsche Diskussion sicherlich eine maßgebliche Untersuchung sind die fundierten Ausführungen von Martin Hagen.[1219] Er unterscheidet, einem partizipativen Analyserahmen und rein demokratietheoretischer Annahmen folgend, erstmalig in aller Klarheit die bereits zuvor erwähnten Konzepte: das *Teledemocracy Konzept*, das *Cyberdemocracy Konzept* und die *Electronic Demokratization*. Dmit fasst Hagen im Grunde die weitgefächerte Literatur prägnant zusammen. Um die hier verfolgte Darstellung staatsorganisatorischer Veränderungen realisieren zu können, soll an dieser Stelle nun nicht einfach auf die Ausführungen von Martin Hagen verwiesen werden, sondern stattdessen zusammenfassend einen kurzen Einblick in die unterschiedlichen Konzepte gewährt werden.

2 Das Konzept der Teledemocracy

Das Konzept der Teledemocracy, so Martin Hagen, analysiert als Hauptursache für die politische Entfremdung der Bevölkerung von der Politik die repräsentiativen Strukturen des Regierungssystems. Dementsprechend verfolgt dieses Konzept in erster Linie die Etablierung von Elementen direkter Demokratie, um auf diese Weise die Stellung der Bürger im politischen Prozess zu stärken. Damit stellt es ein Plädoyer, für basisdemokratische Reformen innerhalb der repräsentativen Demokratie dar. Durch direkte Kommunikation mit Hilfe elektronischer Kommunikationsmittel sollen Regierung und Bevölkerung wieder zusammenrücken und der Bürger aktiv am Politikgeschehen beteiligt werden. Das Teledemocracy Konzept verfolgt die Grundannahme, dass die komplexen politischen Frage und Sachverhalte moderner Demokratien weitaus besser durch die aktive Beteiligung der Bevölkerung gelöst werden können als durch Repräsentanten. Diese Sichtweise erstaunt, und stellt zugleich die Argumentation in Frage, wurde doch bisher auf die gleiche Weise

---

zur Cyberdemokratie? Strukturwande der Öffentlichkeit durch Neue Medien, a.a.O. Vgl auch http://www.erziehung.uni-giesen.de/studis/Robert/1901_2li.html.

1213 Herbert Burkert, Elektronisch Demokratie, St. Gallen 1997, Richard Barbrock, Politics: Electronic Democracy, 1995/6 In: http://www.wr.com.au/democracy/index.htm vom 11.05. 1999.

1214 Zur früheren Diskussion gehört auch: Gerhard W. Wittkämper, Telematik und kommunikative Demokratie. In: Universitas 4, 1988, S.480-489.

1215 Vgl die ausführlichen Literaturangaben unter http://staff-www.uni-marnurg.de/~rillingr/net/netdem.htm.

1216 Hubertus Buchstein, Bittere Bytes: Cyberbürger und Demokratietheorie. In: Deutsche Zeitschrift für Philosophie, 44 (4), 1996, S.583-607.

1217 Rainer Rilling, Politik im Netz. In: Edelgard Buhlman u.a. (Hrsg.), Informationsgesellschaft – Medien – Demokratie. Kritik – Positionen – Visionen. Forum Wissenschaft Studien 36, Marburg 1996, S.234-240.

1218 Claus Leggewie / Christa Maar (Hrsg.), Internet & Politik, a.a.O. Vgl. Münchner Erklärung 1997 http://www.akademie3000.de/politics.

1219 Martin Hagen, Elektronische Demokratie, a.a.O.

für die Einführung des Berufspolitikertums verfolgt. Bereits bestehenden Fragmentierungs- und Isolationstendenzen, hervorgerufen durch den massenorientierten Medienkonsum, soll durch entsprechende Maßnahmen wie etwa der Ausweitung politischer Bildung begegnet werden. Das Konzept der Teledemocracy begreift sich als systemverändernde Demokratieform und stellt im Grunde eine aktuelle Variante in der Diskussion um die partizipatorischen Demokratietheorie dar.

3 Das Konzept der Cyberdemocracy

Im Zentrum der *Cyberdemocracy*[1220] steht das Internet. Dieses Konzept elektronischer Demokratie basiert auf einer spezifischen sozialen Klasse. Diese ist geprägt durch die sozialen und ökonomischen Strukturen des Silicon Valleys und wird als *Virtual Class* bezeichnet: "... eine eigentümliche Mischung aus unabhängigem, liberalem, technikverliebtem Hippie und materialistischem Gewinndenken."[1221] Damit wird die demokratische Idee eng mit der kapitalistischen Struktur verknüpft, indem für die *electronic agora* ebenso wie für den *electronic marketplace* eingetreten wird. Diese aktive Verknüpfung der *electronic agora* mit dem *electronic marketplace* bindet die demokratische Idee eng an marktwirtschaftliche, ja kapitalistische Stukturen. Auffällig sind die anti-etatistischen Züge dieses Konzepts. Hauptproblem der Demokratie, so der Ansatz, ist nicht die Entfremdung des Gemeinwesens vom Politischen, sonder der Verlust des Gemeinschaftssinnes selbst. Dementsprechend stellt das *Cyberdemocracy* Konzept nicht die partizipativen Möglichkeiten, sondern die gemeinschaftsbildenden Faktoren der Netztechnologie in den Mittelpunkt der Betrachtung. Mittels Computernetze sollen neue Gemeinschaften gebildet und Kommunikationshierarchien abgebaut werden. Computernetze bilden dementsprechend neues "Social Capital", mit dem die demokratische Malaise beendet und dem Bürger der Einfluss im politischen Gesellschaftsgefüge zurückgegeben werden soll.[1222] In erster Linie setzt das Konzept der *Cyberdemocracy* auf die politische Diskussion, die durch die Interaktivität der Kommunikationsnetzwerke bewirkt wird und zu einer Wiederbelebung des öffentlichen Raumes führen soll. Innerhalb der politischen Strukturen gelten Computernetzwerke dabei nicht als einfache Mittler der (politischen) Kommunikation, sondern bilden ein völlig eigenständiges und neues, virtuelles System.

Von zentraler Bedeutung in diesem virtuellen System sind die sogenannten *virtual communities*, die aus "like-minded citizens" bestehen, und sich per definitionem als homogene Gruppe über räumliche Grenzen hinweg, auf gemeinsame Werte und Verfahren verständigen:

> "Durch den Einsatz der Computertechnologie glaubt das *Cyberdemocracy* Konzept, anstelle des großen, repäsentativ-demokratisch beherrschten Nationalstaates eine pluralistische Anordnung von unabhängigen, autonomen virtual communities setzen zu können, die ihrerseit von autonomen, freien und *empowered cyber-citzens* bevölkert werden."[1223]

[1220] Ebd. S.71ff.
[1221] Ebd. S.72.
[1222] Dem entsprechen die Forderungen der Magna Charta for Knowledge Age der Progress and Freedom Foundation (PFF) 1994.
[1223] Martin Hagen, Elektronische Demokratie, a.a.O., S.80.

Dies ist jedoch nicht gleichbedeutend mit der Konstruktion einer dauerhaften neuen und homogenen Gemeinschaft, da der Ausstieg aus virtuellen Gemeinschaften praktisch per Mausclick möglich ist. Vielmehr geht es um die Etablierung einer stabilen Kommunikationsstruktur, die der Heterogenität und der pluralistischen Struktur der Gesellschaft gerecht wird und sich permanent verändern kann:"Der Gewinn des Internet bestünde vor allem darin, dass es partielle Öffentlichkeit und temporäre Gemeinschaft zwischen Leuten herstellen kann, die sich fern stehen – was angesichts globaler Interdependenzen unbestreitbar ein Fortschritt wäre."[1224]
Dies zu Ende gedacht, läßt die "digitalen Bürgerinitativen" möglich werden, die sich zu "public interest groups" ausweiten und sich zu Bindegliedern zwischen „Graswurzel-Organisationen" der Zivilgesellschaft und dem politischen Zentrum entwickeln.[1225]
Damit werden Computernetzwerke nicht als reine Werkzeuge zur Stärkung der materiellen Demokratie verstanden, sondern entwickeln eine völlig neue Lebenswelt. Diese neue Lebenswelt ist geprägt durch radikal-liberale Positionen der klassischen Ökonomietheorie, verbunden und angereichert mit politisch-partizipatorischen Elementen.
Äußerst zurückhaltend, aber durchaus berechtigt verweist Martin Hagen auf die berechtigten Zweifel, ob allein die Bereitstellung neuer technischer Mittel die Ausformung einer neuen sozialen Klasse mit höhrem Aktivitäsgrad erreicht. Dies ist grundsätzlich richtig, zugleich jedoch ist darauf zu erweisen, dass deutliche Interdependenzen zwischen den "open-minded" Anwendern und dem Instrument Computernetzwerk bestehen. Das Konzept der *Cyberdemocracy* verfolgt in seinem Verständnis und basierend auf der Vorstellung des gebildeten, freiheitlich und selbstverantwortlichen Menschen ein politisches Gemeinwesen, das der Selbstregierung ohne der Delegation von Macht an zentrale Instanzen fähig wäre. Lawrence Grossman denkt diese Entwicklung zu Ende und kommt so zu der Aussage:

> "In Zukunft wird eine Regierung eine ad hoc entstehende, problemorientierte Institution sein, und politische Gemeinschaften werden sich aus Menschen mit gleichen Interessen und Überzeugungen zusammensetzen, die sich – unabhängig von der Zugehörigkeit zu einem Wahlbezirk oder einer bestimmten Nachbarschaft – über Fragen wie Sozialleistungen, Einwanderung, Abtreibung, Rasse oder Schulgebet zusammenfinden, miteinander diskutieren und sich mit politischen Vertretern auf elektronischem Weg austauschen."[1226]

4 Das Konzept der Electronic Democratization

Im Gegensatz zu den zuvor dargestellten Konzepten elektronischer Demokratie stehen im Mittelpunkt des dritten Konzeptes in erster Linie mögliche Modifikationen und Reformen innerhalb des bestehenden repräsenativen Systems und dessen politischen Entscheidungsprozessen. Das *Electronic Democratization*-Konzept[1227] ist der liberalen Demokratietheorie verpflichtet und teilt dessen Skepsis gegenüber den

---

[1224] Claus Leggewie, Demokratie auf der Datenautobahn oder: Wie weit geht die Zivilisierung des Cyberspace. In: Claus Leggewie / Christa Maar, Internet & Politik, a.a.O., S.44.
[1225] Auch in Deutschland gibt es hierfür Beispiele: FifF, IMD, FoeBud, DIGI, ComLink.
[1226] Lawrence K. Grossman, Der Traum des Nebukadnezar. Demokratie in der Ära des Internet. In: Claus Leggewie, Demokratie auf der Datenautobahn oder: Wie weit geht die Zivilisierung des Cyberspace. In: Claus Leggewie / Christa Maar, Internet & Politik, a.a.O., S.85-96, S.89.
[1227] Martin Hagen, Elektronische Demokratie, a.a.O. S.80ff.

klassischen Problemen direkter Demokratie. Im Zentrum der Modifikation stehen daher Transparenz und Basisnähe.[1228] Es geht in erster Linie darum, in der politischen Praxis die demokratietheoretischen Potenziale der neuen Informations- und Kommunikationstechnologien zu realisieren. Dabei soll jedoch keineswegs auf direktdemokratische Elemente zurückgegriffen werden. Vertreter des *Electronic Democratization*-Ansatzes halten an der repräsentativen Demokratie fest, weil sie als Ursache der mangelnden politischen Beteiligung nicht etwa strukturelle Schwächen repräsentativer Demokratie ausmachen, sondern in erster Linie das punktuelle Versagen der politischen Kommunikation – und mehr noch das Versagen der Medien und deren Kommerzialisierungstendenzen als eigentliche Begründung anführen. Entsprechend wird das Konzept der *Electronic Democratization* insbesondere von den Befürwortern des repräsentativen Regierungssystems verfolgt. Im Mittelpunkt dieses Konzepts elektronischer Demokratie steht demnach die verbesserte Informationsversorgung der Bevölkerung, die mit Hilfe der neuen Medien erfolgen soll, um auf diesem Weg bewusst die bisherigen Defizite politischer Kommunikation auszugleichen.[1229] Entsprechend wird in diesem Zusammenhang eine Reform der Verwaltungsvorgänge verfolgt, mit dem Ziel, die Bürgernähe zu stärken. Instrumente, wie *Electronic Town Meetings* sollen bewusst von der herrschenden politischen Klasse eingesetzt werden. Durch diese soll ein öffentlicher Raum hergestellt werden, in dem über politische Themen diskutiert wird. Damit werden Bürger entsprechend der kommunikationstechnischen Potenziale der neuen Medien zu Empfängern und Sendern politischer Infomationen, so dass die diskursive Auseinandersetzung um politische Sachthemen, die politische Streitkultur, aktiviert und gefördert wird. Wie schon beim *Cyberdemocracy Konzept* wird auch beim *Electronic Democratization*-Konzept die gemeinschaftsbildende Funktion der neuen Medien hervorgehoben, wenngleich auch mit unterschiedlicher Intention.

e Bewertung

Das zurückliegende Kapitel hat verdeutlicht, dass die neuen Informations- und Kommunikationsmedien sowie das ihnen innewohnende Potenzial nicht ohne Einfluss auf das Staatsorganisationssystem selbst bleiben. Hans J. Kleinsteuber hat die Felder des Wandels prägnant zusammengefasst: Information, Diskussion, Partizipation, Interaktion und Administration.[1230] In diesen fünf Bereichen werden sich durch moderne Kommunikations- und Informationstechnologien Veränderungen auf die staatliche Organisation ergeben. Diese Veränderungen bestehen in erster Linie darin, dass sie Staat und Gesellschaft enger verknüpfen. Es ist kaum zu leugnen, dass Individualisierungs- und möglicherweise auch Fragmentierungstendenzen auch durch die neuen Medien verstärkt werden, zugleich aber wird aber auch die Möglichkeit eröffnet individuell über moderne Kommunikations- und Informationssysteme direkter mit den Institutionen des staatlichen Regierungsgefüge kommunikativ Kontakt aufzunehmen und Vorstellungen zu transportieren. Auf diese Weise werden Desintegrationserscheinungen kompensiert. Desintegration ist damit nicht länger die natürliche Folge der Individualisierung. Der einzelne findet zurück in eine

[1228] James Snider, Democracy On-Line. Tomorrow's Electronic Electorate. In: The Futurist, September/October 1994 S.17.

[1229] Duane Elgin, Revitilizing Democracy Through Electronic Town Meetings. In: Spectrum. The Journal of State Government, Spring 1994, S.6-13.

[1230] Hans J. Kleinsteuber, Das Internet in der Demokratie, a.a.O., S.18ff.

Gemeinschaft. Dabei muss die Gemeinschaft jedoch nicht länger die nationalstaatlich geprägte sein. Die neue Gemeinschaft orientiert sich nicht an den Staatsgrenzen, sondern an der politischen Interessenslage. Dies könnte einen ersten Schritt hin zur Realisierung der Bürgergesellschaft bedeuten. Die idealisierende Vorstellung einer politischen Agora gerät in Reichweite. Die neuen Medien jedoch aus diesem Grunde mit übertriebenen Hoffnungen oder grundlosen Befürchtungen zu überfrachten, wäre der falsche Schritt, der wiederum in eine defizitäre Bewertung führen muss. Eine realistische Bewertung der Veränderungen des Staatsorganisationssystems in Folge moderner Informations- und Kommunikationstechnologien muss weitaus differezierter ausfallen, denn letztlich bleibt sie auf den Anwender zurückgeworfen und auf dessen Bereitschaft zur politischen Partizipation. Diese den neuen Medien stets implizite Notwendigkeit zur Eigeninitiative wirft die Veränderungspotenziale auf die politische und gebildete gesellschaftliche Klasse zurück. Claus Leggewie bringt dies mit der Äußerung "mehr Intranet als Bürgerforum"[1231] auf den Punkt. Trotz der vielfältigen Möglichkeiten, die neue Medien bieten, sind Partizipationseffekte auch von der Partizipationsbereitschaft der Bürger abhängig und diese wiederum ist abhängig vom Zustand des demokratischen Gemeinwesens selbst. Unabhängig davon ist jedoch nicht von der Hand zu weisen, dass das technische Potenzial der Netze die Möglichkeit eines Beteiligungsschubes bieten. Die neuen Medien stellen – insbesondere für politisch bereits mobilisierte Personen – in einem weitaus stärkeren Umfang als die traditionellen Massenmedien eine Möglichkeiten dar, Kontakte zu Gleichgesinnten aufzunehmen, Informationen einzuholen und auch selbst aktive Mobilisierungsmaßnahmen zu ergreifen.

> "Wenngleich die politisierenden Wirkungen des neuen Mediums auf die breite Bevölkerung schwer voraussehbar sind, wird eine politische Einflußnahme durch Organisationen oder engagierte Einzelpersonen es in Zukunft – nicht nur in den USA, sondern auch bei uns – ohne eine aktive Einbeziehung der elektronischen Netze zunehmend schwer haben. Genausowenig wie sie auf Telefon und Fax verzichten können, werden auch hier Verbände und Lobbyorganisationen, Bürgerinitiativen etc. in die elektronischen Netze drängen. Wenn einmal die Anfangsbarrieren gefallen sind, werden sie das neue Medium mit Vehemez für die eigenen Anliegen nutzen"[1232]

Dies schließt auch eine vergrößerte Unmittelbarkeit und damit eine Intensivierung der politischen Kommunikation ein.[1233]

> "Es wird ein Wettbewerb der Akteure in der Arena um mehr Transparenz entstehen, unterstützt durch Forderungen von den Tribünen. Schnellere und umfassendere Informationen werden verlangt und geboten werden. (...) Die Grenze zwischen relevanter Information und belanglosem ›Lärm‹ ist fließend"[1234]

Die Fähigkeit, relevante Information zu erkennen, wird ausschlaggebend für die realen Veränderungen im Staatsorganisationssystems. Beeinflusst wird dies durch die Entwicklung, dass die alteingesessenen, computererfahrenen und diskussionsfreudigen *Netizens* zunehmend von den sogenannten *Newbies* verdrängt

---

[1231] Claus Leggewie, Demokratie auf der Datenautobahn oder: Wie weit geht die Zivilisierung des Cyberspace? In: Claus Leggewie / Christa Maar, Internet & Politik, a.a.O., S.47.
[1232] Manfred Stegger, Partizipation und Demokratie im Cyberspace, a.a.O., S.796.
[1233] Ebd. S.797.
[1234] Ebd. S.798.

werden. Dabei ist offen, ob diese neuen Nutzer des Internets ebenso interaktionsfreudig sind, oder ob sich eher die konsumptiv-rezeptiven Anwendungsformen durchsetzen werden. Bislang können dazu nur Vermutungen geäußert werden. Erste Studien über das Konsumverhalten und die Motivation von Online-Nutzung bestätigen diese Vermutung.[1235]

Die Bereitstellung von politischer Information im Netz allein wird daher kaum ausreichen, um den tatsächlichen Partizipationsgrad zu erhöhen. Gerade die explosionsartige Vervielfältigung der Information kann auch das Gegenteil bewirken und zu einem *information overload* führen. Voraussetzung für die Etablierung eines demokratischen Dialoges bleibt aber der Abbau bestehender Kommunikationsungleichheiten und die Fähigkeit zum Umgang mit Information. Es wird damit zur staatlichen Aufgabe, den Zugang eines jeden Staatsbürgers zum World Wide Web zu garantieren.[1236] Sogenannte *common carriers*, Universaldienste, bilden hierfür die Plattform. Von einem solchen universalen Zugriff ist man derzeit noch weit entfernt, es dominiert nachweislich der elitäre Charakter der neuen Medien. Dies hat zur Folge, dass der Informationsvorsprung der Eliten sich durch den aktiven Gebrauch der Computernetzwerke eher erhöht.

Neben der politischen Partizipation, verändert sich auch die politische Repräsentation. Moderne Informations- und Kommunikationstechnologien agieren immer im globalisierten Raum. Im virtuellen Raum der Netzwerk-Strukturen einer in einer elektronischen Republik real gewordenen Weltgesellschaft werden bisher übliche Repräsentationsformate fragwürdig und vom Denken einer "transnationalen Demokratie"[1237] abgelöst.

> "Transnationale Demokratie in meinem Verständnis bezieht sich auf die Erweiterung der Demokratie über nationalstaatliche Grenzen hinweg, ohne daß deswegen gleich von einer Aufgabe nationalstaatlicher Demokratie ausgegangen werden muss. Durch den Begriff transnational soll voreiligen Kurzschlüssen in dieser Richtung vorgebeugt werden. Die Position, die ich konsuktiv vertreten möchte, meint Bürgergesellschaft als Inter-Subjekt der Zivilisation im Sinne einer Wir-Identität und Wir-Realität. Sie existiert sowohl national, subnational, als auch international."[1238]

In diesem Zusammenhang wird in der Literatur auch von einem "postrepräsentativen Zeitalter"[1239] gesprochen. Die Realisierung einer solchen postrepräsentativen Staatsorganisation hängt auch direkt davon ab, auf welche politische Kultur die neuen Repräsentations- und Teilhabemöglichkeiten treffen. Richtet man seinen Blick auf die Bundesrepublik Deutschland, zeigt sich sehr deutlich, dass in Deutschland eine offene Ablehnung zu registrieren ist, mittels neuer Informations- und

---

[1235] Heinz Grüne / Stephan Urlings, Motive der Onlinenutzung. Ergebnisse der psychologischen Studie "Die Seele im Netz". In: Media Perspektiven 1996, S.493-498. Lutz M. Hagen / Markus Mayer, Der direkte Draht zur Politik? Formen und Inhalte der Online-Nutzung im Hinblick auf die Entstehung politischer Öffentlichkeit. In: Lutz M. Hagen (Hrsg.), Online-Medien als Quellen politischer Information, Opladen 1998, S.94-129.

[1236] Dazu auch Lawrence K Grossman, The electronic Republic. Reshaping Democracy in the Information Age, New York 1995, S.205ff.

[1237] Heinz Kleger, Direkte und transnationale Demokratie. Die neuen Medien verändern die repräsentative Demokratie. In: Claus Leggewie / Christa Maar, Internet & Politik, a.a.O., S.104. Dazu auch: Heinz Kleger (Hrsg.), Transnationale Staatsbürgerschaft, Frankfurt am Main 1997.

[1238] Ebd.

[1239] Zit. nach Claus Leggewie, Demokratie auf der Datebautobahn oder: Wie weit geht die Zivilisierung des Cyberspace. In: Claus Leggewie / Christa Maar: Internet & Politik. Von der Zuschauer- zur Beteiligungsdemokratie, S.47.

Kommunikationstechnologien basisdemokratische Elemente im politischen System zu integrieren.
Die deutsche politische Kultur erweist sich als hinderlich für eine elektronische Demokratie.[1240]

> "Die relative Reformunwilligkeit, die etatistische Tradition, die unpolitische Tradition, die Tradition des deutschen Idealismus und ein eher pessimistisches Technikverständnis sind ebenfalls Elemente der deutschen politischen Kultur, die alle einer Diskussion und Umsetzung von Konzepten elektronischer Demokratie in Deutschland entgegenstehen"[1241]

Verbunden ist damit die Tendenz eines ausgeprägten Rückzuges in die Privatsphäre, die das politische Geschäft den "Berufenen" überläßt.
Die ausgeprägte Zurückhaltung liegt auch in den Besonderheiten des politischen Systems der Bundesrepublik. Fraenkel spricht von einer "super-repräsentativen Verfassung".[1242] Vor diesem Hintergrund hat es eine deutsche Diskussion um *elektronische Demokratie* besonders schwer. Der Begriff der "super-repräsentativen Verfassung" macht sich an ganz unterschiedlichen Elementen fest. Zunächst ist in diesem Zusammenhang die Stellung der Parteien im Grundgesetz anzuführen, die untermauert wird durch die Rollenzuweisung der Regierungs- und Oppositionspartei im parlamentarischen System. Diese Stellung der Parteien, aber auch deren innere Parteiorganisation selbst, die meist hierarchische oder aber zentralistische Strukturen aufweisen, sind der Verwirklichung elektronischer Demokratie eher hinderlich. Diese Strukturen demonstrieren distanzierende Vorbehalte gegenüber der Öffentlichkeit, obgleich die Öffentlichkeit Kernelement bleibt. Der direkte Kontakt zwischen Abgeordneten und Wählern ist selten, im Mittelpunkt der Rekrutierung der politischen Elite steht immer die Parteiorganisation.
Widerstände ergeben sich auch durch das vorherrschende Rollenverständis der Abgeordneten. Viele Abgeordnete erwarten durch eine diskursive Öffentlichkeit eine massive Überlastung. Das gesteigerte Tempo des Informationsflusses wird in den Äußerungen einer Mehrzahl von Abgeordneten skeptisch beurteilt, da die eigenen Entscheidungsspielräume dadurch deutlich vermindert werden. Natürlich spielen auch Machtinteressen eine nicht zu unterschätzende Rolle, denn die Kontrolle über Information begründet politische Macht. Es ist daher zu unterstellen, dass der Abgeordnete nicht unmittelbar Interesse daran hat, alle Informationen der Öffentlichkeit preiszugeben. Genau dieses jedoch verlangen und ermöglichen die modernen Informations- und Kommunikationstechnologien. Entsprechend fallen auch die Empfehlungen des Technologierates aus, der durch die neuen Kommunikationsmittel in erster Linie eine Gefährdung repräsentativer Demokratie sieht und die damit verbundenen Chancen völlig außer Acht läßt.[1243]
Derzeit besteht in der Bundesrepublik eine ungenügende Sensibilisierung für die politische Nutzung der Netze. Auch die Entstehung einer Netzöffentlichkeit ist noch

---

1240 Zum Begriff der *politischen Kultur* Martin Schmidt, Wörterbuch zur Politik, Stuttgart 1995. Kurt Sontheimer, Grundzüge des politischen Systems der neuen Bundesrepublik Deutschland, Zürich 1993.
1241 Martin Hagen, Elektronische Demokratie, a.a.O., S.109.
1242 Ernst Fraenkel, Deutschland und die westlichen Demokratien, Frankfurt am Main 1990, S.202. Eine solche Haltung ist auch auf die Erfahrungen mit den plebiszitären Elementen der Weimarer Reichsverfassung zurückzuführen. In den 60er und 70er Jahren wird die Ablehnung besonders deutlich im Zusammenhang mit der Diskussion über Reformvorschläge zur Demokratisierung des politischen Systems.
1243 Technologierat, a.a.O., S.48.

nicht in dem Maße eingetreten, wie es aus demokratietheoretischen Gesichtspunkten wünschenswert erscheint. Auch die amerikanischen Erfahrungen zeigen, dass Partizipations- und Mobilisierungseffekte gegenwärtig in erster Linie bereits organisierten Gruppen zugute kommen.[1244]

> "Für ressourcenstarke, hochgebildete politische Aktivisten bieten die neuen Medien in der Tat ungekannte Möglichkeiten, stoßen sie doch bei diesen auf eine hohe Medienkompetenz, ohne die eine Verarbeitung der immensen Datenflut nicht praktikabel ist. Für andere Teile der Bürgerschaft hingegen ist die so entstandene politische Öffentlichkeit entweder faktisch (aufgrund unterhaltungsgzentrierter Konmsumgewohnheiten), technisch (mangels Zugangsmöglichkeiten), materiell (mangels finanzieller Beschaffungsmittel) oder bildungsabhängig (aufgrund fehlender Ausbildung) unzugänglich."[1245]

Dies ist ein Grund mehr, den aktiven Einsatz moderner Informations- und Kommunikationstechnologien auf eine breite Basis zu stellen, um der Entwicklung einer "Stimmungsdemokratie" entgegenzuwirken.[1246] Kompensatorische Maßnahmen müssen getroffen werden, meint man es ernst mit einer breiten Bürgerbeteiligung durch elektronische Netze. Zur Realisierung einer breiten Bürgerbeteiligung über moderne Informations- und Kommunikationsnetze bleibt die politische Umsetzung und damit der politische Wille eine notwendige Voraussetzung. Aber selbst wenn der politische Willen weiter fehlt, so ist der Einsatz von Computernetzen im politischen System doch nicht mehr zu unterbinden. Die Entwicklung verläuft dann höchstens langsamer und chaotischer.

> "Ob wir es wollen oder nicht: Die neuen interaktiven Medien werden mit großer Macht und Geschwindigkeit auch die Politik selber erobern. Sie verändern rapide die bisherige Art der Politikvermittlung, der politischen Kommunikation und der Willensbildung. Es leigt aber an der Politik, den politischen Akteuren selber, ob sie sich einfach das neue Medium überstülpen lassen oder ob sie die hier liegenden Chancen zur Intensivierung von Partizipation und zur Festigung der Demokratie aktiv aufgreifen."[1247]

Hintergrund für diese unaufhaltsame Entwicklung ist die Tatsache, dass zum einen die Lebenswelt den individuellen Umgang mit modernen Informations- und Kommunikationstechnologien verstärkt fordert und damit für alle Ebenen selbstverständlich macht. Zum anderen bedienen sich aber auch die Staatsorganisationen und Staatsinstitutionen selbst dieser Medien, um ihre eigenen Arbeitsweisen und Abläufe zu rationalisieren. Der informierte Bürger verlangt nach dieser Rationalisierung und in letzter Konsequenz nach seiner politischen Einbindung. Das politische System kann es sich nicht leisten die Forderungen des Staatsbürgers zu ignorieren, oder es verliert an Akzeptanz.
Jeder greifbare Erfolg bei der Diskussion um die Bürgerbeteiligung wird eine Etablierung von Netzstrukturen im demokratischen Gemeinwesen weiter voranbringen. Qualitativ hat dies zur Folge, dass in einem langsamen Prozess die

---

[1244] Darell M. West / R. Francis, Electronic Democracy, Interest Groups and Public Policy Making. In: Political Science and Politics 29 (1996), S.25-29.
[1245] Stefan Marschall, a.a.O., S.66.
[1246] Dazu auch Wienand Gellner, Demoskopie, Politik, Medien. Anmerkungen zu einem problematischen Verhältnis. In: Otfried Jarren / Heribert Schatz / Hartmut Weßler (Hrsg.), a.a.O., S.171-184.
[1247] Manfred Stegger, Partizipation und Demokratie im Cyberspace, a.a.O., S.799.

repräsentative Demokratie in ihren Strukturen und Prozessen durch direktdemokratische Elemente ergänzt wird. Das politischen System des Informationszeitalters wird sich direktdemokratischer präsentieren, als das des Industriezeitalters. Denkt man diesen Prozess zu ende, liegt eine weitere Vermutung nahe: Der Charakter der Netzstruktur kann zur Folge haben, dass sich auch die Grenzen der politischen Systeme verändern werden. An die Stelle des politischen Systems des Nationalstaates könnte die weltweite Vernetzung von *likeminded citizens* treten. Diese zuletzte angedeutete Spekulation über die weitere Entwicklung ist ein neuerlicher Beleg für die Prozesshaftigkeit der auf Computernetze beruhenden Gesellschaftsform.
Eine qualitative Veränderung ist mit Sicherheit zu erwarten.

> "Wir müssen uns darüber klar sein, daß die Demokratie der Zukunft nicht mehr das System sein wird, das wir kennen, in dem die Bürger alle paar Jahre eine Handvoll Volksvertreter wählen, denen sie dann alle wichtigen Entscheidungen überantworten. Wir bewegen uns unaufhaltsam auf eine direktere, demokratischere, aber möglicherweise auch für Demagogie anfälligere Demokratie zu, die die Form der repräsentativen Demokratie mit direkten, per Volksentscheid zustande kommenden Entscheidungen verbindet. In zehn Jahren wird es normal sein, daß sich die Bürger online in Wahllisten eintragen und online ihre Stimme abgeben – und das nicht nur alle vier Jahre, sondern viele Male im Jahr. Die Parlamentarier werden mit ihren Wählern von zu Hause aus elektronische Versammlungen abhalten. Sie werden diese über Gesetzesvorhaben informieren, über die sie in der darauffolgenden Woche abstimmen sollen, und sie werden die Wähler auffordern, ihnen per e-Mail ihe Meinung und ihr Votum mitzuteilen."[1248]

Was die infrastrukturellen Voraussetzungen betrifft, ist für die Bundesrepublik die Etablierung einer, wie Grossman es nennt *elektronischen Republik* – "a democratic system that is vastly increasing the people's day-to-day influence on the decisions of state. New elements of direct democracy are being grafted on to our traditional representative form of government, transforming the nature of the political process..."[1249] – vorstellbar und möglicherweise sogar wünschenswert, wenn man davon ausgeht, dass die mangelnde politische Beteiligung nicht auf mangelndem Beteiligungswillen zurückzuführen ist, sondern auf ein ausgeprägtes Ohnmachtsgefühl der Bürger gegenüber den staatlichen Institutionen.
Wenn Staat und Bürger mittels moderner Informations- und Kommunikationstechnologien wieder enger zusammenrücken, hat dies auch erheblichen Einfluss auf das immanente Staatsverständnis, das dem Gesellschaftsmodell der zivilen Informationsgesellschaft gerecht werden muss:

> "Unter diesen Umständen wandelt sich die Erfüllungsverantwortung des Staates zu einer Strukturverantwortung. Er wird seiner Schutzpflicht gerecht, wenn er

[1248] Lawrence K. Grossman, Der Traum des Nebukadnezar. Demokratie in der Ära des Internet. In: Claus Leggewie, Demokratie auf der Datebautobahn oder: Wie weit geht die Zivilisierung des Cyberspace. In: Claus Leggewie / Christa Maar, Internet &Politik, a.a.O., S.85-96, S.89.

[1249] Ders., The Electronic Republic. Reshaping Democracy in the Information Age, New York 1995, S.3.

Strukturen schafft, die seine Bürger befähigen, ihre Interessen in der Welt der Netze selbstbestimmt zu schützen."[1250]

Damit steht die Freiheit des Individuums im Mittelpunkt. Strukturmerkmale sind zu entwickeln, die der gesellschaftlichen Selbstorganisation den Weg ebnet und dem Individuum die Möglichkeit eröffnet, seine gesellschaftliche Rolle selbst zu definieren und seine Schutzbedürftigkeit selbst zu bestimmen. Die maßgebliche Aufgabe des informationellen Sozialstaates ist es, die Kluft zwischen Informationsarmen und Informationsreichen zu überbrücken und Chancengleichheit zu schaffen. Die großen Verlierer dieser Entwicklung sind die traditionellen Institutionen des Staates, die bislang als Mittler zwischen Staat und Bürger fungierten. [1251]

Die Richtung der Entwicklung ist derzeit nur schwer abzschätzen, jedoch ist mit Sicherheit festzuhalten:

> "Modern communication technology, by itself, will be neither democracy's saviour nor its terminator. But unquestionably it will continue to have enormous influence, both for better and for worse, on the nature and character of put political system."[1252]

[1250] Alexander Roßnagel, Globale Datennetze: Ohnmacht des Staates – Selbstschutz der Bürger. Änderung der Staatsaufgaben in einer ›civil information society‹. In: Kurt van Haaren / Detlef Hensche, Arbeit im Multimedia-Zeitalter, a.a.O., S.102.

[1251] Lawrence K. Grossman, a.a.O., S.16.

[1252] Ebd. S.25.

D. Zusammenfassung und Bewertung

I. Die Informationsgesellschaft – Realität oder wissenschaftliches Konstrukt?

Diese Arbeit hat sich mit dem Phänomen der Informationsgesellschaft auseinandergesetzt, jener Gesellschaftsform, die der Industriegesellschaft als neuer gesellschaftlicher Grundtyp folgen soll.
In der Auseinandersetzung mit der wissenschaftlichen Literatur hat sich sehr schnell gezeigt, dass die Frage nach der Existenz einer Informationsgesellschaft keine Fragestellung ist, die erst in den letzten 10 Jahren relevant geworden ist. In den 90er Jahren haben diese Fragen möglicherweise an Aktualität gewonnen, die theoretische Auseinandersetzung mit dem Phänomen der Informatisierung gesellschaftlicher Strukturen reicht indes bis in die 60er Jahre zurück. Einigkeit besteht in der wissenschaftlichen Literatur darin, dass Information nicht nur quantitativ zugenommen hat, sondern zugleich eine strategische Rolle in allen Angelegenheiten gesellschaftlichen Lebens einnimmt. Jenseits dieses grundsätzlichen Konsens jedoch mündet die wissenschaftliche Auseinandersetzung in eine heftige Kontroverse. Grundsätzlich sind in der Literatur zwei Positionen zu finden:

1. Die technologischen Veränderungen, basierend auf modernen Informations- und Kommunikationstechnologien, bewirken eine gesellschaftliche Revolution und damit einen grundsätzlichen Bruch mit bestehenden gesellschaftlichen Grundtypen. Damit wird die Industriegesellschaft, die seit Ende des 19. Jahrhunderts besteht, durch die Informationsgesellschaft abgelöst.

2. Eine Informationsrevolution existiert nicht, die prägenden Strukturen der kapitalistisch-industriellen Gesellschaftsform bleiben über den Informatisierungsprozess hinaus bestehen. Die Informationsgesellschaft gibt es nicht, lediglich eine Modifizierung der Industriegesellschaft hin zu einer „informatisierten Industriegesellschaft."

Entsprechend dieser sich diametral entgegenstehenden Grundinterpretationen fallen auch die Bewertungen konträr aus. Für die sogenannten "technologischen Utopisten" entsteht durch die „Informationsrevolution" eine völlig neue, bessere Gesellschaft, wobei sie auf folgende Deduktionskette zurückgreifen: Informatik gleich Information, Information gleich Kultur und Kultur gleich Emanzipation, Demokratie und Freiheit. Die „technologischen Pessimisten" hingegen sehen keine historische oder soziale Diskontinuität[1253], sie unterstreichen die mit der Informatisierung verbundenen Gefahren: Anwachsen der Arbeitslosigkeit, soziale Zwänge, Verflachung der menschlichen Tätigkeiten bis hin zur Dequalifizierung, bei gleichzeitiger Allmacht der Experten. Die Maschine wird zur Bedrohung, verliert ihren

[1253] K. Kumar, Prophecy and Progress, Harmondsworth 1978; ebenso R. Williams, Towards 2000, London 1983.

Werkzeugcharakter und bestimmt den Menschen. Der Fortschrittsglaube der „technologischen U topisten" wird abgelehnt und stattdessen ein "dunkles Zeitalter" prophezeit, in dem Information und Informationstechnologien die Klassenunterschiede verstärken, Reichtum bei einigen wenigen kumulieren und eine Kontrolle über die gesellschaftlichen Individuen ermöglichen.[1254]

Objektiv betrachtet, bleiben beide Perspektiven und Bewertungen ihren Wertvorstellungen verhaftet und versäumen es, eine Antwort auf die Frage zu liefern, wie die Informationsgesellschaft definiert werden soll.

Ziel der Arbeit war es daher, zunächst der Frage nachzugehen, welche charakteristischen Merkmale die Informationsgesellschaft aufweist und ob diese Merkmale a usgeprägt g enug s ind, u m d amit eine Antwort darauf zu finden, ob es gerechtfertigt ist, eine Ablösung der Gesellschaftsform Industriegesellschaft anzunehmen. Letztlich wurde in dieser Arbeit also die Tragfähigkeit des Konzeptes Informationsgesellschaft überprüft, indem die strukturellen Veränderungen, die in quantitativer wie qualitativer Hinsicht festzustellen waren, in das Zentrum der Betrachtung gerückt wurden.

Der erste Hauptteil der Arbeit beschäftigte sich dementsprechend mit der Frage, was eine Informationsgesellschaft auszeichnet und wie diese gesellschaftliche Form zu charakterisieren ist. Die Auseinandersetzung mit der Literatur zur Informationsgesellschaft führte zu der Erkenntnis, dass eine durch Information und Wissen geprägte Gesellschaftsform ein überaus heterogenes, pluralistisches System darstellt, dass sich in systemtheoretischer Perspektive in der zusammenfassenden, grundlegenden Betrachtung insbesondere dadurch auszeichnet, dass die gesellschaftlichen Teilsysteme in hohem Maße dem Faktor Wissen und Information unterworfen sind und durch eben diesen Faktor auf außergewöhnliche Weise miteinander verflochten und voneinander abhängig sind. Daraus ergibt sich, dass durch die permanente Zunahme von Information und ihrer Integration in die Wissensstrukturen diese Gesellschaftsform der ständigen intensiven Veränderung und wie keine andere Gesellschaftsform dynamischen Prozessen unterworfen ist. Damit kann die Charakterisierung der Informationsgesellschaft – und das ist zugleich das erste Ergebnis dieser Arbeit – nicht durch eine Nominaldefinition erfolgen, sondern einzig und allein über ein Kriterien- oder Indikatorenbündel. Ein solches Kriterienbündel wurde durch die Analyse der Literatur herausgefiltert und kennzeichnet den ersten Teil der Arbeit.

In dem aufgestellten Indikatorenbündel kommen Eigenschaften zum Ausdruck, die in ihrer Gesamtheit und in ihren Wechselwirkungen das Wesen der Informationsgesellschaft beschreiben und für die Analyse öffnen. Nur diese Art der Definition wird dem pluralistischen und dynamischen Wesen dieser Gesellschaftsform gerecht. Um diese Erkenntnis begrifflich zu fassen, hat die vorliegende Arbeit den Ausdruck der prozedural-dynamischen Pluralität geprägt.

Diesem Ergebnis aus der Literaturanalyse folgend, plädiert diese Arbeit dafür, Begriffe wie Informationsgesellschaft und Informationszeitalter entmystifiziert zu betrachten, geleitet von folgender Aussage:

[1254] D. Lyon, The role of the information society conception in IT policy: Some international comparisons and a critique. In: R. Plant / F. Gregory / A. Brier (Eds.), Information technology: The policy issues (pp. 21-42). London 1988.

"It is time to ›come down on earth‹, to explain just what the information society has been so far and what it promises to be, just what it has meant to society and what it is likely to mean for society in future."[1255]

Dieses Indikatorenbündel stellt, wie der erste Blick vermuten lässt, nicht nur eine Definition und Charakterisierung der Informationsgesellschaft dar, sondern zugleich wurde damit ein Katalog zur tatsächlichen empirischen Analyse entwickelt, der eine operative wissenschaftliche Festlegung von Informationsgesellschaften und deren Informatisierungsstand zur Verfügung stellt. Auf diese Weise bietet diese Arbeit das erste umfassende Instrumentarium, das eine empirische Analyse zulässt, auch wenn das Erkenntnisinteresse der vorliegenden Arbeit anders gelagert war. An dieser Stelle sei erwähnt, dass es dieser Arbeit gelungen ist, durch die Aufstellung dieses Indikatoren- oder Kriterienbündels zur empirischen Beschreibung von Informationsgesellschaften, einen Missstand aufzudecken, der erstaunen mag:
Voraussetzung für eine detailliertere und empirisch gesichertere quantitative Aussagen und eine wissenschaftliche Verifikation des dargestellten Kriterienbündels der Informationsgesellschaft ist eine entsprechende Datenlage. Benötigt werden möglichst exakte Daten, die weltweit nach gleichen Festlegungen erhoben werden, um die wissenschaftliche Vergleichbarkeit des Kriterienbündels zu gewährleisten. Bislang liegen solche einheitliche Daten nicht vor. Die Zahlen, mit denen auf politischer Ebene operiert werden, beruhen zumeist auf ungesicherten wissenschaftlichen und außerordentlich uneinheitlichen Definitionen und können daher als Grundlage einer quantitativen Erhebung nicht herangezogen werden. Zumeist unterliegen sie auch dem Zweck der politischen Kommunikation und halten einer wissenschaftlichen Prüfung nicht stand. Mit dieser Erkenntnis hat diese Arbeit daher das unfreiwillige Ergebnis, dass die statistischen Erhebungen den sozio-politischen Veränderungen hinterherhinken und dringend der Reform und Angleichung bedürfen. Das hier entwickelte wissenschaftliche Instrumentarium könnte hierfür als Vorlage dienen.
Der in dieser Arbeit zur Charakterisierung der Informationsgesellschaft festgelegte definitorische Indikatorenkatalog umfasst infrastrukturelle, ökonomische, kulturelle und politische Kriterien und bezieht ferner den Einzelnutzer durch den aufgestellten Akzeptanzindikator ein.
Neben den *infrastrukturellen Kriterien*, die die technologische Ausgangsposition einer Gesellschaft beschreiben, sind es die *ökonomischen Kriterien*, die Antrieb gesellschaftlicher Veränderung sind. Dies erstaunt wenig und war bereits bei der Industriegesellschaft und auch den vorangehenden Gesellschaftsformen festzustellen. Entsprechend spiegelt der ökonomische Indikator auch weitreichende Abweichungen zur Industriegesellschaft wider. Um diese Abweichungen empirisch analysieren zu können, wurde auf das Konzept der amerikanischen und japanischen Informationsökonomie zurückgegriffen, wobei beide Forschungsansätze miteinander verbunden und auf diese Weise dergestalt modifiziert wurden, dass sie nach vorliegender Auffassung für die Analyse ein umfassenderes Bild ergeben.
Dabei wurde auch in dieser Arbeit, auf die Erkenntnisse von Fritz Machlup und Marc Uri Porat zurückgreifend, dem Informationssektor als heuristischem Instrument besondere Bedeutung zugewiesen. Auf diese Weise können künftig Aussagen über die Ausprägung der Erwerbstätigkeit und die Wertschöpfung in der Informationsgesellschaft getroffen werden. Von Interesse waren aber nicht nur die ökonomischen Ausprägungen, die in der VGR sichtbar sind; sondern ebenso wichtig, gerade für die

[1255] Herbert S. Dordick / Georgette Wang, a.a.O., S.6.

Nachhaltigkeit der Gesellschaftsform, war es, herauszufinden, inwieweit Information die Gesellschaft selbst durchdringt, welchen Stellenwert Information in der Gesellschaft einnimmt. Um hierzu Aussagen machen zu können, wurden japanische und amerikanische Forschungsansätze aufgegriffen und miteinander kombiniert. Letztlich handelt es bei der Zusammenführung beider Forschungsansätze, wie diese Arbeit sie verfolgt hat, um eine neue wissenschaftliche Festlegung, die zwar gerechtfertigt und erkenntniserweiternd ist, jedoch mit der einen grundsätzlichen Schwierigkeiten konfrontiert bleibt: wie kann Information gemessen werden, welches Maß ist anzulegen? Diese Frage haben jene Arbeiten zu beantworten, deren Erkenntnisinteresse die empirische Überprüfung der Informationsgesellschaft und eine anhand der hier entwickelten Kriterien verfolgte Datenerhebung ist.
Im Zentrum einer jeden gesamtgesellschaftlichen Analyse werden immer ökonomische Indikatoren stehen, zugleich aber ist ein Ergebnis dieser Arbeit, dass die gesellschaftliche Analyse hier nicht stehen bleiben darf. Entsprechend wurden *soziale, politische und kulturelle Indikatoren* aufgenommen. Beide Indikatoren stützen sich auf das Instrument der Beobachtung der Veränderungen und der Neuerungen im gesellschaftlichen Zusammenleben der Individuen. Von besonderer Bedeutung sind dabei Veränderungen in den sozialen Hierarchien, Veränderung der Kulturformate und der Sprache sowie die Schwerpunkte des politischen Lebens. Im Zentrum steht auch, ob politische Institutionen sich mit den auf Informationstechnologien und der gesellschaftlichen Diffusion von Information zurückzuführenden Veränderungen beschäftigen. Die Analyse politischer Programme gibt hier Aufschluss.
Von der wissenschaftlichen Literatur weitgehend unbeachtet bleibt das gesellschaftliche Individuum. Die Erkenntnis, dass moderne Informations- und Kommunikationstechnologien Triebfedern der gesellschaftlichen Veränderung darstellen, setzt voraus, dass dieses Instrument vom Einzelnen angenommen wird. Damit Information eine Gesellschaft prägt, bedarf es eines Mediators. Jeder Einzelne stellt diesen Mediator dar. Die *Akzeptanz* neuer Technologien zur Informationsverarbeitung und -diffusion wird zum wesentlichen Indikator einer Informationsgesellschaft. Was die Akzeptanz der Informationstechnologien betrifft, ist in Europa eine weitaus ausgeprägtere Skepsis gegenüber technologischen Innovationen feststellbar als etwa in den USA oder in Japan. Aber: Europa kann sich nicht länger den Entwicklungen im Bereich der Informations- und Kommunikationstechnologien verschließen. Der Aufbau der europäischen Informationsgesellschaft ist derzeit eines der vordringlichsten Aufgaben in den politischen Institutionen der EU.
Die Untersuchung der Literatur nach den so vorgegebenen Indikatoren führt zu einer grundlegenden Aussage über die Definition der Informationsgesellschaft und zu einer zusammenfassenden Charakterisierung.
Damit schließt der erste Teil dieser Arbeit mit folgendem Ergebnissen:

1. Definition der Informationsgesellschaft

1. Die Informationsgesellschaft basiert auf ausgeprägten Informatisierungsprozessen, die ihren Ausdruck in wesentlichen strukturellen und quantitativen Veränderungen finden, die sich in infrastruktureller, ökonomischer, kultureller, sozialer und politischer Hinsicht zeigen und damit alle gesellschaftlichen Einzelsysteme erfassen. Eine Nominaldefinition der Informationsgesellschaft ist aufgrund der mit ihr verbundenen Heterogenität, aber vor allem durch das

Ineinandergreifen der gesellschaftlichen Teilbereiche nicht möglich. Die Informationsgesellschaft weist wie keine andere Gesellschaftsform eine prozedural-dynamische Pluralität auf und ist in vielerlei Ausprägungen realisiert.

2. Eine Definition der Informationsgesellschaft kann lediglich über eine Charakterisierung erfolgen. Diese Charakterisierung ergibt sich aus Besonderheiten in den einzelnen aufgestellten Indikatoren, die zugleich eine erste quantitative Abgrenzung zur Industriegesellschaft verdeutlichen.

2. Charakterisierende Elemente der Informationsgesellschaft

- Die Informationsgesellschaft zeigt einen hohen Informatisierungsgrad, der durch den Ausbau der Telekommunikationsinfrastruktur und durch den flächendeckenden Zugang zu modernen Informations- und Kommunikationstechnologien gewährleistet wird, so dass ein ausgeprägter und intensiver Informationsfluss in der Gesellschaft zu verzeichnen ist. Voraussetzung ist eine hohe Akzeptanz und eine aktive Nutzung der modernen Informations- und Kommunikationstechnologien bei den gesellschaftlichen Individuen (infrastrukturelle Indikatoren und Akzeptanzindikator).

- In der Informationsgesellschaft wird Information zu einem weiteren Produktionsfaktor. Auch die Wirtschaftssektoren werden um einen vierten Sektor erweitert, den Informationssektor. Dieser Informationssektor trägt entscheidend zur Wertschöpfung der Gesellschaft bei. Die Mehrzahl der Erwerbstätigen arbeiten in einem wissens- oder informationsbasierten Tätigkeitsfeld. Folge ist eine außergewöhnliche Innovationsfähigkeit der Gesellschaft. Außerdem zeichnet sich die Informationsgesellschaft durch den stetigen technologischen Fortschritt aus (ökonomische Indikatoren).

- Die Informationsgesellschaft ist charakterisiert durch eine starke Tendenz der Individualisierung und eine allgemeine Erhöhung des gesellschaftlichen Informations- und Wissensniveaus, das sich insbesondere in einem hohen Bildungsstand und in letzter Konsequenz in einem hohen Gehaltsniveau verdeutlicht. Es verändern sich die sozialen Hierarchien dahingehend, dass Wissen und der Umgang mit Information zu den ausschlaggebenden Faktoren der sozialen Einordnung werden. Besonders hervorzuheben ist in diesem Zusammenhang ein ausgeprägtes Bewusstsein für die globale Dimension allen Handelns(soziale Indikatoren).

- Das Bewusstsein für die globale Dimension führt zu einer Abschwächung nationalstaatlichen Denkens. Auf politischer Ebene werden struktur- und technologiepolitische Entscheidung zu handlungsleitenden und gesellschaftsgestaltenden Faktoren. Sämtliche politische Institution beschäftigen sich mit strukturpolitischen Themen und dem Ausbau der aktiven Nutzung von Informations- und Kommunikationstechnologien (politische Indikatoren).

- Das kulturelle Leben der Informationsgesellschaft wird in besonderem Maße von den interaktiven Dimensionen der neuen Informations- und Kommunikationstechnologien geprägt, multimediale Formate dominieren das kulturelle Leben der Informationsgesellschaft. Die Informationsgesellschaft ist geprägt durch ein auf visuelle Stimulierung basierendes Kulturschaffen. Die Sprache passt sich den technologischen Begebenheiten an und mit ihr die Literatur und die Kulturformate.

Es war eine frühe Erkenntnis in der Aufarbeitung der wissenschaftlichen Literatur, dass eine empirische Analyse mit quantitativem Schwerpunkt zwar dringend geboten ist, um der wissenschaftlichen Auseinandersetzung ein fehlendes methodisches Instrument zur Klärung der Frage nach der Informationsgesellschaft zur Verfügung zu stellen, dass aber zugleich dadurch noch keine umfassenden Aussagen darüber getroffen werden können, inwiefern neben den charakterisierenden Elementen auch tatsächlich qualitative gesellschaftliche Veränderungen zu erwarten sind, bzw., ob die charakterisierenden Elemente sich bereits in einzelnen gesellschaftlichen Feldern qualitativ nachweisen lassen. Ausgangspunkt und Motivation für den zweiten Teil dieser Arbeit war die Überzeugung, dass allein durch ein Zusammenspiel von empirisch nachweisbaren, quantitativen Charakteristiken und tatsächlichen qualitativen Strukturveränderungen von einer wirklichen gesellschaftlichen Umgestaltung, einem Gesellschaftswandel im ureigensten Sinne, zu sprechen ist. Diese qualitativen Veränderungen zu verifizieren, stellte das Erkenntnisinteresse des zweiten Teiles dar. Um eine solche Verifikation qualitativer Veränderungen zu erreichen, konzentrierte sich die vorliegende Arbeit im zweiten Teil auf drei gesellschaftliche Bereiche und analysierte die dortigen Veränderungen. In den Mittelpunkt der Analyse wurden Strukturveränderungen gerückt, da sie der wohl sichtbarste Ausdruck eines tatsächlichen Gesellschaftswandels sind. Diese Analyse mündet in der Annahme, dass es ausschließlich eine strukturelle Umgestaltung der Gesellschaft rechtfertigt, von einem neuen gesellschaftlichen Grundtyp auszugehen. Die Auswahl der gesellschaftlichen Bereiche wurde wie folgt getroffen:

- Arbeit und ökonomische Zusammenhänge
- Bildung
- Staatliche Organisation

3. Qualitative und strukturelle Veränderungen in der Informationsgesellschaft

a Ökonomischer Strukturwandel und Veränderung des Arbeitsbegriffs

Die Analyse ökonomischer Zusammenhänge hat in qualitativer Hinsicht die als charakteristisches Merkmal der Informationsgesellschaft dargestellte strukturelle Veränderung offengelegt. Ökonomisches Handeln weist tatsächlich eine neue Qualität auf. Die in der Industriegesellschaft vorherrschende Industrieproduktion, sichtbar im industriellen Sektor, wird zunehmend durch einen neuen, auf Informationen und Dienstleistungen basierenden Sektor abgelöst. Ohne Zweifel findet in der Ökonomie eine Sektorenverschiebung statt, die zum einen durch die Verstärkung des Dienstleistungssektors, zum anderen mittels der Einführung eines

neuen Informationssektors nachgezeichnet werden kann. Die wirtschaftlichen Zusammenhänge sind in zunehmendem Maße auf die Verarbeitung, Verbreitung und Generierung von Information angewiesen. Die Analyse wirtschaftlicher Zusammenhänge hat vor Augen geführt, dass es gerechtfertigt ist, Information als neuen Produktionsfaktor zu verstehen. Die Terminologie der „New Economy", auch wenn sie in jüngster Zeit verblasst ist, und die Veränderung der Börsenstrukturen sind äußere Zeichen dieser strukturellen Veränderung.
Es wäre jedoch ein Trugschluss, auch das hat die Analyse der ökonomischen Zusammenhänge gezeigt, die Sektorenverschiebung gleichzusetzen mit einer allgemein fortschreitenden Bedeutungslosigkeit des produzierenden Sektors. Der produzierende Sektor wird in der volkswirtschaftlichen Gesamtbetrachtung auch weiterhin einen maßgeblichen Teil des Bruttoinlandsproduktes darstellen; von Bedeutung ist vielmehr, wie eng Informations- und Produktionssektor miteinander verknüpft sind und inwieweit Informationsaktivitäten die ökonomischen Ergebnisse des Produktionssektors beeinflussen. Dieser Einfluss ist qualitativ deutlich nachweisbar, der Produktionssektor ist in starkem Maße auf die Verarbeitung von Information angewiesen und macht sich Information zu nutze. Auf diese Weise sind starke Rationalisierungseffekt feststellbar.
Es gehört auch zu einer weit verbreiteten Fehlannahme, dass die strukturellen Veränderungen – besser Verschiebungen – die bekannten ökonomischen Gesetze außer Kraft setzen. Zwar ist es richtig, dass der Produktionsfaktor Information grundsätzlich nicht mehr dem ökonomischen Gesetz der Knappheit unterliegt, aber im ökonomischen Zusammenhang geht es jetzt um die erfolgreiche Anwendung und Umsetzung der Information und um die Verbindung der Information mit den bekannten Produktionsfaktoren. Dies rückt das gesellschaftliche Humankapital in den Mittelpunkt ökonomischer Zusammenhänge, der Mensch und seine Qualifizierung wird zu einem maßgeblichen Standort- und Produktionsfaktor. Durch diese Verknüpfungen bleibt das Postulat der Knappheit bestehen und wird besonders deutlich an der derzeitigen, nachweisbar *strukturellen* Arbeitslosigkeit. Nicht jeder weist die Qualifizierung auf, die der Arbeitsmarkt abfragt. Fehlqualifizierungen treffen die Wirtschaft der heutigen Gesellschaft, nennen wir sie Informationsgesellschaft, in weitaus höherem Maße, als dies bei der Industriegesellschaft der Fall war, weil die Tätigkeitsbereiche in erster Linie eine hohe Qualifizierung bis hin zum Expertentum erfordern. Dies richtet den Blick auf eine der dringlichsten politischen Aufgaben: Beseitigung von Fehlqualifizierung und Mis-Match. Diese Aussage gilt umso mehr, als Arbeit für den Menschen in der Informationsgesellschaft mehr als nur Lebenserwerb bedeutet oder die Sicherung materieller Existenz. Arbeit bedeutet in der heutigen Gesellschaftsform in erster Linie soziale Anerkennung und Integration.
In diesem Zusammenhang, so hat sich gezeigt, verändert sich auch das Verhältnis des Menschen zur Arbeit. Wie in keiner anderen Gesellschaftsform wird die produktive Integration von Arbeit und Leben angestrebt. Eine Veränderung, die zunächst die positiven Einschätzungen der Utopisten der wissenschaftlichen Literatur zu bestätigen scheint, doch ist diese Veränderung zugleich mit der bitteren Analyse verbunden, dass gesellschaftlich einige dieser Entwicklung nicht folgen können, da ihre Begabungsstruktur eine andere ist. Die Einteilung der Gesellschaft in zwei Klassen ist vorprogrammiert, kann politisch flankiert und abgeschwächt, jedoch kaum verhindert werden.
Zusammenfassend sind daher folgende Feststellungen über die strukturellen und qualitativen Veränderungen im ökonomischen Leben der Informationsgesellschaft zu treffen:

1. Zu Agrar-, Produktions- und Dienstleistungssektor tritt ein vierter wirtschaftlicher Sektor: der Informationssektor. Mit seiner Entstehung ist eine Sektorenverschiebung verbunden, die dem Informationssektor in der volkswirtschaftlichen Gesamtbetrachtung besondere Bedeutung zuweist, bei gleichzeitiger Abnahme des Agrar- und Produktionssektors.
2. Zu den bekannten Produktionsfaktoren der Industriegesellschaft tritt ein weiterer Produktionsfaktor: Wissen und Information. In der Beschäftigungsstruktur dominiert der Wissens- oder Informationsarbeiter.
3. Das Humankapital einer Gesellschaft rückt damit in den Mittelpunkt der ökonomischen Zusammenhänge, der Mensch und seine Qualifikation wird zum maßgeblichen Standortfaktor. Damit bleibt das ökonomische Postulat der Knappheit bestehen.

Die qualitativen Veränderungen haben die ökonomischen Strukturen vollumfänglich durchdrungen. In jeder Hinsicht ist es gerechtfertig, von einer Informationswirtschaft zu sprechen, wenn auch die ökonomischen Grundgesetze dadurch unangetastet bleiben.

b Veränderung des Bildungssystems und des Bildungsbegriffs

Die wirtschaftlichen Strukturveränderungen und die Dominanz des Humankapitals in dieser Wirtschaftsstruktur demonstrieren, wie eng ökonomische Grundbedingungen und Qualifizierung in der Informationsgesellschaft verzahnt sind. Dies dokumentiert in qualitativer Hinsicht die enge Verbundenheit der gesellschaftlichen Einzelsysteme und generiert die prozedurale Dynamik der Informationsgesellschaft.
In der Informationsgesellschaft wird es zur Aufgabe des Bildungssystems, den ökonomisch motivierten, veränderten Qualifikationsanforderungen zu begegnen. Die Analyse des Bildungssektors hat sehr schnell offenbart, dass eine wesentliche qualitative Veränderung in der Informationsgesellschaft in den neuen Anforderungen zu sehen ist, die an die Vermittlungsaufgabe des Bildungssystem gestellt werden und letztendlich darauf zurückzuführen sind, dass Wirtschaft, Bildung, Forschung und Entwicklung in informationsgesellschaftlich geprägten Strukturen immer näher zusammenrücken und in einem engen, wechselseitigen Abhängigkeitsverhältnis stehen. Dieser qualitativen Veränderung muss das Bildungssystem Rechnung tragen. Derzeit besteht kaum Zweifel darüber, dass die größten Hindernisse beim Aufbau der Informationsgesellschaft das Defizit im Umgang mit Information und das Defizit im Bereich informationstechnischer Kenntnisse sind. Zu diesen grundsätzlichen Defiziten, die das Bildungssystem zu beseitigen hat, kommen strukturelle Veränderungen, mit denen sich das Bildungssystem konfrontiert sieht: Qualifikation und Qualifikationsbedarf entwickeln sich durch den allgemeinen Zugang zur Information immer heterogener. Strukturell sieht sich das heutige Bildungssystem mit einer zunehmenden Individualisierung des Lernens konfrontiert. Bildungswege verlaufen in der Informationsgesellschaft vollkommen unterschiedlich. Damit ist ein Kurswechsel des Bildungswesens notwendig, weg von der Vermittlung von Fachwissen, hin zur Vermittlung von Schlüsselkompetenzen. Nur so kann die Individualisierung des Bildungsniveaus wieder zusammengeführt werden. Fachwissen, das im Mittelpunkt eines industriegesellschaftlich geprägten Bildungswesen stand, wird auch künftig noch von Bedeutung sein, und selbstverständlich bleiben auch die allgemeinen Kulturtechniken wie Lesen, Rechnen Schreiben unverzichtbar; aber um den aktuellen strukturellen

Veränderungen erfolgreich zu begegnen, muss sich das Bildungsspektrum entscheidend erweitern. Zu den bekannten Kulturtechniken müssen weitere hinzutreten: der Umgang mit Informations- und Kommunikationsmedien, die Fähigkeit zur bildlichen Darstellungsform, sogenannte Medienkompetenz und – aufgrund des globalisierten Charakters der Informationsgesellschaft – Fremdsprachenkompetenz. Des weiteren ist es dringend geboten, lernmethodische Vorgehensweisen zu vermitteln, aber auch Sozialkompetenzen, Teamfähigkeit und persönliche Fertigkeiten zur Erhaltung der Handlungsfähigkeit sind in der Informationsgesellschaft wesentliche Voraussetzungen. Forderungen nach einer Renaissance des Humboldtschen Bildungsideals sind gerechtfertigt und für die Informationsgesellschaft zukunftsweisend.
Mit diesen Veränderungen werden aber nicht nur Anforderungen an die Bildungsstruktur gestellt, auch der einzelne sieht sich mit neuen Ansprüchen konfrontiert. Die Vorstellung von einer abgeschlossenen Berufsausbildung als Ergebnis eigenständiger Lebensabschnitte werden zur Illusion. Es ist ein wesentliches qualitatives Kennzeichen des Bereiches Bildung in der Informationsgesellschaft, dass Bildung kein abzuschließender Prozess ist, sondern permanent und lebenslang erworben und erneuert werden muss. Dieses wesentliche Merkmal bestätigt im hohen Maße die prozedurale Dynamik, in der sich die gesellschaftliche Form „Informationsgesellschaft" befindet. Bildung heißt in erster Linie „sich bilden". Die Grenzen zwischen Leben, Arbeiten und Lernen verschwimmen. Bildung wird ein wesentliches, fast bestimmendes Element des täglichen Lebens.
Wenn Bildung ein derart entscheidendes Merkmal der Informationsgesellschaft darstellt, dann liegt eigentlich die Vermutung nahe, dass das Bildungsniveau in dieser Gesellschaft auffallend hoch liegt. Mit Blick auf die Bundesrepublik hat allerdings spätestens die aktuelle PISA-Studie[1256] deutlich gezeigt, dass dem nicht so ist.
Die Analyse des Bildungssystems und der Bildungsstrukturen haben die mangelnde Flexibilität und Adaptionsfähigkeit des derzeit bestehenden Bildungswesens verdeutlicht. Die Folge erscheint ebenso nachvollziehbar wie paradox: ein als eher niedrig zu bezeichnendes Bildungsniveau und, auf anderer Ebene, Unterbeschäftigung bei gleichzeitigem Fachkräftemangel.
Veränderungen in den Bildungsplänen, aber auch Investitionen in das Bildungswesen sind daher dringend geboten. Bei der Revision der Bildungspläne und der Bildungsstruktur muss das industriegesellschaftliche Bildungsideal aufgegeben werden. Expertenwissen ist in der Informationsgesellschaft individualisiert anzueignen, Aufgabe des Bildungssystems ist es, individualisiertes Lernen möglich zu machen, den Einzelnen individualisiertes Lernen zu lehren und den Einzelnen zur Ausprägung einer „Wissbegier" zu motivieren. Damit ist auch die Aufgabe des Lehrers einer Veränderung unterworfen.
Zusammenfassend sind daher folgende Feststellungen über die qualitativen und strukturellen Veränderungen im Bildungssystem der Informationsgesellschaft zu treffen:

1. Das Bildungssystem sieht sich mit gänzlich neuen Vermittlungsaufgaben konfrontiert, die in einem Lehrplan nicht abzubilden sind und sich in erster Linie aus der Abhängigkeit von den ökonomischen Veränderungen und Anforderungen ergeben. Im Mittelpunkt der Vermittlung muss der Umgang mit Information, Wissen und Kommunikation stehen.

1256 Max-Planck-Institut für Bildungsforschung (Hrsg.): PISA 2000. Zusammenfassung zentraler Befunde. Schülerleistungen im internationalen Vergleich. Berlin 2001.

2. Strukturell sieht sich das Bildungssystem durch den unbeschränkten Zugang zu Information mit einer zunehmenden Individualisierung des Lernens und der Bildungswege konfrontiert. Dieser Individualisierungstendenz kann ein Bildungssystem nur durch die Vermittlung von Schlüsselkompetenzen begegnen, die in der Forderung nach dem Humboldtschen Bildungsideal münden.
3. Bildung in der Informationsgesellschaft bedeutet für den einzelnen in erster Linie ein lebenslanges Lernen, für das Bildungssystem eine Anpassung der Bildungsstruktur, der Unterrichtsstruktur und der Lehrmethoden auf diese Anforderung.

Im Licht der hier aufgeführten Veränderungen und Herausforderungen zeigt sich das Bildungssystem ebenso reformbedürftig wie reformresistent. Die qualitativen Veränderungen sind nachweisbar, durchdringen das Bildungssystem aber nur sehr zögerlich, eine umfassende Pädagogik der Informationsgesellschaft besteht nicht.

c Veränderung der politischen Kultur und der Staatsorganisation

Im Mittelpunkt der Beschäftigung mit den strukturellen Veränderungen des Staatsorganisationssystems in der Informationsgesellschaft standen die parlamentarischen Strukturen, ausgehend von der engen Verbindung zwischen Mediensystem und parlamentarischem System.
In diesem Zusammenhang konnten zunächst strukturelle Veränderungen in zweierlei Hinsicht festgestellt werden: zum einen die zunehmende Mediatisierung politischer Zusammenhänge und zum anderen die Veränderung des Öffentlichkeitsbegriffs durch die Entstehung einer globalen Netzöffentlichkeit.
Die Mediatisierung politischer Arbeit ergibt sich – verkürzt dargestellt – aus der Ausdifferenzierung und Kommerzialisierung der Medienstruktur und führt zur Veränderung des Öffentlichkeitsbegriffs, hin zu einer zunehmend fragmentierten Öffentlichkeit. Ergänzend ermöglicht die Einführung moderner Informations- und Kommunikationstechnologien die Entstehung einer individualisierten und globalisierten Netzöffentlichkeit. Qualitativ ist bei näherer Betrachtung der staatlichen Institutionen nachweisbar, dass diese sich vollumfänglich auf die zunehmende Mediatisierung der Politik und zugleich auch auf die Entstehung einer Netzöffentlichkeit eingestellt haben. Auch hier ist die prozedurale Dynamik der Informationsgesellschaft erkennbar. Damit bestehen zwei Öffentlichkeitsstrukturen nebeneinander: die fragmentierte Öffentlichkeit einer mediatisierten Politikstruktur und eine individualisierte Netzöffentlichkeit. Betrachtet man die Wirkungen dieser Öffentlichkeitsveränderung auf das parlamentarische System, so kann zum jetzigen Zeitpunkt noch keine abschließende Aussage getroffen werden. Die Entstehung der Netzöffentlichkeit, charakterisiert durch ein ausgeprägtes Freiheitsbewusstsein und eine auf den politischen Diskurs angelegte Kultur, könnte die negative Tendenzen der Mediatisierung politischer Zusammenhänge abschwächen. Vorstellbar wäre durchaus die Entwicklung einer Res Publica im ureigentlichen Sinne und die Entstehung einer autonomen Bürgerkommunikation mittels neuer Informations- und Kommunikations-medien.
Diese Vorstellung resultiert aus der Beobachtung, dass die computervermittelte Kommunikation Politik bereits heute verändert und herausfordert. Betroffen sind dabei alle Facetten: policy, politics und politie. Durch die Entstehung der Netzöffentlichkeit ist eine Neuorientierung im Verhältnis zwischen Bürger und Staat eingetreten, der Bürger rückt mittels der Netzöffentlichkeit näher an die Politik heran

und ist in der Lage, unmittelbarer seine Forderungen zu stellen. Die e-mail-Kommunikation in den Abgeordnetenbüros des Deutschen Bundestags ist ein sichtbares Zeichen dieser Veränderung. Es ist die Politik selbst, die die emanzipatorischen Chancen der modernen Informations- und Kommunikationsmedien nutzen muss, um durch die Demokratisierung der Information eine flächendeckende Demokratisierung der politischen Struktur herbeizuführen. Die Grundlage hierfür ist gelegt durch die Interaktivität der neuen Medien. Langfristig kann durch die Interaktivität die Entwicklung eines eigenverantwortlichen, aktiv agierenden Mediennutzers gefördert werden. Erste sichtbare Zeichen sind die zahlreichen Internet-Communities, die schon heute durch Diskussion politischer Themen eine aktive politische Teilhabe weltweit widerspiegeln, obgleich zugestanden werden muss, dass trotz ansteigender Nutzerzahlen noch immer eher von einem „elitären" Kreis auszugehen ist.
Dass die staatlichen Institutionen sich dieser neuen Potenziale bewusst sind, wird nicht nur in ihrer Internetpräsenz sichtbar, sondern auch in den intensiven Diskussionen um die Einführung direktdemokratischer Strukturen, etwa mittels elektronischer Wahl. Diese Diskussion werden zumeist unter dem Begriff *E-Demokratie* geführt Dass die Einführung elektronischer Wahlen derzeit noch zahlreiche Fragen aufwirft, verdeutlichen die unterschiedlichen Ausprägungen elektronischer Demokratie, wie sie in dieser Arbeit beschrieben worden sind: Teledemokracy, Cyberdemocracy, Electronic Democratization. Die Auseinandersetzung mit diesen Demokratiebegriffen hat veranschaulicht, dass in dieser Diskussion im Grunde lediglich eine alte politikwissenschaftliche Frage neue Bedeutung gefunden hat, nämlich die Frage nach der Basisdemokratie und ihren Implikationen. Die hier aufgeführten Demokratieformen der E-Demokratie stellen im Grunde nichts anderes dar, als einen unterschiedlichen Grad basisdemokratischer Elemente. Gerechtfertig erscheint die Vermutung, dass eine Kombination repräsentativer Strukturen mit direktdemokratischen Elementen auf der Basis elektronischer Wahlmöglichkeiten in der Informationsgesellschaft das parlamentarische System verändern und das politische Bewusstsein der Bürger und Bürgerinnen möglicherweise auch reaktivieren wird. In qualitativer Hinsicht scheint im Bereich der Staatsorganisation ein Scheidepunkt erkennbar, denn in vielfacher Hinsicht kann die aktive Anwendung moderner Informations- und Kommunikationstechnologien in politischen und demokratischen Zusammenhängen auch problembehaftete Veränderungen nach sich ziehen. Zum einen kann durch die weitere Diversifizierung der Medienformate und der Entstehung einer elitären Netzöffentlichkeit die Zersplitterung der Öffentlichkeit weiter zunehmen, Individualisierungstendenzen können ein ungeahntes und gesellschaftsgefährdendes Stadium erreichen. Ferner besteht die Gefahr, dass das emanzipatorische Potenzial, das sich prinzipiell aus dem Zugang zur Information ergibt, im „information overload" erstickt. Plakativ bringt dies Claus Eurich zum Ausdruck:

> "Das so viel gerühmte Internet steht exemplarisch und herausragend dafür, wie eine grenzenlose Öffnung informationstechnischer Kanäle, neben einer unbestritten wachsenden Zahl anspruchsvoller Informationen, zu einer Flut von inhaltslosem Wortlärm führt, den Zugang zu einer Halde öffnet, auf der jeder, auch anonym, seinen Mist abladen kann. Im Fluss der Informationen geht für den Normalverbraucher die Wahrnehmungstiefe verloren, und

> Überschriftenwissen tritt an die Stelle profunder Ausleuchtung (...) Im Bit-Bombardement bleibt der Gesamtsinn auf der Strecke."[1257]

Eine Einschätzung, die mit Sicherheit nicht von der Hand zu weisen, aber zugleich auch kein Automatismus ist.
Zusammenfassend sind daher folgende Feststellungen über die qualitativen, strukturellen Veränderungen in der Staatsorganisation der Informationsgesellschaft zu treffen:

1. Die politische Kultur, die Staatsorganisation selbst, die parlamentarischen Abläufe und politischen Zusammenhänge werden aufgrund neuer Informations- und Kommunikationstechnologien mit neuen Potenzialen konfrontiert, die strukturelle Veränderungen wahrscheinlich, aber nur in Ansätzen schon feststellbar machen. Ein Ausdruck dessen ist die Diskussion um die „Electronic Democracy“ oder die „Wahl per Mouseclick“.
2. Die Staatsinstitutionen sind vermehrt gezwungen, das gesellschaftliche Individuum wieder in den Mittelpunkt ihrer Arbeit zu stellen. Die Kritikfähigkeit des gesellschaftlichen Individuums gegenüber den Staatsinstitutionen wird durch moderne Medien gefördert, der aktive Staatsbürger kann im Netz real werden und seinen Ausdruck in basisdemokratischen Elementen durch elektronische Wahlmöglichkeit finden. Aber trotz dieser Potenziale bleibt das Netz auf das Individuum und seine Akzeptanz zurückgeworfen.
3. Demokratische Politik hat dafür Sorge zu tragen, dass Kommunikationsungleichheit abgebaut wird und die neuen Medien „Common Carriers“ werden. Der Aufbau von Universaldiensten wird zur staatlichen Aufgabe, nur dann können die demokratischen Potenziale neuer Medien aktiv umgesetzt werden.

Die Betrachtung des Staatsorganisationssystems, insbesondere der parlamentarischen Strukturen, verdeutlicht, dass qualitative Veränderungen hier zwar die politische Diskussion dominieren mögen, aber noch keine tatsächliche Veränderung der politischen Struktur herbeigeführt haben. Die Chancen, die mit modernen Informations- und Kommunikationssystemen für die Parlamentarische Demokratie aufgrund der politischen Kultur bestehen, scheitern an einer Besitzstandswahrung der politischen Institutionen, die in einem industriepolitischen Denken verhaftet bleiben. Die Untersuchung der qualitativen Veränderungen in der Staatsorganisation hat verdeutlicht, wie träge staatlich-politische Organisationen auf gesellschaftliche Veränderungen reagieren, obgleich sie ja im Grunde die Aufgabe hätten, zu agieren und zu gestalten.
Damit ist der eigentlich wichtigste Aspekt beim Aufbau einer Informationsgesellschaft angesprochen: Es stellt sich die Frage, wie auf politischer Ebene die erfolgreiche Gestaltung eines gesellschaftlichen Wandels erfolgen soll, wenn zugleich das Bewusstsein der staatlich-politischen Institutionen dem eigentlichen Wandel nur zögerlich folgen kann.
Möglicherweise kann es als Trost dienen, dass Mediennutzung in erster Linie eine soziokulturelle Evolution ist. Damit ist dem deutschen Verständnis von Staatsorganisation, in Verbindung mit Verfassungs- und Staatsschutz und der ausgeprägte Sorge um die Integrität der öffentlichen Ordnung, die Aufgabe gestellt, der Selbstregulierung und der normativen Steuerung mehr Vertrauen zu schenken.

[1257] Claus Eurich, Mythos Multimedia. Über die Macht der neuen Technik, München 1998, S.171.

Dies ist auch deshalb notwendig, weil die Souveränität des Nationalstaates durch das globale Medium Internet zunehmend in Frage gestellt wird.

4. Ist die Informationsgesellschaft Realität?

In quantitativer Hinsicht waren die Veränderungen des gesellschaftlichen Wandels sehr schnell ablesbar und haben charakteristische Elemente einer Informationsgesellschaft zu Tage gefördert, die in der qualitativen Analyse der gesellschaftlichen Teilbereiche, wenn auch teilweise nur in Form eines Entwicklungspotenzials, durchaus wiederfindbar waren. Unabhängig davon, welcher gesellschaftliche Teilbereich betrachtet worden ist, hat sich dabei eine Grundannahme bestätigt: Die charakteristischen Merkmale der Informationsgesellschaft haben sich in den gesellschaftlichen Teilbereichen auch qualitativ abgezeichnet. Zugestanden werden muss, dass die Beschreibungen der qualitativen Veränderungen Momentaufnahmen bleiben, was wiederum darauf verweist, dass eine von Informationen geprägte Gesellschaft eine durch enorme Komplexität und Dynamik geprägte Gesellschaftsform ist, die eine unübersehbare Fülle sich ständig wandelnder Funktionalitäten konstituiert. Führt man die Aufarbeitung der charakteristischen Indikatoren mit der Analyse tatsächlicher qualitativer Veränderungen zusammen, so muss man zu der Erkenntnis kommen, dass die richtige Sichtweise bei der Bewertung des Konzeptes der Informationsgesellschaft ist, davon auszugehen, dass wir uns „auf dem Weg in ein Informationsgesellschaft“ befinden. Während die ökonomischen Zusammenhänge bereits vollumfänglich eine strukturelle Veränderung vollzogen haben, sind die gesellschaftlichen und politischen Bereiche noch damit beschäftigt, eine angemessene Reaktion auf den gesellschaftlichen Veränderungsprozesse zu finden. In jedem Falle jedoch ist in allen gesellschaftlichen Bereichen an die Stelle einer noch bis Anfang der 90er Jahre vorherrschenden Skepsis gegenüber dem "neuen Medium" Internet, genährt von Klagen über den Informationsmüll und die anarchischen Strukturen, Anfang des 21. Jahrhunderts eine Sichtweise getreten, die dem Internet einen festen Platz im soziopolitischen Gefüge zuweist.

Damit hat die Arbeit durchgehend und unter den unterschiedlichsten Blickwinkeln verdeutlichen können, dass die Informationsgesellschaft quantitativ wie qualitativ schon lange keine Vision mehr ist. Die Informationsgesellschaft ist Realität.[1258] Eine Realität, die ständiger dynamischer Veränderung unterworfen ist und immer weniger feste gesellschaftliche Strukturen kennt. Daher ist auch die wissenschaftliche Auseinandersetzung darüber, ob es gerechtfertigt sei, von einem neuen gesellschaftlichen Grundtyp auszugehen, oder aber ob dies eher als informierte Industriegesellschaft bezeichnet werden solle, ad absurdum geführt, da diese wissenschaftliche Auseinandersetzung die prozedurale Dynamik, die als wesentliches Element die informatisierte Gesellschaft prägt, vollkommen außer Acht lässt.

Letztendlich bleibt es eine Frage der eigenen Bewertung, ob der „Kontinuitätsgedanke“ oder der „Revolutionsgedanke“ präferiert wird: "... in the final analysis, acceptance of the idea of society as information society is still largely a matter of faith, or at least of perception."[1259]

[1258] William Gibson, Bruce Sterling: National Academy of Sciences (Speeches by), http//staff.www.uni-marburg.de/~buhlach/speeches.

[1259] William Martin, The Global Information Society, a.a.O., S.14. Der Autor bezieht sich auf Frank Webster, What information Society? In: The information Society, 10, 1994, S.1-23.

Trifft man die Entscheidung dahingehend, die Informationsgesellschaft als reale Gesellschaftsform zu akzeptieren, und denkt die Entwicklung konsequent zu Ende, dann erscheint es gerechtfertigt, bei einer entsprechenden Charakterisierung der Gesellschaftsform und qualitativen Veränderungen der gesellschaftlichen Bereiche – beides konnte in dieser Arbeit nachgewiesen werden – auch die Erwartung eines Systemsbruchs zu verbinden, wie dies die Terminologie *Informationsgesellschaft* ausdrückt.

Den Kritikern dieses Verständnisses sei zugestanden, dass die Entwicklung noch nicht am Ende angelangt ist. Die modernen Informations- und Kommunikationstechnologien und insbesondere das Internet haben eine besondere Dominanz erreicht und strahlen als qualitative Veränderung auf das soziopolitische Gefüge ab. Die entgültige Form dieser Veränderung ist derzeit kaum abschätzbar. Um einen Ausblick zu geben: Mit Sicherheit kann davon ausgegangen werden, dass auch die zukünftige Entwicklung geprägt sein wird von einem Zusammenwachsen sämtlicher Medienformate, symbolisiert durch den Begriff *Multimedia*. Weiterhin absehbar ist zudem ein zunehmendes "mobil werden" der neuen Medien. Dadurch wird Information weiter an Bedeutung zunehmen, zu jedem Zeitpunkt, an jedem Ort, für alle gesellschaftlichen Bereiche und für die Individuen selbst. Gefährdet ist diese weitere Entwicklung lediglich durch die infrastrukturellen Gegebenheiten, sprich: durch die Kapazitäten bzw. Bandbreiten, die bis zur Endnutzerschnittstelle zur Verfügung gestellt werden können. Die Übertragungskapazitäten der Telekommunikationssysteme und Telekommunikationsnetze werden mit den wachsenden Anwenderzahlen und den neuen Anwendungsformaten vor völlig neue Herausforderungen stehen. Die Informationsgesellschaft ist eben nicht autonom gestaltbar, sondern bleibt auf eine technische Infrastruktur angewiesen:

"Das Internet ist wie eine öffentliche Schafweide...", warnen die US-Ökonomen David Klein und Daniel Burstein. "... genau wie jeder Schäfer seine Herde vergrößert, bis die Wiese ruiniert ist, droht das Internet an seiner eigenen Informationsflut zu ersticken. Immer häufiger klagen die Nutzer des globalen Datenverbundes deshalb über lange Wartezeiten, Systemausfälle, Informationsmüll."[1260] Für mehr Bandbreite ist daher ein Ausbau der Telekommunikationsnetzes notwendig. Dieser Ausbau stößt derzeit an die Grenzen hoher Investitionskosten.

II. Abschließender Gedanke

Läßt man sich darauf ein, das Konzept der Informationsgesellschaft zu akzeptieren, ergibt sich daraus die Frage nach der politischen Gestaltung der gesellschaftlichen Veränderung. Die Auseinandersetzung mit der politischen Gestaltung mündet unmittelbar in die Antwort, dass die Gesellschaft verstärkt an den aktiven Umgang mit Wissen und Information heranzuführen ist. Der Umgang mit den Informations- und Kommunikationstechnologien und die Fähigkeit, Information zu analysieren, zu interpretieren und rational zu bewerten, wird zum Schlüsselfaktor für die erfolgreiche Umsetzung des gesellschaftlichen Wandels. Damit wird es zu einer politischen Aufgabe, Hindernisse auf dem Weg zur allgemeinen Anwendung der Informations- und Kommunikationstechnologien zu beseitigen, denn trotz aller multimedialen Möglichkeiten bleibt die Akzeptanz in der Bevölkerung der ausschlaggebende

---

[1260] Michael Sauga, Hilflose Versuche. Die Computernetze revolutionieren Politik und Wirtschaft – wer regiert die neue Welt? WIWONr.18/25. April 1996 In: Stefan Baron, Kurt Bedker, Hanspeter Schreiner, Die Informationsgesellschaft im Neuen Jahrtausend. Futurion-Kongress, a.a.O., S.75

Erfolgsfaktor für den Aufbau einer Informationsgesellschaft. Dreh- und Angelpunkt jeglichen Innovationsgeschehens ist und bleibt der Mensch, dabei sind Qualifikation und Motivation entscheidende Katalysatoren. Bereits 1991 wies Leo Nefiodow ausdrücklich darauf hin, dass das Erziehungswesen für den Innovationsprozess in jeder Gesellschaft ein ausschlaggebender Faktor ist.[1261] Nur aus der angemessenen Qualifizierung kann die notwendige Motivation erwachsen. Jeder Innovationsprozess muss daher politisch begleitet werden und die gesellschaftlichen Zusammenhänge im Blick behalten. Voraussetzung hierfür ist ein interdisziplinärer Umgang mit den Folgen des Innovationsprozesses. Dies fordert gerade auch die Geisteswissenschaften auf, die traditionell eine distanzierte bis ablehnende Haltung zum modernen technisch-ökonomischen Innovationsprozess einnehmen, ihre produktive Energie auf die Mitgestaltung umzulenken.

Dies gilt umso mehr, als sich bereits in einer vagen Risikoabschätzung andeutet, dass nicht alle Mitglieder der Gesellschaft die technischen, finanziellen und kommunikationskulturellen Schwellen bei der Nutzung und Aneignung neuer interaktive Angebote überwinden werden. Tendenziell ist also durchaus von einer Kluft zwischen Informationsprivilegierten und Informationsdeprivierten auszugehen. Staatliche Aufgabe ist es, gesellschaftliche Desintegrationstendenzen und binnengesellschaftliche Differenzierung so weit als möglich abzuschwächen.

Dies kann nicht über Regulierung erfolgen, da jede Regulierung in diesem Bereich zugleich die Wettbewerbsfähigkeit der gesamten Volkswirtschaft beeinträchtigt und im Grunde durch die rasante technologischen Entwicklung ad absurdum geführt wird. Die Forderungen nach einer ordnungspolitischer Regulierung, oder aber – im Kontrast dazu – der feste Glaube an die marktwirtschaftlichen Kräfte als richtungsgebende Gestaltungsinstanz belegen, dass die politisch Handelnden noch immer im industriegesellschaftlichen Denken verhaftet sind. Dieses industriegesellschaftliche Denken, dass sich in Gebot und im festen Glauben an den Markt manifestiert, kann den neuen gesellschaftlichen Strukturen nicht mehr gerecht werden, weil es den dynamischen Prozess und die ausgeprägte Pluralität nur ungenügend berücksichtigt. Politische Maßnahmen und Rahmenbedingungen müssen deshalb mehr umfassen als die Förderung der Entwicklung neuer Infrastrukturen mit neuen Informationsdiensten und Kommunikationsmöglichkeiten. Vorrangiges Ziel muss es vielmehr sein, einen gleichberechtigten Zugang zu neuen Informations- und Kommunikationsdiensten zu ermöglichen und zu fördern, ohne das Grundrecht der informationellen Selbstbestimmung preiszugeben. Das Spannungsverhältnis zwischen Freiheit und Sicherheit wird in der politischen Gestaltung informationsgesellschaftlicher Strukturen besondere Bedeutung erlangen. Um eine erfolgreiche Umsetzung der Gesellschaftsveränderungen erreichen zu können, muss der einzelne darauf vorbereitet werden, eigenverantwortlich zu handeln, es muss eine stärkere Integration der Ethik im Marktmechanismus erfolgen. Dies kann etwa durch eine Politik der Nachhaltigkeit geschehen.

Die Industrienationen lenken immer noch einen viel zu großen Teil ihrer Energie in der Erhaltung überholter Strukturen, dadurch können die für den Aufbau einer Informationsgesellschaft notwendigen Ressourcen nicht freigesetzt werden. Eine intensive Policy-Analyse kann dies bestätigen, soll aber anderen Arbeiten überlassen bleiben.

Spannungen zwischen Gesellschaft und technischer Innovation lassen sich nicht vermeiden. Innovationspolitik muss hier eine Vermittlerrolle übernehmen und wird insofern eine gesellschaftliche Daueraufgabe. Die sozialen Anpassungsprozesse,

[1261] Leo A. Nefiodow, Der fünfte Kondratieff, a.a.O., S.310-311.

die zur spannungsfreien Realisierung der Informationsgesellschaft notwendig sind, werden sicherlich noch einige Jahre in Anspruch nehmen.
Abschließend ist daher festzuhalten: Der Begriff der Informationsgesellschaft reflektiert Facetten gesellschaftlicher Veränderung. Da subjektive Elemente wie persönlicher Werdegang, soziale Abhängigkeiten, Artikulations- und Informationsbedarf sowie handlungsrelevante Informationsnutzung nach wie vor maßgebliche gesellschaftsbildende Elemente darstellen, wird deutlich, dass der politisch handelnde Mensch der Zukunft vor deutlich höheren Anforderungen steht. Die quantitative Zunahme der Information als gesellschaftlicher Faktor mündet in eine neue Qualität zwischenmenschlicher, wirtschaftlicher, sozialer und politischer Beziehungen. Die heutige Gesellschaft sieht sich mit einem Paradigmenwechsel konfrontiert, der lautet: „Das eigentliche Ziel der Informationsgesellschaft ist eine harmonische Symbiose, ein als natürlich empfundener Zusammenklang von Mensch und Technik."[1262]
Eine solche Symbiose kann freiheitliche Strukturen fördern, die Verantwortung für eine solche Förderung bleibt jedoch in den Händen des Menschen. Um dies zu unterstreichen, soll auf eine Aussage des Philosophen Michel Serres zurückgegriffen werden:

> "Der Einfluß der Technologie wählt andere Wege: Die Technologien verändern die menschlichen Beziehungen, unser Gedächtnis, unsere kognitiven Fähigkeiten und das Verhaltensmuster der Gemeinschaft. Sobald sich eine Gesellschaft ausgehend von einer neuen Technologie entwickelt, wird sie die Freiheit nach neuen Normen ausrichten. (...)
>
> Ebensowenig teile ich nicht die Überzeugung, daß wir die Freiheit verloren haben. Ich glaube vielmehr, daß die Technologien die Freiheiten weder begünstigen noch beschränken, denn die Freiheit ist eine Funktion des Willens, sie ist nicht abhängig von den technologischen Zwängen.
>
> (...) Durch die gesellschaftlichen Veränderungen und den technologischen Wandel ist letztlich ein Ensemble von Beziehungen betroffen, innerhalb dessen wir die Freiheit neu bestimmen müssen."[1263]

In der Aussage von Michel Serres wird deutlich, dass die Entstehung einer Informationsgesellschaft keinesfalls nur als Produkt technologischer Entwicklung verstanden werden kann, auch wenn technologische Entwicklung sicherlich die Grundlage bildet. Maßgeblich für die gesellschaftliche Veränderung erscheint viel mehr der Modernisierungsschub, der nur durch Akzeptanz und Integration der Technologie erfolgt. Die Vorbereitung der Gesellschaft ist eine wesentliche Voraussetzung für diese Akzeptanz und für die Diffusion der Technologie. Damit lautet die Frage nicht mehr, ob die Informationsgesellschaft wirklich realisiert wird, sondern wie gut die Gesellschaft auf diese neue Gesellschaftsform wirklich vorbereitet ist. Damit muss der Schwerpunkt in der politischen Diskussion gerade im technologieskeptischen Europa auf Überlegungen zur sozialverträglichen Gestaltung der Informationsgesellschaft liegen. Die Vorbereitung auf die Zukunft erfordert eine Erziehung zur Freiheit, die festgefahrene Gewohnheiten und Ideologien hinter sich läßt und die Bereitschaft fördert, alles Bestehende in Frage zu stellen. Dies wiederum setzt eine erwachsene Gesellschaft voraus, die ihre Spontaneität, ihre Beweglichkeit und ihre Phantasie entwickelt und dabei zugleich die Verpflichtung zu

---

[1262] Peter Otto / Philipp Sonntag, a.a.O., S.44.
[1263] FAZ 19. Oktober 2000, Unsere Freiheit hängt von der wahren Information ab. Ein Gespräch mit Michel Serres.

globalen, verbindlichen Rahmenbedingungen anerkennt. Ein solcher Nährboden läßt eine neue gesellschaftliche Form entstehen, deren Grundlage die globale Information und Kommunikation bildet. Der neue Gesellschaftstypus Informationsgesellschaft wird dann vom Konzept zur vollumfänglichen Realität. Eine Realität, die einen mutigen, zuversichtlichen und verantwortungsvollen Blick in die Zukunft erlaubt, oder, wie es der Astrophysikers Carl Sagan ausdrückt: „vernünftig ist heute einzig die Utopie".[1264]

[1264] Nach Guy Sorman, Denker unserer Zeit, München 1993, S.27.

E. LITERATURVERZEICHNIS

Abbate, Janet: Inventing the Internet, Cambridge 1999.

Abramson, Jeffrey B. / Arterton, F. Christopher / Orren, Garry R.: The Electronic Commonwealth. The Impact of New Media Technologies on Democratic Politics. New York 1988.

Adorno, Theodor W. : Fortschritt, in: ders., Stichworte, Kritische Modelle, S.29-50. Frankfurt/M. 1969

Aglietta, Michel: A theory of Capitalist Regulation, o. O., New Left Books 1979.

Alemann, Ulrich von: Repräsentation. In: Nohlen, Dieter (Hrsg.), Wörterbuch Staat und Politik. Bonn 1991

Alemann, Ulrich von: Schattenpolitik. Streifzüge in die Grauzone der Politk. In:Claus Leggewie (Hrsg.), Wozu Politikwissenschaft? Über das Neue der Politik, Darmstadt 1994, S.135-144.

Alfred-Herrhausen-Gesellschaft für Internationalen Dialog (Hrsg.): Multimedia – eine revolutionäre Herausforderung. Perspektiven der Informationsgesellschaft. 3. Jahreskolloquium 16./17. Juni 1995. Frankfurt am Main. Stuttgart 1995.

Anderson, Robert H. / Bikson, Tora K. / Law, Sally Ann / Mitchel, Bridget M.: Universal Access to e-mail: Feasibility and Societal Implication, Santa Monica, CA: RAND-Corporation MR-650-MF 1995 unter http://www.rand.org./publications. Kapitel 6: Conclusions and Recommendations, keine Seitenangaben vorhanden.

Arndt, Ulrich: Herausforderung an die Schule von heute: Welche Bildungspotentiale hat die Schule? Die deutsche Perspektive. In: Bertelsmann-Stiftung (Hrsg.), Die Informationsgesellschaft von morgen – Herausforderung an die Schule von heute. Gütersloh 1996.

Aterton, Christopher T.: Teledemocracy. Can Technology Protect Democracy? Newsbury Park 1987.

Attali, Jacques: Millenium: Winners and Losers in the Coming World Order. New York 1991.

Austin, John L. :How to do things with words, Oxford 1962.

Babe, Robert: Information und Communication in Economics. Boston 1994. S.41-67.

Badische Zeitung vom 13.06.1998, Virtuelle Uni Oberrhein. Vorlesungen künftig online.

Badische Zeitung vom 14.03.1997, Cybercops auf ziemlich verlorenem Posten.

Badische Zeitung vom 14.06.1997 Multimedia-Gesetz soll Verbraucher besser schützen.

Badische Zeitung vom 15.07.1997, Online von der Schulbank aus.

Badische Zeitung vom 16.10.1996.

Badische Zeitung vom 24.02.1998.

Badische Zeitung vom 28.10.1996.

Badischen Zeitung vom 04.02.1998.

Bagdikian, Ben: The Media Monopoly. Boston 1983.

Bakos, Y.: The Emerging Role of Electronic Marketplaces on the Internet. In: Communications of the ACM, August 1998, Vol.41, No.8, S.35-42.

Bammé, Arno / Feuerstein, Günter: Maschinen-Menschen. Mensch-Maschinen. Grundrisse einer sozialen Beziehung. Reinbek 1983.

Barbrock, Richard: Politics: Electronic Democracy, 1995/6 In: http://www.wr.com.au/democracy/index.htm vom 11.05. 1999.

Bardeleben, Richard von: Weiterbildungsqualität. Konzepte, Instrumente und Kriterien. Berlin und Bonn 1995.

Baron, Stefan / Becker, Kurt / Schreiner, Hanspeter: Die Informationsgesellschaft im Neuen Jahrtausend Wirtschaft und Gesellschaft im neuen Jahrtausend Futurion. Ein Forum der Thyssemn AG 1 996 i n Z usammenarbeit m it d er W irtschaftswoche u nd der Universität Witten / Herdecke.

Baudrillard, Jean : Agonie des Realen. Berlin 1978.

Baudrillard, Jean : Le Crime parfait. Paris, Galilée 1995.

Baudrillard, Jean: For a Critique of the Political Economy of the Sign. St.Louis 1981.

Baudrillard, Jean: In the Shadow of the Silent Majorities or The End of the Social and Other Essays. Translated by Paul Foss, John Johnson and Paul Patton. New York 1983.

Baudrillard, Jean: L'illusion de la fin ou La Greve des événements. Paris 1991.

Baudrillard, Jean: Selected W ritings. E dited w ith a nd I ntroduction b y M ark P oster. Stanford 1988.

Baudrillard, Jean: Simulations, New York 1983.

Baudrillard, Jean: The Mirror of Production. St. Louis 1975.

Baudrillard, Jean: The Mode of Information: Poststructualism and Social Context. Cambridge 1990.

Baumann, Z. : Moderne und Ambivalenz. Hamburg 1992.

Beck, Hanno: Auf der Suche nach der Neuen Welt. Der Mythos von der New Economy. In: FAZ vom13.05.2000.

Beck, Ulrich (Hrsg.): Kinder Freiheit. Frankfurt 1997.

Beck, Ulrich / Giddens, Anthony / Lash, Scott: Reflexive Modernisierung. Eine Kontroverse. Frankfurt a.M. 1996.

Beck, Ulrich: Risikogesellschaft. Auf dem Weg in eine andere Moderne. Frankfurt am Main 1986.

Becker, Henry Jay: How Schools use Microcomputers. Results from a National Survey. In: Chen, Milton / Paisley William (Eds.): Children and Microcomputers. Beverly Hills 1985.

Becker, Jörg / Salamanca, Daniel: Globalisierung, elektronische Netze und der Export von Arbeit. In: Aus Politik und Zeitgeschichte. B 42/97. 10.10.1997. S.31-38.

Becker, Jörg: Die Einfalt in der Vielfalt. Standardisierte Massenkommunikation als Problem der politischen Kultur. In: In: Aus Politik und Zeitgeschichte B39/94. 30.09.1994. S.21-28.

Becker, Ted: Teledemocracy. Bringing Power Back to People. In: The Futurist, December 1981, S.6-9.

Becker, Thomas A.: Generäle contra Partisanen. In der "New Economy" versagen traditionelle Managementkonzepte. Kommt zum Kampf der Kulturen auf der Ebene von Unternehmen. Frankfurter Allgemeine Zeitung vom 16.10.2000.

Beissmann, Gernot: Noch gibt es zu viele Fußangelon im Netz. In: Handelsblatt vom 02.08.1999.

Bell, Daniel: Die nachindustrielle Gesellschaft. Frankfurt am Main/New York 1975. Erstauflage: Hamburg 1973.

Bell, Daniel: Resolving the Contradictions of Moderity and Modernism. In: Society (3) March-April S.43-50; 27 (4) May-June, S.66-75.

Bell, Daniel: The Coming of Post-Industrial Society. A Venture in Social Forecasting. New York 1973.

Bell, Daniel: The World in 2013, In: New Society, 18.12.1987, S.31-37.

Bellstedt, Hans: Der geeignete Rechtsrahmen für die digitale Welt. Das Internet muss reguliert werden. Doch jede weitere Direktive könnte das Wachstum bremsen. In: Financial Times Deutschland vom 21.06.2000.

Bensel, Norbert / Weiler, Hans: Hochschulen für das 21. Jahrhundert zwischen Staat, Markt und Eigenverantwortung. Ein Hochschulpolitisches Memorandum im Rahmen der Initiative D21 unter Federführung der Daimler Chrysler Services (DEBIS) AG. Berlin, Standford August 2000.

Berger, Lutzer: Arbyte 2000. In: ManagerSeminare, Heft 19, II. Quartal 1995, S.40.

Bericht der Bundesregierung über die Lage der Medien in der Bundesrepublik Deutschland 1994.

Bertelsmann-Stiftung (Hrsg.), Die Informationsgesellschaft von morgen – Herausforderung an die Schule von heute. Vierter Deutsch-Amerikanischer Dialog zur Medienkompetenz als Herausforderung an Schule und Bildung. Gütersloh 1996.

Beste, Dieter: DieMultimedia-Hexenküche. In: Spektrum der Wissenschaft, Dossier: Datenautobahn, S.20/21.

Beyme, Klaus von: Der Gesetzgeber. Der Bundestag als Entscheidungszentrum. Opladen 1997.

Bieberbach, Florian / Hermann, Michael: Die Substitution von Dienstleistungen durch Informationsprodukte auf elektronischen Märkten. In: August-Wilhelm Scheer / Markus Nüttgens (Hrsg.), Electronic Business Engineering. 4. Internationale Tagung Wirtscahftsinformatik 1999. Heidelberg 1999.

Birnbaum, N: Die Krise der industriellen Gesellschaft. Frankfurt 1972.

Bischoff, Joachim: Mythen der New Economy: zur politischen Ökonomie der Wissensgesellschaft. Hamburg 2001.

Bismarck, Klaus von / Gaus, Günter / Kluge, Alexander / Sieger, Ferdinand: Industrialisierung des Bewusstseins. Eine kritische Auseinandersetzung mit den ›neuen‹ Medien. München, Zürich 1985.

Bitter, Anke / Zielke, Anne: Es kann nur eine geben. Kommunikation ist alles – Niklas Luhmann beschreibt die Gesellschaft der Gesellschaft. In: Süddeutsche Zeitung vom 21.07.1997.

Blake, Virgil L.P. / Suprenant, Thomas T.: Electronic immigrants in the information age: some policy considerations. In: The information Society, 7, (1990).S.233-244.

Bleicher, Knut (Hrsg.): Auf dem Weg in die Wissensgesellschaft: veränderte Strukturen, Kulturen und Strategien. Frankfurter Allgemeine Buch 2002.

Bloch, Ernst: Tübinger Einleitung in die Philosophie, Frankfurt/M. 1968. Gesamtausgabe Bd.13 S.118-147.

Bluestone, Barry / Harrison, Bennet: The Great American Job Machine. The Proliferation of Low-Wage Employment in the U.S. Economy. Auszugsweise übersetzt von Ilse Davis, in: Frankfurter Rundschau, Frankfurt/Main vom 25.02.1987.

BMFT (Bundesministerium für Forschung und Technologie) (Hrsg.), Arbeitsmarktwirkungen Moderner Technologien. Bonn 1989.

Böckelmann, F ank / N ahr, G ünther: Staatliche Öffentlichkeitsarbeit im Wandel der politischen Kommunikation. Berlin 1979.

Bonchek, Mark: Grassroots in Cyberspace. Using Computer Networks to Facilitate Political Participation, April 1995. http//:www.ai.mit.edu/projects/ppp/pubs/95-2-2.html.

Boos, Monica: Freiburger Wirtschaftssymposium Wissenswert!?. Ökonomische Perspektiven der Wissensgesellschaft. Baden-Baden 2000.

Born, Achim: Nackenschläge für Dotcoms. Das Ende der Goldgräber-Stimmung. In: Computerwoche Extra, Ausgabe Nr. 5, 28.07.2000, S.4ff.

Börner, Fritjof: Digitaler Rechtsverkehr: Welche Regeln gelten für den E-Commerce. Rechtslücken verderben manches Geschäft. In: Computerwoche, Extra Ausgabe 5, 28. Juli 2000, S.60/61.

Boulding, Kwynneth: The Knowledge Industry, Challenge, May 1963.

Bourdieu, Pierre: Die öffentliche Meinung gibt es nicht. Soziologische Fragen, Fankfurt/Main 1993, S.212-223.

Boventer, Hermann (Hrsg.): Medien und Demokratie. Nähe und Distanz zur Politik. Konstanz 1993.

Bowes, John: Japan's Approach to an Information Society: A critical perspective. In: G.C. Wilhoit / H. de Bock (Hrsg.), Mass Communication Review Yearbook 1981, S.699-710.

Braman, Sandra: Defining information: an approach for policymakers. In: Telecommunication Policy, 13 (3), (1989) S.233-242.

Brandsma, Jittie, Berufliche Weiterbildung in Europa. Stand und Perspektiven. Bielefeld 1995.

Brauner, J oseph / B ickmann, Roland: Die multimediale Gesellschaft, Frankfurt am Main.

Brettschneider, Frank: Öffentliche Meinung und Politik. Eine empirische Studie zur Responsivität des Deutschen Bundestages, Opladen 1995.

Brettschneider, Frank: Parlamentarisches Handeln und öffentliche Meinung. Zur Responsivität des Deutschen Bundestages bei politischen Sachfragen 1949-1990. In: ZParl 27, 1996, S.108-126.

Bruck, Peter A. / Geser, Guntram: Schulen auf dem Weg in die Informationsgesellschaft. Innsbruck, Wien, München 2000.

Brugger, Pia: Öffentliche Ausgaben für Bildung, Wissenschaft und Kultur 1992 bis 1995. In: Statistisches Bundesamt (Hrsg.), Wirtschaft und Statistik 3/1998, S.249-258.

Brümmerhoff, Dieter: Gesamtwirtschaftliches Rechnungswesen. Eine problemorientierte Einführung mit einem Kompendium wichtiger Begriffe des gesamtwirtschaftlichen Rechnungswesen. Köln 1975.

Buchstein, Hubertus: Bittere Bytes: Cyberbürger und Demokratietheorie. In: Deutsche Zeitschrift für Philosophie, 44 (4), 1996, S.583-607.

Buchstein, Hubertus: Virtuelle Demokratie. Zum Verhältnis von Internet und Demokratie, In: Frankfurter Hefte 2 (1996) 43, S.165-170.

Büchter, Karin / Hendrich, Wolfgang: Professionalisierung in der betrieblichen Weiterbildung. München, Mering 1996.

Buchwald, Manfred: Medien-Demokratie. Auf dem Weg zum entmündigten Bürger. Berlin 1997.

Buckland, Michael: Information as a thing. In Journal of the American Society for Information Science 42 (5), 1991, S.351-360.

Bühl, Achim: CyberSociety. Mythos und Realität der Informationsgesellschaft. Köln 1996.

Buhlman, Edelgard u.a. (Hrsg.), Informationsgesellschaft – Medien – Demokratie. Kritik – Positionen – Visionen. Forum Wissenschaft Studien 36. Marburg 1996.

Bundesministerium für Bildung und Forschung (BMB+F) (Hrsg.): Delphi-Befragung 1996/1998. Potentiale und Dimensionen der Wissensgesellschaft – Auswirkungen auf Bildungsprozesse und Bildungsstrukturen. Integrierter Abschlußbericht.

Bundesministerium für Bildung und Forschung (BMB+F) (Hrsg.): Delphi-Befragung 1996/1998. Potentiale und Dimensionen der Wissensgesellschaft – Auswirkungen auf Bildungsprozesse und Bildungsstrukturen. Endbericht.

Bundesministerium für Bildung und Forschung (BMB+F) (Hrsg.): Delphi-Befragung 1996/1998. Potentiale und Dimensionen der Wissensgesellschaft – Auswirkungen auf Bildungsprozesse und Bildungsstrukturen. Abschlußbericht zum Bildungs-Delphi.

Bundesministerium für Bildung und Forschung. Gutachten im Auftrag des Bundesministeriums, vorgelegt im März 2002: Zur technologischen Leistungsfähigkeit Deutschlands 2001.

Bundesministerium für Bildung, Forschung und Technologie (BMBF) (Hrsg.), Begleitmaterialien zum Kongress "Zukunft Deutschlands in der Wissensgesellschaft" am 16.02.1998.

Bundesministerium für Bildung, Wissenschaft, Forschung und Technologie (Hrsg.): Förderprogramm Informationstechnik. Innovationen für die Wissensgesellschaft. Bonn 1998.

Bundesministerium für Bildung, Wissenschaft, Forschung und Technologie / Booz Allen & Hamilton (Hrsg.): Durchbruch Multimedia – Deutschland im internationalen Vergleich. Bonn, August 1998.

Bundesministerium für Bildung, Wissenschaft, Forschung und Technologie (Hrsg.): Berichtssystem Weiterbildung VI. Integrierter Gesamtbericht zur Weiterbildungssituation in Deutschland. Bonn 1996.

Bundesministerium für Bildung, Wissenschaft, Forschung und Technologie (Hrsg.): Grund- und Strukturdaten, Bonn 1999-2000 (verschiedene Jahrgänge).

Bundesministerium für Bildung, Wissenschaft, Forschung und Technologie (Hrsg.): Rat für Forschung, Technologie und Innovation. Informationsgesellschaft. Chancen, Innovationen und Herausforderungen, Feststellungen und Empfehlungen. Dezember 1995.

Bundesministerium für Forschung und Technologie (Hrsg.): Deutscher Delphi-Bericht zur Entwicklung von Wissenschaft und Technik. Bonn 1993.

Bundesministerium für Wirtschaft (BMWI) (Hrsg.): Info 2000. Deutschlands Weg in die Informationsgesellschaft. Bericht der Bundesregierung. Initiative Informationsgesellschaft Deutschland (IID). Bonn 1996.

Bundesministerium für Wirtschaft BMWI (Hrsg.): Die Informationsgesellschaft. Fakten. Analysen. Trends.

Bundesministerium für Wirtschaft und Technologie / Bundesministerium für Bildung und Forschung: Aktionsprogramm der Bundesregierung. Innovation und Arbeitsplätze in der Informationsgesellschaft des 21. Jahrhunderts. http://www.iid.de/aktionen/aktionsprogramm/html 23.09.99.

Bundesverband Deutscher Banken: Interesse. Wirtschaft und Politik in Daten und Zusammenhängen. Zukunftsforschung: Fünf Megatrends vor dem Take-off, Nr. 6/2000, S.1/2.

Bund-Länder-Kommission für Bildungsplanung und Forschungsförderung: Gesamtkonzept für die informationstechnische Bildung. Materialien zur Bildungsplanung, Heft 16.Bonn 1987.

Burkert, Herbert: Elektronisch Demokratie. St. Gallen 1997.

Bürklin, Wilhelm / Roth, Dieter: Das Superwahljahr. Deutschland vor unkalkulierbaren Regierungsmehrheiten, Köln 1994.

Business 2.0. Neue Märkte, Neue Regeln, Neue Macher. http://www.business2.de/news/ebusiness/001011-2.html, 13.10.2000. Nach einer Studie des Deutschen Instituts für Wirtschaftsforschung, veröffentlicht am 11.10.2000.

Bussmann, H ans: C omputer c ontra E igensinn. W as K inder d em Computer voraus haben. Frankfurt 1988 Clements, Douglas: Computers in Early and Primary Education. Prentice Hall, New Jersey 1985.

BZ-Interview: Professor Arbold Picot sieht die Bedeutung der Mitarbeiter im Unternehemen wachsen – ihres Wissens wegen. „Wir sollten nicht viel nach Diplomen fragen" In: Badische Zeitung, 23.10.1999, S.8.

Cames, Olaf: Das virtuelle Klassenzimmer. In: e-commerce magazin 4/99 September/Oktober.

Capurro, Rafael: Information. Ein Beitrag zur etymologischen und ideengeschichtlichen Begründung des Informationsbegriffs, München, New York, Paris 1978.

Capurro, Rafael: Leben im Informationszeitalter. Berlin 1995.

Carbo Bearman, Tony: Information Transforming Society: Challenges for the year 2000. In: Information Services & Use, 12, 1992, S.217-23.

Castell, Manuel: Der Aufstieg der Netzwerkgesellschaft. Teil 1 der Trilogie: Das Informationszeitalter. Opladen 2001.

Castell, Manuel: European Cities, the Informational Society, and the Global Economy. In: New Left Review 204, March-April, S.18-32.

Castell, Manuel: The Informational City. Information Technology, Economic Restructuring, and the Urban-Regional Process. Oxford 1989.

Castells, Manuel: The Internet galaxy: reflections on the Internet, business, and society. New York, Oxford 2001.

Chambers J.A. / Sprecher, J.W.: Computer Assisted Instruction: Current Trends and Critical Issues. In: Harper, Dennis / Stewart, James (Eds.): RUN Computer Education. Monterey 1983.

Chen, Milton / Paisley, William (Eds.): Children and Microcomputers. Beverly Hills 1985.

China online. In: Konr@d 1/98, S.42.

Choi, S.-Y. / Stahl, D.O. / Whinston, A.B., The Economics of Electronic Commerce, Macmillian, Indianapolis 1997.

Christensen, Björn: Qualifikationsanforderungen und Arbeitsformen in der Neuen Ökonomie. Institut für Weltwirtschaft Kiel 2001.

Clark, Colin: The Conditions of Economic Progress. London, New York 1957, 1. Auflage 1940.

Clark, Colin: The Conditions of Economic Progress. London, New York 1957 (1. Auflage 1940).

Clark, Margaret: Educational Technology and Children with Moderate Learning Difficulties. In: Exceptional Child, Vol 33/1 1986, S.28-34.

Compain B.M. (Ed.): Issues in New Informaion Technology. Norwood 1988.

Computerwoche 32/2000 Dotcom-Pleiten, und was nun? New Economy besinnt sich auf die alten Regeln. Computerwoche 29/2000 Schwerpunkt IT Handel, E-Commerce in Turbulenzen, S.41/42.

Crese, Ivor / Denver, David (Hrsg.): Electoral Chance in Western Democracies. Patterns and Sources of Electoral Volatility. London, Sidney 1985.

Crevier, Daniel: Eine schöne neue Welt? Die aufregende Geschichte der künstlichen Intelligenz. Düsseldorf, Wien 1994.

Cuffaro, H.K.: Microcomputers in Education: Why is Earlier Better? In: Teachers College Report 85, 1984; Dichanz, Horst: Computertime, Eindrücke aus dem Alltag amerikanischer Schulen. In: Medien und Erziehung, Jg.29 (1985), H.3, S.145-151.

Cuilenberg, J. v.: The Information Society: Some Trends and Implications. In: European Journal of Communication, Vol.2/1987), S.105-121.

Culbertson, Jack / Cunningham, Luvern (Eds.): Microcomputers in Education. Eighty-Fifth Yearbook of the National Society for the Study of Education. Part 1. Chicago 1986.

Curran, James / Gurevitch, Michael (eds.): Mass Media and Society, o.O., Edward Arnold 1991.

Curran, James / Gurevitch, Michael / Woolacott, Jane (eds.):, Mass Communication and Society, o.O., Edward Arnold 1977.

Dahrendorf, Ralf: Die neue Freiheit. Überleben und Gerechtigkeit in einer veränderten Welt. München, Zürich 1975.

Dahrendorf, Ralf, Der moderne soziale Konflikt. Essays zur Politik der Freiheit, Stuttgart 1992.

Dalton, Russel / Falnagan, Scott / Beck, Paul (Hrsg.): Electoral Change in Advanced Industrial Democracies: Realignment or Dealignment? Princeton 1984.

Dalton, Russel: Citizen Politics, Public Opinion and Political Parties in Advanced Industrial Democracies. Chatham 1996.

Das Internet und E-Commerce revolutionieren die weltwirtschaft schneller, als viele Manager warhaben wollen. In: Manager Magazin S.178ff, 3 / 1999 29. Jahrgang.

Das Parlament 48, Jahrgang, Nr. 40 vom 25. Septmeber 1998.

Dengel, Andreas / Schröter, Welf (Hrsg.), Flexibilisierung der Arbeitskultur. Infrstrukturen der Arbeit im 21. Jahrhundert. Talheim-Mössingen 1997.

Der Spiegel 47/1996, S.58-60.

Der Spiegel 9/1994.

Der Spiegel Nr. 50/1994.

Dertouzos, Michael / Moses, Joel (eds.): The Computer Age: A Twenty-Year View. Cambridge 1979.

Dertouzos, Michael: What Will be. Die Zukunft des Informationszeitalters. Wien, New York 1999.

Deutsch, Karl W.: Politische Kybernetik. Freiburg 1969.

Deutscher Bundestag: Zwischenbericht der Enquete-Kommission ›Neue Informations- und Kommunikationstechniken‹ Drucksache 9/2442, Bonn o.A. 28.03.1983.

Deutsches Institut für Wirtschaftsforschung (DIW). Beiträge zur Strukturforschung Heft 162, 1996.

Deutsches Institut für Wirtschaftsforschung (DIW). Beiträge zur Strukturforschung Heft 139 1993. Behringer, Friederike / Jeschek, Wolfgang: Zugang zu Bildung, Bildungsbeteiligung und Ausgaben für Bildung. Entwicklungen im Bildungssystem der Bundesrepublik Deutschland. Berlin.

Deutsches Institut für Wirtschaftsforschung (DIW). Beiträge zur Strukturforschung Heft 107 1988 Stille, Frank / Filip-Köhn, Renate / Flassbeck, Heiner / Görzig, Bernd / Schulz, Erika / Stäglin, Reiner: Stukturverschiebungen zwischen sekundärem und tertiärem Sektor. Berlin.

Deutsches Institut für Wirtschaftsforschung (DIW). Beiträge zur Strukturforschung Heft 155 1995. Schumacher, Dieter / Belitz, Heike / Haid, Alfred / Hornschild, Kurt / Petersen, Hans J. / Straßberger, Florian / Trabold, Harald unter Mitarbeit von Beise, Marian: Technologische Wettbewerbsfähigkeit der Budnesrepublik Deutschland. Theoretische und empirische Aspekte einer international vergleichenden Analyse.

Deutsches Institut für Wirtschaftsforschung (Hrsg.): Die Ökonomie der Informationsgesellschaft. Berlin 2000.

Diamond, Edwin / Silverman, Robert A.: White House to Your House: Media and Politics in Virtual America. Cambridge, Massachusetts, London 1995.

Dichanz, Horst: Medienkompetenz: Neue Aufgabe politischer Bildung. In: Aus Politik und Zeitgeschichte B47/95. 17.11.1995. S.27-39.

Die Zeit Nr. 29 vom 13.07.2000, Superglückliche Malocher.

Die Zeit vom 08.08.1997, Die neue Freiheit der Lehre. Hat das duale System der Ausbildung eine Zukunft? Von Wolfgang Gehrmann / Stefan Willeke / Ulrike Winkelmann.

Dierekes M. / Petermann Thomas / von Thienen, U. (Hrsg.): Technik und Parlament. Technikfolgen-Abschätzung. Konzepte, Erfahrungen, Chancen. Berlin1986.

Dietz, Simone: Legitimationsmacht der Öffentlichkeit. Die öffentliche Meinung der Mediendemokratie. In: Göhler, Gerhard (Hrsg.): Macht der Öffentlichkeit – Öffentlichkeit der Macht. Baden-Baden 1995.

Dizard, W.P., The Coming Information Age: An Overview of Technology, Economics and Politics. New York 1982.

Dobischat, Rolf / Husemann, Rudolf (Hrsg.): Berufliche Weiterbildung als freier Markt? Regulationsanforderungen der beruflichen Weiterbildung in der Diskussion. Berlin 1995.

Doheny-Farina, Stephen: The Wired Neighborhood. Yale University. London 1996.

Doheny-Farina: The Wired Neighborhood. Yale University, New Haven, London 1996.

Dordick, Herbert S. / Wang, Georgette: The Information Society. A Retrospective View. Newsburry Park London, New Dehli 1993.

Dostal, Werner: Der Informationssektor und seine Entwicklung in der Bundesrepublik Deutschland. In: Thomas Schnöring (Hrsg.). Gesamtwirtschaftliche Effekte der Informations- und Kommunikationstechnologien. Berlin, Heidelberg, New York, Tokyo 1986.

Dostal, Werner: Multimedia – Jobknüller oder Jobkiller? Neue Formen der Arbeit zeichnen sich deutlich ab. In: Das Parlament Nr. 33-34, 9./16. August 1996.

Dostal, Werner: Telearbeit in der Informationsgesellschaft. Göttingen 1999.

Drucker, Peter F. : The coming of the new organisation. In: Harvard Business Review 66, 1988, p. 39-48.

Drucker, Peter F. The Age of Discontinuity, Guidelines for our Changing Society, London, New York 1969.

Drucker, Peter F.: Landmarks of Tomorrow, London, New York 1959.

Ducatel, Ken / Webster, Juliet / Herrmann, Werner: The information society in Europe. World and life in an age of globalization. Lanham 2000.

Economist vom 28.09.1996, S.4-50.

Edelmann, Murray: Politik als Ritual. Die symbolische Funktion staatlicher Institutionen und politischen Handelns. Frankfurt, New-York 1990.

Edelstein, A.: Information Societies: Comparing the Japanese and American Experiences. Seattle 1978.

Edelstein, Alex S. / Ito, Youichi / Kepplinger, Hans Mathias, Communication & Culture. A Comparative Approach. London, Melbourne, Auckland, Toronto, New York 1989.

Edelstein, Alex / Bowes, John E. / Harsel, Sheldom: Information Societies: Comparing the Japanese and American Experience. Seattle 1978.

Eder, Klaus: Die Entstehung staatlich organisierter Gesellschaften. Ein Beitrag zur Theorie sozialer Evolution. Frankfurt am Main 1976.

Elgin, Duane: Revitilizing Democracy Through Electronic Town Meetings. In: Spectrum. The Journal of State Government. Spring 1994, S.6-13.

Ellul, Jacques: The technological Society. New York 1964.

Engels, Wolfram (Hrsg.): Arbeit und Einkommensverteilung in der Informationsgesellschaft der Zukunft. Heidelberg 1990.

Erber, Georg: Informationsgesellschaft und Solow-Paradox. Fakt oder statistisches Artefakt? Deutsches Institut für Wirtschaftsforschung, Berlin. Vortrag am 3. Freiburger Wirtschaftssysmposium WissensWert. Ökonomische Perspektiven der Wissensgesellschaft vom 21.-23.10.1999.

Etzioni, Amitai: Communities: Virutal vs. Real, In: Science, 277 (July 18) 1997, S.295.

Etzioni, Amitai: Teledemocracy. The Electronic Town Meeting. In: Current, Februar 1993, S.26-29. vgl auch:http://www.uni-giessen.de/fb03/vinci/labore/netz/hag_en.htm.

Etzioni, Amitai: The Active Society. A Theory of Societal and Political Processes. New York 1968. Deutsche Übersetzung: Die aktive Gesellschaft. Eine Theorie gesellschaftlicher und politischer Prozesse, Opladen 1975.

Etzioni, Amitai: The Spirit of Community: Rights, Responsibilities, and the Communitarian Agenda. New York 1993.

Eulau, Heinz / Wahlke, John C. / Buchanan, William / Ferguson, Leroy F.: The Role of the Representative. Some empirical Observations on the Theory of Edmund Burke. In: APSR 53, 1959, S.742-756.

Eulau, Heinz: Some Political Effects or the Information Utility on Political Decision Makers and the role of the Representative. In: H. Sackman / Norman Nie (Hrsg.), The Information utility and Social Choice. Montreal 1970.

Eurich, Claus: Computerkinder: wie die Computerwelt das Kindsein zerstört. Reinbek 1985.

Eurich, Claus: Computerkinder: Wie die Computerwelt das Kindsein zerstört. Reinbek 1985.

Europäische Kommission (Hrsg.): Beschäftigungsmöglichkeiten in der Informationsgesellschaft 1998.

Evans, Christopher: The Mighty Micro. The Impact of the Computer Revolution. Gollancz 1979.

Even, Stuart: All Consuming Images: The Politics of Style in Contemporary Culture. New York 1988.

Even, S tuart: C aptains o f Consciousness: Advertising and the Social Roots of the Consumer Culture, New York 1976.

Ewen, Stuart: Captains of Consciousness. Advertising and the Social Roots of the Consumer Culture.New York St Louis, San Francisco, Toronto, Mexico, Düsseldorf 1976.

Executive Research Report Electronic Commerce Enquete (ECE) 1997/1998. Survey on the busines usses of electronic commerce for companies in the German speaking area. Durchgeführt durch Peter Welchering (Computer Zeitung), Dr. Detlef Schoder (Insititut für Informatik und Gesellschaft (IIG)) Telematik der Universität Freiburg und Dr. Ralf E. Strauß (Gemini Consluting GmbH).

Falter, Jürgen (Hrsg.): Politische Willensbildung und Interessensvermittlung. Opladen 1984.

Fangmann, Helmut / Schwemmle, Michael: Multimedia – Von der Telematik zur elektronischen Medien- Integration. In: Blätter für deutsche und internationale Politik, 2/1995

Feist, Ursula: Die Macht der Nichtwähler. Wie die Wähler den Volkswarteien davonlaufen. München 1994 Stazacher Karl / Schacht, Konrad / Friedrich, Bernd / Leif, Thomas Leif (Hrsg.): Protestwähler und Wahlverweigerer. Die Krise der Demokratie. Köln 1992.

Filip-Köhn, Renate: Wachsende Bedeutung des Informationssektors in der Bundesrepublik Deutschland. In : Wochenbericht des DIW Nr. 35/1985.

Filip-Köhn, Renate / Neckermann, Gerhard / Stäglin, Reiner (DIW) / in Kooperation mit Dostal, Werner (IAB) / Seetzen J. (HHI): Information Activities: Updating and Improving Data Base for the Federal Republic of Germany (ref. ICCP Report No. 6); Forschungsprojekt im Auftrag des Bundesministers für Forschung und Technologie. Berlin, Dezember 1984.

Financial Times Deutschland vom 14.03.2000.

Financial Times Deutschland vom 16.03.2000: EU will im Internet Wettbewerb die Amerikaner überholen Wirtschaftswoche Nr. 51/14.12.1995.

Financial Times Deutschland, Sonderbeilage connectis Nr. 5, Oktober 2000.

Firestone Ch. M. / Koop, K.: Sustainable Democracy. In: 20/20 Vision: The Development of a National Information Infrastructure. Hrsg. Aspen Institut. Washington D.C. 1994.

Fischer, Heinz-Dietrich (Hrsg.): Regierungssprecher. Zwischen Information und Geheimhaltung. Zur publizistischen und kommunikativen Funktion staatlicher Presseamts-Leiter in Bund – Länder- Gemeinden. Köln 1981.

Fischer, Peter: Die Selbständigen von morgen. Unternehmer oder Taglöhner? Frankfurt am Main 1995.

Fisher, Allan G.B. : Production, Primary, Secondary and Tertiary. In : The Economic Record, Vol.XV (1939) 28, S.24-38.

Fisher, Allan: Production, Primary, Secondary and Tertiary. In: The Economic Record, Vol XV (1939) 28, S.24-38.

Fishkin, James S.: Democracy and Deliberation. New Directions for Democratic Reform. New Haven 1991.

Fiske, John: Postmodernism and Television. In: James Curran / Michael Gurevitch, Mass Media and Society, o.O. Edward Arnold 1991.

Flaig, Bodo Berthold / Meyer, Thomas / Ueltzhöffer, Jörg: Alltagsästhetik und politische Kultur. Zur ästhetischen Dimension politischer Bildung und politischer Kommunikation, Bonn 1993

Flemmer, W: Wilhelm von Humboldt. Schriften, München 1964.

Flieger, Heinz (Hrsg.): Public Relations Reader. Teil 2. Wiesbaden 1987.

Floud, Jean: A critique of Bell. In: Survey, 17, 1971, S.25-37.

Focus 1/1996.

Fogel, Robert W.: Catching Up with the Economy. In: The American Economic Review. March 1999. S.1-21.

Forester, Tom: The electronic cottage revisited: towards the flexible workstyle. In: Urban Futures 2 (1), Special Issue 5, S.27-33.

Foucault, Michel: Power / Knowledge. Selected Interviews amd Other Writings 1972-1977. Brighton 1986.

Fourastié, Jean: Die große Hoffnung des zwanzigsten Jahrhunderts. Köln 1969.

Fourastié, Jean: Die große Hoffnung des zwanzigsten Jahrhunderts. Köln 1969.

Fraenkel, Ernst: Deutschland und die westlichen Demokratien. Frankfurt am Main 1990

Frank, J: Die postindustrielle Gesellschaft und ihre Theoretiker. In: Leviathan, Jg. 1 (1973), 3, S.383-407.

Frankfurter Allgemeine Zeitung vom 29.11.1995.

Frankfurter Allgemeine Zeitung vom 04.03.2000, Im globalen Übernahmefieber, Kommentar von Klaus Peter Krause.

Frankfurter Allgemeine Zeitung vom 08.05. 2000.

Frankfurter Allgemeine Zeitung 26.02.2000.

Frankfurter Allgemeine Zeitung 03.05.2000. Green Cards allein genügen nicht "Stock Options nur zur Hälfte besteuern".

Frankfurter Allgemeine Zeitung 05.06.2000 Die Ökonomie bedeutet nicht das Ende der Inflation. Internet Economics Workshop in Berlin im Juni 2000.

Frankfurter Allgemeine Zeitung 06.06.2000.

Frankfurter Allgemeine Zeitung vom 12.09.2000.

Frankfurter Allgemeine Zeitung vom 13.05.2000.

Frankfurter Allgemeine Zeitung vom 14.08.2000. Indische IT-Branche sieht sich durch deutsche Bürokratie behindert.

Frankfurter Allgemeine Zeitung vom 14.03.2000. Debatte um die Greencard.

Frankfurter Allgemeine Zeitung vom 15.03.2000 Stoiber und Teufel beurteilen Green Card skeptisch. Handelsblatt vom 14.03.2000 mit einer umfassenden Berichterstattung.

Frankfurter Allgemeine Zeitung vom 16.03.2000 Auch Computer-Fachleute aus dem Osten.

Frankfurter Allgemeine Zeitung vom 19.10.2000: Die Neue Ökonomie ist eine Job-Maschine.

Frankfurter Allgemeine Zeitung vom 02.06.2000. Der Weg ist frei für ausländische IT Spezialisten.

Frankfurter Allgemeine Zeitung vom 02.10.2000.

Frankfurter Allgemeine Zeitung vom 22.04.2000 Riester zeigt sich bei Green Cards flexibel.

Frankfurter Allgemeine Zeitung vom 25.02.2000. Der Kanzler schwächt seine Cebit Initiative ab.

Frankfurter Allgemeine Zeitung vom 30.08.1996, Politische Extremisten nutzen das Internet.

Frankfurter Allgemeine Zeitung vom 31.05.2000.

Frankfurter Allgemeine Zeitung vom 04.04.2000. Informatiker gehen am liebsten nach Amerika.

Frankfurter Allgemeine Zeitung vom 05.06.2000.

Frankfurter Allgemeine Zeitung vom 06.09.2000.

Frankfurter Allgemeine Zeitung vom 07.09.2000, Die Konsolidierung unter den Internet-Marktplätzen hat bereits begonnen.

Frankfurter Allgemeine Zeitung vom 08.05.2000: Netzwerkeffekte und die Ökonomie der Aufmerksamkeit.

Frankfurter Allgemeinen Zeitung E-Conomy vom 13.06.2000.

Frankfurter Allgemeinen Zeitung vom 13.05.1996, Online und im Internet hinken Rechtsprechung und Gesetzgebung der rasanten Entwicklung hinterher.

Frankfurter Allgemeinen Zeitung, Beilage zur CEBIT 2000 vom 22.02.2000.

Frankfurter llgemeine Zeitung vom 14.10.2000.

Frankfuter Allgemeine Zeitung vom 11.07.2000.

Fraunhofer Instiut Arbeitswirtschaft und Organisation (IAO): Entwicklung der Telearbeit – Arbeitsrechtliche Rahmenbedingungen. Kurzfassung.

Fraunhofer Office Innovation Center (FhG) Informations- und Demonstrationszentrum: Das Büro der Zukunft im Zentrum von Stuttgart 21. Eine Zukunftsinitiative der Fraunhofer-Gesellschaft.

Fraunhofer-Institut für Systemtehcnik und Innovationsforschung im Auftrag des Bundesministeriums für Bildung, wissenschaft, Forschung und Technologie (BMBF).

Delphi 98 Umfrage. Studie zur globalen Entwicklung von Wissenschaft und Technik. Zusammenfassung der Ergebnisse.

Freedman, Alan: The computer glossary, 4th ed, Pittsburgh 1989. AMACOM (American Management Association,), S.135-148.

Frey, Siegfried / Kempter, Guido / Frenz, Hans-Georg: Multimedia-Gesellschaft. In: Spektrum der Wissenschaft August 8/1996.

Fricke, W. (Hrsg.): Technikforschung in der Informationstechnik. Erfahrungen und Konzepte in der Gesellschaft für Mathematik und Datenverarbeitung. Jahrbuch Arbeit und Technik. Bonn 1990.

Friedhelm Neidhardt (Hrsg.), Öffentlichkeit und soziale Bewegungen. In: KZfSS Sonderheft 34. Opladen 1994.

Friedland, Lewis A.: Electronoic Democracy and the new Citizenship. In: Media, Culture & Society, 18 (2), London 1996.

Friedmann, Günther M.: Der Pressesprecher in den Bundesministerien. Sein Rollenverständnis und dessen Verwirklichung. In: Publizistik 17,1972, S.311-319.

Friedrichs, Günther / Schaff, Adam (Hrsg.): Auf Gedeih und Verderb. Mikroelektronik und Gesellschaft. Bericht an den Club of Rome. Reinbek 1984.

Fuchs, Dieter: Wohin geht der Wandel der demokratischen Institutionen in Deutschland? Die Entwicklung der Demokratievorstellungen der Deutschen seit ihrer Vereinigung. In: Göhler, Gerhard (Hrsg.): Institutionenwandel. Leviathan, Sonderheft 15, Opladen 1997, S.253-284.

Fühles-Ubach, Simone / Neumann, Hans-Peter: Zwei Jahre Deutscher Bundestag im Internet – Konzeption, Erfahrungen, Resonanz und Perspektiven. In: Nachrichten für Dokumentation (NfD). Information – Wissenschaft und Praxis 3 (1998).

Führ, Christoph: Deutsches Bildungswesen seit 1945. Grundzüge und Probleme. Berlin 1997.

Fukuyama, Francis: Der große Aufbruch. Wie unsere Gesellschaft eine neue Ordnung erfindet. München 2002.

Galbraith, John Kenneth: Die moderne Industriegesellschaft, München, Zürich 1968.

Gallist, Rudolf: Szenarien und Visionen einer Informationsgesellschaft. In: Jörg Tauss / Johannes Kollbeck / Jan Mönikes (Hrsg.): Deutschlands Weg in die Informationsgesellschaft. Herausforderungen und Perspektiven für Wirtschaft, Wissenschaft, Recht und Politik. Baden-Baden 1996.

Gassmann, H.P. (Hrsg.): New International Policy Implications of the Rapid Growth of Transborder Data Flows, Paris (OECD/ICCP 1979, S.52.

Gassmann, Hans-Peter: Information, Computer and Communications Policies for the 80s. An OECD Report Amsterdam 1981.

Gates, Bill: Der Weg nach vorn. Die Zukunft der Informationsgesellschaft. Hamburg 1995.

Gates, Bill: Digitales Business. Wettbewerb im Informationszeitalter. München 1999. Originalausgabe erschienen unter dem Titel Business@ The Sped of Thought New York 1999.

Gates, Bill: Digitales Business. Wettbewerb im Informationszeitalter. München 1999.

Gellner, Wienand / Korff, Fritz von (Hrsg.): Demokratie und Internet. Baden-Baden 1998.

Geo Wissen Nr. 27, Mensch & Kommunikation.

Geo-Extra: Das 21. Jahrhundert. Faszination Zukunft.

Gergely, Stefan: Mikroelektronik. Computer, Roboter und Neue Medien erobern die Welt. München 1985.

Gergely, Stefan: Wie der Computer den Menschen und das Lernen verändern. München 1986.

Gergen, Kenneth J. : Das übersättigte Selbst. Identitätsprobleme im heutigen Leben Heidelberg 1996.

Gerhards, Jürgen / Neidhardt, Friedhelm: Strukturen und Funktionen moderner Öffentlichkeit. Fragestellungen und Ansätze. Discussion Paper WZB. Berlin 1990.

Gerhards, Jürgen: Politische Öffentlichkeit. Ein system- und akteurstheoretischer Bestimmungsversuch. In: Friedhalm Neidhardt (Hrsg.), Öffentlichkeit und soziale Bewegung, KTfSS Sonderheft 34, Opladen 1994. Baerns, Barbara: Öffentlichkeitsarbeit oder Journalismus? Zum Einfluß im Mediensystem. Köln 1985.

German, Christiano: Politische (Irr-) Wege in die globale Informationsgesellschaft. In: Aus Politik- und Zeitgeschichte B32/96. 02.08.1996. S.16-25.

Gershuny, Jonathan I. / Miles, Ian: The New Service Economy: The Transformation of Employment in Industrial Societies. London 1983.

Gershuny, Jonathan I.: After Industrial Society? The Emerging Self-Service Economy. Atlantic Highlands 1978.

Gerster, Petra: Erziehungsnotstand: wie wir die Zukunft unserer Konder retten. Berlin 2001.

Gibbson, Michael / Limoges, Camille / Nowotny, Helga / Schwartzmann, Simon / Scott, Peter / Trow, Martin:The New Production of Knowledge. The Dynamics of Science and Research in Contemporary Societies. London, Thousand Oaks, N ew Dehli 1995.

Giddens, Anthony: Die Konsequenzen der Moderne. Frankfurt am Main 1997. 2. Auflage. Titel der Originalausgabe: The Consequences of Modernity. Stanford 1990.

Giddens, Anthony: Konsequenzen der Moderne. Frankfurt am Main 1997. 2. Auflage. Erstauflage 1996.

Giddens, Anthony: Social Theory and Modern Sociology. Cambridge 1987.

Giddens, Anthony: The Class Structure of the Advanced Societies. London 1973.

Giddens, Anthony: The Nation-State and Violence. Volume Two of A Contemporary Critique of Historical Materialism. Oxford 1985.

Gill, Karamjit S. (Ed.): Information Society. New Media, Ethics and Postmodernism. Berlin, Heidelberg, New York, London 1996.

Glotu, Peter: Der unheimliche Mogul. In: Die Woche vom 21.7.1994.

Glotz, Peter: Vom Vorreiter zum Nachzügler – Medienstandort deutschland. In: Bertelsmann Briefe Heft 143 Sommer 2000.

Glotz, Peter: Von Analog nach Digital: unsere Gesellschaft auf dem Weg zur digitalen Kultur. Stuttgart, Wein 2001.

Glowalla, U. / Schoop (Hrsg.): Hypertext und Multimedia. Berlin 1992.

Gobowski, Wolfgang G.: Gesellschaftlicher Wandel, politische Eliten, Mediendemokratie, In: Karl Rohe (Hrsg.): Politik und Demokratie in der Informationsgesellschaft, Baden-Baden 1997, S.79ff.

Goddard, John B. : New Technology and the Geography of the UK Infomation Economy. In: Kevin Robins, (ed.), Understanding Information: Business, Technology and Geography, Belhaven Press 1992.

Goertz, Lutz: Wie interaktiv sind Medien? Auf dem Weg zu einer Definition von Interaktivität. In: Rundfunk und Fernsehen 43, (1995), S.477-493.

Göhner, Reinhard (Hrsg.): Die Gesellschaft für morgen. München 1993.

Göhner, Reinhard: Die Gesellschaft für morgen. München 1993.

Golding, Peter: Communication Capitalism: Resisting and Restructuring State Ideology – the Case of ›Thatcherism‹. In: Media, Culture and Society, 14 (4). October 1992.

Golding, Peter: Communicaton Capitalism. Resisting and Restructuring State Ideology – the Case of Thatcherism. In: Media, Culture and Society 14 (4) October 1992, S.503-521.

Golding, Peter: Political Communication and Citizenship: The Media and Democracy in an Inegalitarian Social Order. In: Marjorie Ferguson (ed.), Public Communication: The New Imperatives Future Directions for Media Research. Sage 1990.

Golombek, Dieter: Wieviel Zeitung braucht die Demokratie? In: Die Zeitung Nr. 4/5 1990.

Götze-Henrich, Ute: Erziehung und Bildung in der Informationsgesellschaft. Ein Beitrag zu Möglichkeiten und Notwendigkeiten der allgemeinbildenden Schule heute. Lengerich 1999.

Gouldner, Alvin G.: The Future of Intellectuals and the Rise of the New Class. In: Theory and Society 6 (2) September 1978, S.153-203.

Gretschmann, Klaus / Heinze, Rolf: Neue Technologien und soziale Sicherung. Antworten auf Herausforderungen des Wohlfahrtsstaates: Maschinensteuer, Mindestsicherung, Sozialgutscheine. Opladen 1989.

Grewlich, K.: Die transnationale Dimension der sich entwickelten Informationswirtschaft. In: Europa-Archiv, Folge 21/1987.

Grob, Heinz Lothar / Bieletzke, Stefan: Aufbruch in die Informationsgesellschaft. 2. vollständig überarbeitete und erweiterte Auflage, Münster 1998, S.1-29.

Gross, Peter: Die Multioptionsgesellschaft. Fankfurt am Main 1994.

Grossman, Lawrence K. : The electronic Republic. Reshaping Democracy in the Information Age. New York 1995.

Gruber, Ulrich: Die Auswirkungen der IuK-Technik auf die Bildung. In: 1984 und danach. Die gesellschaftliche Herausforderung der Informationstechnik (Dokumentation einer internationalen Konferenz der Regierung der Bundesrepublik

Deutschland unddes Senats von Berlin in Zusammenarbeit mit der OECD vom 28.-3 1984) Kongressdokumentation November 1984.

Grüne, Heinz / Urlings, Stephan: Motive der Onlinenutzung. Ergebnisse der psychologischen Studie "Die Seele im Netz". In: Media Perspektiven 1996, S.493-498.

Guggenberger, Bernd: Das digitale Nirwana. Hamburg 1997.

Gurevitch, Michael / Blumler, Jay: Comparative Research: The Extending Frontier. In: David Swanson / Dan Nimmo (Hrsg.), New Directions in Political Communication. Newbury Park o.J.

Gutmann, J. (Hrsg.):, Flexibilisierung der Arbeit. Chancen und Modell für eine Mobilisierung der Arbeitsgesellschaft, Stuttgart 1997.

Haacke, Brigitte von: Schule ans Netz. Jeder Einmal. In: Die Wirtschaftswoche 13/23.03.2000.

Haaren, Kurt van / Hensche, Detlef (Hrsg.): Arbeit im Multimedia-Zeitalter. Die Trends in der Informationsgesellschaft. Fachtagung Multimedia und Arbeitswelt 3.-4-Februar 1997. Hamburg o.J.

Haaren, Kurt van/Hensche, Detlef (Hrsg.): Multimedia. Die schöne neue Welt auf dem Prüfstand. Hamburg 1995.

Haaren, Kurt van: Die "Jobmaschine" ist immer noch nicht in Sicht. Arbeits- und sozialrechtlicher Handlungsbedarf. In: Das Parlament 48. Jahrgang/Nr. 40 vom 25.09.1998.

Habermas, Jürgen: Technik und Wissenschaft als Ideologie. Frankfurt 1968.

Habermas, Jürgen: The Structural Transformation of the Public Sphere: An Inquiry into a Category of Bourgois Society. Camebridge 1989. Dt. Ausgabe: Strukturwandel der Öffentlichkeit. Untersuchungen zu einer Kategorie der bürgerlichen Gesellschaft. Frankfurt am Main 1962, 1990.

Habermas, J ürgen: Vorstudien und Ergänzungen zur Theorie des kommunikativen Handelns. Frankfurt/Main 1986.

Habermas, Jürgen: Zur Rekonstruktion des Historischen Materialismus. Frankfurt 1976.

Hacker Kenneth L. / Todino, Michael A.: Virtual Democracy at the Clinton White House: An Experiment in Electronic Democratisation. In: Javnost / the Public 3 (1), S.71-86.

Hacker, Kenneth I.: Missing links in the evolution of electronic democracy. In: Media, Culture & Society, 18 (2), London 1996.

Haeffner, Gerd / Zinn, Karl Georg / Mieth, Dietmar / Guggenberger, Bernd: Arbeit im Umbruch. Sozialethische Maßstäbe für die Arbeitswelt von morgen.Stuttgart, Berlin, Köln 1999.

Haefner' Klaus: Die neue Bildungskrise. Lernen im Computerzeitalter. Reinbek 1985.

Hagen, Lutz M. / Mayer, Markus: Der direkte Draht zur Politik? Formen und Inhalte der Online-Nutzung im Hinblick auf die Entstehung politischer Öffentlichkeit. In: Lutz M. Hagen (Hrsg.), Online-Medien als Quellen politischer Information, Opladen 1998, S.94-129.

Hagen, Martin: A Road to Electronic Democracy? – Politische Theorie, Politik und der Information Superhighway in den USA. In: Joachim Kleinsteuber (Hrsg.), Der „Information Superhighway". Amerikanische Visionen und Erfahrungen, Opladen 1996.

Hagen, Martin: A Typology of Electronic Democracy. In: http://www.uni-giessen.de/fb03/vinci/labore/netz/hag_en.htm vom 11.05 1999. Vgl dazu auch http://staff-www.uni-marburg.de/~rillingr/net/netdem.htm.

Hagen, Martin: Elektronische Demokratie. Computernetzwerke und politische Theorie in den USA. Hamburg 1997.

Halal, William H.: The Information Technology Revolution. Computer Hardware, Software and Services in the 21st Century. In: Technological Forecasting and Social Change 44.

Hald, A.: The Making of a Genius Generation. Tempe 1981.

Hameyer, Uwe / Waldow, Jürgen (eds.): Using Computer in Special Education. Current Approaches and Practices in the Federal Republic of Germany. Kiel 1987.

Hamm, Ingrid / Mann, Thomas E. : Politische Kommunikation in der Informationsgesellschaft. Ergebnisse eines deutsch-amerikanischen Workshops.Gütersloh 1997.

Hammond, Ray: Alles auf Kredit. In: SZ-Serie Die Gegenwart der Zukunft, Süddeutsche Zeitung vom 24./25.04.1999.

Handelsblatt 06./07.10.2000.

Handelsblatt Montags Extra Netzwert, Der Markt ist tot, es lebe das Netz vom 2. Oktober 2000.

Handelsblatt Sonderbeilage zum Deutschen Multimedia-Kongress Stuttgart 06.04.2000.

Handelsblatt vom 01.03.2000, Streit um Besteuerung von E-Commerce. EU will im Internet kassieren.

Handelsblatt vom 10./11.03.2000. Schröder vergibt zunächst 10 000 Green Cards.

Handelsblatt vom 11.07.2000 nach einer Umfrage des Instituts der Deutschen Wirtschaft (IW), vorgestellt am 11.07.2000 in Düsseldorf.

Handelsblatt vom 11.10.1994.

Handelsblatt vom 13.03.2000, Die Politik und die Mega Fusionen. Glanz der Größe, Kommentar von Patrick Welter.

Handelsblatt vom 13.07.2000. IT Branche warnt Unionsländer vor Verzögerungstaktik bei Green Card; Handelsblatt vom 31.07.2000. Der Green Card Boom läßt auf sich warten.

Handelsblatt vom 15.03.2000 Greencard für IT Experten.

Handelsblatt vom 17.02.2000.

Handelsblatt vom 19.06.2000.

Handelsblatt vom 19.04.2000, Sozialgesetzbuch setzt Green Cards Grenzen.

Handelsblatt vom 19./20.05.2000, EZB mahnt Reformen am Arbeitsmarkt an.

Handelsblatt vom 02.08.2000. Vieles spricht für eine Versteigerung der Green Card. Das geringe Interesse der Unternehmen spiegelt die hohen bürokratischen Hürden der jetzigen Regelung wider.

Handelsblatt vom 24.02.2000, Der Kampf um virtuelle Marktanteile. Auf der Cebit überbieten sich die Aussteller mit Ideen für künftigen Mobile Commerce.

Handelsblatt vom 25.04.2000 BDI für Green Card ohne Bürokratie.

Handelsblatt vom 25.07.2000 IT-Fachkrägtemangel bleibt größtes Hemmnis.

Handelsblatt vom 25./26.02.2000. Kanzler rudert bei Green Cards zurück.

Handelsblatt vom 28.02.2000. Schöders Green-Card-Initative ist ein Votum gegen die Regulierer am Arbeitsmarkt.

Handelsblatt vom 03.05.2000. Durchbruch bei Green-Card –Verhandlungen.

Handelsblatt vom 30.03.2000: Internet ermöglicht Lernen am Arbeitsplatz.

Handelsblatt vom 04.04.2000. Green Card ist nur ein Teil des großen Problems.

Handelsblatt vom 05.06.2000.

Handelsblatt vom 06.04.2000. Noch keine Entscheidung über Green Card.

Handelsblatt vom 09.08.2000, Die Streikfront für die New Economy steht.

Handelsblatt vom 09.12.1994.

Handelsblatt. Beilage zur Hannover Messe 2000 vom 15.03.2000. Virtuelle Produktion und digitale Fabriken. Ressourcen für Aufgaben und Zeit bündeln.

Handelsblatt / The Wall Street Journal Europe, Beilage Convergence. Computer- und Kommunikationsindustrie wachsen zusammen. Die wilden Zeiten sind vorbei. Konsolidierung der Internet Brache, S.4/5.

Handelsblatt-Special: Sicheres E-Business vom 19.06.2000.

Handeslblatt-Spezial, Mitarbeiterbeteiligung vom 28.02.2000.

Hans. D. Barbier, Wir brauchen Quirligkeit. In. Bertelsmann Briefe Heft 143, Sommer 2000, S.23-25.

Hans-Jörg Bullinger / Kai Wörner / Prieto, Juan: Wissensmanagement heute – Daten. Fakten und Trends. Unternehemensstudie in Zusammenarbeit mit dem Manager Magazin, Stuttgart 1997.

Hardy, A.: The role of the telephone in economic development. Stanford. Institute for Communication Research, January 1980.

Hart Roderick: Easy Citizenship: Televisions Curious Legacy. In: The Annals of the American Academy, July 1996, S.109-119.

Hart, Roderick: Easy Citizenship: Televisions Curious Legacy. In: The Annals of the American Academy, Juli 1996, S.109-119.

Hartge, Thomas: Zukunftsträume. In: c't 5/95 S.110-113 1995, indem er richtiger Weise darlegt, daß zahlreiche neu geschaffene Ausbildungsgänge bereits eingestellt werden.

Harvey, David: The Condition of Postmodernity: An Enquiry onto the Origins of Cultural Change. Oxford 1989.

Hawkridge, David: New Information Technology in Education. London 1983.

Hayes, Robert: The measurement of information. In: Pertti Vakkari / Blaise Cronin (ed.), Conceptions of library and information science: historical, empirical and theoretical perspectives, London 1992, S.268-285.

Haywood, Trevor: Info-Rich – Info-Poor. Access and Exchange in the global Information Society. London Melbourne, Munich, New Jersey 1995.

Hecht, Jeff: Understanding Fiber Optics. Third Edition. Columbus 1999.

Heidack, Clemens (Hrsg.): Lernen der Zukunft. Kooperative Selbstqualifikation – die effektivste Form der Aus- und Weiterbildung im Betrieb. München 1993.

Heidrich, Rolf / Rohr, Gerhart: Bildung heute. Wege aus der PISA-Kathastrophe.München 2002.

Heinz Nixdorf Museums Forum (Hrsg.), Paderborner Podium 2, Freiheitliche Demokratie in der globalen Informationsgesellschaft. Chancen – Perspektiven-Risiken.

Hennis, Wilhelm: Meinungsforschung und repräsentative Demokratie. Zur Kritik politischer Umfragen, Tübingen 1957.

Hensel, M atthias: Die Informationsgesellschaft. Neuere Ansätze zur Analyse eines Schlagwortes, München 1990.

Heuser, Uwe Jean: Am Bildschirm allein zu Haus. In: Die Zeit vom 20. Oktober 1995.

Heuser, Uwe Jean: Tausend Welten. Die Auflösung der Gesellschaft im digitalen Zeitalter. Berlin 1996.

Hickel, Rudolf: Die Risikospirale. Was bleibt von der New Economy? Frankfurt am Main 2001.

Hirschhorn, Larry:Beyond Mechanization: Work and Technology on a Postindustial Age. Cambridge 1984.

Hoch, Marc / Holzamer, Hans-Herbert Holzamer (Hrsg.): Zukunft der Arbeit. Zukunft der Bildung. Eine Serie der Süddeutschen Zeitung. Herausgegeben von der Süddeutschen Zeitung 1998.

Hoffmann, Walter G.: Stadien und Typen der Industrialisierung. Jena 1931.

Hoffmann-Riem, Wolfgang / Vesting, Thomas (Hrsg.): Perspektiven der Informationsgesellschaft. Symposien des Hans-Bredow-Instituts. Baden-Baden, Hamburg 1995.

Höflich, Joachim R.: Vom dispersen Publikum zu "elektronischen Gemeinschaften". Plädoyer für einen erweiterten kommunikationswissenschaftlichen Blickwinkel. In: Rundfunk und Fernsehen 43, S.518-537.

Hofmann, Ulrich: Globale Informationswirtschaft. Management, Technologien, Strategien, München, Wien 1999.

Holtz-Bacha, Christina / Kaid, Lynda Lee (Hrsg.): Wahlen und Wahlkampf in den Medien. Untersuchungen aus dem Wahljahr 1994. Opladen 1996.

Holtz-Bacha, Christina: Ablenkung oder Abkehr von der Politik. Opladen 1990.

Holtz-Bacha, Christina: Das fragmentierte Medien-Publikum. Folgen für das politische System. In: Aus Politik und Zeitgeschichte B42/97. 10.10.1997. S.13-21.

Holtz-Bacha, Christina: Massenmedien und Politikvermittlung – Ist die Videomalaise Hypothese ein adäquates Konzept? In: Jäckel, Michael / Winterhoff-Spurk, Peter:

Politik und Medien. Analysen zur Entwicklung der politischen Kommunikation. Berlin 1994. S.181-191.

Holtz-Bacha, Christina: Mediennutzung im Geflecht politischer Orientierungen.Opladen 1990.

Holznagel, Bernd / Grünwald, Andreas / Hanssmann, Anika: Elektronische Demokratie. Bürgerbeteiligung per Internet zwischen Wissenschaft und Praxis. München 2001.

Hörisch, Jochen / Raulet Gérard: Sozio-kulturelle Auswirkungen moderner Informations- und Kommunikationstechnologien. Der Stand der Forschung in der Bundesrepublik Deutschland und Frankreich Frankfurt am Main/New York 1992.

Horkheimer, Max/Adorno, Theodor W.: Dialektik der Aufklärung. Frankfurt 1969 (zuerst 1947).

Horkheimer, Max / Adorno, Theodor: Kulturindustrielle Aufklärung und Massenbetrug. In: Dialektik der Aufklärung, Fankfurt 1971, S.108-150.

Horton, Forrest Woody: Information resource management: concept and cases, Cleveland, Ohio 1979, S.343.

Horx, Matthias: Chip Generation. Ein Trip durch die Computerszene. Reinbek 1984

Horx, Matthias: Smart Capitalism: das Ende der Ausbeutung. Frankfurt am Main 2001.

Hull, Richard: Knowledge and the Economy. In: Economy&Society 29 (2) 2000, S.316-331.

Hunt, Shane: Review, In: Journal of Political Economy, Vol. 73, 1965, S.311.

ifo Institut für Wirtschaftsforschung (Hrsg.): Die deutsche Position im globalen Wettbewerb um die Entwicklung neuer Informations- und Kommunikationstechnologien. In: ifo Schnelldienst 53. Jahrgang/29. 02.2000, 5-6/2000.

Imhof, Kurt / Schulz, Peter Schulz (Hrsg.): Politisches Raisonnement in der Informationsgesellschaft. Opladen 1999.

Informationsdienst des Instituts der deutschen Wirtschaft e.V. Köln Nr. 5 3. Februar 2000 "VGR Revision. Die Wirtschaft in neuem Gewand".

Ingrid Ostlender, Die Zukunft der Schule in Zeiten des Internet. Haßliebe zur Cyberwelt. Ohne Computer ist Orientierung in der kommenden Wissensgesellschaft kaum möglich. In: Süddeutsche Zeitung vom 15, April 1997.

Innis, Harold: Empire and Communications. Oxford 1950.

Institut der Deutschen Wirtschaft Köln (Hrsg.): iw-trends. Quartalsheft zur empirischen Wirtschaftsforschung. 26. Jg./4/1999. Dokumentation Effekte der VGR-Revision auf das sektorale Stukturbild der Deutschen Wirtschaft.

Institut für Arbeitsmarkt- und Berufsforschung der Bundesanstalt für Arbeit (IAB): Die Schätzung von Potential-Erwerbsquoten, Stiller Reserve und Erwerbspersonenpotential für die alten Bundesländer 1970-1995. In: IAB Werkstattbericht Nr.8/4.8.1998.

Institut für Arbeitsmarkt- und Berufsforschung der Bundesanstalt für Arbeit (IAB): Bildung und Arbeitsmarkt: Der Trend zur höheren Qualifikation ist ungebrochen. In: IAB -Werkstattbericht Nr.15/17.12.1998.

Institut für Arbeitsmarkt- und Berufsforschung der Bundesanstalt für Arbeit (IAB): Bildung zahlt sich immer noch aus. Eine Analyse qualifikationsspezifischer Arbeitsmarktentwicklungen in der ersten Hälfte der 90er Jahre für West- und Ostdeutschland. In: IAB-Werkstattbericht Nr 15/18.11.1997.

Institut für Arbeitsmarkt- und Berufsforschung der Bundesanstalt für Arbeit (IAB): IAB-Agenda 98. Wissenschaftliche Befunde und Empfehlungen zur Arbeitsmarkt- und Beschäftigungspolitik. IAB-Werkstattbericht Nr.10/28.9.1998.

Institut für Arbeitsmarkt- und Berufsforschung der Bundesanstalt für Arbeit (IAB): Werkstattbericht Nr. 15/18.11.1997. Alexander Reinberg: Bildung zahlt sich immer noch aus. Eine Analyse qualifikationsspezifischer Arbeitsmarktentwicklungen in der ersten Hälfte der 90er Jahre für West- und Ostdeutschland.

Institut für Arbeitsmarkt und Berufsforschung der Bundesanstalt für Arbeit (IAB): Arbeitszeitmodelle in der Partnerschaft von heute und partnerschaftliche Arbeitszeitmodelle von morgen. In: IAB Werkstattbericht Nr.14/2.10.1997.

Institut für Arbeitsmarkt und Berufsforschung der Bundesanstalt für Arbeit (IAB): Frauen und Männer in der Beschäftigungskrise der 90er Jahre. Entwicklung der Erwerbstätigkeit in West und Ost nach Branchen, Berufen und Qualifikationen. Eine Untersuchung auf Basis von Mikrozensus-Daten. In: IAB-Werkstattbericht Nr. 11/08.09.1997.

Iten, Andreas: Vernunft und Tugend in der Informationsgesellschaft. In: Kurt Imhof / Peter Schulz (Hrsg.), Politisches Raisonnement in der Informationsgesellschaft, Opladen 1999.

Ito, Youichi / Ogawa, Koichi: Recent Trends in Johoka Shakai and Johoka Policy Studies, In: KEIO Communication Review, Vol.5 (1984), S.15-28.

Ito, Youichi: Environmentalists and Information Society School. The Development and State of the Art of Japanese Communication Studies. Paper presented at the 35th Annual Conference of the International Communication Association May 23-27, 1985. Honolulu, Hawaii.

Ito, Youichi: Mass Communication Research in Japan: History and Present State. In: M.L. McLaughlin (Hrsg.): Communication Yearbook 10. New Brunswick 1985.

Jäckel, Michael / Winterhoff-Spurk, Peter (Hrsg.): Politik und Medien. Analysen zur Entwicklung der politischen Kommunikation. Berlin 1994.

Jacobs Lawrence / Shapiro, Robert Y.: Studying Substantive Democracy. In: Political Science and Politics, 27 (1994), S.9-17;11.

Jahn, Joachim: Die Elektrifizierung des Rechts. In: Frankfurter Allgemeine Zeitung vom 22.05.2000.

Jansen, Andrea / Ruberto Rosaia: Mediale Konstruktion politischer Realität. Politikvermittlung im Zeitalter der Fernsehdemokratie.Wiesbaden 1997.

Jarren, Otfried (Hrsg.): Politische Kommunikation in Hörfunk und Fernsehen. Elektronische Medien in der Bundesrepublik Deutschland. Gegenwartskunde Sonderheft 8. Opladen 1994.

Jarren, Otfried / Altmeppen, Klaus-Dieter / Schulz, Wolfgang: Parteiintern. Medien und innerparteiliche Entscheidungsprozesse. Die Nachfolge Genschers und die Kür Engholms zum SPD Kanzlerkandidaten. In: Wolfgang Donsbach / Otfried Jarren / Hans Matthias Kepplinger / Barbara Pfetsch (Hrsg.): Beziehungsspiele- Medien und Politik in der öffentlichen Diskussion. Fallstudien und Analysen. Gütersloh 1993. S.111-158.

Jarren, Otfried / Donges, Patrick: Keine Zeit für Politik? Landespolitische Berichterstattung im Rundfunk. Journalisten, Öffentlichkeitsarbeiter und Politiker in der Interaktion. Das Beispiel Hamburg. Eine Studie im Auftrag der Hamburgischen Anstalt für neue Medien. Bd. 16. Berlin 1996.

Jarren, Otfried / Sarcinelli, Ulrich / Saxer, Ulrich (Hrsg.): Politische Kommunikation in der demokratischen Gesellschaft. Ein Handbuch. Opladen 1998.

Jarren, Otfried / Schatz, Heribert / Weßler, Hartmut (Hrsg.): Medien und politischer Prozess. Politische Öffentlichkeit und massenmediale Politikvermittlung im Wandel. Opladen 1996.

Jarren, Otfried: Internet – neue Chancen für die politische Kommunikation? In: Aus Politik und Zeitgeschichte B 40/98.25 September 1998. S.13-21.

Jarren, Otfried: Politik und politische Kommunikation in der modernen Gesellschaft. In: Aus Politik und Zeitgeschichte B39/94. 30.09.1994. S.3-10.

Jarvis, Peter (ed.): The age of learning: education and the knowledge society. London 2001.

Jeantet, Thierry: La Modernisation de la France par L'économie Sociale. Paris 1986.

Jeremy Rifkin: Access. Das Verschwinden des Eigentums. Frankfurt 2000.

Jonscher, Charles: Information Resources and Economic Productivity. In: Informations Economics Policy. Vol. 1 (1983), S.13-35.

Jonscher, Charles: Productivity Chance and the Growth of Information Processing Requirements in the Economy. Harvard University 1982.

Journal of Applied Psychology, Oktober 1989, S.759.

Joy, Bill: Warum die Zukunft uns nicht braucht. Die mächtigsten Technologien des 21. Jahrhunderts- Robotik, Gentechnik und Nanotechnologie – machen den Menschen zur gefährdeten Art. In: Frankfurter Allgemeine Zeitung vom 06.06.2000.

Joyce, James: Finnegans Wake. Hrsg. Von Klaus Reichert. Frankfurt am Main 1989.

Jürgens, Ulrich / Malsch, Thomas / Dohse, Knuth: Moderne Zeiten in der Automobilfabrik. Strategien der Produktionsmodernisierung im Länder- und Konzernvergleich. Berlin 1989.

Jussawalla, M. / Ebenfield, H. (Hrsg.): Communication and Information Economics. New Perspectives, Amsterdam, New York, Oxford 1984.

Jussawalla, Meheero / Lamberton, Donald (Eds.): Communication Econommics and Development. New York 1976.

Kaase, Max: Demokratisches System und die Mediatisierung von Politik. In : Sarcinellie, Ulrich (Hrsg.), Politikvermittlung und Demokratie in der Mediengesellschaft, Opladen / Wiesbaden 1998.

Kaase, Max: Fernsehen, gesellschaftlicher Wandel und politischer Prozess. In: Massenkommunikation. Theorien, Methoden, Befunde. Herausgegeben von Max Kaase und Winfried Schulz. In: Sonderheft 30/1989 Kölner Zeitschrift für Soziologie und Sozialpsychologie. Opladen, S.97-117

Kalmbach, Peter: Chimäre oder reale Bedrohung? Ein Beitrag zur Diskussion über "technologische Arbeitslosigkeit. In: Hochschule für Wirtschaft und Politik Hamburg: Auswirkungen Neuer Technologien auf Betrieb, Wirtschaft und Gesellschaft. Opladen 1989.

Kamps, Klaus (Hrsg.): Elektronische Demokratie? Perspektivben Politischer Partizipation. Opladen, Wiesbaden 1999.

Kamps, Klaus / Meckel, Miriam (Hrsg.): Fernsehnachrichten. Prozesse, Strukturen, Funktionen. Opladen 1998 Morgens Pederson, The Dynamics of European Party System. In: European Journal of Political Research 7 (1979), S.1-26.

Karl, Udo: Computer im Unterricht. Engangement für neues Lehren und Lernen. In: micro computer college 4/1985, S.50-53.

Katz, Raul: Explaining information sector growth in developing Countries. In: Telecommunication Policy, 10, 1986, S.209-228.

Kellner, Douglas: Critical Theory. Marxism and Modernity. Cambridge 1989.

Kennedy, Paul: In Vorbereitung auf das 21. Jahrhundert. Frankfurt am Main 1996. Englische Originalausgabe Preparing for the Twenty-First Century New York 1993.

Kenney, Martin / Florida, Richard Florida: Beyond Mass Production: The Japanese System and its Transfer to the U.S., New York 1993.

Kern, Horst / Schumann, Michael: Das Ende der Arbeitsteilung? Rationalisierung in der industriellen Produktion: Bestandsaufnahme Trendbestimmung. München 1984.

Keynes, John Meynards: Politik und Wirtschaft, Männer und Probleme, Ausgewählte Abhandlungen, Tübingen 1956.

Kielmansegg, Peter Graf: Legitimität als analytisches Kategorie. In: Politische Vierteljahresschrift 12, 1971 Kielmansegg, Peter Graf / Math, Ulrich Math (Hrsg.): Die Rechtfertigung politischer Herrschaft. Freiburg 1978 Kielmansegg, Peter Graf.: Legitimitätsprobleme politischer Systeme.In: Politische Vierteljahresschrift Sonderheft 7. Opladen 1976.

Kißler, Leo: Die Öffentlichkeitsfunktion des Deutschen Bundestages. Theorie, Empirie, Reform. Berlin 1976.

Klauder, W.: Ohne Fleiß kein Preis. Die Arbeitswelt der Zukunft. Bd.227 der Taschenbuchreihe Texte und Thesen. Zürich/Osnabrück 1990.

Kleger, Heinz: Transnationale Staatsbürgerschaft. Frankfurt am Main 1997.

Klein, Helmut E.: Was kostet die Schule? Was leistet die Schule?. Eine Analyse schulstatischer und bildungsfinanzstatistischer Kennziffern. Institut der deutschen Wirtschaft Köln, Beiträge zur Gesellschafts- und Bildungspolitik 237, Köln 1999.

Kleinsteuber Hans J. / Thomaß, Barbara: Politikvermittlung im Zeitalter von Globalisierung und medientechnischer Revolution. In: Ulrich Sarcinelli (Hrsg.), Politikvermitltung und Demokratie in der Mediengesellschaft, Bonn 1998, S.209-229.

Kleinsteuber, Hans J.: Das Elend der Informationsgesellschaft. Über wissenschaftliche Begrifflichkeit und politischer Funktionalisierung. In: Forum Wissenschaft 1/13 (1996), S.6-10.

Kleinsteuber, Hans J.: Die publizistische Vielfalt für die Zukunft sichern. In: Das Parlament Nr.33-34 vom 09./16.08.1996.

Kleinsteuber, Hans J. / Hagen, Martin: Was bedeutet elektronische Demokratie? Zur Diskussion und Praxis in den USA und Deutschland. In: Zeitschrift für Parlamentsfragen 1 (1998), S.128-143.

Kleinsteuber, Hans J.: Amerikanismen ersetzen noch keine Substanz. In: Das Parlament Nr. 33-34, 09./16.08.2000.

Kleinsteuber, Hans J.: Das Prinzip Kommerz. Medienpolitische Weichenstellungen. In: Kurt van Haaren / Detlef Hensche, Multimedia, Hamburg 1995.

Knüwer, Thomas: Primadonna des Protests. In: Handelsblatt Montags-Extra Netzwert. E-Business für Entscheider vom 2. 10. 2000. Dazu auch www.handelsblatt-netzwert.com/gegenrede

Komatsuzaki, Seisuke: Japanese Approaches in Studies of Information Economy and Information Industry. Paper submitted to the United Nations University. Research Institute of Telecommunications and Economics (RITE). Tokyo 1984.

Kommunikation Total: Der siebte Kontinent. In. Der Spiegel 51/1998.

Kordes, Walter / Pollmann, Hans: Das Presse- und Informationsamt der Bundesregierung. Düsseldorf 1983. 7. Auflage.

Korff, Fritz, von: Kommunale Bürgernetze im Internet. In: Wienand Gellner / Fritz von Korff (Hrsg.), Demokratie und Internet, Baden-Baden 1998.

Korte W. B. / Flüter-Hoffmann, Ch. / Kowitz R.: Report Telearbeit. Wie man sie einführt und als Innovationsmotor nutzt. Düsseldorf 2000.

Kreibich, Rolf: Die Wissenschaftsgesellschaft. Von Galilei zur High-Tech-Revolution, Frankfurt am Main 1996. Helmut F. Spinner: Die Wissensordnung. Ein Leitkonzept für die dritte Grundordnung des Informationszeitalters. Opladen 1994.

Kreisel, Uwe / Tabbert, Pamela Ann: Net Jargon. Reinbek 1997.

Kreissl, Bernhard: Wo bitte geht's zur Mitte?. In: Süddeutsche Zeitung 17.02.1999.

Krimphove, Petra: Investitionen in die Ausbildung bringen hohe Rendite. Symposium der Freiburger Wirtschaftswissenschaftler beschäftigte sich mit den ökonomischen Perspektiven der Wissensgesellschaft. Badische Zeitung vom 23. Oktober 1999, S.8.

Krotz, Friedrich: Elektronisch mediatisiere Kommunikation. Überlegung zur Konzeption einiger zukünftiger F orschungsfelder d er K ommunikationswissenschaft. In: Rundfunk und Fernsehen 43, 1995 S.445-462.

Krüger, Michael Udo: Zwischen Konkurrenz und Konvergenz. Fernsehnachrichten öffentlich-rechtlicher und privater Rundfunkanbieter. In: Klaus Kamps / Miriam Meckel (Hrsg.), Fernsehnachrichten. Prozesse, Strukturen, Funktionen. Opladen 1998.

Kubicek, Herbert (Hrsg.): Global home. Informations- und Dienstleistungsstrukturen der Zukunft. Heidelberg 2000.

Kubicek, Herbert / Rolf, Arno: Mikropolis. Mit Computernetzen in die ›Informationsgesellschaft‹, Hamburg 1985.

Kubicek, Herbert / Schmid, Ulrich / Wagner, Heiderose: Mehr Information wagen! Auf der Datenautobahn zur informationellen Grundversorgung? In : Kurt van Haaren / Detlef Hensche, Multimedia. Die schöne neue Welt auf dem Prüfstand, Hamburg 1994, S.223-236.

Kubicek, Herbert / Dutton, William / Williams, Robin: The Social Shaping of Information Superhighways. European and American Roads to the Information Society, Hamburg 1997.

Kumar, Krishan: Prophecy and Progress. The Sociology of Industrial and Post-Industrial Society. Harmondsworth/Middlesex 1978.

Kunczik, M.: Elemente der modernen Systemtheorie im soziologischen Werk von Herbert Spencer. In: Kölner Zeitschrift für Soziologie und Sozialpsychologie, 35. Jg. (1983), S.438-461.

Kuo, E.C.Y.: Trends of Information in Singapore. Symposium on Information Technology and Singapore Society: Trends, Policies and Applications. National University of Singapore, Februar 1989.

Kurschildgen, Johannes: Die demokratisch verfasste Öffentlichkeit. Aachen 1998.

Kutteroff, Albrecht: Politische Macht und Massenmedien. Veränderungen der politischen Kommunikation und des journalistischen Selbstverständnisses. In: Jürgen Falter (Hrsg.), Politische Willensbildung und Interessensvermittlung. Opladen 1984.

Landgraf, Robert: Jobmaschine. Gute Aussichten am Neuen Markt. In: Handeslblatt 16.08.2000.

Lange, Bernd-Peter: Medienkompetenz im Zeitalter globaler Kommunikation: Wie lässt sich die europäische Informationsgesellschaft politisch gestalten? Bonn 1999.

Langenbucher, Wolfgang R. (Hrsg.): Politik und die öffentliche Meinungsbildung. München, Zürich 1979 Oberreuter, Heinrich: Was nicht in den Medien ist, ist nicht Wirklichkeit. Parlamente – Foren politischer Öffentlichkeit? In: Bayrischer Landtag (Hrsg.) Colloquium zum Landesparlamentarismus II und III der Akademie für Politische Bildung Tutzing. München 1996, S.105-120.

Lasswell, Harold: The Vocation of propagandist. In: Lasswell, Harold: On Political Sociology. Chicago 1977.

Latzer, Michael: Mediamatikpolitik für die digitale Ökonomie: ECommerce, Qualifikation und Marktmach in der Informationsgesellschaft. Innsbruck, Wien, München 2000.

Lazarsfeld, Paul / Merton, Robert: Massenkommunikation, Publikumsgeschmack und organisiertes Sozialverhalten. In: Gesellschaftliche Kommunikation und Information, Bd 2. Herausgegeben von Jörg Aufermann / Hans Bohrmann / Rolf Sülzer.

Le Monde 18. September 1978, deutsch abgedruckt in GMD-Spiegel 4/78, Die Informatisierung der Gesellschaft.

Le Monde de L'éducation de la Culture et de la Formation: Multimédia. Mensuel No 247 Avril 1997.

Leggewie, Claus / Maar, Christa (Hrsg.): Internet Politik. Von der Zuschauer- zur Beteiligungsdemokratie. o.O. o.J. (auf Grundlage eines Kongresses 1997 in München).

Leggewie, Claus: Netizens oder: Der gut informierte Bürger. In: Transit 13 (1997).

Legler, Harald / Speckner, Bernhard: Informationssektor in der Bundesrepublik Deutschland – Beschäftigung und Einkommen – Endbericht des Instituts für Systemtechnik und Innovationsforschung (ISI) der Fraunhofer-Gesellschaft zu einem Forschungsauftrag des Heinrich-Hertz-Instituts für Nachrichtentechnik mbH. Karlsruhe, Dezember 1978.

Legler, Harald: Erwerbstätige im Informationssektor in der Bundesrepublik Deutschland 1978 – Ergänzung zum Endbericht. Karlsruhe 1979.

Leontieff, Wassily: Input-Output Economics. New York 1966.

Lerg, Winfried: Verdrängen oder ergänzen Medien einander? Innovation und Wandel in Kommunikationssystemen. In: Publizistik 26 (1981), S.193-201.

Levin, H. : Cost-Effectiveness of Four Educational Interventions. Project-Reports 84-A11. Stanford 1984.

Lijphart, Arend (Hrsg.): Parliamentary versus Presidential Government, Oxford 1992.

Lijphart, Arend: Democracies. Patterns of Majoritarian and Consensus Government in Twenty-One Countries, New Haven/London 1984.

Lincoln, Adam: Dawn of a New Information Age? In: Managing Information Systems, 3, (3), April, S.70-73 1994.

Lipietz, Alain: Towards a New Economic Order: Postfordism, Ecology and Democracy. Cambridge 1993.

Lippmann, Walter: Public Opinion. Erstausgabe 1922. New York 1965.

Löffler, Martin / Ricker, Reinhart: Handbuch des Presserechts. München 1978.

Lohmann, Ingrid / Rilling, Rainer (Hrsg.): Die verkaufte Bildung. Kritik und Kotnroversen zur Kommerzialisierung von Schule, Weiterbildung, Erziehung und Wissenschaft.Opladen 2002.

London, Scott: Electronic Democracy – A Literature Survey. A Paper prepared for the Kettering Foundation, march 1994. In: http://www.west.net/~insight/london/ed.htm vom 10.05. 1999.

Lüdeke, Reinar: Bildung, Bildungsfinanzierung und Einkommensverteilung II, Berlin 1994.

Luft, Alfred: Informatik als Technikwissenschaft. Eine Orientierungshilfe für das Informatikstudium, Mannheim, Wien, Zürich 1988.

Luhmann, Niklas: Beobachtungen der Moderne. Opladen 1992.

Luhmann, Niklas: Soziale Systeme. Grundriss einer allgemeinen Theorie. Frankfurt am Main 1984.

Luhmann, Niklas: Soziologische Aufklärung. 3. Soziales System, Gesellschaft, Organisation. Opladen 1991.

Lynch, Clifford: Weltbibliothek Internet? In: Spektrum der Wissenschaft Mai 5/1997, S.90-100.

Lyon, David: The Information Society: Issues and Illusions. Cambridge 1988.

Lyotard, Jean-Francois: Das postmoderne Wissen. Ein Bericht. Wien 1999. Erstausgabe 1979.

Lyotard, Jean-Francois: The Postmodern Condition: A Report on Knowledge. Manchester 1984.

Machlup, Fritz / Mansfield, Una (Ed.), The study of information, New York 1983.

Machlup, Fritz: Knowledge: Its Creation, Distribution, and Economic Significance. Volume II: The Branches of Learning. Princton 1982.

Machlup, Fritz: Knowledge: Its Creation, Distribution, and Economic Significance. Volume I: Knowledge and Knowledge Production Princton 1980.

Machlup, Fritz: The Production and Distribution of Knowldge in United States. Princton, New Jersey 1962.

Machlup: Fritz: Knowledge: Its Creation, Distribution, and Economic Significance. Volume III: The Economics of Information and Human Capital. Princton 1984.

Maletzke, Gerhard: Psychologie der Massenkommunikation. Theorie und Systematik. Hamburg 1963.

Malsch, Thomas / Seltz, Rüdiger (Hrsg.): Die neuen Produktionskonzepte auf dem Prüfstand. Beiträge zur Entwicklung der Industriearbeit. Berlin 1987.

Mantwill, Gerhard J.: Informationswirtschaft und Standort Deutschland. Baden-Baden 1997.

Marcinkowski, Frank: Publizistik als autopoeitisches System. Politik und Massenmedien. Eine systemtheoretische Analyse. Opladen 1993.

Mariele Berndt, Informationsgesellschaft und Internet – eine BonnerTagung. Mehr Demokratie, mehr Staat?. In: Badische Zeitung vom 11.09.1996.

Marschall, S tefan: N etzöffentlichkeit – eine demokratische Alternative? In: Gellner, Wienand G ellner / K orff, F ritz von (Hrsg.): Demokratie und Internet. Baden-Baden 1998. S.43-54.

Marschall, Stefan: Netzöffentlichkeit – eine demokratische Alternative? In: Wienand Gellner / Fritz von Korff Demokratie und Internet. Baden-Baden1998.

Marschall, Stefan: Öffentlichkeit und Volksvertretung. Theorie und Praxis der Public Relations von Parlamenten. Opladen, Wiesbaden 1999.

Marshall McLuhan, The medium is the message. Hrsg. und übersetzt von Martin Bales, Dresden 2001.

Martin, Hans-Peter Martin / Schumann, Harald: Die Globalisierungsfalle. Rowolth 1996.

Martin, Hans-Peter / Schumann, Harald, Die Globalisierungsfalle, Rowolth Verlag 1996., S.27-31.

Martin, James: The Wired Society. New Jersey 1978.

Martin, William J. : The Global Information Society. London, Aldershot 1995.

Martin, William J.: The Information Society – Idea or Entity? In: Aslib Proceedings (11/12), 1988, S.303-309.

Marx, Karl / Engels, Friedrich: Werke, Bd.20. Berlin 1972.

Marx, Karl: Das Kapital I. Der Produktionsprozess des Kapitals. Mit einem Geleitwort von Karl Korsch, Frankfurt am Main 1969.

Marx, Karl: Grundrisse der Kritik der Politischen Ökonomie. Berlin 1974.

Masuda, Yoneiji: Computopia. In: Tom Forester (ed.), The Information Technology Revolution, Oxford 1985.

Masuda, Yoneiji: The Informations Society as Post-Industrial Society. Tokyo 1980.

Max-Planck-Institut für Bildungsforschung (Hrsg.): PISA 2000. Zusammenfassung zentraler Befunde. Schülerleistungen im internationalen Vergleich. Berlin 2001.

Mc Luhan, Marshall: The Bias of Communication. Toronto 1951.

Mc Luhan, Marshall: The global Village:der Weg in der Mediengesellschaft in das 21. Jahrhundert. Paderborn 1995.

McLean, Ian: Democracy and new Technology. Cambridge 1988.

McLuhan, Marshall: Die Gutenberg-Galaxis. Das Ende des Buchzeitalters. Bonn, Paris 1995.

McLuhan, Marshall: Understanding Media. The Extension of man. London 2002.

Meckel, Miriam / Kriener, Markus (Hrsg.): Internationale Kommunikation. Eine Einführung. Opladen 1996.

Meherow. Jussawalla, Meherow / Lamberton, Donald / Karunaratne, N.D.: The cost of thinking: Information economies of ten Pacific countries. Norwood, New York 1982.

Meier, Bernd: Sozialkapital in Deutschland. Eine empirische Skizze. Köln 1996.

Menou, Michel: The impact of information: definitions and measurements, pre-print, accepted for IP&M, 1994.

Merk, Hans-Günther: Wirtschaftsstruktur und Arbeitsplätze im Wandel der Zeit. Stuttgart 1994.

Merten, Klaus / Schmidt, Siegfried / Weischenberg, Siegfrid (Hrsg.): Die Wirklichkeit der Medien. Eine Einführung in die Kommunikationswissenschaft. Opladen 1994.

Meyn, Hermann: Massenmedien in Deutschland. Konstanz 1999.

Meyrowitz, Joshua: Die Fernsehgesellschaft. Wirklichkeit und Identität im Medienzeitalter. Weinheim 1987.

Miles, Ian: Information Technology and Information Society. Options for the Future. London 1988.

Miles, Ian: Information Technology and Information Society: Options for the Future. In: Policy Research Papers. Science Policy Research Unit, University of Sussex, April 1988.

Miles, Ian: Mapping and Measuring the Information Economy. Cambridge 1990.

Miles, Ian: Measuring the Future: Statistics and the Information Age. In: Futures 23 (9) November 1991, S.915-934.

Miller, Steven E. : Civilizing Cyberspace. Policy, Power and the Information Superhighway. Brüssel, New York 1996.

Miller, Warren E. / Stokes, Konrad: Constituency influence in Congress. In: American Political Science Review 1963, 57, S.45-56.

Mohr, Rita: Mit Bill Gates auf du und du. Die neuen Informationstechnologien revolutionieren die Kommunikation in der Arbeitswelt. In: Süddeutsche Zeitung 5./6. April 1997, SZ-Serie Wissensmanagement.

Moravec, Hans: Mind Children. Der Wettlauf zwischen menschlicher und künstlicher Intelligenz. Hamburg 1990.

Morris, Charles W.: Zeichen, Sprache und Verhalten. Düsseldorf 1973,

Mosco, Vincent / Wasko Janet: The Political Economy of Information. Madison 1988.

Mosco, Vincent: Pushbutton Fantasies. Critical Perspectives on Videotext and Information Technology. Norwood, New Jersey 1982.

Mosco, Vincent: The Pay Per Society: Computer and Communication in the Information Age: Essays in Critical Theory. Toronto 1989.

Mosdorf, Siegmar: Die Diskussion weder den Kulturpessimisten noch den Technikeuphorikern überlassen. In Das Parlament Nr. 33-34 9./16. August 1996.

Moser, Heinz: Der Computer vor der Schultür. Entscheidungshilfen für Lehrer, Eltern und Politiker. Zürich 1986.

Moser, Heinz: Der Computer vor der Schultür. Entscheidungshilfen für Lehrer, Eltern und Politiker. Zürich 1986.

Müller- Michaels, Wolfgang: Die Informationsgesellschaft im Aufbruch. Perspektiven für Wachstum, Beschäftigung und Kommunikation. Frankfurt/Main 1996.

Müller, Albrecht: Von der Parteiendemokratie zur Mediendemokratie. Beobachtungen zum Bundestagswahlkampf im Spiegel früherer Erfahrungen. Opladen 1999.

Müller-Kästner, Kai Holger / Vaagt, Matthias: Europa profitiert von den Erfahrungen in den USA. Die Chancen virtueller Marktplätze. In: Computerwoche extra, Ausgabe Nr. 5, 28. Juli 2000, S.16ff.

Münch, Richard: Dialektik der Kommunikationsgesellschaft. 2. Auflage. Frankfurt am Main 1992.

Naisbitt, John: Megatrends. Ten New Directions Transforming our Lives. Futura 1984.

Naughton, John:A brief History of the Future: The Origins of the Internet, London 1999.

Nefiodow, Leo A.: Der Fünfte Kondratieff. Strategien zum Strukturwandel in Wirtschaft und Gesellschaft. Frankfurt am Main 1991.

Nefiodow, Leontieff: Informationsgesellschaft – Arbeitsplatzvernichtung oder Arbeitsplatzgewinne?. In: IFO Schnelldienst 12/94, München 1994.

Neidhard, Friedhelm (Hrsg.): Öffentlichkeit, öffentliche Meinung, soziale Bewegung. Sonderheft Kölner Zeitschrift für Soziologie und Sozialpsychologie, 34, Opladen1994, S.7-14, S.8f.

Neidhardt, Friedhelm (Hrsg.): Öffentlichkeit, öffentliche Meinung, soziale Bewegung, Sonderheft Kölner Zeitschrift für Soziologie und Sozialpsychologie 34. Opladen 1994.

Neuberger, Christoph / Tonnemacher, Jan / Biel, Matthias / Duch, Andre: Die deutsche Tageszeitung im World Wide Web. In: Media Perspektiven (1997), S.652-662.

Neue deutsche Online-Kultur. Diue Generation @. In Konr@d Nr 1/97.

New York Times 4. Februar 1997. S.C1/5, Incredible Shrinking Transistor nears its Ultimate Limit: The Laws of Physics.

Newsweek Sonderheft 1995.

Newsweek Special Report: e-Life. In Newsweek October 11, 1999. S.46ff.

Newton, F.W.: Australia's information landscapes. In: Prometheus, 11, (1), 1993, June.

Nicholson, R.J.: Economic Statistics and Economic Problems. London 1969.

Noelle- Neumann, Elisabeth: Lesen in der Informationsgesellschaft. Mainz 1986.

Noelle-Neumann, Elisabeth / Köcher, Renate (Hrsg.): Allensbacher Jahrbuch der Demoksopie 1993-1997. München 1997.

Noelle-Neumann, Elisabeth / Schulze, Winfried / Wilke, Jürgen: Publizistik, Massenkommunikation. Fankfurt am Main 1995.

Noelle-Neumann, Elisabeth: Öffentliche Meinung. In: Elisabeth Noelle-Neumann / Winfried Schulze / Jürgen Wilke, Publizistik, Massenkommunikation. Frankfurt am Main 1995.

Noelle-Neumann, Elisabeth: Warum die Zeitung überleben wird. In: Dies.(Hrsg.), Öffentlichkeit als Bedrohung: Beiträge zur empirischen Kommunikationsforschung. Freiburg im Breisgau/München 1977.

Nora, Simon / Minc, Alain: Die Informatisierung der Gesellschaft. Herausgegeben von Uwe Kalbhen. Mit einem Vorwort von Ulrich Lohmar. Frankfurt am Main, New York 1979.

Norris, Pipa: Does Television Erode Social Capital? A reply to Putnam. In: Political Science and Politics 28 (1996), S.474-486.

Nürnberger, Christian: Die Desinformationsgesellschaft. Eine Konferenz in Bonn zum Thema "Macht Information". In: Süddeutsche Zeitung vom 15. Mai 1997.

O'Shea, Tim / Self, John: Lernen und Lehren mit Computern. Künstliche Intelligenz im Unterricht. Basel 1986

Oberndörfer, Dieter: Politische Meinungsforschung und Politik. In: Dieter Oberndörfer (Hrsg.), Wählerverhalten in der Bundesrepublik Deutschland. Studien zu ausgewählten Problemen der Wahlfroschung aus Anlaß der Bundestagswahl 1976. Berlin 1978.

Oberreuter Heinrich (Hrsg.): Ungewißheiten der Macht. Parteien, Wähler, Wahlentscheidung. München 1998 Roth, Dieter / Wüst, Andrea M.: Parteien und Wähler. Erklärungsmodelle des Wahlverhaltens. In: Heinrich Oberreuter (Hrsg.), Ungewißheiten der Macht. Parteien, Wähler, Wahlentscheidung, München 1998.

Oberreuter, Heinrich (Hrsg.): Parteiensystem am Wendepunkt? Wahlen in der Fernsehdemokratie. München, Landsberg am Lech 1996.

Oberreuter, Heinrich: Übermacht der Medien. Erstickt die demokratische Kommunikation? Zürich, Osnabrück 1982.

OECD (ed.): Science Technology Industry. Towards a Global Information Society. Global Information Infrastructure Global Information Society: Policy Requirements. Paris 1997.

OECD/ICCP: Information Activities, Electronics and Telecommunication Technologies. Impact on Employment, Growth, and Trade. Vol I und Vol II. ICCP Series No.6, Paris 1981.

OECD/ICCP: Update of Information Sector Statistics. ICCP (84). Paris 1985.

OECD: Towards a Global Information Society. Global Information Infrastructure, Global Information Society: Policy Requirements. Paris 1997.

Oehrlein, Josef: Schöne Grüße von Webmaster und Sysop. Booten, scannen und chatten: Computer, Internet und die deutsche Sprache. In: Frankfurter Allgemeine Zeitung vom 05.12.2001.

Ogburn, W.F.: Social Change: With Respect to Cultural and lorignial Nature. New York 1922.

Oniki, H. / Kuriyama, T: New informationtechnology and the growth of the Japanese economy. Paper presented at the International Conference on Asia's Experience in Informatization. Taipei, Taiwan May 9-11, 1989.

Otto für Interaktive. Interview mit Ingo Saleck, dem E-Commerce-Experten der Versandhausfirma. In: Konr@d Nr.3/1998, S.66.

Otto, Peter / Sonntag, Philip: Wege in die Informationsgesellschaft. Steuerungsprobleme in Wirtschaft und Politik, München 1985.

Paetau, Michael: Informationsgesellschaft als sozialer Raum. Vortragsmansukript zur IMD-Tagung Informationsgesellschaft Mediendemokratie im Januar 1996 in Hamburg.

Paper, Seymor: Mindstorms: Children, Computers and Powerful Ideas. New York 1980.

Pappi, Franz Urban: Klassenstruktur und Wahlerhalten im sozialen Wandel. In: Max Kaase / Hans-Dieter Klingemann (Hrsg.), Wahlen und Wähler. Analysen aus Anlaß der Bundestagswahl 1987. Opladen 1990. S.15-30.

Parker, Edwin: Information and Society. In: Annual Review of Information Science and Technology, Vol 8 (1973), S.345-373.

Perkins, Harold: The Rise of professional Society, o.O. 1990.

Petermann, Thomas(Hrsg.): Technikfolgen-Abschätzung als Technikforschung und Politikberatung, Frankfurt am Main/New York 1992.

Pfetsch, Barbara: Mediatisierte Politik und Wertewandel. Berlin 1989.

Pfetsch, Barbara: Themenkarrieren und politische Kommunikation. Zum verhältnis von Politikund Medien bei der Entstehung der politischen Agenda. In: Aus Politik und Zeitgeschichte B39/94. 30. September 1994. S.11-20.

Pfetsch, Barbara: Zur Beobachtung und Beeinflussung öffentlicher Meinung in der Mediendemokratie. Bausteine einer politikwissenschaftlichen Kommunikationsforschung. In: Karl Rohe(Hrsg.), Politik und Demokratie in der Informationsgesellschaft. Baden-Baden1997.

Pfetsch; Barbara / Dahlke, Kerstin: Politische Öffentlichkeitsarbeit im Spannungsfeld von Zustimmungsmanagement und Politikvermittlung. Zur Selbstwahrnehmung politischer Sprecher in Berlin und Bonn. In: Otfried Jarren / Heribert Schatz / Hartmut Weßler (Hrsg.), Medien und politischer Prozeß. Politische Öffentlichkeit und massenmediale Politikvermittlung. Opladen 1996.

Philipp Sonntag (Hrsg.), Die Zukunft der Informationsgesellschaft, Frankfurt am Main 1983, S.69.

Picot, Arnold / Scheuble, Sven: Die Bedeutung der Information für Innovation und Wettbewerbsfähigkeit von Unternehmen. In: Mantwill, Gerhard(Hrsg.): Informationswirtschaft und Standort Deutschland. Der Beitrag der Informationswirtschaft zur Wettbewerbsfähigkeit der Unternehmen. Veröffentlichungen des HWWA Instituts für Wirtschaftsforschung Hamburg. Baden-Baden 1997, S.15-43.

Piore, Michael J. / Sabel, Charles: Das Ende der Massenproduktion. Studie über die Requalifizierung der Arbeit und die Rückkehr der Ökonomie in die Gesellschaft. Berlin 1985.

Piore, Michael / Sabel, Charles: The Second Industrial Divide. New York 1984.

Piper, Nikolaus: Grenzen der Globalisierung. In: Süddeutsche Zeitung vom 11.09.1998.

Pitkin, Hanna F.: The Concept of Representation. Berkeley 1967.

Pl@net. Das Internet Magazin: Schöner wählen. Demokraten und demagogen entdecken das Internet. 9/96.

Plassner, Fritz / Ulram, Peter / Welan, Manfred (Hrsg.): Demokratierituale. Zur politischen Kultur der Informationsgesellschaft. Wien, Köln, Graz 1985.

Plassner, Fritz: Elektronische Politik und politische Technostruktur reifer Industriegesellschaften – Ein Orientierungsversuch. In: Fritz Plassner / Manfried Welan (Hrsg.), Demokratierituale. Zur politischen Kultur der Informationsgesellschaft. Wien/Köln/Graz 1985.

Poire, Michael J. / Sabel, Charles F.: The second Industrial divide: Possibilities for Prosperity, o.O.1985.

Politik digital. Neue Impulse für die Demokratie. In: Das Multimedia-Magauzin der Süddeutschen Zeitung 4/98.

Pongs, Armin: In welcher Gesellschaft leben wir eigentlich. Gesellschaftskonzepte im Vergleich. München 1999.

Popper, Karl: Die offene Gesellschaft und ihre Feind. P.K: Feyerabend, 2 Bde. Bern 1957/58, Band 1.

Porat, Marc Uri / Rubin, Michel R.: The Information Economy. Definition and Measurement. OT Special Publication 77-12 (1). Washington DC 1979, US Department of Commerce, Office of Telecommunications.

Porat, Marc Uri: The Information Economy: Definition and Measurement (OT Special Publication 77-12 (1)). Washington; US Departement of Commerce, Office of Telecommunications, May 1977.

Porat, Marc Uri: The Information Economy: Sources and Methods for Measuring the Primary Information Sector (Detailed Industry Report) OT Special Publication 77-12

(2), Washington DC: US Departement of Commerce, Office of Telcommunication. May 1977.

Poster, Marc: The Mode of Information: Poststructuralsim and Social Context. Cambridge 1990.

Poster, Mark: The Mode of Information and Postmodernity. In: David Crowley / David Mitchell (eds.): Communication Theory Today. Cambridge 1994.

Poster, Mark: The Mode of Information. Poststructuralism and Social Context. Cambridge 1990.

Postman, Neil: Das Technopol. Die Macht der Technologien und die Entmündigung der Gesellschaft. Frankfurt am Main 1992. 3. Auflage. Erstausgabe New York 1991.

Postman, Neil: Wir amüsieren uns zu Tode. Urteilsbildung im Zeitalter der Unterhaltungsindustrie. Frankfurt am Main 1985.

Potter, Ben: Waiting for Directions on the Technological Superhighway. The Age, Melbourne, 11th February 1994.

Probst, Gilbert / Raub, Steffen / Romhardt, Kai: Wissen managen.Wiesbaden 1998.

Projekt Deutschland 2000: Die High-Tech-Nomaden. In: Der Spiegel 31/1998.

Pulic Ante: Elemente der Informationswirtschaft jenseits von Smith und Keynes. Wien, Köln, Weimar 1993.

Putnam, Robert: Bowling Alone – America's Declining Social Capital. In: Journal of Democracy 6 (1995), S.65-78.

Putnam, Robert: The Strange Disappearance of Civic America. In: The American Prospect 1996, S.34-43.

Putnam, Robert: Tuning in, Tuning out: The Strange Disappearance of Social Capital in America. In: Political Science and Politics, 27 (1995), S.664-683.

Qvortrup, Lars: The Social Significance of Telematics. An Essay on the Information Society. Amsterdam, Philadelphia 1984.

Ranney, Austin: Channels of Power. The impact of Television on American Politics. New York 1983.

Rasmussen, Thomas: Sektorale Strukturpolitik in der Bundesrepublik Deutschland. Göttingen 1983.

Rayport J.F. / Sviokla J.J., Managing in the Marketspace. In: Harvard Business Review, November-December 1994, S.141-150.

Redlich, Thomas: Gesellschaftsorientierte Öffentlichkeitsarbeit als Chance für das politische System und die Parteien. Münster, Hamburg 1992.

Reich, Robert R. : Die neue Weltwirtschaft. Das Ende der nationalen Ökonomie. Frankfurt am Main 1993.

Reinberg, Alexander / Rauch, Angela: Bildung und Arbeitsmarkt: Der Trend zur höheren Qualifikation ist ungebrochen. IAB Werkstattbericht Nr.15 vom 17.12.1998.

Reiter, Udo: Zukunft: Unentbehrlichkeit eines öffentlich-rechlichen Rundfunks: neue Strukturen – neue Maßstäbe? In: Fiedhelm Hilterhaus / Rupert Scholz (Hrsg.), Medienentwicklung. Von der Selektion der Anbieter zur Selektion der Bürger. Individualisierung der Nachfrage als Gefährdung der kulturellen Integration? Köln 1996.

Riesman, David: Leisure and Work in Post-Industrial Society. In: Mass Leisure, Hrsg. von Eric Larrabee / Rolf Meyerson, Glencoe 1958, S.365-385.

Rifkin, Jeremy: Das Ende der Arbeit und ihre Zukunft. Frankfurt/New York 1996.

Rilling, Rainer: Auf dem Weg zur Cyberdemokratie? Strukturwande der Öffentlichkeit durch Neue Medien, a.a.O. Vgl auch http://www.erziehung.uni-giesen.de/studis/Robert/1901_2li.html.

Rob, Heinz Lothar / Bieletzke, stefan: Aufbruch in die Informationsgesellschaft. Münster 1998.

Robins, Kevin / Webster, Frank: Athens without slaves... or slaves without Athens? The Neurosis of Technology. In: Science as a Culture 3 (1988), S.7-53.

Robins, Kevin / Webster, Frank: The Technical Fix: Education, Computers and Industry. Macmillan 1989.

Robinson, Glen (ed.): Communications for Tomorrow: Policy Perspectives for the 1980s. New York 1978.

Robinson, Michael J.: American Political Legitimacy and Growth of Political Malaise: The Case of "Selling of the Pentagon". In: American Political Science Review, 70. Jg., S.409-432.

Robinson, Michael J.: Televisions and American Politics 1965-1976. In: Public Interest 48 Jg., S.3-39.

Robinson, Michael J.: The Impact of the Televised Watergate Hearings. In: Journal of Communication, 24. Jg. Heft 2, S.17-30.

Robinson, Michael: Public Affairs, Television and The Growth of Political M alaise. The Case of the ›Selling the Pentagon‹. In: American Political Science Review 70 (1976), S.409-432.

Rohe, Karl (Hrsg.): Politik und Demokratie in der Informationsgesellschaft. Veröffentlichung der Deutschen Gesellschaft für Politikwissenschaft. Baden-Baden 1997.

Rojas, Raúl: Konrad Zuses Rechnemaschine: sechzig Jahre Computergeschichte. In: Spektrum der Wissenschaft Mai 5/1997, S.54-62.

Ronnberger, Franz: Die politischen Funktionen der Massenkommunikationsmittel, In: Publizistik, 9. Jg., 1964, S.291-304.

Ronneberger, Franz / Rühl, Manfred: Theorie der Public Relations. Ein Entwurf. Opladen 1992.

Ronneberger, Franz: Das Syndrom der Unregierbarkeit und die Macht der Medien. In: Publizistik, 28. Jg. 1983, S.487-511.

Rose, John: Aufpassen, Deutschland! Konr@d Nr.2, S.11.

Rose, Richard Rose / McAlistar, Ian: Voters begin to C hoose. F rom c losed C lass Open Elections. London 1986.

Rosenbaum, Oliver: Chat-Slang. München 1997.

Rosenbladt, B. von (Hrsg.): Bildung in der Wissensgesellschaft. Ein Werkstattbericht zum Reformbedarf im Bildungssystem. Münster u.a. 1999.

Ross, Dieter: Es waren einmal die Massenmedien. Das Publikum zerstreut sich, die Öffentlichkeit zerfällt. In: Hermann Boventer (Hrsg.), Medien und Demokratie. Nähe und Distanz zur Politik. Konstanz 1993. S.157-171, hier S.166.

Roßnagel, Alexander: Die Verletzlichkeit der Informationsgesellschaft. Opladen 1990.

Roßnagel, Alexander: Globale Datennetze: Ohnmacht des Staates – Selbstschutz der Bürger. Änderung der Staatsaufgaben in einer ›civil information society‹. In: Kurt van Haaren / Detlef Hensche, Arbeit im Multimedia-Zeitalter. Hamburg 1997.

Roszak, Theodor: Der Verlust des Denkens. Über die Mythen des Computerzeitalters. München 1986.

Roszak, Theodore: The Cult of Information. The Folklore of Computers and the True Art of Thinking. Cambridge 1986.

Rötzer, Florian: "Zitadellen in der Ortlosigkeit. Wie die Globalisierung Grenzen überwindet und gleichzeitig Mauern errichtet". Südeutschen Zeitung vom 16.01.1997.

Rübbert, Rudolf: Geschichte der Industrialisierung. München 1972.

Ruben, Brent D.: The communication-information relationship in system-theoretic perspective. In: Journal of the American Society for Information Science 43 (1), 1992, S.15-27.

Rubin Michael R. / Huber, Mary T.: The US Information Sector and GNP: An Input-Output Study. In: Information Processing and Management, 17(4) June 1981 S.163-194.

Rubin, Michael Rogers / Huber, Mary T.: The Knowledge Industry in the United States 1960-1980. Princeton, New Jersey1986.

Rubin, Michael Rogers / Taylor, Elizabeth: The U.S. Information Sector and GNP: An Input-Output Study. In: Information Processing & Management, Libraries and Information Retrieval – Systems and Communication Networks. Formerly: Information Storage Retrieval. Volume 17, 1981. Oxford, New York, Toronto, Sydney, Paris, Frankfurt, S.163-214.

Rudolph, Helmut: Geringfügige Beschäftigung mit steigender Tendenz. IAB Werkstattbericht Nr.9/21, 8, 1998.

Ruess, Annette: Kaufen per Klick.Wie die neuen Multimedia-Technolgien das Konsumverhalten der Deutschen verändern. In: Wirtschaftswoche Nr. 24/6 1996.

Rüttgers, Jürgen: Rechtlich und technisch Neuland betreten. Das neue Informations- und Kommunikationsdienste-Gesetz. In: Das Parlament 48. Jahrgang/Nr. 40, 1998.

Rutz, Michael: Die Byte-Gesellschaft: Informationstechnologie verändert unser Leben, München 1999.

Sacher, Werner: Computer und die Krise des Lernens. Eine pädagogisch-anthropologische Untersuchung zur Zukunft des Lernens in der Informationsgesellschaft. Bad Heilbrunn 1990.

Sacher, Werner: Erziehungsbedürftigkeit – „moderner Mythos“ oder Zentralkategorie der anthropologische-pädagogischen Forschung? In: Vierteljahresschrift für Wissenschaftliche Pädagogik 60, 1984, S.288 (S.281-300).

Sanders, Donald: Computers in Society. New York 1977.

Saracevic, Tefko: Information Science: Origin, Evolution and Relations. In: Pertti Vakkari / Blaise Cronin (eds.), Conceptions of Library and Information Science: Historical, Empirical and Theoretical Perspectives, London 1992.

Sarcinelli, Ulrich (Hrsg.): Politikvermittlung und Demokratie in der Mediengesellschaft. Beiträge zur politischen Kommunikationskultur. Opladen 1998.

Sarcinelli, Ulrich (Hrsg.): Politikvermittlung und Demokratie in der Mediengesellschaft. Opladen/Wiesbaden 1998.

Sarcinelli, Ulrich (Hrsg.): Politikvermittlung. Beiträge zur politischen Kommunikationskultur. Stuttgart 1987 Markinkowski, Frank: Politikvermittlung durch das Fernsehen. Politiktheoretische und konzeptionelle Grundlagen der empirischen Forschung. In: Otfried Jarren, Heribert Schatz, Hartmut Weßler (Hrsg.), Medien und politischer Prozeß. Politische Öffentlichkeit und massenmediale Politikvermittlung im Wandel, Opladen 1996.

Sarcinelli, Ulrich: Massenmedien und Politikvermittlung. Eine Problem- und Forschungsskizze. In: Gerhard W. Wittkämper (Hrsg.): Medien und Politik. Darmstadt 1992.

Sarcinelli, Ulrich: Öffentlichkeitsarbeit der Parlamente. Referate und Diskussionsbeiträge einer Tagung der Deutschen Vereinigung für Parlamentsfragen e.V. und des Schleswig-Holsteinischen Landtages Baden-Baden, S.89-92 (1994).

Saretzki, Thomas: Arguing oder Bargaining: Selbstbindung der Politik durch öffentliche Diskurse. In: Göhler, Gerhard (Hrsg.): Macht der Öffentlichkeit-Öffentlichkeit der Macht. Baden-Baden 1995.

Saxer, Ulrich: Beziehungsspiele. Medien und Politik in der öffentlichen Diskussion. Gütersloh 1993.

Say, Johann Baptist: Darstellung der Nationalökonomie oder der Staatswirtschaft. Heidelberg 1818.

Schatz, Heribert: Rundfunkentwicklung im "dualen System": die Konvergenzhypothese. In: Otfried Jarren (Hrsg.), Politische Kommunikation in Hörfunk u nd F ernsehen. E lektronische Medien in der Bundesrepublik Deutschland Sonderheft, Gegenwartskunde 8, Opladen 1994.

Scheer, August-Wilhelm / Nüttgens, Markus (Hrsg,): Electronic Business Engineering. 4. Internationale Tagung Wirtschaftsinformatik 1999. Heidelberg 1999.

Schenk, Michael: Medienwirkungsforschung, Tübingen 1987.

Schiller, Anita / Schiller, Herbert I: Who can own what America knows? In: The Nation, 17 April,1982, S.461-463.

Schiller, Dietmar: Parlament online: Zum Stukturwandel parlamentarischer Öffentlichkeit im Internet-Zeitalter. In: Wienand Gellner / Fritz von Korff (Hrsg.), Demokratie und Internet, Baden-Baden 1998. S.127-142.

Schiller, Herbert I.: Beneficiaries and Victims of the Information Age: The Systematic Diminution of the Public's Supply of Meaningful Information. In: Papers in Comparative Studies, 4, 1985, S.185-192.

Schiller, Herbert I.: Old Foundations for a New Information Age. In: Jorge R. Schement / Leah Lievroux (eds.), Competing Visions, Complex Realities: Aspects of the Information Society. Norwood 1987.

Schiller, Herbert.: The Mind Managers. Boston 1973.

Schiller, Herbert.: Information and the Crisis Economy. Norwood 1984.

Schiller, Herbert.: The World Crisis and the New Information Technology. In: Columbia Journal of World Business 18 (1), 1983.

Schiller, Herbert: Communication and Cultural Domination. New York 1996.

Schiller, Herbert: The Communication Revolution: Who Benefits? In: Media Development 4, 1983, S.18-20.

Schiller, Herbert: The Communication Revolution: Who Benefits? In: Media Development, 4 1983 S.18-20 Schiller, Herbert: New Information Technologies and Old Objectives. In: Science and Public Policy, S.382-383 Schiller, Herbert: Information – A shrinking Resource. In: The Nation 28 December 1985/4, January, 1986, S.708-710.

Schiller, Herbert: Who knows: Information in the Age of the Fortune 500. Norwood 1981.

Schinzel Britta / Parpart, Nadja: Technische und wirtschaftliche Probleme des Informationstechnik-Einsatzes. Eine Einführung. In: Britta Schinzel (Hrsg). Schnittstellen. Zum Verhältnis von Informatik und Gesellschaft, Braunschweig/Wiesbaden 1996, S.123.

Schinzel, Britta (Hrsg.): Schnittstellen. Zum Verhältnis von Informatik und Gesellschaft. Braunschweig/Wiesbaden 1996.

Schmid, B.: Elektronische Märkte. In: Wirtschaftsinformatik, 35(1993) 5, S.465-480.

Schmidt, Helmut: Menschen und Mächte. Berlin 1987.

Schmidt, Holger: Cash Flow statt Cash Burn. In: FAZ 19.06.2000.

Schmidt, Martin: Wörterbuch zur Politik. Stuttgart 1995.

Schmitt-Beck, Rüdiger / Pfetsch, Barbara: Politische Akteure und die Medien der Massenkommunikation. Zur Generierung von Öffentlichkeit in Wahlkämpfen. In: Friedhelm Neidhardt (Hrsg.), Öffentlichkeit, öffentliche Meinung, soziale Bewegungen, Opladen. In: Kölner Zeitschrift für Soziologie und Sozialpsychologie, Sonderheft 30, S.106-138.

Schoeffel, Penelope / Loveridge, Alison / Davidson, Carl: Telework: issues for New Zealand. In: Prometheus 11 (1), Juni,1993.

Schönbach, Klaus: Das hyperaktive Publikum. Essay über eine Illusion. In: Publizistik (1997) 42, S.279-286.

Schönbach, Klaus: Einige Gedanken zu Public Relation und Agenda Setting. In: Horst Avenarius / Wolfgang Arbbrecht (Hrsg.): Ist Public Relation eine Wissenschaft? Eine Einführung. Opladen 1992.

Schrape, Klaus / Seufert, Wofgang / Haas, Hansjörg / Hürst, Daniel / Gafke, Sabine: Künftige Entwicklung des Medien- und Kommunikationssektros in Deutschland. Berlin.

Schultz, Theodore W.: Book review. In: The American Economic Review, 53 1963, S.873.

Schulz, Winfried: Neue Medien – Chancen und Risiken. Tendenzen der Medienentwicklung und ihre Folgen. In: Aus Politik und Zeitgeschichte B 42/97. 10. Oktober 1997. S.3-12.

Schulze, Gerhard: Die Erlebnisgesellschaft. Kultursoziologie der Gegenwart. Frankfurt am Main 1992.

Schulze-Berndt, Mariele: Mehr Demokratie, Mehr Staat". In: Badische Zeitung vom 11.09.1996.

Schumacher, Thomas: Startups sind das Lebenselexir für die neue Wirtschaft. Beilage im Handelsblatt Multimedia in NRW vom 30. Mai 2000.

Schumann, J.: Der Produktionsfaktor Arbeit: Düstere Vergangenheit – glänzende Zukunft. In: Jahrbuch für Sozialwissenschaft 43 (1992) Heft 1. Göttingen.

Schumpeter, Joseph A. : Konjunkturzyklen. Zwei Bände, Göttingen 1961.

Schürmann, Frank: Öffentlichkeitsarbeit der Bundesregierung. Strukturen, Medien, Auftrag und Grenzen eines informationalen Instrumentes der Staatsleitung. Berlin 1992.

Schuster, Thomas: Staat und Medien. Über die elektronische Konditionierung der Wirklichkeit. Frankfurt am Main 1995.

Schüttemeyer, Suzanne S.: Repräsentation. In: Nohlen, Dieter / Schultze, Rainer-Olaf (Hrsg.): Politische Theorien. Lexikon der Politik. Band I. München 1995.

Schweer, Dieter: Columbus Digital. Die Organisationsformen und Strukturen in den Unternehmen werden sich bald radikal ändern. Die große Chance für s Management. In: WIWO 6/1996.

Selvaggio, Jerry L. (ed.): The Information Society. Economic, Social and Structural Issues, Hillsdalem, New Jersey 1989, S.1-14.

Sennett, Richard: Verfall und Ende des öffentlichen Lebens. Die Tyrannei der Intimität, Frankfurt 1986.

Sesin, Claus-Peter: Fraunhofer-Institut entwicklet das Büro der Zukunft. Modem-Cowboys an der Saftbar.In: computerwoche spezial 2/1998.

Shannon, Claude / Weaver, Warren: Mathematical Theory of Communication, Urbana 1949. Veröffentlicht erstmalig 1948. Claude E. Shannon, A mathematical theory of communication. In: Bell System Technical Journal, 27, July, 1948, S.379-432.

Siebert, Horst: Das neue dringt herein mit Macht. Auf der Suche nach einer modernen Wirtschaftspolitik: Deutschland hat den Schlüssel für die New Economy noch nicht gefunden. In: Handelsblatt vom 27.06.2000.

Siebert, Horst: Neue Impulse für die neue Ökonomie. Die Wirtschaftspolitik muss alles daran setzen, die Rahmenbedingungen für einen höheren Wachstumspfad in Deutschland zu schaffen. In: Frankfurter Allgemeine Zeitung vom 20.05.2000.

Siebert, Horst: Noch viel zu tun für eine "New Economy" in Euroland. In: Handelsblatt vom 21.02.2000.

Siegele, Ludwig: Präsident im Netz. Das Internet wußte es zuerst. In: Die Zeit vom 29.01.1998.

Simon, Claus-Peter: Die Geschichte des Internet. In: Geo Wissen, Mensch und Kommunikation, Nr. 27, 2001.

Simon, H. (Hrsg.): Computerunterstützte Simulationen im naturwissenschaflichen Hochschulunterricht. Abschlußbericht. Tübingen 1977.

Sklair, Leslie: The Sociology of Progress. London 1970.

Slaton, Chrisa Daryl:Televote. Expanding Citizen participation in the Quantum Age. New York 1992.

Smith C.P. / Zimmermann, B.J.: Microcomputers in schools: A promise unfulfilled? In: Social Policy, S.17-20. Kulik, J.A.: Evaluation the effects of teaching with computers. In: Campbell, P.F. / Fein G.G.(Eds.): Young children and microcomputers. Englewood Cliffs 1986. S.159-170.

Smith, Adam: Der Wohlstand der Nationen, München 1978.

Snider, James: Democracy On-Line. Tomorrow's Electronic Electorate. In: The Futurist, September/October 1994 S.17.

Sola Pool, Ithiel de / Inose, Hieroshi / Takadaki, Nozumo / Hurwitz, Roger: Communication Flows. A Census in the United States and Japan. Tokyo 1984.

Sola Pool, Ithiel: Technologies without Boundaries. On Telecommunications in a Global Age. London, Cambridge 1990.

Solow, Robert M.: Technical Change and the Aggregate Production Function. In: Review of Economics and Statistics, 39 (1957).

Sonntag, Philipp (Hrsg.): Die Zukunft der Informationsgesellschaft. Frankfurt am Main 1983.

Sontheimer, Kurt: Grundzüge des politischen Systems der neuen Bundesrepublik Deutschland. Zürich 1993.

Späth, Lothar: Die New Economy Revolution: neue Werte, neue Unternehmen, neue Politik. München 2001.

Spencer, H.: On Social Evolution. Selected Writings, Chicago 1972.

Speyer, Bernhard Speyer: Das Internet – eine Basistechnologie?, Deutsche Bank Research, aktuelle Ausgabe Frankfurt am Main 2000, Reihe e-conomics, www.dbresearch.de.

Spiegel Special: Der digitale Mensch. Computer verändern die Welt. Nr.3/1997.

Spiegel Special: Die Multimedia Zukunft Nr.3/1996.

Spiegel-Special Nr.3/1999: Info-Sucht. Der Mensch im Netz der Medien.

Splichal, Slavko / Calabrese, Andrew / Sparks, Colin (Ed.): Information Society and Civil Society. Contemporary Perspectives on the Changing World Order. o.O. 1994.

Staudt, Erwin: Wir müssen unserern eigenen weg finden, wenn auch die Sprache im Netz amerikanisch ist. In: Bertelsmann Briefe Heft 143, Sommer 2000, S.26-27.

Stefan, Marschall: Öffentlichkeit und Volksvertretung. Theorie und Praxis der Public Relations von Parlamenten. Wiesbaden 1999.

Stehr, Nico: Arbeit, Eigentum und Wissen. Zur Theorie von Wissensgesellschaften. Frankfurt am Main 1994.

Stehr, Nico: Die Zerbrechlichkeit moderner Gesellschaften. Die Stagnation der Macht und die Chancen des Individuums. Weilerswist 2000.

Steinbicker, Jochen: Zur Theorie der Informationsgesellschaft. Ein Vergleich der Ansätze von Peter Drucker, Daniel Bell und Manuel Castells. Opladen 2001.

Steiner, Linda: Public Opinion Paradigms. In: Critical Studies in Mass Communication, 11 (1994), S.274-275.

Steinfield, Charles / Salvaggio, Jerry L.: Toward a Definition of the Information Society. In: Jerry L. Salvaggio (ed.) The Information Society. Economic, Social and Structural Issues, Hillsdalem, New Jersey 1989, S.1-14.

Steinmann, Horst: Industrielle Arbeitsorganisation zwischen Technik, Strategie und Unternehmensethik, Nürnberg 1989. Diskussionsbeiträge der Friedrich-Alexander-Universität Erlangen-Nürnberg, Lehrstuhl für Allgemeine Betriebswirtschaftslehre und Unternehmensführung, Heft 48.

Stern, Bildungsnotstand: Um das Allgemeinwissen unserer Jugend steht es schlecht – Experten wollen eine Schulreform, Heft Nr. 4 vom 21.01.1999.

Stewart, Thomas A.: Der vierte Produktionsfaktor. Wachstum und Wettbewerbsvorteile durch Wissensmanagement. Hamburg 1998.

Stewart, Thomas A.: Der vierte Produktionsfaktor. Wachstum und Wettbwerbsvorteile durch Wissensmanagement, Hanser Verlag o.O., 1998.

Stille, Frank / Filip-Köhn, Renate / Flassbeck, Heiner / Görzig, Bernd / Schulz, Erika / Stäglin, Reiner: Strukturverschiebungen zwischen sekundärem und tertiärem Sektor. Deutsches Insititut für Wirtschaftsforschung (DIW). Beiträge zur Strukturforschung. Heft 107, Berlin 1988.

Stobbe, Alfred: Volkswirtschaftslehre I. Volkswirtschaftliches Rechnungswesen. Berlin/Heidelberg/New York 1976.

Stonier, Tom: Beyond Information. The Natural History of Intelligence. London, Berlin, Heidelberg New York Paris, Tokyo, Hong Kong, Barcelona, Budapest1992.

Stonier, Tom: Information and the Internal Structure of the Universe: An Exploration into Information Physics. Hamburg 1990.

Stonier, Tom: The Wealth of Information: A Profile of the Post-Industrial Economy, London 1983.

Straubhaar, Thomas: Die staatliche Bildungskatastrophe. Herausgegeben von Liberales Institut der Friedrich Naumann Stiftung Bonn.

Streit, Günther: Computer und Informatisierung der Gesellschaft. Sozialethische Überlegungen zur dritten Phase der Industriellen Revolution, Frankfurt am Main 1993.

Studie des Deutschen Instituts für Wirtschaftsforschung (DIW) in Kooperation mit dem Hans-Bredow-Institut und der Arbeitsgruppe Kommunikationsforschung München (AKM). Schriftenreihe der Landesmedienanstalten: Beschäftigte und Wirtschaftliche Lage des Rundfunks in Deutschland 1996/1997.

Süddeutsche Zeitung 13./14. Februar 2000 Tagungsbericht von der LEARNTEC.

Süddeutsche Zeitung vom 08. April 1997, Mittelstand droht beim Internet weltweit den Aschluß zu verlieren. Verlagsbeilage der Frankfurter Allgemeinen Zeitung Economy, 13.06.2000, Liebe auf den zweiten Blick. Mittelstand entdeckt E-Business – Manager zögern noch.

Süddeutsche Zeitung vom 01.09.1998. Handlungsanweisungen fürs Netz. Wie legitimiert man Verhalten im Cyberspace

Süddeutsche Zeitung vom 13.04.1999. Lehrreiches Spektaktel im digitalen Hörsaal.

Süddeutsche Zeitung vom 15.04.1997.

Süddeutsche Zeitung vom 15.07.1997, Die wirtschaftliche Revolution steht noch aus.

Süddeutsche Zeitung vom 16.06.1998. Wenn das Internet zur Droge wird. Im Tiefenrausch des Datenmeers.

Süddeutsche Zeitung vom 21.04.1999, Der Alptraum vom studierten Arbeitslosen.

Süddeutsche Zeitung vom 21.04.1999, Hochschule & Beruf.

Süddeutsche Zeitung vom 21.04.2000 Simulation als Pflichtfach.

Süddeutsche Zeitung vom 23.06.1999, Elektronisches Geld erschwert die Steuerung der Geldmenge.

Süddeutsche Zeitung vom 24./25.01.1998.

Süddeutsche Zeitung vom 29.07.1998, Die Netzbeschmutzer. Tatort Internet: Nicht Computer, sondern Menschen töten.

Süddeutsche Zeitung vom 29.08.1996, Internet – weder sauber noch sicher.

Süddeutsche Zeitung vom 29.10.1996.

Süddeutsche Zeitung vom 06.12.1995, Justiz verzweifelt am anarchischen Internet.

Süddeutsche Zeitung vom 06.06.1997. Internet – ein juristisches Minenfeld; Badische Zeitung vom 16.08.1997, Regeln für das Internet.

Süddeutsche Zeitung vom 07.08.1997. Lohnkosten der Angst. Ein Entgegnung auf Ulrich Beck von Johannes Wiegand.

Süddeutsche Zeitung vom 08.10.1996 Selbstkontrolle bei Multimedia.

Süddeutsche Zeitung, 15.04.1997.

Süssmuth, Rita: Die kommunikative Brücke der Medien. Parlament, Presse und Öffentlichkeit. In: Hermann Boventer (Hrsg.), Medien und Demokratie. Nähe und Distanz zur Politik. Konstanz 1993, S.113-120.

Süssmuth, Rita: Internet für alle! Alle fürs Internet? In: Bertelsmann Briefe Heft 143, Sommer 2000.

SZ-Serie: Die Gegenwart der Zukunft. Lester Thurwo, Kolumbus irrte richtig. Die Zukunft des Kapitalismus: Fünf Gründe, warum sich die Welt im Wandel befindet. In: Süddeutsche Zeitung 13./14. Februar 1999.

T.I.S. Trends im Stellenmarkt. DEKRA Akademie GmbH Nr.2 Mai 2000.

Takasaki, Nozomu / Ozawa, Tokahiro: Analysis of Information Flow in Japan. In: Information Economics and Policy, Vol.1 (1983), S.177-193.

Tapscott, D: Die digitale Revolution. Wiesbaden 1996.

Tauss, Jörg / Kollbeck, Johannes / Mönikes, Jan (Hrsg.): Deutschlands Weg in die Informationsgesellschaft. Herausforderungen und Perspektiven für die Wirtschaft, Wissenschaft, Recht und Politik. Baden-Baden1996.

The Economist 21st December 1996: Happy 21st century voters! A survey of Democracy.

Thome, R. (Hrsg.): Arbeit ohne Zukunft?. Vahlen, München 1997.

Thomsen, Frank: Computer, das sind reine Jobkiller! Nein, Computer schaffen Arbeitsplätze. In: Konr@d Nr.2, S.106.

Tichenor, Philip J. Tichenor / Donohour George A. / Olien, Clarice N.: Mass Media Flow and Differential Growth in Knowledge. In: Public Opinion Quaterly 34 (1970).

Time Sonderheft 1995.

Time Special Report: The Communication Revolution. In: TimeOctober 11, 1999, S.47.

Tippelt, Rudolf / van Cleve, Bernd: Verfehlte Bildung? Expansion und Qualifikationsbedarf. Darmstadt 1995.

Tippelt, Rudolf: Handbuch Erwachsenenbildung / Weiterbildung. Opladen 1994.

Toffler, Alvin: Powershift: Knowledge, Wealth and Violence at the Edge of the 21st century, New York 1990.

Toffler, Alvin: The Third Wave, Collins 1980. Deutsche Ausgabe: Alvin Toffler, Die Zukunftschance. Von der Industriegesellschaft zu einer humaneren Zivilisation, München, Gütersloh 1980.

Tomita, Tetsuro: The Information and Communications Policy in Japan. In: Studies of Broadcasting Vol.14 (1978), S.37-61.

Tomita, Tetsuro: The Volume of Information Flow and the Quantum Evaluation of Media. In: Telecommunication Journal, Vol.42 (1975) 6, S.339-349.

Toronto Financial Post (1994) vom 23. August.

Tourain, Alain: La societé post-industrielle. Paris 1969. Dt. Ausgabe Die postindustrielle Gesellschaft, Frankfurt am Main 1972.

Tully, Claus J.: Lernen in der Informationsgesellschaft. Informelle Bildung durch Computer und Medien, Opladen 1994.

Tuma, Thomas: Der programmierte Frust. In: Der Spiegel 48/1997.

Turkle, Sherry, Die Wunschmaschine. Der Computer als zweites Ich. Reinbek 1984.

Umesao, Tadeo / Ron, Joho Sangyo, Die Informationsindustrien, 1963. Publiziert in der Zeitschrift Hoso Ashai. Liegt bislang nur in der japanischen Originalfassung vor.

Unis am Netz. In: Konr@d 1/1998, S.60.

United Nations (ed.): Transnational Corporations and Transborder Data Flow: A Technical Paper, New York 1982, S.8.

Useem, Michael / Karabel, Jerome: Pathways to Top Corporate Management. In: American Sociological Review, 51 April, S.184-200, 1986.

Van de Donk W.B.H.J. / Snellen I.Th.M. / Tops P.W. (Hrsg.): Orwell in Athens. Perspective on Informatisation and Democracy. Amsterdam 1995.

Van de Donk, W.B.H.J / Snellen, I.Th.M. / Tops, P.W.: Orwell in Athens. A Perspective on Informatization and Demcracy. Amsterdam, Oxford, Tokyo, Washington 1995.

Van Haaren, Kurt / Hensche, Detlef (Hrsg.), Arbeit im Multimedia-Zeitalter. Die Trends der Informationsgesellschaft, Hamburg 1997.

Van Lück, Willi: Diskutieren im "virtuellen Seminarraum". In: Das Parlament Nr. 33-34 09./16.08.1996.

Vattimo, Gianni: Das Ende der Moderne. Stuttgart 1990.

Vattimo, Gianni: Die transparente Gesellschaft. Herausgeber Peter Engelmann. Wien 1992, Originalausgabe La societa transparente, Milano 1989.

Vattimo, Gianni: Tecnica ed esistenza. Una mappa filosofica del Novecento. Paravia, Torino 1997.

Verba, Sidney: The Citizen as Respondent: Sample Surveys and American Democracy. Presidential Address. American Political Science Association. In: American Political Science Review 90 (1996).

Verlagsbeilage zur Frankfurter Allgemeinen Zeitung E-Conomy. E-Business – E-Commerce – E-Services. Vom 13. Juni 2000. Roland Berger, Neue Manager für neue Märkte.

Virilio, Paul: Ästethik des Verschwindens. Berlin 1986.

Virilio, Paul: Der negative Horizont. München 1989.

Virilio, Paul: Fluchtgeschwindigkeit. Essay. Frankfurt am Main 1999.

Virilio, Paul: Krieg und Kino. München 1986.

Virilio, Paul: La bombe informatique. Paris 1998.

Virilio, Paul: Rasender Stillstand. München, Wien 1992. Französische Originalausgabe L'intertie polaire 1990.

Virilio, Paul: Revolution der Geschwindigkeit. Aus dem Französischen von Marianne Karbe. Berlin 1993.

Virilio, Paul: Speed and Politics. Translated by M. Polizotti. New York 1986.

Voges, J.: The political economics of complexity. In: The Information Economics and Policy, 1, 1983, S.97-114.

Volpert, Walter: Zauberlehrling. Die gefährliche Liebe zum Computer. Weinheim, Basel 1985.

Vowe, Gerhard: Information und Kommunikation. Brücke zwischen Wissenschaft und Gesellschaft. Opladen 1984.

Wagner, Robert: Die Informationsgesellschaft. Chancen für eine neue Lebensqualität am Beginn des 3. Jahrtausend. Münster 1996.

Wagner, Robert: Die Informationsgesellschaft. Chancen für eine neue Lebensqualität am Beginn des 3. Jahrtausend. Münster 1996.

Wagner; Gert / Preißlo, Brigitte: Perspektiven der funktionalen und der personellen Einkommensverteilung. In: Engels, Wolfram(Hrsg.): Arbeit und Einkommensverteilung in der Informationsgesellschaft der Zukunft. Heidelberg 1990.

Wahlkampf futur. In: Konr@d1/98, S.34.

Wallisch, Stefan: Aufstieg und Fall der Telekratie. Silvio Berlusconi, Romano Prodi und die Politik im Fernsehzeitalter.Wien, Köln, Weimar 1997.

Walwei, Ulrich: Möglichkeiten und Grenzen der Schaffung eines Niedriglohnsektors. IAB Werkstattbericht Nr.5/25.5.1998.

Warren, Jim: How Citizens can pursue practica, potent, grassroots political action – net based, computer aided, 1994. http://cpsr.org: 80/cpsr/states/california/govaccess/GocAccess.027_net-based_comp.

Weber, Max: Soziologie – Universalgeschichtliche Analysen – Politik, mit einer Einleitung von Eduard Baumgartner. Herausgegeben und erläutert von Johannes Winckelmann. Stuttgart 1973. S.311-339.

Weber, Max: Zwischen zwei Gesetzen. In: Max Weber, Gesammelte Politische Schriften, Tübingen 1980, S.142-145.

Webster, Frank: Theories of the Information Society. New York 1995.

Wedde, Peter: Entwicklung der Telearbeit – Arbeitsrechtliche Rahmenbedingungen. Gutachten. Bundesministerium für Arbeit und Sozialordnung (Hrsg.): Bonn 1997.

Weidemann, Bernd: Die Informationsgesellschaft von morgen: Was müssen wir lernen? Kapazitäten und Mechanismen der Informationsverarbeitung. In: Bertelsmann-Stiftung (Hrsg.): Die Informationsgesellschaft von morgen – Herausforderung der Schule von heute. Gütersloh 1996.

Weingart, Peter: (Hrsg.), Technik als sozialer Prozess. Frankfurt 1989.

Weiß, Jörg-Peter (Hrsg.): Wirtschaftliche Entwicklung Deutschlands bis zum Jahr 2000. Szenarien und Input-Output-Analysen des DIW-Arbeitskreises Langfristprognosen. Wiesbaden 1993.

Weizenbaum, Joseph: Die Macht der Computer und die Ohnmacht der Vernunft. Frankfurt am Main 1994 Minsky, Marvin: Mentopolis. Stuttgart 1994.

Welsch J.: Zukunft der Arbeit: Neues Nomadentum oder auf dem Weg zum Wirtschaftsbürger. In: Gewerkschaftliche Monatshefte, Heft 11/1994.

Welsch, Wolfgang (Hrsg.): Wege aus der Moderne. Schlüsseltexte der Postmoderne-Diskussion. Berlin 1994.

Welsch, Wolfgang: Unsere postmoderne Moderne. Berlin 1997. 5. Auflage.

Wer regiert das Internet. Das W3C, ein Zusammenschluß von Wissenschaftlern und Managern, herrscht über den weltweiten Datenfluß. In: Konr@d Nr.2/1999, S.54-61.

Wersig, Gernot: Die kommunikative Revolution. Opladen 1985.

Wersig, Gernot: Die Komplexität der Informationsgesellschaft. Konstanz 1996.

Wersig, Gernot: Information – Kommunikation – Dokumentation. Ein Beitrag zur Orientierung der Informations- und Dokumentationswissenschaften, München-Pullach, Berlin 1971, S.28-74.

Werth, Christoph H.: Die Herausforderungen des Staates in der Informationsgesellschaft. In: Aus Politik und Zeitgeschichte B40/98. 25. September 1998. S.22-29.

Wessling, E.: Individuum und Information, Bd. 71 der Reihe „Die Einheit der Gesellschaftswissenschaften", Tübingen 1991.

West, Darell M. / Francis, R.: Electronic Democracy, Interest Groups and Public Policy Making. In: Political Science and Politics 29 (1996)

Wieland, Rainer / Scherrer, Karin: Arbeitswelten von morgen. Opladen 2000.

Wiener, Norbert: Kybernetik, Stuttgart 1965, Englische Originalausgabe: Cybernetics, New York 1948.

Wildemann, Horst: In der Neuen Ökonomie wird sich die Hierarchie der Waren verschieben. In: FAZ vom 02.10.2000.

Wildenmann, Rudolf / Kaltfleiter, Werner: Funktionen der Massenmedien. Frankfurt/Main. Bonn 1965.

Wilhoit, G.C. / Bock, H. de (Hrsg.): Mass Communication Review Yearbook 1981 (Vol.2), S.621-689.

Wilke, Jürgen: Multimedia. Strukturwandel durch neue Kommunikationstechnologien. In: Aus Politik und Zeitgeschichte B32/96. 02.08.1996. S.3-15.

Wilke, Jürgen: Wege aus dem Mediendschungel. Die neuen Kommunikationstechnologien und ihre Wirkungen. In: Die politische Meinung Nr.330, S.32-43, 1997.

Wilson, T.D. : On user studies and information needs. In: Journal of Documentation, 37, (1), S.3-15.

Wirtschaftswoche 10/1995, S.99: "Kein Grund zu streiten", Interview mit Hans-Jörg Bullinger, Leiter des Fraunhofer-Instituts für Arbeitswissenschaft und Organisation (IAO

Wirtschaftswoche Nr 13/23.03.2000.

Wirtschaftswoche Nr. 21 vom 18.05.2000, S.100-107.

Wirtschaftswoche Nr. 25 vom 15.06.2000.

Wirtschaftswoche zur CEBIT 1995. Wirtschaftswoche Nr. 9 vom 23.03.1995.

Wittkämper, Gerhard W. (Hrsg.): Medien und Politik, Darmstadt 1992.

Wittkämper, Gerhard W.: Telematik und kommunikative Demokratie. In: Universitas 4, 1988, S.480-489.

Wolf, Fritz: Alle Politik ist medienvermittelt. Über das prekäre Verhältnis von Politik und Fernsehen. In: Aus Politik und Zeitgeschichte B32/96. 02.08.1996. S.26-31.

Wolff, Heimfrid: Arbeit und Leben unter Bedingungen der Informationsgesellschaft. In: Sonderdruck aus: 1996 Jahrbuch Arbeit und Technik. Herausgegeben von Werner Fricke. S.219-230.

Wolff, Heimfrid: Die volkswirtschaftliche Bedeutung von Dienstleistungen und ihr Niederschlag in der Statistik. In: Meyer, Anton (Hrsg.): Handbuch Dienstleistungs-Marketing. Band 1. Stuttggart 1998. S.48-66.

Wössner, Mark: Informationsgesellschaft und Demokratie. Was bedeutet die digitale Revolution für die Gesellschaft. In: Tauss, Jörg Tauss / Kollbeck, Johannes / Mönikes, Jan (Hrsg.): Deutschlands Weg in die Informationsgesellschaft. Herausforderungen und Perspektiven für Wirtschaft, Wissenschaft, Recht und Politik, Baden-Baden1996, S.866.

Zeitpunkte: Der Mensch im Netz. Kultur, Kommerz und Chaos in der digitalen Welt. Nr.5/96. Zeit Magazin Sonderheft.

Zelle, Carsten: Der Wechselwähler. Eine Gegenüberstellung politischer und sozialer Erklärungsansätze des Wählerwandels in Deutschland und den USA. Opladen 1995.

Zemanek, Heinz: Information und Ingineurwissenschaft. In: Otto G. Folberth / Clemens Hackl (Hrsg.), Der Informationsbegriff in Technik und Wissenschaft. München, Wien 1986, S.17-52.

Zima, Peter V.: Moderne / Postmoderne. Tübingen, Basel1997.

Zimmermann, Doris A. / Zimmermann Bernhard: Bildschirmwelt. Die neuen Informationstechniken und ihre Folgen. München 1988.

Zimmermann, Klaus: Eine brummende deutsche Jobmaschine ist nicht in Sicht. In: Handelsblatt vom 13. März 2000.

Zinser, Stephan / Bisenberger, Werner: Szeanrien der Bürowelt. In: Office Management 10/98, S.64-67.

Zinser, Stephan / Bisenberger, Werner: Vom Büro zum Wissenscenter. In: Office Management 1/99, S.66-67.

Zinser, Stephan / Kern, Peter / Bauer, Wilhelm: Das Büro als Wissenscenter der Zukunft. In: Office Design 02/98 S.76-81.

Zinser, Stephan: Digitale Handtschen im Würfelformat. In: Blick durch die Wirtschaft 08.01.1998.

Zittel, Thomas: Elektronische Demokratie – Ein Demokratietypus der Zukunft?. In: Zeitschrift für Parlamentsfragen 2000, S.903-920.

Zittel, Thomas: Über die Demokratie in der vernetzten Gesellschaft. Das Internet als Medium politischer Kommunikation. In: Aus Politik und Zeitgeschichte B42/97. 10.Oktober 1997. S.23-29.

Zoller, Andrea: Schweden und Finnland: Vorreiter der "New Economy" in Europa?, Hrsg. Deutsche Bank Research, Frankfurt am Main am 5. Oktober 2000, http://www.dbresearch.de.